U0924086

1921-2021
厦门大学
XIAMEN UNIVERSITY

厦门大学百年校庆系列出版物

校史资料汇编与学生名录系列

厦门大学校史资料选编

（1992—2017）

第三册 (2000—2002)

主编：石慧霞　连　念

厦门大学出版社
XIAMEN UNIVERSITY PRESS
国家一级出版社
全国百佳图书出版单位

《厦门大学校史资料选编（1992—2017）》编纂组

组　长：石慧霞　连　念

成　员（以姓氏笔画为序）：

毛春红　石慧霞　刘珊珊　吴爱华　连　念　张璐阳

林秀莲　曾晓秋　蔡秋才　薛小勤　魏　昊

执行编辑：

1992—1994 年：曾晓秋　连　念　张璐阳　吴爱华

1995—1997 年：张璐阳　连　念　吴爱华

1998—1999 年：毛春红　魏　昊　连　念　张璐阳　吴爱华

2000—2002 年：吴爱华　连　念　张璐阳　魏　昊

2003—2004 年：蔡秋才　连　念　张璐阳　吴爱华　魏　昊

2005 年：薛小勤　连　念　张璐阳　吴爱华　魏　昊

2006—2008 年：毛春红　连　念　张璐阳　吴爱华　魏　昊　林秀莲　董健岚

2009—2010 年：薛小勤　连　念　张璐阳　吴爱华　魏　昊

2011 年：蔡秋才　连　念　张璐阳　吴爱华　魏　昊

2012 年：连　念　吴爱华　张璐阳　魏　昊

2013—2015 年：刘珊珊　连　念　张璐阳　吴爱华　魏　昊

2016—2017 年：连　念　吴爱华　张璐阳　魏　昊

总　序

厦门大学　党委书记　张　彦
校　　长　张　荣

2021年4月6日，厦门大学百年华诞。百载风雨，十秩辉煌，这是厦门大学发展的里程碑，继往开来的新起点。全校师生员工和海内外校友满怀深情地期盼这一荣耀时刻的到来。

为迎接百年校庆，学校在三年前就启动了“百年校庆系列出版工程”的筹备工作，专门成立“厦门大学百年校庆系列出版物编委会”，加强领导，统一部署。各院系、部门通力合作，众多专家学者和相关单位的工作人员全身心地参与到这项工作之中。同志们满怀高度的责任感和紧迫感，以“提升质量，确保进度，打造精品”为目标，争分夺秒，全力以赴，使这项出版工程得以快速顺利地进行。在这个重要的历史时刻，总结厦大百年奋斗历史，阐扬百年厦大“四种精神”，抒写厦大为伟大祖国所做出的突出贡献，激发厦大人的自豪感和使命感，无疑是献给百岁厦大最好的生日礼物。

“百年校庆系列出版工程”包括组织编撰百年校史、百年组织机构史、百年院系史、百年精神文化、百年学术论著选刊、校史资料与学生名录……有多个系列近150种图书将与广大读者见面。从图书规模、涉及领域、参编人员等角度看，此项出版工程极为浩大。这些出版物的问世，将为学校留下大量珍贵的历史资料，为学校深入开展校史教育提供丰富生动的素材，也将为弘扬厦门大学"自强不息，止于至善"校训精神注入时代的新鲜血液，帮助人们透过"中国最美大学校园"的山海空间和历史回响，更加清晰地理解厦门大学在中国发展进程中发挥的独特作用、扮演的重要角色，领略"南方之强"的文化与精神魅力。

百年校庆系列出版物将多方呈现百年厦大的精彩历史画卷。这些凝聚全校师生员工心血的出版物，让我们感受到厦大人弦歌不辍的精神风貌。图文并茂的《厦门大学百年校史》，穿越历史长廊，带领我们聆听厦大不平凡百年岁月的历史足音。《为吾国放一异彩——厦门大学与伟大祖国》浓墨重彩地记述厦门大学与全国34个省级行政区以及福建省九市一区一县血浓于水的校地情缘，从中可以读出厦门大学在中华民族伟大复兴征程中留下的深深烙印。参与面最广的"厦门大学百年院系史系列"、《厦门大学百年组织机构史》，共有30多个学院和直属单位参与编写，通过对厦门大学各学院和组织机构发展脉络、演变轨迹的细致梳理，深入介绍厦门大学的党建工作、学科建设、人才培养、组织管理、社会服务等方面的发展历程，展示办学成就，彰显办学特色。《厦门大学校史资料选编（1992—2017）》和《南强之星——厦门大学学生名录（2010—2019）》，连同已经出版的同类史料，将较完整、翔实地展现学校发展轨迹，记录下每位厦大学子的荣耀。"厦门大学百年精神文化系列"涵盖人物传记和校园风采两大主题，其中《陈嘉庚传》在搜集大量史料的基础上，以时代精神和崭新视角，生动展现了校主陈嘉庚先生的丰功伟绩。此次推出《林文庆传》《萨本栋传》《汪德耀传》《王亚南传》四部厦门大学老校长传记，是对他们为厦大发展所做出的突出贡献的深切缅怀。厦大校友、红军会计制度创始人、中国共产党金融事业奠基人之一高捷成的传记《我的祖父高捷成》，则是首次全面地介绍这位为中国人民解放事业做出杰出贡献的烈士的事迹。新版《陈景润传》，把这位"最美奋斗者"、"感动中国人物"、令厦大人骄傲的杰出校友、世界著名数学家不平凡的人生再次展现在我们眼前。抒写校园风采的《厦门大学百年建筑》、《厦门大学餐饮百年》、《建南大舞台》、《芙蓉园里尽芳菲》、《我的厦大老师》（百年华诞纪念专辑）、《创新创业厦大人2》、《志愿之光》、《让建南钟声传响大山深处》、《我的厦大范儿》以及潘维廉的《我在厦大三十年》等，都从不同的角度，引领我们去品读厦门大学的真正内涵，感受厦门大学浓郁的人文精神和科学精神。

此次出版的“厦门大学百年学术论著选刊”，由专家学者精选，重刊一批厦大已故著名学者在校工作期间完成的、具有重要价值的学术论著（包括讲义、未刊印的论著稿本等），目的在于反映和宣传厦门大学百年来的学术成就和贡献，挖掘百年来厦门大学丰厚的历史积淀和传统资源，展示厦门大学的学术底蕴，重建“厦大学派”，为学校“双一流”建设提供学术传统的支撑。学校将把这项工作列入长期规划，在百年校庆时出版第一辑共40种，今后还将陆续出版。

“自强！自强！学海何洋洋！”100年前，陈嘉庚先生于民族危难之际，抱着“教育为立国之本，兴学乃国民天职”的信念，创办了厦门大学这所中国历史上第一所由华侨独资建设的大学。100年来，厦大人秉承“研究高深学术，养成专门人才，阐扬世界文化”的办学宗旨，在实现中华民族伟大复兴的征程上书写自己的精彩篇章。我们相信，当百年校庆的欢庆浪潮归于平静时，这些出版物将会是一串串熠熠生辉的耀眼珍珠，成为记录厦门大学百年奋斗之旅的永恒坐标，成为流淌在人们心中的美好记忆，并将不断激励我们不忘初心继承传统，牢记使命乘风破浪，向着中国特色世界一流大学目标奋勇前行！

张彦　张荣

2020年12月

编纂说明

一、为回顾厦门大学发展历史，总结办学经验，继承发扬优良传统，更好利用档案史料，1987—1996年，厦门大学先后编纂出版《厦大校史资料》9辑，收录1921—1991年间的校史资料。2021年，厦门大学迎来百年华诞，根据百年校庆系列出版物编委会工作安排，档案馆承担《厦门大学校史资料选编(1992—2017)》丛书(以下简称丛书)的编纂工作。

二、丛书收录校史资料起止时间:1992年1月1日至2017年12月31日。

三、丛书主要内容包括厦门大学党委书记、校长的重要讲话稿，上级机关、领导贺信、贺电，学校党建、思想政治、教学、科研、管理与服务工作等方面的规章、制度、办法等，党代会、工会、教代会等重要会议的重要报告，全校性的工作规划、计划、总结，重大工作的实施方案，重要专题报告等。所选文献主要来源于厦门大学档案馆馆藏档案，包括《厦门大学报》部分文章。

四、丛书按照年度—主题的编排体例。收录校史资料以年度为序，各年度内容分特载、专文、党建与思想政治工作、教学与科研工作、管理与服务工作五大主题。由于各年度选录校史资料数存在差异，丛书根据年度材料多寡适当分册编排。

五、丛书是档案文献出版物，因收录时间跨度较长，其间一些文献的行文用语、称谓、时间、标点符号、层次序号、行文格式等与最新公文、图书出版标准存在不一致，为反映历史原貌，收录文献一般按原文照录原则处理;文献中明显的漏字、错别字等，则直接改正;有些文献根据图书出版规范重新拟写了标题。

六、丛书对部分涉及人名、个人电话号码、邮箱等个人隐私或其他不宜公开的内容做了删节。

七、丛书因保密、书稿篇幅限制等原因，所收录校史资料不尽齐全;丛书收录的规章、制度、办法等是档案文件的，其执行范围、时效等解释权归文件形成部门。

八、丛书于2019年5月立项:百年校庆系列出版物编委会审定丛书编纂原则;邓朝晖副校长就编纂原则、编排体例、审稿、出版等都给予悉心指导;编纂组成员多次开会研究落实编纂原则、编排体例，分工合作通读十余万份馆藏档案资料，认真挑选出2000多份史料，按档案文献编纂出版要求进行文稿录入和编辑加工;文件形成部门对其部门入选文件进行会稿确认;校保密办就史料出版进行保密审查;学校办公室积极参与"专文"部分的选编工作。在此，谨对各级领导的关心指导，对相关职能部门的大力支持，对出版社的细致审校，一并致以最衷心的感谢。

九、因编者水平有限，丛书疏漏、不当之处在所难免，敬请读者批评指正。

《厦门大学校史资料选编(1992—2017)》编纂组

2021年2月

目　录

2000年

特　载

专　文

党建与思想政治工作

教学与科研工作

管理与服务工作

2001年

特　载

专　文

党建与思想政治工作

教学与科研工作

管理与服务工作

2002 年

特　载

专　文

党建与思想政治工作

教学与科研工作

管理与服务工作

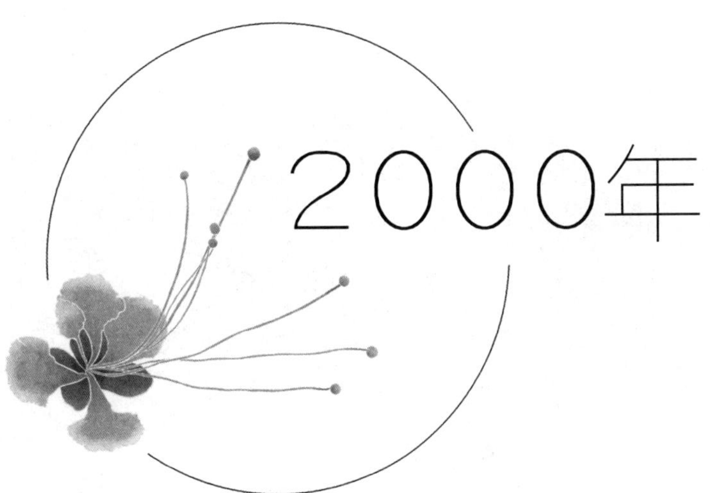

2000年

·特　载·

创造新辉煌　迎接新世纪

——二〇〇〇年新年献词

（1999 年 12 月 28 日）

校长　陈传鸿

全校师生员工同志们：

在举国上下欢庆新中国成立五十周年和澳门回归祖国的锣鼓声中，我们送走了不平凡的 1999 年，迎来了充满希望的 2000 年。值此辞旧迎新、万家欢乐之际，我代表校党委、校行政向全校师生员工致以亲切的问候，恭祝大家新年愉快、身体健康、学习进步、工作顺利！

2000 年是新旧世纪交替之年，在这迈向新世纪的时刻，回首厦大建校七十八年的风雨历程，经历了陈嘉庚先生倾资办学到抗战内迁的艰苦岁月，从炮火纷飞的前线大学到改革开放的特区大学，一代又一代厦大人为之不懈努力、艰苦奋斗。学校历经沧桑巨变，积累了丰富的办学经验，形成了爱国爱校的光荣革命传统和“侨、台、特、海”的鲜明办学特色。特别是改革开放以来，学校以前所未有的速度获得了较大发展，办学条件有很大改善，整体办学水平不断提高。学校各项事业的进步，凝聚着历届领导和全校师生员工的辛勤汗水，在此谨向你们表示衷心感谢！

回顾刚刚过去的一年，在全校师生员工共同努力下，我们认真贯彻党的十五大精神，认真贯彻全国教育工作会议、全国技术创新大会精神，抓住机遇，开拓进取，在学校改革与发展中又取得了一系列成绩：省、市政府决定从 2000—2002 年在原有共建基础上加大对厦大的投入；稳步实施校内管理体制改革方案，其中机关机构改革已经完成，院系管理体制改革基本完成，后勤改革已全面启动；“211 工程”重点建设进行了中期检查工作，已形成或将形成一批标志性成果；刚刚召开的科研工作会议就调整科研结构、优化科研布局、改革管理体制、转换运行机制等方面提出明确的思路，目前正在进一步修订实施的条例和方案，使之更加切实可行，这将极大推动我校科研工作的进展；嘉庚楼群、筒子楼改造工程正在抓紧进行；在抗御 9914 号台风的过程中，全校师生员工团结一致，与自然灾害奋勇搏斗，取得了抗风救灾的全面胜利，涌现出了一批批先进集体和先进个人。这些成绩的取得，再次展现了厦大人始终不渝的爱国爱校、自强不息、止于至善的精神风貌，将激励着我们去迎接新的挑战、战胜各种困难，争取更大的成绩。

到下世纪初，我们要实现我校跨世纪的奋斗目标，再创新的辉煌，其任务还很艰巨。我们必须高举邓小平理论伟大旗帜，认真贯彻落实全国教育工作会议和全国技术创新大会精神，解放思想，实事求是，励精图治，团结奋斗，大力加强学科建设，真正提高教学质量、科研水平和办学效益。在新的一年里，我们要继续加强党建和思想政治工作，加强社会主义精神文明建设；要抓住机遇，迎接挑战，坚持以改革促发展，进一步巩固和发展校内管理体制改革的成果,深化教学科研改革;认真抓好素质教育,加大教学投入,做好"本科教学工作优秀评价"的各项准备工作,确保 2001 年顺利通过教育部的评优工作检查;全面实施科研改革的各项措施,推动技术创新和科技成果转化,努力发展科技产业,努力为国家和地方经济建设及社会发展做出更大的贡献;加快"211 工程"建设的速度,在 2000 年内提前完成"211 工程"的第一期建设,并着手准备第二期建设;要启动人才工程,设立人才工程基金,加强人才引进和中青年骨干教师培养,把建设一支素质精良、开拓创新、具有团队精神的师资队伍作为一项关键性的工作来抓;继续推进后勤社会化改革,大力改善基础设施建设,美化绿化校园,全面改善学生生活和学习条件。

师生员工同志们,当今高等教育的形势喜人,形势逼人,让我们用百倍的努力,更加勤奋地工作,更加刻苦地学习,为把一个生机勃勃、更加美好的厦门大学带入廿一世纪,为把我校办成国内一流、国际上有较大影响的社会主义综合性大学而共同奋斗!

——本文摘录自《厦门大学报》,1999 年 12 月 28 日第 410 期

厦门大学1999—2000学年第二学期工作计划要点

（2000年2月28日）

本学期要继续坚持以邓小平理论和党的十五大精神为指导，全面深入贯彻第三次全国教育工作会议和全国技术创新大会精神，加强学科建设，加大改革力度，加快发展速度，扎扎实实地把学校各项工作全面推向21世纪，向八十周年校庆献礼。

一、加强学科建设，提高教学科研水平

1. 加快学科结构布局的调整，加大学科建设的投入。按照“发扬优势、突出重点、培植特色、保护基础”的思路，研究制定“厦门大学发展‘十五’规划和2010年远景目标规划”；加快实施“211工程”规划，在完成一期建设的基础上，认真做好“211工程”二期建设规划，做好第八批学位授权点增列的申报工作和全国重点学科的评估工作；开好研究生培养工作会议。

2. 继续按计划推进“本科教学优秀评价”各项准备工作。加大投入，改善本科教学的基本教学条件；按评价指标体系要求，学校组织院（系）自评和专家评估，缩短与评价指标体系的差距，促进整改工作；召开全校教学工作会议，发动全校师生进行学校办学思想、教育观念、办学特色大讨论，促进学校教学工作整体水平的提高。

3. 认真抓好国家文科重点研究基地的建设与申报工作。该项工作是学校文科学科建设的一项非常重要的高层次工作，必须加强领导、组织与协调，落实各项措施，力争取得好成绩。

4. 科研工作和科技产业化。在继续重视基础研究的同时，集中力量抓好高新技术研究和应用开发。认真贯彻落实上学期科研工作会议精神及会议形成的一系列配套文件；加强深圳虚拟大学园工作，加快建设厦大深圳研究开发院，抓紧厦大科技园区的规划和论证工作；强化服务意识，紧贴社会脉搏，为国家特别是福建省和厦门市的二次创业、建设海峡西岸繁荣带做出应有贡献。

二、深化改革，加快发展

1. 实施建设项目目标管理责任制。为实施跨世纪重点建设，今年学校投入大量的建设资金，建设项目涉及“211工程”建设，人才工程建设，本科教学优秀评价工作，工科实验室建设，网络、图书馆、体育设施及基本建设等方面，任务繁重。为此，必须加强各个建设项目的论证、评估和验收，确保建设资金的使用效益。学校和各学院（系、所）、各单位要按照各个项目的目标、责任，分别落实建设项目目标管理责任制。

2. 深化人事制度和分配制度改革，启动“人才工程”，制定并实施《厦门大学重要岗位目标管理暂行办法》。按照“按需设岗，按岗聘任，目标管理，严格考核”的思路，规范重要岗位聘任制度，发放重要岗位津贴，稳定和吸引更多的优秀人才。

3. 认真做好教育职员职级制度试点工作。按照教育部职员职级制度试点工作的要求和部署，制定切合我校实际的实施方案及其细则，在党政管理人员中实行职员职级聘任制，建设一支优化、精干、高效的管理队伍，进一步提高管理水平和服务质量。

4. 加快后勤改革,力争三年基本实现社会化。充分调动社会各方面的力量,建设学生公寓,使学生生活、学习条件得到更大改善;各经济实体要继续加强制度建设和队伍建设,着重抓好规范化运作,提高服务质量和经济效益,创造条件实现社会化。

三、坚持党建和思想政治工作优势,为学校改革、发展和稳定提供有力的思想政治保障

1. 进一步用邓小平理论武装广大师生员工。认真组织学习《毛泽东邓小平江泽民论思想政治工作》,贯彻落实中共中央《关于加强和改进思想政治工作的若干意见》,继续组织党员学习"三讲"教育的有关文件,从而为学校的"三讲"教育做好思想和理论准备。思想政治工作要与关心师生员工的实际困难、与帮助解决难点热点问题结合起来,让大家心情舒畅,精神振奋,创造一流的业绩,为学校的改革发展充分发挥聪明才智。总之,要使思想政治工作更好地服务于改革、发展和稳定的大局,有力地推动学校的各项工作。

2. 加强各级领导班子和党的基层组织建设。认真组织学习江泽民总书记关于从严治党的有关论述,坚持和发扬党的民主集中制原则,以改革开放的精神抓住机遇开拓前进,加强对重大问题的研究决策,增强前瞻性,提高宏观决策水平,提高领导班子成员思想理论水平和驾驭全局的能力;认真贯彻《中国共产党普通高等学校基层组织工作条例》,特别要抓好新组建的党总支的组织建设和制度建设。

3. 认真抓好学生的素质教育。要认真学习第三次全教会精神,贯彻落实《中共中央国务院关于深化教育改革全面推进素质教育的决定》,加强对学生教育现状的调查研究,探讨大学生素质教育的有效途径。把德育、智育、体育、美育等有机地统一在教育活动的各个环节中,特别要重视德育以及创新意识和实践能力的培养,使诸方面教育相互渗透,协调发展,促进学生的全面发展和健康成长。

四、筹备 80 周年校庆

2001 年 4 月 6 日是我校建校 80 周年大庆。要以此为契机,精心策划,全面部署,认真实施,全方位地展示我校的优良办学传统、办学特色、办学成就,以迈向 21 世纪的崭新风貌向 80 周年校庆献礼。成立校庆筹备机构,开展各项准备工作和校友联络工作;抓好校庆重点工程建设,实施《厦门大学校园精神文明建设规划(2000—2001 年)》,营造一个更加优美、整洁、安全的校园,迎接 80 周年校庆。

五、着手新校区的规划

为拓展 21 世纪学校发展的空间,在漳州市委、市政府、招商局中银漳州经济技术开发区的大力支持下,学校将在中银漳州开发区内设立新校区。在三方已达成初步意向之后,本学期要尽快签署正式协议,并着手进行新校区规划。

各院(系、所)、各单位要根据本计划要点,结合各自的实际,研究制订本单位本学期工作计划,并报送学校办公室。

——本文摘录自《关于印发〈厦门大学 1999—2000 学年第二学期工作计划要点〉的通知》,厦大委综[2000]3 号,档号 2000-XZ09-6

厦门大学2000—2001学年第一学期工作计划要点

（2000年8月29日）

本学期要继续以邓小平理论为指导，深入贯彻落实江总书记关于“三个代表”的重要论述和党的十五大精神，以学科建设为龙头，以改革为动力，以党建和思想政治工作为保障，全面提高学校的教学质量、科研水平、管理水平和办学效益。为此，要重点做好以下几项工作：

一、学习邓小平理论和江总书记关于“三个代表”的重要论述，认真抓好“三讲”教育工作，继续做好党建和思想政治工作，为改革、发展和稳定提供强有力的保障

1. 组织学习邓小平理论、江总书记关于“三个代表”的重要论述。继续用邓小平理论武装广大师生员工，本学期着重学习江泽民总书记关于“三个代表”的重要论述，学习中要联系个人的工作和思想实际，联系党建工作实际，把握精神实质，通过学习，提高对新形势下江总书记提出的新要求的认识，解放思想，更新观念，积极投身和推动学校的改革与发展。

2. 在全校副处级以上干部中认真开展以“讲学习、讲政治、讲正气”为主要内容的党性党风教育活动。认真贯彻中央关于“三讲”教育有关文件精神和江泽民总书记关于“三讲”教育一系列重要讲话精神，紧密联系学校面临的新形势和新任务，联系学校改革、发展和稳定的实际，联系各级领导班子和领导干部的思想和工作实际，高标准地搞好“三讲”教育，切实加强领导班子建设和党风廉政建设，为实现我校跨世纪奋斗目标提供有力的组织保证。“三讲”教育是一项政治任务，校党委将把它作为今年下半年的头等大事，切实做到思想认识到位、工作措施到位、加强领导到位。

3. 加强基层组织建设。本学期要印发《厦门大学党总支工作暂行规定》，用以指导、规范院系党总支的工作；制订《党总支工作评估方案》，评估工作将在有关单位先行试点，为在全校范围的推广积累经验，推进基层组织建设的制度化、规范化和科学化。

4. 加强思想政治工作，维护校园稳定。认真贯彻落实江泽民总书记关于加强思想政治工作的重要讲话、中共中央《关于加强和改进思想政治工作的若干意见》和全国高校第九次党建会精神，加强思想教育和德育工作，弘扬厦大特有的“四种精神”（即陈嘉庚先生的爱国精神，罗扬才烈士的革命精神，厦大在长汀抗战时期的自强精神，以王亚南、陈景润教授为代表的科学精神），构筑有厦大特色的校园文化体系，凝聚人心、振奋精神，创造一流业绩。针对师生员工的思想实际，围绕师生员工关注的热点、难点问题，开展深入、细致、有效的思想政治工作，维护校园稳定，促进学校的改革与发展。

二、加强学科建设，以教学、科研和科技产业化为核心，以队伍建设为关键，提高办学水平和办学效益

1. 编制“十五”计划和2015年远景目标规划工作。着眼未来，明确定位，抓住重点，科学规划，采取自上而下和自下而上相结合的办法，认真做好《厦门大学“十五”计划和2015年远景目标规划》。在编制计划和规划时，要特别注重引入新机制。

2. 落实第三次全教会精神,继续做好“本科教学优秀评价”的各项准备工作,推进素质教育。广泛宣传发动,充分调动广大师生员工参与迎接“本科教学优秀评价”工作的积极性;落实迎评计划,切实改善本科教学的软硬条件;召开全校教学工作会议,总结我校办学经验与特色,研究解决存在的深层次问题;组织模拟评估,督促整改落实,确保实现评价指标体系的要求。

3. 继续走“产学研”相结合的道路,加强科技创新。贯彻落实全国、教育部技术创新大会和我校科研体制改革会议有关文件精神,在继续重视基础研究的同时,加强高新技术研究和科研成果转化工作,使科研经费有较大幅度提高;争取建设好膜工程和微机电两个省级工程中心;积极争取与厦门市共建厦大科技园,拓宽园区建设的渠道和方式;做好若干重大项目的产业化工作,为国家特别是福建省、厦门市的经济建设和社会发展做出重大贡献。

4. 进行“211 工程”一期验收,启动二期规划。加强检查指导,督促一期建设计划的落实,确保一期建设各项任务的完成,力争提前接受国家计委、财政部、教育部的验收;同时,抓紧做好二期规划并尽快启动。认真做好第八次全国增列博士点、硕士点工作。

5. 继续做好文科重点研究基地建设和申报工作。力争再有若干个研究中心接受专家组考察,努力实现我校国家文科重点研究基地的目标,确立我校文科研究的“特色”和“品牌”。

三、深化改革,加快发展

1. 深化办学体制改革,继续争取列入跨世纪重点建设高校行列。在省、市新一轮重点共建厦门大学的基础上,积极向教育部争取将厦大列入国家跨世纪重点建设高校的行列,力争本学期签订三方(教育部、福建省、厦门市)共建协议。

2. 适应新形势新任务的需要,推进干部人事制度改革。树立“人才是第一资源”的观念,继续抓好“人才工程”建设。在上学期工作基础上,正式进行“教学科研重要岗位”和“年轻博士津贴”的签约和聘任工作并兑现津贴,同时加强重要岗位设置和聘任工作后续管理,建立监督、淘汰机制,营造留住人才、吸引人才和人才健康成长的良好环境;继续做好职员职级制改革试点工作。

3. 继续深化校院二级管理体制改革。巩固校院管理体制改革的成果,开展调研,总结经验,进一步理顺校院系三者关系,完善校院二级管理的有关制度;各学院要切实履行学校赋予的办学自主权,发挥学院的综合优势,不断改革创新,提高学院教学科研水平和办学效益。

4. 加快后勤改革步伐。积极推动曾厝垵学生公寓的建设,使学生生活、学习条件得到较大改善;引进竞争机制,逐步开放后勤市场,努力实现后勤服务的规模化经营和市场化运作,为用 3 年左右时间基本实现学校后勤社会化的总体目标奠定基础。

5. 加强机关效能建设。巩固机关机构改革的成果,本学期着重从清理规章制度、强化人员管理入手,建立办事高效、运作协调、行为规范的工作管理机制,使我校机关的工作作风有明显改变,组织纪律有明显增强,办事效率有明显提高,服务态度有明显改善。要加强财务管理与监督,在清产核资的基础上建立经济责任制。要进一步健全和完善“校务公开”制度。

6. 做好漳州新校区的规划。在上学期我校与漳州市委、市政府、招商局中银漳州经济开发区正式签署漳州新校区项目协议的基础上,本学期要认真做好新校区规划和其他各项施工前准备工作,保证如期启动新校区建设。

7. 八十周年校庆筹备工作。落实《八十周年校庆筹备方案》,认真总结办学经验,弘扬优良传统,展示办学风采,从而凝聚全校力量,再创南强新辉煌。积极开展各项准备工作和校友联络工作,抓紧完成校庆重点工程建设,继续做好校园文明建设,确保 80 周年校庆前期工作的完成。

各院(系、所)、各单位要根据本计划要点,结合各自的实际研究制订本单位本学期工作计划,并报送学校办公室。

——本文摘录自《关于印发〈厦门大学2000—2001学年第一学期工作计划要点〉的通知》,厦大委综[2000]20号,档号2000-XZ09-6

·专 文·

迎接新挑战　再上新台阶

——在迎接教育部本科教学工作优秀评价动员大会上的讲话

(2000年1月17日)

校党委书记　王豪杰

同志们,今天召开全校迎评促建动员大会,非常重要,也很及时。做好迎评工作,确保通过评估,是一项与厦门大学未来发展密切相关的基础性工作,校党委、校行政高度重视。下面我就当前学校面临的新形势、工作思路以及本科教学评优工作谈几点看法和意见,希望大家认清形势,统一思想,迎接挑战,扎实开展迎评促建工作,促进学校发展再上新台阶。

一、当前学校面临的新形势、新挑战

第三次全国教育工作会议和全国技术创新大会召开之后,高等学校改革与发展的步伐明显加快,高校之间竞争的态势日趋激烈。本学期来,我校积极采取应对措施,主要做了几项工作:一是积极争取教育部和福建省委省政府、厦门市委市政府的支持,实施新一轮共建取得实质性进展,2000年的1亿元重点投入已经落实;二是召开了改革开放以来规模最大、意义重大的科研工作会议,会议形成的意见及配套实施文件正在修订并即将付诸实施;三是积极推进校内管理体制改革,完成了1998年改革方案的全部任务;四是经过与漳州市委市政府、招商局漳州中银开发区的沟通和实地考察、论证,可望获得占地二千多亩的新校区,为跨世纪的更大发展奠定了重要的物质基础。此外,全校师生团结奋战,抗御了9914号台风并做好灾后自救和重建工作。

随着新千年的来临,学校面临的冲击和压力将更大,这些冲击和压力主要来自几个方面:

一是中国高等教育布局结构调整力度不亚于1952年的院系调整,原57个国家部委(除安全部、公安部等少数部委外)所办高校,一律交给教育部或地方政府统筹管理。利用这一契机,许多高校实行强强合并和强强合作。而厦大周边缺乏强有力的资源,只能发展壮大自己,走自己的特色发展之路。二是列入首批国家跨世纪重点建设的高校,以重点建设资金作后盾,实施重要岗位聘任制度,发放高额岗位津贴,对我校的队伍建设如何引进人才和留住人才无疑也是冲击。三是各类高校排行榜不时公布,不管你愿不愿意,不管公平不公平,学校承受的压力在所难免。四是高校后勤社会化步伐很快,许多高校采取大建学生公寓、扩大招生规模、提高收费标准等措施。五是前几天教育部召开的高校技术创新大会,要求把科技成果转化和高新技术产业化作为高等学校综合评估的重要指标之一。从文科而言,拥有多少国家重点文

科研究基地,也是文科发展水平的重要标志;从发展眼光看,本科教学工作是否达到优秀,更是衡量一所学校教学质量和办学水准的硬指标。这些挑战从某种意义上说也意味着机遇,只有抓住机遇,迎接挑战,才能使学校再上新台阶。

二、当前学校的中心工作

通过分析优势,找准差距,学校党委、行政已形成共识,下一步将要做好以下几项中心工作:

一是加大投入,加强学科建设,包括:在认真完成“211 工程”一期建设任务的基础上,启动二期建设规划;把科技成果转化和高新技术产业化放在与教学、科研同等重要的地位,在继续重视基础研究的同时,集中力量抓好高新技术研究和应用开发;抓好国家文科重点研究基地的申报和建设工作;按计划推进“本科教学优秀评价”的各项准备工作。

二是以改革为动力,深化改革,加快发展。包括:启动“人才工程”,深化人事分配制度改革,实行重要岗位聘任制度,营造吸引人才、留住人才和人才成长的良好环境;按照教育部的要求和部署,认真做好教育职员职级制度试点工作;加快后勤改革,力争三年基本实现社会化;实施建设项目目标管理责任制,在目标管理上出效益,把有限的资金用于最能出效益的地方。

三是坚持党建和思想政治工作优势,为学校改革、发展和稳定提供有力的思想政治保障。

四是认真做好 80 周年校庆筹备工作,抓好校庆重点工程建设,全方位展示学校迈向新世纪的崭新风貌。

五是着手新校区规划,拓展发展空间。

三、关于本科教学优秀评价工作

1. 迎评促建是学校发展中至关重要的大事,关系到学校的品牌和学校的声誉,在这一问题上没有退路可言。我们知道,一所大学的工作千头万绪,其中教学是大学的基本任务,没有教学工作也就不能称其为大学。简言之,没有教学就没有大学。教与学的关系,是一所大学里众多关系中最基本的一对关系。因此,高等学校最早的、一直摆在第一位的社会职能与基本职能正是培养人才或称教学,这是公认的道理与事实。时代发展到今天,国际竞争日趋激烈,综合国力的竞争归根结底是人才的竞争。而人才之所以为人才,它离不开教育;高素质创造性人才的培养,离不开高等教育。当今世界,高科技的迅猛发展,知识经济的扑面而来,创新精神的大力倡导,人才争夺战的愈演愈烈,更加凸显出大学传承性、创造性地培养人才这一使命的重要性,更加显示教育思想、教学观念的转变,教学内容和课程体系的更新,教学方法的改革和教学手段的现代化的必要性。基于这些观点,我们认为,抓好教学工作是由大学的基本功能和性质所决定的。我校教学工作的好坏并不是某个人、某一部门的事情,而理所当然应成为学校的一项中心工作。

2. 要以强烈的事业心和责任感抓好迎评促建。面向 21 世纪,我校的奋斗目标是把厦门大学建设成为国内一流、国际上有较大影响的社会主义综合性大学。而能否培养和造就大批高素质的创造性人才,是其重要标志之一。希望全校本着“对得起厦大的历史,为厦大的未来负责”的态度,把迎评促建当作重要的事业来抓,全力以赴,志在必得。

3. 要严格责任制,狠抓落实。我们要力争通过的是优秀评价,而不是合格评价。从已通过优秀评价的学校看,评价指标详细、要求很高,专家对评价标准的掌握非常严格。评价准备工作的复杂性、艰难程度绝不亚于“211 工程”立项评审及校园文明建设检查验收。

从我校看,刚才陈校长、潘副校长都谈到四个“投入不足”的问题,这几方面还要做很大的努力。因此,我们要看到自己的短处,思考如何改进、如何创建,更重要的是要把评价指标细化、责任到人,实行目标管理责任制,哪里出问题,责任人要负全责。

4. 加大投入,加大改革力度。就基本教学条件而言,我校的历史欠账太多,因此学校决定加大投入。今年投入教学的经费可以说是史无前例的,明年还要继续投入。为了培养高素质创造性人才,应舍得投入,这是必要的也是应该的。但要注意,不能把有限的经费投入到不能出成效、行将走向死亡的旧体制中去,不能随意浪费,更不能允许经费使用的不正之风。另一方面,评估还非常强调办学指导思想和教学观念的创新、教学改革的举措和成效、教学内容和方法手段的创新与特色的形成等,这些是评估的重点,也是体现一个学校的整体教学称得上“优秀”的主要内容。因此,要着眼于改革,以迎评为契机,以评促改、以评促创、以评促建。

5. 要加强党建和思想政治工作,正确处理好改革、发展与稳定的关系。推进教学改革,促进教学水平上新台阶,不仅是院长、系主任的事。随着改革的深化,人财物的重组,目标管理的实行,必然都会触及个人利益的调整、涉及整个学校的稳定。因此,党的各级组织要加强自身建设,发挥保证监督作用、政治核心作用和战斗堡垒作用,融思想政治工作于各项具体工作之中,及时化解矛盾,更好地维护改革、发展和稳定的大局。

6. 应充分发挥优势,坚定迎评的信心。迎评促建时间紧、任务重、要求高、难度大,但要坚信厦门大学一定能够有所作为。党中央、国务院、教育部及省市对厦大十分重视,各级领导的关怀和支持为我校办学创造了良好的外部环境。经过近八十年尤其是建国后和改革开放以来的建设与发展,我校已积累了较为丰富的办学经验,形成了鲜明的办学特色和独特的区位优势,奠定了迈向21世纪的办学基础和整体实力。过去几年,我们还取得了许多成功的经验如党建和思想政治工作、校园文明建设、“211工程”预审和立项、率先实施“共建”等等。因此,我们要明确自己的优势,坚定迎评的必胜信心。我相信,越是面临大挑战,越能凝聚全体厦大人的力量,越能出成绩。

总之,全校都要紧紧抓住迎评这一契机,主动迎接挑战,加快改革与发展,共同实现厦大的教学创优!

——本文摘录自《厦门大学报》,2000年3月25日第414期

学习"三个代表"重要思想　加快推进高校改革与发展

（2000年5月25日）

校党委书记　王豪杰

江泽民同志在广东考察工作时，提出了"三个代表"的重要思想。在江苏、浙江、上海考察时，又进一步强调"三个代表"是我们党的立党之本、执政之基、力量之源。这一重要思想，是对党的性质、宗旨、根本任务的新概括，是对马克思主义建党学说的新发展，是新形势下对各级党组织和党员干部提出的新要求，是我们面向新世纪加强和改进党的建设的伟大纲领。深刻领会和贯彻落实这一重要思想，对于全面加强高校党的建设、推进高校的改革与发展具有重要的理论意义和实践意义。

"三个代表"是密切联系、辩证统一的整体，先进生产力是社会进步的决定力量，是基础；先进文化是生产力发展的反映，对经济和政治的发展起巨大作用；而贯穿其中的是代表最广大人民的根本利益，这是中国共产党人的生命，也是中国共产党人的力量之所在。历史经验证明，一个马克思主义的政党，要领导人民进行革命和建设，必须在正确的理论指导下制定正确的路线、方针和政策。我们党之所以赢得人民的拥护，是因为我们党总是代表先进社会生产力的发展要求，代表中国先进文化的前进方向，代表中国最广大人民的根本利益，并主要体现在制定和执行正确的路线、方针和政策上。党的十一届三中全会以来，我国社会发生了举世公认的翻天覆地的巨大变化，就是实践邓小平理论和坚决贯彻执行党的路线、方针、政策的结果。经济特区作为邓小平理论的率先执行者、实践者、经验创造者和成功受益者，更是雄辩地说明了我们党制定的改革开放政策和开辟的建设有中国特色社会主义的伟大事业是完全正确的。正如江泽民总书记所指出的，"经济特区的发展变化，是党的十一届三中全会以来的路线方针政策带来的伟大成就的一个生动反映，是我国20多年来实现的历史性变革的一个很好的缩影，也是对中国共产党领导和社会主义制度的优越性的一个有力印证"。这对于身处经济特区的厦门大学师生员工来说，体会则更加深刻。80年代初，厦门大学成为唯一地处经济特区的国家重点大学，在邓小平理论的指引下，在改革开放春风的吹拂下，学校的党建和思想政治工作取得了显著成绩，先后两次荣获全国"党的建设和思想政治工作先进高等学校"的光荣称号；学校的办学条件不断改善，教学质量、科研水平和办学效益明显提高。回顾改革开放20多年，如果没有党的十一届三中全会以来所制定的路线、方针、政策，没有改革开放的重大决策，没有邓小平理论的指导，就没有厦门大学的沧桑巨变和蓬勃发展。

在新的历史条件下，我们党如何更好地做到"三个代表"，就必须按照江泽民总书记所要求的那样，要紧密结合国内外形势的变化，紧密结合我国社会生产力的最新发展和经济体制的深刻变革的实际，紧密结合人民群众对物质文化生活提出的新的发展要求，紧密结合我们党员干部队伍发生的重大变化，来深入思考这个重大问题。面对高等教育发展的形势，联系高等学校的实际，要落实"三个代表"的要求，就必须始终不渝地坚持党的基本路线和教育方针，加强党建和思想政治工作，不断深化改革，大力推进体制创新和科技创新，多出人才、多出成果，服务于经济建设主战场。在这一点上，高等学校负有义不容辞的责任。为此，当前高校应着重抓好以下几项工作：

一、抓住机遇，深化改革，加快发展

当今世界各国对科技和人才的竞争日趋激烈，我国高等教育面临严峻挑战。面对挑战，我们不能不思进取,也不能妄自菲薄;面对挑战,必须取一种知难而进、迎难而上的态势,要看到挑战中伴随着机遇,困难中孕育着希望;面对挑战,高校的改革要有新思路、新举措和大手笔,要立足于科技创新和体制创新。只有创新才能有自己的特色,也只有创新才能加快以下四个方面的跨越式发展:一是办学规模的发展。要以建设21世纪高质量的教育为己任,把培养高素质、创新型的人才摆在突出的位置。通过大力改善办学条件,扩大办学规模,形成规模效益。二是办学空间的拓展。通过深化高校后勤改革,突破制约学校发展的空间"瓶颈"。三是师资队伍的发展。要把师资队伍建设作为一项关键性的工作来抓,努力造就新一代的大师级、院士级人才和学科带头人,出一流的人才和科研成果。四是科技产业的发展。要在继续重视基础研究的同时,把科技成果转化和高新技术产业化放在与教学、科研同等重要的地位,集中力量抓好高新技术研究和应用开发,选择并扶持一批具有市场前景的高新技术成果,尽快实现产业化,为实施"科教兴国"战略做出更大的贡献。

二、解放思想,更新观念,增创优势

要更好地做到"三个代表",就要进一步解放思想,更新观念,增创新优势。思想解放了,观念更新了,就能激活思路,拓宽视野,也就能新招迭出,充满活力。促进高等教育的改革与发展,需要不断增创新优势。唯有增创新优势,才能更上一层楼。我们必须从我国国情和校情出发,有所为有所不为,把学校有限的人财物资源投入到那些有基础、有水平、有特色、有前景、有人才的学科建设中去。增创新优势,最重要的是增创人才新优势。要树立"人才是第一资源"的观念。要以求贤若渴的胸怀和唯才是举的气度来吸引人,要用事业留人、感情留人、待遇留人、环境留人,还要创造使这些人才健康成长的良好环境。对于吸引国外优秀人才,可以"不求所有,但求所在",甚至"不求所在,但求所用"。增创新优势,还包括增创环境新优势。要树立"环境也是生产力"的观念,努力创造优良的学习、生活和创业环境。

三、加强党的建设,转变工作作风,提高服务质量

江总书记的重要讲话进一步阐明了"要把中国的事情办好,关键取决于我们党,取决于党的思想、组织、作风、纪律状况,取决于我们党的领导水平和执政水平"。随着高校各项改革的深化,必然会触及个人利益的调整,涉及整个学校的稳定。因此,党的各级组织要加强思想、组织、作风建设和党风廉政建设,充分发挥保证监督作用、政治核心作用和战斗堡垒作用;必须不断加强和改进思想政治工作,坚持用邓小平理论武装全校广大党员和师生员工,融政治思想工作于各项改革和具体工作之中,教育和管理,德治和法治,双管齐下,及时化解矛盾,更好地维护改革、发展和稳定的大局;必须坚持"两手抓、两手都要硬",既要抓业务学习又要抓思想教育,既要改善办学条件又要优化育人环境,既要增强学校的物质实力又要展现学校蕴涵的精神魅力,既要提高教学质量、科研水平又要不断推进学校社会主义精神文明建设;必须建立办事高效、运作协调、行为规范的工作管理机制,使高校机关的工作作风有明显改变,组织纪律有明显增强,办事效率有明显提高,服务态度有明显改善;必须在全面推进教育改革的同时,积极探索在新形势下高校党建和思想政治工作的新途径、新路子、新举措,形成一个既解放思想、团结拼搏,又安定团结、生动活泼的崭新局面。

总之,江泽民总书记关于"三个代表"重要思想的论述,不仅对高等学校党的建设提出了更高的要求,也为高校的进一步改革与发展指明了方向。我们一定要按照"三个代表"重要思想的要求,全面加强党的建设,加快推进学校的改革与发展,把充满生机、活力和希望的中国高等教育带入21世纪。

——本文摘录自王豪杰:《梦萦南强》,厦门大学出版社,2007年3月版

转变思想观念　强化竞争意识　启动"人才工程"

——在厦门大学启动"人才工程"建设动员大会上的讲话(摘要)

(2000 年 5 月 30 日)

校党委书记　王豪杰

大家十分关注的厦门大学"人才工程"建设，也就是实施重要岗位津贴这项工作，今天下午的动员大会之后就要正式启动了。去年以来，一些获得国家大笔资金投入的学校，纷纷启动了"人才工程"建设，实施了重要岗位的高额津贴。这项重大举措的出台，一石激起千层浪，一段时间以来成为全社会十分关注的焦点，甚至在一段时间内造成了学校与社会、学校与学校、学校内部人与人之间的一种强烈的不平衡、巨大的冲击甚至是震荡。

一、这一重大举措为什么会引起我校的关注

我想至少有以下几个原因：

第一，实施"人才工程"建设，发放重要岗位的高额津贴，不仅仅是传统意义上的涨工资，既不是以往那种人人都有一份差不多的补贴，也不是像以前那样只要获得就成为永久不变的工资，而是一项深刻的高校人事分配制度的重大改革。

第二，这一重大举措，能使高校里那些有真才实学的、能够做出贡献的、踏踏实实献身于教学科研事业的优秀人才得到应有的回报，他们的价值将得到充分的肯定。同时，这一重大举措，能够利用经济杠杆来保证这些优秀的人才会到学校最重要的岗位，因而他们也会得到与他们相应的那一份酬劳。它有利于学校的学科建设，有利于突出以教学科研为中心，因此，毫无疑义地将会推动学校改革的深入发展，提高学校的教学科研水平。

第三，这一重大举措，也不仅仅是人事分配制度的改革，它也是教职员工思想观念大转变的一个体现。我们说要把厦门大学建成国内一流、国际上有较大影响的大学，进入国家跨世纪重点建设大学的行列，靠什么呢？我觉得，最主要的就靠学科建设，靠教学科研水平，归根结底是靠人才。面对这样的形势，我们一定要树立"人才是第一资源"的观念。我们都知道，一个优秀人才可以带动、盘活一个企业；对高等学校来说，一个优秀的拔尖人才，同样可以发展或振兴一个学科。为什么我校的化学、经济学科在国内乃至国际上有一定的地位呢？因为我校出了像王亚南、卢嘉锡、蔡启瑞这样大师级的人物。所以，我们要以求才若渴的胸怀，以唯才是举的气度来吸引人才、留住人才。同时要为在厦大工作的优秀人才创造一个良好的成长环境。首先是留住厦大的人才，进而才可以谈得上吸引全国乃至全世界最优秀的人才。我们还要树立起以教学科研为中心的观念。我们将出台的这个"人才工程"建设首先启动的就是教学科研这部分。这并不是别的系列不重要，而是为了使大家树立起教学科研第一的观念。

第四，这一重大举措，不仅仅是从体制上或机制上进行改革，而且是对全体教职员工进行思想教育的过程，因为这一举措的实施，大家会很真切地感到学校的政策就是要鼓励那些勤勤恳恳、踏踏实实、有真才实学的优秀人才脱颖而出，就是要激励上进，甚至肯定冒尖。这整个过程就是一个思想教育的过程。

第五，这一重大举措，也不仅仅是局限在分配制度上的改革，可以说它是我校深化各项改革的一个切入点，或者说是一个突破口。我们这个战役打下来，打一场漂亮仗，将为我校即将出台的各项改革提供很

好的经验。

二、面对兄弟院校的这些重大举措，我们厦门大学怎么办

经过一段时间以来的讨论酝酿，大概有这么几种看法：一种看法是我们厦大不跟。理由是我们厦大本来就不错了，我们有特区补贴，1998年校内管理体制改革后又有一块补贴。另一种看法是我们厦大跟不了，因为我校的共建力度不如兄弟院校，我校的产业也很不尽如人意。

但是，面对兄弟院校的重大举措，多数人认为我们不跟不行。我之所以说不跟不行，是因为：第一，我们厦门大学今天确有留不住人才之忧。不少兄弟院校凭借它们手中雄厚的资金，频频向我们学校一些很优秀的、很有作为的、很有发展前途的中青年教授暗送秋波，我校有的人动心了，有的人走了。第二，我们厦大今天也有吸引不了人才之虑。我碰到一些很想办好自己专业、很想发展我校事业的院系领导，都讲我们看到哪个学校的哪个专家，很有前途，很有影响，也想尽办法想把他吸引过来，但是我们凭什么把人家吸引过来呢？我们以前有特区补贴，厦门是全国最温馨的城市，厦门大学是全国最漂亮的大学，还有一点吸引力，可是现在人家的这些优势在不断地增创，而我们这些优势在某种程度上一直在丧失，现在用什么去吸引人才呢？第三，我们厦大今天更有不能优化人才成长环境之苦。没有一定的财力和政策，我们想营造一个优秀人才成长的优良环境也是一句空话。假如我们启动"人才工程"建设，我们就能营造一个好的环境，它不仅仅是物质的环境，更是一个竞争的环境、向上的环境、令人奋进的环境，是一个能让优秀人才脱颖而出、茁壮成长的环境。如果没有这样一个人才建设工程做支持，这个环境怎么能形成呢？

现在的问题是，我们既没有十几个亿的共建，又没有产业，怎么办呢？我们认为，我们不模仿、不硬套外校的做法，我们可以从厦门大学的实际出发，建立厦门大学的"人才工程"建设模式。我校虽然不能跟北大、清华18个亿去比，跟交大、南大12个亿比，但我们的底气还是足的。我们厦大前几代人留给我们的底子还是可以的，只要我们合理地运筹、重组、集中资金，还是可以启动这项工程的。而且现在启动这项工程的外部条件已经成熟，我们的"长江学者"计划已经有人到位，他的年津贴就是十万。我们出台的科研改革有关政策，使一些在科技、应用领域做出重要成绩的科研人员也可能获得比较大的科研回报。这个环境也已经形成，人们对这种改革的承受能力已经有了足够的心理准备。

三、我校人才工程到底该怎么做

我校已经出台的这份文件经过了深入调研、集思广益、认真思考、最后决策实施四个阶段。这半个学期以来，我们时刻也没有忘记这项工作，一刻也没有对这项工作有所懈怠。我们是认认真真地在做，我们不仅仅在校内调研，我们甚至到兄弟院校调研，收集到了国内现在已经启动"人才工程"的这些兄弟院校的有关资料及其方案和实施意见。在调研的基础上我们也开了多次的座谈会，集思广益来形成我校的实施方案和意见。时至今日，我认为我校的"人才工程"建设是到了该断要断的时候了，不能再拖了。当然，要做好这件事并不容易，但再难也得做，而且要做好，这是学校的决心。我们达成两点共识：一是这个"人才工程"建设绝不能把我们厦门大学仅有的资金投入到旧的体制里头去；二是要从我校的实际出发，实事求是。

到底该怎么做呢？我认为应该认真做好以下三点：

第一，从教学科研做起。我们原先的方案曾经包括管理系列，但考虑到我校的实际，要找突破口、找切入点，要树立教学科研第一的观念，也要考虑到操作起来比较可行，比较令人口服心服，因此，先从教学科研这里切入。现在开始启动的"人才工程"建设仅仅涵括教学科研这个领域。我这样说，并不是别的领域不做，而是先从这里做起，发展了，壮大了，成熟了，成功了，我们再扩展到别的领域。

第二，先从少、精、准做起，逐步推开。我们觉得刚开始只能从小到大，关键是要找准。这份岗位津贴发到这个人身上，他确实是有真才实学，他确实有新的思路，他确实有能力实现他的承诺，他的承诺实现

以后能够为学校的教学科研做出贡献,推动学校教学科研的发展,提高学校的知名度,为学校财力的发展壮大做出他应有的贡献,这种人给他 5 万别人是服气的。做好了教学科研系列,再推到管理等其他系列,我想是比较稳妥的,也比较符合我校的实际情况。

第三,要强化竞争意识,能者上岗,动态管理。可以说这次提供给每个教学、科研人员的机会人人平等,在获取上岗条件面前一视同仁。学校或学院定出岗位,提出具体要求,公布,全校招聘,或向校外招聘,能者提出申请,经过专家委员会的认定,签订合同,你达到什么水平,做出什么承诺,学校马上把岗位津贴给你。来年再评,行了,再续聘。你今年得的是 3 万,明年评的是 4 万,你就得 4 万,如果明年评的不行,对不起,那就请你让贤。也不是只有这 200 个岗位,如果大家觉得经过一年的努力,能够达到这个条件,岗位增加到 300 个甚至 400 个都可以,我想是越多越好,但绝对不放低标准。

四、处理好几个关系

第一是处理好老中青三者之间的关系。这次出台的这个实施办法,它的目的在于让那些有真才实学的、踏踏实实工作的、有突出贡献的、有发展前途的专家和研究人员获得重要的岗位。因此,我想更多的或者更加关照的可能会是中青年,对年纪比较大的教授有一个年龄限制。当然对年龄大的有另外的解决办法。

第二是处理好教学科研与党政后勤管理系列的关系。我们现在启动的是教学科研系列,至于党政管理系列,学校将逐步在职员职级制试点推开的过程中才结合起来考虑。党政系列的同志都是干部,相当多的干部都是党员,我们党的宗旨就是吃苦在前享受在后,在这一事当前,我想广大的党员干部应该有这样的胸怀、这样的气量。

第三是处理好聘任人的过去、现在和将来之间的关系。我们认为应该是参考过去,立足现在,重在未来。你过去的工作成绩说明你有这个条件、基础、能力和水平,但更重要的是看现在你与岗位的条件、要求是否相符,你敢不敢去承担,你能不能胜任,在同等条件下哪个人敢于承担这项工作,哪个人更有发展前途。在这一点上做一些斟酌,这个关系一定要处理好。我觉得这是从事业出发,是对真才实学、对工作做出贡献的人的一个肯定。这不是荣誉,说实在的,获得一份津贴,就多了一份辛劳,多了一重压力,做成功了,就为学校多做一份贡献,人们也会对他多一份尊敬。

第四是处理好稳定现有师资队伍与引进人才的关系。我校的"人才工程"建设首先是稳住、留住人才,在这个工作做好的基础上我们非常有兴趣吸引外校的优秀人才。我们厦门大学有很多优秀的人才,别人也是很感兴趣,虎视眈眈想挖去,说明我们这里有人才。我们对本校的人才跟外面引进的人才是同等对待的。当然,为了要更强有力地跟兄弟院校开展一场争夺人才的竞争,我们有些时候可能会列出一些更优惠的条件,或者列出几个岗位,来吸引兄弟院校的人才,这并不等于引进外面的人才就不重视内部的人才。我觉得这项工作的启动,绝大多数上岗的同志都还是我校的教授和科研人员。

第五是处理好本方案与学校原有各种政策的关系。凡是学校已经出台的和正在实施的各方面的政策补贴,我们都不会轻易去改变它。但获得了"三、四、五"这样的岗位津贴的人员,他不再享受原来的那些补贴。没有获得重要岗位的,原来的这些补贴不变。

五、我校实施"人才工程"建设中可能会出现的几个问题

第一,制定这个政策,虽然有两个月的时间进行反反复复的讨论,但从文件条例来看,还有很多不足的地方,也有很多漏洞,希望在实施过程中把遇到的一些问题及时地向学校反映,以便及时加以调整,使它逐步完善,为我们这项工作越做越好打下一个坚实的基础,也为别的系列的改革提供经验。

第二,这个方案虽然参考了别的兄弟院校的经验,但它是我校自己的模式,因此在许多关键的部分跟别的兄弟院校有很多的不同,不要用别校的方案来套我们的方案,在实施过程中遇到的一些问题,希望广

大教授、科研人员、干部、职工能够从我们学校的实际出发给予配合、理解和支持。

第三,在座的很多领导特别是院系的领导担心,我们现在能够真正拿出来的岗位并不多,只有200个左右,这会使许多矛盾凸显出来,工作会非常难做,甚至会影响一部分人的积极性。初想起来好像是这样,但往深处去想,只要我们做得准,就不会影响积极性。这一步跨出去,至少打破一个习惯的、传统的心理定式,更重要的是让人们看到应该怎样去努力,看到希望。如果有的人在这方面拿不到又不去努力,心里一直不平衡,我想随着改革的深入,将来哪一天厦大有15%的人被逼着离开学校,首当其冲的就是调整不好心态的这部分人。你如果有真才实学,得到公认,自然而然会进入这200个岗位。因此,大家要把心态调整过来,调整得好,他今年没有,经过努力,明年、后年可能就有。有的人可能会在这一点上反应很强烈。听说兄弟院校也曾有人到校领导、院领导家里大吵大闹,但闹闹就没声音了,因为外部环境已经具备,人们已经不会去欣赏或大惊小怪这部分同志的言行,因此不必太担心,但也要注意把工作做好,把大家的心态调整过来。

第四,思想观念的转变要有一个过程。有些同志可能一时无法准确领会、理解这个实施办法的精神。我们制定的这两个文件很短,但内涵比较丰富,希望大家能够认真去读一读这些文件,领会它的精神,而且把它作为关系到院系改革和领导工作作风、关系到学校改革与发展的重要工作来看待,尽量把这项工作做得细,做得落实,做得大家心情舒畅。

第五,这个条例出台以后,它成功与否在很大程度上取决于受聘人和聘用单位之间的磨合或互相理解。两者的关系处理好就顺,关系处理不好就不顺,所以我们把应聘人和应聘岗位之间的磨合、关系是否融洽、处理是否得当,看成是这次聘任工作中的一个很重要的环节。特别是院系有关领导应该对这些环节给予充分的重视,首先要秉公办事,这是最重要的。你公正了,广泛听取意见了,看准了,人家绝对会口服心服。

第六,可能会出现一些谦让。我们赞赏谦让这样的美德,但反对为了回避矛盾的谦让。从学校的整体利益和改革的影响来考虑,这种谦让反而会引起更加消极的后果。这是改革,也是一种突破,只要你有能力、有这种勇气,你敢做出这样的承诺,不管你是院长或是校长,该得就得,不要谦让。当然,如果两个人条件真的不相上下,这时候要提倡干部和党员谦让。如果不是这个情况,我觉得就没有必要谦让。因为这跟平常评模范、评先进不太一样,你必须有真本事去获得这个重要岗位,实现自己的承诺,是要为学校的事业发展负责的,所以不可以谦让。

——本文摘录自王豪杰:《梦萦南强》,厦门大学出版社,2007年3月版

厦门大学形成跨世纪改革与发展战略构想

（2000年5月）

校党委书记　王豪杰

“两会”之后，高等学校改革与发展步伐明显加快，高校之间竞争态势日趋激烈。对厦门大学而言，当前面临的冲击和压力主要来自几个方面：一是由于高校布局结构调整，许多高校走多校联办、强强合并之路，而我校周边缺乏可供合并的高校。二是国家优先扶持少数高校创办世界一流大学，增加巨额拨款，这些高校以此做后盾，实施重要岗位津贴。这对我校的师资队伍建设无疑是个重大冲击。三是把科技成果转化和高新技术产业化作为高等学校综合评估的重要指标之一，而这恰恰是厦大过去的薄弱环节。四是高校后勤社会化步伐加快，我校的后勤社会化改革虽已启动，但相比兄弟高校，我们还有许多工作要做。

我们认为，以上这些不仅是严峻的挑战，更是难得的发展机遇。只有紧紧抓住机遇，勇敢地迎接挑战，才能在激烈的竞争中求生存、求发展。通过一年多的认真实践、反复酝酿和集思广益，我校党政领导班子形成了跨世纪改革与发展的战略构想，描绘出厦门大学面向21世纪的发展蓝图。这幅蓝图可以概括为：

找到一条出路。即抓住机遇，迎接挑战，深化改革，加快发展。

理顺一条思路。即以学科建设为龙头，以改革为动力，以党建和思想政治工作为保障。

达成四点共识。即厦门大学不求最大，但求最好；发展是硬道理，看准了就干；有所为，有所不为；出路在改革，关键是人才。

弘扬四种精神。即陈嘉庚的爱国精神，罗扬才的革命精神，抗战时期厦大内迁闽西艰苦办学的自强精神，以王亚南校长、陈景润教授为代表的科学精神。

增创四个新优势。即：(1)增创学科新优势。必须从我国国情和校情出发，把学校有限的人财物资源投入到那些有基础、有水平、有特色、有前景、有人才的学科建设中去。(2)增创人才新优势。树立“人才是第一资源”的观念，以求贤若渴的胸怀和唯才是举的气度来吸引人，要用事业留人、感情留人、待遇留人、环境留人，还要创造使人才脱颖而出和健康成长的良好环境。(3)增创环境新优势。树立“环境也是生产力”的观念，努力创造优良的学习、生活和创业环境。(4)增创“侨、台、特、海”的区位新优势。

完成十项任务。即：(1)积极争取部、省、市各方新一轮重点共建厦门大学，使厦大列入国家跨世纪重点建设高校的行列，以确保厦大近半个世纪以来一直是国家重点大学的“地位”；(2)启动“211工程”二期建设规划，以增强我校学科的“实力”；(3)抓好国家文科重点研究基地的申报与建设工作，以确立我校文科研究的“特色”和“品牌”；(4)确保2001年通过本科教学优秀评估，以取得对我校本科教学质量的“认证”；(5)在重视基础理论研究的同时，大力发展高新技术产业，以增强我校的“造血”功能；(6)启动“人才工程”，实行重要岗位津贴，营造留住人才、吸引人才和优秀人才脱颖而出的良好环境；(7)加快后勤改革，以改善和优化我校的办学条件；(8)启动漳州新校区建设，为我校在新世纪的发展中争取足够的空间；(9)办好80周年校庆，树立我校良好的社会形象；(10)加强党建和思想政治工作，为学校的改革、发展和稳定提供强有力的思想政治保障。

加快四个方面的发展。即:(1)办学规模的发展;(2)办学空间的拓展;(3)科技产业的发展;(4)师资队伍的发展。

实现一个奋斗目标。即到21世纪初,把厦门大学建设成为国内外知名的高水平大学。

——本文摘录自王豪杰:《梦萦南强》,厦门大学出版社,2007年3月版

“三讲”教育的主要收获

——在全校“三讲”教育总结大会上的讲话第二部分(摘要)

(2000 年 12 月 24 日)

校党委书记　王豪杰

我校校级领导班子和领导干部“三讲”教育在福建省委和教育部党组的正确领导下,在省委“三讲”办和省委巡视组的具体指导下,在全校广大干部教师的大力支持下,经过两个多月的努力,现已顺利完成了四个阶段的工作,基本达到中央和省委的要求,取得良好的效果。

经过集中开展“三讲”教育,我校领导班子和领导干部经受了一次很好的党性锻炼,基本达到思想上有明显提高,政治上有明显进步,作风上有明显转变,纪律上有明显增强,工作上有明显推进的要求。主要有以下几个方面的收获:

一、通过“三讲”教育,领导干部普遍受到了一次深刻的马克思主义教育,坚定了理想信念

通过这次“三讲”教育,大家认真学习和领会了马列主义、毛泽东思想、邓小平理论和江泽民同志“三个代表”重要思想,大家普遍受到了一次深刻的马克思主义的自我教育,增加了高举邓小平理论伟大旗帜,坚持党的基本路线不动摇的自觉性,坚定了共产主义的理想信念。通过“三讲”教育学习,大家认识到,只有树立坚定正确的理想信念才能直面社会发展的冲击。当今世界,机遇和挑战同在。20 世纪 90 年代初东欧剧变、苏联解体带来冲击;西方的生活方式、腐朽思想和意识形态通过互联网加速传输、侵袭;国企改革引起的利益重新分配、加入 WTO 带来挑战;社会主义市场经济讲竞争、讲利益,与我们的理想讲无私、讲奉献的矛盾冲突等等。面对这一切,只有坚定信念,才能抵制各种诱惑,立于不败之地,只有坚定共产主义理想和对建设有中国特色社会主义的信念,才能树立正确的世界观、人生观、价值观,才能进一步确立我党的威信,才能坚持社会主义的办学方向,坚持民主集中制,才能真正做到全心全意为人民服务。有的同志认为,某些党员甚至是领导干部的理想信念发生了动摇,因此,我们党在反腐倡廉、重塑形象和未来的发展中,更应将理想信念问题提到前所未有的高度。

通过“三讲”教育的学习,大家认识到,理想信念要外化为行动,实践是实现理想的唯一途径。要坚定正确的理想信念,就必须“讲学习、讲政治、讲正气”。只有讲学习,才能真正理解和掌握马克思共产主义的理论;只有讲政治,才能明确政治方向,明确社会主义现代化建设的目标和要求;只有讲正气,才能发扬优良传统,廉洁自律,使理想信念成为“正气”的灵魂,从而激励自己为共产主义理想信念奋斗终身。

二、找准抓住了党性党风方面存在的主要问题,更加明确了迈向一流大学的前进方向

校领导班子严肃认真地从坚定正确的理想信念、坚持正确的办学方向、坚持和完善党委领导下的校长负责制、牢固树立全心全意为人民服务的宗旨四个方面,查摆了 1992 年以来在党性党风方面存在的突出问题,分析了存在问题的根源,提出了今后的努力方向。

校领导班子在党性党风方面存在的突出问题主要有:(1)理论学习缺乏自觉性和系统性,理想信念认识较模糊;(2)对党的教育方针理解不深刻,驾驭全局和处理复杂问题的能力不强,影响了学校的改革与发展,与创建"国内一流、国际知名"大学的奋斗目标还有差距;(3)贯彻党委领导下的校长负责制和民主集中制不够有力;(4)党的宗旨意识不强,群众观念淡薄,工作作风不扎实。领导班子成员也对自身存在的问题进行了认真查找,并从理想信念、办学方向、民主集中制、宗旨意识和廉洁自律等方面进行了深入的剖析,基本找准了问题,认识也都比较深刻。对一些不宜写入剖析材料或不宜在民主生活会上说的问题,也都专门写了说明材料交校党委和省委巡视组。

针对存在的问题,党委领导班子和个人都提出了整改意见。领导班子整改方案的主要内容共有14条65款,即:(1)抓好理论学习,坚定理想信念;(2)进一步坚持和完善党委领导下的校长负责制;(3)加强党的建设;(4)提高思想政治工作的针对性、实效性、主动性;(5)认真研究制定《厦门大学"十五"计划》,完善和实施《厦门大学改革与发展基本构想》;(6)注重学科建设,培养新的增长点;(7)深化教学改革,改变教风、学风;(8)发展科学研究,提高科研水平;(9)切实加强应用研究和高新技术研究,推动科技成果转化和高新技术产业化;(10)加大人才与师资队伍建设力度;(11)完善设施建设,提供有力保障;(12)深化后勤改革,解决热点问题;(13)深化改革,改进作风,提高管理水平;(14)加强党风廉政建设。

三、普遍受到了一次生动的群众路线和群众观点的再教育,增强了坚持和实践全心全意为人民服务的根本宗旨的意识

这次"三讲"教育,始终坚持走群众路线,采取多种形式征求群众意见。校领导班子成员虚心听取群众意见,找准抓住存在的突出问题,立说立行,边整边改,边查边纠,以实际行动使群众满意。班子成员都深切地感到,这次"三讲"教育中听到的批评意见,是入党以来或走上领导岗位之后最多的一次,触动很大,印象很深;干部群众提出的意见和建议,绝大多数都是满腔热情、实事求是、很有针对性的,有的意见虽然尖锐,但很中肯。有的同志说,没想到干部群众对我们这么了解,看问题这么深刻,对我们这么关心爱护;有的同志说,干部群众既讲原则又通情达理,征求意见时虽然提的意见很尖锐,但意见被吸收并反馈后,他们却给我们很高的评价,今后我们要加倍努力工作,全心全意为师生员工服务。

四、经受了党内生活的严格锻炼,党的观念得到增强,坚持党委领导下的校长负责制和贯彻民主集中制原则的自觉性、班子的凝聚力和战斗力进一步提高

这次"三讲"教育,通过深入谈心和开展批评,初步恢复和弘扬了党的批评和自我批评的优良作风,使每位班子成员都受到一次党内生活的严格锻炼。无论是个别谈心,还是召开民主生活会,大家都能拿起批评和自我批评这个锐利的武器,进行深刻的自我反省,准确地提出问题,恳切地批评别人,客观地分析原因,深刻地触及思想,被批评者都感到心悦诚服、受益匪浅。大家在批评中进一步认清了自身存在的不足,更加明确了努力方向,同时也通过批评交流了思想,增进了团结。个别同志之间原来由于对问题认识分歧等原因造成一些误解,经过深入的谈心和民主生活会上的批评和自我批评,袒露心扉,沟通思想,统一认识,消除了不必要的误会,促进了新的团结。班子成员的思想认识更加统一,步调更加一致,心往一处想,劲往一处使,集体成员的战斗力切实得到增强。不少同志说,参加这次"三讲"教育的民主生活会,自我反省全面,批评意见直率,提出问题不少,分析原因中肯,触及灵魂深刻,受到了一次难得的党内生活的严格锻炼,对自己帮助很大。许多同志说,这次"三讲"教育恢复、弘扬了党的批评与自我批评这一优良传统,讲出了团结,讲出了斗志,讲出了朝气,坚定了信心,鼓足了干劲,焕发了良好的精神,这是一件幸事,此风长存,事业就有希望。

五、弘扬了求真务实的优良传统，促进工作作风的转变

在这次“三讲”教育中，干部群众反映比较强烈的一个问题就是一些领导干部和领导机关还存在工作作风不够扎实，存在形式主义、官僚主义的问题。大家对此做了深刻检讨，认为这些问题存在的原因主要是我们有些同志缺乏艰苦深入的精神，下基层调查研究少，到困难较多的基层单位调研更少。同时，又往往习惯于简单地靠开会议发文件或者用一些检查、评比来抓落实，更多的时间应付各种会议，忙于迎来送往，造成了决策上的匆忙、贯彻上的不力和落实上的漏洞。

通过深刻反思，班子成员对弘扬求真务实、言行一致的优良作风的极端重要性有了进一步的理解和认识，从思想上切实纠正和防止了只图形式、不重实效、形式主义的不良习气。

六、增强了廉洁自律意识，推动党风廉政建设

在“三讲”教育中，领导班子成员对照《中国共产党党员领导干部廉洁从政若干准则》、《关于党内政治生活的若干准则》和廉洁自律八项规定，深入查摆自己在廉洁自律方面的主要问题和执行党风廉政建设责任制的不足之处，寻找问题存在的主要根源。大家纷纷表示，一方面要从身边做起，从自我做起，严格遵守执行党风廉政建设有关规定，自重、自警、自省、自励，起好带头表率作用；另一方面要认真履行廉政建设责任人的职责，抓好自己分管系统的廉政建设工作，立足教育，标本兼治，增强源头预防效果，确保把党风廉政建设责任制落到实处，促进我校党风廉政建设。

我校“三讲”教育工作虽然取得了一定效果，但与中央和省委的要求相比，与广大干部群众的愿望相比，还有不少差距和不足。我们应当清醒地看到，成效是初步的，有些问题虽然找准抓住了，但整改还需要一段时间，有的问题要彻底解决，还需要多方面协调。就“三讲”教育本身来讲，领导干部理论素养还需要进一步提高，理论联系实际还必须进一步强化，改造主观世界还有待于进一步加强；有的同志剖析问题还不够深入，存在着就事论事的现象；有的同志在开展批评与自我批评中还存在一定差距，顾虑还没有完全消除；整改项目的措施、责任人和责任部门、完成时限虽已确定，但落实到位还需要下大工夫，还要抓得更紧、更实、更好，还要结合院系部处查摆出来的问题进行回头看等等。对这些问题，我们将继续采取有力措施加以解决。

——本文摘录自王豪杰:《梦萦南强》，厦门大学出版社，2007年3月版

加强建设　深化改革
确保顺利通过本科教学工作优秀评价

——在迎接教育部本科教学工作优秀评价动员大会上的讲话

(2000年1月17日)

校长　陈传鸿

同志们：

对进入"211工程"的高等学校进行本科教学工作优秀评价，是教育部根据《高等教育法》的规定，对学校进行宏观管理、检验学校办学水平的重要部署。通过本科教学工作评价，引导高校把人才培养工作放在中心地位，加强教学基本建设，深化教学改革，提高教学质量，具有积极而深远的意义。我校跨世纪的奋斗目标是"到21世纪初，把厦门大学办成国内一流、国际上有较大影响的社会主义综合大学"。建设一流大学，首先教学工作必须是一流的。本科教学作为学校办学的基础，能否使我校本科教学工作达到优秀水平，事关学校发展目标的实现，事关学校的国内外声誉。这就决定了本科教学工作优秀评价不是要不要申请参加的问题，而是无论如何必须通过的问题。另一方面，迎评工作也是适应当前日趋激烈的高等教育竞争的需要。党的十五大从跨世纪的战略高度，做出了科教兴国的重大部署。去年召开的全国教育工作会议、全国技术创新大会和教育部制定的《面向21世纪教育振兴行动计划》，都对高校高素质创新人才的培养提出了更高的要求。今天召开动员大会，就是要以两会精神为指导，进一步统一思想，提高认识，动员和团结广大师生员工，在过去两年多工作的基础上，真抓实干，确保顺利地高质量地通过教学工作优秀评价。下面我谈几点意见：

一、进一步转变教育思想和教育观念

有什么样的教育思想观念，就有什么样的教育和教学体系。教育行为的转变要以教育思想、观念的转变为前提，而教育思想、教育观念渗透于教学工作的各个方面，贯穿于教学改革的全过程。因此，全员转变教育思想、更新教育观念是教改实践的思想基础和先导，是推进素质教育的必要条件。

1.树立质量意识。综合国力竞争归根结底是人才的竞争。一个国家要想在激烈的世界经济竞争中立于不败之地，就必须占领人才培养的制高点，培养出高素质、高质量、高水平的各类专门人才。正如陈至立部长所说的"教育事业从来没有像今天这样，与国家的安危、民族兴衰息息相关"。因此，承担以培养人才为己任的高等学校，要在竞争中生存和发展，务必要在教学工作和学校各项工作中树立质量第一意识，明确教学质量是学校生存和发展的生命线，把提高教育质量作为学校教学工作的永恒主题。

2.强化素质教育意识。加强素质教育，全方位提高教育质量，培养创新人才，是高等学校的重要历史使命。德育教育是素质教育的灵魂，要把邓小平理论学习、思想政治教育、品德教育、纪律教育、法制教育、心理健康教育等抓实、抓好。《中共中央国务院关于深化教育改革全面推进素质教育的决定》指出：全面推进素质教育，要面向现代化、面向世界、面向未来，使受教育者坚持学习科学文化与加强思想修养的统一，坚持学习书本知识与投身社会实践的统一，坚持实现自身价值与服务祖国人民的统一，坚持树立远大理想与进行艰苦奋斗的统一。大学实施素质教育，要实现四个转变，转变以继承为中心的教育思想，树立培养创新精神的教育观念；转变以学科为中心的教育思想，树立整体化知识的教育观念；转变以发展智

力为中心的教育思想,树立德、智和非智力因素协调发展的教育观念;转变以做事为中心的教育思想,树立做事和做人相结合的教育观念。

3.树立特色意识。学校办学传统和特色决定了学校办学的品位、层次和成色,是学校的优势所在。李岚清副总理不久前在接见我校领导时指出:“一所学校不要办得面面俱到,要有自己的特色,名校必须是有自己特色的,有有名的重点学科和专业。”因此,要努力改变过去在系科专业设置上追求大而全的做法。调整、重组或新建学科专业,一定要树立“名牌”战略思想,基础好的学科专业要争创一流,有的则要走特色之路。这要成为今后学科建设和院系专业发展的一个重要思路。同时在人才培养模式上要不断探索和创新,以形成自己的风格。各院系都要根据自身条件和在全国所处的地位,进行认真定位,在此基础上做好规划,办出特色、办出水平。

4.树立市场意识和以学生为主体的教学观念。高等教育的改革、发展要面向社会,考虑人才市场反映的社会需求,结合教育规律来决定专业设置、招生规模以及课程体系、教学内容,并且随着社会需求的变化而调整;要进行教学资源的合理配置,重视投入产出,加强成本核算,力求以最小的投入获得最大的社会效益和经济效益,减少人才培养不适应市场需要而造成教育领域的最大浪费。作为适应市场竞争的必然要求,要改变用一个模子塑造所有的学生的旧思想旧方法,高度重视学生的个性发展,因材施教,培养学生的创新能力;教学思想要从以传统的传授知识为主,向以学生主动发展为中心转变;教师要从“能教什么”、“会教什么”向“需要教什么”的一专多能方向转变;使受教育的学生从“知识型”向“素质型”转变。

二、正确处理本科教学工作中的几方面关系

要转变教育思想和观念,把改革落到实处,提高教学质量,并顺利通过本科优秀教学工作评价,还应当认真研究和正确处理好以下几个方面的关系:

1.教学与科研的关系。

高等学校的教学和科研是相辅相成的,不可相互脱离。一个教师不做科学研究或不具备科研能力,不可能成为高水平的教师;同样,一个教师只搞科研不搞教学,就不是一位真正的教师,其科学研究的发展也会没有后劲,很难成为大家名师。一些教师没有处理好教学和科研的关系,其主要问题在于不重视教学,特别是不愿意上本科的课程。为此,我们采取设立基本课主讲教授岗位的办法,就是要鼓励教授(研究员)承担本科基本课程的教学。今后,评定职称标准要增加对教学质量的要求,对认真从事教学工作,教学效果优良的教师在职称评聘上给予政策倾斜。为适应培养高素质、创新型人才的要求,教师在教学科研活动中,还要积极引导高年级本科生参加科学研究和创业活动,关注科技和社会发展动态,自觉培养科研能力。

2.文化素质教育与专业教育的关系。

当前我们所倡导的素质教育是全面的、综合的素质教育。实施素质教育,应兼顾两个方面:一是要将文化素质教育作为推进素质教育的切入点,通过各种方式和活动提高学生的人文社会科学和自然科学的基础知识、基本素养、文艺的基本常识和美学鉴赏力;二是还需要把素质教育的思想内化到专业教育的整个过程中。在实施素质教育过程中,既要反对一讲素质就是不要专业的倾向,试图将学生培养成无所不知而又无所专长的杂家,这不符合我们的教育目的;又要反对不考虑社会需要、忽视社会经济科技迅速发展的情况,固守狭隘的专业教育老观念、老做法。

3.专业教育中理论教学与实验实践教学的关系。

要贯彻素质教育的思想,培养高素质的人才,不仅要改革理论教学,而且更应当重视和改革实验实践教学。理论教学与实验教学内容的更新和方法的改进,必须同步进行,紧密结合,以求收到事半功倍的效果。实验实践教学要注意培养学生的创新能力,朝着加强设计性实验、加强生产实习实践环节、实施多方位能力培养的方向发展,变学生被动参与为主动参与,并能运用学到的理论来解决实际问题。实验教学

还要与实际应用相结合,各院系要积极探索产学研相结合的办法,建设好校外实习基地。

4.课堂教学与学生课外学习的关系。

要提高学生素质,培养高质量人才,光靠课堂教学远远不够,应重视课外学习。课外学习有两种,其一是有形的学习包括通过图书馆、网络学习;参加学术讨论、社会实践、竞赛活动等等。另一种课外学习,即无形的学习,包括校园环境的熏陶;教学、科研、管理、后勤服务中折射出的创新进取精神、团队精神、为人处世态度;学校规章制度对学生进行的导向、调控和纪律训导;学校的精神底蕴,包括学校的历史传统、精神氛围、理想追求等。因此,要使学生的能力、知识、个性得到全面的发展,成为高素质的人才,加强校园文明建设必须作为一项长期的重要任务来抓。这次本科教学工作优秀评价,不能只把眼光放在教务口,而应当继续推进和更加重视校园文明建设和校风、学风建设。

5.教学建设中硬件建设和软件建设的关系。

我们要下决心加大投入,全面改善基础教学设施,使教室、实验教学的设备、手段、环境等达到全国先进水平。特别要大力加强以信息技术为标志的现代化教学手段的运用。但在搞好硬件建设的同时要抓好软件建设,不能只建不管。搞好软件建设,要坚持以改革促发展,以管理出效益。首先要做好规划,做到合理布局、保证重点、照顾一般,实行资源共享,避免重复建设;其次在手段现代化的同时,教学内容和课程体系改革要跟上,教师的教学思想、教学方法也要跟着变;再次,设施的管理要跟上,要从优化管理中要效益。

三、加大投入,深化教学改革,进一步提高教学质量

“优秀评价”的指导思想是:以评促建、以评促改、着力改革、重在建设。自1996年我校开始酝酿和组织迎评以来,学校针对教学工作中突出问题,做了大量有成效的工作。但是对照教育部颁发的本科教学工作优秀评价指标,尚有不够理想之处,主要有:就整体而言,领导精力投入不足、经费投入不足、教师精力投入不足和学生精力投入不足的状况还没有彻底改变;部分教学设施老化,体育设施不足;一些新兴热门学科师资紧缺,引进困难;院系教学管理干部队伍的素质亟待提高;专业设置和人才培养与社会需求还不适应,一些新设专业的办学条件和教学质量不理想;一些学科教学改革不够深入;实践教学比较薄弱;少数教师对待教学马虎应付,教学效果不理想;学校教学工作的特色不够明显。为了克服上述薄弱环节,开创教学工作新局面,顺利通过“本科教学工作优秀评价”,必须进一步采取措施加大经费投入,努力改善教学条件,不断深化教学改革,全面提高教学质量。

1.进一步明确高校的办学指导思想。即培养人才是高校的根本任务,教学工作是主旋律,提高教育质量是永恒的主题,教学改革是各项改革的核心。要围绕提高教育质量和加强素质教育、培养创新型人才这两个重点,围绕培养什么样的人才和怎样培养人才这两个根本问题,开展教育思想大讨论,进一步解放思想、转变观念,树立正确的质量观、人才观和成才观,认真总结我校的办学经验和办学特色。

2.加大教学投入,改善教学条件。在教学基础设施的建设方面,我校历史欠账较多,存在问题突出。今明两年,学校将通过“共建”、向银行贷款等多种渠道筹集资金,加大教学投入,以期使我校的教学基础设施得到较为彻底的改善。学校决定2000年增加本科教学优秀评价建设经费2000万元,另外筹措2250万元用于加强工科实验室建设,筹措1000多万元用于网络中心、数字化图书馆及体育设施建设;加大4个基础学科人才培养基地的建设力度,在经费上实行一比一配套;制定配套政策,鼓励院(系)将发展基金投入教学基础设施建设。

3.加强师资队伍和教学管理队伍建设。建设高质量高素质的教师队伍,是全面推进素质教育的基本保证。要建立教师定期进修培训制度和加强高层次人才的引进工作。在认真总结实行主讲教授岗位制度和挂牌上课办法的基础上,完善教学竞争机制,打破平均主义,提高优秀教师待遇,奖励优秀教学成果,引导教师把主要精力投入到教学改革和建设上来。此外,还要加强实验技术和教学管理队伍的建设。

4.巩固按院、按专业大类招生培养的改革成果,加快学科专业调整、重组和改造,使人才培养进一步

适应国家和地方经济建设、科技进步、社会发展和创新型人才培养的需要,为实施素质教育、培养创新人才不断创造有利条件。

5.进一步推进教学内容和课程体系改革。加大资助力度,支持"面向 21 世纪教学内容和课程改革计划"立项项目的教材成果出版;在"厦门大学面向 21 世纪系列教材"的基础上,再出版一套"厦门大学新世纪教材",重点资助教学内容已作重大改革、体现我校优势的基本课程和部分有望成为名牌特色课程的选修课教材,计划分三年出版 100 种左右,实行全额资助,在全国一流出版社出版,以扩大我校教材建设方面在全国的影响。进一步加强计算机、外语的教学改革,着眼于学生的计算机应用能力和外语实际交流能力的提高。加强政治理论课、大学语文、高等数学等课程的建设和改革,使之在提高学生基本素质方面取得明显成效。要优化课程体系,打破学科课程之间的壁垒,加大选修课的比重,让学生有选择学习内容、自我组建知识结构的机会,让学生有一定的自学时间和发展个人兴趣爱好、锻炼能力的时间。

6.构建适应 21 世纪需要的人才培养模式和人才培养机制。构建适应 21 世纪政治、经济、科技、文化发展需要的人才培养模式是当前深化教育改革,把素质教育落到实处,培养创新人才的关键。要按照基础扎实、知识面宽、能力强、素质高的创新人才的总体要求,逐步构建起融传授知识、培养能力与提高素质为一体,富有时代特征的多样化的人才培养模式。同时,积极构建多层次、多规格、弹性化的人才培养机制,调动学生的学习主动权、积极性和创造性,使学生能够学到更多有用的知识,为实施素质教育创造良好的条件。

7.加强对院系教学工作的领导。完善院系教学评估督导体系,将教学工作业绩列为院系领导业绩考核的主要内容之一。建立定期总结先进教学经验和评比优秀教学成果的制度,对在全国、全校有重大影响的优秀教学成果实行重奖。

8.加快教学方法与手段的现代化进程。积极推进讨论式、启发式、探究式教学,将知识传授与能力培养、素质提高结合起来,努力使学生养成科学精神和创新的思维习惯,增强分析问题解决问题的能力、收集处理信息的能力、获取新知识的能力、团结协作和国际交往能力。在教学手段方面,要加快计算机辅助教学手段的研究开发和推广使用,普及应用电化教学设施,提高教学效益和教学效果。特别要重视开发适合我校教学实践的 CAI 软件,评选和推广优秀课件和多媒体教材。

四、加强领导,落实责任,确保顺利通过优秀评价

迎评工作是我校今后一段时间里的大事,是继校园文明建设、"211 工程"立项之后的第三战役。时间紧、任务重、要求高、责任大是这次迎评工作的特点。为此,迎评工作要做到:统筹规划,明确任务,同步推进,限时完成。现在学校已重新调整了教学评优领导小组和办公室,协调全校各个部门、各院系工作。各院系也相应成立了迎评工作小组,一个全校性的迎评工作网络已经建成并开始运作。下一步要将评价指标分解到各部门,各部门都要积极配合、认真落实,并指定专人负责,协助做好总结、抓好整改,谁失误谁负责。

总之,我们要把本科教学工作优秀评价放到学校的整体发展中去认识,既要总结过去,更要展望未来。通过做好迎评工作,开创我校本科教学工作新局面,使学校的人才培养工作迈上一个新台阶,为我校在 21 世纪的更好、更快、更大发展奠定厚实的基础,在争创高水平大学的征途上迈出坚实的一步。

——本文摘录自《厦门大学报》,2000 年 3 月 25 日第 414 期

正确处理高校科研体制改革中的几个关系

(2000年4月)

校长　陈传鸿

《中共中央国务院关于加强技术创新,发展高科技,实现产业化的决定》,是我国加强技术创新,加速科技成果商品化和高新技术产业化的纲领性文件。高等学校要深刻领会《决定》精神,进一步转变观念,把科技成果转化和高新技术产业化放在与教学、科研同等重要的地位,增强高等学校参与国家创新体系建设,促进科技成果转化和高新技术产业化的历史责任感、使命感和紧迫感,使高校不仅成为国家知识创新和高层次创造性人才培养的基地,而且也成为技术创新和高新技术产业化的重要生力军。

认真贯彻落实《决定》精神,高等学校当务之急是加强科研体制改革,转换运行机制。只有从根本上形成有利于提高基础研究水平和有利于成果转化和应用开发的体制和机制,才能不断提高知识创新能力,提高科技创新水平,促进经济、社会和科教的结合和不断发展,才能适应知识经济时代的挑战。科研体制改革与各方面的工作紧密联系,相互影响、相互制约。因此,在改革中我们要注意处理好以下几个关系。

一、正确处理教学与科研的关系

教学是高校的基本任务,科研是高校的重要任务。在国家创新体系中,高等学校承担着知识创新和知识传播两大任务,这实际上就是我们通常所说的科研和教学。国务院批转教育部的《面向21世纪教育振兴行动计划》提出实施"高校高新技术产业化工程",要求"高等学校要在国家创新工程中充分发挥自身优势,努力推动知识创新和技术创新,加快技术开发,围绕经济建设中的关键技术开展科技攻关,为改造传统产业、调整产业结构、加强农业和农村工作、培育新的增长点服务",以带动国家高新技术产业的发展。因此,高校必须推动科研成果转化和高新技术产业化,这一任务就是知识应用,它与知识创新和知识传播同等重要,实际上都内在统一于创新体系之中,互相结合、互相促进。

从知识经济时代高校的功能和作用而言,未来的大学必须是研究密集型大学,它的最大优势是能够在教学和科研的紧密结合中,迎接信息时代的挑战。科学研究和科技水平是体现高校办学水平的主要标志,没有一流的科研,无法培养一流的高素质人才,也就不可能有高质量的现代高等教育。同时在国际交往中,没有一流的科研,学校就没有知名度,就缺乏国际影响和地位。因此从未来发展看,科研应是重中之重。

当然,要发挥好高校的功能,科研与教学应更紧密结合,不可相互脱离。一位教师不搞科学研究或不具备科研能力,缺乏知识创新的源泉,不可能成为高水平的教师;同样,一位教师只搞科研而不搞教学,就不是一位真正的教师,其科学研究的发展也会缺乏后劲而很难成为大家名师。高校的教师还应通过开展科研活动,培养学生的创新精神和实践能力。在推进科研体制改革、转换运行机制的过程中一定要把握好这一认识与发展趋势,积极探索能使科研与教学更好结合的体制和机制。只有首先在高校内部把知识生产与知识传播很好地统一起来,把科研和教学结合起来,才能为知识的应用,即科研成果转化和高新技术产业化创造条件。

二、正确处理基础研究与应用开发研究的关系

厦门大学学科门类比较齐全、基础力量较为雄厚，以基础研究见长。改革开放以来，尤其是近年来，基础研究的产出无论在数量还是在质量上都比过去有很大提高。重点研究基地建设成效显著，如固体表面物理化学国家重点实验室，1999年在全国化学化工类29个国家重点实验室评估中被评为A级（总分第一名），“海洋环境科学”等教育部重点实验室在历次评估中也取得了较好的成绩。被SCI、EI等收录的论文逐年增加，1998年被SCI收录的论文数，名列全国高校第12位。人文社会科学研究成果丰硕，在1999年举行的首届国家社科基金项目优秀成果评奖中取得优异成绩，获奖数名列全国高校第三名。而相比而言，以往厦大的应用研究和高新技术开发相对较弱，近几年虽然有所起步，但与兄弟院校相比，发展仍然滞后，在高新技术产业化方面更是落后了一大步。这一问题的存在，使得学校“自身”造血功能不强，阻碍了学校的可持续发展，更影响了学校作为高水平研究型大学功能的形成和发挥。

面对这一问题，科研改革的中心内容是，要在保持和加强基础研究的同时，加快发展厦大一直比较薄弱的应用研究和开发研究，彻底改变这一“短腿”现象，并在此基础上推进高新技术产业化。这是个结构性的战略调整，但绝对不能理解为不重视基础研究了，大家一窝蜂都去搞开发。从厦大的过去和未来发展看，科研的基础研究非但不能削弱，而且还必须加强。

在我国教育史上，著名的教育家蔡元培先生把学术分为“学理”和“术用”两个方面，认为“学必借术以应用”，“术必以学为基本”，较早地揭示了基础研究和应用开发研究的关系。从建设高水平现代化大学的目标看，研究型大学的主要任务是知识创新，而许多创新点就在基础研究方面；作为衡量高水平大学的标准之一，是要看其基础研究水平的。基础研究的目标是不断攀登新高峰，追踪国际学术前沿，创造出具有世界先进水平的重大成果。再者，高新技术的发展及其产业化，也需要强大的基础研究实力做后盾。这是由当代科学与技术的结合日益密切的特点决定的。

加强技术创新，发展高科技，实现产业化，不仅是高校增强“造血”功能、促进自身发展的需要，也是体现高校在现代社会中的知识创新作用和促进社会发展的需要。从科研本身来说，产业化既是基础研究的自然延伸，又是基础研究的源泉。因此，学校在科研体制改革中的指导思想十分明确，即要坚持两条腿走路，高新技术产业化要大力推进，基础研究也要进一步加强，两方面都要选调精兵强将，用不同的管理体制来运作，即根据“稳住一头，放开一片”的原则，继续保持基础研究的雄厚优势，组织基础性研究队伍，以期形成“拳头”和前沿研究基地，取得基础研究的重大或突破性进展。制定相应政策，鼓励老师开展应用性、开发性研究，把科研人员推向经济建设主战场，采取企业化管理模式，按市场机制运行，完全交给市场进行检验。

为了加强科研成果转化和高新技术产业化，厦大已从三方面展开工作：一是在进驻深圳虚拟大学园的基础上，加快建设厦大深圳研究开发院。二是积极争取省市政府支持，规划建设好厦门大学科技园。按照“统筹规划，以人为本，市场推动，扩大开放”的指导方针，实行产学研结合，集中管理，开放经营，争取把厦大科技园办成高新技术企业孵化基地、创新创业人才培养基地、高新技术产业发展基地和科技、市场与金融信息集散中心。三是选择并扶持微机电系统（MEMS）及其加工制造技术、膜技术及其应用、生物工程技术、高新能源技术等一批具有市场前景的高新技术成果，尽快取得产业化的突破。

三、正确处理自然科学与人文社会科学研究的关系

自然科学、社会科学研究是高校科研的“两翼”，二者共同构成知识创新体系的完整内容。实践证明，在科技知识转化为生产力的过程中，不但要有可转化的技术，而且还要有这种转化的制度保障和以人文科学知识为基础的制度创新能力。对厦大而言，在加快科研发展和改革中，不仅要重视发展理工科，而且也要高度重视发展文科。

首先,高水平大学的特点是"综合性、研究型、国际化",因此许多理工科大学都在走综合性发展之路而大办文科。厦大人文社会科学历史悠久,具有传统优势,改革开放以来又取得一批新成果,已构成了学校科研的主要特色,在新世纪中有条件也有基础大力发展。其次,高校实施素质教育,培养高素质创新人才,必须加强对学生进行文化素质教育。德育教育是素质教育的灵魂,要把邓小平理论的学习、思想政治教育、品德教育、纪律教育、法制教育、心理健康教育等抓实、抓好。这就需要学校发展齐全的人文社会科学学科。最后,学校推进高新技术产业化的进程,亟须面向市场开拓的经济、管理人才,需要人文社科知识为基础的制度创新,因此也需要大力发展文科。当然,文科科研要搞好,自身的体制与机制也必须进行改革,加强科研力量、资源的有机整合,大力加强文科重点研究基地的建设,打破科研力量分散和"小而全"的弊端,才能形成参与竞争的新优势。

总而言之,一所综合性大学的科研结构必须实现"文理两翼齐飞,基础与应用共同发展"的格局,从而体现综合性大学在社会经济发展中的全面功能,真正成为"科教兴国、科教兴省、科教兴市"的重要基地。

四、正确处理科研与人才培养的关系

技术创新与科技成果转化和高新技术产业化的关键在人才。取得高水平科研成果和推进科技成果转化、实现高新技术产业化,都需要具有强烈创新意识和创新能力的高素质人才作为基础。同时,好的科研人才又都需要通过科研的实践才能脱颖而出和逐步成长。因此,在科研改革中,要把培养人才放在突出位置,采取各种措施,加快创新创业人才和顶尖人才培养的步伐,造就一支高水平的研究人员队伍,为学校的长盛不衰提供人才的支持。

已故清华大学校长梅贻琦教授有句名言:"大学者,非有大楼之谓也,有大师之谓也。"可见一流的大学必须有一流的学者,要有一批大师级人物。这个任务要完成,一个重要的途径就是要通过科研实践来锻炼人才、发现人才、培养人才,实现基地、项目、人才一体化发展。因此,如何在科研组织实践中,把出成果和出人才两个目标结合起来考虑,应该成为我们科研改革要达到的目标之一。必须认识到,科学技术研究创新活动是要靠人来展开的,尤其是要有优秀的、有献身精神的学术带头人和骨干。他们要有创新的科学思想,有创新的能力,同时具有"团队"精神,善于组织协同,联合跨学科的专家共同进行攻关。因此,科研改革的成败,从某种意义上说,关键是能否营造人才成长和发挥作用的环境,培养和吸引一大批德才兼备的优秀人才。

在科研改革中,要抓住人才队伍建设这个关键,必须"以人为本",通过深化高校内部管理体制改革和人事制度改革,进一步改革和完善分配制度、职务聘任制度,建立符合高校实际、有利于科技成果转化和高新技术产业化的用人制度和激励机制,发挥高等学校教师和科技人员从事科技成果转化和高新技术产业化的积极性,使智力、技术、创业和管理要素参与分配,充分体现智力劳动的价值和贡献。同时,要改革和完善高校综合评估体系及科研奖励制度,把科技成果转化和高新技术产业化作为高等学校综合评估的重要指标之一。通过评估和激励政策导向,调节并促进高校充分实现各项功能。

五、正确处理科研与学科建设的关系

科学研究经过长期的发展,会形成若干个学科和研究方向。这些学科和研究方向向纵深发展,又会使其与其他学科和研究方向的区别日益明显,形成较稳定的学科和方向。这是科学史上的一种循环。但是随着现代科学综合性趋势的发展,又会在对一个复杂现象的多学科交叉研究、联合攻关中,形成新的学科和研究方向,这是又一种循环。而后一种循环更值得我们重视。高等学校教学的系、科相对稳定,但科学研究的学科组织有可能也有必要随着科研项目的需要而不断变化,这就要求我们正确处理好科研发展与学科建设的关系。一方面,学科建设要以科研的方向和成果作为主要标志,另一方面学科建设特别是研究方向要以科研的需要而不断调整。

社会的发展，越来越需要多学科、交叉学科以及边缘学科来共同解决一些前沿和尖端课题，靠“小型化”、“分散化”及“小而全”只能是死路一条，因此在科研改革中，要建立健全多学科交叉、协作的研究组织体制和运行机制，调整结构、优化配置，有所为、有所不为，组建并发展国内领先、国际有影响的学科群和跨学科的研究中心，承接大项目、大课题。以此来调整和加强学科建设，要比那种固守原来的学科划分和研究方向的做法更能适应现代社会发展的需要。

——本文摘录自陈传鸿：《大学之道：在建设一流大学的征程上》，厦门大学出版社，2003年12月版

加快技术创新步伐的重要举措

——在厦门大学科技园建设暨科技项目发布会上的讲话

(2000年4月26日)

校长 陈传鸿

今天,我们在这里举行厦门大学科技园建设暨厦门大学科技项目发布会。今天的会议标志着厦门大学科技园建设开始启动,首先让我代表厦门大学对关心和支持厦门大学科技园建设的各位领导和各界人士表示衷心的感谢!

党中央和国务院极为重视大学科技园工作。科技部、教育部连续发文要求各地开展大学科技园建设。继去年9月下发《关于组织开展大学科技园建设试点的通知》,计划建设100所大学科技园之后,12月再次下发《关于作好国家大学科技园建设试点工作的通知》,批准首批15所大学科技园进行试点,并进一步要求各级政府抓紧大学科技园建设,在政策、资金和基础条件方面提供支持,并明确大学科技园是国家技术创新工程基础设施的重要内容,是国家火炬计划和面向21世纪教育振兴行动计划的重要组成部分,强调地方政府在建设大学科技园中的重要作用,特别是前期的资金和土地投入。随后,在今年元月份,教育部又下发《关于贯彻落实中共中央、国务院"关于加强技术创新,发展高科技,实现产业化的决定"的若干意见》,首次将科技成果转化和高新技术产业化作为高等学校的重要历史使命之一。把科技成果转化和高新技术产业化放在与教学、科研同等重要的地位,对高等学校加强技术创新、加速科技成果转化和高新技术产业化提出了具体要求。3月份科技部高新技术发展及产业化司和教育部技术司又一次下发《关于印发"国家大学科技园建设试点工作会议纪要"的通知》,部署了大学科技园工作,要求创办大学科技园要坚持从实际出发、因地制宜、大胆探索各种模式。但无论何种模式都应当在当地政府统一领导和规划下进行,各级政府要把大学科技园建设纳入当地经济、科技、教育总体规划和计划,提供必要的经费等支持条件,以形成大学科技园建设的合力。科技部将把大学科技园建设纳入国家"十五"科技计划,作为重大专项予以重点支持。因此,建设大学科技园,已成为科技教育领域实施高新技术产业化的一项重要内容,势在必行。我国即将加入世界贸易组织(WTO),加强科技创新,孵化高科技企业,培育具有自主知识产权的高新技术企业是我国经济持续发展的关键,因此,建设大学科技园,发挥大学的优势,尤为重要。知识经济是21世纪的时代特征。知识经济有四大要素:人才、资金的运用、规章制度和环境,四要素缺一不可。建设大学科技园可以创造条件,汇集这四个要素,以便吸引人才参与创业,建立基金予以支持,提供政策给予保证,营造环境实现梦想。

创办大学科技园是厦门大学贯彻落实全国技术创新大会和全国教育工作会议精神,加快技术创新步伐,发展高科技,实现产业化,培养创新创业人才的重要举措;也是厦门大学面向经济建设主战场,为地方经济服务的客观要求。厦门大学科技园的建设不仅对厦门大学转变观念、培养创新人才、加速科技成果转化具有重大意义,而且对福建省和厦门市建设创新体系、加强技术创新、引进人才、发展具有自主知识产权的高新技术产业群,也具有十分重大的意义。厦门大学科技园不仅是厦门大学的科技园,更为重要的它是福建省和厦门市的大学科技园。厦门大学科技园应成为福建省和厦门市大学科技园最重要的组成部分,成为福建省和厦门市发展具有自主知识产权的世界一流高新技术及产品最重要的孵化基地之一。

当前,厦门大学科技园的建设具备许多有利的条件。一是国家高度重视,二是经济发展需要,三是地方政府大力支持，四是高校师生的积极性。自去年以来，厦门大学认真贯彻落实全国技术创新大会和全国教育工作会议精神，深化改革，在教学、科研、科技成果转化和产业化方面采取了一系列重大措施，全面推进校内管理体制改革并已初见成效，受到了教育部党组的肯定；去年还召开了学校科研工作会议，提出了转变观念，加快创新，并出台了一系列改革措施；“211工程”建设取得了显著成效，固体表面物理化学国家重点实验室在化学化工类国家级重点实验室考核评估中，被评为第一名，另外三个实验室被认定为教育部重点实验室；产学研结合、科技成果转化方面我校起步较晚，但正迎头赶上并取得了可喜进展。我校去年选送50多项科研成果参加深圳高新技术成果交易会后，引起了全国各地企业的关注，纷纷前来洽谈合作开发，去年我校大学生创业计划项目“辣椒的综合利用技术”获全国创业计划大赛金奖；我校与厦门宝龙公司锂电池产学研合作项目取得重大突破，在国内首家手机锂电池生产线试车成功，并批量生产；德国弗劳恩霍夫工研院与我校合作，共同开发我校新型聚焦毛细管电泳项目；我校与北京万泰生物药业有限公司、福建省卫生防疫站合作开发的艾滋病诊断试剂盒项目，通过了鉴定，达到国际先进水平，填补了国内空白；浙江养生堂公司已与我校签订了合作协议，投资1200万共建实验室，开发生物药品。

目前，我校有一批技术成熟、科技含量高、具有产业化前景和市场潜力的成果，亟须转化。但是，由于我校尚未建成大学科技园，使得上述科技成果转化受到一定影响，以至于一些好的项目流失到外地。应该指出的是目前厦门市的高新技术开发区、创业中心、留学生创业园的孵化功能还不完备，以引进企业为主，且都远离学校，不便于广大师生创业和转化成果。厦门大学科技园的建设，一方面为厦门大学以及厦门的其他大学提供科技成果转化和孵化的场地，为各学科教师和学生提供创新创业的环境。另一方面，它也是开放式的园区。对外引进人才，引进具有自主知识产权的项目，从而为厦门大学及其他大学和科研机构的科技成果优先在福建省和厦门市转化为生产力提供条件。因此，厦门大学科技园既是厦门大学的，更重要的是厦门市的，是大学与政府的共同行为。

我们今天成立厦门大学科技园筹备处，开始启动厦门大学科技园的建设，表明我们建设厦门大学科技园的决心。我们要遵循“统筹规划，以人为本，市场推动，扩大开放”这一原则，建设厦门大学科技园，把厦门大学科技园办成高新技术企业的孵化基地，创新创业人才的培养基地。我校科技园方案正在规划，落实孵化场地，多渠道筹集资金。我们欢迎企业界、金融界前来与我校合作，共建厦门大学科技园。我们相信，在福建省、厦门市政府的领导和支持下，厦门大学科技园一定会健康发展，为加快省市技术创新步伐、发展高科技产业做出应有的贡献。

——本文摘录自陈传鸿：《大学之道：在建设一流大学的征程上》，厦门大学出版社，2003年12月版

积极发展现代远程教育

——在教育部网络教育专家实地考察汇报会上的报告

(2000年9月12日)

校长　陈传鸿

现代远程教育是20世纪80年代以来国际教育发展的重要趋势。目前已有100多个国家开展了远程教育。随着全球计算机网络和多媒体技术的发展,各发达国家和许多发展中国家都在采取措施,支持本国现代远程教育发展,为21世纪教育的大发展做准备。目前,我国教育需求在不断增长,而教育资源相对短缺。按现有的学校容量,每年大约有上千万青少年不能升入高一级学校,全国还有3000多万青壮年需要扫盲。我们必须努力扩大教育规模,提高教育质量,使人力资源的结构和数量与社会所需要的知识创新和人才支持相适应。要构建终身学习和不断更新知识和技能的教育体系,消除专门人才短缺和人口素质不高对各项事业发展的制约,解决地区间发展不平衡的矛盾。发展现代远程教育将为解决这些问题提供重要而有效的途径。

随着信息化社会、学习化社会的逐步形成和知识经济时代的初露端倪,现代远程开放教育受到了我们党和国家的高度重视。江泽民同志强调"终身学习是当今社会发展的必然趋势",明确提出:"要以远程教育网络为依托,形成覆盖全国城乡的开放教育系统,为各类社会成员提供多层次、多样化的教育服务。"认真贯彻中共中央、国务院《关于深化教育改革,全面推进素质教育的决定》,积极实施国务院批转的《面向21世纪教育振兴行动计划》所提出的"现代远程教育工程",这是在我国教育资源短缺的条件下办好大教育的战略措施。发展现代远程教育,构建终身学习体系,是我国经济社会发展对教育的必然要求。

发展现代远程教育,也是推动教育信息化发展,实现教育现代化的重要内容。邓小平同志提出教育的"三个面向"中,"面向现代化"是最根本的。教育的现代化包含着丰富的内涵,首先要求教育要为社会主义现代化建设服务,发挥好高等教育的三大功能,在人才培养、科学研究和社会服务等方面做出贡献。其次要求教育要适应社会经济不断发展变化的需要,不断深化教育改革。也就是说必须深化教育体制的改革,更新教育观念,改革教育内容和方法,应用现代化的教育手段,逐步建立适应21世纪经济社会发展和现代化建设需求的新的教育体系。

教育要面向现代化,要求教育本身要现代化。教育现代化主要包括教育观念、教育手段、教学内容、教育技术、教育管理几方面内容。而实现教育的信息化是推动教育走向现代化的基础和条件。反过来,推动教育的信息化发展,必然引起教育的改革与发展,这种改革和发展的动力,一方面来源于现代信息技术和各种高新技术在教育领域的渗透和应用,大大地改变了教育的技术手段和方式;另一方面是来自经济社会发展的迫切要求。

21世纪信息社会的发展,教育信息化程度的提高,对人才培养模式提出了更高的要求。在培养目标上,要求德智体美全面发展,具有高度创新能力和使用信息化手段的能力;在培养内容上,主要侧重于使学生掌握学习的方法,使每一个受教育者都具有获取知识和更新知识的能力。在培养方法上,要灵活多样,不受时间、空间和地域的限制,能适合各种学科并能满足终生教育、大众教育的需求。

开展远程教育不仅仅是教学手段的不同,而必须实现教育观念的转变;开放教育不仅是教育对象、教育资源和教育过程的开放,更重要的是教育观念的开放。通过发展现代远程教育,加强远程教育师资培训、课件开发和多媒体技术、手段的应用,对于转变教育观念、提高高校教师的素质,对于提高现有的正规学历教育水平，对于提高办学效益，都大有裨益。

厦门大学作为福建省唯一的国家重点大学，有责任、有义务也有能力率先开展远程教育，起排头兵的作用，为福建省和厦门经济特区的新一轮创业做出应有的贡献。福建省委省政府提出，要通过多形式、多渠道发展高等教育事业，其中一项重要措施就是构建全省现代远程教育网络，发展现代远程教育。

厦门大学是著名爱国华侨领袖陈嘉庚先生创办的高等学府，与广大的海外华人有着难以割舍的渊源情结，是我国最早开展海外函授教育的办学机构。厦门大学面对台湾，毗邻港澳，在海内外享有很高声誉，成为港澳台和海外青年的求学热点。近年来，海外教育学院开发了"华文"、"针灸学"等远程教学课程，受到海外学员的欢迎。

这几年我校软硬件建设日臻完善，为发展现代远程教育奠定了坚实的基础。厦门大学"教学和科研计算机网"从 1994 年开始筹建，1995 年 4 月正式加入 CERNET，至今年年底，总投资 4200 万元以上，目前校园网建设的规模、水平居全国高校前列。我校加快了学校图书馆现代化建设与管理，建成了先进的光盘检索系统，先进的电子文献信息部。今年，学校再投入 500 万元，启动了"数字图书馆"建设计划，还陆续建成了一批多媒体实验室。学校发展远程教育，得到了省市政府和教育主管部门的重视与支持。校外信息传输途径除 CERNET 主干网外，与电信、联通等网络公司合作。落实了校外办学点，并与西部高校建立校际远程网络教学协作，开展对口支援西部大开发。

我校发展现代远程教育要以邓小平理论为指导，贯彻落实《关于深化教育改革，全面推进素质教育的决定》和《面向 21 世纪教育振兴行动计划》，坚持"统筹规划、需求推动、扩大开放、提高质量"和"少而精，以质量和品牌效应促发展"的指导方针。

厦门大学发展现代远程教育经历了三个阶段：网络手段—网络学科—网络学院。即由第一阶段的"网络手段"（将网络与多媒体作为教学手段，1997 年起），逐步扩展为第二阶段的"网络学科"（开设与网络教育相关的课程与学科建设，1999 年起），进而发展为第三阶段的"网络学院"（成立厦大网络教育学院，开展依托网络的非学历教育、认证技术培训以及学历教育，2000 年起）。三个阶段依次递进，相互联系。

为了保证质量，对首届招生，学校提出了"少而精"的方针，即坚决控制招生规模，严格把住生源质量。首届招生的专业限于学校的名牌专业和社会急需的专业，以保证教学质量和毕业生顺利就业，创造品牌效应，以利于今后稳步发展。加强了网络教育的课件建设，严格选择合作伙伴。所有校外教学点均依托省内各地市最好的大专院校，并规范教学设施建设，教学方案的制订和教学过程的组织。今后我校远程教育的发展，主要以成人继续教育和干部在职培训为主，并创造条件向海外开拓。我们认为，经过多年的努力，厦门大学已经具备了开展远程教育的条件，厦门大学网络教育学院招生的各项准备工作已经就绪。当然，作为新生事物，我们还要在实践中不断完善我们的工作和总结经验，以使之健康成长。

以上报告，敬请各位专家审议、指导。

——本文摘录自陈传鸿：《大学之道：在建设一流大学的征程上》，厦门大学出版社，2003 年 12 月版

认真科学地编制高校“十五”计划

(2000年11月)

校长　陈传鸿

当前,我们正处在“九五”、“十五”两个计划衔接的关键时期。“九五”以来,厦门大学坚持以邓小平理论为指导,全面贯彻党的基本路线和教育方针,把握改革、发展与稳定的大局,结合国家高等教育发展形势和学校的实际,不断深化各项改革,认真实施《厦门大学面向21世纪改革与发展规划》和“211工程”建设规划,学校各项事业有了较大发展,教学质量、科研水平、管理水平和办学效益有了明显的提高。能不能在此基础上立足新阶段,着眼新跨越,增创新优势,赢得新发展,将直接关系到下世纪初学校事业的兴衰成败。维护良好的发展势头,创造性地开创美好的明天,必须把科学地制订好计划和规划作为当前一项重要的基础性工作来抓。

一、编制学校“十五”计划的重要意义和指导思想

我们正在跨世纪的门槛上,既面临着难得的历史机遇和有利条件,也面临着前所未有的挑战和竞争。能不能抓住机遇,迎接挑战,赢得发展,不仅取决于能不能解放思想、转变观念,而且很重要的是对学校的事业是否有一个统筹规划。制订好发展计划,能够统一思想、凝聚力量,把学校事业维护好、建设好、发展好,把师生员工的积极性引导好、保护好、发挥好。首先,我们要看到不足,看到差距,树立紧迫感和责任感。“九五”以来,我们取得的成绩和进步是令人鼓舞的,但与形势对我们的要求,与兄弟院校相比,学校存在的差距和不足也是不容忽视的。目前,高校的竞争非常激烈,在看到学校成绩的同时,一定要看到我们的不足和弱势。这些问题不解决,学校就很难上一个档次。其次,要实施高起点高水平的发展战略,制定跨越式的发展计划。制订“十五”计划,一定要着眼于发展,创改革之新,走特色之路。通过创造性的工作,扬长避短,变不利为有利,化挑战为机遇,把压力变为动力,把优势转为胜势,努力实现学校跨越式的发展,大幅度地提高学校的水平和地位。最后,要坚持可持续发展的原则。目前学校的发展规模和水平,是几十年来艰苦奋斗的结果,要提高学校水平绝不是一朝一夕所能完成,而是要坚持长期作战,一步一步地做,一方面要有危机感和紧迫感,另一方面不可有浮夸和浮躁情绪,要坚持实事求是的原则。

指导思想不仅是制订和实施“十五”计划的核心内容,也是指导学校发展的基本“施政纲领”。指导思想是否科学关系到长远和全局。编制计划必须坚持以邓小平理论为指导,贯彻落实江总书记“三个代表”的重要论述及关于教育问题的谈话精神,坚持小平同志“三个面向”的教育思想;以中共中央、国务院《关于深化教育改革,全面推进素质教育的决定》、《关于加强技术创新,发展高科技,实现产业化的决定》精神和国务院批转教育部的《面向21世纪教育振兴行动计划》为依据。当前,还应学习贯彻《中共中央关于制定国民经济和社会发展第十个五年计划建议》的精神。对厦门大学而言,不仅要通过“十五”建设,把学校建设成为国内一流、国际上有较大影响的高水平大学,为实施“科教兴国”、“科教兴省”、“科教兴市”战略,为实现我国现代化建设第三步战略目标做出积极贡献,而且首先必须服务于地方经济社会发展,为福建省基本建成海峡西岸繁荣带以及省内部分地区率先基本实现现代化做出应有的贡献。

在认识了重要意义,明确指导思想的同时,也要注意把握编制计划的三个要素:

1.基本判断和科学定位。要对面临的形势做出基本的判断:一是对国内经济社会发展的形势的判

断，如经济结构调整、西部大开发、加入 WTO 等；二是对学校在教育竞争中所处地位的判断，包括各院系在规划时，对本学科目前在国内所处位置的判断。对学校的发展要进行科学定位，为实现“国内一流，国际上有较大影响”的总目标，要把学校办成综合性、研究型、国际化的高水平重点大学，应该在许多方面做出科学规划，包括学科建设，教学与科研工作，文科、理科、工科的协调发展，本科教育、研究生教育的规模和比例，海外教育、远程教育的发展，面向全国、立足地方的关系处理问题等等。

2.战略重点和主要目标。学校的发展不能是平均的发展，一定要有发展战略重点，学校要成为高水平的一流大学，并不是什么学科都是一流，而是有若干个国内一流、国际上有较大影响的学科。我们的主要目标应放在原来的优势学科、面向 21 世纪的新兴学科、交叉学科和特色学科上。此外，还有一个重要任务，即尽快实现以信息技术为中心的教育手段的现代化。

3.战略措施。跨世纪的目标是宏伟的，实现这些目标必须采取强有力的重大举措。具体措施要切实可行，关键在于要用足政策，抢占机遇，敢于创新。判断要准确，目标要明确，措施要落实。

总的来说，制定“十五”规划，要展望 21 世纪，迎接挑战，把握机遇，为“十五”期间我国经济体制和经济增长方式实现两个根本性转变，为“科教兴国”做出更大的贡献。要立足于国情、省情、市情和校情，全面适应国家省、市的需要，把学校的奋斗目标同国家和地方经济社会发展的现实需要相结合，把学校的发展战略和规划同国家和地方经济建设和社会发展大局相结合，把学校的改革思路与措施同国家的现行政策与社会环境相配套，做到目标的现实性、规划的阶段性和措施的可行性的协调统一。通过编制“十五”计划，总结过去，展望未来，确定新目标、探求新思路、采取新举措、促进新发展。

二、制定好规划应注意的几个问题

编制“十五”计划，必须从总体上把握关系长远发展的重大问题。要把握好这些重大问题，有赖于坚持解放思想、实事求是的思想路线。实践证明，解放思想、实事求是坚持得好，步子就会迈得大一些，发展就会快一些。

1.要正确处理规模、速度、数量与结构、质量、效益的关系，坚持规模、结构、质量、效益相统一的发展方针。发展是硬道理，但发展的内涵应完整地把四个方面统一起来，才是真正的发展，科学的发展，实实在在的发展。在德育与智育的关系上，要更加注重德育；在改革与发展的关系上，要更加注重改革；在数量与质量的关系上，要更加注重质量。推进素质教育，把培养高素质创造性的人才摆到突出的位置。

2.切实把为国家和地方经济及社会发展服务作为学校改革与发展的着力点。厦门大学在确定发展目标时，既要考虑为全国服务，同时又要把为福建省、厦门市的经济建设和社会发展服务作为制定规划的着力点。要继续搞好和省市的共建，共建的关键在于服务、在于贡献。服务做好了，得到了承认，就会获得更多的办学资源，发展的空间就会更大。

3.坚持以改革促发展，在调整中前进，在管理中提高。编制“十五”计划，要在人才培养结构、专业设置等方面做重大调整。要把我们会做什么、会教什么转变为社会需要做什么、教什么，这是重大的调整。也就是说十年、二十年以后学校是什么样子，办的是什么专业，开的是什么课，我们培养的人才是什么样的人才，这是大家都要认真回答的问题。如果我们培养的学生仅仅是数量上的增加，学校就不会有好的声誉，就没有立足之地，这样的计划是缺乏生命力的。

4.要实现资源的合理配置。即在一定时期，一段时间里，集中人、财、物的力量，重点投入具有广阔前景的、优势的学科或项目，取得突破性的发展。发展是硬道理，发展就需要投入，但是发展也不是所有学科或项目平均地一起发展。齐头并进，只能延缓前进的速度和水平的提高。从学校来说，一定要经过认真的研究，确定未来发展的战略重点，不能把有限的资源投到旧体制、旧机制中去。

5.用新机制办新事情。学校现在正处于改革时期，当前的改革主要就是管理体制和运行机制的改革。如科研工作有基础研究和科技开发两个方面，基础研究和科技开发，就应当有两种不同的运行模式。基础研究部分实际上是事业型的，主要是搞好基地建设、人才建设，使之出人才、出成果；科技开发实际上是要面向市场,按照市场体制来运行。我们现在要做的如开发远程教育、拓展海外教育、兴办大学科技园、建设新校区等,都是新事情,要用新机制来运行。

6.树立以人为本的办学指导思想。"以人为本"的核心是充分发挥广大教师在办学治校中的主导作用。(1)要着眼于全面提高人的素质,充分发挥的人的主观能动性,实现人的价值。(2)树立"环境也是生产力"的观念,营造有利于培养人才、吸引人才、留住人才、用好人才的软硬环境,既用事业、用感情,又用待遇用市场法则留住和吸引人才。(3)树立"人才是第一资源"的观念,谁能聚集世界一流大师,谁就能办成世界一流大学。因此做好师资队伍(包括管理队伍)的建设规划是"十五"计划的关键内容。师资队伍的规模要与事业发展相适应,为未来的发展储备足够的人才。(4)要在科学管理上下功夫,要把以前那种以行政管理为主的管理方式转到"以人为本"的管理机制上来,确立教师在办学治校中的核心地位,发挥专家教授的积极作用,发扬学术民主,健全、规范和完善学校的咨询、决策、执行和监督系统,充分调动各方面的积极性。

7.加强规划和积极筹建漳州新校区。这是我校落实科教兴国战略,适应普通高校扩大招生规模新形势的一项战略性决策,是我校迈向新世纪的又一重大工程。规划和建设好新校区,可以为我校拓展办学空间、培养更多的高素质人才,更好地为国家和地方经济建设和社会发展服务。土地是不可再生的宝贵资源,新校区的落实来之不易,要进一步做好校园的总体规划,抓紧做好新校区的规划和建设。要进一步统一思想认识,坚定漳州校区建设的决心和信心;在多渠道筹措建设资金的同时,推动新校区建设的体制和机制的创新。

8.要重视信息,深入调研。当前,世界范围内的高等教育竞争十分激烈,因此对教育信息的捕捉显得很重要。有些事情我们没有想到就是因为缺乏信息;为了使编制的计划更具有科学性、前瞻性,还应做深入系统调查研究,包括国内外高等教育的调查研究和征求师生员工对学校发展的意见,在此基础上把大家的智慧集中起来,把编制计划的过程变为调查研究、集思广益的过程。

9.要正确处理好校院两级的关系,发动群众,采取自上而下、自下而上相结合的办法,群策群力定好计划。学校各职能部门及各学院的计划是学校计划的基础和基本依据,要善于做好各部分的衔接,注意协调落实。为了保证规划的落实还要制定科学的评估体系。

——本文摘录自陈传鸿:《大学之道:在建设一流大学的征程上》,厦门大学出版社,2003年12月版

·党建与思想政治工作·

厦门大学校园精神文明建设规划(2000—2001 年)

(2000 年 1 月 25 日)

10 月 9 日,9914 号强台风正面袭击厦门,给我校带来极大破坏,特别是许多报栏、绿地、人文景观等精神文明建设基础设施受损,校园绿化美化工作受到严重影响。为此,在认真总结抗灾自救工作中体现出来的良好精神风貌的同时,必须将校园的重整与更好地贯彻落实我校精神文明建设五年规划结合起来,不断提高思想认识,积极研究,认真规划从现在到 2001 年上半年的文明建设工作,以高起点的规划、高标准的建设、高效能的维护来抓好环境建设,进一步深化我校精神文明建设工作,迎接我校 80 周年校庆和福建省高校创建文明校园活动的评估。经研究,当前亟待着手的工作重点有五项:

一、拆除危旧建筑及违章搭盖

由于这次台风对校园绿化损害极大,原有许多隐蔽于校园树林中的危旧建筑及违章搭盖暴露无遗,对于这些,必须下决心认真清理整顿,结合后勤办实事项目,在抓紧校舍建设的同时,拆除有悖总体规划的危旧建筑和违章搭盖,消除安全隐患。主要有:

1. 大南 1 号及其旁的旧饮食店;
2. 南光楼区公厕及南光(六)背后的面包房;
3. 丰庭餐厅及其附属用房;
4. 竞丰餐厅及其附属用房;
5. 动力科旁生物系药品仓库;
6. 芙蓉二背后的简易仓库;
7. 博物馆后侧、资产处左侧自行车维修房屋;
8. 东苑餐厅北侧危旧建筑;
9. 女生食堂前面、芙蓉十一旁边的危旧建筑及违章搭盖;
10. 锅炉房遗留的蒸气输送管道;
11. 勤业一前破旧建筑和违章搭盖;
12. 各住宅区的违章建筑。

二、进一步做好绿化工作

应根据我校地处海边、台风频繁的特殊性,对老化树种进行更新,挑选种植抗风能力强、能遮阳、可观赏的优良树种,进一步做好校园绿化工作,营造优美的校园环境。

1. 校园绿化的总体规划是“一个重点,七个片区”:

“一个重点”:芙蓉园及嘉庚广场。

“七个片区”:

(1)大南校门及两侧;

(2)勤业楼及东边社旧址;

(3)三家村一带,包括芙蓉(四)前的篮球场、南光楼区;

(4)鲁迅广场,包括罗扬才烈士陵园、萨本栋墓区;

(5)建南大会堂周边,包括建南楼群、联兴楼周边和原实验办楼周边;

(6)校园主干道,包括从大南校门至三家村至西校门,从白城校门至幼儿园至凌云路沿线;

(7)居民生活区,以东区为试点,带动其他居民生活区共同进行。

2. 要通过各种形式,积极开展爱护花草树木教育活动,大力支持学校后勤部门的绿化管理工作。

三、加强基础设施建设力度

吸取台风中我校基础设施受损严重的教训,加大基础设施建设的投入,促进校园基础设施建设,主要计划有:

1. 逐步改造校园水电设施系统,由架空转入地下铺设。

2. 改造校内有线电视线路、网络线路、广播线路,由架空转入地下铺设。

3. 有计划地对西校门口至群贤楼排洪排污设施进行改造。

4. 完成凌云路施工,改造克立楼至保卫处办公楼道路,完善环芙蓉园人行道设施。

四、认真整顿校园秩序

要协调学校有关部门,统一行动,认真整顿校园秩序,清理卫生死角。

1. 根据机构改革的实际,重新明确划分各单位卫生包干区,要继续总结及实施学生创建文明宿舍的经验做法,认真做好校园净化、美化工作。

2. 把清理卫生死角与积极推进校园绿化美化工作结合起来,认真规划,加强校园环境改造,建设校园雕塑等人文景观及休读点,包括完成芙蓉园、大南校门区域、三家村区域及建南大会堂楼群区域的环境改造,做好艺术学院南侧广场及凌云路休读点建设等。

3. 加强校园秩序管理,在现有基础上,继续做好校内机动车辆的管理,完善校园内交通标志,加强校园安全消防教育;制订校园管理监察办法,加强校内文化市场及商业摊点的管理,严禁在校园内摆摊设点及串楼叫卖,营造安全、文明、有序的校园环境。

五、加强师生员工的文明行为举止教育

在积极宣传发动的基础上,由文明办、学生工作处、团委会及各院(系)党团组织联手,加强对师生员工进行文明行为习惯教育。

1. 组织讨论“厦门大学文明公约”及“厦门大学校园十不准”,报校办公会议批准后,尽快颁布执行。

2. 在校园内建立“厦门大学文明公约”和“厦门大学校园十不准”公益广告牌，加大宣传力度。

3. 通过各种方式，加强文明行为的宣传、教育工作，开展“向不文明行为告别，树厦大人文明形象”主题教育活动，努力使全校师生员工形成良好的文明行为习惯。

六、加强对精神文明建设工作的领导

精神文明建设是一项长期的工作，不可能一劳永逸，各单位必须把它作为一项经常性、长期性的工作抓紧抓好。校精神文明建设领导小组及其办公室作为学校精神文明建设的具体领导机构，要加强协调、督促和检查，制订工作规划及实施方案，抓好全校性精神文明建设重点工程，组织和指导全校各院（系）、各单位积极、主动地开展精神文明建设创建工作。

各院（系）、各单位要加强领导，在总结本次抗灾自救工作及本单位文明建设工作的基础上，进一步完善本单位精神文明建设领导机构，积极宣传发动，落实岗位责任制，严格各项规章制度，做好卫生包干区环境卫生及绿化维护工作，教育及督促本单位师生员工形成良好的文明行为举止，共同投入到精神文明建设创建活动中。应把精神文明建设作为干部考核、教职工年度考核及学生综合测评的重要内容抓紧抓好。

各有关职能部门要根据本规划方案，积极、主动地对本部门职责范围内的工作进行全面检查，抓好规划的落实工作，并制订可操作的管理办法及整改完善措施，以进一步推动学校精神文明建设工作。

校精神文明建设领导小组
一九九九年十二月八日

——本文摘录自《关于印发〈厦门大学校园精神文明建设规则（2000—2001 年）〉的通知》，厦大委综[2000]1 号，档号 2000-XZ09-6

厦门大学党费的收缴、管理及使用的暂行规定

(2000 年 3 月 27 日)

按照党章规定,按时向党组织缴纳党费,是共产党员必须具备的起码条件,是党员对党组织应尽的义务。党费收缴、管理和使用,是党的基层组织建设和党员队伍建设中的一项重要工作。为了加强我校党费的收缴、管理和使用,根据《中国共产党章程》、中共中央组织部《关于中国共产党党费收缴、管理和使用的规定》和中共厦门市委组织部《关于党费收缴、使用、管理的若干规定》(厦委组〔1996〕01 号),结合我校的具体实际,特制定本暂行规定。

一、党费的收缴

(一)凡有工资收入的党员,每月以国家规定的工资总额中相对固定的、经常性的工资收入为计算基数,按规定比例缴纳党费。

工资总额中相对固定的、经常性的工资收入包括:机关工作人员(不含工人)的职务工资、级别工资、基础工资、工龄工资、津贴;事业单位专业技术人员、管理人员的职务工资、等级工资、津贴、奖金;机关、事业单位工人的岗位工资、等级工资、津贴、奖金;企业人员工资收入中的固定部分(基本工资)和活的部分(津贴、奖金)。

列入交纳党费计算基数的津贴、奖金,是指年功性津贴、地区性津贴、工资性津贴和按月发放的奖金。

(二)交纳党费的比例为:

每月工资收入在 400 元(含 400 元)以下者,交纳月工资收入的 0.5%;400~600 元(含 600 元)者,交纳 1%;600~800 元(含 800 元)者,交纳 1.5%;800~1500 元(含 1500 元)者,交纳 2%;1500 元以上(税后)者,交纳 3%。

(三)离退休干部、职工中的党员:以国家规定的离退休费为交纳党费计算基数,继续返聘的党员应以离退休后国家规定的离退休费与返聘补差工资之和为基数交纳党费。

(四)无工资收入的学生党员每月交纳党费 2 角;带工资学习的,按其工资标准缴纳党费。

(五)生活确有困难的党员,由本人提出申请,经所在的党总支(直属党支部)批准,报校党委组织部备案,可以少交或免交党费。

(六)预备党员从支部大会通过其为预备党员之日起交纳党费。

(七)党员向其正式组织关系所在党组织交纳党费。持"流动党员活动证"外出的党员,外出期间持证向外出所在地党组织交纳党费。

(八)党员增加工资收入后,从按新工资标准领取工资的当月起,以新的工资收入为基数,按照规定比例交纳党费。

(九)党员交纳党费原则上按月交纳。遇到特殊情况,经所在党组织同意,党员可以委托亲属或者其他党员代为交纳或预交补交,预交补交的时间一般不得超过 3 个月。

(十)各党总支、直属党支部,应该教育党员主动地按照规定和比例按时交纳党费,对不按照规定交纳党费的党员,其所在党组织应及时对其进行批评教育。对无正当理由连续六个月不交纳党费的,按自行脱党处理。

（十一）各党总支、直属党支部除按照规定收缴党费外，不得要求党员交纳规定以外的各种名目的“特殊党费”。

二、党费的回拨与使用

（一）校党委组织部根据规定将党费总额的1/3上缴厦门市委组织部，1/3的党费回拨至各党总支、直属党支部掌握使用。

（二）校党委组织部每年六月份将各党总支、直属党支部上缴的党费（上年6月至次年5月）的1/3集中回拨给各基层党组织。

（三）党费的使用：

1. 党费使用应当坚持统筹安排、量入为出、收支平衡、略有节余的原则。

2. 党费必须用于党的活动，主要作为党员教育经费的补充，其具体使用范围是：(1)培训党员；(2)订阅或购买用于开展党员教育的报刊、资料和设备；(3)表彰先进基层党组织、优秀共产党员和优秀党务工作者；(4)慰问或补助生活困难的党员。

3. 党费开支必须集体讨论决定，不得个人或少数人说了算；回拨的党费，必须专款专用，不得挪作他用。

三、党费的管理

（一）党费由组织部代表党委统一管理，指定专人负责，实行会计、出纳分散，党费单立账户，专款专用，建立健全财务和账簿制度。党费应存入指定银行，党费利息是党费收入的一部分，不得挪作他用。

（二）各党总支、直属党支部要指定专人管理党费，每月党支部应向党总支缴纳一次党费（时间由党总支、直属党支部定）；党总支应于每月的25日前向党委组织部缴纳党费，组织部每月在30日前向银行存入党费，每季度按比例向市委组织部上缴党费，并在每年年底向各党总支、直属支部报告全年党费的收缴、使用情况。

（三）各党总支、直属党支部，对于党费收入、上缴和回拨经费的使用情况，应定期向党员大会报告、公布，接受党员的审议和监督。各党总支、直属党支部应按本单位的党员工资数核定每人应缴党费数量，并予公布和上报组织部，上报时间为每年一月份。

（四）党费管理人员变动时，严格按照党费管理的有关规定和财务制度办好交接手续。

（五）对违反党费收缴、管理和使用规定的，依据《中国共产党纪律处分条例（试行）》以及有关规定严肃查处，触犯刑律的依法处理。

四、上述规定中如与上级党组织有关规定不一致的，按上级党组织规定执行

中共厦门大学委员会组织部
二〇〇〇年三月廿七日

——本文摘录自《厦门大学党费的收缴、管理及使用的暂行规定》，(2000)厦大委组9号，档号2000-DQ02-2

组织部选任干部工作的基本程序

(2000 年 5 月 9 日)

为了使选任干部工作规范化、程序化,更好地完成校党委交给的干部考核、选拔和任命工作,特制定如下办法:

1. 明确任务。根据校党委下达的任务,明确所要配备领导的单位的干部职数,提出考核方案,确定考核组成员,经分管组织的领导同意后,启动考核程序。

2. 民主推荐(晋升的干部需经民主推荐)。①在有关单位进行无记名的民主推荐;②总支委员会提出推荐人选,并征得行政班子初步同意;③征求分管校领导的意见;④组织部从后备干部中,提出适当人选;⑤采用竞争上岗办法时,个人报名。

3. 确定考核对象。根据上述几个方面的推荐,考核组开会研究,提出考核对象,经分管组织的领导同意后确定。

4. 民主测评。干部考核组在有关单位组织对考核对象的民主测评。测评内容包括思想政治素质、领导能力、工作作风、工作实绩、廉洁自律等几个方面的内容。采用竞争上岗办法时,要经民主测评程序;采用一般选任办法时,民主推荐和民主测评程序可结合起来。

5. 个别谈话。考核组广泛开展个别谈话,充分听取各方面的意见。个别谈话的对象一般有以下三种范围。

①考核院领导的谈话对象一般为:院领导班子,党总支委员,支部书记,办公室主任,科级干部,副系主任,教研室主任,工会主席,本院副高以上职称人员及部分青年教师,所在教研室全体人员。考核党务工作者要增加党员的谈话人数。

②考核系领导的谈话对象一般为:院领导班子,党总支委员,支部书记,办公室主任,科级干部,工会主席,本系的副高职称以上人员和部分青年教师,所在教研室全体人员。

③考核部(处)领导谈话对象一般为部处全体人员(包括拟任单位和原任单位)。考核部(处)一把手时还可包括与该部(处)有工作关系的院(系)领导。

6. 查阅个人档案。考核组主要了解和记录每个考核对象的自然情况和简历,历年来的奖惩情况及各种相关材料。

7. 汇总。考核组应将推荐情况、民主测评及个别谈话的情况进行汇总,并在考核组内部进行交流,集体讨论并形成书面的考核意见。考核意见应包括成绩和不足两大方面。

8. 汇报。考核组应将考核的详细过程与考核意见向分管组织的副书记和组织部领导汇报,并提交考核意见。同时,一起参加干部选任组成方案的讨论,提出建议。

9. 根据校党委常委研究干部任免的决定,填写《干部任免表》,起草干部任免通知,经分管副书记阅后报党委书记审批。文件打印后,将干部任免表及考核意见及时归档。

附《厦门大学选任干部考核工作记录表》(附件略——编者)

中共厦门大学委员会组织部
二〇〇〇年五月九日

——本文摘录自《组织部选任干部工作的基本程序》,(2000)厦大委组 12 号,档号 2000-DQ02-2

关于领导干部经济责任审计和离任廉政检查的意见

（2000 年 5 月 26 日）

领导干部经济责任审计和离任廉政检查是正确评价领导干部的政绩，增强领导干部事业心和责任感，促进领导干部勤政廉政的重要措施。原国家教委关于教育系统内部审计规范就此做出了规定，我校纪委也于 1996 年 9 月建立了领导干部离任廉政检查的制度。根据《中华人民共和国审计法》和《教育审计规范》的要求，结合我校几年来工作的实际，对今后领导干部经济责任审计和离任廉政检查提出如下意见：

一、领导干部经济责任审计的对象、内容和办法

凡学校财务、校办产业、基本建设、物资管理、后勤管理部门主要行政负责人和学院（系）、所、馆的财务一支笔，在任职期满或因调动、退休、辞职、免职等原因离开现职岗位都应接收任期经济责任审计。除此之外，学校可根据实际情况对领导干部任期中的经济责任进行审计。

领导干部经济责任审计的主要内容是：

1.是否依法履行对单位经济活动进行管理的职责；

2.财务规章制度和内部控制制度是否健全、有效；

3.经济活动是否按规定的程序进行，效益如何，有无重大失误；

4.各项收入和支出是否纳入学校财务管理，是否真实、合法，有无乱收费或截留、挤占、挪用等问题；

5.债权、债务是否清楚，有无纠纷和遗留问题；

6.有无自开账户，私设“小金库”、“滥发钱物”等问题；

7.本人是否遵守财经法规和财务制度，有无违纪违规问题；

8.提请审计的部门和审计部门认为需要审计的其他事项。

对财务、基建、资产、后勤等管理部门主要负责人的审计，还应根据《高等学校有关行政负责人经济责任审计实施办法》的有关内容，对相关经济责任进行审计。

经济责任审计以近两年的情况为主，必要时可追溯到其他年度。

经济责任审计的主要程序是：

1.学校主管领导授权审计部门进行审计，或者由组织部、人事处向审计部门发出提请审计通知，由审计部门组织实施。

2.审计部门下达审计通知，要求被审计人根据审计内容限期提交书面述职报告并附有关材料。被审人和单位应向审计部门做出承诺，保证提供的会计资料是真实的、完整的。

3.审计部门指派审计小组依法进行审计，实施审计的过程中，应听取教职工代表的意见。

4.审计小组形成审计报告，审计报告应真实反映审计结果，对审计对象在管理职责范围内的经济活动的业绩和存在的问题应负的责任以及遵守财经法规和财务制度的情况做出客观公正的评价，提出表彰、奖励或处理、处罚的建议。

5.审计小组在征求被审计对象和单位意见后,向审计部门报送审计报告。

6.审计部门向授权或提请审计的部门提出审计报告。

二、领导干部离任廉政检查的对象、内容和办法

副处级以上领导干部因工作需要调离现职岗位或退休离岗的,都应作离任廉政检查。院、系、所党政正职领导和分管财务、设备、开发创收的处级干部、机关部处正职领导离任廉政检查时,应通知纪委、监审处参加。

领导干部离任廉政检查的主要内容是:

1.参照《廉洁从政准则》的规定,对廉政勤政情况进行总结,应报告的个人重大事项是否如实报告。

2.根据《厦门大学党风廉政建设责任制》的要求,检查责任履行情况,任职期间有无失职行为。

3.该移交的物资与办公用品是否移交清楚。

4.凡属经济责任审计的对象,除以上内容外,应将经济责任审计报告作为廉政检查的主要内容在会上报告。

廉政检查一般在干部任免文件下达后二周内完成,主要程序是:

1.纪委办公室根据校党委和行政任免决定,发出廉政检查通知书。离任干部在接到通知书后,应在一周内将任职期间的经济往来手续结清,管理的物资和配发的办公用品移交完毕。填写廉政检查登记表。

2.离任廉政检查由院、所党总支(直属支部)书记组织实施,如党总支书记(直属支部书记)为检查对象时,由行政主要负责人或党总支副书记负责实施。机关部处的廉政检查会由部、处长(或副职)负责召开。与会人员除本单位、本部门副处以上干部外,应吸收部门工会主席、党总支(直属党支部)纪检委员参加。

3.领导干部离任廉政检查会议的主要议题为:

①听取检查对象个人的廉政报告;

②主持人宣读审计报告或经手账目、物资、办公用品移交手续办理情况;

③与会者对说明不清或有疑问的问题,可请当事人说明有关情况;

④离任廉政检查后,由实施人向单位教职工报告领导干部廉政检查结果,将领导干部离任廉政检查登记表和有关材料报送校纪委,收入干部廉政档案。

为确保领导干部离任廉政检查工作的质量和效果,在具体实施时应注意以下几个问题:

1.各单位党政主要领导对本单位离任干部廉政检查负有主要领导责任。一定要认真、深入、细致地做好准备工作,多征求群众意见,了解被检查干部准备情况,及时给予指导。

2.与会人员要坚持向组织、向教职工、向干部个人负责的原则,恰如其分地评价干部的实际情况,不能夸大成绩,言过其实,或者缩小问题,掩盖错误。

3.纪检、监审部门选派参加检查会的人员应认真指导检查工作的正常进行,针对发现的问题及时提出处理意见。

4.离任干部应按规定时间完成离任廉政检查,如遇特殊原因需要延期的,应报校纪委同意。

2000年5月26日

——本文摘录自《关于领导干部经济责任审计和离任廉政检查的意见》,档号2000-DQ06-1

关于贯彻《工程建设项目招标投标中违纪违法行为纪律处分的暂行规定》的意见

（2000 年 9 月 20 日）

中共福建省纪委、福建省监察厅 7 月 24 日发文对工程建设项目招标投标中违纪违法问题的处分做出了具体规定(闽纪发[2000]11 号)，这是我省落实《中国共产党纪律处分条例》的又一重要举措，对进一步规范建筑市场，从源头上防止腐败有着积极意义。当前，随着学校事业的不断发展，我校建筑维修工程数量也大量增加，在继续完善招投标管理制度的同时，加强监督约束机制，严格执行有关纪律，是顺利完成建设工作的重要保证，各个单位一定要认真学习，贯彻执行。

同时，为了深入贯彻教育部、财政部《关于高等学校建立经济责任制加强财务管理的几点意见》(教财[2000]14 号)的精神，针对我校少数单位对预算外资金管理工作仍未引起足够重视的现象，也将省纪委、省监察厅《关于对预算外资金管理工作中违纪问题处分的暂行规定》(闽纪发[1998]18 号)转发于后。两项“规定”的实施，将使基建招标投标和预算外资金的管理进一步纳入依法治理的轨道，有助于领导干部增强遵纪守法意识和党风廉政建设责任意识，为了更好地落实两项“规定”，现提出以下贯彻意见：

一、各单位要认真组织领导干部和教职工学习两项“规定”，做到人人知“规定”精神，共同遵守“规定”内容，对“规定”禁止的事项能互相提醒，加强监督。

二、领导班子和分管钱、物、项目的领导干部，在学习掌握“规定”的同时，还要根据党风廉政建设责任制的要求，结合单位实际，完善制度规定，做到按章办事，责任到人。

三、继续做好事务公开工作，凡单位负责的工程项目要按学校有关规定办理工程立项和报批手续，招标事项要公开。各类收费也要按规定申报，并按要求在年底组织财务检查，如实向教职工公布。

四、执行条规是项非常严肃的事情，各单位必须严格按“规定”办事，主动接受群众监督，对存在的问题立即进行整治。凡不主动自查自纠或继续坚持错误做法的，纪检监察部门将按规定给予必要的纪律处分和追究相关领导人的责任。

中共厦门大学纪律检查委员会
厦门大学监察审计处
二〇〇〇年九月二十日

——本文摘录自《关于贯彻〈工程建设项目招标投标中违纪违法行为纪律处分的暂行规定〉的意见》，(2000)厦大纪 7 号，档号 2000-DQ06-1

从严格管理入手,强化党风廉政建设责任制

(2000年9月)

中共厦门大学纪律检查委员会

厦门大学党风廉政建设责任制从1998年4月开始试行,两年来,我们在落实"责任制"的过程中,从学校发展实际出发,坚持把落实责任制与学校的管理结合起来,按管理要求实施责任制,以责任制推动学校管理,逐渐建立了一个协调的责任制落实的保障机制,既提高了学校整体管理水平,又确保了党风廉政建设责任制的有效运行。

现将具体做法介绍如下:

一、从严格管理入手,制定科学、规范的责任制实施办法

建立党风廉政责任制是提高高校管理水平的重要措施,这是我们在制定责任制过程中,逐渐体会到的。早在1997年上半年,我们就着手起草党风廉政建设责任制。当时的出发点主要是想解决纪委人手不足的问题,打算通过责任制,使院系领导中有人分管党风廉政建设工作,也使各党总支书记更重视本单位纪检委员的工作。文件起草后于当年6月召开了一次征求意见会,反响不大,大家认为这不过是党总支职责中的党风建设的具体化,对行政行为没有约束力。修改后,9月份又征求意见,大家觉得虽然加进了对行政责任的内容,但因为跟实际工作扣得不紧,对行政领导人的监督缺乏明确具体的依据,事实上很难操作。于是我们有意将责任制的出台搁置了一段时间,目的是通过进一步调研,找准责任制与高校实际工作的结合点,赋予责任制更大的生命力。

经过反复调研修改,1998年4月份,在四易其稿后,校党委正式颁布了《厦门大学党风廉政建设责任制的若干规定》。这年年底,又根据党中央国务院《关于实行党风廉政建设责任制的规定》加以认真修改,完善了"规定"的有关内容。"规定"从学校的实际出发,紧紧扣紧学校管理工作的中心环节,从领导和工作机制上加以保证,做到三个"体现":第一,体现党中央党风廉政建设和反腐败工作的三项格局和工作路数,各级领导的责任建立在落实反腐败工作的任务上。第二,体现高校管理工作的重点和热点所在,把管理中属于重要环节、又容易出现问题的几项具体工作,如财务管理、物资管理、安全管理等都纳入责任制的管理体系,以明确的责任要求,推进管理的制度化。第三,体现目标管理的一致性和各个部门特殊性的有机结合。在目标管理上既有统一标准,一级带一级,层层抓落实,又对各个层次、各个部门提出了具体要求,使各级干部的责任分解成若干实际工作,不求面面俱到,但力保最主要的工作一定要做到、做好。

"责任制"的三个"体现"在随后进行的学校管理体制改革尤其是制定岗位责任方面起到了指导作用。1998年下半年的机构改革,校党委、校行政在研究机构调整的方案时,充分考虑到管理和党风廉政建设责任的一致性,将管理上多头领导,不利党风廉政建设的部门,按事权一致的要求加以合并和重组。原来各类学生的录取工作由四个不同的部门在管理,不但机构臃肿,而且互不协调,常常出现漏洞,纪检监察不得不忙于应付而使监督流于形式。改革中,学校从便于管理和监督的要求出发,建立了统一的招生办公室,明确规定了招生管理办法和责任制度。管理体制理顺了,招生环节大大减少,招生监督能够集中精力盯住关键环节,确保了各类招生的顺利进行。同样,后勤工作部门也按这种要求做了比较大的调整,资产部门承担了学校全部有形资产和无形资产的管理,总务处新成立了管理科,解决了以往这些单位缺少

监督部门的问题。随后，我们又按党中央“责任制”的要求和党委的实施意见，把规范部门行为、制定岗位职责和反腐倡廉的要求结合起来，责任制的各项要求融入了部门的具体岗位职责之中，每年度考评时，党风廉政建设的内容列为考核项目之一，责任制的落实得到了可靠的保证。

二、把责任制作为基础性制度，促进各项管理制度的健全和完善

在没有实施党风廉政建设责任制之前，学校和各个部门都从各自管理的角度制定了一些规定和制度，这些制度在一定时期内发挥了作用。但从整个学校看，制度的建立随意性比较大，有些必须强化的硬性制度，长期出不了台，有些制度出了台，又缺乏系统性，效果并不显著。特别是在贯彻党风廉政建设责任制的过程中，校党委和行政领导遵照尉健行同志“党风廉政建设责任制是新时期党风廉政法规制度体系中的基础性制度，对于其他法规制度的贯彻落实具有重要的保证作用”的指示，明确强调“责任制”是制定校内各项管理制度的基础，管理制度一定要体现党风廉政建设责任制的要求。校党委不但这样要求各单位，而且带头做示范，为此，在两方面进行了探索：

(一)校党委、校行政通过对学校重大中心工作的全面规划，来实现党风廉政建设中“负全面领导责任”的要求

《党风廉政建设责任制的决定》要求党政领导班子在贯彻责任制时，“与经济建设、精神文明建设和其他业务工作紧密结合，一起部署，一起落实，一起检查，一起考核”。校领导认为，在高校管理和党风廉政建设中，校党委和校行政都是责任主体，“一岗双责”要有机地结合起来，负全面领导责任就是对影响高校发展的重大项目，要善于总结经验，科学规划，通过对工作的全面安排和对问题的主动预防，确保责任的目标不出偏差。正是从这一指导思想出发，两年内，校党委经过精心准备，全面推进重点工作，先后召开了后勤工作会议、科技工作会议、财务工作会议，教学工作会议正在紧张筹备中。所有这些会议，不但系统地规划了业务方面的任务，而且将党风廉政建设的具体措施纳入总体规划中去实施。在制定相关文件的过程中，校领导直接参与文件内容的修改和讨论，尤其是关系到党风廉政建设责任的文件，大家更是反复推敲，确保责任清晰，行之有效。如后勤工作会议出台 15 个文件，除了总体要求外，还分别形成了《后勤经济实体固定资产管理办法》、《后勤经济实体监控办法》、《校园管理监察办法》、《工程质量管理制度》等一系列监控制度，从而形成了与后勤管理相适应的党风廉政建设责任体系。在科研工作的 9 个系列文件中、财务工作的 11 个系列文件中，也包括了《科研经费管理暂行办法》、《知识产权保护管理实施细则》、《校级科学研究基金管理暂行办法》以及其他各类资金管理的办法。这些文件不但汇编下发各单位，而且通过简报、闭路电视等方式在全校进行广泛宣传，教职工在关心业务工作的同时，也明确了有关管理办法和纪律要求，增强了监督力度。更重要的是，校党委、校行政通过形成系列文件，在完善管理机制的同时完善监督机制，实现了党风廉政建设和业务工作的紧密结合。

(二)分管校领导对自己职责范围内的重点工作，管理制度和廉政制度一起抓，健全的制度保证“领导责任”的落实

校党委要求每位校领导在自己分管的工作中，要按制度办事、管人，管理制度体现的规范、约束和控制，要在工作运行的关键点上反映廉政建设的要求，做到管理程序化，控制不漏项。如随着学校基建工程的日益增加，招投标的项目越来越多，因任务重，部门只能把主要精力放在标书的确定上，监督部门的参与往往走个形式，发表的也是“个人意见”，缺少约束力。在贯彻党风廉政建设责任的过程中，党委打破传统的部门管理办法，成立了以分管领导为主的招投标领导小组，建立了一套系统的管理制度，内容尽量覆盖了该项工作的全过程，其中对招投标办法、专家组组成、项目的变更等五个环节实行了重点控制，职能部门通过岗位责任制加以约束，监督部门在控制点上严格把关，使招投标工作配合默契，操作流畅，仅今年暑期，全校就完成招投标项目 18 项，总金额近 3000 万元。同样，分管实验设备的校领导，上任伊始就

依照党风廉政建设责任制的要求,把设备仪器采购的管理办法贯穿起来,建立了《仪器设备招投标管理暂行办法》、《物资采购供应管理办法》等一系列过程管理和目标管理相结合的规章制度,减少了扯皮现象,强化了超前预防。此外,校党委也要求各院系在规范管理行为中,要把管理制度与责任制度结合起来一起考虑。两年来,全校各单位在建立、完善管理体系中,按党风廉政建设责任制的要求,先后建立了各类制度80余个,涉及学校管理的方方面面,其中有民主办事程序、事务公开、财务规章制度和内部控制制度、安全保卫、财务"一支笔"监控等,使各级领导"职责范围内"的党风廉政责任通过一个个实实在在的制度得到落实。

三、明确工作的着力点,保证党风廉政建设责任制的有效运作

"纪检监察机关负责对党风廉政建设责任制执行情况的监督检查",这是党风廉政建设责任制赋予纪检监察部门的重要职责。在学校逐渐建立和完善各类责任制度后,纪检监察部门如何加强督促检查,就成了"责任制"能否真正落实的关键环节。督促检查作为一种管理行为,应当建立在严格有序、合理得法的基础之上,在这方面,我们的主要做法是:

(一)协助党委建立工作报告制度

在推行党风廉政建设责任制的过程中,校党委为了带头承担全面领导责任,不但要求每位领导成员做廉洁自律的表率,同时还建立定期报告制度。每学年结束前,党委召开专门会议,对党委工作的重要问题,特别是履行党风廉政建设责任制的情况,向会议报告,提出具体改进措施和办法,接受上上下下的评议和监督。同样,纪委对党风廉政建设责任制监督检查的责任完成的如何,也要受到党内外的监督,除每年实行向党委扩大会和纪委全会工作汇报制度之外,就学校党风廉政建设责任制贯彻中的重大问题,比如中层领导干部民主生活会检查责任制落实情况、群众来信来访处理结果等向纪委全会作专项汇报。

(二)实行民主生活会报告制度

几年来,贯彻执行党风廉政建设责任制的情况是各院系领导干部民主生活会必须检查的内容之一。纪委除了整体上组织协调外,从形式上,要求院系党组织做好三次报告:一是党组织负责人与行政领导分别向民主生活会成员报告班子执行党风廉政建设责任制的情况,引导大家总结和改进贯彻责任制的工作;二是书面或口头(集中汇报会)向纪委报告民主生活会专项检查的情况;三是向本单位教职工报告,包括班子和班子成员承担领导责任的情况,重大事项报告情况以及财检小组对财务审查情况等。

(三)掌握组织协调的艺术,督查着眼于上下沟通

党风廉政建设责任制要做到"一级抓一级,层层抓落实",纪委组织协调作用至关重要。平时,我们除了做好制订方案,加强教育的工作外,比较注意帮助基层单位解决贯彻责任制遇到的实际问题。一是多调研,二是多培训。调研是我们每年要安排的工作,去年下半年,当院系体制改革基本结束以后,针对有些院系在贯彻责任制上面临的新问题,我们四次到有关学院召开座谈会,不但促使院领导能在短时间内把责任制的落实摆上议事日程,还就院系比较突出的五个问题,如财务"一支笔"的监控问题,年度财务检查和报告问题,从事学生工作的干部廉洁规范问题等,通过讨论形成了共识。对于领导干部履行党风廉政建设责任制所需要熟悉的法律规定和业务知识,我们也与有关部门共同组织学习与培训,今年,在贯彻教育部建立经济责任制,加强财务管理的意见时,我们就专门对各院系分管领导讲授了《会计法》和《审计法》,增强了各级领导的责任意识。

(四)严格责任追究,实现管而有效

责任制是通过严格管理来实现的,所以,我们执行责任追究的规定时,重点抓各单位党政领导的责任

心和因为疏于教育、疏于管理、疏于监督导致错误的行为。在学校"若干规定"中，特别强调各级领导要及时解决教职工反映的意见，"班子有能力解决而没有解决，无法解决又不及时反映，致使矛盾加剧，在校内造成不良影响的"，都要追究相关领导的责任。有了这种要求，各级领导就非常注意履行职责的问题，没有把握的事，他们就会主动向纪委咨询。对于确实需要追究责任的问题，纪委也坚决给予处理，今年上半年，我们以《严肃党纪，强化责任，进一步推进我校党风廉政建设》为题，通报了四起违纪行为，给财务管理松弛、收受回扣、公车私用的单位和领导以通报批评，向全校重申了严肃党的纪律，强化领导责任的决心，收到了比较好的效果。

二〇〇〇年九月

——本文摘录自《从严格管理入手，强化党风廉政建设责任制》，档号2000-DQ06-1

·教学与科研工作·

厦门大学关于加强创新应用研究、促进科技成果转化和发展高新技术产业的若干意见

(2000 年 3 月 15 日)

一、充分认识技术创新和科技成果转化的重要性和紧迫性

1. 当今世界科技经济迅猛发展,国力竞争日趋激烈,知识经济已初见端倪。发展知识经济,创新是灵魂,人才是根本,高新技术产业是制高点。大学是培养高素质人才的主渠道,知识创新的前沿阵地。厦门大学必须从战略高度认识面临的严峻挑战和大好机遇,把科技成果转化和高新技术产业化放在与教学和科研同等重要的地位,全面贯彻科教兴国战略,进一步落实经济建设必须依靠科学技术、科学技术必须面向经济建设和努力攀登科学技术高峰的方针,切实加强创新应用研究,努力促进科技成果转化,大力发展学校高新技术产业。

2. 创新应用研究和科技成果转化是实现把厦门大学"建成国内一流,国际上有较大影响的社会主义综合大学"目标的重要任务之一。全校必须下定决心,采取有力措施,进一步深化改革,真正克服科研与生产相脱节,科研工作过于分散的状况;充分发挥综合性大学的优势,坚持多学科交叉,产学研结合,大力倡导联合协作,增强综合集成能力;引进竞争机制,提高科研开发和成果转化的综合效益和水平。认真组织、调整结构、合理布局、科学规划、重点突破,争取 2005 年前,有一批具有自主知识产权的科研成果实现产业化,并形成若干个有较大规模、达到国内先进水平的高新技术产业。

3. 为地方经济建设和社会发展服务是加强创新应用研究和科技成果转化的重要环节。我校要调动广大教师的积极性,充分利用学校的资源,紧密结合福建省、厦门市的经济建设和社会发展实际,以多种方式积极争取课题开展创新应用研究,鼓励科技成果优先在福建省和厦门市转化,支持与地方联合创办高新技术产业。

二、建立产学研紧密结合的技术创新开发体系

1. 重组厦门大学高新技术研究开发中心,赋予其管理协调学校科研开发和产学研合作的职能。各学院、直属系、研究所要明确主管科技开发和科技成果产业化的领导,组织技术开发队伍,形成高新技术研究开发及产业化的基地。学校要培养、发掘或招聘一批懂科技善经营的高新技术产业化经理人才,经

营学校自己的或者控股、参股的高科技产业。

2. 企业是技术创新的主体，学校的技术创新要坚持走产学研合作的道路。学校鼓励和支持各学院、直属系、研究所主动寻找企业开展合作，建立各种形式的联合体，积极参与企业的技术创新和学校科技成果的转化。合作可采取成果转让、与企业合作组建高科技公司、教师创办科技型企业以及在校内外建设各种形式的技术开发中心、研究室或实验室等方式。

3. 积极争取地方政府支持，集中力量办好"厦门大学科技园"。"科技园"按照"统筹规划、以人为本、市场推动、扩大开放"的原则，通过提供优惠政策、良好的创业环境和全方位全过程的技术创新服务，吸引和支持校内外科技人员及国外留学人员入园创业，孵化一批具有自主知识产权的科技成果，培育一批科技型中小企业。

4. 组建学校控股的高科技产业集团。选择电子信息、生物、新能源、海洋和环保等领域的技术创新成果，积极创造条件，与有关企业联合，吸引国内外投资或采取多种融资形式，力争2005年之前组建若干个有较大影响的行业性高科技产业集团。

5. 充分利用厦门大学的资源，大力开展社会需要的多种形式的科技服务。建立具有自我发展能力、从事科技信息、咨询、中介、培训、工程设计、检测、勘察和评估等业务的各类服务机构，尽快形成高效率、高质量的信息网络系统、科技服务系统和科技人员培训系统，为地方实施科教兴国战略提供良好服务。

三、建立技术创新开发和科研成果转化的良好机制

1. 建立科学的评价体系，对从事科技开发、成果转化和兴办科技产业的成绩，根据其工作性质和所取得的实际效益进行科学认定和评估。获得专利和可供转化的鉴定成果，以及有政府颁发的各类许可证(如新医药证书等)或根据这类许可证所作的报告(评价、设计等)，应与理论研究成果、学术论文及其他成果一样受到重视。学校将专设科技成果转化和高新技术产业化方面的高级职称岗位，并对实现科技成果转化和高新技术产业化做出重要贡献的集体和个人予以重奖。

2. 采取有力措施鼓励教师积极参与成果转化和发展高科技产业，鼓励教师依靠科技致富。对实现科技成果转化的完成人可以从成果转化学校所得年收入中提取不低于20%的比例一次性奖励。对于入股形式转化的科技成果，允许成果完成人占有学校所得的技术股份中的20%～30%股份。学院、直属系、研究所通过科技创新和创办科技实业获得的收益按规定上缴学校后可以全部留存本单位支配。对于成果转化中做出重要贡献的中介单位，可以按有关规定获取"中介费"，金额可达技术转化所获的净收入的5%～10%，有合同约定的从其约定。

3. 鼓励和引导人才合理流动。允许教师在完成本职工作的前提下兼职从事科技成果转化和高技术产业化工作。也可以根据本人意愿，经过批准在一定期限内(一般为二年)暂时离岗，创办高技术产业或到高技术产业中从事技术工作，期满后可以再回原单位竞争上岗。兼职或离岗创办高科技企业或从事科技成果转化工作所取得的成绩，学校予以承认，上述离岗人员回校后享有与连续工作人员同等的福利和待遇。在聘教师在不影响正常教学科研的前提下，经过批准可以占用部分正常工作时间从事科技兼职工作，但应向学校缴纳编制补偿费。

4. 逐步建立厦门大学科技开发基金。基金采用多渠道筹款方式，争取政府和金融部门的大力支持。学校有选择地对重点科技项目给予扶持。对其中确有市场前景、社会需要的项目，经过严格评审，支持其成果产业化的前期工作或试生产，为学校自主知识产权的成果在校内实现产业化奠定基础。此外，学校将引入校外中介机构和各种创业投资基金，为学校科技成果转化服务。

5. 制订学校知识产权保护管理实施细则，加强知识产权保护工作。学校的科研成果符合专利申请条件的要及时申请专利保护，学校对申请专利和维持专利的费用根据专利性质和实用性给予适当资助。

6. 大力加强创新应用研究、技术成果转化和高技术产业化的组织、领导和宣传工作。学校产学研领导小组负责协调和指导学校科研开发工作(办公室设在厦门大学高新技术研究发展中心)。各学院、直属

系、研究所党政主要负责人和主管科技开发和产业化的领导要加强对本单位科研工作的领导和协调。要广泛宣传创新应用研究、技术成果转化和高技术产业工作的重要性和意义,营造教师参与科技开发和成果产业化工作的良好环境,并善于发现、挖掘典型,予以重点宣传报道。

——本文摘录自《关于印发〈关于加强创新应用研究、促进科技成果转化和发展高新技术产业的若干意见〉的通知》,厦大科[2000]4 号,档号 2000-XZ13-1

厦门大学海外成人高等教育本科毕业生学士学位授予工作细则

（2000 年 4 月 17 日）

第一条　为贯彻执行《中华人民共和国学位条例》和《中华人民共和国学位条例暂行实施办法》，保证授予海外成人高等教育本科毕业生学士学位的质量，根据国务院学位委员会《关于授予成人高等教育本科毕业生学士学位暂行规定》和福建省教委《关于进一步加强和改进普通高校授予成人高等教育本科毕业生学士学位工作的通知》等文件精神，制定本《工作细则》。

第二条　授予海外成人高等教育本科毕业生学士学位与普通高等教育授予其本科毕业生学士学位，采用同一标准，并结合海外成人教育的特点，基本符合《中华人民共和国学位条例》第四条以及《中华人民共和国学位条例暂行实施办法》第三条规定，凡符合下述条件者，可授予学士学位：

一、具备较高品德修养。

二、通过海外成人高等教育，经审核准予毕业，其课程成绩和毕业论文（毕业设计或其他毕业实践环节）达到本科教学计划的各项要求，成绩优良，表明确已较好地掌握本学科的基础理论、专门知识和基本技能，并具有担任本学科实际工作或研究工作的初步能力。

三、第二语言水平必须达到以下要求之一：

1. 港澳台学生参加全国大学外语四级考试，成绩符合要求。

2. 外籍学生参加汉语水平考试，成绩符合要求。

3. 中医专业学生参加由教务处组织的医古文考试，成绩符合要求。

4. 提供相当于或高于全国大学外语四级考试水平的外语成绩证书。

第三条　授予海外成人高等教育本科毕业生学士学位工作，由教务处主管，校学位评定委员会审核通过。

第四条　授予海外成人高等教育本科毕业生学士学位工作，按下列程序进行：

一、海外成人高等教育本科应届毕业生中的学士学位申请者应于毕业后向海外教育学院履行学位申请手续。

二、海外教育学院应在本科毕业生毕业后，向教务处择优推荐学士学位申请者名单，组织填写《厦门大学海外成人高等教育本科毕业生学士学位申请表》，并提供所学课程、毕业考试和毕业论文成绩。

三、教务处按海外成人高等教育本科毕业生授予学士学位应达到的各项要求进行初步审查，决定是否接受推荐。

四、教务处组织接受推荐的海外成人高等教育本科毕业生学士学位申请者，进行一门专业课和一门专业基础课考试，科目由教务处指定。专业课、专业基础课和外语水平合格者方可申报学士学位。

五、教务处组织相同专业的系学位分委员会对考试合格的学位申请者逐个进行认真审核，审核内容主要是学位申请者完成海外成人高等教育本科教学计划情况（由海外教育学院提供专业教学计划、教学大纲、历年课程考试试题等）。教务处向校学位评定委员会提交列入学士学位获得者名单。

六、校学位评定委员会按照坚持标准、保证质量的原则，审核、通过学士学位获得者名单。未通过者不再补授予学士学位。

第五条　获得海外成人高等教育学士学位者，由学校颁发学士学位证书。

第六条　本《工作细则》由教务处负责解释。

第七条　本《工作细则》自公布之日起实施。

——本文摘录自《关于印发〈厦门大学海外成人高等教育本科毕业生学士学位授予工作细则〉的通知》,厦大教[2000]17号,档号2000-XZ12-1

厦门大学自学考试本科毕业生申请学士学位工作暂行办法

（2000 年 5 月 14 日）

根据国务院学位委员会和福建省学位办有关学位文件精神以及《厦门大学授予成人高等教育本科毕业生学士学位工作细则》（厦大教[1998]19 号）的具体规定，制定自学考试本科毕业生授予学士学位工作的规定（暂行）：

一、申请学士学位的资格

按照优良授予的原则，并结合自学考试的特点，确定符合以下条件者可申请学士学位：

1. 参加自学考试各科成绩及格，文科总平均达到 70 分，理科达到 65 分；
2. 毕业论文成绩达到良好以上；
3. 英语四级成绩达到省学位办划定的最低控制线。

二、学士学位课程考试

根据省学位办有关规定，获得推荐资格的学位申请者应通过 3 门考试：外国语（全省统一指定参加毕业前后的大学英语四级考试），专业课、专业基础课的考试。

自学考试本科毕业生的外语成绩，以毕业当年 6 月份或次年 1 月份的全国大学英语四级考试成绩为据。一门专业课和一门专业基础课的科目由我校教务处审核专业教学计划后确定，于 10 月份发出考试通知。

三、学士学位申请及授予工作的程序

1. 凡由我校主考的自考本科毕业生，符合申请资格，均可向我校成人教育学院提出申请，申请时间至毕业次年 6 月 30 日（送达时间）止（由于今年首次开展这项工作，1999 届毕业生的申请送达时间适当延长到 8 月 31 日）。

2. 我校成教院经初步审查，9 月份择优向教务处推荐，并提供以下有关材料：

A.专业教学计划；

B.毕业生花名册、验印申报表；

C.符合推荐资格的申请者的课程及论文成绩，英语四级成绩；

D.组织申请者填写《厦门大学成人教育本科生学士学位申请表》。

3. 教务处对申请者逐个进行审核，决定是否接受推荐。10 月份向接受推荐的申请者通知抽考科目及时间。考试一般于 11 月份在厦门大学举行。

4. 校学位委员会于 12 月份召开会议，确定授予学士学位名单。

四、收费问题

符合推荐资格的申请者每人应交学位评审费 100 元。此项费用用于出题、评卷、组织考试和学位评审等。

——本文摘录自《关于印发〈厦门大学自学考试本科毕业生申请学士学位工作暂行办法〉的通知》,厦大教[2000]20 号,档号 2000-XZ12-1

厦门大学关于发展现代远程教育的若干措施

（2000 年 9 月 24 日）

为认真贯彻中共中央、国务院《关于深化教育改革全面推进素质教育的决定》，积极实施已经国务院批转的《面向 21 世纪教育振兴行动计划》所提出的“现代远程教育工程”，加快我校现代远程教育的发展，经过学校办公会议研究决定，特制定以下的支持政策措施。

一、网络课程建设

网络课程是网络教学的重要支撑条件，是现代远程教育工程的实质内容，尽快开发研制一批具有厦门大学各学科优势和特色的网络课程，是我校发展现代远程教育的基本保障与重要出发点。学校对网络课程建设将从资金和政策两方面予以支持：

1. 资金支持

(1)学校每年划拨专项经费，支持开发研制具有厦门大学特色、优势的 10 门优秀网络课程；

(2)如属自筹资金开发的优秀网络课程，若其成果已被教育部收购或被教育部推荐使用，学校将追加一定比例的配套资金；

(3)凡是教育部审批立项的“新世纪网络课程建设项目”，学校予以 1∶1 的配套资金支持。

2. 政策支持

网络课程建设项目组成员，一般包括三方面人员，即本学科教师、专业技术人员和项目管理人员。学校将针对不同专业技术系列人员采取不同的鼓励政策，激励中青年教师、专业技术人员和管理人员为我校网络课程建设贡献自己的智慧和力量。

(1)凡被教育部批准立项的“新世纪网络课程建设项目”，在学校评奖、重要岗位业绩考核时，给予“部级教改项目”的认定。

(2)当项目主持人为院士、博士生导师时，作为实际项目负责人的中青年骨干教师(第一合作者)，学校将在有关项目执行期间，视其为第一项目负责人。实际项目负责人应在立项时以书面形式确认，并经网络教育学院批准在案。

(3)与兄弟院校或本校多学科合作的项目，按各自承担的分工，学校将视同本校项目或单独学科同等对待。

二、关于各类人员培训的相关措施

开展现代化远程教育，教学科研人员、管理人员首先必须学习现代教育技术。为了建设一支能够适应现代远程教育发展需要的教学、管理和专业技术人员队伍，今后两年内学校将做好以下几项工作：

(1)新教师岗前培训时，将全面增加教育技术的内容；

(2)对 50 岁以下(特别是非理工科毕业)的中青年教师，进行教育技术知识补课；

(3)对管理干部进行办公自动化基本技能培训，实行持证上岗；

(4)发挥各单位的积极性，鼓励教师、专业技术人员、管理人员参加本单位组织的计算机网络基础知识与技能培训,以及国际 IT 技术领域认可的计算机与网络技术认证培训。凡通过学校统一组织的教育技术知识考试者,将获得“网络教育授课资格”或“网络教育管理技术资格”证书。

三、与信息技术企业合作

在与信息技术企业合作方面,学校强调:在学校为办学主体的前提下,鼓励各学院采取多形式运作,多条腿走路,与企业共同开发研制网络教学软件、建立网络教育支撑环境、开展计算机与网络技术认证培训等。所取得的成果,学校将予以承认。

——本文摘录自《关于转发〈厦门大学关于发展现代远程教育的若干措施〉的通知》,(2000)厦大办27号,档号 2000-XZ09-1

· 管理与服务工作 ·

厦门大学专业技术人员职务外语考试实施办法

（2000 年 1 月 3 日）

根据国家人事部《关于专业技术人员职称外语等级考试的通知》（人发[1998]54 号）及中央、省职称改革工作有关文件精神，经研究，决定我校专业技术人员（包括教师及其他各类专业技术人员）实行全国专业技术人员职称外语等级统一考试（简称全国职称外语等级考试）与全国外语水平考试（WSK）同时进行的考试办法。现特制定具体办法如下：

一、考试范围、对象与内容

申报评聘高级、中级职务的专业技术人员，除符合本实施办法规定的免试外语条件外，均需参加外语考试。参加专业技术职务外语考试者，原则上应具备晋升高一级职务的任职年限。

1. 除个别专业的教师外，凡年龄在 35 周岁以下的教师（含教学、科研人员）晋升（转定）高、中级职务均须参加全国外语水平考试（WSK）或全国公共英语等级考试 5 级（PETS 5）；

2. 下列人员晋升（转定）高、中级职务时，可选择参加 WSK（PETS 5）或全国职称外语等级考试：

(1) 从事体育、音乐、美术专业教学工作的教师；

(2) 除上述专业的教师外，其他所有专业年龄在 35 周岁及以上的教师；

(3) 从事工程技术、实验技术、卫生技术、图书资料、档案、翻译、出版、会计、统计、经济和高教管理工作者；

(4) 参加国家统一组织的专业技术资格考试人员（会计师、审计师、统计师、经济师和高级程序员）。

3. 我校无审定权学科申报高级职务的教师，按福建省有关规定参加外语考试。

二、免试条件

1. 在国外获得博士学位或进行博士后研究的教师，或在国内外获得博士学位的教师以外其他专业技术人员，晋升高级职务时可免于外语考试；

2. WSK（PETS 5）成绩达到公派出国分数线标准且已公派出国留学一年以上，或 TOEFL 考试成绩在 550 分以上（有效期四年），晋升高级职务时可免于外语考试；

3. 在国外留学并获得硕士学位的教师，晋升中级职务时可免于外语考试；

4. 大学外语六级水平考试合格,或 TOEFL 考试成绩在 500 分以上(有效期四年),或获得硕士学位的教师以外其他专业技术人员,晋升中级职务时可免于外语考试;

5. 晋升副高级职务时外语考试合格,晋升正高级职务时,男年满 55 周岁,女年满 50 周岁的人员,可免于外语考试(本项从 2001 年起执行,此前仍按厦大职改[1996]28 号文执行);

6. 转定职务系列的人员,晋升原职务任职资格时外语考试成绩合格,且与所转定职务系列同级职务任职资格外语要求相同时,可免于相应等级的外语考试;

7. 任现职以来用外文在 SCI、EI 收录的国际学术刊物或国外著名的本专业外文学术刊物上发表学术论文或被 ISTP 收录用外文发表的学术论文共五篇及以上(均为本人独立撰写或本人执笔且第一作者署名,出示实物),晋升高级职务时可免于外语考试。

符合以上免试外语条件者,须填写《免试外语审批表》。

三、外语考试成绩要求和有效期

1. 凡参加全国外语水平考试(WSK)或全国公共英语等级考试 5 级(PETS 5)者,晋升(转定)高、中级职务成绩标准如下:

(1)参加 PETS 5 和 WSK 法语考试(总分 100 分,不含口试),晋升高级职务 50 分以上,晋升中级职务 45 分以上;

(2)参加 WSK 英、俄、德、日语考试(总分 160 分),晋升高级职务 90 分以上,晋升中级职务 85 分以上;

以上 WSK(PETS 5)成绩有效期为四年。

2. 全国职称外语等级考试的等级划分和适用人员:

(1)全国职称外语等级考试分为三个等级,即 A、B、C 级。

(2)考试等级对应的适用人员:

①除从事体育、音乐、美术专业教学工作的教师外,其他所有专业年龄在 35 周岁及以上的教师晋升高级职务,考 A 级;

②从事体育、音乐、美术专业教学工作的教师和从事工程技术、实验技术、卫生技术、图书资料、档案、翻译、出版、会计、统计、经济和高教管理工作者晋升高级职务,以及除从事体育、音乐、美术专业教学工作的教师外,其他所有专业年龄在 35 周岁及以上的教师晋升中级职务,考 B 级;

③从事体育、音乐、美术专业教学工作的教师和从事工程技术、实验技术、卫生技术、图书资料、档案、翻译、出版和高教管理工作者晋升中级职务,以及参加国家统一组织的专业技术资格考试人员(会计师、审计师、统计师、经济师和高级程序员),考 C 级。

(3)参加全国职称外语等级考试者,取得国家人事部统一印制的《职称外语等级考试合格证书》,全国有效。A 级考试合格成绩有效期为四年,B、C 级考试合格成绩有效期为三年。

3. 任现职以来,教学、科研成绩特别突出,达到破格晋升正、副高级职务任职条件且其任职年限已达到晋升高一级职务的教师(不含申报选优和统评),或从事马列主义理论全校性公共课教学,申报晋升正、副高级职务的教师,参加全国职称外语等级考试或 PETS 5 或 WSK 中法语考试的成绩可酌情降低 5 分,参加 WSK 中英、俄、德、日语考试的成绩可酌情降低 10 分。

四、其　他

1. 本实施办法有关条款除有注明外,从 2000 年度起执行,以前所发职称外语考试有关文件不再执行。

2. 本实施办法由校职改领导小组负责解释。

厦门大学职称改革领导小组
二〇〇〇年一月三日

——本文摘录自《厦门大学专业技术人员职务外语考试实施办法》，厦大职改[2000]01 号，档号 2000-XZ10-6

厦门大学科研经费管理暂行办法

(2000年1月6日)

第一条　为规范和加强我校科研经费的管理,有效合理使用资金,保证研究工作的顺利进行,根据国家有关财务制度和经费拨出单位的有关规定,结合我校情况和管理需要,制定本办法。

第二条　本办法所指科研经费为我校教职工和校内单位或部门从事各类科研活动所获得的经费,科研经费必须进入校财务处科研账户。

第三条　科研经费收入、转拨和结题决算由财务处和科研处或社科处共同负责;财务处为入户的项目经费提供账本或经费卡,经科研处或社科处审核后发放;经费的使用实行项目组长负责制,经项目负责人签字,即可到财务处按有关财务规定办理报销手续(涉及财产购置的应先在资产处办理有关手续。出差审批仍按学校规定程序进行)。

第四条　科研经费开支范围主要包括:

(1)科研业务费。包括:分析测试费,计算费,差旅费(国内调研和各种学术会议费用),业务资料费,通讯费,论文或著作版面及印刷费,劳动保护用品和营养费,水、电、气费及少量接待费等。

(2)实验材料费。包括:原材料,试剂,药品,实验动物、植物的购置、养殖费,样品的采集加工费等。

(3)仪器设备购置费。

(4)实验室改装费。

(5)协作费。包括协作单位研究费用和邀请校外专家和合作研究人员的费用等。协作单位经费以签订合同或联合申报的经费分配方案为依据经科研处或社科处审批后转拨外单位。

(6)项目组织实施费。包括劳务费和管理费。具体各类项目经费的组织实施费比例为:基金类15%,纵向应用类25%,横向类40%,设计服务咨询和技术转让类80%;组织实施费在项目组、院系和学校之间的分配见下表:

项目类型	分成比例,%		
	项目组劳务费	院系管理费	学校管理费
基金类	10	2	3
纵向应用类	17	4	4
横向类	32	4	4
咨询、服务、设计类	50	20	10
技术转让	50	20	10

(7)部分人工费。包括:临时工工资,研究生补贴,退休教师返聘工资和学校规定可以开支的其他人工费。

(8)横向项目经费可以开支中介费,中介费按合同约定办理,一般不超过5%。咨询服务、设计和技术转让等非财政拨款的项目经费也可以参照横向项目执行。

(9)其他经过批准的必要费用。

第五条　为保证研究工作顺利进行,项目负责人一般不得变动。如遇工作调动、出国(四个月以上)等特殊情况,项目负责人需到科研处或社科处办理“科研项目委托代管”手续(病休、死亡另行办理),科研处或社科处以书面形式通知财务处变更项目负责人;上述情况未办理代管手续的科研处或社科处可通知财务处中止其项目经费的使用。

第六条　项目负责人应认真负责研究计划的实施,按要求如实做好课题的《年度进展报告》或《总结报告》;对不认真开展研究工作而未取得研究成果或不按时报送《总结报告》,又不在规定期限提出延期报告的项目负责人,科研处可通知财务处中止其项目经费的使用。

第七条　根据有关规定,由财政拨款资助的研究课题在工作计划执行期间,除个别特殊规定的情况(如国家自然科学基金重点项目、重大项目、杰出青年科学基金项目等)之外,不得用项目经费支付出境旅费;但根据研究工作需要,接待来华顺访的外籍科学家短期讲学交流的在华费用,累计每年不超过十人天的,经科研处或社科处批准,可在项目经费中列支。

第八条　课题完成后,结余经费可以参加二次分配,按6∶2∶2的比例在课题组、院系和学校之间分配;结余经费也可以根据项目负责人的意愿留作开展其他研究用,可用于出境参加国际学术会议的费用开支;若负责人为退休人员,该经费可用于支付返聘工资,但用于支付返聘工资的部分不得超过该经费的50%。

第九条　本办法公布之前学校公布的涉及科研经费使用的各项规定与本办法不符的,以本办法为准。

第十条　本办法自公布之日起实施,其解释权归校科研处和社科处。

——本文摘录自《关于印发〈厦门大学科研经费管理暂行办法〉的通知》,厦大科[2000]1号,档号2000-XZ13-1

厦门大学教育和科研计算机网学校主页管理暂行办法

(2000年1月24日)

一、总　则

随着国际互联网络的日益普及和应用,国内及世界各地通过网络访问我校主页(www.xmu.edu.cn),了解学校各方面情况和发展动态的人数越来越多。学校主页已成为学校对外交流、宣传的一个重要窗口。因此,重视和加强我校主页的建设和管理,及时更新有关内容已显得十分重要。我校各单位必须把它作为学校一项重要的日常工作切实抓好。

二、组织机构与领导

1.学校成立由分管校领导为组长的网络信息工作领导小组,加强对学校主页建设和管理的领导。

2.各院(系、所)及有关部处指定一位领导分管网络信息工作,同时指定一名信息员配合做好工作。

3.学校办公室是我校主页管理的协调单位,学校办公室主任是学校主页的责任人。

三、主页的内容

学校主页以介绍学校各方面的发展情况为主,各学院拥有一个版面(有条件的院可自设网站,并链接至学校主页),欢迎系、所、教研室、课题组,学科、学术带头人(通过链接方式)设立有特色的网页。

学校主页包括以下的内容及版块:

1. 学校介绍

包括:学校概况,领导简介,机构设置,院系设置,校园风光。

2. 教学园地

包括:本科教育,研究生教育,成人教育,职业技术教育,海外教育,基础教学实验室。

3. 科学研究与学科建设

包括:重点学科,重点实验室,科研成果,科研机构,合作交流,师资队伍,著名专家,基地建设,硕士点,博士点,博士后流动站。

4. 新闻发布

包括:厦大快讯,每周信息,会议通知,报刊选摘。

5. 科技成果转让

包括:可转让成果,科技成果转让管理办法,产业化。

6. 校友会

包括:校友会章程,校友会组织,分会新闻,著名校友。

7. 信息资源

包括:厦大校刊(校刊,学报),图书馆,网络服务,校内E-mail地址查询,校内电话查询,信息检索,站点导航等。

8. 学生活动

包括:学生社团组织,学生重要活动信息,毕业生就业信息。

9. 后勤服务

包括:后勤改革与管理,基础设施建设。

10. 招生信息

包括:本科生招生,研究生招生,职业技术招生,成人教育招生,海外教育招生,培训信息。

11. 招聘信息

包括:特聘教授招聘信息,院系招聘信息,人才引进优惠条件。

12.(重大节日和重要活动)专栏(临时性)

四、工作职责和要求

1. 学校各部处和直属单位负责主页上的相关内容信息的收集和报送(具体分工附后)。

2. 各学院(系、所)负责本单位简介的编写和更新,内容包括:院(系、所)名称,下设专业,博士点及硕士点,师资力量,科研设备,办公室联系电话,联系人及电子邮件信箱。

3. 校网管中心承担学校主页服务器的系统维护,保证其正常运行。并负责对各单位报送上来的信息内容进行编辑和发布。

4. 各院(系、所)及部处报送的内容要制作成电子版(一般为文本文件),通过电子邮件上报,上报地址是 www@xmu.edu.cn。一般要求附有英文版,其英文版本由报送单位自行组织翻译。

5. 每周信息每周更新一次,厦大快讯如重大新闻和重要活动要即时报送和更新。重要人事变更以及各院的机构和专业调整,应及时报送。

6. 各版块的内容一般每个月更新一次,学校概况和各院(系、所)、部处有关情况介绍三个月更新(确认)一次。

7. 在规定时间内如无需要更新的,也要由各单位负责人通过一定方式确认一次,以示负责。

8. 各版块每次更新都要注明相应的更新日期。

9. 各单位网络信息负责人要对本单位承担的相应版块的工作负责。各单位信息员负责本单位页面信息的收集和报送,其在主页上所承担的工作要作为年度聘任及考核的一项内容。

10. 学校将每年对各院(系、所)和部处所负责的网页进行评比通报,对于成绩突出的单位和个人,学校要给予表扬和奖励,对于落后的单位要给予督促改进。

五、本办法的解释权归学校办公室和网络管理中心

六、本办法自发布之日起实行

厦门大学网络信息工作领导小组

二〇〇〇年一月十三日

各部处负责的版块如下:

学校办公室——学校概况,领导简介,厦大快讯,每周信息,校园风光,校友会,重大节日和重要活动专栏,会议通知

组织部——“党政机构”中的处级以上干部任免(要求以电子版报送为准)

宣传部——校刊,新闻媒体报道我校的稿件

教务处——本科教育,基础教学实验室,教学管理信息

研究生院——研究生教育,重点学科,博士点,硕士点,博士后流动站

科研处——两院院士等著名专家教授,科研成果,合作交流,科研机构,重点实验室,理科学报,南强学术讲座(理工科)

社科处——著名专家教授,科研成果,合作交流,科研机构,基地建设,文科学报,南强学术讲座(文科)

研发中心——科技成果转化及产业化

人事处——人事信息,院系设置,机构设置(含现任校领导),师资队伍,招聘信息

学生处——毕业生就业信息

校团委——学生重要活动信息,学生社团组织

总务处——后勤改革与管理信息

基建处——基础设施建设

招　办——招生信息

外事办(台港澳办)——合作交流

海外教育学院——海外教育

成人教育学院——成人教育

职业技术学院——职业技术教育

建南集团——科技成果转化与产业化

图书馆——数字图书馆建设与书刊信息

网络管理中心——网络建设、信息资源介绍,学校主页相关链接及维护

——本文摘录自《关于转发〈厦门大学教育和科研计算机网学校主页管理暂行办法〉的通知》,(2000)厦大办3号,档号2000-XZ09-1

厦门大学实行科学研究课题组长负责制暂行办法

（2000年3月15日）

第一条 为了强化我校科学研究的团队作用，提高和发挥学校科研的整体优势，增强竞争能力，决定实行科学研究课题组长负责制，使课题组长真正成为课题研究的组织者。

第二条 课题组长负责制适用于在我校立项的所有研究课题。研究课题的负责人即为课题组长。课题组随研究课题的立项而形成，研究课题完成后自行解散。研究课题由课题组长（或指定的责任人）所在单位管理，课题组所在单位有义务检查课题研究进展和课题组工作情况，为课题研究提供必要的服务。由多学科人员组成的课题组其成员行政隶属单位不变。

第三条 课题组长行使下列职权：

1. 课题研究经费使用由课题组长审批，设立分课题时经费由课题组长分配。

2. 课题组长可以在全校范围内聘用课题组研究人员，必要时也可以短期从校外或国外聘用客座人员，也可以在研究期间增聘或解聘研究人员。课题研究人员的科研工作考核由课题组长负责。

3. 研究课题形成的成果分享由课题组长决定。

4. 课题组长可以在课题组研究成员中指定课题研究责任人，课题研究范围较大时可以由课题组长决定设立分课题（分课题经费理工科不低于20万元、文科不低于5万元），并指定分课题研究责任人。学校在考核、奖励和职称评审时将该责任人与研究课题的负责人等同考虑。

第四条 课题组长的职责：

1. 保证研究课题顺利进行，按质按期完成研究任务；

2. 保证在课题组内合理分配各种利益；

3. 鼓励和督促课题组研究人员承担教学任务；

4. 努力培养青年教师和研究骨干。

第五条 本暂行办法自公布之日起施行，并由科研处、社科处负责解释。

——本文摘录自《关于印发〈厦门大学实行科学研究课题组长负责制暂行办法〉的通知》，厦大科[2000]5号，档号2000-XZ13-1

厦门大学校级科学研究基金管理暂行办法

(2000年3月15日)

第一条　为了规范校内科学研究基金管理,决定在现有校内各种科研基金和人才培养基金的基础上,设立统一的厦门大学科学研究基金(以下称“基金”)。

第二条　“基金”的分类和申请

1. 科研启动费。用于资助新调进我校的高层次人才的科研启动,资助金额为:理工科3万～5万元,文科1万～1.5万元。该项经费的申请由人事处受理。

2. 校内自选课题基金。用于资助:

(1)35岁以下具有博士学位教师(博士后出站人员可放宽到40岁)的初期科学研究,资助金额为:理工科不超过2万元,文科不超过5000元。

(2)探索性课题研究,资助金额为:理工科不超过2万元,文科不超过5000元。

该项基金的申请由科研处和社科处受理,每年办理一次。

3. 专利保护基金。用于资助专利申请费用和3年内的保护费用:发明专利的资助金额为上述两项费用的2/3,实用新型专利的资助金额为上述两项费用的1/3;应用价值较高的专利可以增加资助额度和放宽保护费用的时限。该项基金在专利获批以后申请,由科研处受理。

4. 重大预研项目基金。用于资助有重大理论价值和应用前景的研究项目,分自由申请和学校组织二种,可采取拨款或借款二种方式。该项基金的申请由科研处受理。

5. 学术著作出版基金。用于:

(1)资助教师出版学术专著,资助金额不超过其须自付费用的60%,重点资助45岁以下青年教师。该项资助的申请由人事处受理;

(2)资助被SCI收录且影响因子在2.5以上的学术论文的60%的版面费。该项资助在论文发表并缴纳版面费后申请,由科研处受理。

6. 学术交流基金。用于:

(1)资助青年骨干教师参加全国性或国际学术会议的旅费和会议注册费等,资助金额为每人1000～2000元。该项资助的申请由人事处办理。

(2)资助由我校承办的全国性或国际性学术会议:全国性会议(须全国学会以上单位主办,并已得到其他单位资助)资助金额为5000～8000元;国际性学术会议资助金额为不超过20000元;国际双边会议按全国性会议处理。该项资助的申请由科研处或社科处受理,申请必须在会前半年提出,会后提交总结。

第三条　项目管理

1.“基金”研究项目作为校一级项目,列入学校研究计划,其经费进入全校科研经费统计范围。

2.“基金”研究项目为期1～2年。受资助者应每年向科研处书面汇报项目执行情况和取得的成绩。项目没有完成或到期没有汇报的,其资助经费从受资助者的其他课题经费中扣回。

3.“基金”研究项目所形成的成果属于厦门大学,发表的论著应注明“厦门大学科学研究基金资助项目”。

第四条　经费管理

1."基金"研究经费按《自然科学(或社会科学)基金经费管理办法》和《厦门大学科研经费管理暂行规定》进行管理。

2. 项目经费要专款专用,不得挪作他用。项目经费应部分偿还的,偿还额需在审批书上确定,并说明偿还办法和违约处理条款。

3."基金"项目经费不可提取劳务费,学校各部门也不抽提管理费。

4. 科研处、社科处和财务处有权监督经费的使用。

第五条　本暂行办法自公布之日起施行,并由科研处和社科处负责解释。

——本文摘录自《关于印发〈厦门大学校级科学研究基金管理暂行办法〉的通知》,厦大科[2000]6号,档号2000-XZ13-1

厦门大学科研成果奖励办法

(2000年3月15日)

第一条　为了调动广大教师的科研积极性,鼓励教师多出成果,出高水平的成果,特制定本办法。

第二条　奖励的对象为我校在职教职工、离退休人员和博士后研究人员完成的以我校为第一完成单位的研究成果。

在册研究生、本科生、进修教师和各类合作科研人员完成的以我校为第一完成单位的研究成果亦可参照本办法执行。

第三条　科研奖励的类型和奖励标准

1.论文奖

(1)对于在 *NATURE* 和 *SCIENCE* 上发表的学术论文,学校每篇奖励10万元;

(2)学校每年按被国际公认的检索系统收录的学术论文数(理工科SCI、EI,文科SSCI、A&HCI,需提交全文)平均每篇1000元拨发奖金总额,再按每篇论文的影响因子分层次进行奖励;

(3)对于每年科研论文被引用次数最多的全校前10名(文、理科各5名)的作者,学校另行予以奖励(论文和引用次数以中国科技情报所或文科相应机构发布的数据为准,第一作者为研究生的,可按该研究生导师统计)。

2.各级政府奖励的配套奖

对于获国家和省部级科研奖励的成果,学校按原奖励金额1∶1的比例予以配套奖励;

对于获厦门市人民政府科研奖励的成果,学校按省级同等级奖励金额1∶1的比例予以配套奖励。

3.专利奖

对于已获批的发明和实用新型专利,学校予以奖励:发明专利每项1000元,实用新型专利每项200元;若专利内容相同但又获得第二国专利的,学校增加30%的奖励金额。专利实施后产生效益的奖励按国家有关规定执行。

4.学校对于产业化的科技成果完成人的奖励按《厦门大学知识产权保护实施细则》的规定执行;对于在科技成果转化和高新技术产业化工作中做出突出贡献的个人和集体的奖励办法,学校将另行制定。

第四条　学校科研奖励的经费列入年度预算。

第五条　同一成果多次获奖时,学校按最高奖额予以奖励。

第六条　学校鼓励各学院、直属系、研究所对上述科研成果同时予以配套奖励。

第七条　本办法自公布之日起施行,并由科研处负责解释。

——本文摘录自《关于印发〈厦门大学科研成果奖励办法〉的通知》,厦大科[2000]7号,档号2000-XZ13-1

关于对外新闻报道用稿奖励的修订办法

（2000 年 4 月 16 日）

自 1997 年《关于对外新闻报道用稿奖励办法》实施以来，我校的对外新闻宣传工作取得了较大进步，对及时广泛地在国内外媒体中宣传我校各项事业的改革和发展起到了积极的作用，为适应新形势，推动对外新闻宣传工作再上新台阶，充分调动广大师生对外投稿、宣传厦大的积极性，现根据（1997）厦大委宣 12 号文件，对奖励办法重新修订如下：

一、奖励范围与标准

1. 凡是发表在中央级新闻媒体（新华社、中国新闻社、《人民日报》、《人民日报》海外版、《光明日报》、《经济日报》、《中国日报》、中央人民广播电台、中央电视台、中国国际广播电台、《瞭望》、《半月谈》、《人民画报》、《今日中国》和《中国教育报》等）的头版头条或节目头条新闻稿，发给原稿费 5 倍的奖金。发表在上述媒体其他位置的新闻稿，发给原稿费 3 倍的奖金。

2. 凡发表在中央部门级、省级和国外及台港澳地区新闻媒体头版头条或节目头条新闻稿均发给原稿费 3 倍的奖金。发表在上述媒体其他位置的新闻稿，发给原稿费 2 倍的奖金。

3. 凡发表在市级新闻媒体头版头条或节目头条的新闻稿，均发给原稿费 2 倍的奖金。发表在上述媒体其他位置的发给原稿费 1 倍的奖金。

二、奖励办法

1. 凡是发表的稿件，作者可凭用稿复印件和稿费汇款单或通知单的复印件于每学期期末向校报道组（设在党委宣传部）登记，并领取奖金。

2. 如未发给稿费的，可凭用稿复印件先行登记，待评奖时参照一定比例发给奖金。

3. 本办法从 2000 年 1 月 1 日起执行。

4. 本办法解释权归校党委宣传部所有。

中共厦门大学委员会宣传部
二〇〇〇年四月十六日

——本文摘录自《关于对外新闻报道用稿奖励的修订办法》，（2000）厦大委宣 4 号，档号 2000-DQ03-1

厦门大学信息报送、用稿、计分办法

(2000年4月26日修订)

(2000年4月27日)

为进一步做好我校信息工作,促进各信息点的信息报送,更好地为各级领导决策和决策的贯彻落实服务,特制定本办法:

一、我校各信息点报送信息时,应有本单位信息工作负责人的签字。

二、学校办公室信息工作人员应及时按照我校信息处理程序处理各单位、各部门报送信息。

三、我校各信息点信息报送、用稿实行计分办法,各信息点年终的累计总分将作为年度评先进单位、先进个人的主要指标。

四、计分办法:

1. 每报送1条信息记1分;

2. 被学校《每周信息》采用的,每条加5分;

被学校采用作为专报件或领导专阅件,每条加10分;

学校领导批示且产生良好效益的,每条另加5分;

被市委办、省委办、教育部办公厅采用的,每条另加10分。

3. 每季度汇总各单位、各部门上报及被采用信息的情况,并予以公布;对未上报信息的单位、部门予以通报。

4. 因迟报、漏报被上级部门通报或者由此对学校造成重大影响的,取消当年的评奖资格。

五、奖励办法:

学校每年召开一次信息工作总结表彰大会,表彰若干先进单位和先进个人,评选若干"好信息",并给予一定奖励。同时鼓励运用网络手段,对网页制作更新快、信息传递效益显著的,予以其单位或个人特别奖励。

六、本办法从二〇〇〇年元月起施行。

——本文摘录自《关于印发〈厦门大学信息报送、用稿、计分办法〉的通知》,(2000)厦大办16号,档号2000-XZ09-1

厦门大学教学科研重要岗位聘任试行办法

（2000年5月16日）

为适应教育改革发展需要，把我校建设成为国内一流、国际上有较大影响的综合性大学，学校决定进一步深化人事和分配制度改革，首先在教学科研系列中设置重要岗位，实行重要岗位聘任，引入竞争和激励机制，推进学科发展和队伍建设，特制定本试行办法。

一、指导思想

实行重要岗位聘任要有利于稳定和吸引优秀人才，营造优秀人才脱颖而出的良好环境，建设一支高水平的结构优化的教师队伍，全面提高教学科研水平。重要岗位聘任遵循按需设岗，择优聘任，目标管理，严格考核的原则进行。实施重要岗位津贴要贯彻优劳优酬的原则。

二、岗位设置

1. 教学科研重要岗位在学校有基础的、有特色的和重点发展的学科或重要教学科研任务中设置，目前分为特级、一级、二级、三级四个等级。根据学科建设、教学及科研任务的需要，首批设置重要岗位100～200个。

2. 具体岗位设置和岗位目标见附表。

3. 除学校设置的重要岗位外，各学院（所）根据学科建设和教学科研任务的特殊需要，可申请设置1～3个重要岗位，提出论证报告，经校首届重要岗位聘任委员会研究批准设置。

4. 学校引进的特别优秀人才，由校长直接聘任相应级别重要岗位。

三、岗位职责

1. 承担学科建设和发展工作，做出突出贡献。

2. 主讲本学科核心课程，教学效果优秀；指导研究生。

3. 主持国家重要科研项目，开展高水平的学术研究，在本学科前沿领域跟踪和赶超国际先进水平。

四、应聘条件

1. 遵纪守法、教书育人、为人师表、学风严谨、具有良好的职业道德和团结协作精神。

2. 胜任核心课程讲授任务；近五年来教学科研成果突出；承担国家级重要科研任务。

3. 年龄应在60岁以下，国务院学位委员会批准的博士生导师70岁以下。

4. 除具备上述条件外，还应分别具备下列条件：

(1)应聘一级岗位者应是国内(外)公认的本学科领域学术带头人。

(2)应聘二级岗位者应是国内(外)公认的本学科某一主要研究方向学术带头人。

(3)应聘三级岗位者应是本学科主要学术骨干。

五、聘任

1. 教学科研重要岗位聘任遵循公开、公正、公平的原则,实行竞争上岗,择优聘任,宁缺毋滥。

2. 一、二级岗位由学校聘任。聘任程序如下:

(1)各学院(所)重要岗位聘任领导小组提出本单位重要岗位设置申请并制定各个岗位具体的应聘条件及岗位目标,报学校重要岗位聘任委员会审批。

(2)公布岗位设置情况、应聘条件和岗位目标,面向校内外公开招聘。

(3)应聘人到各学院(所)报名,如实填写《厦门大学教学科研重要岗位聘任申请表》,提交能证明应聘人水平和能力的有关材料。

(4)各学院(所)根据应聘条件,审查申请资格。

(5)各学院(所)重要岗位聘任领导小组召开评议会议,经认真审阅申请人有关材料,充分讨论评议,推荐一、二级岗位聘任的初步人选。

(6)各学院(所)推荐的初步人选名单需在本单位张榜公布,充分听取群众意见后,向学校推荐。

(7)学校首届重要岗位聘任委员会召开审议会议,对各学院(所)推荐的一、二级岗位聘任的初步人选进行认真审议,确定聘任人选。

(8)校长聘任,颁发聘书。

3. 三级岗位聘任人选由各学院(所)重要岗位聘任领导小组确定并报学校批准后,由院长(所长)聘任,颁发聘书。聘任程序参照上述程序执行。

4. 国际公认的一流学者由校长聘任特级岗位。两院院士由校长聘任一级岗位。

5. 聘任工作每年进行一次。重点建设的学科一、二级岗位聘任期限一般为三年,其他重要岗位聘任期限为一年。聘任时间按学年度进行。

6. 对受聘人员实行聘约管理。聘约内容包括受聘者的岗位职责、承担任务、具体岗位目标及津贴标准,受聘者对履行岗位职责的承诺,完成任务及实现岗位目标的计划等。聘约作为聘任期满考核的依据。聘约由学校或学校授权学院(所)签订。

7. 对资深院士和为建设国家重点学科做出重大贡献的文科著名教授,学校设立荣誉岗位津贴。

六、考核

重要岗位实行聘期目标考核。考核分为年度考核和聘期考核,年度考核纳入全校学年度考核工作,合格者继续聘任,不合格者不再续聘,空置岗位重新面向校内外公开招聘。

聘任期满各学院(所)对受聘人员按聘约确定的职责、任务和岗位目标进行考核。考核结果分为合格和不合格。

考核工作由各单位负责。考核办法如下:

1. 受聘人填写《厦门大学教学科研重要岗位考核表》。

2. 各学院(所)重要岗位聘任领导小组召开考核评估会议。受聘人应到会述职。领导小组对受聘人进行认真考核评估,考核重点是履行聘约情况和取得的成果、水平。考核结果应张榜公布并报学校,作为续聘或下一期聘任的依据。

七、岗位津贴

1. 津贴标准:实行重要岗位聘任的同时,实施重要岗位津贴。津贴标准根据学校财力确定,目前津贴标准如下:

单位:元/年

重　　要　　岗　　位				
级 别	特 级	一 级	二 级	三 级
津贴标准	10 万～20 万	5 万	4 万	3 万

2. 发放办法:受聘人员的岗位津贴按月随工资发放,考核不合格者不再发放。

八、组织机构

1. 学校成立重要岗位聘任委员会,负责审批各学院(所)设置各级重要岗位的申请和各个岗位的应聘条件及目标,确定一、二级岗位聘任人选,制定或审定各级岗位聘约,处理聘任工作中的特殊问题。

学校首届重要岗位聘任委员会由校长办公会议成员组成,主任由校长担任。

学校首届重要岗位聘任委员会下设办公室,负责处理聘任工作的具体事务。

2. 各学院(所)成立重要岗位聘任领导小组,负责确定三级岗位聘任人选,制定各级岗位具体目标和聘约,并负责本单位受聘人员的考核工作。

各学院(所)首届重要岗位聘任领导小组由院(所)务委员会成员组成,组长由院(所)长担任。

九、附则

1. 本办法由学校重要岗位聘任委员会负责解释。

2. 本办法自公布之日起实行。

附表:教学科研重要岗位设置和岗位目标

设　岗　项　目		岗位数	级别	岗　位　目　标	备注
重点建设的学科	国家重点学科	各设 2～5 个	一至三级岗位	在教学科研工作中取得显著成绩,为保持本学科在国内的领先地位,实现把本学科建设成为国际上有较大影响的学科发挥骨干作用,做出突出贡献。	具体目标在聘约中确定
	博士点学科	各设 1～3 个	一至三级岗位	在教学科研工作中取得显著成绩,为保持本学科在国内的领先地位,实现把本学科建设成为国家重点学科发挥骨干作用,做出突出贡献。	同上
	省重点学科	各设 1～2 个	二至三级岗位	在教学科研工作中取得显著成绩,为保持本学科在国内有一定影响、省内领先地位,实现把本学科建设成为博士点学科发挥骨干作用,做出突出贡献。	同上
	“211”工程重点建设学科群	各设 1～2 个	一至三级岗位	在教学科研工作中取得显著成绩,为本学科群的建设和发展,实现学校“211”工程规划的目标发挥骨干作用,做出突出贡献。	同上

续表

<table>
<tr><th colspan="2">设岗项目</th><th>岗位数</th><th>级别</th><th>岗位目标</th><th>备注</th></tr>
<tr><td colspan="2">拟作为重点发展或有特色的学科</td><td>各设1～2个</td><td>一至三级岗位</td><td>在教学科研工作中取得显著成绩,为发挥本学科的特色或优势,实现把本学科建设成为博士点或国内外有较大影响的学科发挥骨干作用,做出突出贡献。</td><td>同上</td></tr>
<tr><td rowspan="4">重点实验室</td><td>国家重点实验室</td><td>各设2～3个</td><td>一至二级岗位</td><td>在教学科研工作中取得显著成绩,为本实验室的建设和发展,实现本实验室确定的目标发挥骨干作用,做出突出贡献。</td><td>同上</td></tr>
<tr><td>国家(教育部)文科重点研究基地</td><td>各设1～2个</td><td>二至三级岗位</td><td>在教学科研工作中取得显著成绩,为本研究基地的建设和发展,实现本研究基地确定的目标发挥骨干作用,做出突出贡献。</td><td>同上</td></tr>
<tr><td>教育部重点实验室</td><td>各设1～2个</td><td>二至三级岗位</td><td>在教学科研工作中取得显著成绩,为本实验室的建设和发展,实现本实验室确定的目标发挥骨干作用,做出突出贡献。</td><td>同上</td></tr>
<tr><td>微机电研究中心</td><td>设1～2个</td><td>二至三级岗位</td><td>在教学科研工作中取得显著成绩,为本研究中心的建设和发展,实现本研究中心确定的目标发挥骨干作用,做出突出贡献。</td><td>同上</td></tr>
<tr><td rowspan="5">教学科研类</td><td>国家人才培养基地</td><td>各设1～2个</td><td>二至三级岗位</td><td>在教学科研工作中取得显著成绩,为本基地的建设和发展,实现本基地确定的目标发挥骨干作用,做出突出贡献。</td><td>同上</td></tr>
<tr><td>主持面向21世纪教育部教学改革研究项目</td><td>各设1个</td><td>三级岗位</td><td>按期圆满完成任务,取得高水平研究成果。</td><td>同上</td></tr>
<tr><td>图书馆建设</td><td>设1～2个</td><td>三级岗位</td><td>专业水平高,成绩显著,为图书馆的建设和发展,实现为教学科研工作提供优质服务等目标做出突出贡献。</td><td>同上</td></tr>
<tr><td>校园网络建设</td><td>设1～2个</td><td>三级岗位</td><td>专业水平高,成绩显著,为校园网络的建设和发展,保证网络畅通、安全,实现为教学科研工作提供优质服务等目标做出突出贡献。</td><td>同上</td></tr>
<tr><td>全校公共教学实验室</td><td>各设1个</td><td>三级岗位</td><td>为本实验室的建设和发展,实现本实验室确定的目标做出突出贡献。</td><td>同上</td></tr>
</table>

续表

设岗项目		岗位数	级别	岗位目标	备注
教学科研类	主持国家自然科学基金重大项目或国家自然科学基金重点项目(单项总经费40万元和年均经费10万元以上)	各设1个	三级岗位	按期圆满完成任务,取得显著的研究成果。	同上
	主持理工类横向项目或产业化等其他项目(单项总经费100万元和年均经费40万元以上)	各设1个	三级岗位	同上	同上
	主持国家人文社科基金重点项目(单项经费均不低于5万元)	各设1个	三级岗位	同上	同上
	主持国家软科学研究基金重点项目(单项经费均不低于6万元)	各设1个	三级岗位	同上	同上
	主持国家自然科学基金重点项目(管理类,单项经费不低于8万元)	各设1个	三级岗位	同上	同上
	主持社会科学横向研究项目(实际到校经费一年达30万元以上)	各设1个	三级岗位	同上	同上

——本文摘录自《关于印发〈厦门大学教学科研重要岗位聘任试行办法〉的通知》,厦大人[2000]48号,档号2000-XZ10-2

《厦门大学教学科研重要岗位聘任试行办法》实施意见

(2000 年 5 月 16 日)

为更好地贯彻《厦门大学教学科研重要岗位聘任试行办法》(简称《试行办法》),特制定本实施意见。

一、岗位设置

1. 各学院(所)根据《试行办法》的规定,结合本单位学科建设及承担教学科研任务情况,提出本单位教学科研重要岗位设置申请,制定各个岗位具体的应聘条件和岗位目标。

2. 除学校设置的重要岗位外,各学院(所)如需要设置其他重要岗位,应提出具体论证报告,经校重要岗位聘任委员会研究批准后设置。

二、聘任工作

1. 应聘人填写《厦门大学教学科研重要岗位聘任申请表》,经所在学院(所)审核后,按评议会议需要的份数复印若干份,其中向学校推荐的一、二级岗位人选申请表需复印 25 份交校重要岗位聘任委员会办公室(设在人事处)。

应聘人应如实填写《厦门大学教学科研重要岗位聘任申请表》,如有弄虚作假,经查实,将取消其申请资格。

2. 应聘人起聘时间距退休年龄半年及以上,可聘任重要岗位至其退休时止,距退休年龄半年以下的,不再聘任重要岗位。

3. 各学院(所)重要岗位聘任领导小组以等额向学校推荐一、二级岗聘任的初步人选。

4. 图书馆和网管中心重要岗位的聘任参照一、二级岗位聘任程序执行。

5. 聘约由各学院(所)与受聘人商定,并报学校批准。由学校聘任的岗位由学校与受聘人签订聘约,由各学院(所)聘任的岗位,学校授权各单位与受聘人签订聘约。

6. 受聘人履行聘约的管理由各学院(所)负责。受聘人履约过程出现的问题应及时向学校报告。

7. 考核受聘人聘任期间所取得成果及水平,应有同行专家的评价。

8. 同时受聘重要岗位和主讲教授者享受重要岗位津贴,不再享受主讲教授津贴。

9. 下列情况之一者,停发重要岗位津贴:

(1)公派出国三个月以上者,从离校之下月起停发津贴;

(2)因私出国(境)或其他个人原因离开岗位者,从离岗之下月起停发津贴;

(3)考核不合格者停发津贴。

三、时间安排

1.5 月 19 日(星期五)下午召开由中层干部和教授参加的会议,布置教学科研重要岗位聘任工作。学校成立首届重要岗位聘任委员会。

2.5 月 26 日(星期五)前各学院(所)重要岗位聘任领导小组召开会议,根据《试行办法》提出本单位重要岗位设置申请、制定各个岗位具体的应聘条件和岗位目标，并报校首届重要岗位聘任委员会办公室。

3.6 月 2 日(星期五)召开校首届重要岗位聘任委员会会议，审定各单位重要岗位设置申请、各个岗位具体的应聘条件和岗位目标。

4.6 月 6 日(星期二)学校公布各单位重要岗位设置情况与数量、应聘条件和岗位目标，公开招聘。

5.6 月 13 日(星期二)前应聘人到各学院(所)办公室报名，填写《厦门大学教学科研重要岗位聘任申请表》，并提交有关材料。

各学院(所)召开重要岗位聘任领导小组评议会议前，应将《厦门大学教学科研重要岗位聘任申请表》中个人填写部分张榜公布。

6.6 月 22 日(星期四)前各学院(所)召开重要岗位聘任领导小组评议会议，推荐一、二级岗位聘任的初步人选并确定其他重要岗位的聘任人选。

在本单位张榜公布各级岗位的拟聘人选，并报学校首届重要岗位聘任委员会办公室。

7.6 月 28 日(星期三)召开校首届重要岗位聘任委员会审议会议，确定一、二级岗位的聘任人选，并批准其他重要岗位的聘任人选。

8.6 月 30 日(星期五)前签订聘约。

9.7 月 7 日(星期五)前校长、院(所)长向受聘人颁发聘书。

——本文摘录自《关于印发〈《厦门大学教学科研重要岗位聘任试行办法》实施意见〉的通知》，厦大人[2000]49 号，档号 2000-XZ10-2

厦门大学关于全面推行校务公开工作的意见

(2000年6月16日)

为加强学校民主监督和民主管理工作,规范校务管理,提高学校管理水平,推进学校各项工作的全面发展,根据中共福建省纪委、省委组织部、省委宣传部、省教委、省监察厅、省总工会《关于全面推行校务公开工作的意见》精神,现就我校开展校务公开工作提出以下意见:

一、深刻认识全面推行校务公开工作的意义

推行校务公开是进一步贯彻落实党的十五大精神和江泽民总书记有关政务公开重要指示的实际行动,是坚持党的宗旨,全面落实全心全意依靠广大教职工办学方针的重要举措,是推进依法治校,加强学校决策科学化、民主化的重要措施。实行校务公开有利于深化学校内部管理体制改革,有利于从源头上预防和治理腐败,有利于发挥教职工教书育人、管理育人和社会各界支持办学的积极性,有利于提高学校的管理水平,促进学校的改革、发展和稳定。推行校务公开,是一项带有方向性、战略性和全局性的治本之策。

二、校务公开的主要内容

凡是与学校管理、教育改革密切相关和直接涉及教职工切身利益的重要事项,除党和国家规定的保密事项外,原则上都要在一定范围内采取适当方式和程序予以公开。需要公开的内容主要有:

1.学校改革和发展的重大问题公开。包括办学思路、建设目标和发展规划;内部管理体制及教学、科研改革、产学研合作重要方案的原则和方法等。

2.干部人事工作公开。包括机构改革方案;教师、干部、职工的聘任、延退、返聘,晋级晋职;选留毕业生,公派出国进修访问;各类专业技术人员职务评审办法,职数,评委组成人选,申报者实绩,确定推荐人选等。

3.领导干部重要事项公开。包括副处级以上领导干部的工资、奖金和其他收入,住房,出国(境)费用和公务接待开支情况;年度和法人经济责任财务审计情况;党风廉政建设责任制执行情况等。

4.教职工切身利益的事项公开。包括教职工工资调整,奖金、福利分配方案;住房调整,购(建)房方案;社会保障基金缴纳情况;教职工家属、子女招聘录用、农转非;计划生育管理情况等。

5.教职工奖惩公开。包括各级各类先进评选奖励的对象、条件、名额、程序,确定上报人选和评选结果;教职工年度工作考核办法和结果;对违法违纪教职工的处理等。

6.财务管理公开。包括财务预决算;事业收费,校办产业和勤工助学,社会捐赠,投资收益,房屋租赁和劳务费收入;财务支出;专项资金补助,教学、科研经费,奖学奖教基金使用和管理等情况。

7.收费公开。包括收费项目、标准、范围、批准文号,代收代办的收费项目和标准,社会捐赠的款物,“收支两条线”规定执行情况等。

8.招生事务公开。包括招生计划、生源和政策,落实招生计划情况,享受照顾录取的政策规定和学生名单及照顾理由,录取的分数线,保送生的推荐条件、程序、名单等。

9.工程建设项目公开。对基建规划、工程项目招投标以及工程竣工后的验收结果和决算等实行公开。

10.大宗物资采购公开。大宗办公用品、教学仪器、设备的采购等实行招投标或议标情况。

11.学生管理制度、办法公开。包括学生奖、贷、助学金的评审办法和名单,学生转学、转专业、休学、毕业生就业以及评优评先、奖惩等。

三、校务公开的主要形式

1.教职工代表大会制度是全面实行校务公开的基本形式。凡属校务公开的内容,均可视实际工作需要在教代会上公开,接受教职工监督。

2.学校通过中心组会议、中层干部会议、党派负责人联席会议等形式通报、公开有关情况。院系建立党政工联席会、教职工座谈会和民主议事会制度,定期或不定期通报、交流、公开情况。

3.设立校务公开栏,对教职工应该知情和监督的内容予以公开。及时下发有关简报,对学校重大决策事项进行公开。同时,通过校园网、广播、有线电视、校刊等新闻媒体,公开有关校务。设立意见箱、监督电话和实行校领导接待日等措施,畅通校务公开的联系渠道。

4.建立校情发布会制度,或以通知书、家长信和收费联系卡等形式向学生和家长公开校务。

四、校务公开的组织领导机构

学校成立由校党政主要领导、纪委、党委组织部、党委宣传部、人事处、监察审计处、工会、共青团等单位主要领导组成的领导小组,直接领导学校校务公开工作。领导小组下设办公室,作为统一协调组织和工作机构。建立由校纪委牵头,工会和有关部门、民主党派代表、教职工代表参加的监督小组,开展定期或不定期的督促和检查。逐步形成党委统一领导、党政齐抓共管、职能部门各负其责、纪检监察和校工会监督的领导格局和工作机制。

五、开展校务公开的几点要求

1.坚持民主集中制原则,进一步完善学校管理和制约机制。既要引导、组织教职工更好地参与学校的民主监督和民主管理,又要支持行政领导和职能部门依法行使职权,充分调动管理者、教职工的积极性,确保校务公开健康有序进行。

2.结合实际,重在实效。各职能部门、各单位应从实际出发,根据本"意见"精神,制订具体方案,认真加以实施,不断提高校务公开的质量和水平。

3.加强监督和检查,使校务公开做到经常化、规范化、制度化。校务公开的要害是公开,关键是真实,实质是监督。要及时收集教职工和广大群众对校务公开的意见和建议,需要反馈的要及时答复,出现问题要及时纠正。

4.要围绕推行校务公开工作,广泛开展宣传教育活动,通过统一思想,提高认识,使广大干部和教职工理解、支持和积极参与校务公开工作。

5.每次公开的有关资料要存档管理,明确指派专人负责,以备检查。

——本文摘录自《关于印发〈厦门大学关于全面推行校务公开工作的意见〉的通知》,厦大办[2000]36号,档号 2000-XZ09-3

厦门大学住房租赁管理办法

(2000年6月16日)

第一章　总　则

第一条　为了深化我校住房制度改革,切实做好教职工住房的租赁与管理工作,根据《高等学校教职工代表大会暂行条例》,参照国家和厦门市有关房改精神,结合我校实际情况,制定本办法。

第二条　学校实行住房租赁制度。凡房屋产权归属我校所有的自管房,我校具有调配使用权的厦门市公产房、代管房等各类房屋的租赁及其管理,均依本办法执行;已经出售给住户的原我校单位自管房、集资房、市区统建房、微利房等除外。

第三条　学校的住房租赁管理工作,建立行政措施与法律手段相结合、物业管理与配套服务并重的程序化运行监控机制,实行以房屋租金为杠杆调节用房需求,以合同形式规范学校的租赁用房行为。

第四条　学校实行住房租赁制度,以保障常规用房服务教职工为前提,注重房产资源的有效利用及其保值增值。

第五条　教职工住房租赁与管理要发扬民主,坚持公正公开、合理和租赁自主的原则。所有与学校住房的承租、租赁(含调整承租房屋,下同)有关的信息,都必须公布,接受群众监督。

第二章　住房租赁机构

第六条　成立厦门大学住房租赁资格审查委员会(以下简称房委会)。房委会由教代会选举产生,代表全校教职工利益进行工作,并对教代会负责,接受教代会监督。其职责是:

(1)根据本办法审定申请对象的承租资格;

(2)讨论并决定职能部门提出的具体疑难问题的处理办法;

(3)接受学校委托,审议处理有关事项;

(4)听取和反映教职工的意见,对学校住房租赁、住房管理、物业服务和房改等工作进行调查研究,提出建议。

第七条　房委会由有关单位负责人和经教代会民主选举产生的教职工代表共19名委员组成,由校长批准任命,任期至本届教代会期满。“有关单位负责人”包括:校房管职能部门主要负责人一名(当然委员,任房委会主任),校工会主要负责人一名(当然委员,任房委会副主任),职能部门房产科科长一名(当然委员)。房委会任届期间,如成员有异动,按实确定实际组成人员。

第八条　房委会会议由主任主持。出席会议的委员数达到实际组成人员总数的三分之二以上,会议方为有效;做出决议时须得实际组成人员总数的二分之一以上通过方为有效。

如房委会会议所议事项与委员个人有直接的利害关系,当事人应当回避表决。

第九条　住房租赁管理的职能部门是学校房地产科。其与房委会的关系是:

(1)执行房委会的各项决议;

(2)根据房源情况,提出住房租赁方案,报房委会讨论决定;

(3)办理与住房租赁有关的各项手续;

(4)准确掌握房产资料和教职工住房情况,建立和保存房产档案,供房委会决策参考。

第十条　教代会主席团对房委会做出不合理决定,可予以否决;对营私舞弊的房委会委员可直接或提请教代会予以罢免。

第三章　住房租赁控制标准、租赁用房类别及其条件

第十一条　凡具有本市常住户口的学校在编(含离退休)教职工,没有承租、使用或者购买各类福利性房屋,以自住为目的,符合本办法规定条件的,均可向学校申请租赁住房。

学校编制中属于(或类似为)学校流动、临时编制人员,以及学校的企业聘用人员的用房另行规定处理。

第十二条　单身(或只有一个本市户口)的教职工,可以申请承租集体合用的公寓。

其中符合以下条件的,可以申请承租单独使用相应住房:

(1)博士毕业的单身教职工可以承租使用46 m^2以下的住房;

(2)单身教职工年满35岁或具有中级职称、正科职务年满30岁的,可申请承租建筑面积40 m^2以下的用房;

(3)具有中级职称、正科职务年满35岁的,或其他人员年满40岁、有20年工龄的,可申请承租建筑面积40～46 m^2的用房;

(4)具有副高职称、副处职务以上的,可申请承租建筑面积60 m^2以下的用房。

第十三条　带眷户教职工申请承租学校住房,应以夫妻构成的家庭为申请单位(双方均为本市常住户口),或者必须具备两口人以上的本市常住户口。

户口核计以共同居住的、同一户口本的直系亲属(仅限与我校教职工为一等亲关系)为准。父母、子女的户口由本市迁入者,迁入时间须满三年;否则其迁来本校前户口所在地住房必须交由我校使用,方准予核计。已婚子女户口未迁出,但实际不共同居住者不予核计人口数;如家庭成员中已经享受过房改等购房福利的,不予合并核计户口。

第十四条　按照本校申请人的职称、职务或者工龄情况,相应的承租住房类别为:

1. 正高级职称、正处级以上人员,可承租四类的住房;

2. 副高级职称、副处级以上人员,可承租三类的住房;

3. 中级职称、副科级以上人员,可承租二类的住房;

4. 初级职称、一般干部或者工龄在20年以上工人,可以承租一类的住房;

5. 工人工龄25年以上及初级职称、一般干部工龄20年以上的,可以参照中级职称(务)情况,申请租赁住房;

6. 工龄在15年以上的工人,可以申请承租45 m^2的住房。

第十五条　教职工已经购买或者租赁带有福利性质的住房,原则上学校不再给予租赁住房机会。若将原有承租住房出租、转借他人使用,均不得向学校申请租赁住房。

如果其原承租使用的住房面积与本办法规定的住房面积控制标准差距较大(建筑面积20 m^2以上),原租赁用房的房屋使用权无法交给学校的,可在合计总建筑面积不超过以下控制标准面积10 m^2的幅度内申请租赁相应的补充用房;经补充租赁用房,合计房屋面积超过本办法规定控制标准的,按照超标准用房处理。

有关人员的面积控制标准为:校级领导、正高级职称人员80 m^2;副高级职称、处级人员70 m^2;中级职称、科级人员60 m^2;其他人员50 m^2。

第十六条　租赁使用学校住房应相对稳定。租赁使用住房的规格与本人职称(务)享用类别基本相符者,原则上不再调整。

教职工现租赁用房与本人职称(务)享用类别不相符者,新房需住满五年(新房指在租赁房屋前新建或经改造大修后,交付使用不足五年的),旧房须住满三年以上才能再行申请租赁学校其他住房。

在房源许可并且没有突破控制标准的情况下,如果已经连续居住原房十年(没有附属层的一楼为五年)以上,或者有其他特殊事由,申请人并且符合本办法条件的,可以申请要求调换租赁同类型其他楼层、区域的房屋。

第四章　住房租赁申办程序及计分排序方法

第十七条　学校按一定比例预留可供租赁的房源,作为校长留房,用于引进急需人员或有特殊贡献人员的住房。职能部门报请房委会或学校,经认可或者批准,可以预留一定比例的过渡性房源,供由学校住房拆迁、改造安置,或者用以安排新调到校等未能按常规取得租赁用房的。留房应合理确定房号,租赁使用应公正、定期公布接受监督。

第十八条　常规住房租赁工作,采取年度一次性积分排序,当事人依次顺序,自主选择可供租赁房屋。

符合规定条件,需要租赁学校住房的当事人,应当于每年的三月份向职能部门集中提交住房租赁申请。由职能部门初审后报请房委会确认申请对象的资格,经三榜公布、接受监督和核对积分,最后按租赁用房类别,一次性确定申请对象的积分及其位次。

除了校长留房和预留的过渡性用房外,职能部门应当将学校所有空余房源信息,定期于每年的 4 月、9 月的最后一周发布,供住房租赁的申请人依积分次序选择租赁。允许申请人放弃当期的选择租赁机会,以既定积分次序,保留其参加该年度下一期的选房机会。

第十九条　申请租赁房屋的教职工,均应如实填报情况,交验有关职称(务)、学历、户籍证明,或者现住房等材料。申请人弄虚作假的,取消其当年租赁住房资格,或者撤销其已经取得的承租住房权利。

第二十条　积分排序经确定和公布后,原则上当年度不再变动。但是,若申请对象的申请资格出现变化,可以取消其积分和位次;若申请对象可以申请租赁的类别有变动,则改按重新核定的资格及积分参加下档次标准住房的租赁。

年度期间,如若申请对象的职称职务提升,或者可资核计积分的因素有所变动,均不影响当年度既定的积分核计及其排序。

因故错过申请受理时限的,延至下一个年度处理。如系新进到校工作,由职能部门安排其过渡性租赁用房;属于学校急需引进人才的用房,在校长留房中解决。

第二十一条　房屋租赁申请者的计分为:

一、基本分:

1. 正高级职称、校级领导 80 分;

2. 校长助理 75 分;

3. 副高级职称、正处级 70 分;

4. 副处级 65 分;

5. 中级职称、正科级或本科毕业后八年、大专毕业后十年和工龄 25 年以上的干部 60 分;

6. 副科级或工龄 20 年以上的干部 55 分;

7. 初级职称、一般干部 50 分;

8. 工人工龄 25 年以上 55 分;工人工龄 20 年以上 50 分;工人工龄 15 年以上 45 分;工人工龄 15 年以下 40 分。

二、附加分:

1. 工龄分:教职工以工改时计算的工龄起点线为准,每工作一年计 1 分;上大学期间,如未计入工龄者,学历一年计 1 分。

2. 任职分:按申请时最高职称(务)的任职时间计算。每增加一周年加 1 分,不满一年的不计分。

3. 配偶分:

(1)配偶为我校高级职称、行政副处以上的加 8 分;

(2)配偶为我校中级职称、行政副科以上的加 6 分;

(3)配偶为我校初级职称或一般干部工人的加 4 分;

(4)配偶在厦门市工作的加 3 分。

4. 归侨分:申请人本人系归侨者加 2 分,申请人的配偶为归侨者(限本校教职工)加 1 分。归侨分最高不超过 2 分。

第二十二条　有关的积分评计及居住年限等参数,均截止于上一年度十二月三十一日。如申请人有兼任其他职务的,可以自主选择一种职务计算基本分和任职分。

第二十三条　同类型申请对象积分次序,如积分相同,依次按本校双职工、工龄长者、年龄大者优先排序。

第二十四条　离休人员申请租赁学校住房,按中央规定政策执行。退休人员按退休前的职称(务)标准,申请租赁用房。

第五章　住房租赁管理以及对违章、违约用房的处理规定

第二十五条　学校推行房屋租赁的履约保证制度。凡租赁使用学校住房的,均必须与职能部门签订房屋租赁合同,明确权利义务,严格履行合同。

第二十六条　凡租赁使用学校房屋,均应当按租赁合同约定,按期如数缴交租金。如违约用房,应当缴交违约金,违约金计收标准为租金的 1～5 倍。

第二十七条　教职工取得租赁住房的,应在限期内(从租赁合同签订之日起,最迟不超过 70 天)搬迁完毕,并全部退还原住房及床位。

办理原住房退还,应缴销个人持有的原房屋租赁合同,清点原住房设施、缴还住房锁匙,清结与住房有关的租金、使用费、物业管理费、水电费、退房保证金等费用,终止与住房使用相配套的有关合同等,并将户口迁出原房址。

第二十八条　承租使用学校住房后,教职工或其配偶另外取得其他住房,并且该住房面积达到本办法规定的控制标准的,应退还学校原租赁住房;学校可以提前解除其租赁合同。

第二十九条　出国(境)人员、离校人员的原租赁住房的管理,按照《厦门大学教职工离校住房管理实施细则》执行。

第三十条　由学校调配租赁使用非我校产权房产的,住户应按时缴纳房租,并且应确保学校对该房屋的调配使用权。如因其过失,造成学校该房产权益丧失或者受到其他限制的,应当按照住房使用权评估价向学校赔偿损失。

第三十一条　有下列情况之一者,为违章、违约用房:

(1)擅自占用住房(床位);

(2)不按规定期限退还原住房(床位)或退交的原住房发现有公物损坏、丢失的;

(3)改变住房(含附属房等配套设施)用途,或将住房转让、转借、转租者;

(4)未经学校城监部门许可,违章进行室内改造装修、户外乱搭盖者;

(5)租赁保证人,担保或代理租赁用房事务存在重大过失,导致学校房屋所有权权益遭受侵害的;

(6)其他违反我校房屋租赁管理制度、违背租赁协议的行为。

第三十二条　对各类违章、违约用房的处理

(1)对擅自占用住房(床位)者,除责令退出并且按房租十倍的标准交纳租金外,取消其两个年度的其他标准住房的租赁资格;

(2)超期退房应按常规房租十倍的标准交纳租金;

(3)不当使用房屋造成房屋及其设备损坏的责令照价赔偿或恢复原状;

(4)对严重的违规、违约行为,可以采取停水、停电等强制措施收回住房、敦促履约;

(5)违章装修改造、违章搭盖的,按照学校有关规定处理;

(6)对上述各类违章用房的教职工,对存在过错责任的租赁保证人,张榜公布其违章违约情况,并视情节轻重由学校纪检(监察)、人事等部门予以行政或纪律处理;

(7)经教代会提议并由学校办公会议决定,学校的纪检(监察)、保卫、人事、房管等有关职能部门或单位,必要时可以联合组成房屋清理队伍,对严重违章违约用房给予纠正或清退。

第六章 附则

第三十三条 职能部门根据本办法拟定年度住房租赁实施方案以及租赁用房管理实施细则,由房委会通过或者报请学校颁布实行。

第三十四条 本办法所指面积、标准、年限、工龄、户口等均含本数。

第三十五条 学校实行职员职级制后,有关人员承租住房的控制标准、积分核计,参照本办法确定。

第三十六条 本办法解释权属于教代会主席团会议。

第三十七条 本办法经厦门大学教职工代表大会讨论通过后,由校长批准颁布执行,原《厦门大学教职工住房分配管理办法》同时废止。

——本文摘录自《关于印发〈厦门大学住房租赁管理办法〉的通知》,厦大办[2000]37号,档号2000-XZ09-3

厦门大学深化住房制度改革的方案

（2000 年 6 月 19 日）

为加快我校住房制度改革的步伐，逐步推行住房社会化，根据厦门市住房制度改革方案的精神，结合我校实际，特制订本方案。

一、实行公有住房租赁制

根据厦门市“取消住房实物分配，逐步实行住房货币化分配”的房改规定，我校所有的公有住房实行租赁制，租赁根据《厦门大学住房租赁管理办法》执行。

二、加大租金改革力度，调整住房补贴，调整公积金缴交率

从 2000 年 7 月 1 日起，将住房租金提高到厦门市规定的标准，即从现行的平均每平方米计租面积 0.70元提高到 3.71 元。全校各类住房租金的等级标准按有关规定执行。

从 2000 年 7 月 1 日起，调整教职工住房补贴。即按 1999 年 12 月份职工月工资总额的 10％发给职工住房补贴。发给职工个人的月住房补贴最低不低于 40 元，最高不超过 200 元。

从 2000 年 7 月 1 日起，调整公积金缴交率，在职职工个人和学校的月住房公积金分别按 1999 年 12 月份职工月工资总额的 8％缴交。职工个人月住房公积金缴纳额不低于 28 元，学校月住房公积金缴纳额不低于 28 元。

房租标准、住房补贴、公积金缴交率随厦门市标准的调整，结合我校实际进行调整。

三、努力推行住房社会化

从 1999 年起购买公有住房的教职工，必须在校服务五年（从购房之日算起），服务期未满五周年调离学校者，所购住房由学校按原价收回。教职工以成本价购买的公有住房，拥有全部产权，服务期满后，可依法进入市场，学校有优先购买权。教职工所购住房如遇学校办学建设需要需搬迁的，按照厦门市有关拆迁安置规定处理。

为加强公有住房售后维修管理，学校从售房款中提取的维修基金专项存储，用于公共部位、公共设施及设备的维修、养护，具体按《厦门大学住房维修基金管理办法》执行。

在厦门市政府的大力支持下，我校教职工住房建设已纳入厦门市政府统一规划、统一设计、统一施工、统一管理的轨道，学校鼓励教职工购买厦门市统建房，实现住房社会化，对现住非出售区住房的教职工在购买厦门市统建房时给予一定照顾。

厦门大学

二〇〇〇年六月十九日

——本文摘录自《关于印发〈厦门大学深化住房制度改革的方案〉的通知》，厦大资产[2000]6 号，档号 2000-XZ27-1

厦门大学消防安全管理暂行规定

(2000年6月21日)

第一条　为了加强消防管理,预防和减少火灾,保障学校各项工作的顺利进行,根据《中华人民共和国消防法》和《厦门市消防条例》等有关法律、法规,特制定本暂行规定。

第二条　消防工作贯彻“预防为主,防消结合”的方针,遵照“谁主管,谁负责”、“谁在岗,谁负责”的原则,实行逐级防火负责制。

第三条　学校消防工作领导小组全面负责学校的消防安全工作,领导小组组长为我校消防安全第一责任人,履行下列领导职责:

1. 建立、健全学校消防安全管理制度;

2. 建立逐级防火责任制,确定重点防火单位,制定全校性的防火、灭火方案以及火灾发生时保护人员疏散等安全措施;

3. 按国家规定配备灭火器材,落实定期维护、保养措施,确保完好有效,改善防火条件,开展消防安全检查,及时消除隐患;

4. 对师生员工进行消防安全教育和灭火训练。

第四条　保卫处为我校消防工作职能部门,具体负责我校消防安全的实施和监督,履行下列职责:

1. 研究、拟定学校消防安全管理制度,落实防火责任制;

2. 协助各单位建立、健全其内部消防安全规章制度,指导重点防火单位建立防火档案;

3. 加强学校内部消防监督,进行经常性防火检查,及时提出整改意见,督促进行整改,消除隐患;

4. 加强同消防部门的联系,对校内各单位的消防干部和义务消防组织进行业务指导,协助其制定防火、灭火预案和应急疏散预案;

5. 具体组织宣传安全教育,普及防火知识;

6. 具体落实灭火器材的配备工作,并定期组织检验、维修,确保其完好有效;

7. 组织火灾自救,保护火灾现场,协助火灾原因调查;

8. 完成消防部门和学校消防工作领导小组交办的其他消防安全工作。

第五条　各单位创安领导小组(治保委员会)负责本单位的消防安全工作,其负责人为本单位消防安全第一责任人,履行下列职责:

1. 贯彻执行学校消防安全管理有关规定;

2. 建立、健全本单位的消防安全制度,制定内部防火、灭火预案和应急疏散预案,重点防火单位要建立防火档案,实行每日防火巡查,并建立巡查记录;

3. 经常组织防火自查,发现问题,要及时进行整改,消除火灾隐患;

4. 针对本单位的特点,对师生员工进行消防安全教育和灭火训练;

5. 定期培训本单位的义务消防队,并组织消防演练;

6. 管理内部的消防器材和设施,确保其完好有效;

7. 完成学校消防工作领导小组和保卫处布置的其他各项消防工作。

第六条　学校在重大节日或庆典前进行消防大检查,各单位每季度应进行一次检查,贯彻边检查、边整改的原则,及时排除火险隐患。凡本单位解决不了的重大火险隐患要及时向保卫处报告,并同时采取临时安全措施。

第七条 学校划拨消防专项经费，用于消防设备、器材的维修和更新等。

第八条 保卫处负责公共场所消防器材的采购、分配、维修。各单位内部的灭火器由各单位自购、维修、管理。

第九条 人员集中的公共场所，必须保证安全出口的畅通，不得堵塞和占用楼梯、楼道。

第十条 在要害部位和存放易燃易爆物品的场所使用明火时，必须经保卫处批准方可实施。

第十一条 易燃、易爆化学物品的使用、储存、运输必须执行《关于易燃、易爆化学物品的安全管理规定》。

第十二条 各单位采用新材料、新设备、新工艺，必须研究其危险性和特点，采取相应的消防安全措施。

第十三条 用电线路的安装由后勤部门根据规范进行。

第十四条 各单位对从事电工、焊接工、油漆工和保管易燃易爆化学物品等工作的人员，必须进行消防知识和技能等专项培训，经有关部门考试合格，持证上岗方可从事该项工作。

第十五条 新建、扩建、改建工程的设计及施工，必须执行《建筑设计防火规范》的规定，验收时应通知保卫处参加。任何单位的二次装修，需报保卫处备案后送市消防支队建审科审批同意后方可施工。

——本文摘录自《关于印发〈厦门大学消防安全管理暂行规定〉的通知》，厦大综[2000]30号，档号2000-XZ09-4

厦门大学招标投标管理暂行办法

(2000年7月4日)

第一条　为规范厦门大学招标投标活动,保证项目质量,提高经济效益,根据《中华人民共和国招标投标法》,结合我校实际情况,制定本办法。

第二条　在厦门大学范围内进行招标投标活动,适用本办法。

第三条　在厦门大学内必须进行招标的项目是:

(一)基本建设项目。是指项目投资在10万元以上(按规定必须报厦门市招投标中心的除外),由国家行政拨款、地方行政拨款、学校自筹资金、社会各界捐款、院系创收中的发展基金进行的新建工程、维修改造工程、装修工程、室外水电管网工程、拆迁工程等;

(二)根据学校有关物资设备采购管理的规定需采取招标投标方式采购的物资设备;

(三)学校经营性固定资产的租赁或承包;

(四)校园管理项目;

(五)必须进行招标的其他项目。

第四条　凡属本办法第三条所规定的必须进行招标的项目,应由提出该项目的部门和单位向校招标投标领导小组(以下简称"校领导小组")提出书面招标申请,内容包括:申请项目;资金来源及落实情况;采购物资设备的名称及数量;出租或承包的固定资产的名称及数量。

第五条　校领导小组对申请招标项目审核同意后,委托有关部门或单位开展对该项目招标投标活动的各项准备工作。

第六条　本办法第三条第一款中所规定项目的招标投标准备工作,由基建处负责;第三条第二、三款所规定项目的招标投标准备工作,由资产处负责,当租赁、承包项目涉及现由总务处分管的业务时,由资产处会同总务处共同负责;第三条第四款所规定项目的招标投标准备工作,由总务处、资产处等部门负责。

第七条　特殊项目的招标投标准备工作,由校领导小组临时决定负责部门或单位。

第八条　负责招标投标准备工作的部门或单位,应编制招标文件,提出具体的招标投标办法。

第九条　招标投标准备工作完成后,部门或单位应将所编制的招标投标文件报校领导小组审核批准,由校领导小组办公室发布招标信息。校领导小组委托招标投标项目工作小组(以下简称"项目小组")组织实施招标投标工作;接受投标人报名,发放招标文件,确定投标人并报校领导小组备案,在规定的时间内接收投标人送达的投标文件。

第十条　项目小组由校领导小组指派成员,职能部门,有关技术、经济等方面的专家组成,成员人数为五人以上单数,其中技术、经济等方面的专家不得少于成员总数的三分之二。项目小组组成人员由校领导小组确定。

第十一条　项目小组完成评标后,应当向校领导小组提出书面评标报告,并推荐合格的中标候选人,由校领导小组确定中标人;校领导小组也可以授权项目小组直接确定中标人。

第十二条　评标定标以后,校领导小组办公室应尽快向中标人发出中标通知,同时通知其他未中标人。

第十三条　中标人在接到中标通知后,应在规定时间内与校相关部门或单位签订书面合同,并报校领导小组备案。

第十四条　招标投标过程中出现的疑难问题，应报校领导小组讨论解决。

第十五条　任何单位和个人不得将本办法所规定的必须进行招标的项目化整为零或者以其他任何方式规避招标。

第十六条　招标投标活动应当遵循公开、公平、公正和诚实信用的原则。

第十七条　学校纪检监察部门对招标投标活动实施监督，纠正和查处招标投标活动中的违法违纪行为。

第十八条　本办法对招投标活动的规定未尽详备时，依照《中华人民共和国招标投标法》的规定执行。

第十九条　本办法由校领导小组负责解释。

第二十条　本办法自公布之日起施行。

——本文摘录自《关于印发〈厦门大学招标投标管理暂行办法〉的通知》，厦大办[2000]40 号，档号 2000-XZ09-3

厦门大学发放年轻博士津贴试行办法

(2000年7月4日)

为深化我校人事分配制度改革,改善年轻博士生活条件,鼓励年轻博士争创教学科研佳绩,学校决定配合教学科研重要岗位聘任工作,对从事教学科研工作的年轻博士发放津贴。实施博士津贴,目的在于稳定和吸引更多优秀的年轻博士充实学校的师资队伍,并为重要岗位培养后备力量。

一、津贴对象与发放标准:

1. 凡拥护中国共产党的领导、遵纪守法,每年聘任时年龄在40周岁(含)以下(聘任当年8月1日前不满40周岁),已在国内或国(境)外获得博士学位,并被学校聘任的青年教师和科研人员,均属津贴范围。

2. 博士津贴为每年1万元,按聘任学年度每月随工资发放。

3. 博士津贴根据考核结果,最多发放三年(含中间因故停发津贴时间)。

二、职责:

享受津贴的博士应履行以下职责:

1. 承担课程教学任务,教学效果优秀;协助指导研究生。

2. 主持或参与国家或省部级科研项目,开展较高水平的学术研究或承担有较大经济价值的产业开发任务。

三、聘任与考核:

1. 每学年参加单位统一的考核聘任。

2. 博士津贴的享受者每年必须达到学校年度考核所规定的工作量,考核结果须报人事处备案。

3. 受聘博士在聘期内如遇下述情况之一,停发岗位津贴:

(1)公派出国(境)三个月以上者,自离校之下月起停发津贴。

(2)因私出国(境)或其他个人原因离开岗位者,从离岗之月起停发津贴。

(3)考核不合格者。

(4)聘期内被重要岗位或学校新启动的其他岗位聘任,在新岗位发放津贴的同时,停发博士津贴。

四、凡享受博士津贴的博士,应在享受津贴之后继续为学校服务至少三年,这期间若调离,应将已领取的津贴退还学校。

五、本办法从公布之日起试行。

——本文摘录自《关于印发〈厦门大学发放年轻博士津贴试行办法〉的通知》,厦大人[2000]66号,档号2000-XZ10-2

厦门大学出版社“十五”发展规划(草案)

(2000 年 7 月 31 日)

一、奋斗目标

我社成立于 1985 年 5 月,现有专职人员 29 人,年平均出书 110 种左右,是一家小规模的高校出版社。15 年来已出书 1700 种,其中教材及专著的比例为 80%,得奖图书占 12%,获得省级以上奖励的 216 项,其中全国性大奖 70 项。有三种书获国家级最高奖——中国图书奖。根据国家新闻出版署和教育部对高校出版社的要求,高校出版社作为高校中学术性较强的事业单位,其主要任务是从出版方面为高校的教学科研和教师队伍的成长做贡献。15 年来,我社始终坚持正确的出版方向,坚持为教学科研服务的办社宗旨,没有出过一本政治上有问题或格调低下的图书,坚持了正确的导向,图书的学术品位、文化品位高。我社出版物作者队伍中,64%为高校作者,许多教师通过在我社出书,得以传播他们科研成果,弘扬他们的学术成就。我们出版的教材,满足了教学的需要,促进了学科建设。我社为提高厦门大学的教学科研水平和加强师资队伍建设发挥了自己应有的作用,做出了应有的贡献。1997 年,国家教委组织专家对全国大学出版社进行严格的评估验收,我社以 89 分的优异成绩排在参评的 94 家大学出版社的前 20 名(此次评估最高分为 93 分)。国家教委在给我社的评估验收报告评语中指出:“学校领导重视出版社,关心出版社的发展。出版社自建社以来,坚持正确的办社方向,执行党的出版方针,遵守出版纪律和专业分工的原则,出书结构合理,落实了为教学科研服务的宗旨,出版了一批优秀的教材和专著,为学校的学科建设和人才培养做出了一定的贡献。……”这是对我社十几年工作的基本评价。

“十五”期间是 21 世纪最初的五年,是我国经济和社会发展将发生重大变化的一个时期。随着我国市场经济体制的逐步完善,随着我国加入 WTO,以及信息技术、高新技术的迅猛发展,可以预见“十五”期间出版业将进入一个全新的现代化阶段,成为知识经济时代的一个支柱产业。高校出版社在这大变革到来之际,有着得天独厚的优势,这就是近距离地拥有高校的知识和人才优势。我们要牢牢把握这一机遇,把我社的各项工作提高到一个新水平,取得理想的社会效益和经济效益。

“十五”期间我们的奋斗目标是,把我社建成一个有鲜明特色、在全国有较大影响的高校出版社。到 2005 年,全社发展将全面进入良性循环,办社规模有所扩大,办社条件大为改善,整体实力有较大提高,做到与学校的地位相称。主要经济指标将比 2000 年有大幅度增长。图书重印率稳定在 50%以上,电子出版物占有一定比重,发行网点增加到 1500 个以上,发行总码洋将在 2000 年的基础上翻一番。

二、发展思路

当前,出版业面对着许多新的机遇,也面临着许多新的挑战,尤其是信息技术的发展和教育制度的变革将直接影响到高校出版社的发展方向。在知识经济时代,出版工作充分体现出它的知识密集型、信息传播型、智能效益型的特点。如何根据高校的特点和市场经济的运作方式,将两者有机结合起来,树立出版产业意识,对出版社的发展至关重要。在发展思路上,根据我社的工作实际,我们将注重以下几个方面。

1.坚持“发展才是硬道路”的思想,抓住机遇,加快发展。我社是一个小规模的出版社,根据多年的办社实践,我们认为小有小的优势,规模小,机动性比较强,在市场竞争中灵活的机制易于推行。但是,我们也深感要做到小而优、小而特,在实际运作中难以实现。没有规模效应,形成特色就缺乏基础,也缺少在市场中抗风浪的能力。因此,我们将有计划地逐步补充人员,扩大出版社的规模,尤其是加强编校和发行的力量。

2.必须坚持办社宗旨,坚持社会效益第一的原则,两个效益一起抓。高校出版社的办社宗旨是坚持党的出版方针,为高校的教学、科研服务,为学校的师资队伍建设服务,努力发挥出版工作的发展学术、积累文化和传播知识的功能。出版社是学校内一个学术性较强的实行企业化管理的事业单位,这一定性就要求我们处理好社会效益与经济效益的关系。无论任何时候,我们都要把社会效益放在首位,坚持贯彻执行党和国家的各项出版法规和纪律。与地方出版社相比,高校出版社的特殊性就在于它与学校的功能与地位紧密相连,其出版物的水平必须与学校的声望与地位相称。因此,坚持社会效益第一的原则必须贯穿于出版工作的始终。同时,出版工作又是一项产业,纳入企业化管理的轨道,要求自负盈亏、自我发展。这样,争取好的经济效益同样是出版社极其重要的工作。作为某一具体的出版物,社会效益与经济效益两者必须并重。

3.要依托学校人才、信息和知识的优势,广开出版资源。高校是人才密集、知识密集、信息密集的场所,重点高校更是如此。这是高校出版社得天独厚的办社条件。但高校出版社应当依托学校学科人才信息的优势,广开出版资源。面对知识经济时代的来临,出版业是一种知识密集型、信息服务型、智能效益型的产业,是信息产业的一个重要分支。高校是各出版社挺进的目标,高校教师将是出版社争夺的作者对象,我们不应舍近求远,对自己的优势认识不足。本省高校的人才与学科依旧是我社的重要出版资源。我们要加大策划力度,并辅之优惠的条件,保障作者的利益,以开发和吸引优秀的稿源。要特别重视与作者建立相对长久、恒定的合作关系,做到优质、高效、守信。

4.要改变粗放式的工作形态,加强图书的系列化系统性。面对经济上的压力,在一个时期内采用广种薄收多出书的方式,作为维持出版社生存运转的工作机制是可行的,但是形势在发展,图书市场的激烈竞争,已迫使我们要走规模经营的道路。我们要努力提高单本书的效益才能进而提高整体的经济效益。改变粗放式工作形态,少编精编是今后编辑工作的趋势。市场上对出版社的品牌效应越来越重视,一个出版社的图书若长期零敲碎打,图书缺乏系列化系统性,就难以形成规模效应。只有对某类图书进行深度开发,形成多层次、系统化,传播最新知识,才能得到市场认同,占有一定市场份额。因此,必须更新观念,改变工作形态,创立品牌,走规模化的出书道路。

5.要贯彻优质高效的编辑方针,走向质量要效益的道路。要集中精力多出好书,对平庸的选题要严格把关,不断优化、提高精品图书和有特色的畅销图书的比例。首先要从选题管理入手,不但应以选题的社会效益和经济效益为目的,而且应以突出出版社的图书特色、塑造出版社形象为目标,才能形成品牌效应和社会影响。其次,要根据市场经济的特点,制定图书效益目标责任制,通过经济的杠杆,向双效益图书倾斜。我们每年在效益奖上都做了小幅度的改革,今后要加大改革力度。还要努力提高图书的内容质量、编校质量、印装质量和整体设计水平,在追求质量的基础上实现效益,实现市场的占有份额。

6.培育新的增长点。要以出版各级各类高等教育的教材为中心。随着素质教育的逐步推广以及考试制度、用人制度的改革,今后教材的市场会愈加多样化。我们将在出版好目前本科教材的基础上,进一步开发研究生教材、高等职业技术教育教材、自学考试教材以及各种继续教育的教材。

要着重出版好高校公共课教材。高等学校在逐年扩大招生,“十五”期间在校学生数将有较大的增长,这为发行公共课教材拓展了空间。我们希望新闻出版主管部门在审批选题的时候,注意到高校出版社出版高校教材具有权威性,充分发挥协调的职能。

要开拓大、中、小学学生素质教育的图书选题。加强素质教育是党中央确定的方针,围绕如何提高大、中学生的素质,出版一系列相关的图书,是高校出版社责无旁贷的任务。同兄弟高校出版社相比,我社在这方面的工作十分薄弱,希望得到上级新闻出版主管部门的理解与支持。

要大力发展闽南题材，尤其是厦门题材的图书。闽南金三角地区有1000多万人口，有发达的经济和丰富的文化底蕴，是一块尚未很好开采的出版富矿。因此，策划组织闽南题材的图书有广阔的前景。

要努力探索出版校园文化建设的图书，主要是高校学生课外生活的图书，如思想政治教育、社团活动、集体生活、交友恋爱、课余打工、社会实践、科技创新、就业指导等。

要根据市场的需求，及时组织一批社会热点的图书。

要挺进电子出版物市场，首先要做好与教材配套的音像电子出版物的出版工作。要追踪网络出版的高新技术，办好本社的网站，为作者、读者、出版者架起一座快捷的信息桥梁。要尝试办一份公开发行的社办期刊。

三、基本措施

1.抓改革、从管理中要效益。自1992年后，我社在体制、机制方面都进行了一系列的改革，这些改革措施有力地促进了我社的发展。随着我国经济社会的发展，大学出版社面临着新的挑战。在挑战面前我们只有深化改革，对出版社管理体制、运行机制提出新的模式，才能实现从管理中要效益。我们要改革传统的编、印、发三分天下的体制，按市场运行机制设立工作部门，以编辑为主导，以发行为龙头，狠抓印制环节，将编、印、发捆绑在一起，实行目标管理和成本管理。为调动全体员工的工作积极性和主动性，我们将在原有的奖励办法的基础上，进一步完善激励机制，并辅之以约束机制、公平机制，做到公平、公正、合理，使每个人都能从实际贡献中获得相应的报酬。要抓好财务管理，严肃财务纪律。科学理财，用好资金，减低各项费用和成本，努力提高经济效益。

2.抓发行，从市场中求发展。我们已经充实了发行力量，并正在逐步理顺发行工作各环节的关系。今后在目标管理的基础上，我们要采取专向发行与区域发行相结合的方式。专业系统强、读者对象明确、发行范围确定的图书向读者作专向发行。对不同类别的图书制订不同的营销方案。要对市场布局进行细分，找准市场目标，做到有适销对路的渠道。发行人员要树立服务意识和市场竞争意识。

3.抓特色，进一步优化选题。我们应该力争跟上教学、科研和学科建设发展的前沿，促进大学优秀教材和学术成果的出版。我们要发挥学校的学科人才优势，出版几套学术含量高、确能代表厦门大学学术水平的系列专著。我们要依托学校的优势学科，如会计、财金等，面向各类高校，组织多层次的教材。我们要依托学校与经济建设、社会生活密切相关的实用性学科，如法律、广告、计算机、外语等，组织面向市场的普及性图书，形成新的出版资源。我们要充分利用厦门的区位优势，加强与台湾、东南亚的联系，探索各种合作出版方式。

4.抓策划，面向市场形成规模效应。我们要进一步提高策划力度，制定配套的激励机制与约束机制，激活群体的思维与智慧。为此，我们首先成立常设的策划机构，建立适应市场经济的管理体制与运行机制。我们要实施精品图书战略，注重品牌效应，组织标志性品牌书、"看家书"和骨干工程。对已出的图书要进行深度开发，进行重组、改编、修订，通过数年努力，建立起一批有生命力的、面向市场的常备书。同时，我们要注重出版社的企业形象策划，充分利用宣传媒体及其他渠道，加强自身的形象和出版物宣传。

5.抓质量，完善质量保障体系。我们要加强选题论证制度，加强三审制和校对工作。抓质量最重要的是抓内容质量，尤其是把好书稿的政治关。我们深知，我国的出版工作是一种政府行为，我们的出版物一旦出了政治差错，不仅危及出版社的生存，也影响到学校的声誉。我们要充实美编的力量，进一步提高装帧设计水平，使图书的外在质量上一个台阶。

6.抓队伍，进一步提高工作成效。我们要通过加强学习和培训，通过各种激励机制，提高全体员工的个人素质，尤其是提高竞争意识和市场意识。要使用现代化手段进行编审校工作，以适应信息时代的工作特点。要加强个体素质的整合，扬长避短，通力合作，形成团队力量。要抓好队伍的廉政建设和职业道德教育，培育出一支政治强、业务精、作风正的出版队伍。

四、重点项目

申报国家“十五”出版规划重点项目如下：

1.《台湾世纪回眸丛书》,160 万字

作者简介：

主编林仁川系教育部台湾研究学术基地责任人,厦门大学台湾研究所教授、博士生导师。各分册作者系全国台湾研究知名学者。

内容简介：

本丛书共分政治、经济、历史、文学、艺术、教育、宗教、两岸关系等八个分册,系统地阐述 20 世纪台湾地区的发展与变化。全书以翔实的资料,详尽地阐述上述八个方面的内容。作者立论严格从党和国家历来的对台政策出发,观点、立场正确。过去研究台湾的著作尽管不少,大多取材祖国大陆与台湾的关系、历史渊源,专题研究著作则多以二战后的台湾为研究对象,而以一个世纪为时间段,从纵向上对台湾进行全方位、系统性研究的著作则尚未面世。本书作者均为有全国影响的该学科的学者。

2.《物理化学:前沿研究领域的进展与前瞻》,60 万字

作者简介：

主编万惠霖系中科院院士、厦门大学化学化工学院院长。(有 10 位院士参加写作)

内容简介：

《物理化学:前沿研究领域的进展与前瞻》一书由厦门大学化学化工学院院长、中科院院士万惠霖教授担任主编,中科院院士蔡启瑞、田昭武、张乾二教授担任学术顾问。将有 10 位在第一线工作多年,对相关领域动态有较全面、深入了解的院士参与撰稿。全书分为 30 章,约 60 万字。

本书内容分为理论、技术和体系应用三个层次,力求兼顾国内外在物理化学前沿领域的发展动态、成果、进展及前瞻。具体内容包括催化:固氮酶催化机理、催化体系和过程的理论模拟、均相催化及多相催化、催化体系和过程的理论模拟等;电化:谱学电化学、光电化学和生物电化学、化学电源、腐蚀、电分析化学、纳米电化学等;量化:原子簇化学、化学键理论、固体表面理论化学、原子簇理论等。

本书既对 20 世纪物理化学学科的研究热点进行了全方位的回顾,又对 21 世纪该学科的研究方向进行了展望,具有很高的学术价值。

3.《中国东南文化经济论》,150 万字

作者简介：

主编陈支平系厦门大学人文学院院长、教授、博士生导师。有 15 位教授、博士参加写作。

内容简介：

这部著作以东南人文社会与经济的相互关系为研究对象,从东南文化的自然基础、社会基础、血缘纽带、海上交通、海商争战、华人华侨、五口通商、理学教育、宗教流布、民风民俗、方言流迁、文学艺术、台海关系等 14 个方面,对东南文化的历史与文化内涵,及其对经济的推动作用做了多层面的论述。

这部著作将以新知识经济理论和文化生态学的研究方法贯穿全书。鉴于当前一股“知识经济”的思潮正在全球流播,本书将以新的视角考察东南文化。当诸多文化形态组合成一定的生态网络时,就会加强对经济发展的作用,而东南文化本身已形成了自己独特的生态组合,它具有自己的经济特质与价值。这部著作把东南文化视为一个具有相对完整的传统知识经济网络体系进行考察,在研究方法上富有新意。

4.《中国社会经济通史》,80 万字

作者简介：

作者郑学檬、陈支平、杨际平均为厦门大学历史系教授、博士生导师,长期从事中国社会经济史的教学和研究。

内容简介：

本书以社会史与经济史相结合为研究特色，深入探讨中国社会经济发展的动态过程及其特有的规律。

论述重点放在社会结构变化和经济发展两个方面。关于社会结构涵盖地缘、血缘两个系统。地缘系统反映特定环境下社会发展的政治集团与阶级阶层模式；血缘系统则反映在特定的地缘环境中的族群家庭变迁模式。关于经济发展论述的内容包括经济制度、区域经济、经济发展模式三个方面。既研究土地及有关生产资料的分配制度、赋役制度、财政制度、会计制度、货币制度等，又深入分析各主要地区的经济发展与衰退状态，重视其经济发展的动态不平衡研究，还研究了各个时期形成的经济发展模式以及变化，包括农业与农村经济的自然经济模式、自然经济下的家庭小生产模式、商业与总人口经济发展模式、技术与经济结合模式、城市发展模式等，以此多角度地阐释中国经济史，颇具新意，对中国社会经济史和当代经济建设都具有较高的参考价值。

厦门大学出版社

2000 年 7 月 31 日

——本文摘录自《厦门大学出版社“十五”发展规划(草案)》，档号 2015-XZ23-001

厦门大学关于教师职务评审程序若干规定

(2000年8月28日)

改革职称评定,实行专业技术职务聘任制,是专业技术人员管理制度的一项重大改革。评审教师职务的工作政策性强,涉及面广。为了引入竞争机制,促进公开、平等的竞争,增加教师职务评审工作的透明度,进一步改进和完善教师职务评审程序,现根据中央和省职改工作的有关文件精神,结合我校实际情况将1999年《厦门大学关于教师职务评审程序的若干规定》修订如下:

一、本人申报,群众评议

(一)申请晋升教师(含专任教师、研究人员和专职从事学生思想政治教育人员)职务需由本人提出。申请人在任现职期间,每年度工作考核结果均必须是优(特等、一等,下同)良(二等,下同),同时每年政治思想表现考核结果必须为A、B。

申报统评教授(研究员)职务者、破格晋升职务者和选优对象,任现职以来年度工作考核至少有二次为优,其他为良,同时每年政治思想表现考核结果必须为A、B。

凡当年工作考核结果未达到良者,或当年政治思想表现考核结果未达到A、B者,或任现职期间年度工作考核结果达到优良累计不足五次者,或任现职期间年度政治思想表现考核结果A、B累计不足五次者均不能申请晋升职务。

凡晋升高一级职务者,必须在校服务二年以上,方可调离学校、出国探亲或自费出国留学,否则取消其任职资格。

(二)所有申请人均须在《厦门大学专业技术人员晋升职务报名表》中填写基本情况并如实填写《厦门大学教师职务晋升申请表》,由各单位认真审查申请资格,并报校职改办进行申请资格复审。经复审符合申请条件者应填写《厦门大学申请晋升讲师(助研)职务简明表》或《厦门大学申请晋升教师高级职务简明表》(简称《简明表》)。

(三)申请者所在教研室(组)或研究室应组织全体教师进行评议,必要时申请者可先到会简要介绍本人的思想政治表现、工作态度和成绩、教学科研成果等情况。教研室(组)或研究室领导在听取群众意见的基础上,对照相应职务任职条件写出书面意见,并送交所在学院(未组建学院的系、所)学科评议组(考核推荐小组)。

(四)各单位在考核(评议)前三天应将所有申请人的《简明表》在本单位内张榜公布。凡对申请人填写的内容有异议的,应及时向单位考核推荐小组(学科评议组)或校职改办反映。

二、单位考核推荐或学科评议组评议推荐

(一)各单位负责人必须根据教学、科研人员相应职务任职条件,对每位申请人进行认真审查。凡不符合晋升条件者,不得向学校推荐。

(二)各单位召开考核推荐小组(或学科评议组)会议之前,应先对符合晋升条件者任现职以来各年度考核结果(包括教学积分、科研积分和党政兼职及其他工作积分的总和)进行平均,并以此平均分进行排序。

（三）凡申请破格晋升或参加优秀中青年骨干教师选拔者，须经所在单位考核推荐小组（或学科评议组）先进行无记名投票预表决。赞成票数达到出席成员的三分之二及其以上者，方能与其他申请者一起成为正式表决、推荐的对象。

（四）各单位召开考核推荐小组（或学科评议组）会议时，申请者应先到会汇报本人的思想政治表现，工作态度和成绩，教学科研成果等情况及本人各年度工作考核结果。考核推荐小组（或学科评议组）成员对每位申请者的《简明表》认真审阅并进行民主评议，然后结合申请人的各年度工作考核平均结果进行无记名投票表决（以本单位推荐人数为表决数）。凡赞成票数达到出席会议成员的二分之一以上（不含二分之一）者，方可通过作为推荐对象。考核推荐小组（或院评议组）以赞成票数高低为序，从高至低取足推荐人数。若最后一个推荐名额有两人或两人以上获得相同赞成票数，取年度工作考核平均分较高者为推荐对象。

在符合晋升条件的申请人超过本单位推荐人数的 150％且赞成票数超过二分之一者未达到推荐人数时，可按推荐余额的 1.5 倍对未获得二分之一（含二分之一）赞成票数者中票数较高者进行再次投票表决，并以上述办法确定推荐对象。若仍未取足推荐人数，则不再推荐。在符合晋升条件的申请人未超过本单位推荐人数的 150％时，虽赞成票数超过二分之一者未达到推荐人数，也不再推荐。

（五）各单位晋升高级职务的推荐人数为本单位可晋升岗位数的 150％以内，晋升中级职务的推荐人数为本单位可晋升岗位数以内。推荐名单须在本单位张榜公布并报校职改办。

（六）各单位推荐的各类型申请人，若经学校复审发现不符合晋升条件，不得送审，且各单位不得递补。

三、代表作送审

（一）各单位推荐的拟晋升高级职务的申请者，应提交任现职以来正式发表的科学论文、著作和技术成果一式一套，其中指定为代表性的论文（独立撰写或第一作者署名）和著作（2～3 篇、本），申报正高职务者须提交一式三套，申报副高职务者须提交一式二套。

（二）申请晋升教授（研究员）职务者的代表作，应送三位教授级同行专家（其中至少有一位校外同行专家）鉴定。破格晋升副教授（副研究员）的代表作须送两位教授（其中至少有一位校外同行教授）鉴定。

（三）申请正常晋升副教授（副研究员）者的代表作，送两位校内外同行专家鉴定。

（四）学校无高级职务审定权的学科，申请者的代表作送审按省教委文件规定执行。

（五）晋升高级职务者的代表作由院长（系主任、所长）指定同行专家鉴定。凡送校内同行专家鉴定的，由各学院（未组建学院的系、所）办理送审工作；凡送校外同行专家鉴定的，由各学院（未组建学院的系、所）整理好需送审的材料，送校职改办审核后由各单位办理。同行专家鉴定意见（须将专家姓名覆盖）由各学院（未组建学院的系、所）打印所需的份数。

代表作送审时，应回避与申请者共同撰写该论著的合作者和申请者的导师。

（六）送审代表作的要求

1. 晋升教授（研究员）的代表作必须是任现职以来在公开发行的学术刊物上发表的科学论文或正式出版的著作、教科书，或在科学研究上有重大发明创造的成果。

晋升副教授（副研究员）的代表作必须是任现职以来，在公开发行的学术刊物上发表的科学论文或正式出版的著作、教科书，或参加国际学术讨论会议并在大会宣读且被收入论文集正式出版的论文，或对促进科学研究和社会经济发展做出重要贡献的成果，或在革新实验技术设备和实验室建设方面取得的成果。

未经正式出版的著作、教科书或未发表的论文，或虽正式发表但非学术论文，未获奖或未经正式鉴定的成果，以及非大学本科使用的教科书或讲义，均不能作为代表作。

以合撰的著作、教科书作为代表作时，必须明确划出本人撰写部分，或者以合作研究的成果作为代表作时,必须明确本人承担部分,方能送同行专家鉴定。否则专家鉴定意见无效,且不得参评,后果自负。

2. 对大学本科毕业后从事高等学校公共课、基础课教学十五年以上的教师符合下列三项条件时,晋升副教授的代表作要求可适当放宽:

(1)近五年来,每年均满教学工作量,教学效果优秀。

(2)在学术刊物(须有 CN 刊号或准印证)或正式出版的论文集上至少发表一篇教学研究论文。

(3)任现职期间,年度工作考核有一年考核成绩优秀;或获一次校优秀教师或教书育人先进个人称号;或获省优秀教师称号;或获省高等学校优秀教学成果奖。

所谓代表作的要求可适当放宽,即下列论文和教材可作为代表作:

①撰写的教学改革、教学经验、专业学术论文,在全国学术会议或全国教学经验交流会上宣读或在内部交流的刊物上发表,经同行专家鉴定具有较高水平;

②编写十万字以上的教材(讲义),经学校教学管理部门批准在校内使用二轮以上,学生反映较好,经同行专家鉴定具有较高水平。

3. 艺术专业教师晋升高级职务时,正式刊物上发表的作品可作为代表作之一,此外,还必须至少有一篇在公开发行(均须有“CN”刊号)的学术刊物上正式发表的学术论文作为代表作。

4. 工科或应用学科教师晋升高级职务时,经鉴定达到国内、外先进水平的技术成果可作为代表作之一,但还必须至少有一篇在公开发行的学术刊物上正式发表的学术论文作为代表作。

5. 经校教师职务评委会、学院教师职务评委会或学科组评审,如属本单位有职务定额而未通过者,第二年申请时,必须重新送审代表作(其中至少有一篇论文是否决后正式发表的)。如属本单位职务定额限制而未通过者,其代表作是否重新送审,由本人决定。上述两种情况在次年申请时,均必须有新成果(指上年否决后正式发表的论文,或正式出版的著作等)。

四、学科评审组或学院教师职务评审委员会评审

(一)学科评审组的职责是评审讲师(助研)任职资格;评审副教授(副研究员)任职资格,并报校评委会审定;评审教授(研究员)和破格晋升正、副教授(正、副研究员),选优对象,无审定权学科的正、副教授(正、副研究员)任职资格,并向学校评委会推荐。

学院教师职务评审委员会(简称院评委会)的职责是评审本学院讲师(助理研究员)、副教授(副研究员)(含破格晋升)任职资格,并报校职改领导小组审批;评审教授(研究员)(含破格晋升和选优对象)和无审定权学科的正、副教授(正、副研究员)的任职资格,并向学校评委会推荐。

(二)学科组和院评委会在召开会议前二天应将申请者填写的“简明表”和所有成果集中展出,并请每位成员在此二天内安排时间审阅申请者的《简明表》、代表作及其他成果,并做好记录。

(三)院评委会(学科评审组)应以民主程序进行工作。院评委会(学科评审组)召开评审会议时,申请副教授(副研究员)者应到会简要汇报本人在教学科研工作方面取得的成果和今后的打算,申请晋升教授(研究员)职务者应到会简要汇报本人的研究方向、该研究方向国内外最高水平和本人所处学术水平、创新性成果。院评委会委员(学科评审组成员)对申请人有权提出质疑,申请人应当面给予解答。

学院(未组建学院的系、所)学科评议组(或考核推荐小组)应向学科组或院评委会汇报推荐结果和各年度工作考核平均分及需要说明的问题。

在此基础上,院评委会(学科评审组)应认真进行讨论、评审,重点评审申请者的教学情况(包括“校教学督导组”提供的检查结果)、业务能力及学术水平,并以无记名投票方式进行表决。差额推荐的单位,先按申请人所在单位可晋升岗位数进行预表决,并以获得赞成票数高低为序,由高至低取足人数(等于可晋升岗位数),参加正式投票表决。若取至最后一个岗位有两人或两人以上获得相同赞成票数时,获得相同赞成票数者必须再次表决,其中较高赞成票数者参加正式表决。若再次获得相同赞成票数时,则均不能参加正式表决。等额推荐的,不进行预表决,直接进行正式表决。正式表决结果,凡获得到会成员三分之

二及以上赞成票数者，方为通过。

（四）凡经院评委会（学科评审组）评审通过的申请者，院评委会（学科评审组）应将其情况填入《评审结果汇总表》，送校职改办。

五、校教师职务评审委员会评审

校教师职务评审委员会（简称校评委会）分为校教师职务文科评审委员会和校教师职务理工科评审委员会。校教师职务文科评审委员会和校教师职务理工科评审委员会的职责是分别审定文科和理工科未组建院评委会的单位副教授（副研究员）任职资格，分别评审文科和理工科教授（研究员）任职资格、未组建院评委会的单位破格晋升副教授（副研究员）任职资格和无审定权学科的正、副教授任职资格。

校评委会召开会议时，应以民主程序进行工作。如有必要，可请有关评审对象到会简要汇报本人教学、科研成果及这些成果的学术水平，以及今后打算。委员有权对申请人提出质疑，申请人应当面给予解答。"校教学督导组"提供的检查结果作为重要参考。

各院评委会（学科评审组）应向校评委会汇报本院评委会（学科评审组）评审情况和结果。对于学科组已评审通过的副教授（副研究员，不包括破格晋升对象及无审定权学科的副教授），在原则问题上群众没有反映意见、委员没有不同意见的，则可审定通过，不再投票表决；若在原则问题上，有群众反映意见（须调查核实）或委员有异议的，则须将其材料送每位委员审阅，必要时请该申请者到会简要述职，经认真评审后进行无记名投票表决。凡获得出席会议委员的三分之二及其以上赞成票数者，方为通过。

对于院评委会（学科评审组）已评审通过的教授（研究员）和未组建院评委会的单位破格晋升副教授（副研究员）以及无审定权学科的正、副教授，校评委会要认真进行评审，经过充分酝酿、评议后，以无记名投票方式进行表决。凡获得出席会议委员的三分之二及其以上赞成票数者，方为通过。

若院评委会（学科评审组）通过的统评教授人数、选优对象人数超过学校确定的岗位数，按上述差额方式表决。

六、校职改领导小组审批

根据国家人事部人职发[1991]8 号文和闽职改字[1993]19 号文精神，评审委员会的评审结果必须经校职改领导小组审核批准。

各级评审组织的评审结果中被否决的评审对象不再复议。但若在评审过程中有违反评审程序或违反评审纪律，或在任职条件认定有明显差错的，或个别被否决的正常晋升对象已达到破格晋升其所申请职务条件且有岗位的，经校职改领导小组研究决定，可提交上一级评审组织复评，或提请校评委会复审。

学校有审定权的学科，晋升高一级职务者的任职资格从校职改领导小组审批之日起算。

学校无审定权学科高级职务任职资格须报福建省高等学校教师职务高级评审委员会评审，并从福建省职改领导小组审批之日起算。

七、校教师职务评审委员会协调组

学校成立校教师职务评审委员会协调组（简称协调组）。协调组由校职改领导小组成员和文科、理工科评审委员会正、副主任组成。其职责是协调文科、理工科评审委员会评审标准，研究处理评审过程中出现的重要问题等。

八、评审组织及其组成

(一)各级评审组织的组成或调整原则:

1. 本人及其直系亲属申请晋升高一级职务的,一般不参加当年各级评审组织。

2. 当年及往年退休的人员原则上不参加各级评审组织。个别学科由于教授人数不足的,可酌情考虑。

3. 为保证各级评审组织中足够的教授人数,应优先聘请符合条件的教授参加。

4. 各级评审组织中至少应有三分之一以上的优秀中青年教师。

5. 各级评审组织的组成,应尽量考虑各单位、各学科的代表性。

(二)学校成立校教师职务文科评审委员会和校教师职务理工科评审委员会,两委员会又统称为校教师职务评审委员会。校评委会至少由二十五人组成,委员全部应具有正高级职务任职资格。校评委会设立主任一人,副主任一至三人。

校评委会下设若干学科评审组。学科评审组一般由九到十三人组成,学科评审组成员应具有高级职务任职资格,其中具有正高级职务任职资格的人数应为二分之一以上。学科评审组设组长一人,副组长一人。

(三)已按学院建制运行管理的,以学院为单位组建学院教师职务评审委员会(简称院评委会),院评委会由十三至十九人组成,委员应具有高级职务任职资格,其中具有正高级职务任职资格的人数应为三分之二以上。评委会设主任一人,副主任一至二人。

(四)含有两个或两个以上一级学科的学院,在院评委会下按一级学科设若干学科评议组。学科评议组由七至十一人组成,成员应具有高级职务任职资格,其中具有正高级职务任职资格的人数应为三分之二以上。学科评议组设组长一人,副组长一人。

成立学科评议组的学院,不再成立考核推荐小组。

(五)未组建学院的系、所成立考核推荐小组。考核推荐小组一般由七至十一人组成。考核推荐小组成员由单位党政领导和具有高级职务任职资格的教师担任,其中具有教师正高级职务任职资格的成员一般不少于三分之二。考核推荐小组设组长一人,副组长一人。

(六)校评委会、院评委会和学科评审组由校职改领导小组组建,并报上级主管部门备案。

学科评议组或考核推荐小组由学院(未组建学院的系、所)党政领导研究提名,校职改领导小组审批。

(七)各级评审组织召开会议时,必须有三分之二以上成员出席,会议结果方为有效。未出席评审会议的委员不得委托投票或评审会议后补投票。

(八)各级评审组织的成员任期一般为一年。

九、评审纪律

根据国家人事部人职发[1990]4 号等有关文件规定,各级评审组织的成员和申请者均必须严格遵守评审工作纪律。

(一)各级评审组织的成员必须认真学习和贯彻执行中央关于改革职称评定、实行专业技术职务聘任制的方针、政策和各项规定,根据《高等学校教师职务试行条例》和《厦门大学实行〈高等学校教师职务试行条例〉的实施意见》及《厦门大学评聘专职科研人员职务实施意见》,严格把好质量关;必须认真执行"坚持标准,保证质量,全面考核,择优晋升"的原则,秉公办事,不徇私情;自觉遵守评审纪律,严守秘密,不准向外泄露有关评审情况和表决结果;不得利用职便营私舞弊;违者应追究责任,并视情节轻重严肃处理,直至撤销校评委会委员、院评委会委员、学科评审组成员、学科评议组成员或考核推荐小组成员资格。

(二)在学院教师职务评审委员会评审结果中,若有评审对象明显不符合晋升条件而被通过的,经查实,校职改领导小组将不予审批;若已审批的,将取消该评审对象的任职资格。对明显违反规定的,应追究有关人员的责任。

(三)各学院(未组建学院的系、所)必须严格执行"两公开,一监督"的原则,确实做到公开、公平、公正地择优评审。凡未按本评审程序执行,或缺少评审程序中的任何一个环节,其评审结果均为无效,必须重新评审。同时追究有关人员的责任。

(四)各级评审组织的记票人、唱票人、监票人均由评审组织成员推举产生。开票、计票应在会议室内当众进行。

(五)凡评审对象是校评委会(院评委会、学科评审组、学科评议组或考核推荐小组)成员本人或其亲属(父母、夫妻、子女、兄弟姐妹、女婿、儿媳等)时,考核、评议、评审、投票表决等过程,该成员应主动回避或被告知回避,计票基数需相应减少。

(六)在申请和评审工作期间,申请人不得亲自或通过他人找各级评审组织的成员说情,不得打听鉴定本人代表作的专家,更不得找该专家说情。若有人举报并经查实,确有违反规定者,将取消其任职资格。

(七)在评审工作期间,有意见者可根据组织原则向本单位领导或直接向校职改办反映。反映意见必须实事求是,证据确凿。对匿名信不予受理。

(八)申请者应如实填报教学工作量和教学、科研成果。科研成果必须有省级及其以上鉴定,或获得省级及其以上奖励。所有填报材料均必须提供原件一式一套,且须经教研(研究)室和学院(未组建学院的系、所)领导审核。如发现有弄虚作假的,经查实后,将取消其当年和次年申请资格;若已经校评委会评审通过的,亦将取消其任职资格。

十、其他

(一)鉴于教师职务的评审工作通过常在下半年进行,凡属在开展评审工作的当年7月1日以后满离、退休年龄的教师可申请晋升高一级职务。

(二)申请人必须提交的材料有:《简明表》、外语考试成绩通知(或外语免试审批表复印件)、教学工作量计算表、学位证书(或进修硕士研究生主要课程成绩证明)复印件、获奖证书复印件,申请晋升高级职务者还须提交代表作及其他所有论著、技术成果,代表作送审审批表等。

各单位在考核推荐后,须将推荐对象的上述材料(除论著、技术成果和各单位送审的代表作外)各一份送校职改办。

(三)申请者填写《简明表》必须字迹清楚、工整。申请高级职务的《简明表》和专家评语须由各单位打印30份并装订好,申请中级职务的《简明表》可打印或复印20份。该复印件或打印的材料供评审时使用,各单位应另留一份备查。

凡申报统评教授、选优对象者被所在单位推荐后应先将《简明表》复印13份,其中10份送校职改办作为校职改领导小组审查申报资格时使用,2份作为送审代表作时使用,1份留所在单位打印。

所有申请者的《简明表》和专家评语的原件均须送交校职改办存档。

十一、本规定自公布之日起执行。以前文件的规定如与本规定不符的,均以本规定为准

十二、本规定由校职改领导小组负责解释

——本文摘录自《关于印发〈厦门大学关于教师职务评审程序若干规定〉和〈厦门大学关于教师以外各类专业技术职务评审程序若干规定〉的通知》,厦大职改[2000]10号,档号2000-XZ10-6

厦门大学关于教师以外各类专业技术职务评审程序若干规定

（2000 年 8 月 28 日）

为进一步深化职称改革，完善专业技术职务聘任制度，现根据国务院有关规定和国家人事部关于《企事业单位评聘专业技术职务若干问题暂行规定》（人职发[1990]4 号）及福建省有关文件规定，结合我校实际情况，将 1999 年《厦门大学关于教师以外各类专业技术职务评审程序若干规定》修订如下。

教师以外各类专业技术职务（简称各类专业技术职务）系列包括：工程技术、实验技术、卫生技术、图书资料专业、会计专业、统计专业、出版专业、翻译专业、经济专业、档案专业和幼儿园教师等 11 个职务系列。

一、本人申报，群众评议

（一）申请晋升各类专业技术职务需由本人提出。申请人在任现职期间，每年度工作考核结果均必须是优（特等、一等，下同）良（二等，下同），同时每年政治思想表现考核结果均必须为 A、B。申请破格晋升各级职务者，每年政治思想表现应均为 A、B，年度工作考核结果至少有一次优，其他均为良。

凡申请者当年工作考核结果未达到良，或当年政治思想表现考核结果未达到 A、B 者，或任现职期间年度工作考核结果达到优良累计不足五次者，或任现职期间年度政治表现考核结果 A、B 累计不足五次者均不能申请晋升职务。

凡晋升高一级职务者，必须在校服务二年以上，方可调离学校，出国探亲或自费出国留学，否则取消其任职资格。

（二）所有申请人均需在《厦门大学专业技术人员晋升职务报名表》中填写基本情况，由各单位认真审查申请资格，并报校职改办进行申请资格复查。经复查符合申请条件者应填写《厦门大学专业技术人员晋升高、中级职务简明表》（简称《简明表》）。

（三）申请者经所在科室全体人员评议，科室领导在听取群众意见的基础上，对照相应职务任职条件写出书面意见，并送交所在单位考核推荐小组。

（四）各单位在考核前三天应将所有申请人的《简明表》在本单位内张榜公布，凡对申请人填写的内容有异议的，应及时向单位考核推荐小组或校职改办反映。

二、单位考核推荐

（一）各单位负责人必须根据各职务系列相应职务任职条件，对每位申请人进行认真审查，凡不符合晋升条件者，不得参加考核、推荐，或经考核不符合晋升条件者不得向学校推荐。

（二）各单位召开考核推荐小组会议时，申请者应先到会汇报本人的思想政治表现，工作态度和成绩，出勤等情况及本人各年度工作考核结果。考核推荐小组成员对每位申请者进行民主评议，然后结合申请人的年度工作考核结果进行评分。考核推荐小组根据全体成员考核评分（去掉一个最高分和一个最低分）的平均分数进行排队。

(三)凡申请破格晋升者须经所在单位考核推荐小组先进行无记名投票表决，凡赞成票数达到到会成员的三分之二及其以上者，方能与其他申请者一起考核评分。

其他申请者在考核推荐时不进行表决。

(四)各单位晋升高级职务的推荐人数为本单位可晋升岗位数的150%以内，晋升中级职务的推荐人数为本单位晋升岗位数以内。推荐名单在本单位张榜公布，并报校职改办。

(五)申请中级职务者，须提交任现职以来的工作总结(包括政治思想表现、工作态度、工作成绩和取得的成果等)，由所在单位送请二位具有高级职务任职资格的同行专家鉴定并提出推荐意见。

(六)各单位推荐对象，若经学校复审后，不符合晋升条件者，不得送审，且各单位不得递补。

三、代表作送审

(一)各单位推荐的拟晋升高级职务的申请者，应提交任现职以来正式发表的论文，著作和已鉴定或获奖的技术成果一式一套，其中指定为代表性的论著2～3篇(本)(其中论文须独立撰写或第一作者署名)，一式二套。

(二)申请晋升高级职务者的代表作，应送具有高级职务任职资格的同行专家鉴定，其中申请正高级职务者应送具有正高级职务任职资格的同行专家鉴定。

(三)学校有评审权的专业系列，申请者的代表作可送校内二位同行专家鉴定；学校无评审权的专业系列，申请者的代表作应送二位同行专家鉴定，其中至少送一位校外同行专家鉴定。

代表作送审时，应回避与申请者共同撰写该论著的合作者或申请者的导师。

(四)申请者的代表作由单位负责人指定同行专家，并由所在单位办理送审工作。同行专家鉴定意见(须将专家姓名覆盖)由各单位打印所需的份数。

(五)送审代表作的要求：

由于各类专业技术职务系列较多，且不同系列要求不尽相同，因此送审代表作的要求，按各职务系列的有关《试行条例》和《实施细则》执行。提交送审的代表作应与所从事的工作相一致。

凡以合撰的著作或合作完成的科研成果作为代表作时，必须明确划出著作中本人撰写的部分或科研成果中本人完成的部分送同行专家鉴定。

(六)经校专业技术职务评委会或评议组评审，如属本单位有职务定额而未通过者，第二年申请时，必须重新送审代表作(其中至少有一篇论文是否决后正式发表的)，如属本单位职务定额限制而未通过者，其代表作是否重新送审，由本人决定。上述两种情况在次年申请时，均必须有新成果(指上年否决后正式发表或出版的论著等)。

申请人的代表作的专家鉴定意见只能在二年内使用，第三年申请时必须重新送审。

四、专业评议组评议

专业评议组(简称评议组)应以民主程序进行工作。评议组成员应认真审阅申报者的有关材料，并应注重申请人的工作实绩。在此基础上，评议组应认真进行讨论、评议，并以无记名投票方式进行表决。差额推荐的单位，先按申请人所在单位可晋升岗位数进行预表决，并以获得赞成票数高低为序，由高至低取足人数(等于可晋升岗位数)，参加正式投票表决。若取至最后一个岗位有两人或两人以上获得相同赞成票数时，获得相同赞成票数者必须再次表决，其中较高赞成票数者参加正式表决。若再次获得相同赞成票数时，则均不能参加正式表决。等额推荐的，不进行预表决，直接进行正式表决。正式表决结果，凡获得到会成员三分之二及以上赞成票数者，方为通过。

评议组召开评议会议时，申请晋升高级职务者应到会简要汇报本人任现职以来的主要工作及工作业绩，取得哪些主要成果。评议组成员对申请者有权提出质疑，申请者应当面给予解答。

五、校专业技术职务评审委员会评审

校专业技术职务评审委员会(简称校评委会),按职务系列分设三个专业技术职务评审委员会即厦门大学工程、实验、卫生技术职务评审委员会,厦门大学图书资料、出版、翻译、经济管理类专业技术职务评审委员会和厦门大学幼儿园教师职务评审委员会。其职责是评审本评委会有关职务系列中级和高级职务任职资格。

专业评议组应向校评委会汇报本评议组的评议结果及需要说明的问题。

校评委会召开评审会议时,必要时申请晋升高级职务者应到会简要述职,委员有责任对申请人提出质疑,申请人应当面给予解答。

校评委会应以民主程序进行工作。校评委会委员应认真审阅申请者提交的材料(包括《简明表》、代表作和其他成果等)。校评委会要认真进行评审,经过充分地酝酿、评审后,以无记名投票方式进行表决。凡获得到会委员三分之二及以上赞成票数者,方为通过。

凡评议组通过的评议对象超过额定岗位数时,按上述差额方式表决。

六、校职改领导小组审批

根据国家人事部人职发[1991]08 号文和闽职改字[1993]19 号文件精神,评审委员会的评审结果必须经校职改领导小组审核批准。

各级评审组织的评审结果中被否决的评审对象不再复议。但若在评审过程中有违反评审程序或违反评审纪律,或在任职条件认定上有明显差错的,或个别被否决的正常晋升对象已达到破格晋升其所申请职务条件且有岗位的,经校职改领导小组研究决定,可提交上一级评审组织复审,或提请校评审委员会复审。

学校有审定权的职务系列,晋升高一级职务者的任职资格从校职改领导小组审批之日起算。

学校无审定权部分高级职务任职资格须报福建省有关职务系列高级评审委员会评审并从福建省职改领导小组审批之日起算。

七、评审组织及其组成

(一)各级评审组织的组成或调整原则:

1. 本人及其直系亲属申请晋升高一级职务的,一般不参加当年各级评审组织;
2. 当年及往年退休的人员原则上不参加各级评审组织;
3. 各级评审组织中至少应有三分之一以上的优秀中青年专业技术人员;
4. 各级评审组织的组成,应尽量考虑各单位、各专业的代表性。

(二)学校根据不同职务系列成立校工程、实验、卫生技术职务评审委员会,校图书资料、出版、翻译及经济管理类专业技术职务评审委员会和校幼儿园教师职务评审委员会等三个评委会,此三个评审委员会统称校专业技术职务评审委员会。

各系列评委会至少由十五人组成,委员应具有高级职务任职资格。校各系列评委会设主任一人,副主任一至二人。

(三)校工程、实验、卫生技术职务评审委员会下设三个专业评议组,即:实验工程技术专业评议组、土建工程技术专业评议组和卫生技术专业评议组。

校图书资料、出版、翻译及经济管理类专业技术职务评审委员会下设四个专业评议组,即:图书资料专业评议组、经济管理专业评议组、出版专业评议组、翻译专业评议组。

评议组由七至九人组成,评议组成员一般应具有高级职务任职资格。评议组设组长一人,副组长一人。

(四)各学院(未组建学院的系、所)、各单位成立考核推荐小组。考核推荐小组一般由七至十一人组成。考核推荐小组成员应由单位党政领导和具有高级职务任职资格者或由具有中级职务任职资格的科室负责人担任,但其中具有高级职务任职资格的成员不得少于三分之二。

(五)校各职务系列评审委员会和专业评议组由校职改领导小组组建,并报上级主管部门备案。

单位考核推荐小组由各单位党政领导研究提名,校职改领导小组审批。

(六)各级评审组织召开会议时,必须有三分之二以上成员出席,会议结果方为有效。未出席评审会议的委员不得委托投票或评审会议后补投票。

(七)各级评审组织的成员任期一般为一年。

八、评审纪律

根据国家人事部人职发[1990]4 号等有关文件规定,各级评审组织的成员和申请者均必须严格遵守评审工作纪律。

(一)各级评审组织的成员(包括校评委会委员,各专业评议组成员和单位考核推荐小组成员)必须认真学习和贯彻执行中央关于改革职称评定,实行专业技术职务聘任制的方针、政策、各项规定和各系列职务《试行条例》,严格把好质量关;必须认真执行“坚持标准,保证质量,全面考核,择优晋升”的原则,秉公办事,不徇私情;自觉遵守评审纪律,严守秘密,不准向外泄露有关评审情况;不得利用职便营私舞弊;违者应追究责任,并视情节轻重严肃处理,直至撤销评委、评议组成员或考核推荐小组成员资格。

(二)各级评审组织的记票人、唱票人、监票人均由评审组织成员推举产生。开票、计票应在会议室内当众进行。

(三)凡评审对象是校评委会(专业评议组或单位考核推荐小组)成员本人或其亲属(父母、夫妻、子女、兄弟姐妹、女婿、儿媳等)时,考核评分、评议、评审、投票表决等过程,该成员应主动回避或被告知回避,计票基数需相应减少。

(四)申请者在进行申报和评审工作期间,不得本人或通过他人找各级评审组织的成员说情。不得打听鉴定本人代表作的专家,更不得找该专家说情。若有人举报并经查实确有违反规定者,将取消其本次申请资格,若已经评审委员会评审通过的,亦将取消其任职资格。

(五)申请者在开展评审工作期间,有意见者可根据组织原则向本单位领导或直接向校职改办反映。反映意见必须实事求是,证据确凿。

(六)申请者应如实填报本人的工作情况、工作成绩和成果(包括正式发表的论著和已获奖或鉴定的技术成果等)。所有这些成果在申请时均必须提供原版材料一式一套。填报的材料,经所在科室和单位领导审核后,在本单位张榜公布。如发现有弄虚作假的,经查实后,将取消其当年和次年申请资格,若校评委会已经评审通过的,亦将取消其任职资格。

九、其他

(一)鉴于专业技术职务评审工作在下半年进行,凡属在开展评审工作的当年 7 月 1 日以后满离、退休年龄的各类专业技术人员可申请晋升高一级职务。

(二)申请人必须提交的材料有:《简明表》、外语考试成绩通知(或免试外语审批表)复印件、获奖证书复印件,“五大”毕业生必须提交毕业证书复印件,申请晋升高级职务者还须提交代表作及其他所有论著、技术成果,代表作送审审批表等。

各单位在考核、推荐后,须将推荐对象的上述材料(除论著、技术成果和各单位送审的代表作外)各一份送校职改办。

(三)申请者填写《简明表》必须字迹清楚。申请高、中级职务者的《简明表》须由各单位打印30份并装订好,申请初级职务者复印15份,以供评审(评议)时使用。各单位应另留一份备查。

所有申请者的《简明表》和专家评语的原件均须送交校职改办存档。

十、本规定自公布之日起执行。以前文件的规定如与本规定不符的均以本规定为准

十一、本规定由校职改领导小组解释

——本文摘录自《关于印发〈厦门大学关于教师职务评审程序若干规定〉和〈厦门大学关于教师以外各类专业技术职务评审程序若干规定〉的通知》,厦大职改[2000]10号,档号2000-XZ10-6

厦门大学仪器设备招标投标管理暂行办法

(2000年8月28日)

第一章 总 则

第一条 为了适应社会主义市场经济发展的需要,充分发挥竞争机制的作用,完善仪器设备招标投标,加强对招标、投标工作的管理,特制定本办法。

第二条 仪器设备实行招标投标管理,是我校深化校内管理体制改革的重要内容。设备供应招标旨在我校事业发展计划指导下通过竞争,达到择优选购的目的,保证产品优质、优价、优良售后服务,提高资金使用效益。

第三条 仪器设备招标应坚持公正、平等合理的原则,投标应靠先进的制造技术、可靠的产品质量、科学的经营管理和良好的售后服务及社会信誉参与竞争。

第四条 招标投标是法人之间的经济活动,受国家法律及政府法令的约束和保护,任何人不允许搞假招标。

第二章 招 标

第五条 凡纳入校财务处管理的各项经费包括校拨经费、创收分成经费及科研经费购置单台(套)或批量金额在20万元以上(含20万元)的仪器设备均须进行招标。

第六条 设备招标采用的方式

1.公开招标:招标领导小组通过报刊或其他形式公开发布招标公告。

2.邀请招标:由招标领导小组向具备供应或制造能力的单位直接发出投标邀请书,受邀参加投标的单位不得少于三家。

第七条 仪器设备招标程序

1.成立项目招标领导小组,由分管校领导任组长,监察审计处负责人、资产处处长任副组长,成员由监察审计处、财务处、项目有关单位组成,下设办公室,挂靠资产处。

2.编制招标文件。

3.发布招标公告或邀请投标意向书。

4.对投标单位进行资格审查。

5.发放招标文件和有关技术资料,进行技术交底。解答投标单位提出的有关招标文件的疑问。

6.组成评标小组;制定评标原则、办法和程序。

7.确定标底。

8.在规定的时间、地点接受投标。

9.开标:一般采用公开开标。

10.评标、定标。

11.发出中标通知,设备需方和中标单位签订合同。

第八条　招标文件

招标文件是投标和评标的主要依据，内容应该做到完整、准确，所提招标条件应公平、合理、合乎有关规定。招标文件主要由以下部分组成：

1.招标书，包括招标单位名称及简介，招标设备名称、型号及简要内容（设备主要技术参数、数量，要求交货期等），投标截止日期和地点，开标日期和地点。

2.投标须知，包括对招标文件和说明及对投标者的投标文件的基本要求，评标、定标的基本原则等内容。

3.招标设备清单和技术要求及图纸。

4.主要合同条款，应根据合同法，包括价格、付款方式、交货条件、质量验收标准以及违约罚款等内容，条款要详细、严谨，防止以后发生纠纷。

5.投标书格式、投标设备数量及价目表格式。

6.售后服务情况及承诺。

7.其他需要说明的事项。

第九条　标底制定和管理

1.招标设备标底应由招标领导小组及有关专家共同协商确定。

2.设备标底价格应以招标当年现行价格为基础，生产周期长的设备应考虑价格变化因素。

投标价格是否接近标底价格是投标人能否中标的一个重要条件之一，因此，标底必须保密。标书制作完毕，应密封并由专人负责保管。在投标之前，任何知情人不得对外泄露标底及标书的制定情况。

第十条　凡招标设备均不受项目使用单位对设备品牌要求的限制。

第三章　投　标

第十一条　凡实行独立核算，自负盈亏，持有营业执照的国内制造厂家、设备公司（集团）及设备成套（承包）公司，具备投标的基本条件，均可参加投标或联合投标，但项目使用单位不能参加投标。

第十二条　采用联合投标，必须明确一个总牵头单位承担全部责任，联合各方的责任和义务应以协议形式加以确定，并在投标文件中予以说明。

第十三条　投标文件

1.投标书

2.投标设备数量及价目表

3.偏差说明书（对招标文件某些要求有不同意见的说明）

4.证明投标单位资格有关文件

5.投标企业法人代表授权书

6.投标保证金

7.售后服务及其他承诺

8.招标文件要求的其他需要说明的事项

第十四条　投标文件的有效期

投标文件的有效期在招标文件中规定，其期限应能满足评标和定标的要求。

第十五条　投标单位投标时，如招标文件有要求，应在投标文件中向招标单位提交投保金，金额一般不超过投标设备总金额的2%，招标工作结束后（最迟不得超过投标文件有效期限），招标单位应将投标保证金及时退还给投标单位。

第十六条　投标单位对招标文件中某些内容不能接受时，应在投标文件中申明。

第十七条　投标文件应有投标单位法人代表或法人代表授权的代理人签字，并加盖单位公章，密封后递送招标单位。

第十八条　投标文件分正本和副本,投标时应标明,当正本与副本内容有矛盾时,以正本为准。

第十九条　投标单位投标后,在招标文件规定的时间内,可以补充文件修改或补充投标内容,补充文件作为投标文件的一部分,具有同等效力。

第二十条　投标单位如未在投标文件中说明,中标后不得将主要设备进行转包。

第二十一条　投标单位不得串通作弊,哄抬标价,否则一经发现,取消参与投标资格,两年内不得参与我校物资设备采购的招投标。

第四章　开标、评标和定标

第二十二条　开标

1.开标一般公开进行,由招标领导小组会同设备需方、监察审计处、投标单位参加,要申请招标公证的,应有公证部门参加。

2.开标时须当众检查投标文件的密封情况,当众宣读所有投标单位投标文件的主要内容(投标报价及交货期等),并做好开标记录。

3.开标应在投标截止后二十四小时内进行。

第二十三条　评标

1.为保证评标工作的公正性、权威性,成立评标委员会(或评标小组)负责评标定标工作。评标委员会应由专家、项目单位、招标领导小组办公室的代表组成。与投标单位有直接经济关系的单位人员不参加评标委员会。

2.评标前应制定评标程序、方法、标准以及评标纪律。评标应依据招标文件的规定以及投标文件所提供的内容评议并推荐合格的中标候选人。在评标过程中,应公正、公平地对待所有投票者,不得任意修改招标文件的内容或提出其他的附加条件作为中标条件,不得以最低报价作为中标的唯一标准。

3.评标定标以后,招标单位应尽快向中标单位发出中标通知,同时通知其他未中标单位。

4.设备招标的评标工作一般不超过十天,大型项目设备另定。

5.评标过程中,如有必要可请投标单位对其投标内容作澄清解释,澄清时不得对投标内容作实质性修改,澄清解释内容必要时可做书面纪要,经投标单位授权代表签字后,作为投标文件的组成部分。

6.评标过程中有关评标情况不得向投标人或与招标工作无关的人员透露。透露者取消评标委员资格,受校行政处分。凡招标申请公证的,评标过程应在公证部门监督下进行。

第二十四条　定标

1.招标领导小组根据评标委员会提出的书面评标报告和推荐的中标候选人确定中标人。

2.招标领导小组也可授权评标委员会直接确定中标人。

第五章　合同的签订和执行

第二十五条　中标单位在接到中标通知后,应在规定时间内由招标领导小组办公室组织与项目单位签订经济合同。

第二十六条　招标文件和投标文件均为经济合同的组成部分随合同一起生效。

第二十七条　投标单位中标后,如果撤回投标文件拒签合同,作违约论处,应向招标单位赔偿经济损失,赔偿金额不超过中标金额的2%,可将投标单位的投标保证金作为违约赔偿金没收。

第二十八条　合同生效以后,双方都应严格执行合同,不得随意变更合同内容,如发生纠纷双方都应按照《合同法》规定解决。

第二十九条　合同生效以后招标单位可向中标单位收取少量论证服务费,金额参照国家物价局、财政部[1990]物调205号文件规定,一般不超过中标设备金额的1.5%。收入上缴财务处,另设IC卡专项账户作为招投标业务费。

第六章　管理和监督

第三十条　招标领导小组办公室负责设备招标的日常事务，做好各招投标文件的归档工作，并按采购管理办法做好售后管理工作。

第三十一条　校纪委、监察审计处参与全过程监督及管理。

第三十二条　投标单位如发现招标单位在招标过程中弄虚作假或有营私舞弊等违纪违规行为，可向我校纪委、监察审计处举报。

第三十三条　本办法自印发之日起实行。

——本文摘录自《关于印发〈厦门大学仪器设备招标投标管理暂行办法〉的通知》，厦大资产[2000]8号，档号 2000-XZ27-1

厦门大学横向科研实验用房管理与租赁办法

(2000年9月1日)

第一条　为合理利用我校实验用房屋资源,改善学校的办学条件,打破部门所有,优化实验用房配置,学校拟调整出一批实验用房作为横向科研实验用房。横向科研实验用房的建立,意在创造一个面向社会经济建设主战场,有利于横向科研发展的良好工作环境。

第二条　横向科研实验用房采用租赁方式调用,承租对象是在我校正式立项经费纳入学校财务处管理的重大科研项目的横向科研课题组或个人。

第三条　横向科研实验用房的租金是对房屋和相关环境设备自然损耗及定期大修价值的补偿。其标准视实验使用房等级及环境条件等情况而定,一般不低于30元/(m^2·月)。

第四条　横向科研实验用房的租赁程序:

1.横向科研课题组或个人向资产管理处领取租赁申请表,提出实验室用房租赁申请,按要求写明横向科研课题项目名称、课题编号、课题负责人、资金到位情况、所需用房面积、租赁期限,经学院审查,并到科研处或社科处、财务处确认签批意见后,报资产管理处处理。

2.资产管理处收到手续完备的用房租赁申请,根据房源情况与用户要求提出处理意见,再经分管校长批准后执行。

3.申请租用单位接到获准通知后,与资产管理处签订用房租赁协议书,向资产管理处领取钥匙,由资产处通知财务处扣缴租金。

第五条　租用横向科研用房的课题组或个人在用房租赁期间,对其租用的实验用房在租赁协议约定范围内有正当使用权,但不得随意改变原使用性质,不得改变房屋结构,不得转让、出租或移作他用。未按约定范围使用或改变房屋结构的,立即终止合同,责令其限期恢复房屋原貌,并处以当年租金1～2倍的罚款。

第六条　租赁期满后需要续租的,应提前三个月向资产管理处提出续租申请,资产管理处视具体情况及房源情况决定是否予以续租,重新签订租赁协议。未经批准逾期占用,租金在原基础上提高2～3倍。

第七条　本办法自颁布之日起生效。

第八条　本办法由资产管理处负责解释。

——本文摘录自《关于印发〈厦门大学横向科研实验用房管理与租赁办法〉的通知》,厦大资产[2000]12号,档号2000-XZ27-1

厦门大学职员制度实施方案(试行)

(2000 年 11 月 14 日)

为了贯彻落实教育部关于开展高校职员制度试点工作的部署,做好我校的职员制度试点工作,现根据教育部《高等学校职员制度暂行规定(征求意见稿)》,并结合我校实际,制订本实施方案。

一、试点工作的指导思想

实施高校职员制度是高等学校内部管理体制和人事制度方面的重大改革。我校的试点工作要坚持以邓小平理论为指导,贯彻落实《高等教育法》和全教会精神,进一步解放思想,转变观念,统筹安排,配套实施,努力建立适应高校管理工作特点的规范合理的职员制度运行机制,建设优化、精干、高效的管理队伍,调动学校职员的积极性、创造性,提高管理水平、教育质量和服务质量。

二、职员制度实施的范围和对象

(一)高等学校职员是指在高等学校从事管理和服务工作的人员。除教学、科研、工程技术等专业技术岗位外,其他管理、服务岗位原则上纳入职员岗位管理范围。

(二)除少数管理岗位外,职员原则上不得兼任专业技术职务。原已受聘专业技术职务的人员,受聘职员岗位后,应按照规定聘为相应的职级职员。

(三)专职学生政治辅导员兼任马克思主义理论课和思想品德课(包括形势任务课)或其他专业课教学任务,可以继续按照有关规定实行教师职务聘任制。其他专职从事思想政治工作人员,均纳入职员范围。

(四)专任教师担任学校领导职务或担任教学、科研和研究生管理工作的处(部门)的正处级领导职务后,经学校教师聘任委员会批准,可以兼任教师职务,同时占职员和教师职务岗位数额,执行教师职务工资标准,任期内纳入职员管理。部、处其他兼职人员在任职期间都应纳入职员管理,不再聘任教师职务。

(五)专任教师担任院(系、所)领导后,仍从事教学、科研业务工作的,执行教师管理的有关规定,不纳入职员管理范围,任期内实行岗位目标管理。

三、职员的等级

高等学校职员职级是反映管理岗位层次、类别和职员专业水平、工作能力的标志。根据高等学校的实际,高等学校职员职级分为三个职等和十个职级。其中一、二、三、四、五级为高级职员,六、七、八级为中级职员,九、十级为初级职员。我校目前设二至十级职员。

四、职员的岗位职责

(一)高级职员的基本职责

主持或分管学校或者院(系、所)、部、处级单位管理工作,或者专职从事高层次的专门性管理工作;负责拟定本职管理工作中重要的公文或者文稿;指导中初级职员工作。

各个高级职员岗位的具体职责由学校主管部门另行拟定。

(二)中级职员的基本职责

协助主持或者分管院(系、所)、部、处级及其以下基层单位的管理工作,或者独立承担某一方面的专门性管理工作;独立起草本职管理工作中重要的公文或者文稿;指导初级职员工作。

各个中级职员的岗位职责由各部门各单位负责拟定。

(三)初级职员的基本职责

承办具体的管理与服务工作,起草本职管理工作中一般性公文或者文稿。

各个初级职员的岗位职责由各部门各单位负责拟定。

五、职员的任职条件

(一)学校职员必须贯彻执行党的路线、方针、政策,熟悉高等教育法规、政策,遵纪守法,维护学校的安全、荣誉、利益和知识产权,恪守职业道德,热爱本职工作,办事公正,作风正派,廉洁奉公,身心健康,能坚持正常工作。

(二)初级职员的基本任职条件

符合第(一)款要求;了解本职工作的范围、任务和特点,胜任本职工作;基本掌握履行岗位职责所需的理论知识和技能方法;具有初步的分析、解决问题能力;具有一定的文字、口头表达能力;具有大学专科及其以上的学历。

(三)中级职员的基本任职条件

符合第(一)款要求;熟悉本职工作的范围、任务和特点,具有独立解决本职工作中实际问题的能力;熟练掌握履行岗位工作职责所需的理论知识和技能方法;具有一定的政策理论水平、业务研究能力和组织能力,有较好的文字、口头表达能力;能够独立撰写重要的公文、文稿和有一定水平的管理方面的论文;具有指导初级职员工作的能力;具有大学本科及其以上的学历。

(四)高级职员的基本任职条件

符合第(一)款要求;系统掌握履行岗位工作职责所需的理论知识和技能方法,具有较高的政策理论水平和组织能力,具有较强的解决本职工作中实际问题的能力;有较强的文字、口头表达能力和研究能力,能够撰写重要的工作规划、方案、文件和较高水平的研究报告、工作总结,独立发表过有较高水平的管理研究论文、论著;具有指导中、初级职员工作的能力;具有大学本科及其以上的学历。

(五)学校聘任的高、中、初级职员,除应分别具备第(二)款、第(三)款、第(四)款规定的基本任职条件外,一般还应分别具备以下条件:

1. 十级职员:大学专科毕业。

2. 九级职员:大学本科毕业或者获得第二学士学位或者研究生班毕业,或者十级职员任职三年以上,聘任期满及当年度考核合格。

3. 八级职员:获得硕士学位,或者九级职员任职三年以上,聘任期满及当年度考核合格。

4. 七级职员:获得博士学位,或者八级职员任职三年以上,聘任期满及当年度考核合格。

5. 六级职员:七级职员任职三年以上,聘任期满及当年度考核合格。

6. 五级职员:六级职员任职四年以上,聘任期满及年当度考核合格。

7. 四级职员:五级职员任职五年以上,聘任期满及当年度考核合格。

8. 三级职员:四级职员任职六年以上,聘任期满及当年度考核合格。

9. 二级职员:三级职员任职八年以上,聘任期满及当年度考核合格。

(六)担任党政领导职务的职员,在分别具备第(三)款、第(四)款规定的基本任职条件下,可按相应的职务级别和任职年限聘任中、高级职员职务。工作业绩突出者,优先聘任。具体办法另行制定。

(七)虽未担任领导职务,但独立承担某一方面的专门性管理工作或专职从事高层次的专门性管理工作,且工作业绩突出,基本任职条件和工作年限符合第(三)款、第(四)款、第(五)款规定,在岗位许可的情况下,可分别应聘中、高级职员职务。应聘高级职员职务最高至四级。

六、职员的岗位设置

(一)根据教育部人事司《关于厦门大学职员制度试点工作的批复》(教人司[2000]81 号),我校校本部职员岗位总数控制在 500 以内,高级职员岗位控制在 175 以内。其中二级职员岗位为 3,三级职员岗位为 11,四级职员岗位控制在 47 以内,五级职员岗位控制在 114 以内。今后随学校事业发展规模变化适时进行调整。

(二)根据《高等学校职员制度暂行规定》有关各级职员岗位比例的规定,我校校本部各级职员岗位和结构比例暂定为:

1. 高级职员

职　级	岗位数	占职员总数百分比	占高级职员百分比
二、三级	14	2.8%	8%
四级	47	9.4%	26.9%
五级	114	22.8%	65.1%
合计	175	35%	

2. 中级职员

职 级	岗位数	占职员总数百分比	占中级职员百分比
六级	110	22%	40%
七级	110	22%	40%
八级	55	11%	20%
合计	275	55%	

3. 初级职员

职级	岗位数	占职员总数百分比	占初级职员百分比
九级	28	5.5%	55%
十级	22	4.5%	45%
合计	50	10%	

(三)在确定职能、机构、编制的基础上,根据管理工作的繁简、难易程度,并按下列原则确定各单位职员岗位:

1. 各部、处根据处级职务岗位数加上从事高层次专门性管理工作岗位数确定高级职员岗位。

2. 各院(系、所)根据专职领导岗位数确定高级职员岗位。

3. 各院(系、所)、部、处根据科级职务岗位数加上从事某一方面专门性管理工作岗位数确定中级职员岗位。

4. 各院(系、所)、部、处根据编制数和工作需要确定初级职员岗位。

七、职员的聘任

(一)学校职员实行聘任制。学校聘任职员，必须在学校按规定核定的岗位数内，坚持因事设岗，严格按照岗位职责、任职条件和聘任程序进行。

(二)学校成立职员聘任委员会，聘任委员会由学校党委书记、校长、分管校领导和学校办公室、组织部、人事处等职能部门负责人组成，校长担任主任。职员聘任和聘任合同管理的日常工作由人事处负责。

学校职员聘任委员会的主要职责：

1. 确定职员岗位的设置。

2. 考核聘任高级职员。

3. 处理职员聘任工作中的重大问题。

(三)各院(系、所)、部、处相应成立职员聘任领导小组，由各院(系、所)、部、处党政领导组成。院长(系主任、所长)、部、处长担任组长。

院(系、所)、部、处职员聘任领导小组的主要职责：

1. 接受学校职员聘任委员会授权考核聘任本单位中、初级职员。

2. 处理本单位职员聘任工作中的具体问题。

(四)学校按下列程序聘任职员：

1. 学校在定编、定岗的基础上，确定并公布职员岗位、岗位职责、任职条件、聘期和聘任办法；

2. 学校职员聘任委员会采用考核或者考试与考核相结合等方式，确定聘任人选；

3. 学校或者学校授权各院(系、所)、部、处与受聘人员签订聘任合同以确定双方的权利、义务和聘期；

4. 学校向受聘职员颁发聘书。

(五)学校职员的聘任根据聘任期限分为固定期限聘任和无固定期限聘任。

新聘人员的聘任试用期一般为 6 个月。

固定期限聘任一般为 3 年，聘任合同期限届满即终止。如工作需要，聘任期满考核合格，经双方协商后一致，可以续聘。续聘须签订续聘合同。

经双方协商一致，在本校正常受聘十二年及以上的高级职员和正常受聘二十四年及以上的中级职员，可与学校签订无固定期限聘任合同。签订无固定期限聘任合同的高、中级职员，如工作需要调整岗位，应服从安排。

无固定期限聘任在下列情况下，合同应予终止：

1. 受聘人达到国家规定的退休年龄；

2. 受聘人已无法继续履行合同规定的职责；

3. 受聘人经批准同意辞聘；

4. 受聘人不服从组织调整工作的安排；

5. 受聘人出现第十条第(一)款所列情况之一，学校决定予以解聘。

八、职员的考核和培训

(一)学校对职员的德、能、勤、绩进行考核，重点考核履行岗位职责取得的工作实绩。“德”主要考核职员的思想政治表现和职业道德；“能”主要考核职员做好本职工作所应具备的业务知识和工作能力；“勤”主要考核职员的工作态度、勤奋敬业的表现；“绩”主要考核职员履行岗位职责取得的工作实绩。对职员的考核，应当坚持客观、公正、公开的原则。

（二）职员的考核分为年度考核和聘任期满考核。年度考核由各单位按照学校年度考核的有关要求进行。聘任期满考核由学校职员聘任委员会负责进行。

（三）聘任期满考核结果分为优秀、合格、不合格三个等次。优秀者不超过职员总数 15%。年度考核连续三年优秀者，聘任期满考核方能确定为优秀等级。在聘任期内第一个年度考核不合格的，第二个年度给予试聘，试聘期满考核仍不合格的，应予提前解聘；如试聘期满考核合格的，第三个年度考核也合格，则确定为聘任期满考核合格；第三个年度考核不合格的，则确定为聘任期满考核不合格。第一个年度考核合格，第二个年度考核不合格的，第三个年度给予试聘，试聘期满考核仍不合格的，聘任期满考核定为不合格，并予解聘；试聘期满考核合格的，确定为聘任期满考核合格。在聘任期内第一、二个年度考核合格，第三个年度考核不合格的，延长一年并予试聘，试聘期满考核仍不合格的，定为聘任期满考核不合格，并予解聘；试聘期满考核合格的，定为聘任期满考核合格。

职员在试聘期限内不得晋升。年度考核不合格的不得计为正常聘任年限。

（四）职员连续二个年度考核合格及其以上的，可以按国家和省市有关规定参加晋升工资档次。试聘按学校规定发放试聘津贴。

（五）聘任期满考核合格者，经双方协商同意，可以续聘；符合高一级职员任职条件的，可以根据岗位设置和工作需要应聘高一级职员。聘任期满考核优秀者，可优先聘任高一级职员。对德才表现和工作实绩特别突出的，学校可以根据岗位工作需要提前聘任为高一级职员。聘任期满考核不合格，不再续聘。

（六）学校职员须按规定参加各类培训。不按规定参加培训或培训不合格者，不得上岗。

九、职员的待遇

（一）学校职员实行国家规定的事业单位职员职级工资制度。在国家未出台新的职员职级工资标准前，根据《高等学校职员制度暂行规定》所附《高等学校职员等级工资关系标准表》确定职员职务工资。职员的岗位目标管理津贴和其他津贴由学校根据有关规定另行确定。现行具体工资标准见附表（一）《职员等级工资标准表》。现行具体津贴、补贴标准见附表（二）《职员各类津贴、补贴标准表》。

（二）高等学校应届毕业生初聘职员职务工资待遇确定办法按《高等学校职员制度暂行规定》第三十条规定确定。具体办法如下：大专毕业，聘任为十级职员，工资按十级职员工资标准第一档确定；大学本科毕业，聘任为九级职员，工资按九级职员工资标准第一档确定；获得第二学士学位的大学本科毕业生（含学制为六年以上的大学本科毕业生）、研究生班毕业和未获得硕士学位的研究生，聘任为九级职员，工资按九级职员工资标准第二档确定；取得硕士学位的毕业研究生，聘任为八级职员，工资按八级职员工资标准第一档确定；取得博士学位的毕业研究生，聘任为七级职员，工资按七级职员工资标准第一档确定。

（三）现有党政管理人员或者实行职员制度后转入职员系列的人员在聘任职员职务后按就近就高办法套入《职员等级工资标准表》确定工资等级。

（四）各级职员在受聘期间享受国家规定的事业单位职员各项保险福利待遇。各级职员在受聘期间的住房、医疗等待遇按照国家有关规定确定。国家没有规定的，由学校制定过渡办法确定。

（五）担任领导职务的职员，享受规定的领导职务津贴；不担任领导职务时，其领导职务津贴即自行取消。领导职务津贴标准参照《高等学校职员制度暂行规定》第二十九条规定的标准，结合学校实际另行制定。

十、职员的解聘和辞聘

（一）根据《高等学校职员制度暂行规定》第三十二条规定，受聘职员有下列情形之一，学校将予以解聘：

1. 在聘期内不履行聘任合同，经教育仍不改正；

2. 连续两年年度考核不合格；

3. 因单位调整、撤销、合并或者缩减编制员额需要调整工作，本人拒绝合理安排；

4. 旷工或无正当理由逾期不归连续超过十五天，或者一年内累计超过三十天。

学校解聘职员，提前三个月书面通知被解聘人，被解聘人应在规定的时间内办理离校手续。不在规定的时间内办理离校手续的，学校按自动离职处理。

(二)职员在受聘期间有下列情况的，学校不予解聘：

1. 妇女在孕期、产期及哺乳期；

2. 享受休假待遇的人员在休假期间；

3. 符合国家规定的其他条件。

(三)职员在聘期内要求辞聘，应由本人提前三个月向学校提出书面申请，经学校批准后，依照有关程序解除聘约。与学校另外订有服务合同的人员，服务期未满要求辞聘的，应按学校规定缴纳编制补偿费。

职员辞聘应该办理有关手续，不得擅自离职。对擅自离职的，学校予以开除。

(四)职员聘任期满不再应聘，学校应予同意，并及时办理辞聘手续。但有下列情况之一，须经学校批准，方可辞聘。

1. 工作性质涉及国家机密，在规定保密期内；

2. 经司法机关或者学校上级行政机关批准，正在接受审查，尚未结案；

3. 与学校另有协议，协议期未满。

(五)职员聘任期满学校不再续聘者，按国家有关规定，其行政关系转出厦门大学。

十一、附　则

(一)本《实施方案》已经教育部批准，从 2001 年 1 月 1 日起试行。原《厦门大学职员职级制度暂行规定》(厦大人[1998]55 号)和《厦门大学职员职级制度暂行规定实施细则》(厦大人[1998]56 号)从即日起停止执行。

(二)本《实施方案》由校人事处负责解释。

附表(一)

职员等级工资标准表

单位：元

职员等级		职务工资标准											
		一	二	三	四	五	六	七	八	九	十	十一	十二
高级职员	一级	770	825	880	940	1000	1060	1120	1180	1240			
	二级	675	730	785	840	895	950	1005	1060	1115	1170		
	三级	585	630	675	725	775	825	875	925	975	1025	1075	1125
	四级	500	540	580	625	670	715	765	815	865	915	965	1015
	五级	420	450	480	515	550	585	625	665	705	745	785	825
中级职员	六级	352	377	402	427	452	482	512	542	572	602	632	662
	七级	312	332	352	372	392	417	442	467	492	517	542	567
	八级	282	298	314	330	346	366	386	406	426	446	466	
初级职员	九级	254	268	282	296	310	328	346	364	382	400		
	十级	230	242	254	266	278	292	306	320	334			

附表(二)

职员各类津贴、补贴标准表

职级	30％津贴					特区津贴	岗位津贴				职务津贴	厦门地区补贴	校内津贴		
	特等	一等	二等	三等	四等		14年以下	15～29年	30～34年	35年以上			一等	二等	三等
二级	546	468	390	312	234	720		152	157		175	290	171	159	120
三级	458	392	327	262	196	645		137	142		165	280	159	147	111
四级	370	317	264	211	158	575	122	127	132		155	265	147	135	102
五级	326	280	233	186	140	520	112	117	122		145	260	138	126	93
六级	300	257	214	171	128	480	102	107	112		135	250	129	117	87
七级	252	216	180	144	108	445	92	97	102		125	245	120	108	81
八级	234	201	167	133	100	415	82	87	92		115	240	111	99	75
九级	200	172	143	114	86	385	72	77	82	87	105	240	102	90	69
十级	169	145	121	96	73	355	64	69	74	79	100	240	90	81	63

——本文摘录自《关于印发〈厦门大学职员制度实施方案(试行)〉的通知》,厦大人[2000]97号,档号2000-XZ10-3

厦门大学职员制度实施细则(试行)

(2000年11月14日)

根据教育部《高等学校职员制度暂行规定(征求意见稿)》和《厦门大学职员制度实施方案(试行)》,结合现有管理人员实际情况制定本实施细则。

一、实施职员制度的范围和对象

1.全校专职党政管理人员均纳入职员管理。

2.专职学生政治辅导员(含分团委书记)兼任马克思主义理论课和思想品德课(包括形势任务课)或其他专业课教学任务的,由个人申请,经学校有关部门批准,可以继续按照有关规定申请聘任教师职务。聘任教师职务的人员不再聘任职员职务。今后因岗位或职务变动不再担任专职学生政治辅导员,按规定转入其他专业技术职务系列或职员系列,没有变动的人员,不再转入职员系列。

3.专任教师担任学校领导职务或担任教学、科研和研究生管理工作的处(部门)的正处级领导职务后,可以继续兼任教师职务,执行教师职务工资标准,同时聘任职员职务,占职员和教师职务岗位数额,任期内纳入职员管理。部、处其他兼职人员均纳入职员管理,聘任职员职务,执行职员工资标准,不再聘任教师职务和执行教师职务工资标准,其任职经历记入个人档案,作为今后应聘专业技术职务的参考依据。

4.原在学校教育信息管理中心(挂靠学校办公室)、教务处电教管理科、宣传部《厦门大学报》和科研处等部门工作,使用实验、科研及附属单位编制的人员,均纳入职员管理,不再评聘专业技术职务。

二、确定高、中、初各级职员岗位的办法

1.根据各单位编制数确定各单位职员岗位数,其中校领导和校长助理按实际任职数确定职员岗位。机关各部、处按定编数确定职员岗位。院(系、所)按专职党政管理人员定编数确定职员岗位。

2.下列工作岗位确定为高级职员岗位:校领导和机关各部、处副处级及其以上职务岗位;院(系、所)专职党政管理人员中的正副处级职务岗位;机关各部、处和院(系、所)专职党政管理人员中不担任处级职务,但已评聘了高级专业技术职务的岗位。

3.下列工作岗位确定为中级职员岗位:机关各部处、院(系、所)的专职党政管理人员中的科长、副科长和科级秘书岗位;不担任科级职务但已评聘了中级专业技术职务的岗位。

4.科员和办事员岗位确定为初级职员岗位。

三、现有党政管理人员现任职务与应聘职务对应办法

1. 现有党政管理人员现任行政职务及任职年限可以作为应聘职员职务的参考条件,其对应办法如下:

行政职务及任职年限	职员职务
正校级职务或任副校级职务满八年	二级职员
副校级职务或任校长助理职务满六年	三级职员
校长助理职务或任正处级职务满五年	四级职员
正处级职务或任副处级职务满四年	五级职员
副处级职务或任正科级职务满三年	六级职员
正科级职务或任副科级职务满三年	七级职员
副科级职务任职不满三年	八级职员
科员职务	九级职员
办事员职务	十级职员

2. 现有党政管理人员聘任职员职务，原来聘任的专业技术职务可作为应聘职员职务的参考条件，其对应关系如下：

专业技术职务	职员职务
正高级职务	四级职员
副高级职务	五级职员
中级职务	七级职员
助理级职务	九级职员

3. 现有党政管理人员初聘职员职务，其学历可作为应聘的参考条件。其对应关系如下：

大学专科毕业	十级职员
大学本科毕业	九级职员
获得硕士学位	八级职员
获得博士学位	七级职员

4. 党政管理人员兼任专业技术职务或专业技术人员兼任党政管理职务，应聘职员职务时，其任职的参考条件可按就高不就低的办法办理。

5. 2000 年度职员岗位实际下达数根据以上对应办法确定，任职时间计算至 12 月 31 日。

四、聘任职员职务的具体程序和办法

1.由学校职员聘任委员会下达各单位各级职员岗位。

2.个人填写《厦门大学申请聘任职员职务审批表》，并报送各单位职员聘任领导小组。

3.各单位职员聘任领导小组审查申请人申请资格，对申请人进行考核评议，确定中、初级职员聘任人选，推荐高级职员聘任人选。

4.学校职员聘任委员会审核确定各单位高级职员聘任人选；委托职能部门审批各单位中、初级职员聘任人选。

5.学校职员聘任委员会公布各级职员聘任人选。

6.校长聘任高级职员并签订聘任合同;校长授权各单位行政负责人聘任中、初级职员并签订聘任合同。

7.颁发聘书。

五、聘任期限的确定

1.固定期限聘任人员聘期一般为三年。首期聘任起聘时间为 2001 年 1 月 1 日,聘期截止时间为 2003 年 7 月 31 日。2003 年 8 月 1 日起,经协商同意续聘,必须签订续聘合同。

2.1988 年 12 月 31 日以前在本校工作,连续工作时间十二年以上并聘任高级职员的人员和 1976 年 12 月 31 日以前就在本校工作,连续工作时间二十四年以上并聘任中级职员的人员,可以签订无固定期限合同。起聘时间仍为 2001 年 1 月 1 日,但不规定合同终止的时间。符合《厦门大学职员制度实施方案》规定的终止合同条件的,合同应予终止。

3.合同期限未满,符合应聘高一级职员职务任职条件的,经学校职员聘任委员会审核批准后,原订合同提前终止。并按新聘任职员职务重新签订聘任合同。

4.应届毕业生初次聘任职员职务,应签订聘任合同,其中试用期为六个月,试用期计入聘任时间。试用期满不合格的,提前终止合同。

5.非职员系列人员调入或转入职员系列,根据岗位和任职条件情况聘任职员职务,其任职参考条件参照第三条第 1、2、3 款办理,试用期和聘任期限计算参照第五条第 4 款办理。

六、聘任合同的有关问题

1.职员聘任合同由教育部人事司统一制定。合同内容包括职员岗位、职责、权利、义务和聘期等项目。

2.职员的职责和具体工作任务由各单位确定。职员在聘任期内应服从所在单位的工作安排。

3.职员聘任合同一式四份。人事处、所在单位和本人各一份,一份归入个人档案。

4.职员终止合同由学校正式下文通知各有关单位和本人,终止合同后的职员应及时办理离校手续。不及时办理离校手续者按自动离职处理。终止合同的文件归入本人档案。

七、职员考核及工资津贴兑现的有关问题

1.职员与学校签订聘任合同,从合同生效当月起即按《职员等级工资标准表》和《职员各类津贴、补贴标准表》的标准兑现工资和各类津贴、补贴。原职务工资标准等于新任职员职务工资标准的,工资标准不再变动;低于新任职员职务工资标准的,按就近就高的办法套入新的工资标准。原按国家党政机关工作人员套改工资的办法不再执行。各类津贴、补贴按原考核等级发给。新聘人员按二等发给。

2.职员年度考核按学校年度考核的有关要求进行。人事处根据年度考核结果确定下一年度津贴发放标准。

职员年度和聘期考核结果均归入个人档案。

3.职员聘任期内年度考核合格及其以上的,下一学年度不再填写工作任务书和办理聘任手续。年度考核不合格的职员,经单位同意予以试聘的,必须签订试聘合同,试聘合同应交人事处和所在单位备案,并归入本人档案。试聘人员各类津贴、补贴,按学校规定的试聘人员标准发给。

4.应届毕业生或转入调入职员系列的人员,在试用期内,工资、津贴按聘任职务发给。

5.在学校和机关各部处兼任职员职务,仍聘任为教师职务的人员,工资执行教师职务标准。职员各类津贴高于教师各类津贴的,高出部分予以补发,每半年发放一次。

6.职员在职时执行职员工资标准,退休后按职员工资标准计算退休费。

八、其他问题

1.2000年12月31日以前达到退休年龄的党政管理人员不列入职员实施范围。

2.附属单位职员岗位参照校本部职员岗位设置办法另行设置,一般不超过编制总数的8%,现有人员少于8%的,按现有人员确定岗位。聘任办法参照校本部人员聘任办法执行。

3.企业单位和后勤五个中心的原事业编制党政管理人员,根据原担任的党政管理职务和任职年限确定职员职级和档案工资。

4.校内管理体制改革后的转岗人员,目前已在临时岗位上岗的,可根据改革前职务级别和任职年限确定相应职员职级并兑现工资。未上岗人员不确定职员职级并仍按原标准发放工资,到待岗期满改发生活补助费的,以原工资标准为基数计算。如重新上岗,则按新的岗位聘任相应职务。

5.校内管理体制改革后,因年龄限制或岗位限制不再担任处级、科级领导职务或改任较低职务的人员,可按改革前职务级别和任职年限应聘职员职务。所在单位有岗位的,使用所在单位岗位,所在单位没有岗位的,由学校另行下达过渡岗位。

6.本实施细则在职员制度试点时使用,从2001年1月1日起试行。

7.本实施细则由校人事处负责解释。

——本文摘录自《关于印发〈厦门大学职员制度实施细则(试行)〉的通知》,厦大人[2000]98号,档号2000-XZ10-3

厦门大学职员岗位定岗方案(试行)

(2000 年 11 月 17 日)

根据教育部《高等学校职员制度暂行规定(征求意见稿)》、《厦门大学职员制度实施方案(试行)》和《厦门大学职员制度实施细则(试行)》,制定本定岗方案。

一、定岗原则及高、中、初级职员定岗数

(一)在确定各单位职能、编制的基础上,根据管理工作的繁简、难易程度,确定各单位的高、中、初职员岗位。

(二)学校和各部、处根据领导岗位数和因工作需要设置的从事高层次专门性管理工作岗位数,确定高级职员岗位。

(三)各学院(系、所)根据专职党政领导岗位数,确定高级职员岗位。

(四)各部、处、学院(系、所)根据科级职务岗位数和因工作需要设置的从事某一方面专门性管理工作岗位数,确定中级职员岗位。

(五)各部、处、院(系、所)根据编制数和工作需要确定初级职员岗位。

(六)在初次聘任时,如高一级岗位使用不完,可作为低一级岗位使用。各级职员岗位定岗数根据实际聘任情况可进行适当调剂。

(七)各单位高、中、初级职员定岗数见附表(一)。

二、各级职员岗位定岗办法及实际下达数

(一)三级及其以上职员岗位按下列办法定岗:

1.现有校领导岗位。

2.符合三级职员任职条件的校长助理岗位。

(二)四级职员岗位按下列办法定岗:

1.除符合三级职员任职条件以外的校长助理岗位。

2.各部、处符合四级职员任职条件的正处级岗位。

3.各学院(系、所)专职党政管理人员符合四级职员任职条件的正处级岗位。

4.各部、处正、副处级干部已聘任正高级专业技术职务的岗位。

(三)五级职员岗位按以下办法定岗:

1.各部、处除符合四级职员任职条件以外的正处级岗位。

2.各部、处符合五级职员任职条件的副处级岗位。

3.各学院(系、所)专职党政管理人员除符合四级职员任职条件以外的正处级岗位。

4.各学院(系、所)专职党政管理人员符合五级职员任职条件的副处级岗位。

5.各部、处副处级及其以下干部已聘任副高级专业技术职务的岗位。

6.各学院(系、所)的专职党政管理人员中副处级及其以下干部已聘任副高级专业技术职务的岗位。

(四)六级职员岗位按下列办法定岗:

1.各部、处除符合五级职员任职条件以外的副处级岗位。

2.各学院(系、所)专职党政管理人员除符合五级职员任职条件以外的副处级岗位。

3.各部、处、学院(系、所)符合六级职员任职条件的正科级岗位。

(五)七级职员岗位按下列办法定岗:

1.各部、处、学院(系、所)除符合六级职员条件以外的正科级岗位。

2.各部、处、学院(系、所)符合七级职员任职条件的副科级岗位。

3.各部、处、学院(系、所)副科级及其以下干部已聘任中级专业技术职务的岗位。

(六)八级职员岗位按下列办法定岗:

各部、处、学院(系、所)副科级干部中不具备七级职员任职条件的岗位。

(七)九、十级职员岗位按下列办法定岗:

1.各部、处、学院(系、所)符合九级职员任职条件的科员的岗位 。

2.办事员岗位。

(八)各单位职员岗位实际下达数见附表(二)。

三、附则

1.本定岗方案供职员制度试点时聘任使用。

2.本定岗方案由人事处负责解释。

附表(一) 厦门大学二〇〇〇年高、中、初级职员定岗数

(附表略——编者)

附表(二) 厦门大学二〇〇〇年各级职员岗位实际下达数

(附表略——编者)

——本文摘录自《关于印发〈厦门大学职员岗位定岗方案(试行)〉的通知》,厦大人[2000]99 号,档号 2000-XZ10-3

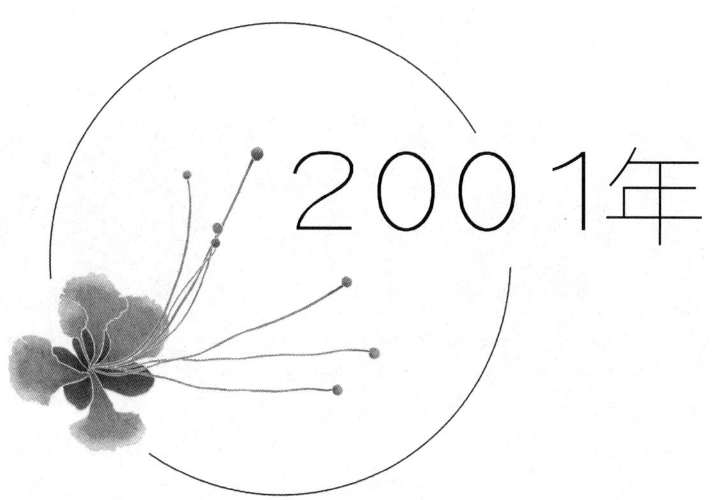

2001年

·特　载·

跨入新世纪　创造新辉煌

——二〇〇一年新年献词

（2001年1月5日）

校长　陈传鸿

2001年是新世纪的第一年，值此辞旧迎新之际，我代表校党委、校行政向全校师生员工致以亲切的问候，恭祝大家新年愉快、身体健康、学习进步、工作顺利！衷心祝愿我们伟大的祖国欣欣向荣，人民生活安康！

厦门大学将在新世纪的曙光中迎来八十华诞。八十年来，"自强不息，止于至善"的校训和嘉庚先生倾资兴学的爱国主义精神，激励着一代又一代的厦大人努力奋斗；八十年来，厦门大学为国家培养了8万多名研究生和本专科生；在厦门大学诞生了福建省第一个党支部，为福建尤其是闽西、南地区党组织的建立和发展，为人民解放事业建立了不朽的功勋；厦门大学在不同历史时期都为国家的富强和民族的振兴做出重要的贡献。经过八十年来尤其是建国后和改革开放的建设和发展，如今的厦门大学已经成为一所"学科门类较为齐全，办学特色鲜明，基础研究力量和师资队伍较强，在国际上有影响的高水平的国家重点大学"。八十年的发展积淀下来的丰富的办学经验、鲜明的办学特色和优良的办学传统，是一代代厦大人奋斗的成果、智慧的结晶，是弥足珍贵的精神财富。

刚刚过去的2000年，是"九五"计划最后一年。"九五"以来，我们坚持以邓小平理论为指导，全面贯彻党的基本路线和教育方针，深化改革，加快发展，在党建和思想政治工作、办学体制改革、"211工程"建设等各个方面均取得了令人瞩目的成绩。在人才培养和学科建设方面，本专科生增长47.1%，研究生增长112.5%；新增3个本科专业、34个硕士专业、2个硕士专业学位点、7个博士专业、7个一级学科博士点、2个博士后流动站、10个省级重点学科、8个"211工程"重点建设学科。师资队伍建设方面，五年共引进博士191人、硕士297人，教授24人，副教授126人。科研工作成绩显著，特别是1999年科研工作会议后，科研经费、科技成果转化方面都有了较大突破。厦门大学科技园建设已经启动。校内管理体制改革全面推进；办学条件得到显著改善，厦大漳州校区的确定，为学校新世纪加快发展提供了更大的空间。经过"九五"的改革与建设，我校整体办学水平不断提高，师生员工的凝聚力不断增强，呈现出良好的发展势头。这些成绩的取得，是全校师生员工共同奋斗的结果，再次展现了厦大人自强不息的精神风貌，将激励我们迎接新的挑战，争取更大成绩。

展望新的世纪，新时代赋予我们新的使命。我们必须清醒地认识到，要把厦门大学建设成为国内一流、世界知名的高水平大学，任重而道远。面对新的机遇和挑战，我们已经形成"有所为，有所不为"、"不求最大,但求最好”、“发展是硬道理”、“出路在改革,关键是人才”的四点共识,确定了加快发展的基本思路,即:以邓小平理论为指导,以改革为动力,以学科建设为核心,以队伍建设为关键,以加强党建和思想政治工作为保证,全面提高教学质量和科研水平,全面提高管理水平和办学效益。在新的一年里,要按照江泽民同志“三个代表”重要思想的要求,紧紧抓住加快发展这个主题,认真研究发展后劲问题,精神文明建设要讲实效,全心全意为全校师生服务要讲质量,党建和思想政治工作要讲活力。制定好学校“十五”规划,进一步深化校内管理体制改革;认真抓好素质教育,迎接“本科教学优秀评估”;加快“211工程”一期建设,并启动二期建设;推动技术创新和科技成果转化,为国家和地方经济建设和社会发展做出更大的贡献;继续实施人才工程,深化人事干部制度改革,建设素质优良、开拓创新的师资队伍和管理干部队伍;加快推进后勤社会化改革,认真做好新校区的规划和建设工作,全面改善师生的学习、工作、生活条件;抓好校庆80周年的庆祝活动,凝聚全校师生与广大海内外校友的力量,推进学校事业的发展。

我们坚信,在邓小平理论的指引下,在各级党委、政府的关心支持下,通过全体厦大人的团结奋斗,厦门大学一定会在新的世纪创造新的辉煌!

——本文摘录自《厦门大学报》,2001年1月5日第442期

中共中央总书记、国家主席、中央军委主席江泽民贺信

（2001 年 3 月 20 日）

厦门大学：

值此 80 周年校庆之际，我向你校全体师生员工和海内外校友，致以热烈的祝贺和亲切的问候！

厦门大学是著名爱国华侨领袖陈嘉庚先生倾资创建的。经过 80 年来特别是新中国成立和改革开放以来的建设，一代代厦大人努力奋斗，辛勤耕耘，为我国高等教育事业的发展做出了积极贡献。

21 世纪是一个充满机遇和挑战的世纪。培养和造就大批优秀人才，对我国在新世纪的发展具有决定性的意义。希望你们认真贯彻落实科教兴国战略，积极适应改革开放和现代化建设的需要，全面提高教学质量、科研水平和办学效益，努力培养高水平创新人才，为建设有中国特色社会主义事业做出更大的贡献。

江泽民

2001 年 3 月 20 日

——本文摘录自《厦门大学报》，2001 年 4 月 13 日第 452 期

中华人民共和国教育部贺信

（2001 年 3 月 21 日）

厦门大学：

欣逢你校建校 80 周年之际，谨向全校师生员工致以亲切的慰问和热烈的祝贺！

厦门大学是著名爱国华侨领袖、被毛泽东同志誉为“华侨旗帜、民族光辉”的陈嘉庚先生创办的高等学府，是中国近现代教育史上第一所由华侨创办的大学，在中国高等教育发展史上有着特殊的影响。

建校 80 年来，厦门大学英才辈出，硕果累累。建国后特别是改革开放以来，你校广大师生员工同心协力，奋力拼搏，辛勤创业，积累了丰富的办学经验，形成了爱国爱校的光荣传统和鲜明的办学特色，“侨、台、特、海”的区位优势日益明显，培养了一大批优秀的高级专门人才，取得了一批高水平的科研成果。学校现已成为国家高质量人才培养和高水平科学研究的重要基地，在海内外尤其在东南亚一带享有盛誉，是我国高等教育对外开放、对台港澳交流的重要窗口，为国家特别是东南部地区经济发展和社会进步做出了重要贡献。

希望你校继续高举邓小平理论伟大旗帜，认真学习贯彻江泽民同志“三个代表”的重要思想，不断深化改革，锐意进取，加强学科建设和师资队伍建设，弘扬优良的办学传统，为中华民族的伟大复兴做出新的更大的贡献！

教育部

2001 年 3 月 21 日

——本文摘录自《厦门大学报》，2001 年 4 月 13 日第 452 期

全国政协副主席、校友卢嘉锡贺信

（2001 年 4 月 5 日）

厦门大学：

欣逢厦门大学建校 80 周年，谨致以衷心的热烈的祝贺！

厦门大学是我学习和长期工作过的地方，我对她怀有深厚的感情。虽然由于年届高龄，行动不便，我不能亲往祝贺母校的八十华诞，但是作为一名老校友，我和全校师生员工以及一切关心她的人们一样，不时地回首和品味母校走过的 80 年沧桑历程，并为她在各个历史时期特别是改革开放以来所获得的辉煌成就而充满自豪。

我高兴地看到，今天的厦门大学，已经成为我国经济特区中唯一的重点大学，成为教育部、福建省和厦门市重点共建的高校，并日益成为海内外知名的和有影响力的高等学府。厦门大学的发展和进步对带动福建省和厦门市的科教事业一向起着重要的作用。我相信，在面对知识经济挑战的今天，重视科教兴省而科教机构相对偏少的福建省，一定会越来越重视、支持地处本省的具有带头作用的科教机构的发展。

我希望厦门大学在未来的发展中，永葆“自强不息，止于至善”的精神，在原有的优势和基础上进一步打通文理，融合理工，不断增强科技创新和产业化能力，为国家培养出更多的优秀人才，为福建和厦门特区的科技与经济的发展做出更大的贡献！

预祝母校厦门大学建校八十周年盛典圆满成功！

卢嘉锡

2001 年 4 月 5 日

——本文摘录自《厦门大学报》，2001 年 4 月 13 日第 452 期

全国政协副主席罗豪才贺信

(2001年3月20日)

厦门大学:

值此厦门大学80华诞之际,我谨向你们并通过你们向全校师生员工以及厦大校友致以热烈的祝贺!

80年来,特别是改革开放以来,厦门大学发扬陈嘉庚先生爱国兴学的崇高精神,恪守"自强不息,止于至善"的校训,形成了爱国爱校的光荣革命传统和"侨、台、特、海"的鲜明办学特色,在海内外特别是在侨胞中享有良好的声誉。厦门大学作为一所全国重点综合性大学,先后建立了一批国家级的科研基地,无论在人才培养还是在科学研究等方面都取得了突出的成绩,为实施科教兴国战略做出了重要贡献。我相信,在新的世纪,厦门大学一定会创造出新的更加辉煌的业绩!

罗豪才

2001年3月20日

——本文摘录自《厦门大学报》,2001年4月13日第452期

教育部　福建省人民政府　厦门市人民政府关于重点共建厦门大学的决定

（2001年2月4日）

为深入贯彻中共十五届五中全会精神，全面实施《面向21世纪教育振兴行动计划》，教育部、福建省人民政府、厦门市人民政府（以下分别简称福建省、厦门市）决定重点共建厦门大学。

一、重点共建厦门大学旨在促进该校各项事业的改革和发展，积极适应21世纪国家经济建设和社会发展的需要，不断提高教育质量和科研水平，努力成为我国特别是东南部地区高水平创新人才培养、高新技术研究和成果转化、高层次决策咨询的重要基地，逐步建设成为国内外知名的高水平大学。

二、厦门大学仍为教育部直属高校。福建省、厦门市将厦门大学的改革和发展纳入本省、市的经济建设和社会发展的总体规划之中并给予相应的政策支持。教育部支持并鼓励学校在坚持面向全国服务的同时，积极参与东南部地区特别是福建省、厦门市的经济建设和社会发展，提供强有力的人才支持和知识贡献。

三、厦门大学校级领导班子的管理和任免，按中共中央组织部和中共教育部党组的有关规定执行。

四、教育部和福建省将积极推进厦门大学参与福建省高校布局结构调整，优化教育资源配置，为提高福建省高等教育的整体水平和办学效益发挥龙头和示范作用。

五、除对学校的正常经费安排外，在2001年至2003年三年内，教育部和福建省、厦门市分别向厦门大学投入建设经费3亿元、1.5亿元、1.5亿元人民币。其中教育部2001—2003年每年投入1亿元；福建省、厦门市2001—2003年每年各分别投入0.5亿元。2003年后三方将根据学校改革和发展的情况，继续给予必要的支持。学校可据此制定重点建设项目规划，经教育部和福建省、厦门市审定后实施。

六、教育部和福建省、厦门市依据《中华人民共和国高等教育法》，积极创造条件，支持和鼓励厦门大学进一步深化校内管理体制改革，建立并完善自我发展、自我约束的运行机制，最终实现面向社会依法自主办学。

七、由原国家教委和福建省人民政府、厦门市人民政府分别共同制订的《国家教育委员会、福建省人民政府关于共同建设厦门大学的意见》和《国家教育委员会和厦门市人民政府关于共同建设厦门大学的意见》继续有效。与本决定不相一致的内容，以本决定为准。

教育部　福建省人民政府　厦门市人民政府
二〇〇一年二月四日

——本文摘录自《教育部　福建省人民政府　厦门市人民政府关于重点共建厦门大学的决定》，教发[2001]9号，档号2001-XZ09-9

厦门大学“十五”计划和2010年远景规划

(2001年12月17日)

一、“九五”改革与发展回顾

(1)“九五”以来,厦门大学坚持以邓小平理论为指导,把握改革、发展与稳定的大局,认真实施《厦门大学面向21世纪改革与发展规划》和“211工程”建设规划,学校各项事业有了较大发展。党建和思想政治工作成绩显著,被中组部、中宣部、教育部党组授予“党建和思想政治工作先进高等学校”称号;继续推进办学体制改革,巩固和发展“共建”成果,教育部、省政府、厦门市决定重点共建厦门大学,三方同意在2001—2003年内共同投入6亿元人民币的共建资金;“211工程”建设全面推进,校内管理体制改革不断深化,办学效益有所提高。

(2)“九五”以来,我校坚持以学科建设为龙头,以队伍建设为核心,以提高教学质量和科研水平为目标的发展方针,各项事业呈现出良好的发展势头:

在人才培养方面,规模有较大增长,2000年在校生14244人,其中本专科生10927人(本科生10126人,专科生801人),研究生3038人(硕士生2576人,博士生562人),海外留学生314人,本专科生和研究生分别比1996年增长29.6%和122.2%。在规模增长的同时注重质量的提高,加大教学投入力度,改善办学条件,优化教学手段,不断深化教学改革,人才培养质量稳步提高。“九五”期间获国家级优秀教学成果奖9项(一等奖4项,其中一项为主要完成单位之一;二等奖5项),省级优秀教学成果奖21项。近几年来我校学生在参加全国大学生各类竞赛中屡获佳绩,如1999年、2000年连续两届夺得“挑战杯”全国大学生创业计划大赛金奖和数学建模大赛二等奖的好成绩。

在学科建设方面,新增7个一级学科博士学位授予点、7个二级学科博士学位授予点、34个二级学科硕士学位授予点、3个博士后流动站、10个省级重点学科、8个“211工程”重点建设学科、3个本科专业;目前学校有权招收、培养博士生和硕士生的一级学科7个、二级学科分别为59个和108个,本科专业53个。

在师资队伍建设方面,有1名教授当选中科院院士,引进1名中科院院士;新增博士生指导教师41名,博士生导师总数达到132名(现有184名);五年共引进博士149人、硕士216人、教授25人、副教授85人。截至今年6月底,全校1312名教学科研人员平均年龄41岁,具有博士学位的345人,占26.3%。其中:专任教师中,50岁以下1026人,占78.2%;50岁以下教师中具有博士学位的312人,占30.4%,具有硕士学位的489人,占47.7%。40岁以下714人,占54.42%;40岁以下教师中具有博士学位的222人,占31.1%,具有硕士学位的380人,占53.00%。教授282人,占21.6%;副教授511人,占39.2%。已形成一支知识、学历、年龄结构较为优化的师资队伍。在专职教学科研人员中,现有中科院院士7人,国务院学科评议组成员9人,国家级有突出贡献专家13人,列入教育部跨世纪人才培养计划的12人。

在科学研究方面:人文社会科学各学科共承担各类科研项目536项,出版539部专著,发表6237篇科研论文,有276项成果获国家级和省部级奖励,其中1999年获国家社科基金项目优秀成果奖6项,名列全国高校第三名;已建立4个国家文科重点研究基地。根据1999年高校文科学报摘转率统计表,《厦门大学学报(哲学社会科学版)》论文摘转率名列全国第三。在自然科学研究领域,共承担国家、部、省各类基金项目655项,有75项成果获国家级和省部级奖励;共发表各类科研论文近6000篇,其中被SCI、EI、ISTP收录1082篇(SCI 777篇、EI 213篇、ISTP 83篇),被SCI收录论文数基本保持在全国高校第12位左右;“固体表面物理化学国家重点实验室”在国家重点实验室评估中荣获全国化学化工类第一名;3个实验室通过教育部认定,成为教育部重点实验室。根据1999年中国科学引文数据库统计,在“被引频次最高的中国科技期刊500名排行表”和“1994—1998年被引频次最高的中国科技期刊百名表”中,《厦门大学学报(自然科学版)》均名列全国高校第一。1999年召开科研工作会议后,科研经费、科技成果转化方面都有了较大进展,2000年科研经费总量比上年翻一番,已出现超千万元的应用研究开发项目;先后两次组团参加深圳“高交会”,共签约15个项目;厦门大学科技园已于2000年4月开始启动。

在办学条件方面,仪器设备总值大幅度提高,公共服务体系建设进展顺利,后勤改革全面启动,师生员工的工作、学习、生活条件得到了较大改善。仪器设备总值、图书馆藏书量、校舍面积分别从1996年的11028万元、207万册、53万平方米增长为2000年的18565万元、239万册、74万平方米。2000年,占地2568亩的漳州校区的确定,为我校新世纪加快发展提供了更大的空间。

在学术交流方面,“九五”期间又与15所国外大学建立校际交流合作关系;先后主办或承办35次国际和区域学术交流会议;共有1014人次赴国(境)外参加学术会议、开展合作研究、进修、讲学等;实行强强联合,开展国际科研合作;充分发挥对台交流的区位优势和学科优势等,积极开展对台教育、文化、科技交流,为国家和地方政府提供决策咨询和参考,为促进祖国统一大业做出了积极的贡献。“九五”期间,共有110批、218人次应邀赴台开展学术交流;先后举办8次两岸学术研讨会和交流互访研讨会。

(3)“九五”建设取得的成绩,为我们继续前进、加快“十五”的发展创造了有利的条件。但是,面对国家和地方经济社会发展对高校的更高、更新的要求,我校仍存在诸多不容忽视的困难和问题。主要表现在:思想观念不够解放,工作中开创性和前瞻性不足;学科虽较齐全但发展不平衡,学科间交叉渗透不够,综合性大学的学科综合优势尚未充分发挥;教学改革力度不够,基础教学设施还不能完全满足教学的需求;在队伍建设上,人才引进和培养力度不够,措施还不够得力;科学研究重大成果少、创新不够,科研经费总量偏小,科技成果转化和高新技术产业化尚处在起步阶段;体制改革和机制创新在某些方面尚未达到预期结果;教育资源未能得到优化配置和充分利用,存在一方面资源不足,另一方面又资源浪费的现象,影响了办学效益的提高;经费投入与学校事业的发展需求存在较大差距,等等。对于困扰和制约学校发展的这些问题,我们必须认真分析,制定对策,有效地加以解决。

二、“十五”期间厦门大学面临的形势和挑战

从“十五”到2010年前后,学校所处的客观环境和面临的挑战:第一,经济全球化已是时代潮流,知识经济已见端倪,国际间高层次人才争夺战将愈演愈烈。越来越多的国家把建设和发展高质量教育作为一项基本国策,纷纷采取各种措施推进教育改革,把人力资源作为国家资源的重要组成部分加以重视和开发。第二,从“十五”到2010年前后,是我国经济和社会发展的重要时期。经济结构的战略性调整,科学技术的迅猛发展,社会主义市场经济体制的完善和对外开放的扩大,城镇化进程的加快,西部大开发战略的实施和加入WTO,劳动者素质和人才结构必将发生重大变化。第三,福建省正处于加快建设海峡西岸繁荣带,厦门经济特区和有条件的地方率先基本实现现代化的关键时期。第四,国内外高等教育竞争日趋激烈,综合性、研究型、信息化、终身化、开放式办学已成为高等教育发展的主流。上述新形势对高等教育的改革与发展提出了更高的要求。

为此,九届全国人大四次会议批准的《国民经济和社会发展第十个五年计划纲要》明确提出要“扩大高等教育规模”。教育部提出,到2005年,“各类高等教育在学人数增加到1600万人左右,其中在学研究生规模达60万人左右”。福建省提出要“实现高等教育事业的跨越式发展”,“各类高等教育在校生达49万人,其中高等学校本专科在校生达28.5万人,研究生教育规模达20000人以上”。厦门市提出要“大力发展高等教育”,“加大与厦门大学的共建力度,优化专业结构调整,使之与我市经济发展和产业结构优化

的要求相协调……通过努力,形成厦大至黄厝大学区,发挥规模效应。争取到2005年,全市普通高校拥有大专以上在校生4.2万人以上"。作为一所国家重点大学,厦门大学要积极贯彻落实"科教兴国"、"科教兴省"和"科教兴市"战略,增强危机感、紧迫感和责任感,坚持"发展是硬道理",把深化改革、加快发展、提高水平作为解决所有问题的关键。

三、"十五"期间厦门大学改革与发展的指导思想、奋斗目标和2010年远景目标

(1)厦门大学"十五"期间改革与发展的指导思想是:高举邓小平理论伟大旗帜,以邓小平同志"教育要面向现代化、面向世界、面向未来"和江泽民同志"三个代表"的重要思想为指导,全面贯彻党的教育方针,按照《中共中央、国务院关于深化教育改革全面推进素质教育的决定》和《面向21世纪教育振兴行动计划》的要求,坚持以发展为主题,以结构调整为主线,以改革为动力,以质量为核心,以创新为目标,大力加强学科建设和队伍建设,全面提高办学水平和办学效益,为国家和地方的现代化建设做出更大贡献。

(2)厦门大学"十五"奋斗目标是:建成一所国内外知名的高水平大学,为迈向研究型大学奠定坚实的基础。全校半数左右学科居国内一流水平,若干学科接近或达到国际先进水平,成为我国特别是东南部地区高水平创新人才培养、基础研究、高新技术研究和成果转化、高层次决策咨询的重要基地,成为国际学术交流特别是对东南亚、对台港澳交流的桥梁和窗口。

(3)厦门大学2010年远景目标是:初步建成一所世界知名的高水平、研究型大学,造就一批真正能站在世界科学技术前沿的学术带头人和高水平的管理人才,全校多数学科居国内一流水平,其中若干学科居国际先进水平,在国家和地方的经济建设和社会发展中发挥更加重要的作用。

四、积极扩大办学规模,大力推进素质教育,努力提高人才培养的层次和质量

(1)人才培养是学校的根本任务。要坚持规模、结构、质量、效益的协调与统一,把提高质量和优化结构摆在突出位置。

(2)积极扩大办学规模。到2005年,在校生规模为26000～30000人。

研究生规模要有较大发展,各类研究生达8000～10000人(其中博士生1500～2000人,硕士生6500～8000人),每年计划增招研究生20%以上;在扩大科教类研究生规模的基础上,加大应用类研究生特别是专业学位硕士生的招生比例。

适度扩大本科生规模,在校本科生规模为16000～18000人。

稳步发展高层次的职业技术教育,在校生规模为1000人左右。

积极发展海外教育和留学生教育,其中在校留学生规模为1000人左右。

积极探索发展现代远程教育,逐步把继续教育和海外远程教育纳入网络教育的轨道。

(3)大力推进素质教育。德育是素质教育的灵魂,要把德育工作融入学校工作的各个环节之中,进一步加强学生的爱国主义、集体主义和社会主义教育,培养学生树立正确的世界观、人生观和价值观;继续加强"两课"教育和邓小平理论"三进"工作;以文化素质教育作为切入点,加强大学生文化素质教育基地的建设,努力提高校园文化的格调和品位;强化教学的实践环节,丰富各类实践活动,加强学生创新意识、创新能力、创业精神和实践能力的培养。通过加强素质教育,普遍提高学生的思想道德素质、文化素质、专业素质、身体及心理素质,使我校毕业生成为富有社会竞争力的群体。

(4)全面推进教学改革。牢固树立人才培养是学校的根本任务,教学工作是主旋律,本科教学工作是基础,教学改革是学校教育改革的核心,提高人才培养质量是永恒主题的思想;按照基础扎实、知识面宽、能力强、素质高的创新型人才的总体要求,构建适应21世纪需要的人才培养模式。

积极适应社会对人才培养的需求,进一步深化招生制度改革,努力提高生源质量;以市场为导向,进行人才培养的层次、科类和结构调整;积极开展学生就业指导,把毕业生就业率作为衡量办学质量的重要

指标之一，在“十五”期间确保学生就业率保持在95%左右。

加大教学内容和课程体系的改革力度，确立符合素质教育要求的课程、内容、目标与标准；重点建设一批高水平的基础课和专业主干课程；强化外语教学，提高专业课的外语授课比例，增强学生的外语运用及掌握国外一手资料的能力；加强教材建设；积极推进教学手段的现代化建设和教学方法改革，建成若干教学实习基地和实验中心；加强基础科学人才培养基地的建设。

要大力引导教师把主要精力投入到人才培养和教学工作之中，加强基础课教学。教授、副教授必须教授本科课程。

加大人才培养方式的改革，实行弹性修业年限，完善学分制，积极开展双学位制、本硕博连读制的试点。在教学过程中要充分重视学生的主体地位，以利于学生的个性发展。

强化教学管理，建立和完善教学质量保障体系、评价体系和激励机制。完善教学质量信息反馈系统，加强教学督导工作；完善公共课挂牌上课制度及其配套措施，加强题库建设，改革考试办法；加大教学改革的支持力度和优秀教学成果的奖励力度。

(5)推进研究生教育教学的改革与创新。探索、建立与经济社会发展紧密结合的研究生培养模式，建立开放的研究生培养体系；以加强创新能力培养为核心，深入开展研究生培养环节的改革；鼓励研究生选择学科前沿领域课题或对国家经济建设、科技进步和社会发展具有重要意义的课题进行研究，提高研究生对学校科研工作的贡献率；着力提高学位论文的学术水平，突出学位论文的创新性；强化过程管理，完善选优和淘汰机制，建立有效的质量保证体系；改善研究生尤其是博士生的待遇。

加强博士后流动站的建设与管理，增加博士后流动站的进站人数。

五、保持和扩大基础研究优势，大力加强应用研究和高新技术研究

(1)科学研究和科技水平是高校办学水平和学术声誉的主要标志，是高新技术产业化的先导和源泉。要落实五部委《关于加强基础研究工作的若干意见》精神，继续保持和扩大基础研究的优势，到2005年，要取得一批具有国际先进水平或国内领先水平的标志性科研成果；要大力加强应用研究和高新技术研究，到2005年，争取在生物工程与技术、生态环境工程、海洋科学与海洋资源开发技术、纳米科技与新材料、计算机与信息工程技术等重点研究领域取得重大成就；到2005年，被SCI等国际重要检索系统收录的论文数争取位居全国高校前列；科研经费要力争年均增长25%～30%，到2005年，当年科研经费总量达到1.5～2亿元，其中横向科研及产业化经费占总经费的三分之二以上；要造就一批有知识创新、技术创新能力的研究群体。

(2)大力加强科研基地建设。加强固体表面物理化学国家重点实验室的建设，保持其国内领先地位；支持现代分析化学、海洋环境科学、细胞生物学与肿瘤细胞工程等3个教育部重点实验室的建设，争取其中的1～2个实验室成为国家级重点实验室；精心组织若干个跨学科的学科群并予以重点扶持，争取其中的2～3个学科群建立教育部重点实验室或省重点实验室。

对现有研究机构进行整合，支持建立10个左右具有较强自我发展能力和发展前景的应用型高新技术研究基地或工程研究中心。

坚持人文社会科学研究与自然科学研究的同步发展。继续支持和加强现有的高等教育发展研究中心、东南亚研究中心、台湾研究中心、会计发展研究中心等4个国家文科重点研究基地的建设，同时按照学校支持国家文科重点研究基地的力度，支持宏观经济研究中心、国际经济法研究所、社会经济史研究中心等校级文科重点研究基地的建设，争取其中的1～2个中心发展成为国家文科重点研究基地。

(3)加大科研投入。“十五”期间除各类科研课题经费之外，学校还要多渠道筹集经费支持科研：要设立基础研究专项基金，鼓励中青年学者从事基础理论研究；设立基地建设专项基金，支持已有基地的进一步发展和新基地的争取和建设；设立社会科学研究基金，支持人文社会科学对当代社会发展的重大理论和现实问题的研究；设立高新技术研究专项基金，支持具有良好发展前景的高新技术研究项目；对国家

“纵向”研究课题给予配套支持,加大对被SCI等国际重要检索系统收录的学术论文的奖励力度,对各级政府奖励表彰的科研成果予以配套奖励,增设专利奖。

(4)推进科研管理体制改革。对科研项目实行分类管理,对基础性(包括应用基础)研究和应用开发性研究实行不同的管理办法和激励机制;通过强化研究基地建设,实行课题组长负责制等措施,整合科研资源和力量,促进学科间的交叉融合,增强争取国家重大课题和项目的能力;加强政策导向,鼓励教师积极争取各类横向科研课题经费;完善校级科学研究基金管理办法;切实加强学校知识产权的保护。

六、加强技术创新和社会服务,加快科技成果转化和高新技术产业化

(1)科技成果转化和高新技术产业化,是衡量高校办学水平的重要指标之一。要把技术创新、科技成果转化和高新技术产业化放在与教学科研同等重要的位置,作为学校的一项重要战略任务来抓。“十五”期间,要在现有基础上,再建10～15个产学研基地;办好大学科技园;年均科技成果转化率达到30%左右;选择并扶持具有市场前景的技术创新成果实现产业化,按照现代企业制度的要求建立若干个高新技术企业,并在此基础上争取组建上市公司。

(2)建立健全有效的激励机制和竞争机制。落实好国家七部委《关于促进科技成果转化若干规定》,从资源配置、职称评定、技术入股、创收分成等方面制定配套措施,鼓励和支持教师进行创业活动,让一部分科技人员通过自己的诚实劳动和创造性工作先富起来,充分调动科技人员投身科技成果转化和高新技术产业化的积极性。

(3)拓宽科技成果转化渠道。大力推进多形式、多层次的产学研紧密合作,切实提高科技成果的转化率;加强中介服务,坚持以市场为导向,全力促进科技成果的转化;在科技成果转化和发展高新技术产业过程中,要注重保护学校和成果发明人的利益。

(4)筹措科技开发基金。建立厦门大学科技开发基金,采用多渠道筹款方式,积极争取国家有关部委、地方政府、金融界、企业界等社会各方面的支持;积极利用社会各类风险基金(创业基金)、贷款担保基金、科技成果转化基金等,支持建南集团公司用好风险投资基金,促进科技成果转化和高新技术产业化。

(5)办好“厦门大学科技园”。按照“统筹规划、以人为本、市场推动、扩大开放”的原则,争取省市政府的支持,首先办好校内孵化中心和师生创业园,发挥其科技开发“孵化器”的作用;采取多种建园模式和优惠政策,吸引和支持校内外科技人才及国外留学人员入园创业,吸引咨询、评估等服务机构入园,形成具有鲜明特色的大学科技园。

(6)充分利用办学资源,开展多种形式的社会服务。建立和完善各类科技服务机构,形成高效率、高质量的信息网络系统、科技服务系统和科技人员培训系统;人文社会科学方面要在办好“福建发展论坛”的基础上,与国家有关部门、省市政府和企业共建一批研究机构,更好地为国家与地方的经济建设和社会发展服务,成为高层次决策咨询的重要基地。

七、以学科建设为龙头,明确学校重点发展方向,促进学校出一流人才、一流成果

(1)学科建设是提高学校教学质量、科研水平和科技成果产业化能力,出一流人才和一流成果的基础。要按照“发扬优势、突出重点、培植特色、加强应用”的思路,加大投入力度,提高学科的总体实力和水平。“十五”期间,学校投入学科建设专项经费不低于2亿元,建设12～15个国家级重点学科和15～20个省级重点学科,力争拥有12～16个博士、硕士学位授权一级学科。

(2)进一步优化学科结构,明确学校重点发展方向。巩固化学、经济学等优势和传统学科,瞄准国际前沿和国家目标,更新改造传统学科,提高基础学科参与竞争的能力;大力发展生命科学、计算机与信息科学、材料科学、海洋科学、环境科学、管理学、法学等在21世纪有良好发展前景的学科;集中力量加强工

科等应用类学科的建设;主动适应东南部地区的迫切需要,注重发展省市经济建设和社会发展急需的学科;通过体制和机制创新,促进各学科之间的交叉渗透,形成一批新的学科增长点。

(3)制定和实施"211工程"二期建设规划。依托我校的国家级重点学科和省级重点学科,选择部分基础好、实力强、有特色,能够对国家的经济建设、科技进步、社会发展和国防建设等领域产生较大影响,对省市发展支柱产业和增强经济实力有重大影响的学科进行重点建设。

八、树立"以人为本"的观念,全力加强教师队伍建设

(1)教师队伍是学校发展的关键。要树立"以人为本"的观念,积极创造吸引人才、留住人才和人才健康成长的良好环境,建设一支结构优、素质好、活力强的高水平的教师队伍。"十五"期间,学校投入人才工程建设专项经费不低于1亿元。

(2)适度扩大教师队伍规模。到2005年,教师队伍规模不低于3000人,其中按固定编制管理的教师不低于2000人,按流动编制管理的教师约1000人;教师占教职工总数的50%以上,全校师生比达到1∶14,同时,按人才培养的规律,科学、合理地确定不同学科的师生比;结合学科建设发展的需要,有计划地选留、引进教师,每年选留、引进的固定编制教师数量平均不低于200人。通过聘任兼职教师、博士后、返聘退休教师、研究生兼任助教等方式,积极拓宽教师来源渠道,促进教师资源的合理配置和有效利用。

(3)调整教师队伍结构。优化职务结构,到2005年,具有高级职务的教师占教师总数的60%,其中正高职务占教师总数的20%。

优化学历结构。到2005年,具有硕士以上学历的教师占教师总数的80%,其中具有博士学历的教师占教师总数的30%以上。

改善学缘结构。到2005年,在校外完成某一级学历(学位)教育和在校内完成其他学科学历(学位)教育的教师占教师总数的70%。

保持并优化教师年龄结构,完善教师梯队建设。

(4)加强骨干教师队伍建设,培养一批国内一流的学科带头人,建立合理的学术梯队。积极争取特聘教授岗位,完善招聘工作制度;继续实行中青年骨干教师选拔和培养制度;充分利用国家和教育部及有关部门、地方政府设立的各种人才培养专项基金计划;争取社会各界在我校设立奖教基金或提供专项资助;实行特殊的人才培养和引进措施,力争增加若干大师级学科带头人。

(5)积极改善教师工作条件,优化工作方式。完善选拔优秀学生担任"三助"制度,创造条件为学术带头人配备工作助手,为教师提供必要的实验或工作用房;到2005年,要保证理工科教师人均实验用房不低于30平方米,文科教师人均工作用房不低于10平方米,为引进人才、促进教师工作方式的优化提供基本的条件保障。

(6)深化改革,改变师资管理模式。探索和建立相对稳定的骨干层和出入有序的流动层相结合的开放式的教师队伍管理模式;改革教师任用制度,实行教授等级制度和讲座教授制度;完善竞争激励机制,强化岗位聘任和聘后考核,打破职务"终身制";加大人才引进力度,在户口、档案、家属安排、住房、安家费、科研启动费等方面建立一条龙服务体系;建立完善的教师管理信息系统和数据库。

(7)加强教师在岗培训,提高教师整体素质。建立、完善以更新和拓展教师知识结构为主要内容的师资培训体系与制度,建立教师和辅助人员的继续教育制度,改进并强化教师的思想政治工作和师德师风建设,全面提高教师队伍的思想素质、职业道德水平、业务水平和综合能力,使教师队伍的整体水平适应素质教育的需要。

九、广泛开展国际和区域学术交流,提高学校的国际竞争力

(1)国际和区域学术交流与合作是学校提升国际地位,了解最新国际学术动态和提高教师学术水平

的重要途径。“十五”期间,对外学术交流要提高层次,扩大规模,以更加开放、超前、开拓的姿态做好教育外事工作,在扩大对外影响和实质性交流上下功夫。要着力发展与欧美、俄罗斯、日本等国家的知名高校和科研机构之间的学术交流合作,同时加强与世界知名的高科技企业和跨国公司的合作交流。到2005年,要与60所以上的国(境)外知名大学、科研机构和若干世界知名的高科技企业、跨国公司建立实质性交流合作关系;鼓励各院系所(实验室)积极主动开展对外合作交流,“十五”期间要有20～30个实验室或其他研究机构与国(境)外学术机构开展实质性的科研合作;争取举办高水平的大型国际学术会议;每年按需聘请外国专家来校任教,至2005年,在校任教外国专家达60名;每年选派200～300人次的教师赴国(境)外进行学术交流合作,每年选派20～40名管理干部到国(境)外大学考察学习交流。

(2)充分发挥区位优势,广泛开展与东南亚、台港澳地区的学术合作交流。继续巩固我校在东南亚和台港澳地区具有较高声誉的地位,拓展学术交流的领域;注重做好东南亚华侨和台港澳各界人士的联谊、交流工作;发挥东南亚研究中心和台湾研究中心的作用,加强对东南亚问题和台湾问题的研究。

(3)大力发展海外教育。加强对外宣传,把我校优势学科推向海外,吸引更多留学生;扩大各类留学生的数量,提高层次;拓宽海外教育办学渠道,争夺海外教育市场;改善教学手段,特别是改善远程教学手段,实现函授教育向网络教育的转变;建立面向世界的“对外汉语远程教育中心”,争取成为国内重要的对外汉语教学基地。

(4)实行国际和区域学术交流合作项目制。在扩大国际和区域学术交流合作规模的同时,更要注重提高效益,设立国际和区域学术交流合作基金,加大对国际和区域学术交流合作的投入力度;同时实行项目制管理,提高国际和区域学术交流合作的层次与水平。

十、适应学校加速发展需要,大力加强基础教学设施和公共服务体系建设

(1)基础教学设施和公共服务体系是学校人才培养、科学研究的重要物质保障。要进一步加强基础教学设施和公共服务体系建设,“十五”期间,学校投入基础教学设施和公共服务体系建设专项经费不低于2亿元。要理顺各种关系、加强制度建设,提高公共服务设施的使用效益和服务水平。

(2)改善基础教学设施。建设一批国内一流的基础教学公共实验室,加强管理,提高实验室利用率和实验教学水平;改造、扩建、新建一批教室,改善教室条件,增加现代化教学设备,建成一批具有国际先进水平的多功能教室;加强社会实习基地的建设。

(3)建设高水平、数字化的现代图书馆。对现有图书馆进行改造,新建若干图书分馆;大力加强文献资源建设,大幅度提高印本文献的采集量,理顺藏书布局;加强文献数字化建设,积极扩大网络数字化文献资源,建设大型数据库;继续完善总分馆管理体制,发展馆际互借和文献传递服务,提高服务水平,全面提高文献资源保障能力和使用效益。到2005年,校图书馆藏书量达300万～350万册,馆舍面积达5万～6万平方米。

(4)加强校园高速信息网络建设与管理。实施校园主干网升级计划、学生宿舍上网工程、教工宿舍上网工程、无线网计划、公共机房与多媒体教室建设计划、数字图书馆工程、办公自动化与教育管理信息系统建设,全面支持校内多媒体网上教学与学生网上学习、交流的需要,全面支持教师科研信息快速交换与教育管理的需要,成为学校开展现代远程教育的重要技术支撑,初步实现“数字厦大”的目标。

(5)大力改善体育文化设施。合理规划,加大投入,加强体育文化设施的建设力度;加强体育文化设施和器材的管理,切实提高使用效益。

(6)理顺公共服务体系的管理体制,按照“统一领导、分级管理、管用结合、开放使用”的原则,明确使用者和管理者的责权利,强化公共服务体系的功能和作用;加强实验技术、图书资料等公共服务体系技术和管理队伍建设,采取有力措施,提高人员素质和服务水平。

十一、加大基础设施投入，深化后勤改革，提高后勤保障能力

(1)后勤服务是学校人才培养、科学研究的另一重要物质保障。要通过改革，建立适应社会主义市场经济和我校教育事业发展的后勤社会化服务体系，在更高层次上为学校的发展提供保障和服务。

(2)加快后勤社会化改革。积极争取和利用地方政府对后勤社会化工作的统筹主导作用，引入竞争机制，有效吸收社会资金和使用金融机构的贷款，确保到2002年底基本实现后勤社会化。

以学生公寓建设为重点，全面推进后勤社会化改革。学生公寓要尽快达到“421”目标(即本科生4人1间，硕士生2人1间，博士生1人1间)；依靠社会力量投资新建学生公寓，逐步修缮、改造现有学生宿舍；学生宿舍的管理也要尽快过渡到社会化方式。

加快住房制度改革，推进住房社会化。完善住房租赁制度；鼓励教职工校外购房；按照有关房改政策，逐步实现住房社会化。

在巩固现有改革成果的基础上，进一步明确后勤各服务实体与学校的权利义务关系，实现后勤服务经营与学校行政管理系统的规范剥离；后勤各服务实体要尽快过渡到具有独立法人资格的经营实体。

按照有关法律、法规和政策，积极推进教职工社会保障制度改革。

(3)制定建设布局合理、功能分区清楚、各类用房适当、道路管网规范的现校区改扩建规划，并把基本建设的重点转移到基础设施上来，特别要加大水电基础设施投入；强化基本建设全过程管理，保证工程质量和建设资金的使用效益。

(4)加强资产管理。建立完善的各类土地、房屋、物资设备管理信息系统和数据库，增强资产管理的科学性；采取有力措施，确保学校土地资源的完整；改进物资设备采购和管理制度，加强采购重点环节的监督；加强对学校无形资产的管理；建立资产使用和评估制度。

对后勤社会化改革过程中的资产管理应遵循“合理剥离、有效重组、严格监管、适当扶持”的原则，保证学校国有资产的保值、增值。

十二、大力推进漳州校区建设，为学校的扩展创造良好的办学空间

(1)在明确漳州校区的功能定位基础上，高起点、高标准进行总体规划。通过招标设计，确定总体规划方案；以总体规划为建设依据，分期分批进行建设项目的设计工作，使漳州校区的整体风格与现校区相协调，并具有时代特征。

(2)加强漳州校区建设的组织和领导。多渠道筹措建设资金，保证工程建设进度，确保在2003年秋季使首批新生进入漳州校区就学，到2005年漳州校区学生规模达到1万人；到2010年漳州校区学生规模不低于2万人。

(3)引入新机制，加强新校区管理。吸收国内高校新校区管理的先进经验，探索具有我校特色管理办法，充分发挥漳州校区的功能和效益。

十三、多渠道筹措办学经费，加强财务管理，提高经费使用效益

(1)办学经费是学校改革与发展必要的物质保证。多渠道筹措办学经费和提高经费使用效益是解决我校教育经费不足的两个重要方面。“十五”期间，学校办学经费年均增长20%左右，到2005年，当年年度经费额达到10亿元左右。

(2)多渠道筹措办学经费。积极争取中央和地方的正常教育经费、科研经费、基本建设经费、专项经费、财政性补贴等各种财政补助；继续做好教育部与省市共建厦门大学工作，争取加大共建力度；鼓励教师争取横向科研课题，增加学校横向科研经费；加快科技成果商品化、产业化进程，增强学校自身“造血”

功能;合法运作学校资金,增加资金收益;建立统一的厦门大学教育发展基金,广泛吸收社会各界捐赠,并探索基金运作模式,科学有效地利用基金。

(3)深化改革,加强管理,提高办学经费使用效益。改革现行的经费分配办法,增强院系的经济自主权,建立与学校教育事业发展相适应的财务管理体制和运行机制;建立会计委派制;健全经济责任制;加强会计核算,做好增收节支的基础性工作;要加强规划,做好项目投资的可行性研究,防止结构性浪费;建立风险防范机制,确保资金的安全;建立、健全监督机制,加强审计工作。

十四、依法治校,以德治校,切实提高学校的管理水平

(1)创办一流大学,必须有一流的管理水平。要坚持依法办学,依法管理,依法治校,调整管理跨度,规范管理行为,形成科学决策、民主管理、有效监督的运行机制。

依法治校与以德治校并举,大力加强教职员工的政治思想教育和职业道德教育,养成良好的职业道德和行为规范。

(2)提高管理的民主化科学化水平。健全、完善学校的咨询、决策、执行和监督系统,实行校务公开,充分发挥教职工代表大会、学术委员会的作用,在发扬民主的基础上形成科学的决策,充分调动各方面投身学校改革与发展的积极性。

(3)实行目标管理。本着有利于提高学校教学科研整体实力、提高教育资源使用效益的原则,实行任务与投入挂钩、编制定员与经费动态包干的内部管理机制;通过建立科学的考核、评价、监督体系,对各学院和有关单位实施目标管理。

(4)加强管理干部队伍建设。健全、完善管理干部的选拔、使用、培养、管理制度,建立一支高效、廉洁、务实的管理干部队伍;“十五”期间,全校党政管理工作人员编制原则上控制在全校事业编制教职工人数的12%左右,其中校部党政机构人员编制原则上控制在全校事业编制教职工人数的6%左右;制定党政管理干部培训条例,切实提高管理干部的综合素质。

(5)加强机关效能建设和工作作风建设。以转变职能、规范服务为核心,建立起适应学校发展需要的办事高效、运作协调、行为规范的工作管理机制,使学校机关的工作作风有明显改变,组织纪律有明显增强,办事效率有明显提高,服务态度有明显改善。

(6)推进办公自动化建设,切实提高管理水平。加强信息资源建设和基本数据库建设;到2002年,实现校部机关行政办公流程的自动化,到2005年,努力实现全校行政办公流程的自动化。

十五、深化办学体制和校内管理体制改革,以改革促发展

(1)发展的根本出路在于改革,改革的力度和效果直接关系发展的速度和质量。“十五”期间,要继续深化办学体制改革和校内管理体制改革,增创体制、机制的新优势,把学校的整体办学水平推向一个新阶段。

(2)深化办学体制改革。在教育部、省、市重点共建的基础上,不断巩固和发展“共建”成果,增强办学活力;各院(系、所)要通过开展产学研合作等多种模式,加强与社会各界的“共建”,增强各单位的自身发展能力,为全校加快发展注入新的活力。

(3)深化校内管理体制改革,强化激励竞争机制,充分调动广大师生员工的积极性。要将管理体制、运行机制、人事制度、分配制度等各方面改革紧密结合起来,保证改革的整体性和系统性。

深化校院二级管理体制改革,理顺校院系三者关系。学校的管理要降低重心,切实赋予学院办学自主权,明确学院的责权利,使学院的办学自主权和综合优势得以充分发挥;鼓励跨学院、跨单位的交叉渗透、优势互补和资源共享,增强重大科研攻关和争取重大科研项目的能力。

继续推进人事、分配制度改革。在科学设岗的基础上,全面推行全员聘任合同制,由“身份管理”转向

“岗位管理”；建立自我激励与自我约束机制，以优化教育资源配置为目标，加大改革力度，建立符合学校特点、与全员聘任合同制相适应的内部分配制度，以岗定薪，按劳分配，优质优酬，合理拉开分配档次，充分发挥工资的激励功能；完善人事考核、聘任制度，探索建立弹性考核制度，加强检查监督和配套管理。

积极探索资源优化配置的新机制，将投入与产出更加紧密地结合起来，充分重视资源投入的产出效益。

(4)继续探索校办产业和学校附属单位的管理体制改革。进一步明确校办产业和学校附属单位是保证学校人才培养、科学研究等各项目标顺利实现的一支重要力量，要从体制、政策等各方面支持校办产业和学校附属单位的发展，增强建南集团公司、出版社、医院等单位为学校做更大贡献的能力。

十六、大力加强和改进党建和思想政治工作，维护改革、发展和稳定大局

(1)要实现我校“十五”计划的奋斗目标和各项任务，必须始终坚持以加强和改进党建和思想政治工作作为根本保障。要以马列主义、毛泽东思想、邓小平理论为指导，按照“三个代表”重要思想，全面贯彻落实党的基本路线和教育方针，坚持社会主义办学方向。

(2)党的建设要着力解决活力问题。一是加强党的思想理论建设。从“三个代表”的高度，坚持用科学的理论武装全党，坚持理论联系实际，全面提高运用科学理论观察问题、分析问题、解决问题的能力。二是加强党的组织建设。坚持党委领导下的校长负责制，坚持和健全民主集中制，切实加强党委对学校工作的集中统一领导；加强各级领导班子建设，特别是校级领导班子建设，努力提高领导班子的综合素质、领导水平和驾驭全局的能力，充分发挥领导核心的作用；加强基层党组织建设，充分发挥党总支的政治核心作用、党支部的战斗堡垒作用和党员的先锋模范作用。三是加强党风廉政建设。加强和改进党的作风建设，要抓住重点，集中解决党的思想作风、学风、工作作风、领导作风和干部生活作风方面的突出问题；坚持从严治党方针，加强监督检查，并逐步建立和完善党员领导干部廉洁自律的监督制约机制；认真落实党风廉政建设责任制；推行校务公开制度，加强群众性民主监督，努力拓宽党外监督渠道。四是加强对统战工作和工会、共青团等群团组织的领导，充分发挥民主党派和工会、共青团等群团组织在学校改革发展中的作用。

(3)思想政治工作要着力解决针对性、实效性、主动性问题。要根据新形势，注重研究思想政治工作的新情况和新特点，把握新规律、拓展新思路、开辟新途径、探求新方法，努力提高思想政治工作的水平，有效地调动师生员工的积极性、主动性和创造性；求真务实，切实了解师生的思想和要求，开展生动活泼、形式多样、内容充实的思想政治教育活动和校园文明建设活动，着力解决好精神文明建设的实效问题和为人民服务的质量问题；在继续抓好“两课”教育和邓小平理论“三进”工作的基础上，抓紧做好“三个代表”重要思想的“三进”工作和思想政治教育“进网络、进社区、进社团”工作；大力弘扬我校特有的“四种精神”，构筑有厦大特色的校园文化体系，提高校园文化生活的层次；要像培养业务学术骨干那样，努力建设一支具有马克思主义理论素养，政治坚定、专兼结合、结构合理的高素质学生思想政治工作队伍；落实党委统一部署下，校长及行政系统为主实施的德育工作体制，形成学校思想政治工作良好的运行机制。要增加思想政治工作的经费投入，并随着学校总预算的增加而相应增加。

(4)维护校园稳定，是推进改革、加快发展的前提。要增强政治意识、大局意识、阵地意识、责任意识，积极主动维护校园稳定。要把具体问题和矛盾化解在基层，化解在萌芽状态，杜绝官僚主义和拖拉作风；加强学校治安综合治理，使师生员工拥有一个良好的学习、工作和生活环境。

——本文摘录自《关于印发〈厦门大学“十五”计划和2010年远景规划〉的通知》，厦大委综〔2001〕27号，档号2001-XZ09-6

厦门大学2000—2001学年第二学期工作计划要点

(2001年2月19日)

2001年是新世纪的第一年,也是实施“十五”计划的第一年。本学期要继续以邓小平理论和“三个代表”重要思想为指导,以部、省、市重点共建厦门大学为契机,以实施跨世纪改革发展基本构想和加快建设“国内外知名的高水平大学”为目标,以巩固“三讲”教育成果、实施整改方案为主线,重点做好以下几项工作:

一、学习邓小平理论,按照“三个代表”的要求,加强和改进党建和思想政治工作

1.抓好理论学习,继续用邓小平理论武装广大师生员工,着重学好江总书记关于“三个代表”的重要论述。加强理论学习制度建设和督促检查,制定《厦门大学中心组学习制度》;充分发挥党委党校、邓小平理论研究中心、学生党章学习小组、学习邓小平理论研究会等阵地的作用,发挥理论报告员队伍作用,推动师生理论学习向深度和广度发展,再创我校理论学习新局面。

2.加强党的组织建设。进一步坚持和完善党委领导下的校长负责制,健全民主生活会制度;巩固“三讲”教育成果,进一步提高各级领导班子、领导成员的素质和领导能力;按照《厦门大学党总支工作暂行规定》,重点抓好基层党总支(直属支部)建设,为年底的总支(直属支部)评估工作做好准备;加强党员教育管理工作,增强党员的组织观念;进一步深化干部制度改革,实行干部任前公示、考核、培养、后备干部建设与管理的有关规定,加强干部队伍建设;组织开展纪念建党80周年系列活动;加强对统战工作和群团组织的领导,做好校工会换届选举工作。

3.加强党风廉政建设。认真学习贯彻中纪委五次全会精神,继续在党员领导干部中深入开展党性、党风、党纪教育活动,加强对各级领导班子和领导干部的廉政监督;大力落实党风廉政建设责任制,当前要切实抓好治理“小金库”工作;健全各项规章制度,加大查办案件力度,保证反腐败工作各项任务的完成。

4.加强思想政治工作,维护校园稳定。要围绕师生员工关心的热点、难点问题,开展深入、细致、有效的思想政治工作,切实提高思想政治工作的针对性、实效性、主动性,为厦门大学思想政治工作研讨会做好准备;要特别重视教职工的思想政治工作;继续坚持用马克思主义占领学校的思想文化阵地,加强“两课”教育,推进邓小平理论“三进”工作;认真抓好思想政治教育进网络、进社区工作,通过形势政策教育、社会实践、校园文化建设等形式进一步加强学生思想教育;按照中央、教育部党组有关文件精神,建立科学的学生工作体系和一支专兼职结合的政工干部队伍。要着重做好与“法轮功”邪教斗争的工作,充分运用正反两方面典型,组织师生员工深入揭批“法轮功”邪教,维护校园稳定。

二、进一步抓好“本科教学优秀评价”工作,切实提高教学水平

本学期要召开全校教学工作会议,认真总结我校办学特色和优势以及前阶段“迎评”工作的成绩,分析当前本科教学工作中存在的问题;要把教学思想的转变作为先导,发动全校师生员工参与迎评工作,形

成“人才培养第一,教学质量第一”的共识;邀请专家领导讲解评估指标体系,并逐个分解落实整改措施;明确校领导、职能部门的职责,切实抓好落实;组织校级模拟评估;继续加大教学投入,加强基础教学设施建设,深化教学改革,切实改善本科教学的软硬件环境,确保达到评价指标体系的要求,争取在年内顺利通过教育部的评价。

三、加强学科建设和队伍建设,切实抓好科研、科技成果转化和产业化工作,提高办学水平和办学效益

1.继续实施“211工程”,加强学科建设。本学期要完成“211工程”一期建设总结报告和各子项目的评估验收,为迎接国家“211工程”部际协调小组对我校一期建设的总体验收奠定良好基础;同时着手制定并启动我校“211工程”二期规划;抓好新增学位点的建设工作。

2.加强队伍建设。继续实施“人才工程”,完善重要岗位制度,全面实施岗位津贴制度;修订人才引进和培养的有关规定,加大人才引进和培养力度;改革与调整职称评审制度;继续做好职员职级制度试点;在前期试点的基础上,全面推行工资总额承包;研究制定加强党政管理干部和政工干部队伍建设的新措施。

3.进一步提高科研水平,加强科技创新,推动科技成果转化和产业化工作。继续重视基础研究,加强优秀青年科学家群体和基地建设;积极推进学科交叉和有关研究领域重点建设的前期论证和组织;推进科技体制改革,制定《厦门大学鼓励学科交叉,积极争取重大科研项目,为国家和地方经济建设服务的若干规定》等管理条例;加快厦大科技园建设,拓宽建园渠道,积极争取省市政府实质性的支持;进一步推动我校科技成果转化和产业化工作。

四、深化改革,改进作风,提高管理水平

1.加快后勤改革的步伐。要按照全国高校后勤工作会议精神,制定后勤社会化改革规划,加快推进后勤系统规范剥离和建立新型后勤保障体系及运行机制;继续推进学生公寓建设计划,使学生生活,学习条件有较大改善,并以此为突破口,广泛吸纳社会各方面资源和资金参与学校后勤服务设施的建设。

2.认真解决群众关心的热点难点问题。抓紧解决广大教职工医疗IC卡问题,在本学期将我校纳入厦门市医保体系;分期分批办理已购房屋产权证;成立清房领导小组,组织力量,开展全校清房工作;加快校园绿化工作。

3.加强机关作风建设。努力提高机关工作人员的思想政治和政策理论水平,提高业务能力和水平;继续推进机关效能建设,严格执行办事时限制,进一步转变职能,精简会议和文件;建立健全总值班制度和校领导接待群众来访制度,实施职能部门联动制度;继续推行校务公开制度,建立校务公开网页;加强校内防火安全、治安、交通管理。

4.进行机构和班子的调整。在总结1998年机关机构改革经验的基础上,适应新形势的要求,对机构进行适当调整,对届满班子进行任期考核;结合机构调整和任期考核,适当调整配备班子成员,改善班子结构。

五、办好80周年校庆

要以校庆为契机,进一步弘扬嘉庚精神,充分展现办学成就,认真总结办学经验,更好地凝聚校友和社会各界力量支持学校发展,激发全校师生员工奋发向上激情,加快学校的改革、发展,为实现我校跨世纪奋斗目标创造良好的条件。

要在前段筹备工作的基础上,抓紧工作,扎扎实实做好各项准备。正在筹备的8大类30多个项目都

必须在3月15日前全部保质保量完成;已成立的庆典期间的12个工作小组,既要各司其职,又要密切配合,确保做好各项工作;全校各学院、各单位要进一步树立全校一盘棋的全局观念,组织和动员全校师生员工,以良好的精神风貌,积极参与校庆的筹备工作和庆典活动。

六、启动漳州校区建设

要加强领导,认真研究,制定好漳州校区规划和建设方案;组建漳州校区筹建机构,组织精干人员,筹措建设经费,做好各项准备工作,如期启动漳州校区建设;要引入新机制,采取新办法,提高效率,确保漳州校区建设各项计划按时高质量完成。

各院(系、所)、各单位要根据本计划要点,结合各自的实际研究制定本学期工作计划,并报送学校办公室。

——本文摘录自《关于印发〈厦门大学2000—2001学年第二学期工作计划要点〉的通知》,厦大委综〔2001〕2号,档号2001-XZ09-6

厦门大学2001—2002学年第一学期工作计划要点

（2001年9月3日）

本学期要继续以邓小平理论为指导，认真学习和努力实践江总书记“三个代表”的重要思想，加强党建和思想政治工作，坚持以改革促发展，着力抓好学科建设，切实提高学校的办学水平和办学效益。为此，要重点做好以下几项工作：

一、准确把握“三个代表”的科学内涵，努力实践“三个代表”重要思想

江泽民同志“七一”讲话全面阐述了“三个代表”的重要思想，充分体现着马克思主义与时俱进的创新精神，具有很强的理论性、实践性和指导性，是新时期全面加强党的建设的伟大纲领，是我们党进入新世纪的宣言书和动员令。当前和今后一个时期，全校各级党组织的首要任务，就是要积极、认真地组织好师生员工学习“七一”重要讲话，要充分发挥党委中心组、党委党校、“两课”教育、邓小平理论研究中心、学生党章学习小组等阵地和理论报告员队伍的作用，推动师生理论学习向深度和广度发展。广大师生员工特别是党员领导干部在学习中要全面准确把握“三个代表”重要思想的科学内涵和精神实质，牢牢把握《讲话》中所体现的解放思想、实事求是、与时俱进、开拓创新的精神，深刻领会《讲话》中提出的新思想、新观点、新论断，深刻认识新时期党的建设的核心是与时俱进、保持党的先进性，认识创新是保持党的先进性的灵魂，认识解放思想无止境、探索前进无止境、开拓创新无止境。要通过学习，进一步增强坚持党的基本理论、基本路线、基本纲领的自觉性和坚定性，增强坚持和实践“三个代表”重要思想的自觉性和坚定性。

高等学校在“科教兴国”的伟大事业中肩负着历史重任，在实践“三个代表”重要思想方面具有独特的作用和功能。实践“三个代表”的重要思想，要与我校改革、发展与稳定的实际紧密结合起来：

代表中国先进生产力的发展要求，就必须加强学科建设，提高学校的整体办学水平和竞争能力；必须深化教学改革，培养创新人才；必须加强科学研究，成为知识创新、科技创新、体制创新和实现生产力转化的重要力量；

代表中国先进文化的前进方向，就必须全面贯彻党的教育方针，坚持社会主义的办学方向；必须坚持用马列主义占领学校的意识形态阵地，成为学习、研究、宣传马列主义的重要基地；必须加强和改进思想政治工作，培养合格的社会主义建设者和接班人；必须为国家经济建设和社会发展提供理论支持，多出文化精品；必须加强社会主义精神文明建设，构筑健康向上的校园文化；

代表中国最广大人民的根本利益，就必须全面加强学校党的建设，加强各级领导班子建设，增强党的凝聚力和战斗力，维护学校的改革、发展与稳定大局，带领全校师生员工为社会主义教育事业而奋斗；必须坚持从严治党，加强党风廉政建设，坚决克服党内消极腐败现象；必须加强机关作风建设，克服形式主义和官僚主义，加强管理，提高办事效率；必须从师生员工的根本利益出发，多为师生员工办实事。

二、抓紧实施学校发展规划

审议通过《厦门大学“十五”计划和2010年远景规划》，制定《厦门大学“十五”计划实施方案》。要立

足于国家、省市和学校的实际，把实施“十五”计划同落实教育部“教育振兴行动计划”、“211 工程”二期规划紧密结合起来，做到目标明确、重点突出、措施落实、分步实施。本学期要选准突破口，突出以学科建设为中心，以队伍建设为关键，紧紧围绕学校的三项根本任务，创造性地开展工作，使学科建设、科学研究上新台阶，办学条件有更大改善，师生员工的生活水平有进一步提高，学校各项事业有更大的发展。各学院、各单位要从实际出发，制定并实施本单位的发展规划。

三、下大力气抓好学科建设和队伍建设

明确学科建设的核心地位，认真总结“211 工程”一期建设的经验，制定实施“211 工程”二期规划，重视基础学科建设，重点建设一批优势学科，优先发展一批前沿学科，带动学科建设整体水平的提高；注重学科创新，建立新机制，创造良好的学科发展环境；发挥综合性大学多学科的优势，大力推动学科间的交叉研究与融合，加强学科间的交叉渗透，形成若干新的学科增长点。

树立“以人为本”观念，全力加强教师队伍建设。继续实施“人才工程”，完善分配机制和激励机制，积极改善教师工作条件，创造吸引人才、留住人才和人才健康成长的良好环境；注重对新一代学术带头人和年轻学术骨干的培养，形成一支具有创新能力和攻坚能力的中青年学术梯队。

四、加强科研工作，力争出标志性的科研成果

继续深化科研体制改革，以出高水平的标志性成果为目标，进行科研机构、人员结构的整合，坚持有所为、有所不为，选准重点，提供必要的物质保障和政策支持。鼓励基础研究瞄准国际前沿，整体作战、联合攻关；密切结合国家目标和国际热点，统一思想认识，大力扶持若干应用研究和高新技术研究项目；努力探索科技成果转化和高新技术产业化的多种途径，加快厦门大学科技园建设，推进学校科技成果的孵化；认真研究校办产业发展问题，进一步加强规范管理。

五、以本科教学优秀评价为契机，进一步深化教学改革

要按照本科教学优秀评价指标体系的要求，继续认真总结我校办学经验，进一步推进教学改革，完善具有我校特色的教学体系。要从新世纪对人才培养的新要求，积极推进人才培养模式的改革；研究解决信息时代课程体系设置、教学内容更新、教学方法和手段改变的问题，努力提高教师运用信息技术开展教学活动的水平；大力倡导名师、名教授上基础课；建立若干创新实验室和实践基地，为培养学生的创新能力和实践能力提供必要的环境、营造良好的氛围；完善学分制，建立以学生为主体、有利于学生个性发展、激励学生主动学习的管理体制。

六、全面启动漳州校区建设

要统一思想认识，坚定漳州校区建设的决心和信心；认真研究漳州校区的功能定位，在充分论证的基础上确定漳州校区总体规划方案；成立漳州校区建设领导小组和工作班子，做好组织保障；积极筹措建设资金，做到资金落实。当前要做好全面开工的各项前期准备工作，保证工程顺利开工和推进建设进度，为 2003 年秋季第一批新生进入漳州校区就学奠定基础。

——本文摘录自《关于印发〈厦门大学 2001—2002 学年第一学期工作计划要点〉的通知》，厦大委综〔2001〕11 号，档号 2001-XZ09-6

·专　文·

奠定百年基石　建设最美校园

——在厦门大学漳州校区奠基典礼上的讲话(摘要)

(2001年4月6日)

校党委书记　王豪杰

今天,我们在这里隆重举行厦门大学漳州校区奠基典礼。首先谨让我代表厦门大学全体师生员工向出席典礼的各位领导、来宾表示热烈的欢迎和衷心的感谢!

世纪之交,我国高等教育布局结构调整步伐加快,管理体制改革的力度加大,高校正面临着前所未有的发展机遇和挑战。为迎接挑战,许多高校纷纷采取重大举措,它们或走多校联办、强强合并之路,或另辟新校区,以拓展发展空间,扩大办学规模。对于厦门大学而言,在周边缺乏学科互补性强、科研优势比较集中的高校,缺乏可以共享或利用的外部办学资源的情况下,另行选址建设新校区,拓展学校发展空间,大力改善办学条件,不断发展壮大自己,走以内涵发展为主和办出特色、提高水平的道路,是我校跨世纪发展的必然选择。

从现在起到2010年左右,厦门大学的奋斗目标是建设成为国内外知名的高水平大学,成为我国特别是东南部地区高水平创新人才培养,基础研究、高新技术研究和成果应用转化,高层次决策咨询的重要基地。为实现这一目标,我们将坚持规模、结构、质量、效益统一的原则,积极扩大办学规模,大力推进素质教育,积极稳妥地调整人才培养的层次和学科专业的结构。因此,漳州校区的确定,对于学校的结构性战略调整,对于学校的跨越式发展有着重要而深远的意义。

1999年下半年以来,学校在各有关方面的支持下,经过多方选址和比较,最后选定这片位于厦门港南岸、招商局中银漳州开发区内、面积2568亩的地块作为新的办学空间。这里依山傍海,风景秀丽,与老校区隔海相望,近在咫尺。1999年12月,我校与漳州市、招商局中银漳州开发区达成开发新校区的合作意向。去年4月6日,在厦门大学建校79周年之际,漳州市、招商局中银漳州开发区与我校正式签订建设漳州校区的协议书。期间,我校通过各种形式向教育部、福建省委省政府的领导汇报了新校区选址事宜,均得到了赞同和大力支持。特别是漳州市、招商局中银漳州经济开发区、龙海市的领导站在历史的高度,以战略的眼光和非凡的胆识,为我校在开发区内建设新校区创造了必要的条件,并提供了许多优惠的政策,无偿划拨这块土地并投入数以亿计的配套建设资金。正是由于他们的大力支持,大大降低了厦门大学漳州校区的建设成本,促进前期工作的顺利推进。在此,让我们以热烈的掌声向漳州市、招商局中银漳州经济开发区、龙海市的领导,向关心支持我校新校区建设的各级领导致以崇高的敬意和衷心的感谢!

在厦门大学的发展史上,今天将是一个永载史册的日子。厦门大学漳州校区的奠基,标志着厦门大学漳州校区建设工程正式启动。从今天起,我们将有计划、有步骤地推进新校区的建设:首先是抓紧抓好新校区总体规划和首期建设项目的设计工作;在此基础上多渠道筹措建设经费,按计划推进各项工程项目的建设;确保一期工程在2003年秋季前完工,使我校在原有招生规模基础上扩招的学生能陆续进入新校区上课,至2005年新校区学生规模达到1万人;2005年后进行二期建设项目的设计和施工,到2010年时新校区学生规模不低于2万人,全校学生总数翻一番。与此同时,我校还将充分发挥学科、人才、智力上的优势,为漳州市、开发区在发展高新技术产业、招商引资、提高高等教育和职业技术教育水平、干部培训等方面提供优质的服务,积极回报社会各界对我校的关心和厚爱。

建设厦门大学漳州校区是我校落实"科教兴国"战略,适应普通高校扩大招生规模,为国家和地方建设培养更多高素质专门人才的时代要求的一项战略性决策,也是我校在新世纪初的一项重大工程,是我校办学史上的又一个里程碑。规划和建设好新校区,对我校拓展办学空间、培养更多的高素质人才有利,对促进地方经济建设和社会发展有利,最终是对国家有利。因此,全校师生员工一定要统一思想,高度认识新校区建设的重要性,积极稳妥地建设好漳州校区,使厦门大学成为镶嵌在祖国东南的璀璨明珠,成为环抱大海、独具魅力的高等学府,从而更好地服务国家和地方经济社会发展,为实施"科教兴国"、"科教兴省"和"科教兴市"战略做出更大的贡献!

——本文摘录自王豪杰:《梦萦南强》,厦门大学出版社,2007年3月版

伟大的历程　光辉的业绩

——在厦门大学庆祝中国共产党成立80周年大会上的讲话

（2001年6月28日）

校党委书记　王豪杰

今天，我们在这里隆重集会，共同庆祝伟大的中国共产党成立80周年。在此，我谨代表校党委向全校共产党员致以崇高的敬意和节日的问候！

80年前，当中国共产党宣告成立的时候，她只有50多名党员；80年后的今天，作为领导我们事业的核心力量，她已拥有6000多万党员。80年来，为着民族解放、社会进步和人民幸福，中国共产党始终站在斗争最前列，团结和带领全国各族人民进行前仆后继的英勇奋斗，为中华民族的伟大复兴谱写出一曲又一曲凯歌。

80年来，在每一个关键时刻，在每一次重大关头，都是中国共产党把握历史大势，顺应时代潮流，带领人民，依靠人民，不断开创革命和建设事业的新局面，建立了彪炳千秋的历史功绩。

1921年，刚刚诞生的中国共产党，站在反帝反封建斗争的最前列，宣传马克思主义科学真理，开展工农运动，推动国共合作，进行北伐战争，掀起轰轰烈烈的大革命，开辟了中国民主主义革命的新篇章。

在国民党反动派背叛革命，革命形势处于低潮的时候，是我们党冲破反革命的高压，发动南昌起义、秋收起义、广州起义，缔造人民军队，创立革命根据地，打土豪，分田地，反围剿，粉碎了敌人的围追堵截，爬雪山，过草地，长征二万五千里，实现中国革命的战略大转移，挽救了革命，挽救了党。

在日本帝国主义发动侵华战争，中华民族处于生死存亡的危急关头，是我们党首先举起团结抗日的旗帜，建立统一战线，开辟敌后抗日根据地，坚持持久作战，在全民族的抗日战争中发挥了中流砥柱的作用。

在中国面临两种前途、两种命运大决战的时候，是我们党领导人民进行了英勇的解放战争，推翻三座大山，打倒蒋家王朝，解放全中国，取得新民主主义革命的胜利。

在新中国成立初期，面临着国内外反动派政治破坏、武装颠覆特别是帝国主义严重的经济封锁和武力威胁的时候，是我们党依靠人民群众，迅速医治战争创伤，完成土地改革，恢复国民经济，抗美援朝，保家卫国，巩固了新生的人民政权。在此基础上，逐步实现了社会主义改造，确立了社会主义制度。

以毛泽东为代表的中国共产党人，坚持理论联系实际、实事求是的原则，创造性地运用和发展马克思主义，实现了马克思列宁主义同中国实际相结合的第一次飞跃。这次飞跃的理论成果就是毛泽东思想。

在粉碎“四人帮”、结束持续十年的“文化大革命”，中国面临如何重新奋起的时候，是我们党，毅然抛弃“以阶级斗争为纲”，把工作重心转移到经济建设上来，及时拨乱反正，实行改革开放，中国走上了一条建设有中国特色社会主义的康庄大道。

在80年代末90年代初，东欧剧变、苏联解体，世界社会主义运动处于低潮的重要历史关头，是我们党，冷静观察，沉着应对，坚定不移地执行十一届三中全会以来制定的路线、方针、政策，保证改革开放和现代化建设继续阔步前进；不信邪，不怕压，坚决反对霸权主义和强权政治，为世界和平与发展做出了积极贡献。

以邓小平为代表的中国共产党人坚持解放思想、实事求是的思想路线，从新的历史条件出发，深刻地揭示了社会主义的本质，找到了一条建设有中国特色社会主义的道路，实现了马克思列宁主义同中国实际相结合的第二次飞跃。这次飞跃的理论成果就是邓小平理论。

在世纪之交、千年更替,建设有中国特色社会主义事业面临前所未有的发展机遇的关键时候,是我们党高瞻远瞩,总揽全局,团结带领广大干部群众抓住机遇,加快发展,继续深化改革、扩大开放,在实现现代化建设第二步战略目标的基础上胜利迈向第三步战略目标,我国进入全面建设小康社会、加快推进现代化的新的发展阶段。

以江泽民同志为核心的第三代中央领导集体,高举邓小平理论伟大旗帜,提出了我们党要始终代表中国先进社会生产力的发展要求、始终代表中国先进文化的前进方向、始终代表中国最广大人民的根本利益的“三个代表”重要思想。这一重要思想是对马列主义、毛泽东思想、邓小平理论的继承、丰富和发展;是紧跟时代潮流,与时代特征有机结合、与时俱进的光辉典范,是我们党新的思想武装,从而使马克思主义在中国推进到一个新阶段。

80年的历史反复证明:在中国,只有中国共产党,才能领导中国人民取得民族独立、人民解放和社会主义的胜利,才能开创建设有中国特色社会主义的道路,实现民族振兴、国家富强和人民幸福。这是中国人民的必然选择,是中国历史发展的必然选择;没有中国共产党就没有新中国,没有中国共产党的领导就没有中国的现代化。我们党不愧是伟大、光荣、正确的党!

作为一所与党同龄的高等学府,从陈嘉庚先生创立厦门大学的那一天起,厦门大学的建设和发展始终与党的事业和祖国的命运紧紧地联系在一起,同呼吸,共患难,形成了鲜明强烈的爱国主义精神,奋发向上的革命精神和薪火相传的自强不息精神以及勇攀高峰的科学精神,这“四种精神”由此成为厦大人宝贵的精神财富。

在革命年代,厦门大学经受着革命浪潮的冲击,广大师生投身革命,接受了一次又一次血与火的洗礼。1926年2月,中共厦门大学支部成立,成为福建省内的第一个党支部。罗扬才等厦大革命先驱的浩然正气,激励着一代又一代厦大人。北伐军入闽之时,厦门大学党组织与厦门地区党的组织和工会组织一起,推动了厦门地区工农运动的发展;抗战时期,我校师生员工在党组织领导下,宣传、组织抗日救亡,推动了福建抗日救亡运动的空前高涨;解放战争时期,在冲击国民党反动统治的第二条战线上,我校师生英勇斗争,赢得了“东南民主堡垒”的赞誉;在社会主义建设时期,厦门大学党组织坚持社会主义办学方向,为社会主义建设事业,培养了一批又一批合格的建设者和接班人。

80年来,厦门大学的党组织不断壮大,从最早建立党组织时的3名党员发展到今天拥有3000多名党员。学校也涌现出一批又一批的优秀党员和先进教育工作者,以及许多先进的基层党组织。据不完全统计,仅近十年来,就有85个党总支和党支部被评为全国和省、市、校的“先进基层党组织”,共有359人被评为全国、省、市、校的“优秀共产党员”和“优秀党务工作者”。我校党组织还于1993年和1997年连续两次被中组部、中宣部、教育部党组授予全国“党的建设和思想政治工作先进高等学校”的光荣称号。

在隆重纪念中国共产党成立80周年的时候,我们深感肩上所负的责任十分重大。当前,我校各级党组织和广大党员应着重加强以下三个方面的工作:

第一,全面加强党的领导和党的建设。

一是要坚持用科学的理论武装广大师生员工的头脑,要以党员领导干部为重点,认真组织广大师生员工学习马列主义、毛泽东思想、邓小平理论和江总书记“三个代表”重要思想。坚持理论联系实际的学风。提高广大党员的政治理论素质,增强政治意识、大局意识、责任意识和阵地意识。坚持和巩固马克思主义在高等学校的指导地位。

二是要大力加强领导班子和干部队伍的建设,要认真总结“三讲”教育的经验,巩固“三讲”教育的成果,把从严治党的方针落实到对领导班子和领导干部的严格教育、严格管理和严格监督中去。贯彻执行民主集中制原则,坚持和完善党委领导下的校长负责制;坚持干部队伍“四化”方针和德才兼备原则,扩大民主,完善考核,促进交流,加强监督,建立科学规范的党政领导干部选拔任用制度,形成富有生机活力的用人机制。

三是要加强基层党组织建设,要以保持先进性为目标,开展争先创优活动。党总支要发挥政治核心作用,保证监督党和国家的方针、政策以及学校各项决定在本单位的贯彻执行;党支部要发挥战斗堡垒作用,要按照“三个代表”的要求做好党员的教育管理工作,在党员中开展理想信念教育和党纪党风教育,增强党员的光荣感和责任感,发挥党员在学校改革和发展以及教学、科研和行政管理工作中的先锋模范作用。要坚持标准切实做好发展党员的工作,特别要重视在优秀青年教师中加强党员发展工作,增加党的新鲜血液,提高党员队伍素质。

四是要加强党风廉政建设,建立和完善党风廉政建设责任制,落实党内监督制度,拓宽党外监督和舆论监督。广大党员干部要实践全心全意为人民服务的宗旨,继承和发扬党的理论联系实际、密切联系群众、批评和自我批评的优良传统与作风,永远保持党的先进性和纯洁性。

第二,加强思想政治工作和校园精神文明建设。

我校地处厦门经济特区,立于改革开放的前沿阵地。我们应当认真总结思想政治工作中的丰富经验,积极探索新时期政治思想教育工作的特点和规律,创造出与新时期相适应的思想政治工作的新体制、新方式、新方法、新内容,从而不断增强党建和思想政治工作的活力。要逐步理顺学校思想政治工作体系,大力加强思想政治工作队伍建设,普遍建立思想信息网络,坚持思想政治教育制度,切实形成校党委领导下的党、政、教、工、团齐抓共管的新体制。

加强校园精神文明建设,为师生员工的学习、生活和工作创造良好的环境,这是加强思想政治工作的一个重要的组成部分。校园精神文明建设,内涵广泛,但要以社会主义、爱国主义和集体主义为主旋律,以改革、创新和发展为基调,着重抓好校园文化生活、校园文明秩序、校园环境美化等工作。我们要利用厦门大学的环境特色和优势,努力创造国内一流的高校文明校园,为培养社会主义事业的建设者和接班人,提供优越的环境条件。

第三,深化改革,加快发展,早日实现我们的奋斗目标。

根据我校制定的“十五”计划,当前和今后一段时期我们的奋斗目标是:把厦门大学建设成为国内外知名的高水平大学。为此,我们要积极扩大办学规模,大力推进素质教育,努力提高人才培养的层次和质量;保持和扩大基础研究优势,大力加强应用研究和高新技术研究;加强技术创新和社会服务,加快科技成果转化和高新技术产业化;以学科建设为龙头,明确学校重点发展方向,促进学校出一流人才、一流成果;树立“以人为本”的观念,全力加强教师队伍建设;全方位开展国际和区域学术交流,提高学校的国际声誉;适应学校加速发展需要,大力加强基础教学设施和公共服务体系建设;加大基础设施投入,深化后勤改革,提高后勤保障能力;多渠道增加办学经费,提高经费使用效益;依法治校,切实提高学校的管理水平;深化改革,以改革促发展。学校各级党组织和全体党员要团结和带领全校广大师生员工,为顺利推进我校的“十五”发展计划和早日实现把我校建成为国内外知名的高水平大学的目标而努力奋斗。

回顾历史,着眼现实,展望未来,是为了总结经验,增强信心;加快发展,是为了传承80载辉煌,迎接新世纪挑战。这正是我们今天纪念中国共产党成立80周年的意义之所在。

21世纪已经到来,这将是一个充满机遇与挑战的世纪,也将是中国人民实现世代梦想的社会主义现代化强国的世纪。只要我们紧密团结在以江泽民同志为核心的党中央周围,坚持党的基本路线不动摇,同心同德,同舟共济,乘势前进,就一定能够创造新的灿烂辉煌,实现中华民族的伟大复兴。伴随着中国共产党的不断发展壮大和中华民族的日益繁荣昌盛,我们相信,在马克思列宁主义、毛泽东思想、邓小平理论指引下,按照江泽民同志关于“三个代表”的要求,我们厦门大学一定能够在开拓中创新、在创新中发展,在发展中实现把我校建设成为国内外知名的高水平大学的奋斗目标,为社会主义现代化事业做出更大贡献。

——本文摘录自《厦门大学报》,2001年6月29日第463期

寄语学生思想政治工作:与时俱进 努力开创新局面

——在全校学生思想政治工作研讨会开幕式上的讲话(摘要)

(2001 年 11 月 10 日)

校党委书记 王豪杰

近两年来,我校学生思想政治工作始终坚持以邓小平理论为指导,认真学习和努力实践江泽民同志“三个代表”重要思想,坚持社会主义办学方向,紧紧围绕培养“四有”社会主义建设者和接班人的根本任务,弘扬我校特有的“四种精神”,加强和改进学生的思想政治工作,确保了学校的政治稳定,为学校新世纪的改革与发展奠定了坚实的基础。学校再次被中组部、中宣部、教育部党组评为全国“党的建设和思想政治工作先进高等学校”。

2001 年是实施学校“十五”发展规划的起步年,我校将进入新的发展阶段,学生思想政治工作任务也将更加繁重。下面,就我校学生思想政治工作,讲三点意见:

一、认清形势,抓住机遇,进一步增强做好学生思想政治工作的紧迫感和责任感

1.加强学生思想政治工作,是面对国际国内新形势以及思想政治工作中出现的新情况新问题的迫切需要。

江泽民总书记在给我校建校 80 周年的贺信中指出:“21 世纪是一个充满机遇和挑战的世纪。培养和造就大批优秀人才,对我国在新世纪的发展具有决定性的意义。”当今世界,经济全球化趋势日益明显,知识经济已见端倪,综合国力竞争日益激烈。人才则成为这一切的核心,高等学校承担着执行党的基本路线和教育方针,培养合格的社会主义现代化事业建设者和接班人的重任。因此,高校是国内外敌对势力进行政治颠覆和思想渗透的重点。与此同时,在改革和发展过程中难以避免的某些暂时困难和矛盾必然反映到高校,开放条件下可能出现的各种社会思潮和价值观念也会在高校中产生影响;高等教育自身的改革发展过程中也会出现大量的矛盾和困难。这一切都对高校的思想政治工作提出了新的要求。因此,加强高校思想政治工作是贯彻落实中央思想政治工作会议精神的需要;是培养社会主义现代化事业的建设者和接班人,实现国家长治久安的需要;是高等教育改革与发展的内在需要;是保证高校各项工作沿着正确方向发展的迫切需要。我们必须从全局和战略的高度,进一步加深对高校思想政治工作重要性和紧迫性的认识。

2.加强学生思想政治工作,是确保我校新世纪改革发展稳定大局的内在需要。

为了应对高校间日益激烈的竞争和挑战,近年来,厦门大学结合自己的实际提出了跨世纪发展的战略构想,正在分步实施。在过去的一年多的时间里,学校各项事业快速发展,取得了显著成绩:我校进入了国家跨世纪重点建设高校的行列,教育部、福建省、厦门市在三年内增加投入 6 亿元;以优异的成绩顺利通过“211 工程”一期建设的验收;获准设立 4 个国家文科重点研究基地;成功举办 80 周年校庆;漳州新校区进入全面建设阶段;深化人事分配制度改革,启动“人才工程”,实行岗位聘任及津贴制度等等。这些成绩的取得,为学校今后发展创造了更多有利的条件。可以说,目前学校正处在历史上最好的发展时期。从去年下半年开始,学校已经制定并着手实施《厦门大学“十五”计划和 2010 年远景规划》,努力把我校建成一所国内外知名的高水平大学。

在学校新世纪的改革发展过程中,必然会出现许多问题和矛盾,如何顺利解决这些问题和矛盾,维护学校稳定,对学生思想政治工作提出了更高的要求。因此,要进一步增强做好学生思想政治工作的紧迫感和责任感,以良好的精神状态,紧紧围绕学校的工作中心,使学生思想政治工作更好地为学校的改革、发展、稳定的大局服务。

二、与时俱进,开拓创新,切实加强和改进我校学生思想政治工作

1.坚持用马列主义、毛泽东思想、邓小平理论特别是江总书记“三个代表”重要思想教育和武装青年学生,是加强和改进我校学生思想政治工作的首要任务。

加强和改进高校思想政治工作,最重要的是坚持和巩固马克思主义在我国意识形态领域的指导地位,也就是坚持用马列主义、毛泽东思想、邓小平理论特别是江总书记“三个代表”重要思想教育和武装全体党员和师生员工。当前要在深化邓小平理论“三进”工作的基础上,积极推动江总书记“三个代表”重要思想“进教材、进学生头脑、进课堂”,把“三个代表”重要思想落实到思想政治工作中去,不断提高大学生的思想政治素质。要把学习邓小平理论同贯彻落实江总书记“七一”重要讲话以及十五届六中全会精神紧密结合起来;把认真研读原著同深入生动的辅导讨论紧密结合起来;把学习理论同引导大学生正确认识、积极参与建设有中国特色社会主义伟大实践紧密结合起来,使学习教育活动生动活泼、扎实有效。要牢固树立政治意识、大局意识、责任意识和阵地意识,牢牢把握思想政治工作这个“生命线”,做到守土有责,自觉运用马克思主义占领高校思想文化阵地,认真管住管好学校思想政治领域。

2.加强对青年学生的理想信念教育,是加强和改进我校学生思想政治工作的核心内容。

目前西方敌对势力利用人权、“法轮功”、两岸关系等问题加紧对我国进行“西化”,并通过各种途径对青年学生进行渗透和影响,加上我国当前正处于一种社会转型期,社会价值在一定程度上出现纷扰。因此,加强学生的理想信念教育,在思想政治工作中显得尤其重要。要通过各种思想教育活动,使青年学生进一步坚定对马克思主义的信仰,坚定对建设有中国特色社会主义的信念,增强对改革开放和现代化建设的信心,增强对党和政府的信任。

同时,要以人为本,大力抓好青年学生的成才教育以及职业生涯规划等领域的教育。大力发展大学生的心理咨询与教育服务工作,主动帮助学生树立正确的职业观和择业观,掌握求职择业和个人职业生涯发展技能。教育学生一方面要有成就一番事业的远大理想,另一方面要有脚踏实地艰苦奋斗的现实态度,帮助学生树立起科学的世界观、人生观和价值观。

3.弘扬“四种精神”,繁荣校园文化,积极开创我校学生思想政治工作的新路子。

由爱国华侨领袖陈嘉庚先生创办的厦门大学,在80年的办学历史中形成了自己独特的优良传统。校党委把这些优良传统总结为厦大特有的“四种精神”,即陈嘉庚先生的爱国精神,罗扬才烈士的革命精神,抗战时期厦大内迁闽西艰苦办学的自强精神,以王亚南校长、陈景润教授为代表的科学精神。这“四种精神”有着十分丰富的精神内涵和文化积淀,也因此成为我校开展学生思想政治工作的有效载体。要注重在青年学生中进行“四种精神”的主题教育,进一步繁荣校园文化生活。

要与时俱进,大胆创新,努力拓宽学生思想政治工作的新途径。做好学生思想政治工作,必须在继承和发扬优良传统的基础上,把理论教育与实践教育结合起来,把解决思想问题与解决实际问题结合起来,把丰富的思想教育内容与多样的方式方法结合起来,积极利用计算机网络等现代科技发展成果,做到“学生工作进社区、党团组织进社团、思政教育进网络”,增强学生思想政治工作的生命力、号召力和渗透力。

4.认真开展理论研究和信息调研,努力为我校学生思想政治工作出谋献策。

当前高校师生的思想政治状况呈现出错综复杂的变化,学生思想政治工作遇到的新情况、新问题、新矛盾也较多。我们必须认真开展理论研究和信息调研,积极深入到各院系和广大师生中去,及时了解掌握师生思想动态,提高思想政治教育的针对性。要紧密联系实际,提出具有重大实践和理论意义的课题,

定期开展学术研究,交流推广经验,提高研究水平,进一步探索思想政治教育的规律,加强和改进高校思想政治工作,为各级领导和决策部门提供服务。

三、领导重视,多管齐下,加强学生思想政治工作队伍建设

做好学生思想政治工作,领导重视是关键。实践证明,凡是学生思想政治工作搞得好的部门和单位,都离不开党政领导的重视、关心和支持。校党委和校行政将完善激励机制,制定思政干部人才培养规划,继续创造良好的工作环境,加强学生思想政治工作队伍建设。各单位领导要进一步提高认识,明确要求,提供条件,切实抓好本单位的学生思想政治工作。

要继续完善党委统一领导、党政工团齐抓共管、分工负责的思想政治工作体系,强化行政部门“三育人”功能,制定科学的管理制度和激励机制,充分发挥校关工委、校工会等在学生思想政治工作中的积极作用,充分调动留学生同学联谊会、研究生会、学生会等各种群众组织的自我教育、自我管理、自我服务的积极性,建设一支政治强、业务精、纪律严、作风正的专兼职结合的思想政治工作队伍。

做好学生思想政治工作责任大、任务重,希望大家不负党委重望,抓住机遇、振奋精神;真抓实干、开拓创新,创造我校学生思想政治工作新局面,为把我校建设成为国内外知名的高水平大学而努力奋斗!

——本文摘录自王豪杰:《梦萦南强》,厦门大学出版社,2007 年 3 月版

加快发展 再创佳绩

——在第五届教代会闭幕式上的讲话(摘要)

(2001年11月19日)

校党委书记 王豪杰

围绕本次教代会的主题,联系我校改革与发展的思路,即“以发展为主题,以结构调整为主线,以改革为动力,以质量为核心”,我着重就“发展”这个问题,谈三个方面的意见:第一,我校必须加快发展;第二,我校可以加快发展;第三,我校怎样加快发展。

一、关于我校必须加快发展

首先,从全国高校的发展形势来看,厦门大学必须加快发展。全国高校在布局结构调整中,出现了强强联合、多校合并的热潮。反观我们学校的情况,规模确实偏小。在并校热潮中,因为我们没有并校的资源,我们适时地、科学地提出了“不求最大,但求最好”的构想,但我们认为,教育规模偏小,就不可能很好地提高办学效益。所以在条件允许的情况下,在保证“最好”的情况下,适时、适当地发展办学规模还是必需的。

其次,从社会需求来看,我校也必须发展。厦门大学有个得天独厚的区位优势,那就是我校地处祖国南方的发达省份,是唯一的一所地处经济特区的部属重点综合性大学,具有许多大学所不可比拟的优越条件。社会对我校的办学需求非常旺盛。2001年我校招生生源爆满,就是一个有力的说明。我校还面对东南亚、毗邻台港澳,海外教育具有广阔的空间。

再次,从全国高校特别是名校的布局来看,我校必须发展。大家知道,教育部部属的重点大学绝大部分分布在长江以北,在长江以南的重点大学屈指可数。从名校的布局来看,厦门大学理所当然应该加快发展。

最后,从我校发展目标定位来看,我校不仅需要量上的发展,更需要质的突破。不管我们定位为“国内外知名的高水平大学”,还是“研究型大学”,都必须加快发展研究生和海外留学生教育。像我们这样的学校,只有在研究生教育、海外留学生教育上加快发展,在学科建设上加快发展,才能在21世纪使我校的办学上规模,上层次,上水平。

总之,为了适应教育形势发展的需要,我们必须加快办学规模、办学空间、师资队伍建设以及学科、产业的发展,从而提高学校办学的综合实力。如果说“九五”期间是我校发展的最好时期之一,那么我们今天又迎来了“十五”期间更大、更快发展的极好机遇。

二、关于我校可以加快发展

我之所以说“可以”,是因为我们有许多加快发展的有利条件:

条件之一是我校历史悠久,办学经验丰富,社会形象良好。条件之二是我校的外部办学环境优越。我校的办学不但得到了省、市的大力支持,而且还得到了海内外华人和校友的关心和帮助,另外我校还具有“侨、台、特、海”的区位优势。条件之三是我校的内部办学资源雄厚。第一是我们有一批居国内一流水平或独具特色的学科;第二是我们拥有一支很强的师资队伍;第三是我们有比较充足的办学资金和比较完善、先进的设备和基础设施、服务体系;第四是我们有一个全国数一数二的美丽校园和足够我们发展需要的新的办学空间——厦门大学漳州新校区;第五是我们有“四种精神”这一极其宝贵的精神财富。总之,我们厦大具备了加快发展的外部和内部条件。

三、关于我校怎样加快发展

我校制定的“十五”计划和“2010 年远景规划”,回顾了“九五”期间的改革与发展;分析了“十五”期间我们面临的形势和挑战;提出了“十五”期间我校改革与发展的指导思想、奋斗目标,拟定了加快发展的 13 项重要举措。可以说,这些都为我们描绘了今后 5～10 年的发展蓝图。如何进一步统一思想、提高认识,认真实施这一计划,加快事业的发展,实现奋斗目标?我谈如下几点意见:

(一)要有清醒的认识

我们对所面临的形势和学校的现状要有清醒的认识。参加了代表团的讨论,听了大家的发言,我感到十分兴奋,但我也有两点担心:

一是同志们对我校发展过程中面临的挑战和存在的困难估计不足。我们常说“机遇与挑战同在,困难与希望并存”,但我认为还是应该把挑战看得严峻些,把困难估计得充分些。人无远虑,必有近忧,居安思危,这些道理大家很清楚。看不到机遇和希望,固然会使我们丧失信心,无所作为;但如果我们对挑战与困难估计不足,则会使我们安于现状,盲目乐观,从而坐失良机,贻误厦大的发展大计。例如,我们在“解放思想,转变观念”这个问题上,谈得多,做得少,因此,老是觉得我们工作的开创性和前瞻性不足;我们也痛感“学科间交叉不够”,“综合性大学的综合优势尚未充分发挥”,但在着手进行学科结构调整,进行人员和资源重组时常常感到困难重重;我们也下决心加大引进人才的力度,但现有人才的培养和如何留住他们,用好他们,创造一个让人才健康成长和脱颖而出的环境,问题还是很多;我们也一直努力促使体制改革达到预期的效果,但是两年多来,校、院两级的关系至今还没有完全理顺;我们一直十分清楚科研产业化是我校的弱项,但我们在这方面的办法不多,有了办法执行起来也不够有力;我们一边在喊资源不足,一边随处可见资源的浪费,如此等等。对于诸如此类的问题和困难,如果认识估计不足,不痛下决心、花大气力、动真格地去改革,去破、去立、去闯、去开拓,我想,“十五”计划和“2010 年远景规划”实施起来效果肯定要大打折扣,学校的发展也一定会受到影响。

二是我们有些代表在以下几个关系中认识模糊。比如,学校中教学科研、党政管理和后勤服务三支队伍的关系问题。学校为了坚持社会主义的办学方向,为了完成培养德、智、体全面发展的社会主义建设者和接班人的任务,为了确保学校的稳定和正常的教学、生活秩序,三支队伍缺一不可。但是,在同志们的讨论中,我认为实际情况并不是这样,有一部分同志强调了教学科研这支队伍不可替代的作用,这是无可非议的,也是应该的,这支队伍的作用怎么强调都不过分,但却对党政管理和后勤服务这两支队伍的地位和作用认识不足。因此,校园里有一种不公平的议论,认为党政干部、后勤服务不应该享受津贴。我们从来没有否认在教学、科研第一线的教师的重要作用。但是,现在学校的正常教学秩序,就是这三支队伍共同努力的结果。设想哪一天,党政干部不在了,后勤队伍不在了,会是什么样的情形呢?学校重大的科研课题无人组织,正常的教学秩序无人安排,更细小的事情都会使我们的教师狼狈不堪:教室很脏、桌椅破旧、电灯不亮;老师教学科研所需的设备无人采购;学生纪律松懈,无故旷课,迟到早退;老师下课回家,自来水不流、煤气灶不燃——可以这么说,学校每一项成绩的取得,学校事业的每一次发展,都是三支队伍共同努力的结果。因为我们的国情,我们的校情,必须有一支党政管理和后勤服务的队伍,他们的地位、作用应该给予充分的估计,他们的劳动也应该理所当然地得到尊重。

也有同志对这两支队伍的现实情况不是很了解,认为这些人水平低。这里我想给大家提供一组数据:全校现有 20 个部(处)长、15 个党总支书记,其中一半以上是双肩挑的教师,一半以上具有高级职称,有的甚至是博士生导师;全校现有86名学生政工干部,其中总支副书记26人,院团委书记14人,辅导员42人。在他们这些人中间,有研究生学历或者有研究生背景的达50多人,占62%。如果没有这些人,学生政治觉悟的提升,入党、入团谁来做?学生的日常教育和管理谁来做?学生的非正常死亡这样的复杂、烦琐的事情谁来处理?现在的问题在于如何加强这两支队伍的建设、培养和管理;如何寻找一个可操作性的科学的评价指标体系,以对他们的业绩、优劣给出一个令人信服的评价以及怎样转变机关作风,提高服务质量。我讲这些,是为了使这三支队伍多一些沟通,多一些理解,多一份尊重。

再比如,对学校的教学、科研、产业化三者的关系,有个代表团的成员说,高校主要任务应该是教学科研,产业化似乎用不着提。我认为,我校始终以教学为中心无疑是十分正确的,但是作为重点大学或研究型大学,把研究成果转化为生产力,无疑也是义不容辞的。厦大有责任也有能力促进高新技术的转化,为社会多做贡献,也为厦大创造更多的财富。我们学校的实际情况是我校的高新技术产业正在起步,因此首先是发展,其次才是规范。此外,对于学校存在的矛盾关系的转化,如压力与动力的转化、长处与短处的转化、优势与劣势的转化等等,也必须保持一个清醒的认识。

(二)要有开阔的视野

首先,要把学校的发展放到大环境中来考察,要跳出厦门市这个小岛,突破“小岛意识”。大环境应包括以下几个方面:(1)国际、国内环境。我校要发展成为“国内外知名的高水平大学”,就必须把学校放在大环境中考虑,舍弃这一点,就会夜郎自大,沾沾自喜。(2)全国高校的环境,尤其是名校的环境。厦门大学应跟谁比?应该跟北大、清华、上海交大、南京大学来比,要“见贤思齐”,与这些名校比优势、比特色、比水平,以此来激励全校师生员工,加快学校发展。

其次,我们学校的发展要有战略眼光,要有前瞻性,因此要认认真真地处理好几个关系,即全局和局部的关系、长远和眼前的关系、集体和个人的关系,这些都是在实施“十五”计划、深化学校改革、加快发展中必须充分重视并认真解决好的问题。

(三)要有创新的思维

江泽民总书记在“七一”讲话中提到,马列主义具有与时俱进的理论品质。要树立创新意识,要有创新思维。江总书记还曾说过,“创新是一个民族的灵魂,是经济发展的不竭动力”。我们要认识到世界在变化,改革在推进,实践在发展,解放思想是无止境的,探索前进是无止境的,开拓创新是无止境的。如果不创新,事业不前进,就有被淘汰的危险。但我们的现实是:习惯于按照老方式、老办法来想问题,因循守旧,按部就班,缺乏创新性;习惯于凭主观意志办事,因此工作中常常出现随意性、片面性;我们也还不能按“三个有利于”这个标准来评判各项工作的是非得失;常常自觉不自觉地受到来自传统的、权威的、时髦的、功利的、短期的等各种观念的束缚和影响。因此,为了加快发展,就必须有创新的思维,必须解放思想,转变观念,必须振奋精神,调整状态,改变思维方式,力求超常规,跨越式发展。

(四)要有改革的胆识

1.从某种意义上说,改革是一场革命,是一个痛苦的过程,也是一个再生的过程,更是发展的动力。

2.在学科建设和结构调整中,要真正“有所为有所不为”。在充分、科学论证的基础上,该为的要“大力而为之”,该不为的要坚决“弃而不为之”。要集中人、财、物,努力做到优化结构,合理配置资源,鼓励学科交叉渗透,催生新兴学科。前两天,我听到了有关“三T”(信息、纳米、生物技术)的提法,感触很多。再过十年或二十年,如果我校在“三T”领域还没有我们应有的地位,我想也许会像假如三四十年代我校没有物理、化学、生物学科那样的不可思议。

3.要总结、巩固和深化我校的改革成果,重点仍然是校院体制改革、人事分配制度改革、后勤改革和科技成果的产业化,要真正引入竞争激励机制。

4.根据教育形势和学校发展的需要,可能还要着手进行办学体制和办学模式的改革。

(五)要有创业的勇气

厦大经过80年、几代人的艰苦奋斗,创下了这份伟业,构筑了这座厦大大厦,使我们今天能够继承这份光荣、财富和舒适。但是,历史把重任交给了我们,我们又该创下一份什么样的事业,留给后来的厦大人呢?

今天,由于日子好过了,于是怕失去,怕折腾,怕受苦,因此想稳,想守,想保。但是,守是守不住的,保也保不了。希望厦大的明天会更好,唯有奋斗,唯有发展,要有创业的勇气!关于这一点,应该把它提升到"强烈的事业心和历史的责任感"的高度上来认识。在这里,我想讲一讲厦门大学漳州校区的建设问题。漳州校区的建设,是厦大拓展办学空间的一次极好的历史性机遇,同时也是学校发展的迫切的内在需要。漳州校区得到了部、省、市领导的大力支持,这里我给大家提供一份资料:

2000年7月,我们就新校区建设方案专程到北京向教育部领导汇报时,部领导听完汇报后指示说:"关于厦门大学建设漳州新校区,我们支持。厦大新校区条件好,福建省、厦门市、漳州市、龙海市和招商局漳州开发区很支持,这是一个机遇,你们要抓紧。今天说了可以算数,就是同意你们干。你们不要等批文,先做起来,免得耽误时间。"2000年5月间,教育部领导听了省教育厅关于厦大建设漳州校区的汇报时指示说:"厦大新校区的建设,是一件功在千秋的大事。你们高瞻远瞩的胆识和全方位的支持,有力地保证了大事的顺利进展。"省委、省政府领导对厦大漳州新校区的建设极为重视,习近平省长去年11月10日视察漳州时,亲自为"厦门大学漳州校区建设办公室"揭牌,并对漳州校区的建设做了重要指示。许多部、省、市有关领导也先后察看了厦大漳州校区,关心前期工作的进展情况。

我们要坚定漳州校区建设的信心和决心。现在全国名校大都有新校区。我校的漳州校区规划方案现已审定,现在是万事俱备,近期就可全面开工。不过,我们必须估计到,漳州校区的建设,困难是很大的,漳州校区的创业者,可能要离开温馨的家庭,离开老校区舒适的办公环境,到新校区去开拓、去奋斗,要餐风宿露,很可能要脱一层皮,我们对此要有思想准备。但是经过努力,几年后,如果在我们的海对岸呈现一所崭新的、美丽的厦大校区,与我们的老校区隔海相望,交相辉映,厦大成为一所唯一环抱大海的海湾大学,我们这一代厦大人会感到欣慰,因为我们的艰苦创业,我们为明天的厦大拓展了一个广阔的办学空间。

(六)要有实干的精神

实干兴校。事业是干出来的,队伍在实干中成长,人才在实干中涌现,厦大在实干中发展。当前要尽快制定厦大"十五"计划和"2010年远景规划"的实施方案。一步一个脚印,扎扎实实地干。当然,计划的实施还要有制度的保证,要加强党的领导。目前,党委正在认真组织学习和贯彻落实"七一"讲话精神和十五届六中全会的《决定》,对于这个问题,我们将作为一个专题另行布置。

我们已共同亲手绘制了厦大发展的蓝图,为把这蓝图变为现实,党委寄希望于全体厦大人!希望通过这次教代会,全体师生员工能更进一步统一思想,达成共识,同舟共济,共同奋斗,共创厦大更加美好的明天!

——本文摘录自王豪杰:《梦萦南强》,厦门大学出版社,2007年3月版

在李岚清副总理、陈至立部长来校视察座谈会上的发言

（2001年11月28日）

校党委书记　王豪杰

今天，岚清副总理、至立部长、项怀诚部长以及省、市领导来我校视察，给我们以极大的鼓舞。请允许我们今天与会的校党政班子和部分师生，代表全校两万多名师生员工对各位领导的到来表示热烈的欢迎和衷心的感谢！

（一）

厦门大学的改革与发展，一直得到党中央、国务院、教育部以及省、市各级领导无微不至的关怀和支持：

1984年2月9日，邓小平同志视察我校，并与师生代表合影留念；

1991年12月19日，江泽民总书记视察我校，这是因"1989年政治风波"之后总书记第一次来到师生中间，并在厦大向全国青年学生说："党中央、国务院对青年学生寄予愿望"，意义十分深远。

1996年12月25日，岚清副总理来到我校视察。特别令我们激动不已的是，1999年9月23日，岚清副总理在中南海亲切接见了我校领导，并就素质教育、科技创新、高新成果转化和办好厦门大学做了重要指示；还有令我们深受感动的是1999年10月9日，当岚清副总理获悉我校遭受特大台风袭击时，即让教育部领导打电话给我校领导，请教育部代向厦大师生员工表示亲切慰问；当时正在国外访问的至立部长也挂电话来询问灾情，并表示慰问。领导的关怀给我校全体师生员工以极大的鼓舞，我们奋力拼搏三天三夜，以最快的速度，恢复了正常的教学、生活秩序。

陈至立部长多次约见我校领导，关心我校的改革与发展。我们深深地感受到部长对厦大的关怀和对全校师生员工的一片深情厚谊！

项怀诚部长也十分关心、支持厦大的发展，帮我校解决了特区补贴经费，尤其是对厦大的厚爱和信任，依托我校会计系，把国家会计学院办在厦门。

宋德福书记到福建省上任的第一站，就来到厦大视察和检查指导工作。他联系到我校对称建筑的特点，强调一定要"两手抓两手都要硬"，很符合当时的福建省，尤其是厦门的实际，听后很受启发；习近平省长亲临我校漳州校区视察，并为新校区建设办公室揭牌。

厦门市委、市政府的领导更是经常来校看望师生或现场办公，帮我们解决了许许多多的实际问题，给了我们极大的支持，这在全国高校中，早已传为佳话！

（二）

在党中央、国务院、教育部以及福建省、厦门市的关怀、领导和支持下，在全体厦大人的共同努力下，近几年来，厦门大学进入了历史发展的最好时期，在以下几个方面取得了一定的成绩：

1.今年2月，教育部与福建省、厦门市共建厦门大学，三年内共同投入6亿共建资金。

2.今年4月6日,我们成功举办了80周年校庆,江总书记发来了贺信,至立部长也于当日上午8时专程打来电话表示祝贺;校庆期间,有约8000名海内外校友和各界人士前来参加校庆,中央电视台、人民日报、中国教育报等全国各类媒体报道厦大校庆的消息和文稿达420多篇。我们的校庆达到了“弘扬嘉庚精神、展示厦大实力、凝聚校友力量、振奋师生热情”的目的。

3.今年7月,我们以全优的成绩顺利通过“211工程”一期建设的验收,使我校的一批学科达到国内一流水平(如化学、经济、管理、肿瘤细胞、海洋、法学、史学、高等教育学等),有一批学科独具特色(如台湾研究、南洋研究、海外教育等)。在这些传统、优势和特色学科中拥有1个国家重点实验室(位居全国同行评比第一名)、3个教育部重点实验室、4个国家文科重点研究中心、4个国家基础学科人才培养基地,2个对外汉语、华文教育基地,3个专业硕士学位点。我校的重点学科可望从原来的7个增加到11个左右;还有一批新兴交叉学科正在形成,我们相继成立了微机电研究中心(MEMS)、纳米科技研究中心、WTO研究中心,最近又获准试办示范性软件学院。

4.我们全面启动了“人才工程”,师资队伍建设取得成效。“九五”期间,我们共引进博士149人,硕士216人;教授25人、副教授85人。现在专任教学科研人员中,平均年龄40.3岁。50岁以下的教学科研人员中,具有博士学历的占29%,具有硕士学位的占47%;我们1997年新增1名院士,1999年引进1名院士,今年又新增2名院士。我们有一个研究群体,入选国家自然科学基金委首批、全国仅有15个的“青年创新研究群体”,13名成员全部具有博士学历,平均年龄仅39岁。

5.我们的科学研究也有长足的进步。科研经费总量2000年比1999年翻了一番。我们连续三年参加深圳的“高交会”,签约项目15个,协议金额达2亿多元;已出现科研经费超千万元的横向应用研究项目。我校的人文社科研究居全国先进水平。1999年获国家社科基金项目优秀成果奖6项,居全国高校第三名,社科研究连续两年获“五个一”工程奖。

6.我们加大了对本科教学的投入。近两年,我们投入教学的资金达1.12亿元,用于基础教学实验室、网络、数字图书馆及体育设施的建设,我们的校园高速信息网络建设规模和水平居全国高校前列。

7.学校的后勤社会化改革也迈出了坚实的步伐。成立的五个服务中心、实体已从学校剥离;我们新建和改造校内学生公寓2.1万平方米,新建学生食堂1.1万平方米,筒子楼改造4.2万平方米;厦门市在校外新建学生公寓6.7万平方米;两年来,我们新建楼房共投入1.5亿元,其中一半(约0.74亿元)为社会捐赠。

我们有一个占地2188亩、建筑面积达74万平方米的美丽校园,与校本部隔海相望,海面距离3.4海里,占地2568亩的漳州校区已破土动工。

8.我们的党建和思想政治工作连续两次获中组部、中宣部、教育部党组的表彰,被授予“党建与思想政治工作先进高校”。我们形成并弘扬了厦大特色的“四种精神”(即:陈嘉庚的爱国精神,罗扬才的革命精神,内迁闽西艰苦办学的自强精神,以及王亚南校长、陈景润教授为代表的科学精神)。十几年来,我校无重大政治事故,校园政治稳定。

当然,我们也十分清醒地看到我们面临的挑战和存在的问题:

1.思想观念不够解放,开创性、前瞻性不足。还缺乏强烈的紧迫感和危机感,容易满足,安于现状。

2.学科间的交叉渗透不够,综合大学的学科综合优势尚未充分发挥。

3.科研经费总量偏小,科学研究创新不够,标志性成果少。科技成果转化、高新技术产业尚处在起步阶段,还没有全国知名产业品牌。

4.教学改革力度不够,一些课程的教学内容比较陈旧,教学方法和手段比较落后,基础教学设施还不能完全满足教学的需要,双语教学、素质教育等方面还有较大差距。

5.后勤社会化的步伐不快,离“421”的要求还有较大差距。

（三）

近几年来，我们强烈地感到，我国的高等教育发生了很大的变化。这对我们来说，既是挑战更是机遇。针对我校的实际，我们形成《厦门大学改革与发展的基本构想》，制定并正在实施《厦门大学“十五”计划和 2010 年远景规划》，为了完成这一计划，我们提出：要有清醒的头脑，要有开阔的视野，要有创新的思维，要有改革的胆识，要有创业的勇气，要有实干的精神。我们的奋斗目标是“把厦门大学建设成为国内外知名的高水平、研究型大学”。

厦门大学是我国现代教育史上第一所由华侨创办的大学，地处厦门特区，面对台湾，毗邻港澳，面向东南亚。考虑到厦大这一独特的、不可替代的“侨、台、特、海”区位优势，考虑到我国经济发达的南方省区名校太少（名校几乎集中在长江以北），因此，我们热切地盼望更加重视厦大的发展，给予更大的关怀和支持，真正把厦门大学办成“南方之强”！

岚清副总理以及各位领导来校视察，我们的心情十分激动！有许许多多的话要向各位领导报告，但因时间关系，我只能简要地汇报，留出更多的时间，请领导做指示。

——本文摘录自王豪杰：《梦萦南强》，厦门大学出版社，2007 年 3 月版

做好本科教学优秀评价工作

——在2001年教学工作会议上的讲话

(2001年3月8日)

校长　陈传鸿

我校本科教学优秀评价工作从1997年启动,到现在已经进行了三年多了。这次教学工作会议要认真总结前一阶段的工作,并把这项工作推向实质性的迎接评价阶段,也是一个攻坚和决战的阶段。下面我想就做好迎接评价阶段的工作谈几点意见。

一、关于继续深入开展教育思想的大讨论

我校1997年6月开始就广泛开展了教育思想的大讨论,并把大讨论贯穿于我校本科教学优秀评价工作的全过程。大讨论经历了几个阶段:

第一阶段我们认真学习了邓小平的教育理论和教育部关于本科教学优秀评价工作的指标体系,通过这一次大讨论,明确了转变教育思想和教育观念是教育实践的思想基础和先导,也是做好本科教学优秀评价工作的关键;还进一步明确了人才培养是高等学校的根本任务,教学工作是主旋律,本科教学是基础,教学改革是学校各项改革的核心。《面向21世纪教育振兴行动计划》指出,高等教育的发展和人才培养的模式不能适应现代化建设的发展是高等教育面临的主要问题。人才培养模式不能适应现代化建设需要,解决这个矛盾是一项紧迫而又长期的任务。本科教学优秀评价是建设高水平大学的重要的、必要的内容之一。这几年在教学创优的过程中学校是深深受益,是深得民心的。这一次迎接教育部对我校的教学优秀评价应该要尽我们最大的努力争取通过。当然即便是获得通过,本科教学也不是没有再优化的问题。创优是永无止境的过程。所以,要以志在必得的心态争取本科教学优秀评价的通过,同时也要以平常心来对待。就是说,通过以后还要干得更好。

第二阶段是这两年中我校认真学习贯彻了全国第三次教育工作会议的精神,全面推进素质教育,深化教育改革。认真学习了江泽民总书记"三个代表"重要思想和关于教育问题的重要谈话。进一步明确教育改革的方向,真正落实并逐步解决前一段时期在教学当中存在的"四个不足"的问题,大大改善了我校的教学环境,推动了教学改革,涌现一批教学改革的标志性成果。今天,我想就迎接评价阶段怎样来开展教育思想的大讨论提几点意见。

(一)通过教育思想大讨论,要进一步认清当前高等教育发展的形势。这几年国际国内的形势发生了很大的变化,我国经济正在实现两个根本转变,正在为实现跨世纪战略发展目标的第三个阶段的目标而奋斗。我国从计划经济走向市场经济,要求人才培养模式也必须从适应计划经济向适应市场经济转变。当前教育和科技、经济结合更加紧密,高等教育并不是封闭的体系。高等教育面临着很多挑战,一是学科更加综合,学科交叉更加普遍,通过各个学科的交叉融合,促进学科的发展。国家社会经济发展提出来的很多课题都是综合性的,这就要求学校培养高素质的综合人才。二是信息技术的发展和应用深刻地改变了高等教育的面貌。充分利用以信息技术为中心的现代化技术手段,大大改变了我们的教学内容、生活方式和思维方式。三是为适应高等教育国际化的发展趋势,我们的高等教育应该更加开放,应该具有国际竞争力。厦门大学要办成国内外知名的高水平大学,我们的工作就应该在世界上是有影响的。所以,

我们的学科建设、科研水平、教学水平都要有参与国际竞争的实力。总之,高等教育怎样适应新形势来进行改革,值得大家在讨论中加深研究。

(二)认真总结和发扬我校的办学传统和特色。本次教学优秀评价要对学校的硬件建设和软件建设进行考察,而且更重视的是软件建设。其中一个重要内容是看学校的办学传统和特色。全国有很多大学,一个学校对国家教育事业的贡献在哪些方面,这是精华部分。1999 年 9 月李岚清副总理在中南海接见我校领导时深刻地指出了学校的办学传统和特色是一个学校教育教学的灵魂,决定了学校的办学品位、层次和特色,是学校的优势所在,也体现了学校对社会的特殊贡献。当然这种特色应该是人无我有,人有我优,人优我甚,让人一看就知道这是厦门大学。特色是学校长期办学过程中升华和积累的结晶,包括一所大学办学理念、办学思想以及优良的校风、学风。它是学校的文化底蕴、精神财富和品位,这是一种理念型的特色。另外,特色也是学校在办学和教学实践中形成的行之有效的管理方式和方法。也就是学校在教学管理,在教学改革当中经过实践证明取得成效的独特的闪光点,这是项目型的特色。这两方面的特色都要总结。

我校有 80 年的光荣传统,现在总结有四种精神:即陈嘉庚先生倾资办学的爱国主义精神;罗扬才烈士的革命精神;长汀艰苦办学时期的自强精神;王亚南、陈景润为代表的科学精神。我校在不同的办学时期提出的"研究高深学问,养成专门人才,阐扬世界文化","侨、台、特、海","面向海洋、面向华侨、面向东南亚"等办学方针,也反映我校的办学特色。我校的校训是"自强不息,止于至善",包含了深厚的文化底蕴和积淀。改革开放以来,我校与福建省联合办学,与厦门市共建以及与社会合作办学方面都取得了成功的经验。通过共建,学校紧密与地方经济相结合,并进行了学科的改造和调整。比如说 20 世纪 80 年代以来,从一个经济系逐渐壮大发展到经济学院、管理学院,就是我们适应社会现代化建设的需要的经历。再如法学院和工科的发展,都是与这一特征有关系。厦门大学 80 年的奋斗造就了今天的辉煌,凝聚成我校的办学传统和特色。办好一所大学,要有钱,还要有人,人是最重要的,还要有一个好的学术环境和一个好的办学传统和特色,才可以形成优良的教育。要结合教育思想大讨论来总结我校的办学传统和特色,还有各个院系的办学传统和特色。

(三)进一步明确办学的指导思想和改革的思路。在迎接评价阶段还要把办学思想和教学观念、改革思路进一步理清楚。一定要有科学性、时代性、可操作性。不能坐而论道,一定要从实践中总结出来,用于指导我们的实践,扎扎实实地把教学的建设和改革进一步推进。

二、关于迎接评价阶段的工作

前一阶段通过教学优秀评价工作,在教学建设和改革方面都做了大量的工作。现在,教学优秀评价工作转入迎接评价阶段,前面的工作已打下了坚实的基础,但是还有一定的差距。所以,我们既要有充分的信心,也要看到不可忽视的问题,抓紧整改,打好攻坚战,争取迎评工作的胜利。

(一)深刻认识迎评工作的重要性。教学优秀评价工作是国家加强对高等教育宏观指导的重要手段。这次教学优秀评价工作的特点有:第一,规格高。这次评价由教育部直接组织的,对一流的学校进行的评价,起点很高。第二,权威性。它是政府的评价,专家组是精心挑选出来的。第三,标准严。硬件方面有严格的要求,但更重视软件的指标。既有定量要求,也有定性要求,覆盖面广,每个指标要求高,深入到学校的各个领域,各方面都进行深入的探究,听课、随机检查,查阅文件等。第四,动真格。这次评优工作不搞形式主义,而是扎扎实实根据标准进行评价,不达到要求就不能通过,相当严格。总之,本科教学评优规格高、权威性、标准严、动真格,所以要认真领会本科教学评优的指标,以评促建,以评促改。

我校要在今年底以前做好通过验收的各项准备工作,还要做非常艰苦的努力。但要建成高水平的大学,这一关一定要过。要通过本科教学评优,来带动学校各方面的工作,形成我校的凝聚力,要用这项工作来为我校跨世纪的发展,建设高水平的大学打下一个坚实的基础。

(二)着重谈一下加强师德教风的建设。要引导教师把主要精力放到教学改革上来。我校教学工作能取得今天这样的成绩,主要是有一支比较好的师资队伍。要搞好本科教学工作,一定要贯彻“以人为本”的方针,全心全意依靠广大的教师,调动积极性,把大家都发动起来。教师和学生相比,教师是关键。当然目前教学工作当中也有一些问题。这些问题应该通过师德和教风的建设来加以解决。教师师德的核心是什么?我认为师德的核心就是热爱学生、全心全意为学生服务,这是最重要的。为学生服务就是为国家服务、为教育事业服务。教师师德表现在爱岗敬业,忠诚于党的教育事业。教师是园丁,它的风范应该是奉献精神,就像蜡烛一样,点亮自己,照耀别人。

我们治校不仅要法治,也要德治。法治是用法律的手段和规章制度来进行约束,德治则是通过理想信念的教育、道德的教育,通过自律来进行管理。教师是人类灵魂的工程师,他不仅传授知识,还要教书育人,为人师表。现在有一部分教师对教学的投入不够尽心,对教学改革不够到位,对教学内容如何更新考虑比较少,有的讲稿还是几年甚至是十几年前的讲稿,这样去讲课肯定没人听。所以,教师怎样爱岗敬业,怎样为人师表,怎样深入开展教学改革,这些问题很关键。需要指出的是,还有极少数教师在教学中的问题不是达到达不到优秀的问题,而是合格不合格的问题。在教学的各个环节都存在类似情况,如不加以解决的话,根本就不能参加评优。教师问题,反映在教师身上,领导也要检查自己的责任。

如何通过合理的政策导向把教师的主要精力引导到教学工作上去,以前在这方面有一些问题是没有很好落实。学校正在努力为教师创造一个好的生活条件、工作条件。对在基础课教学第一线的教师要给予充分的肯定,对教学上的成果要得到应有的评价。比方说在评职称的问题上,过去确实是有些偏颇,重科研成果多,重教学成果少,今后对教师的职称评定将做改革。高水平大学要求教师必须既搞教学又要科研,这是对的,但如果对主要是搞教学的教师,在科研方面的成果与搞科研为主的教师提出同样的要求,主要是搞教学的教师就要“吃亏”,这是不公平的。因此对主要搞教学的教师,只要他确保参加科研并且有高质量的文章能证明他具有一定的科研能力,其余就应该用教学的成果(包括教学研究的成果)来评价。我校将成立教学委员会,通过教学委员会来评判。一年评一批教学最优秀的教师,予以晋升。教学委员会还可以一票否决,比如申请教授的人,如果教学不合格,科研成果再好也不能评上教授。这方面的政策大家可以讨论,要有合理的政策,来引导教师把精力投入到教学中去。

(三)建立教学质量的评估体系。教师工作量容易考核,但是教学质量的评价是比较困难的。科研出一篇文章就算一篇,一个专利值多少钱也是很清楚的。教学质量怎样评价?它的效应是滞后的。一方面,教学是百年树人,培养一个学生效果如何,并不是上完一堂课就看出来,一定要经过一段时间检验。再说培养学生的效果不单是某个人的功劳,而是整个教学集体的努力。对这种滞后的效应和把个人的努力融入集体的成果里面的效应,如果政策引导不当的话,只能使一些教师特别是一些年轻的教师产生浮躁的心理,今天上完一堂课或一门课就要求产生立竿见影的效果,客观上比较难。

另一方面,要建立比较完善的教学质量评价体系,发动师生参与教学质量的监控。学生是我们服务的对象,学生是教学活动的主体,我们要相信大部分学生对教师会做出公正的评价。教学的效果好坏,如果自己认为好,学生认为不好,这样的教学也是不成功的。所以要建立学生对教师进行评价的制度,要积极引导学生参加“评教评学”活动。还有一个重要环节,就是要听取社会对教学的评价。学生毕业以后,要看就业率高不高。学生到社会工作适应性怎样、成才率如何,这也是重要的。

(四)做好院系的自评、考核和整改。教学优秀评价工作的基础是在院系,前两年各院系对这项工作都很重视。今天会上发给大家的各个院系自评材料多数很认真,但也有少部分院系的自评材料实际上是秘书的作品。因此,一定要重新改好院系的自评报告,要领导班子集体来讨论,特别是院系党政一把手要对本院系的评价报告负责。一定要通过自评的过程,进一步找出差距。学校将组织一个专家组,请一些有经验的老专家下院系评估,遵照指标体系逐项与院系进行讨论,严格把关,帮助发现问题和提出整改措施。

要抓好两件事,一是普遍提高,二是培育亮点。在自评总结的过程中,学院(或系)在某些方面做得好的,有好的苗头,可通过申报教改项目,经学校审核,给予立项和投入,希望各院系在“亮点”方面要做出自己的贡献。距教育部专家组来校检查还有一段时间,除了普遍都要提高以外,特别差的方面要着重整改,绝不能留有“死角”。该由学校解决的问题,院系要提出来,由学校负责解决;该由院系解决的问题,院系要着力解决。

(五)加大投入,抓紧建设。本科教学是学校的基础工作。这几年本科教学环境和条件有较大的改善,今年还要重点在以下几方面投入:一是公共教学服务体系和基础实验室要进一步完善。二是要重点支持教学改革和基础实验教学改革和实践基地建设,支持各院系的教学改革,包括课程体系改革、教材建设项目和教学管理等。三是学校要着力来改善学生的学习和生活条件,包括学生的宿舍、食堂以及公共的环境。比如说在图书馆和公共教室提供饮水的问题,希望有关部门争取在校庆以前解决。这是一个很得民心的事,能做到的一定要抓紧。四是要做好宣传工作,做好评优工作的各项准备,包括材料的准备。

三、加强对评优工作的领导

创优迎评工作是学校的行为,是全校的工作,不只是教务处或者是教学部门的工作,它是“一把手”工程,书记和校长要负总责,各院的书记、院长要负总责,不能把事情推给分管教学副校长和教务处,推给管教学的副院长和副系主任。它还是个系统工程,教学评优牵涉到学校各方面的工作,是对一个学校办学水平的整体评价。同时它也是一个难度很大的重点工程。党委已决定在校庆后把迎评工作作为校党委的中心工作,学校原有一个评优领导小组,要加强评优办公室。学校准备成立教学委员会,协助学校对教学工作进行规划,咨询和指导,对教师的教学进行考核,以及对教师的奖励等进行推荐。各个学院可成立分委会,教学委员会成立专家组并加强督导。各院系领导要认识到,教学评优首先是评领导,看领导搞教学的精力投入是否到位,办学的指导思想、办学的思路是否正确,改革的措施是否得力,如果领导认识没到位,这次教学评优工作一定通不过。除了与教学有关的部门以外,学校所有职能部门都要主动为学校本科教学献计出力,提出保证措施和具体的行动。

领导要深入第一线。学校要建立领导听课制度和调研制度。从校长、书记到其他校领导,院长和系主任,教务处处长,辅导员和分管学生工作的总支副书记,都要坚持听课,深入到课堂中去,各级领导都要深入教学一线进行调研。

评优工作是一个系统工程。一定要处理好评优工作和各项工作的关系,做到以评优工作带动学校各方面的工作。要使全校师生精神振奋,团结一致,为争取把厦门大学建设成为国内外知名的高水平的大学而努力奋斗!

——本文摘录自陈传鸿:《大学之道:在建设一流大学的征程上》,厦门大学出版社,2003年12月版

创世纪辉煌　振南强雄风

——在厦门大学建校80周年庆祝大会上的讲话

(2001年4月6日)

校长　陈传鸿

今天,我们欢聚在厦门大学美丽的校园,隆重庆祝厦门大学建校80周年,在此我谨代表厦门大学对莅临庆典大会的各位领导、海内外校友和各界朋友表示热烈的欢迎和衷心的感谢！向全校师生员工致以节日的问候与祝贺！

站在新世纪的起点,回首80年的风雨历程,我们备感骄傲和自豪。80年前,著名爱国华侨领袖陈嘉庚先生创办了厦门大学,这是我国第一所由华侨独资创办的高等学府,在中国高等教育发展史上写下了光辉的一页。抗日战争爆发后,厦门大学被迫内迁闽西山城长汀坚持办学,尽管条件极端艰苦,但仍然连续两次夺得"全国大学生学业竞试"第一名,被誉为"印度加尔各答以东之第一大学"。1952年全国院校调整后,厦门大学成为文理综合性大学;1962年被确定为全国重点大学。党的十一届三中全会以来,厦门大学乘改革开放的春风,各项事业呈现出蓬勃发展的良好势头,被列入国家"九五"期间"211工程"重点建设的高校。

80年来,厦门大学名师荟萃,人才辈出,已先后为国家培养8万多名本科生和研究生,其中不少人成为成就卓著的专家学者,企业家和各级领导干部,成为祖国建设的栋梁之材。在中国科学院和中国工程院院士中,就有52位毕业于厦门大学或在厦门大学任教过。80年来,厦门大学始终与祖国同呼吸、共命运,为国家的独立、民族的解放进行不屈不挠的斗争,为国家的科技进步、经济建设和社会发展做出重要的贡献。

80年来,厦门大学秉承"自强不息、止于至善"的校训,形成了光荣的革命传统和优良的校风、学风,形成了独具特色的"四种精神",即陈嘉庚先生的爱国主义精神,罗扬才烈士的革命精神,抗战时期艰苦办学的自强精神,以王亚南校长、陈景润教授为代表的科学精神。这些优良传统和精神在这里生生不息、代代相传。学校在不同办学时期提出的"研究高深学问、养成专门人才、阐扬世界文化","面向海洋、面向华侨、面向东南亚","侨、台、特、海","立足特区、面向全国、发挥优势、主动服务"等,凝聚成了厦门大学鲜明的办学特色。

80年的发展在历史的长河中是短暂的,而80年的奋斗史却是永恒的。党中央、国务院对厦门大学历来寄予厚望,党的三代领导集体都十分关心和重视厦门大学的发展,毛泽东同志称赞陈嘉庚先生为"华侨旗帜、民族光辉",邓小平、江泽民等党和国家领导人曾亲自视察厦大,并对厦大的发展给予重要的指示和殷切的期望。厦门大学作为教育部直属的一所国家重点大学,几十年来始终在地方政府的关心和支持下成长,福建省委省政府、厦门市委市政府多年来从财力、政策等方面给予大力支持,使厦门大学走出了一条成功的"共建"之路。80年来,海内外校友、华侨华人和社会各界弘扬陈嘉庚先生倾资办学的崇高精神,不断为厦大慷慨捐资兴建校舍,添置图书设备,设立各种基金、奖教奖学金等,为学校的建设与发展做出了积极的贡献。在此我提议,让我们以热烈的掌声向所有关心和支持厦门大学的各级领导、海内外校友和各界朋友表示衷心的感谢！

厦门大学的80年,是艰苦创业的80年,是成果丰硕的80年。尤其是改革开放20年来,厦门大学进入了最好的发展时期,取得了令人鼓舞的成绩:

学校始终把培养高素质的人才作为根本任务，人才培养规模日益扩大。目前，学校拥有16个学院，33个系，在校各类全日制学生14000多人。学校全面推进素质教育，不断深化教学改革，大力改善办学条件和提高办学效益，使得人才培养的质量稳步提高。厦门大学是全国首批建立研究生院的高校之一，现已成为国家培养高层次人才的重要基地。学校坚持以学科建设为龙头，不断优化学科结构，着力发展新兴、交叉学科，使学校的学科门类更加齐全，优势更加突出，特色更加鲜明。如今的厦门大学已成为一所包括人文科学、社会科学、自然科学、工程与技术科学、管理科学、艺术教育科学、医学科学等学科门类相当齐全的综合性大学。

学校通过深化人事制度改革，贯彻“以人为本”的方针，努力营造留住人才、用好人才、吸引人才和使优秀人才脱颖而出的良好环境和学术氛围，形成了一支知识、学历、年龄结构较为优化的师资队伍。

历史悠久的厦门大学基础研究实力雄厚。改革开放以来，重点研究基地建设成效显著，青年人才群体茁壮成长，创新研究硕果累累；形成了文理两翼齐飞，基础和应用研究互相促进、共同发展的格局。近年来，高新技术研究和科技成果转化工作也呈现良好态势。通过产学研结合，学校努力为国家和地方的科技进步、经济建设及社会发展做出了积极的贡献。

改革开放以来，学校不断扩大国际学术交流，已先后与国外和境外的49所高校建立了校际合作关系，举办了35次国际和区域学术交流会议。学校还充分发挥对台交流的区位优势和学科优势等，积极开展对台教育、文化、科技交流，为国家和地方政府提供决策咨询服务，先后与台湾24所高校、63个研究所和34家新闻媒体建立学术联系，为促进祖国统一大业做出了应有的贡献。

厦门大学还是我国最早开展海外教育的高校之一。海外教育学院已招收培养了来自世界五大洲80多个国家和地区的2万多名海外函授生和近3000名包括博士、硕士在内的外国留学生，这些海外学生中的许多人已成为所在国家和地区杰出的专业人才。

这些成绩的取得，是厦门大学历届领导和师生员工共同努力奋斗的结果，充分展现了厦大人始终不渝的爱国爱校、自强不息、止于至善的精神风貌和不畏艰难、团结拼搏、严谨治学的良好作风。在此，我代表校党政领导向你们表示衷心的感谢和崇高的敬意！

“雄关漫道真如铁，而今迈步从头越。”在21世纪的第一个春天，教育部、福建省、厦门市签订了重点共建厦门大学协议书，提出要把厦门大学建设成为国内外知名的高水平大学。为了实现这一新的奋斗目标，学校改革与发展的思路已经形成，“十五”计划的蓝图已经描绘。我们相信，再过二十年厦门大学百年华诞之际，一个水平更高、实力更强、更具生机活力的厦门大学将屹立于世界的东方。

朋友们，同志们，在我们庆祝建校80周年之际，中共中央总书记、国家主席、中央军委主席江泽民同志专程发来贺信，向厦门大学全体师生员工表示热烈的祝贺和亲切的问候，充分体现了党中央对厦门大学的重视和厚爱。我们将坚持以邓小平理论为指导，深入贯彻江总书记“三个代表”重要思想，按照江总书记贺信的指示精神，努力适应改革开放和现代化建设的需要，把厦门大学建设成为我国特别是东南部地区高水平创新人才培养的重要基地，成为基础研究、高新技术研究、科技成果转化和高层次决策咨询的重要基地，成为国际学术交流特别是对东南亚、对台港澳交流的桥梁和窗口，为福建省建成海峡西岸繁荣带和厦门经济特区率先基本实现现代化，为国家的经济发展和社会进步，为中华民族的伟大复兴做出新的更大的贡献！

——本文摘录自陈传鸿：《大学之道：在建设一流大学的征程上》，厦门大学出版社，2003年12月版

做好"九五""211工程"验收工作

——在"211工程"验收工作动员大会上的讲话

(2001年4月26日)

校长　陈传鸿

"211工程"是我国政府贯彻落实"科教兴国"战略的一项跨世纪的战略工程,是建国以来国家正式立项,在高等教育领域进行的规模最大、投资最大的重点建设项目。"211工程"的实施,对于推动我国高等教育的改革和发展,提高我国高等教育的水平起到了重要的作用。同时也对促进高等教育与经济、社会发展相结合,增强综合国力和国际竞争能力,保证我国现代化建设的战略目标的实现,发挥了积极的作用,是一个让党和人民放心的工程。

1995年6月,厦门大学通过了原国家教委和省市政府共同组织的"211工程"部门预审。1997年4月,国家计委、财政部、原国家教委组织的专家组对《厦门大学"211工程"建设项目可行性研究报告》进行了论证及审核,一致通过立项审核,同意我校提出的"九五"建设目标和建设计划。1998年4月24日,国家计委发出《关于厦门大学"211工程"建设项目可行性研究报告的批复》,正式同意我校作为"211工程"项目院校,在"九五"期间进行建设,建设期限为1997—2001年。经过几年的建设,各建设项目的建设任务已基本完成。为此,我们向教育部提出了我校"211工程""九五"建设提前验收的报告。根据教育部的安排,我校必须在7月份之前完成验收工作。

一、"211工程"建设的成效

我校"九五""211工程"建设内容包括:重点学科建设,投入7100万元;教学与公共服务体系建设,投入2500万元;配套基础设施建设,投入10610万元,这三项加起来总投资为20210万元。"211工程"是我校"九五"期间一个最重要的建设项目。为了保证工程的建设进度,我校决定自筹资金,把2001年的建设经费连同2000年的建设经费在2000年初提前投入,这一举措使得我校今年有可能提前完成任务,接受验收。

"211工程"自开工以来,在国家计委、财政部、教育部和省市政府的重视和支持下,建设进展顺利,取得了重大成效。一是"211工程"建设在一定程度上缓解了教育经费不足的紧张局面,使我校的改革和发展呈现出勃勃生机。二是极大地促进了办学观念的转变和高等教育体制的改革,强化了服务于经济建设和社会发展的办学思想,深化了校内管理、教学、后勤、科研体制等一系列改革。"211工程"建设采取中央、部门、地方联合共建的投入模式,推动了我校与省市的共建,为推进全国高教管理体制改革创造了典型的经验。三是使学科结构得到了进一步优化,全面提高了学科建设的整体水平,明显增强了开展学科前沿领域和解决重大科技问题的能力。重点学科和一些研究项目更加接近国际先进水平。组建了8个学科群促进了学科之间的交叉融合和培植新的学科生长点。建设了一些上水平的实验室,特别是建设了几个好的文科实验室。增加了7个一级学科博士学位授予点,7个二级学科博士学位授予点,34个二级学科硕士学位授予点,3个博士后流动站,10个省级重点学科。超额完成了"211工程"建设计划所提出的指标。四是学科建设与社会、经济发展结合得更加紧密,科研攻关的能力大大增强,形成了一批既有经济效益又有社会效益的标志性成果,科研成果向现实生产力转化取得了进展,有力地突出了高校服务于国家经济建设和社会发展的生力军作用。固体表面物理化学国家重点实验室在 1999 年全国国家重点实验室评估中荣获化学化工类第一名;3 个实验室通过教育部认定,成为教育部重点实验室;设立了 4 个国家哲学与社会科学研究中心。1999 年学校召开科研工作会后,科研经费、科技成果方面都有了较大的进展,2000 年科研经费总量比上年翻一番,已出现了超千万元的应用研究项目;先后两次组团参加深圳"高交会",协议金额 2 亿多元;厦门大学科技园于去年 4 月开始启动。五是注重创新人才的培养,使高层次人才培养能力和培养质量得到了提高。我校在人才培养方面,规模有较大增长,2000 年在校本专科生和研究生分别比 1996 年增长了 47.1%和 112.5%,完成了"211 工程"建设的指标。六是加强了师资队伍的建设,为培养和造就中青年骨干创造了十分有利的条件。教师队伍的年龄、学历和学缘结构得到很大改善。引进高层次人才和培养高层次人才的能力进一步提高。七是通过实施"211 工程",加大了重点投入,大大地改善了办学条件,提高了设施装备水平。仪器设备总值大幅度提高,从 1996 年的 11028 万元增加至 18565 万元,图书馆藏书量从 207 万册增加为 239 万册,校舍面积从 53 万平方米增至 74 万平方米,校园网建设达到国内一流水平。2000 年占地 2568 亩的漳州校区的确定,为学校新世纪加快发展提供了更大的空间。总之,"211 工程""九五"期间的建设,为我校在新世纪的进一步发展,奠定了良好而坚实的基础。

根据前段时间的自查,我校"211 工程"建设资金到位率是 100%,建设项目基本完成,并取得了一批标志性成果。但是还有一些项目完成率只有 90%左右,没有完成的内容,经过一两个月的努力是可以完成的。因此,我校已经基本具备了申请验收的条件。

二、怎样做好验收工作

对"211 工程"建设项目进行验收,是建设程序中的一个法定的重要程序。对于检查建设项目的实际执行情况,检验建设成果和效益,总结经验,确定新的目标和任务,具有重要意义。做好验收工作,直接关系到正在进行的国家重点学科的评审和"十五"、"211 工程"的顺利立项,因此这是一项与厦门大学未来发展密切相关的工作。希望大家统一思想,精心组织,确保验收成功,做到万无一失。

第一,验收工作时间非常紧迫,希望大家能以进入倒计时的状态,发扬打硬仗的精神,确实保质保量地完成任务。我们目前完成率只有 90%多,其中有一些原因,如仪器购置计划调整,进口仪器海关报关手续延误,实验室用房装修等,使得一些项目建设进度被拖了下来。完成这些项目还存在什么困难,希望各单位好好研究一下,抓紧时间突击,一定要确保在期限内完成任务。

第二,这次检查是依法行事,因为"211 工程"立项是经过国家计委审核批准的,是必须执行的法律文件。要实事求是地对照学校立项时的总体建设目标和各子项目的建设目标,逐项检查落实。各项目要把所有项目文件备齐,包括当时申报的建设总体目标和分项目具体建设指标,仪器申购文件,批复文件和入库手续等。所有资金的使用要及时报账,经过审计处审计。这是验收必备的程序,反映了验收工作的严肃性。

第三,采取成熟一个,验收一个的方法。各项目组的负责人和院系领导先要按照国家的验收要求,认真自评,再由校领导和专家组一起检查验收。

这次检查验收后要进行评价,评出等级,并给予表彰或处罚。如果哪个学科一期建设验收没有过关,二期的建设就不能上。今后学校经费的投入,要与"211 工程"一期建设的成效挂钩,建设效益好的学科要多投入。

第四,"软件"和"硬件"相结合,更加注重"软件"的建设。我们购买了很多的大型仪器,提供了很好的硬件条件,如何让这些条件充分发挥作用,这与学科的领导、管理和整个群体的整合有很大的关系。我们要更重视软件方面的建设,要重视仪器的管理,提高使用效率,实现资源共享,以及怎样发挥人才群体作用等方面问题,都要认真总结经验,找出问题,加以改进。

第五,认真总结标志性成果。可从以下几个方面总结:一是学科建设成果,包括通过基础研究如何培养出创新性人才;二是实验室的建设成果,能不能拿出一个上水平、上档次的实验室;三是基础设施和公共服务体系建设成果,即如何通过建设,大大地改善了学校办学条件和水平;四是产学研相结合,为地方经济建设服务方面的成果。现在汇总各项目上报的标志性成果有80多项,还需要认真筛选。标志性成果要充分展示我校的办学水平和实力,是反映学科前沿,实现国家发展目标,为国家经济建设和社会发展做出重要贡献的成果。

第六,学校和各学科要认真总结一期建设的经验和存在的问题,并提出二期建设的建议和规划。

最后强调三点,一是学校领导要高度重视"211工程"验收工作,各职能部门要密切配合,一定要为"211工程"验收一路开绿灯,因为时间非常紧张,对出现的问题不能拖,不能耽误,该加班就加班。二是各学科之间一定要有全局观念,互相配合,互相支持,服从学校的统一指挥,保证各单位的问题及时能够协调解决。三是要全校发动,要加强宣传工作。制作一部《厦门大学"211工程"建设巡礼》电视片,总结建设成就,歌颂"科教兴国"战略,歌颂地方政府对我们的支持和全校教职员工良好的精神风貌,体现我校作为一所国内外知名大学的实力。校内的宣传工作也要加强,全校动员起来,把"211工程"验收做好。

——本文摘录自陈传鸿:《大学之道:在建设一流大学的征程上》,厦门大学出版社,2003年12月版

发展大学办学特色　推进大学走向世界

——在中国山东举办的第二次中英大学校长论坛上的演讲稿

（2001 年 10 月 10 日）

校长　陈传鸿

大学的办学特色是指一所大学在其发展历程中形成的比较持久稳定的发展方式，包括一所大学的办学思想、办学理念以及长期形成的校风、学风为主要形式表现出来的大学精神。办学特色还表现为，学校在学科建设、教学管理、人才培养、科学研究、社会服务等方面，在长期实践中形成的行之有效的、独特的办学模式和经验。大学办学特色是一所大学赖以生存发展的生命线，是一所大学的优势所在。世界一流大学无不以其鲜明的办学特色而闻名于世，特别是在学科建设方面的特色，使得在长期的建设中形成自己在某些领域的独特优势，它不仅带动学校整体的发展，乃至于占据世界这一领域的制高点。

大学办学特色至少要具备三个特性。一是独特性。一所大学的办学特色首先要有鲜明的个性，即人无我有，人优我甚。但并非独特的东西均能成长为大学的特色，大学的办学特色不能离开大学的本质属性，即要与大学的基本职能，即，人才培养、科学研究、社会服务以及传承发展文化等联系在一起。二是稳定性和持久性。办学特色是学校长期办学过程中升华和积累的结晶，它甚至可能影响一个国家高等教育的发展，经得起时间和历史的考验，并为社会所公认。三是发展性。办学特色不仅是对过去历史的总结，同时也要着眼于未来，与时俱进，不断丰富和发展。

在世界经济全球化的大背景下，如何发展大学办学特色，推进大学走向世界，更具有现实的意义。

一、为什么要发展大学的办学特色

发展大学的办学特色是时代的需要，也是大学自身发展内在逻辑要求。

首先，发展大学的办学特色是大学适应经济体制转轨和高等教育发展的客观需要。

中国正处于高等教育大发展和由计划经济向市场经济转变的历史时期。过去，由于实行高度集中的计划经济体制，加上苏联教育模式的影响，大学在某些学科设置上形成了与社会生产部门对应的专业。在高等教育管理体制上推行中央统一管理、统一招生、统一学制、统一分配。在高等教育资源紧缺的情况下，大学不用担心生源和毕业生去路，形成了所谓“皇帝女儿不愁嫁”的情况，大学在这方面没有多大的压力。然而，当经济体制由计划经济向市场经济转变后，学生开始主动择校，社会用人部门对人才素质要求更高，而且要求更多样化。特别近年来我国高等教育规模迅速扩大，它将使得高等教育资源配置方式更加市场化，这时，高等教育可能从买方市场转向卖方市场，为了增强大学的竞争力，大学的办学特色更突显其重要性。因为随着社会行业结构的调整，整个社会需要的不仅仅是扩大人才的数量和提高人才的质量，而且更加需要人才结构整体优化。大学的办学特色将更加成为学校的办学实力、品牌和社会声誉的综合体现，生存与发展的生命线。在这种激烈竞争的情况下，大学必须树立特色意识，以特色求发展，以特色取胜。也就是大学必须主动适应国家的需要和社会的发展，以创新的精神进行改革，以满足国家和社会的需要。另一方面，对一所大学而言，教育资源总需求与教育资源总供给总是一对矛盾。在社会教育资源有限的情况下，采取不均衡的发展战略永远是高等教育资源配置方式的有效策略。世界一流大学也不可能是每个学科，每个专业都是一流的。在高等教育资源配置更加市场化的时候，大学更应从自身发展的历史研究积累,现实条件以及学校所处的地域环境出发,明确学校自身的优势所在,以实现资源最优化配置,突出自身的办学特色。

其次,大学的办学特色是世界高等教育传播与发展的必然产物。

如果我们在国际交往的大背景之下进行研究,发展大学的办学特色就极具文化交流的意义。在近现代大学职能演进的发展史上,一流大学都是在不断吸收与借鉴外来高等教育中的合理成分并与本土实际相结合,而形成自己特色的大学教育。

世界上最早的大学被公认是发祥于中世纪欧洲的意大利的波隆那和法国巴黎大学。当时保存和传承人类知识是大学的主要职能,培养人才是大学的主要任务。当这种以人才培养为主要任务的大学传入英国之后,逐渐形成了以注重贵族心智的培养和性格的养成为主要特征的博雅教育。牛津、剑桥传统因此成为古典大学特色的代表。19世纪初,柏林大学关于"大学应当同时教学和科学研究"的办学思想,把大学传统的、单纯的人才培养的一元职能变为人才培养和科学研究并重的二元职能,使柏林大学被公认是具有现代意义上的最早的大学。19世纪中后期,美国继承了德国科学办学思想,形成了以霍普金斯大学为代表的一类研究型大学,把实用性人才与直接为社会服务摆在高校发展的首要位置,其中创建于1848年的威斯康星大学,把教学、科研与社会服务连在一起,把大学从社会的边缘推向社会的中心,由此威斯康星大学成为大学直接为社会服务的典范和旗帜。所以,就文化交流而言,世界高等教育在传播和发展过程中必然会与民族的历史背景文化相结合,并在不断融合的过程中形成自己特色的大学。换而言之,只有与本民族历史文化相结合而形成的大学,才能不断丰富和发展大学特色,为世界高等教育繁荣和发展做出贡献。

最后,发展大学的办学特色是高等教育国际化的客观要求。

高等教育向来就具有国际化的特征。但是真正高等教育国际化的浪潮当始于二战后。二战后,随着世界各国政治、经济、文化交往的加强,高等教育国际化成为各国高等教育改革与发展的方向。这种国际化趋势主要表现为留学生和互派学者数量急剧增长,国际间学术交流和开展合作研究日益频繁。特别是自上世纪70年代末以来,随着经济全球化发展进程和信息技术的快速发展,高等教育国际化盛况空前,其中海外留学生教育成为最活跃的领域。一些发达国家采取各种政策积极开拓海外教育市场,大力吸引世界各国留学生,它不仅为教育输出国带来了巨大的经济利益和丰富的高层次人才资源,而且在深层次上影响着各国政治、经济、科技、外交等各方面。作为发展中国家的中国,改革开放以来,中国高等教育史无前例地积极"面向世界"开放,以期学习发达国家的先进科技以及借鉴经济管理和高等教育的办学经验。它有助于我们博取众家之长,积极利用国外高等教育优质资源,力求在不太长的时间内,使我们一些大学跻身于世界一流大学的行列。当然,高等教育国际化的进程也应与本国的实际相结合,不能一味地跟在人家后面,必须在学习中创新,发展自己。同时,要积极主动地向世界介绍本国优秀传统文化和高等教育优良办学特色,提高本国大学在国际上的知名度。

二、如何发展大学的办学特色

如何发展大学的办学特色,是一个理论性和实践性都很强的课题,更是一个需要多学科综合研究的课题。但如果把它置于国际文化交流的大背景下时,至少可以从以下两个方面加以讨论。

首先,大学要善于继承和发扬中国传统文化中的优秀成分,并实现与外来文化的有机结合。

中国传统文化源远流长,以儒家为主导思想的文化体系,不但对中国乃至对世界各国产生了深远的影响。中国传统高等教育形成了富有特色的人文教育,是当代教育取之不竭的源泉。例如清华大学的校训为"自强不息,厚德载物",南开大学的校训为"允公允能,日新月异",厦门大学的校训为"自强不息,止于至善"。这些简练的语言蕴含着丰富的人文精神。例如,上世纪初,蔡元培先生在北京大学进行的民主改革,很大程度上是较好地协调与设计西方与中国两种不同文化知识体系。他提倡"兼容并包"的办学思想,成功地把西方的科学研究精神与中国重视人文教育的传统有机地结合起来。北京大学由此脱离了旧式升官发财的办学特色而成为一所研究高深学问的场所,并在特定的情况下,摆脱了纯学术研究的范式,成为时刻关注着国家民族命运和发展前途的先锋。中国当代学者中有人把中国高等教育划分为三个阶段:古代以人文教育为主;近现代以科技教育为主;当代是科技与人文教育相整合的三个阶段。所以在人们担心当代科学技术迅速发展而人文精神失落的情况下,重视和发扬传统高等教育,重视人文教育的传统,不仅对中国而且对世界各国都具有深远的意义。

其次,大学应更注重所处环境的地域特色,以地域的特色研究推进大学走向世界。

在近代中国高等教育发展史上,存在着"本土化"的现象。中国高等教育的发展模式被认为是后发外生发展型,其特点是从西方引进,产生迟,发展快。对西方高等教育的态度经历了一系列排拒,接受乃至积极学习的矛盾演变过程。这一演变过程也就是使西方的高等教育不断适合本国实际情况,并促进有中国特色的高等教育体系形成的过程。对于大学而言,这种本土化运动常常是通过培养特定地域所需要的人才,和通过研究具有地域特色的文化来实现的。文化是一定地域社会认同的一种生存方式。文化的传播与发展也是以一定种群关系的人们的交往为联系纽带。培养地方所需的人才和开展具有地域特色的科学研究,成为大学走向世界的一个重要手段。厦门大学是爱国华侨领袖陈嘉庚先生于 1921 年创办的。1921 年制定的《厦门大学校旨》明确指出:"本大学之主要目的,在博集东西各国之学术及其精神,以研究一切现象之底蕴与功用;同时并阐发中国固有学艺之美质,使之融会贯通,成为一种最新最完善之文化。"我校早期办学者就曾提出:厦门大学的人文学科必须注意对象所蕴藏的区域,并以区域的深化研究,从而取得影响国内外学术界的成就。当时的厦门大学国学研究院,提出以现代的科学方法整理中国固有之文化。由此,在上世纪 20—30 年代,厦门大学的生物学、海洋学以及若干以地域为特色的人文科学在全国是独树一帜的。特别是近几十年来,厦门大学一直坚持地域方面的人才培养和研究特色,于上世纪 50 年代明确地把"面向海洋、面向华侨、面向东南亚"作为学校办学方针的重要组成部分,同时积极利用学校所处的地缘优势,把这种地缘优势转化为人才培养和科学研究的优势,使学校在学科布局和专业设置中体现出"侨、台、特、海"的办学特色,在国内外具有一定影响。

——本文摘录自陈传鸿:《大学之道:在建设一流大学的征程上》,厦门大学出版社,2003 年 12 月版

承继"九五"辉煌,开创"十五"伟业

——在厦门大学第五届教职工代表大会一次会议上的报告

(2001年11月16日)

校长　陈传鸿

我校第五届教职工代表大会一次会议今天隆重开幕了。几年来,我校第四届教代会在校党委的领导下,围绕学校改革、发展与稳定的大局,认真履行职责,积极参与学校的民主管理和民主监督,为学校改革发展做了大量有效的工作,做出了积极的贡献,在此,我代表校党政领导,对本届大会的召开表示热烈的祝贺!向各位代表,并通过各位代表向全校教职员工表示衷心的感谢!

当前,我们正处在"九五"、"十五"两个计划衔接的关键时期,我代表校领导班子对学校"九五"的工作和"十五"工作思路向大会做报告,请审议。

一、"九五"以来改革与发展回顾

(一)"九五"取得的主要成绩。"九五"以来,厦门大学坚持以邓小平理论为指导,把握改革、发展与稳定的大局,认真实施《厦门大学面向21世纪改革与发展规划》和"211工程"建设规划,学校各项事业有了较大发展。一是党建和思想政治工作成绩显著,1998年被中组部、中宣部、教育部党组授予"党建和思想政治工作先进高等学校"称号。二是巩固和发展"共建"成果,继续推进办学体制改革,教育部、省政府、厦门市签订了《重点共建厦门大学协议书》,三方同意在2001—2003年内共同投入6亿元人民币的共建资金。三是"211工程"建设全面推进,"211工程"建设项目以优秀的成绩通过国家组织的整体验收。四是深化校内管理体制改革,进一步调动了广大教职工的积极性,办学效益也明显提高。五是学校坚持以学科建设为龙头,学科结构得到进一步优化,学科建设的整体水平进一步提高。六是人才培养成绩显著,规模稳步增长,"九五"期间,本科生在校生增长43%,研究生在校生增长112%。与此同时,人才培养质量得到明显提高。七是学校科研事业显著发展,开展科学前沿领域研究和解决重大科技问题的能力明显增强。八是推动"人才工程"建设,形成一支知识、学历、年龄结构较为优化的师资队伍。九是学校公共服务体系建设成效显著,后勤改革全面启动,教职工普遍关心的校内公有住房出售以及参加厦门市城镇职工基本医疗保险等工作顺利完成,师生员工的工作、学习、生活条件得到了较大改善,特别是漳州校区的确定为我校在新世纪的发展拓展了新的办学空间。十是通过"九五"建设,推动了国际学术交流的发展。

(二)"九五"工作的主要经验:一是强化了危机意识、责任意识,坚持发展是硬道理的观点,从转变办学思想、办学观念入手,进行了一系列较为系统的配套改革,出台了一系列有效的政策措施,推动了学校改革与发展。二是增强主动服务社会和经济建设的观念,使学校加大主动服务区域经济社会发展的工作力度,从而更多地获得地方政府的支持。三是以学科建设为核心,全面带动教学科研水平的提高。推进学科布局结构调整和学科的交叉融合,培育、扶植和形成一批新兴交叉学科。四是充分认识在处理数量与质量的关系上要更加注重质量,推进素质教育,把培养高素质、创造性的人才摆到突出的位置,明确教学质量是学校生存和发展的生命线,把提高教育质量作为学校教学工作的永恒主题。五是进一步认识高等学校三大功能的实践意义,人才培养、科学研究和科技产业化水平是体现高校办学水平的主要标志,三者都内在统一于创新体系之中,互相结合互相促进。六是只有改革才有出路,要着力突破阻碍学校发展的体制性障碍，完善激励、竞争运行机制，增创体制、机制的新优势，不断增强办学活力。七是信息技术手段的运用，加强校园网、数字图书馆、现代教育技术中心等的建设，提高了教育的现代化水平。八是学校的改革与发展必须始终坚持以党建和思想政治工作为保证。

（三）“九五”建设存在的困难和问题。一是思想观念不够解放，工作中开创性和前瞻性不足。二是学科发展不平衡，学科间交叉渗透不够，综合性大学的学科综合优势尚未充分发挥。三是教学改革力度不够，基础教学设施还不能完全满足教学的需求。四是在队伍建设上，人才引进和培养力度不够，措施还不够得力。五是科研经费总量还偏小，科技成果转化和高新技术产业化尚处在起步阶段。六是体制改革和机制创新在某些方面尚未达到预期结果。七是教育资源未能得到优化配置和充分利用，影响了办学效益的提高。八是经费投入与学校事业的发展需求存在较大差距，等等。对于困扰和制约学校发展的这些问题，我们必须认真分析，制定对策，有效地加以解决。

二、“十五”期间厦门大学面临的形势和发展的思路

（一）今后5到10年，从国际形势看，经济全球化已是时代潮流，知识经济已见端倪，国际间高层次人才争夺战将愈演愈烈。越来越多的国家把建设和发展高质量教育作为一项基本国策，更加重视人力资源的开发。从国内形势看，这一时期是我国经济和社会发展的重要时期，是进行经济结构战略性调整，完善社会主义市场经济体制和扩大对外开放的重要时期。我国要实现现代化建设的第三步战略目标，越来越取决于教育事业的发展，越来越取决于高层次创新人才的数量和质量。从区域看，福建省正处于加快建设海峡西岸繁荣带，厦门经济特区和有条件的地方率先基本实现现代化的关键时期。从高校自身发展看，国内外高等教育竞争日趋激烈，综合性、研究型、信息化、开放式办学已成为高等教育发展的主流。

作为一所国家重点大学，厦门大学要积极贯彻落实“科教兴国”战略，增强危机感、紧迫感和责任感，坚持“发展是硬道理”，把加快发展作为解决所有问题的关键。要正确处理规模、速度、数量与结构、质量、效益的关系，坚持规模、结构、质量、效益相统一的发展方针；要正确处理改革、发展与稳定的关系，形成一个既解放思想、开拓创新，又安定团结、生动活泼的崭新局面。

（二）适应新形势的要求，厦门大学“十五”期间改革与发展的思路是：以发展为主题，走内涵提高、外延发展、办出特色、办出水平的路子，实现学校各项事业的跨越式发展；以结构调整为主线，大力调整学科结构和人才培养结构，“有所为，有所不为”，实现教育资源的优化配置；以改革为动力，不断改革和完善办学管理体制和运行机制，增强办学活力和发展后劲，提高办学效益；以质量为核心，全面推进素质教育，切实提高教育质量；以创新为目标，加强基础研究、应用研究和高新技术产业化，增强学校的自身“造血”功能，努力把厦门大学建设成为国内外知名的高水平大学，从而为建设高水平研究型大学奠定坚实的基础。

三、以“三个代表”的重要思想为指导，把学校的各项事业全面推向前进

（一）实现“十五”提出的奋斗目标，必须以邓小平理论和“三个代表”的重要思想为指导，努力发挥高等学校的三大职能，做先进生产力的开拓者、先进文化的建设者和最广大人民根本利益的维护者，把学校的各项事业全面推向前进。高等学校要做先进生产力的开拓者，就要不断提高教育教学质量，把培养掌握先进科学知识、具有社会主义觉悟的创新人才放在首位；就要积极开展科学研究，不断认识未知世界，探索科学真理，创造新知识新技术；就要面向经济建设主战场，推动“产学研”合作，加快技术创新和高新技术产业化，不断提高科技成果的转化率和贡献率。高等学校要做先进文化的建设者，就要坚持马克思主义的指导地位，把弘扬中华民族优秀文化传统和革命文化传统与汲取人类优秀文化精华统一起来，创造适应时代精神和人民群众需要的精神产品，为国家经济社会发展提供精神动力；就要坚决反对腐朽思想道德和文化，建设高层次、高水平、高格调的校园主流文化，不断满足师生员工的文化生活需要；就要加强高校的社会主义精神文明建设，不断提高广大师生员工的思想道德素质、科学文化水平和校园文明程

度,更好地发挥高等学校对全社会精神文明建设的示范和辐射作用。高等学校要做最广大人民根本利益的维护者,就要坚决贯彻执行党的教育方针,坚持社会主义的办学方向,为社会主义事业培养大批合格的建设者和接班人;就要深化高等教育改革,加快高等教育发展,通过扩大办学规模、调整布局结构、提高办学质量和效益,不断满足经济社会发展的需要和广大人民群众日益增长的教育需求;就要切实加强和改进党的作风建设,强化宗旨意识,密切联系群众,抓住重点,集中解决领导干部的思想作风、学风、工作作风和生活作风方面的突出问题,全心全意为人民服务,开拓创新,艰苦奋斗。

(二)在学科建设方面,要按照"发挥优势、突出重点、培植特色、巩固基础、加强应用"的思路和"促进学科深度交叉和融合,教育资源合理配置和有效利用"的原则,明确学科建设的核心地位和学校重点发展的方向,做好学科布局和结构调整,从而带动学科建设整体水平的提高;更新改造传统学科,巩固化学、经济学等基础和优势学科,增强基础学科的竞争能力;大力发展生命科学、计算机与信息科学、材料科学、海洋科学、环境科学以及管理学、法学等在21世纪有良好发展前景的学科;集中力量加强工科等应用类学科的建设;注重发展省市经济建设和社会发展急需的学科;通过体制和机制创新,促进各学科的交叉渗透,形成一批新的学科增长点。

(三)要积极扩大研究生教育规模,有序地开展研究生教育的结构性调整。要丰富研究生培养规格,调整和优化学科、人才结构,在进一步加强学术性学位教育的同时,大力发展专业学位教育。培养质量是研究生教育的生命线,要始终把提高培养质量放在首位,要改进研究生培养模式,建立开放的培养体系;以加强创新能力培养为核心,深入开展研究生培养环节的改革;进一步加强学位论文指导工作的过程管理;建立有效的质量保证体系。

在本科教学方面,要进一步牢固树立人才培养是学校的根本任务,本科教学工作是基础,教学改革是学校教育改革的核心,提高人才培养质量是永恒主题的思想;要保持教学经费持续稳定增长;大力提倡教授上讲台,加强基础课教学;进一步加强师德建设,引导教师把主要精力投入到学校的人才培养和教学工作中;探索新的人才培养模式,调整专业设置,构建适合创新性人才培养的教学内容与课程体系,大力提倡编写、引进和使用先进教材;加快教育技术手段现代化建设,积极推动使用英语等外语进行教学;切实加强学风建设,充分调动和发挥学生学习的主动性和积极性;进一步加强实践教学,注重学生创新精神和实践能力的培养;创造条件使学生较早地参与科学研究和创新活动;逐步完善学分制,试行弹性学制;建立健全教学质量监测和保证体系。

(四)在科学研究方面,要充分发挥我校的综合优势,促进我校文理工科的交叉融合,形成自然科学研究和人文社会科学研究两翼齐飞,基础研究和应用研究相互促进的发展格局,使我校真正成为教学、科研和科技产业化的中心,成为探索重大理论,解决实际问题,推动社会进步和经济发展的科学基地、知识库和思想库,成为推动科技创新和实现生产力转化的重要力量。继续深化科研体制改革,以出一批高水平的标志性成果为目标,进行科研机构、人员结构的整合;要瞄准国家目标和国际前沿,开展原创性基础研究;结合地方经济社会发展的需要,大力扶持若干应用研究和高新技术研究项目;采取倾斜政策,鼓励多学科交叉研究和联合攻关。加强国家、教育部重点实验室和国家人文社科研究基地的建设,跨学科研究机构的建设;加强政策引导和机制创新,大力开展产学研结合,努力探索科技成果转化和高新技术产业化的多种途径;加快厦门大学科技园建设。鼓励自然科学和人文社会科学各学科积极探讨国家经济建设与社会发展过程中提出的重大理论和实际问题,加大为地方经济建设和社会服务的力度。

(五)在师资队伍建设方面,要进一步确立"以人为本"的观念,把师资队伍建设真正摆在学校发展的关键位置上;积极营造良好的学术研究风气和人才培养的氛围,激活人才竞争和合作的机制;加大队伍建设的投入力度,在吸引人才、留住人才、发挥人才潜力方面再上一个新台阶。适度扩大教师队伍规模,进一步优化师资队伍结构;改变师资管理模式,完善教师考核聘任制度,探索和建立相对稳定的骨干层和出入有序的开放式的教师队伍管理模式,完善竞争淘汰机制;改革职称评审制度,逐步实现按需设岗、以岗定职、评聘结合的职称评审制度;注重对新一代学术带头人和年轻学术骨干的培养;进一步改善教师工作条件,完善学术假制度;加强教师在岗培训,提高教师整体素质。

(六)在对外学术交流方面,要提高层次,扩大规模,以更加开放的姿态做好教育外事工作,在扩大对外影响和实质性交流上下功夫;建立适应对外交流人才培养的培训机构,有计划、有重点地开展人员派出工作;精心举办高层次、有影响的国际学术会议,提升我校对外交流的竞争力。完善留学生教学和生活保障条件,扩大海外留学生规模,并着重增加我校重点和优势学科的留学生比例;在巩固已有校际交流关系的基础上,注重与海外知名的高校和科研机构建立合作交流关系,开拓合作的领域和渠道,实现"强强联合"。进一步巩固和发展与港澳台地区的校际合作交流,扩大对港澳台招生工作。

(七)加强规划和积极筹建漳州新校区。这是我校落实科教兴国战略,适应普通高校扩大招生规模新形势的一项战略性决策,是我校迈向新世纪的又一重大工程。规划和建设好新校区,可以为我校拓展办学空间、培养更多的高素质人才,更好地为国家和地方经济建设和社会发展服务。土地是不可再生的宝贵资源,新校区的落实来之不易,要进一步做好校园的总体规划,抓紧做好新校区的规划和建设。目前《厦门大学漳州校区建设项目可行性研究报告》已经报批;《漳州校区总体规划方案》基本确定;漳州校区的勘界工作基本完成。要进一步统一思想认识,坚定漳州校区建设的决心和信心;在多渠道筹措建设资金的同时,推动新校区建设的体制和机制的创新;要抓紧做好全面开工的各项前期准备工作,保证工程顺利开工和推进建设进度,为2003年秋季第一批新生进入漳州校区就学奠定基础。

"十五"计划作为新世纪的第一个五年计划,对于21世纪来说,有着承前启后、继往开来的奠基作用。因此我们应当以高度的责任感和使命感,认真地总结过去,科学地规划未来,描绘好21世纪初学校发展的宏伟蓝图,扎扎实实地推进各项改革,促进学校更快更好地发展,全面将学校的整体办学水平推向一个新阶段,让我们以百倍的努力,为实现"把我校建设成为国内外知名的高水平大学"的奋斗目标而共同奋斗!

——本文摘录自陈传鸿:《大学之道:在建设一流大学的征程上》,厦门大学出版社,2003年12月版

·党建与思想政治工作·

关于试行处级领导干部任前公示的规定

(2001 年 1 月 8 日)

为了进一步扩大干部工作的民主化程度,加强对干部选拔任用工作和对领导干部的监督,提高选人用人的质量,防止和克服选人用人方面的不正之风,根据中央颁发的《深化干部人事制度改革纲要》的要求,经研究,决定试行学校处级领导干部任前公示制度。现将有关事项规定如下:

一、公示对象

拟提拔担任学校处级领导职务的人选或推荐提名人选。

二、公示内容

公示对象的姓名、性别、出生年月、籍贯、出生地、政治面貌、学历、职称、工作简历、现任职务和拟任的领导职务、公示日期。

三、公示方式

拟提拔为学校处级领导职务的人选或推荐提名人选,在学校电视台和公告栏进行公示。

四、公示时间

从发布公示信息的当日起,公示时间为 7 天。

五、公示后的工作程序

1.群众可以在公示期内来电、来信或来访,向组织部反映对公示对象的意见。反映公示对象的问题必须实事求是,绝不允许借机诽谤、诬陷公示对象。为了便于反映问题的调查核实,提倡实名反映问题。公示时间截止后,群众继续来电、来信、来访反映问题转为正常信访件处理。

2.公示期间,组织部要认真负责地受理群众的来电、来访和来信;对反映有实质性问题的,视情况与纪检、监察等有关部门一起调查核实;对于署实名的来信和报实名的来电来访,调查核实的情况应向反映人反馈。

3.公示期结束后,组织部对公示期间反映的问题及调查核实情况进行综合汇总并向党委汇报,由党委常委会研究确定推荐提名人选和任用人选。

六、公示工作的组织领导

1.任前公示工作在党委统一领导下,由党委组织部具体负责实施。

2.党委组织部要认真负责地做好群众反映问题的登记建档,区别不同情况进行调查核实工作。要严肃工作纪律,严格做好保密工作,对违反纪律泄密者,要追究责任,情节严重的,给予党纪政纪处分。

3.各总支、直属支部及各部处要通过各种形式做好宣传发动工作,使群众了解、关注和参与公示工作。要做好思想政治工作,教育每个公示对象正确对待群众反映的问题。

——本文摘录自《关于印发〈关于试行处级领导干部任前公示的规定〉的通知》,厦大委组〔2001〕2号,档号 2001-DQ02-1

中国共产党厦门大学委员会关于党的总支部工作的暂行规定

(2001 年 1 月 15 日)

一、总　　则

第一条　为了加强我校党的领导和党的建设,发挥党的总支部在基层的政治核心作用,保证教学、科研、行政管理等各项任务的顺利进行,根据《中国共产党章程》和《中国共产党普通高等学校基层组织工作条例》,结合我校实际,制定本暂行规定。

第二条　党的总支部是校党委领导下的一级党的基层组织,是所在单位的政治核心,参与本单位重要工作的决策,领导本单位党的建设、思想政治工作和群众工作,对本单位贯彻执行党和国家的路线、方针、政策及学校的各项决定,完成各项任务,起保证监督作用。

第三条　党的总支部必须以马列主义、毛泽东思想、邓小平理论为指导,全面贯彻执行党的基本路线,按照江泽民同志"三个代表"重要思想的要求,切实加强党组织的思想、组织、作风建设,增强党组织的凝聚力和战斗力,充分发挥基层党支部的战斗堡垒作用和党员的先锋模范作用,围绕学校改革和发展的中心任务开展工作,培养德、智、体全面发展的社会主义事业的建设者和接班人,为社会主义现代化建设服务。

二、党的总支部的设置和组成

第四条　有正式党员 50 人以上的学院、院级单位成立党的总支部。党员不足 50 人的单位,根据工作需要,经校党委批准,也可以成立党的总支部。校部机关设立若干个党的总支部。凡设置或撤并党的总支部,应由校党委组织部提出意见,报校党委批准。

第五条　党的总支部委员会根据党员人数和工作需要,一般由 5～9 人组成,设书记 1 人,副书记若干人,并设组织、宣传、纪检、统战、青年等委员。学院党的总支部应配备专职的书记或副书记,应设专职总支秘书 1 人。

第六条　党的总支部委员会由党员大会选举产生,任期三年。如需延期或提前进行换届选举,应报校党委批准。延长期限一般不超过一年。党的总支部委员会候选人由上届委员会根据多数党员的意见确定,在党员大会上进行选举,委员候选人的差额为应选人数的 20%。书记、副书记的人选报校党委审查同意后在委员会全体会议上进行选举。选出的委员报校党委组织部备案,书记、副书记报校党委批准。委员如有变动或增补,必须报校党委组织部同意,并经党员大会通过。校党委认为必要时,可以调动或指派党的总支部书记、副书记。

三、学院党的总支部的职责和任务

第七条　保证监督党和国家的路线、方针、政策及学校的各项决定在本单位的贯彻执行。坚持和巩固马克思主义的指导地位，坚持社会主义办学方向。

第八条　参与讨论和决定本单位教学、科研、行政管理等工作中的重要事项。支持本单位行政负责人在其职责范围内独立负责地开展工作。

1.协助行政负责人建立健全本单位的办公会议制度。书记、副书记均为办公会议成员。

2.对本单位的重大问题，如发展方向、改革方案、学期工作计划、学科建设、师资培养、人事安排、职称评定、经费管理等参与讨论和决策。书记与行政负责人要经常沟通思想，互通情况，团结协作；在重大问题上发生意见分歧时，应及时协商解决，必要时可向校党委请示。

3.定期召开党的总支部委员会或党员大会，听取行政负责人的工作汇报，并提出意见和建议。担任行政领导职务的党员和党外干部，都应自觉接受党组织的监督。

第九条　加强党组织的思想、组织、作风建设，具体指导党支部的工作。

1.党员教育　根据校党委的统一布置和本单位实际，制定党员教育计划，组织党员认真学习马列主义、毛泽东思想、邓小平理论和党的路线、方针、政策，学习党的基本知识，学习科学、文化和业务知识，提高政治和业务素质，帮助党员增强改造世界观的自觉性，坚定社会主义、共产主义理想信念。

2.党内生活　建立健全党内生活制度，定期召开总支部委员会（每学期至少一次）、支部委员会（每月至少一次）、党员大会（每学期至少一至二次）和组织生活会（每月一次）。总支部委员会和党员行政负责人每学期要召开一次民主生活会，开展批评与自我批评，自觉接受党组织和党内外群众的监督。

3.党员管理　严格执行党员管理的各项制度，监督党员切实履行义务，正确行使党员权利，围绕教学、科研中心任务，积极开展“创先争优”活动。经常了解党员的思想、工作情况，表扬先进，批评后进，处理不合格党员。

4.支部建设　根据工作需要和党员人数，确定所属党支部的设置，做好党支部书记的选举、培养、教育工作。定期分析研究党支部的工作，及时处理党支部反映的意见、要求和问题。根据教工、研究生、本科生等党支部的不同特点，有针对性地分类指导他们开展工作。

5.发展党员　按照“坚持标准，保证质量，改善结构，慎重发展”的方针，指导和审查党支部的党员发展工作，重视在学生和青年教师中发展党员，加强对建党对象和预备党员的培养、教育、考察工作，严格履行审批手续，把好“入口关”。

6.党风党纪　落实党风廉政建设责任制，经常对党员进行党风党纪教育，督促党员特别是党员领导干部遵纪守法、廉洁奉公。对党员违法违纪行为要及时处理，以严肃党的纪律。

7.调查研究　组织党务政工干部积极开展高校党建工作的调查研究，不断探索新时期高校党建工作的新路子，并就当前高校党建工作的重点、难点和热点问题进行探析，找出问题症结，提出解决问题的办法，推动党建工作上新台阶。

第十条　领导本单位的思想政治工作。

1.把用邓小平理论武装党员干部和师生员工作为思想政治工作的首要任务，广泛进行党的基本路线和基本纲领的教育，进行爱国主义、集体主义、社会主义和艰苦奋斗精神的教育，帮助他们坚定走有中国特色社会主义道路的信念，树立正确的世界观、人生观、价值观。

2.思想政治工作要围绕学校的中心工作，结合教学、科研、学科建设、人才培养、干部教师队伍建设、行政管理等工作进行，为学校改革、发展、稳定的大局提供强有力的精神动力和思想保证。

3.加强马克思主义唯物论和无神论的教育，大力提倡科学精神；加强国际国内形势、民主法制和维护社会稳定的教育；加强以为人民服务为核心，以集体主义为原则的社会主义道德建设；对师生员工的思想认识问题，多做解惑释疑、提高认识、统一思想、凝聚人心的工作；要坚持讲政治，对重大原则问题必须立场坚定，旗帜鲜明。

4.坚持从师生员工的思想实际出发，增强思想政治工作的针对性和实效性，把先进性要求和广泛性要求结合起来，区分不同对象、层次，有的放矢，注重实效。

要特别重视青年教师和青年干部在政治上和业务上的成长，对他们既要热情关心，又要严格要求。

总支委员会同行政负责人每学期要全面研究一次青年教师、青年干部的状况,提出并落实对他们的教育、培养计划。

要加强学生思想政治工作,坚持把德育放在首位,坚持教育与管理相结合,深入了解掌握学生思想动态,把思想政治工作渗透到教书育人的各个环节,全面推进素质教育,努力把学生培养成为社会主义事业的建设者和接班人。

5.坚持解决思想问题同解决实际问题相结合,关心师生员工的思想、工作、学习和生活情况。认真贯彻落实党的各项政策,多做得人心,暖人心,稳人心的工作,同时引导他们正确处理国家、集体和个人利益的关系。

第十一条　做好本单位干部的推荐选拔和管理工作。

1.根据干部管理任免权限和程序,在认真听取各方面意见的基础上,提名推荐本单位的党务政工干部;并同院行政领导一起,做好本单位行政干部的选拔、推荐和考察工作。

2.对学院党政领导干部的配备和选拔,学院总支部委员会可以向校党委提出建议,并协助校党委组织部进行民主推荐、民主测评和考察工作。

3.根据校党委的决定,做好后备干部的推荐、选拔、培养、考核工作。

4.与行政领导一起,做好学生政治辅导员、班主任的配备和管理工作。

5.做好本单位人员出国(境)的政治审查工作。

第十二条　领导本单位工会、共青团、学生会等群众组织,支持他们按各自的章程独立开展工作,并通过这些群众组织,密切同群众的联系,做好思想政治工作。

第十三条　做好统战工作。认真贯彻执行党的统一战线方针和政策,经常召开有代表性的党外人士座谈会,通报情况,听取意见。适时向上级党组织推荐党外干部。

四、机关党的总支部的职责和任务

第十四条　宣传和执行党的路线、方针、政策。根据校党委的部署,结合实际,制定总支部的工作计划并组织实施。

第十五条　组织党员学习马列主义、毛泽东思想、邓小平理论和党的路线、方针、政策,学习党的基本知识,学习科学、文化和业务知识,做好机关人员的思想政治工作。

第十六条　对包括部门负责人在内的每个党员在执行党的路线、方针、政策,遵守民主集中制原则,遵纪守法,廉洁自律,联系群众以及工作、学习、思想、作风、道德品质等方面的情况进行监督。

第十七条　协助行政负责人完成本部门的各项任务,督促机关工作人员认真改进工作作风,提高工作效率。

第十八条　抓好党组织的思想、组织和作风建设,具体工作任务同第九条。

第十九条　领导机关工会、共青团等群众组织的工作,支持他们按照各自的章程独立开展工作。了解和关心机关工作人员的思想、工作、学习和生活情况。

五、党的总支部委员会自身建设

第二十条　党的总支部委员应讲学习、讲政治、讲正气,认真学习马列主义、毛泽东思想和邓小平理论,努力提高运用马克思主义的立场、观点、方法观察和分析、解决问题的能力;增强执行党的基本路线的自觉性,增强政治意识、大局意识、责任意识,把握正确的政治方向,抓大事,议大事;树立全心全意为人民服务的思想,清正廉洁,勤政务实;密切联系群众,积极向群众宣传党的方针政策,虚心听取并及时向党组织反映群众的意见和要求,接受群众监督。

第二十一条　总支部委员会应坚持和健全下列制度:

1.严格执行民主集中制。坚持集体领导和个人分工负责相结合的原则,健全集体领导制度。凡属重大问题都要由总支部委员会集体讨论,做出决定;委员会成员要根据集体的决定和分工,切实履行自己的职责。

2.健全组织生活制度。党的总支部委员会每两个月至少要召开一次组织生活会,开展批评与自我批评,统一思想认识,增强团结。

3.坚持党政领导干部双重民主生活会制度。党员领导干部既要参加所在支部、小组的组织生活会,又要参加定期召开的党员领导干部的民主生活会。民主生活会每学期召开一次,会前要做好准备工作,明确议题,会上要积极交流思想,认真开展批评与自我批评,及时解决班子内部存在的问题,提高领导班子战斗力。

4.建立向上级党组织报告工作的制度。党的总支部负责人每学期至少向校党委领导同志汇报思想与工作情况1～2次。遇有特殊情况应及时汇报,取得上级领导的支持、指导和监督,避免和减少工作中的失误。

5.建立向下级党组织和广大党员通报情况的制度。党的总支部每两个月应召开一次党支部书记会议,每学期召开一次党员大会,向下级党组织和广大党员传达上级党组织的文件、决定,通报本单位党的总支部的工作情况,使下级组织及党员群众对党内事务有更多的了解和参与,并便于党员群众对总支部委员会工作的监督。

6.制定符合本单位情况的廉政建设制度,并严格执行。

六、附　　则

第二十二条　本规定由校党委组织部负责解释。

第二十三条　本规定自下发之日起施行。

——本文摘录自《关于印发〈中国共产党厦门大学委员会关于党的总支部工作的暂行规定〉的通知》,厦大委组〔2001〕3号,档号2001-DQ02-1

关于发展党员工作程序的暂行规定

(2001年2月28日)

为使我校发展党员工作程序化、规范化和制度化,确保新党员质量,我部根据中组发(1990)3号《中国共产党发展党员工作细则》文件规定,结合我校发展党员工作的具体实践,制定以下发展党员工作程序。

一、入党积极分子及建党对象的培养、教育和考察

1.要求入党的同志提交入党申请书后,党支部应及时指派1～2名联系人与其谈话,了解其思想情况和对党的认识,指导他们学习党的基本知识,从政治上关心他们,帮助他们进步。

2.入党积极分子必须参加党章学习小组的学习,党支部要创造条件让他们参加一些党的活动,进行马列主义、毛泽东思想、邓小平理论和党的基本路线、党的基本知识教育。

3.党支部应让入党积极分子承担一定的社会工作,注意在其学习、实际工作和日常生活中考察他们的政治觉悟、思想品质、现实表现,及时地肯定成绩,指出缺点。

4.经党小组(共青团员经团组织)推荐,党支部委员会讨论同意,在表现突出的入党积极分子中确定建党对象,并向支部全体党员公布。

5.被确定为建党对象者,要填写建党对象登记表;党总支应建立建党对象档案(包括入党申请书、建党对象登记表、思想汇报等)。

6.建党对象每学期至少一次书面向党支部汇报思想;联系人要经常与联系对象接触和谈心,及时指出其主要优缺点,使其不断提高对党的认识,端正入党动机,督促其认真学习,努力工作,并定期向支部汇报建党对象情况;党支部应对联系人的工作进行定期检查,包括检查建党对象登记表的考察记录情况。

7.对因调动(或毕业)尚未发展的建党对象,党总支应负责将他们的入党申请书、培养教育和考察情况材料等,连同本人档案及时转给接收单位党组织。

二、选好、选准发展对象

1.根据党章规定的党员标准,党支部从那些在实践中证明愿意为共产主义事业献身,拥护党的路线、方针、政策,坚持四项基本原则,政治立场坚定,表现突出的建党对象中挑选。

2.发展对象的确定,除团支部推荐意见外,应征求同班同学、班主任、辅导员、主要任课老师的意见,研究生要征求教研室及导师的意见;党支部应注意加强在低年级学生和品学兼优的学生中选苗、培养教育等工作。

3.建党对象经过一年以上(从递交入党申请书之日算起)的培养教育,在听取党小组、培养联系人和党内外群众意见的基础上,经支委会(不设支委会的须经支部大会)讨论同意,可列为发展对象。

三、制定发展党员计划

1.各党总支在每年年底党支部上报的基础上,制定好第二年组织发展工作计划;党委组织部每年对各党总支执行计划情况做不定期的了解,进行指导和帮助。

2.制定党员发展计划应从实际出发,实事求是,积极慎重;在对发展对象全面考察的基础上,把条件成熟的同志及时列入发展计划。

3.建党对象经过党委党校培训并取得结业证书,在基本具备了党章规定的党员条件后,党支部应及时纳入发展党员计划,吸收其入党。

四、发展党员应履行的手续

1.政治审查

(1)政审的主要内容:本人的政治历史及在重大政治斗争中的立场、态度和表现;日常的政治思想表现;对党的认识过程和入党动机;对四项基本原则和党的路线、方针、政策的认识表现;本人对自身存在的主要缺点的认识和改正情况及党内外群众的意见;本人直系亲属及关系密切的主要社会关系的政治面貌、现实表现。

(2)政审的方式:政审可采用同本人谈话、查阅有关档案材料、向有关单位及人员了解等方式,必要时可函调或外调(发展教工入党政审时,须函调或外调)。

2.发展党员前党总支应审查其入党申请书、《建党对象登记表》、党校学习成绩证明等材料;对历史上和重大政治斗争中有过问题的发展对象,党支部应事先向党总支汇报,党总支应及时向党委组织部请示。

3.经上级党组织审查原则同意发展后,发展对象应填写《入党志愿书》,由本支部正式党员二人负责介绍;党支部应负责向入党对象介绍填写《入党志愿书》的要求。

4.召开支部党员大会,讨论接收新党员的接收工作;每次支部纳新大会最多只能发展四个,且必须逐个讨论、逐个表决;支部党员大会由支部书记主持;大会的主要程序是:

(1)会议主持人报告出席会议的党员人数。

(2)入党申请人宣读《入党志愿书》,向大会汇报自己对党的认识、入党动机、本人履历以及需向党组织说明的问题。

(3)入党介绍人介绍入党申请人的有关情况,并对其能否入党表明意见。

(4)支部组织委员汇报入党申请人的培养过程、政审情况及对其入党的意见。

(5)与会党员充分发表意见,对入党申请人能否入党进行讨论。

(6)入党申请人对大家所提意见表示看法及今后的决心。

(7)全部有表决权的正式党员采取举手或无记名投票的方式进行表决,赞成人数超过应到会有表决权的正式党员的半数,才能通过接收入党申请人为预备党员的决议。

(8)积极分子代表发言,自由发言。

(9)支部书记总结。

5.党总支审批(审查)预备党员时,必须经集体讨论、表决决定。

6.预备党员审批后,党总支应及时将入党材料及《新党员通知单》(二、三联)送交组织部,办理有关手续。学生入党材料中须附学生成绩总卡复印件。

7.党总支对党支部上报的接收预备党员的决议,必须在三个月内审批;超过三个月未予审批的,原报批党支部应对申请入党的同志进行复议,再报批;超过六个月未予审批的,原报批党支部要为申请入党的同志重新办理入党手续,即重新填写《入党志愿书》,经支委会审查,提交支部大会讨论通过并做出决议,报党总支审批。凡无故超过规定时间而未予审批的,应追究有关人员的责任。

8.各党总支上半年发展的党员材料务必于6月10日前送交组织部,下半年发展的党员材料务必于12月10日前送交组织部。

9.为切实保证发展党员的质量,根据“在发展对象离开学习、工作岗位前3个月内,一般不办理接收预备党员的手续”的精神,毕业班学生的党员发展工作截至当年4月30日止。

五、预备党员的教育、考察和转正

1.各党支部应重视预备党员的教育管理工作,通过听取本人汇报、个别谈心、集中培训等方式,对预备党员进行教育和考察,支部应每季度对预备党员进行一次考察,并将考察情况及时记录在《预备党员考察表》上。

2.预备党员必须面对党旗进行宣誓。入党宣誓仪式一般由党总支组织进行。

3.转正对象应在预备期满前一个月将“转正申请报告”递交给所在的党支部。“转正申请报告”应认真总结自己一年来在政治思想、业务学习、社会工作等各方面的表现及履行党员义务的情况。报告应用钢笔书写,字迹应工整、清楚。

4.预备党员的转正手续是:

(1)本人提出书面转正申请。

(2)党小组提出意见。

(3)党支部征求党内外群众的意见。

(4)支委会审查。

(5)支部大会讨论、表决通过。

(6)报上级党总支审批。

5.党总支在审批党员转正时,必须经集体讨论,表决通过。

6.预备党员的预备期为一年。这是党组织考察其是否具备党员条件的必要时间,不能提前转为正式党员。

7.对于个别预备党员预备期满后仍不完全具备党员条件,需要继续考察和教育的,党总支经过讨论研究后,可以延长其预备期,并及时将有关材料报送校党委组织部。延长期不少于半年,但不能超过一年;不具备党员条件的,应取消预备党员资格。

附:《填写发展党员表格的若干注意事项》

填写发展党员表格的若干注意事项

一、关于《建党对象登记表》的填写

1.建党对象填写本表前应认真阅看填表说明,本着实事求是的态度,认真填写。

2.“自传”栏

建党对象既要写自己的成长过程,更要突出自己在成长过程中个人对党的认识,而不是单纯写简历。

3.“联系考察写实”栏

联系人填写时应注意肯定建党对象的优点,明确指出其存在的不足之处;应至少三个月填写一次,而不是在一二个月内就一次性填写完。

4.“查档材料摘抄”栏

(1)查档是政审的一种形式,应着重审查了解建党对象的直系亲属和主要社会关系的工作单位、政治面貌和现实表现及建党对象本人的情况。

(2)查档人(两位)应在查阅入党对象档案的基础上如实填写,填写后要签名。

5."党支部意见"栏和"党总支意见"栏

(1)党支部填写意见前,应召开支部委员会讨论研究建党对象的表现,决定是否近期给予发展。

(2)党总支填写意见前,应在党支部意见的基础上召开总支委员会讨论,确定建党对象是否于近期发展。

二、关于《入党志愿书》的填写

1.发展对象填写本表前应认真阅看填表说明。填表时,不得用计算机打印,不要轻易涂改。填写内容必须真实可靠。

2."入党志愿"栏

发展对象填写时,要写清楚对党的认识(对党的性质、纲领、指导思想及路线方针政策的认识和理解),说明为什么要入党,怎样争取入党,自身存在的问题及今后努力的方向。

3."何时何地参加过何种民主党派或进步团体"栏

发展对象填写时应注意:进步团体包括中国共产主义青年团。

4."家庭主要成员"栏和"社会关系"栏

发展对象要详细、全面填写家庭主要成员和主要社会关系的姓名、性别、具体工作单位和政治情况(中共党员、民主党派、团员或群众)。

5."介绍人意见"栏

(1)介绍人要全面地、实事求是地介绍被介绍人的情况,不能三言两语了事。在肯定成绩优点的同时,还要明确指出被介绍人的不足之处。

(2)第二介绍人不能用"同意第一介绍人的意见"代替个人意见。

(3)介绍人填写时间应在支部决议之前。

6."支部大会通过接收申请人为预备党员决议"栏

党支部形成大会决议时,既要肯定发展对象的成绩优点,又应明确指出发展对象的缺点,不能以希望代替缺点。

7."上级党组织指派专人谈话"栏

党总支指派的同志应为总支委员或老支部书记,非总支委员、学生党员及预备党员不能代表上级党组织与入党的同志谈话;谈话时间应在党总支审批之前。

8."总支部审查(审批)意见"栏

支部决议时间即是入党时间,党总支意见中的预备期起始时间应与之一致,审批意见要求规范化,范文如下:

"经党总支委员会讨论研究,(一致)同意吸收×××同志为中共预备党员,预备期从1999年10月3日起至2000年10月2日止。"(常见的错误是:预备期从1999年10月3日起至2000年10月3日止)

9."支部大会通过预备党员能否为正式党员"栏

党支部形成转正决议时,应将转正对象在预备期内的表现客观全面地反映出来,不能太简单;应把参加支部转正大会的正式党员人数、表决结果(赞成、不赞成和弃权的票数各有多少)写清楚。

10.转正时"总支部审查(审批)意见"栏

党总支审查(审批)意见应规范,范文如下:

"经党总支委员会讨论研究,(一致)同意×××同志按期转为中共正式党员,党龄从2000年10月3日算起。"

——本文摘录自《关于印发〈关于发展党员工作程序的暂行规定〉的通知》,(2001)厦大委组2号,档号2001-DQ02-2

厦门大学聘请民主党派团体特邀监察员的办法

(2001年3月19日)

为了充分发挥民主党派的民主监督作用,促进我校党风廉政建设,增强监察力度,完善监督机制,决定在我校民主党派中聘请特邀监察员。现就聘任工作提出如下意见:

一、特邀监察员的条件

(一)坚持四项基本原则,拥护改革开放,热爱社会主义事业,有较强的政治责任感,愿意从事兼职监察工作;

(二)实事求是,公正廉洁,作风正派,善于联系群众;

(三)在所属党派中有一定代表性,具备一定的政策水平和较为丰富的工作经验及相关专业知识;

(四)年龄一般在65周岁以下,身体健康,能履行职责。

二、特邀监察员的职责

(一)了解并反映学校机关部处及其工作人员执行国家法律、法规、政策及学校各项规章制度的情况;

(二)协助校监审处调查研究我校廉政勤政情况及存在的问题,向校领导及有关方面提出解决问题的意见和建议;

(三)参加专项监察工作;

(四)反映、转递教职工对机关及其工作人员的投诉、举报及申诉,做好信息的收集和反馈等工作;

(五)反映教职工对监察机关自身建设的意见和建议;

(六)办理监审处委托的其他监察事项。

三、特邀监察员的权力

(一)根据工作需要查阅有关文件和资料;

(二)参加或列席有关会议;

(三)了解所反映和转递的投诉、举报、申诉的办理情况;

(四)参加监察理论和业务知识的学习,获得有关的书刊、资料;

(五)获得履行职责所必须的工作条件。

四、特邀监察员工作制度

(一)学习制度。每学期至少组织一次学习活动,重点学习中央和上级纪检监察工作的有关文件,及时了解纪检监察工作动态;学习纪检监察业务知识,增强特邀监察员的监督意识和能力。

(二)通报工作制度。每学期召开一次特邀监察员座谈会,通报学校党风廉政建设情况,征求并听取特邀监察员的意见和建议。

(三)列席会议制度。凡校纪委全体(扩大)会议和一些重要部门的工作会议,都应邀请特邀监察员列席参加。

(四)监督检查制度。有重点地安排特邀监察员参加学校有关党风廉政建设方面的检查;参与部分专项监察工作;对"窗口"服务情况进行监督检查。

(五)向各党派报告工作制度。特邀监察员每学期至少应向其所在民主党派报告一次工作。主要内容是:学校纪检监察工作动态、党风廉政建设情况以及特邀监察员开展监督检查工作情况。

(六)双月例会制度。为保证以上各项工作制度的落实,实行双月例会制度,即每年的4月、6月、10月、12月,由统战部、监审处与特邀监察员共同召开会议,安排学习、通报、研究工作及听取意见等事项。

五、特邀监察员的聘任程序和聘任期限

(一)聘任程序:先由学校统战部与各民主党派协商酝酿,各民主党派团体推荐1～2名特邀监察员人选,报学校监审处办理聘任手续,并发给厦门大学"特邀监察员聘任书"。

(二)聘任期限:特邀监察员采取兼职的办法,其聘任期为二年。

厦门大学党委统战部
厦门大学监审处
二〇〇一年三月十九日修改

——本文摘录自《厦门大学聘请民主党派团体特邀监察员的办法》,档号2001-DQ06-2

厦门大学科级干部选任工作暂行条例

(2001年8月27日)

第一章 总 则

第一条 为认真贯彻党的干部路线、方针、政策,深化干部制度的改革,在科级干部选任工作中引入竞争机制,拓宽选人用人渠道,促使德才兼备、成绩突出的优秀人才脱颖而出,推进学校干部队伍革命化、年轻化、知识化、专业化,根据上级有关干部选拔任用工作文件精神,并参照《厦门大学中层干部职位实行竞争上岗暂行条例》和《厦门大学中层领导干部选拔任免与管理工作的若干暂行规定》,制定本暂行条例。

第二条 坚持党管干部的原则,科级干部选任工作由校党委授权科级干部考核聘任领导小组负责,由党委组织部负责具体实施。科级干部考核聘任领导小组由主管干部的党委副书记、主管人事的副校长、组织部长、人事处长、学校办公室主任等五人组成。

第三条 本条例所指的科级干部职位包括党委职能部门、行政职能部门、团委、工会、院、系、所及直属单位的正、副科级岗位。

第四条 各单位科级干部凡出现缺岗的,一律在全校范围内公开选任,平等竞争,不局限在原来的部门或科室选拔。

第五条 科级干部的选任工作每年分两批进行,时间为上半年的5月和下半年的11月。各个单位凡有科级岗位需要选任的,必须在上半年的4月30日和下半年的10月31日之前向党委组织部报送选任计划。

第二章 科级干部的任职条件和资格

第六条 科级干部应当具备以下基本条件:

(一)具有履行职责所需要的马列主义、毛泽东思想和邓小平理论水平,努力用马克思主义的立场、观点、方法分析和解决实际问题。

(二)坚决执行党的基本路线和各项方针政策,有强烈的事业心和责任感,立志改革,开拓创新。

(三)坚持实事求是,认真调查研究,讲实话,办实事,求实效,反对形式主义。

(四)具有从事相关工作所需要的业务知识和管理能力,熟悉本职工作程序和有关方针政策、制度规定,有一定的政策水平和协调能力,能独立开展工作,能较好完成所承担的工作任务。

(五)正确行使组织和群众赋予的权力,廉洁奉公,勤政为民,作风正派,密切联系群众,全心全意为人民服务。

(六)身体健康,能坚持正常工作。

第七条 科级干部应当具备以下资格:

(一)具有大专以上文化程度。

(二)晋升副科级职务,须担任科员三年以上;晋升正科级职务,须担任副科级职务二年以上。具有中级以上职称的专业技术人员,任职年限可不受上述规定限制。

(三)年龄一般不超过 45 周岁。

(四)对确实具备与拟任职务相适应的政治思想水平和工作能力,且成绩特别突出的,第(二)项规定可适当放宽,但任职年限放宽一般不超过一年。

第三章 选任工作的程序和办法

第八条 公布职位:党委组织部根据各用人单位上报的选任计划,每年集中在 5 月和 11 月公布选任信息,面向全校公开选拔。

第九条 个人报名和组织推荐:符合任职条件的人员可以直接向党委组织部报名,各单位也可向党委组织部推荐。

第十条 资格审查:党委组织部依据有关规定对报名人员和被推荐者进行资格审查,确定考核对象。

第十一条 组织考察:党委组织部在用人单位进行民主推荐,并对考察对象的德、能、勤、绩进行全面考察,形成考察材料。

第十二条 任命:党委组织部将考察情况向科级干部考核聘任领导小组汇报,由科级干部考核聘任领导小组讨论决定干部的任用。

第四章 附 则

第十三条 本条例由党委组织部负责解释。

第十四条 本条例自签发之日起施行,原来的《厦门大学科级干部考察任免管理工作暂行规定》(厦大人[1996]27 号)同时废止。

——本文摘录自《关于印发〈厦门大学科级干部选任工作暂行条例〉的通知》,厦大委组〔2001〕15 号,档号 2001-DQ02-1

厦门大学中层领导干部考核工作暂行规定

(2001 年 9 月 10 日)

第一章　总　　则

第一条　为全面、客观、公正、准确地考核中层党政领导班子和领导干部政治业务素质和履行职责的情况,加强对领导班子和领导干部的管理和监督、激励和约束,根据《党政领导干部考核工作暂行规定》(中组发[1998]6 号)及其他有关文件精神,结合我校实际,制定本暂行规定。

第二条　本规定所称的考核工作,是指考核机关按照一定的程序和方法,对中层领导班子和党政领导干部的政治业务素质和履行职责的情况所进行的考察、核实、评价,并以此作为加强对领导班子的管理和领导干部任用、奖惩等的依据。

第三条　考核工作必须坚持党管干部的原则、客观公正的原则、注重实绩的原则和群众公认的原则。

第二章　考核方式

第四条　对领导班子和领导干部的考核,包括平时考核、任职前考核和定期考核。

第五条　平时考核是对领导班子和领导干部的经常性考核。考核机关通过检查工作、个别谈话、专项调查、派人参加领导班子民主生活会和年度总结工作会等多种形式和渠道,了解考核对象的有关情况。

第六条　任职前考核按《党政领导干部选拔任用工作暂行条例》(中发[1995]4 号)的有关规定进行。

第七条　定期考核采取届中、届末考核的形式进行。

第三章　考核内容

第八条　领导班子考核内容

(一)思想政治建设:包括理论学习,政治表现,贯彻执行党的路线、方针、政策,全心全意为人民服务,执行民主集中制,团结协作,选人用人,廉政建设等情况。

(二)组织领导能力:包括总揽全局,熟悉教学科研、师生基本情况和本部门工作职责,科学决策;结合本单位实际,正确贯彻上级意图和决定;求实创新,开拓进取和处理复杂问题等能力。

(三)工作实绩:对院系领导班子重点考核党建和思想政治工作、学科建设、教学科研、师资队伍建设、教书育人的成绩和效果;对机关部处重点考核发挥部门职能作用,完成各项工作任务,为学校中心任务和基层单位服务的情况,以及本单位党的建设、推进改革所取得的成绩和效果。

第九条　领导干部考核内容

(一)思想政治素质:

理论素养和思想水平:学习马列主义、毛泽东思想特别是邓小平理论,学习党和国家的方针政策,掌握基本原理和精神实质,学以致用,不断提高理论和政策水平的情况。

政治方向和政治立场:执行党的基本路线,在事关方向、原则问题上的立场、观点、态度,在政治、思想和行动上与中央保持一致，增强法制观念，严格依法办事的情况，贯彻执行《党政领导干部选拔任用工作暂行条例》的情况。

群众观点和群众路线：实践全心全意为人民服务的宗旨，正确行使人民赋予的权力，联系群众，自觉为人民群众谋利益的情况。

政治品德和道德品质：襟怀坦白，公道正派，坚持原则，严守纪律，谦虚谨慎，克己奉公，遵守社会主义道德，在精神文明建设中发挥表率作用的情况。

（二）组织领导能力：运用马克思主义的立场、观点和方法分析、研究、解决实际问题的能力；组织协调、科学决策、开拓创新的能力；发现人才、培养干部、知人善任的能力。

对党政正职领导干部，还要重点考核其驾驭全局，处理复杂问题的能力。

（三）工作作风：包括执行民主集中制，维护领导班子团结，发扬民主，虚心听取不同意见，勇于开展批评与自我批评的情况；坚持从群众中来，到群众中去的工作方法，深入实际，调查研究，求真务实的情况；勇于改革，敢于负责，坚持原则，严格管理，严谨细致，勤奋敬业的情况。

（四）工作实绩：在完成任期目标和履行岗位职责过程中所提出的工作思路，采取的措施，发挥的具体作用以及所取得的绩效等。

（五）廉洁自律：保持和发扬艰苦奋斗的优良传统，遵守中央关于党政领导干部廉洁自律的有关规定，清正廉洁，以身作则，自重、自省、自警、自励的情况；执行党风廉政建设责任制的情况；对亲属及身边工作人员加强教育、严格要求的情况。

第四章　考核程序

第十条　领导述职：被考核单位就本文规定的考核内容写出领导班子述职报告，由主要负责人代表班子述职。每位领导干部要全面检查德、能、勤、绩等方面的表现情况，实事求是地写出个人述职报告。参加述职会议的人员由考核组根据有关文件要求确定。

第十一条　民主测评：由被考核单位与考核组共同组织，在一定范围内对考核对象的综合情况进行民主测评，以了解群众对考核对象的评价。

第十二条　个别谈话：考核组在同被考核单位主要领导谈话的基础上，广泛开展个别谈话，充分听取各方面的意见。个别谈话的对象根据考核任务的需要确定，院系一般应包括正副教授、部门工会主席、办公室主任、共青团负责人、党支部书记、教研室主任及其他有代表性的成员；机关各部门谈话对象应包括科级以上人员和有代表性人员。

第十三条　实地考核：根据考核对象的述职报告、民主测评和个别谈话中反映的情况或有关问题进行实地考察核实。

第十四条　汇总反馈：考核组集体讨论，形成意见，并向被考核单位的领导班子和领导干部反馈，肯定成绩，指出缺点和不足。

第十五条　形成考核资料：考核组对考核情况进行综合分析，写成考核材料，上报校党委。考核材料包括考核工作的简要情况、班子和干部的基本情况、取得的成绩和存在的不足、改进工作的建议、民主测评的结果、对干部考核等次的建议。

第五章　考核结果的评定和运用

第十六条　组织部门对领导班子的考核作出整体评价，并提出加强领导班子建设的具体建议，对存在问题应督促其进行整改，问题严重的应全面整顿，限期改进，必要时采取组织措施予以调整。

第十七条　领导干部考核结果分为优秀、称职、基本称职、不称职四个等次。评定领导干部的考核结果要把民意测验的结果作为重要依据。

第十八条　领导干部考核结果四个等次的标准分别如下：

考核的全部项目达到下列标准的评为优秀等次：思想政治素质高；组织领导能力强；密切联系群众，工作作风好；工作实绩突出；清正廉洁。

考核的多数项目符合下列标准的评为称职等次：思想政治素质较高；组织领导能力较强；联系群众，工作作风较好；工作实绩比较突出；能做到廉洁自律。

考核的多数项目符合下列情况的评为基本称职等次：思想政治素质一般；组织领导能力较弱；工作作风方面存在某些不足；能基本完成年度工作目标，但工作实绩不突出；能基本做到廉洁自律，但某些方面还有差距。

考核存在下列情况之一者评为不称职等次：思想政治素质方面存在突出问题；组织领导能力差，不能胜任现职领导岗位；在领导班子中闹无原则纠纷，严重影响班子团结或工作作风存在严重问题；有以权谋私行为，存在不廉洁问题；工作不负责任，给党和人民的事业造成较大损失；连续两年未完成年度工作目标，工作实绩差。

第十九条　考核结果作为领导干部选拔任用、职务升降、奖惩、培训、调整级别和工资等的重要依据。

第二十条　考核意见反馈后，被考核单位的领导班子应及时召开民主生活会，开展批评与自我批评，研究整改措施，并向党委组织部报告。组织部根据考核结果，有针对性地加强对领导班子和领导干部的管理和监督。

第二十一条　考核工作结束后，综合评价材料存入有关人员档案。

第二十二条　考核中发现领导干部有违纪问题的，应建议纪检、监察机关查处。

第六章　考核的组织领导和纪律

第二十三条　考核工作由校党委部署和领导，组织部负责实施。

第二十四条　考核组成员由校党委确定，由组织部调配和指导。

第二十五条　考核人员要高度负责，遵守考核纪律，认真履行考核职责，要全面、准确地了解和客观公正地反映考核对象的情况；不准凭个人好恶和主观思想反映情况，不准歪曲事实，不准借考核之机谋取私利，不准泄漏考核机密。

实行考核工作责任制。考核人员要对考核材料和考核报告的客观性、真实性负责。

第二十六条　考核对象要正确对待组织考核，客观反映情况，如实汇报工作和思想，不准搞非组织活动，不准设置障碍，干扰或妨碍考核工作，不准对反映问题、提出批评的人员打击报复。

干部群众反映情况必须实事求是，不准故意夸大或缩小，不准借机诬告陷害。

第二十七条　对违反考核纪律的，视其性质、情节轻重和造成的后果，进行批评教育，或给予党纪、政纪处分。

第七章　附　　则

第二十八条　本规定自颁布之日起执行。

第二十九条　本规定由校党委组织部负责解释。

——本文摘录自《关于印发〈厦门大学中层领导干部考核工作暂行规定〉的通知》，厦大委组〔2001〕16号，档号2001-DQ02-1

中共厦门大学委员会关于进一步加强政协委员工作的意见

（2001年9月14日）

为了更好地贯彻落实全国政协工作会议精神和《中共福建省委关于进一步加强人民政协工作若干问题的决定》(闽委发[1999]13号)文件精神,进一步坚持和加强党对政协工作的领导,充分发挥各级政协委员的作用,结合学校的实际,特指出以下意见。

一、进一步提高对政协工作重要性的认识

1.中国共产党领导的多党合作和政治协商制度是我国的一项基本政治制度。人民政协是最广泛的统一战线组织,是中国共产党领导的多党合作和政治协商的重要机构,是我国政治生活中发扬社会主义民主的重要形式。充分发挥人民政协政治协商、民主监督和参政议政的重要作用,是坚持与完善共产党领导的多党合作和政治协商制度的必然要求。各级党组织要高举邓小平理论伟大旗帜,认真学习党的统一战线和人民政协的理论,进一步提高对人民政协性质、地位和作用的认识,从加强社会主义民主政治建设,巩固执政党地位,实现国家长治久安和振兴中华,实现祖国完全统一的高度,深刻认识人民政协工作的重要性。

2.我校各级政协委员在学校的教学、科研、管理、高新技术产业以及促进学校和国家的民主政治建设等方面起着重要作用,是学校改革发展和促进社会进步的一支重要力量。在新世纪,要根据全国政协工作会议精神,不断增强"政协意识",充分调动政协委员的积极性、主动性、创造性,切实尊重和肯定政协委员的辛勤劳动,更好地发挥政协委员的重要作用。

二、围绕中心,服务大局,发挥优势,努力开创政协工作的新局面

1.我校各级政协委员人数多,层次高,影响大,学校政协工作要认真贯彻全国政协工作会议精神,按照党中央加强社会主义民主政治建设的重要部署,继续推进政治协商、民主监督、参政议政工作的规范化、制度化建设。各级党组织要把人民政协的政治协商,作为共产党领导的多党合作和政治协商的一个重要形式,作为科学决策的一个重要环节和发扬社会主义民主的一条重要渠道,在工作中认真加以落实。发挥政协委员的优势,围绕中心,服务大局,努力开创政协工作新局面。

2.政治协商、民主监督、参政议政是人民政协的三大重要职能,也是政协委员的最重要的工作。要支持学校各级政协委员紧紧围绕经济建设中心和学校的工作重点,积极履行职能,结合专业特点,发挥优势,选准角度,以高度的政治责任感和历史使命感,通过各种形式和渠道,认真收集反映人民群众的意见和建议,不断提高政治协商、民主监督、参政议政的质量和水平,不断拓宽政治协商、民主监督、参政议政的领域和渠道。

3.积极支持政协委员参加各级政协组织的调研、视察、问政咨议、民主评议、民主监督等活动。校党委和各党总支、直属党支部要重视和汲取政协委员在参政议政中提出的意见和建议。对以政协委员厦门大学联络组名义或政协委员个人通过联络组反映的意见和建议,各级领导和有关职能部门要给予高度重视,及时研究,酌情进入督办程序,并将处理情况及时向政协委员厦门大学联络组反馈。

4.高度重视和充分发挥政协委员在政治安定和社会稳定中的作用。坚持以经济建设为中心,推进社会全面进步,需要保持一个安定团结的政治环境和稳定的社会环境。政协委员要高举社会主义和爱国主义旗帜,突出团结和民主两大主题,团结一切可以团结的力量,调动一切积极因素,化消极因素为积极因素,努力做好反映社情民意、增强团结、凝聚人心、协调关系、化解矛盾、理顺情绪的工作,以减少阻力,增加助力,形成合力,为经济建设和学校改革发展创造一个安定团结的社会政治环境。

5.重视和支持政协委员做好提案工作,提高提案质量。帮助和组织政协委员就人民群众所关心的重点、难点、疑点、热点问题,以及学校改革发展中遇到的新情况、新问题进行深入的调查研究,并及时地写出有分量有见地的提案。

6.政协委员要以邓小平理论为思想武器,高举社会主义、爱国主义旗帜,团结一切可以团结的力量,调动一切积极因素,化消极因素为积极因素,为建设有中国特色社会主义的经济、政治、文化服务,为维护安定团结的政治局面服务,为实现祖国完全统一服务,为维护世界和平与促进共同发展服务。政协委员厦门大学联络组要做好组织、协调、沟通工作,形成群体优势,努力开创政协工作新局面。

三、努力为政协委员履行职能创造条件

1.建立向政协委员通报情况制度,及时通报学校的重要工作。每年至少向政协委员通报二次学校工作情况,并认真听取委员的意见和建议。学校重大改革措施出台前,应征求政协委员的意见。

2.建立政协委员阅读文件制度。按照福建省委办公厅《关于担任领导职务和党外人士阅读、传达中央和省委文件、资料问题的通知》精神办理政协委员阅读有关文件制度,使委员能及时看文件,掌握中央精神,更好履行职能。

3.建立政协委员参加学校有关会议制度。

4.建立政协委员活动保障机制。保障政协委员开展活动的时间、经费、用车。政协委员厦门大学联络组活动经费按照省、市政协拨给的经费,学校给予1∶1配套。

5.了解关心政协委员的工作、学习、生活情况,切实解决政协委员工作和生活中遇到的实际困难。

四、加强和改善党对政协工作的领导

1.加强和改善党对政协工作的领导,是人民政协履行职能的根本保证。党委要把政协委员工作作为关系党和国家全局的大事摆上议事日程,精心研究部署,切实加强领导。定期研究政协工作,总结新经验,研究新情况,解决新问题。

2.党委给政协委员出题目、出思路,指导政协委员更好地围绕党和国家的经济建设中心、学校改革发展的中心任务和人民群众关注的热点问题开展调研工作,提交调研报告,为领导决策提供依据。党委领导要加强与政协委员的沟通,建立必要的联系制度,经常听取政协委员的意见和建议。

3.党委统战部、宣传部要密切地配合,有计划有重点地宣传多党合作和政治协商制度;宣传政协委员厦门大学联络组开展的重大活动;宣传政协委员在履行职能中的经验和成效;宣传政协委员在本职岗位上的先进事迹,以进一步提高社会和师生对政协工作的认识。

4.政协委员中的共产党员要认真学习邓小平理论,学习党的统一战线和人民政协理论,模范执行党的统一战线路线、方针、政策,身体力行搞好与民主党派、无党派人士政协委员的合作共事,努力成为政治上思想上工作上生活上互相关心、互相帮助、团结共进的挚友和净友。

二〇〇一年九月十四日

——本文摘录自《中共厦门大学委员会关于进一步加强政协委员工作的意见》,厦大委综〔2001〕14号,档号2001-XZ09-6

中共厦门大学委员会关于加强新世纪统一战线工作的意见

（2001 年 9 月 14 日）

为了认真贯彻落实全国统战工作会议精神和中共中央关于加强统一战线工作的决定，根据中央统战部和国家教育部关于进一步加强高等学校统一战线工作的有关文件，结合学校的实际情况，特提出如下意见。

一、以“三个代表”重要思想为指导，加强学习不断提高“法宝”意识

1.统一战线的根本任务、工作范围、基本任务和重要原则。进入新世纪，统一战线工作的根本任务是争取人心，凝聚力量，为实现党和国家的宏伟目标而团结奋斗。在新世纪，统一战线作为党的一个重要法宝，绝不能丢掉；作为党的一个政治优势，绝不能削弱；作为党的一项长期方针，绝不能动摇。统一战线工作的重点是党外代表性人士。统一战线的基本任务是：高举爱国主义、社会主义旗帜，团结一切可以团结的力量，调动一切积极因素，化消极因素为积极因素，为建设有中国特色的社会主义经济、政治、文化服务，为维护安定团结的政治局面服务，为实现祖国的完全统一服务，为维护世界和平与促进共同发展服务。统一战线必须坚持的重要原则主要有：坚持党对统一战线的领导权；坚持为党和国家的中心任务服务；坚持大团结、大联合的主题；坚持发展社会主义民主；坚持求同存异、体谅包容；坚持“团结—批评—团结”的公式；坚持照顾同盟者利益等。

2.全体党员特别是党员领导干部，要自觉地坚持学习邓小平新时期统一战线理论和党中央制定的统一战线路线、方针、政策。通过学习使全体党员尤其是党员领导干部深刻认识到高校统一战线工作是党的事业的一个重要方面，做好高校统战工作事关大局，事关人才的培养，事关统一战线事业的兴衰，事关共产党领导的多党合作和政治协商制度这一国家基本政治制度的长期存在、巩固和发展。各级党政领导要从贯彻江泽民总书记“三个代表”重要思想的高度，要从讲政治讲大局的高度，深刻认识统战工作的重要性、必要性和紧迫性，增强统战意识和运用统一战线法宝的自觉性。

3.切实加强统战的宣传工作。要进一步落实江泽民总书记关于“在新世纪，统一战线作为党的一个重要法宝，绝不能丢掉；作为党的一个政治优势，绝不能削弱；作为党的一项长期方针，绝不能动摇”的重要指示，党委宣传部要把统战宣传作为日常的重要工作切实抓好。要充分利用各种宣传形式和场所，如广播、网络、有线电视、校刊、宣传栏等传播媒体，及时准确地、生动活泼地报道统战工作的信息、动态、经验和先进人物，使党的统战理论和方针政策深入人心。

二、从讲政治的高度切实做好民主党派工作

1.积极支持民主党派加强思想政治建设和理论建设。支持帮助民主党派深入学习邓小平新时期统一战线理论，学习党的路线、方针、政策，统一思想、增进共识、继承传统、创新奋进。支持民主党派采用丰富多彩的学习形式，如讲习班、研讨会、参观考察等进行自我教育，积极投身社会主义精神文明建设活动，努力提高全体成员的政治思想素质和道德修养水平。支持民主党派、有关团体骨干和无党派代表人士参加中央、省、市社会主义学院培训班，并给予经费的保证。党委党校每年举办一期民主党派、有关团体骨

干培训班,并纳入党校培训计划。

2.积极支持、协助民主党派加强自身建设,做好组织发展工作。民主党派的组织发展工作,既是民主党派自身建设的重要内容,也是关系到共产党领导的多党合作和政治协商制度长期存在与发展的重大问题。必须从政治上慎重对待,在工作中认真把握。各基层党组织要协助民主党派掌握好已确定的方针、政策,认真做好组织发展工作。

3.积极支持民主党派加强领导班子建设。民主党派的领导班子建设是一项经常性的极为重要的工作。统战部要主动与民主党派上级组织密切配合,严格按照中央有关规定和民主党派的各自章程,协助民主党派对领导班子人选进行充分酝酿,慎重选拔。党委组织部门和各基层党组织都要积极配合和支持这项工作。不断完善我校各民主党派领导班子的年龄结构、知识结构,提高整体素质,既要实现人事上的新老交替,更要顺利进行政治上的交接。

4.积极做好民主党派后备干部的培养。各级党组织都要十分重视民主党派后备干部的培养工作,要根据需要有意识有目的地将一部分优秀知识分子留在党外。要积极做好新一代党外代表人物的培养工作,通过实职安排、政治安排、参加社会活动等多种形式,不断提高他们的政治素质、理论政策水平和知名度。各党总支和直属党支部一定要从全局上、大局上认识这一工作的战略意义,每年确定好留在党外的优秀知识分子人选和培养计划,并报统战部统一安排。

5.积极支持民主党派开展调研和两个文明建设活动。支持民主党派围绕建设有中国特色的社会主义经济、政治、文化,维护安定团结的政治局面,实现祖国完全统一,维护世界和平与促进共同发展等重大课题,深入调查研究,积极献计献策。支持民主党派发挥智力优势和社会影响优势,开展各种咨询服务,积极参与社会办学、科技扶贫等服务于社会主义物质文明建设和精神文明建设的各项社会活动。学校有关部门要切实帮助解决活动经费、场地等条件问题。

三、明确任务,加强无党派代表人士的工作

1.无党派人士是我国政治生活中不可缺少的一支重要力量,发挥无党派人士在政治协商、民主监督、参政议政中的作用,对于坚持和完善中国共产党领导的多党合作和政治协商制度,巩固和发展爱国统一战线,推进现代化建设和实现祖国完全统一大业,具有十分重要的意义。各党总支、直属党支部要从坚持和完善中国共产党领导的多党合作和政治协商制度的高度出发,充分认识做好无党派代表人士工作的重要性,增强紧迫感和责任感进一步加强无党派代表人士工作。

2.加强对无党派代表人士工作的领导。要加强对无党派代表人士的物色、培养、选拔和安排工作。物色、培养、选拔和安排无党派代表人士是统战部的重要职能。考虑到无党派人士新老交替的需要,要拟定各级无党派代表人士名单,并实行动态管理。鉴于无党派代表人士的选拔缺少自身的组织渠道,要有重点地保留一批无党派代表人士不加入中共或民主党派,作为无党派的骨干。要搭设适当的台阶和舞台,帮助他们积累工作经验,扩大社会影响,提高知名度。

3.加强对无党派人士的思想政治工作。统战部要同无党派代表人士保持经常联系,了解情况,掌握动态,有针对性地开展思想政治工作。要积极鼓励无党派人士在社会主义两个文明建设和祖国统一大业中充分发挥作用。要把无党派代表人士的培训工作引入统战部的培训计划,并保证培训经费。健全各项规章制度,逐步使这方面的统战工作规范化和制度化。

四、结合实际,全面落实党的统一战线方针政策

1.坚持征求党外人士意见的制度。学校的重大事情要与民主党派负责人和无党派代表人士充分协商,广泛听取并认真研究党外人士的意见和建议。重大问题的协商会每学期至少进行一次。做到协商在前,决策在后。学校的教学、科研、基建等重要问题的座谈会一般每三个月举行一次。学校主要党政负责

人和有关部门领导要亲自参加协商会和座谈会,并对党外人士提出的意见认真研究,及时反馈。

2.完善同党外人士交友联谊的制度。各级党员领导干部都要相应确定联系几位民主党派、无党派代表人士,定期互相走访,谈心交友。党政主要负责人根据需要,不定期地邀请党外人士举行谈心活动,就共同关心的问题自由交流,沟通思想,征求意见。在重大节日走访和看望党外代表人士。每年元旦、春节期间要举行各界代表人士的茶话会。

3.落实党外人士有关待遇的规定。各民主党派和有关团体负责人参加学校召开的中层干部会。学校举办的重大活动,应邀请党外代表人士参加。各民主党派和有关团体负责人应列席学校教代会。学校发给院系处一级的有关文件,同时发给各民主党派和有关团体。民主党派负责人按照学校的有关规定适当减免教学工作量。

4.加强民主监督工作。校纪委、监察处应定期与民主党派协商,聘请党外人士担任特邀监察员,并就党风建设、廉政建设等问题,每年向民主党派、无党派代表人士通报 2 至 3 次。学校组织的财务检查、机关作风检查、廉政建设检查、校园文明检查等活动,要邀请民主党派、无党派代表人士参加。聘请民主党派代表担任学校教学督导员。

5.各民主党派在开展"议政周"活动中所提涉及我校的意见和建议,由统战部转送有关部门,承办部门应认真研究,并给予书面答复。

6.对于在学校各级行政机构中任职的民主党派和无党派人士,要按照党的知识分子政策,政治上充分信任,工作上放手使用,生活上关心照顾,做到职、责、权三者统一落实到位,充分调动发挥他们工作的积极性、主动性、创造性。

7.要积极支持和推荐民主党派和无党派人士担任政府、司法等有关部门的领导职务和参加各级人大、政协工作。

五、加强和改善党委对统战工作的领导

1.统战工作是党的特殊的政治工作和群众工作。切实做好这一工作,是坚持"三个代表"的必然要求。校党委和各级党组织要把统战工作作为关系党和国家全局的大事摆上议事日程,精心研究部署,切实加强领导。党委常委每学期至少召开一次专门会议,听取统战工作汇报,部署和检查全校统战工作。党委指定一位副书记分管统战工作,党总支要有分管统战工作的领导并配备统战委员。全体党员领导干部都要率先垂范,影响和带动各级党的干部做好统战工作。要把是否重视并善于做好统战工作作为衡量和考核领导干部工作实绩的标准之一。

2.加强统战干部队伍建设。统战部是党委进行统战工作的职能部门,要选派热心统战工作,具有较强理论、政策水平和实际工作能力的同志充实统战干部队伍。统战干部要全面提高政治、理论、业务素质,尤其要善于求同存异、体谅包容、平等待人、协商办事,努力使自己成为具有坚定的立场、民主的作风、广博的知识、创新的精神,人格好、人缘好、形象好的深受党外朋友欢迎的合格统战干部。

3.大力支持统战部开展工作。校党委和行政要为统战工作提供必要的人力、物力和财力条件。党政群团及各部门单位都要积极支持和配合统战部相互协调,共同做好统战工作。

二〇〇一年九月十四日

——本文摘录自《中共厦门大学委员会关于加强新世纪统一战线工作的意见》,厦大委综〔2001〕15号,档号 2001-XZ09-6

“校务公开栏”的使用管理规定

(2001年10月29日)

推行校务公开制度,不仅是民主建设和廉政建设的要求,也是推进学校各项工作取得成效的重要措施。

“校务公开栏”作为校务公开的载体和主要形式,几年来,在及时向教职工传递有关信息、广泛听取群众意见、监督行政权力等方面发挥了一定作用。为了进一步完善“校务公开栏”的管理,保证公开内容真实、规范,现将“校务公开栏”的使用办法规定如下:

一、“校务公开栏”的使用程序

各单位应按照《关于重申“两公开、一监督”制度的通知》(厦大委组[2000]19号文件)的有关要求,确定需要公开的项目和内容,每一项需要公开的项目都要有专人负责,公布内容由单位领导审批后,具体经办人要把公开事项拿到校纪委进行登记和编号,按指定位置张贴公布。

二、“校务公开栏”应公开的项目和内容

学校在大南校门和三家村分别设立“校务公开栏”,其主要公开项目和内容安排如下:

1.大南校门报栏

(1)招生信息和制度规定

(2)选留毕业生信息

(3)重点教学岗位评选

(4)科、处级干部竞争岗位公布

(5)处级干部任前公示

(6)住房租赁、出售

(7)户口“农转非”

(8)各类评优、选奖

(9)基建项目招投标

(10)物资设备采购招投标和废旧物资竞价招投标

(11)各职能部门认为有必要公布的内容

2.三家村公布栏

(1)学校办公会纪要

(2)各类收费的依据与标准

(3)选留毕业生的信息

(4)学生的各项收费、管理制度等有关事务

(5)各类学生评优评奖的条件、办法、过程与结果

(6)后勤管理的重要事项

(7)有关部门认为需要公布的内容

三、公开的时间要求

在“校务公开栏”公开的项目和内容,一般公布一周,如有必要可适当延长。

四、群众意见的反馈形式和处理办法

对于公布的事项,特别是对于涉及师生切身利益的重要事项,每次公开后,学校有关部门都要认真听取群众的意见。各类意见和建议既可直接反映给公布事项的单位和部门,也可将书面意见投入校务公开的监督信箱或向校纪委、监审处信访接待室反映(电话 2182242)。对群众意见和举报问题的处理结果,纪委、监审处将视情况通过“校务公开栏”、校内网页给予反馈。校纪委、监审处将及时安排专人负责落实处理,并通过口头、信函和电子信箱等方式向反映者反馈处理意见。

中共厦门大学纪律检查委员会
厦门大学监察审计处
二〇〇一年十月二十九日

——本文摘录自《“校务公开栏”的使用管理规定》,(2001)厦大纪 3 号,档号 2001-DQ06-1

中国共产党厦门大学委员会关于党的总支部(直属党支部)工作考评的办法(试行)

(2001年12月25日)

第一章 总 则

第一条 为了贯彻落实《中国共产党普通高等学校基层组织工作条例》、《中国共产党福建省普通高等学校总支部工作暂行条例》,切实加强学校党的基层组织建设,充分发挥党的总支部(直属党支部)的政治核心作用,使党的总支部(直属党支部)工作考评进一步制度化、规范化,根据中组部、中宣部、教育部党组制定的《普通高等学校党建工作基本标准》和校党委《关于党的总支部工作的暂行规定》,制定本办法。

第二条 考评工作的指导思想是:以邓小平理论和江泽民同志"三个代表"重要思想为指导,全面贯彻执行党的基本路线和教育方针,围绕培养合格的社会主义建设者和接班人的学校根本任务,进一步加强和改进党的总支部(直属党支部)的党建和思想政治工作,充分调动学校各级党组织和广大党员的积极性,维护学校"改革、发展、稳定"的大局,推动学校事业的发展。

第三条 考评对象包括:院(系)党总支、机关(直属单位)党总支、直属党支部。

第二章 考评指标体系

第四条 考评指标体系分为一级指标、二级指标和测评要素,院(系)党总支、机关(直属单位)党总支、直属党支部分别建立权重不同的考评指标体系。各项指标的考评等级分为优秀、良好、基本合格、不合格。

第五条 院(系)党总支、直属党支部考评一级指标内容包括:中心工作、党建工作、干部工作、思想政治工作、党风廉政建设、统战群团工作、工作特色与创新。

机关(直属单位)党总支考评一级指标内容包括:保证监督、党建工作、总支及所属单位领导班子建设、思想政治工作、党风廉政建设、统战群团工作、工作特色与创新。

第六条 中心工作包括保证监督、参与决策、改革和事业发展等三个二级指标,主要考察党总支(直属党支部)保证监督党的路线、方针、政策及学校各项决定在本单位的贯彻执行,参与讨论决定本单位工作的重要事项,本单位改革和事业发展等方面的情况。

机关(直属单位)党总支的保证监督不设二级指标,主要考察党总支保证监督党的路线、方针、政策及学校各项决定在所属单位的贯彻执行,与所属单位的沟通协调等方面的情况。

第七条 党建工作包括总支工作制度、支部建设、党员教育管理、发展党员工作等四个二级指标,主要考察党内生活、党员教育管理、支部建设、发展党员等方面的情况。

直属党支部的党建工作包括制度建设、党员教育管理、发展党员工作等三个二级指标。

第八条 干部工作包括党政领导班子建设、干部教育管理等两个二级指标，主要考察贯彻民主集中制、领导班子建设、干部管理教育等方面的情况。

机关(直属单位)党总支的总支及所属单位领导班子建设不设二级指标。

第九条 思想政治工作包括教职工思想政治工作、学生思想政治工作等两个二级指标，主要考察思想政治教育，加强和改进思想政治工作的措施，关心师生员工的工作、学习、生活等方面的情况。

机关(直属单位)党总支的思想政治工作包括政治理论学习、关心教职工等两个二级指标，主要考察开展思想政治工作，关心教职工的学习、工作、生活等方面的情况。

第十条 党风廉政建设包括落实党风廉政建设责任制、领导干部廉洁自律、宣传教育等三个二级指标，主要考察落实党风廉政建设责任制，经常对党员进行党风党纪教育，督促党员特别是党员领导干部遵纪守法、廉洁奉公的情况。

第十一条 统战群团工作不设二级指标，主要考察贯彻党的统战政策、做好统战工作，加强对共青团、工会工作的领导等方面的情况。

第十二条 工作特色与创新不设二级指标，主要考察围绕中心工作，开展有本单位特色、有创新的各项活动的情况。

第三章 考评程序

第十三条 各党总支(直属党支部)每年度召开一次考评大会，由全体党员和党外群众代表参加，对本总支(直属党支部)的工作进行自评。党总支(直属党支部)书记在会上做年度总结报告，与会人员根据考评标准进行测评打分，计算出自评分。各党总支(直属党支部)要保存自评工作的原始材料，以备检查。

第十四条 党委组织考评组，对党总支(直属党支部)工作进行考评。考评组采取听汇报、查阅资料、召开座谈会、随机访谈等方式进行考评，综合各种情况，根据考评标准进行测评打分，计算出考评分，并参考各党总支(直属党支部)的自评分，计算出最后得分。

第四章 附 则

第十五条 每年的考评结果作为评选先进基层党组织和优秀党务工作者的重要依据。

第十六条 本办法自公布之日起试行。

第十七条 本办法由校党委组织部负责解释。

厦门大学院(系)党总支工作考评表

一级指标及权重	二级指标及权重	测评要素	评定等级及分值(%)			
			优秀 100～90	良好 89～75	基本合格 74～60	不合格 60以下
中心工作(20%)	保证监督(7%)	1.坚持社会主义办学方向,培养优秀的创新型人才	7～6.3	6.2～5.3	5.2～4.2	4.2以下
		2.保证监督党和国家的路线、方针、政策在本单位的贯彻执行				
		3.保证监督学校的重大决定在本单位的贯彻执行,督促完成上级部门布置的任务				
	参与决策(7%)	1.党政领导班子共同制定任期规划和年度计划	7～6.3	6.2～5.3	5.2～4.2	4.2以下
		2.党总支定期研讨本单位的工作				
		3.正、副书记参加党政联席会议讨论、决定重大事项				
		4.支持行政领导在其职责范围内独立负责地开展工作,党政负责人经常沟通情况、商量工作				
	改革和事业发展(6%)	1.解放思想、实事求是,深化改革,促进各项事业发展	6～5.4	5.3～4.5	4.4～3.6	3.6以下
		2.配合行政领导共同抓好学科建设,提高教学科研水平				
		3.抓好教师队伍建设,创造人才健康成长的良好环境				
党建工作(20%)	总支工作制度(5%)	1.党总支每学期有工作计划和总结	5～4.5	4.4～3.8	3.7～3	3以下
		2.定期召开民主生活会				
		3.每学期1～2次党总支委员会议、1～2次党员大会				
		4.每学期党总支至少上一次党课				
	支部建设(5%)	1.党总支定期研究、指导和督促检查各党支部工作	5～4.5	4.4～3.8	3.7～3	3以下
		2.党支部设置合理,按期换届				
		3.支部书记党性强、作风正派,支委分工明确、团结协作,党支部工作制度健全				
		4.党支部充分发挥战斗堡垒作用,努力完成党章提出的基层党组织的八项基本任务				
	党员教育管理(5%)	1.开展理想信念教育,坚持学习马列主义、毛泽东思想、邓小平理论和江泽民"三个代表"重要思想	5～4.5	4.4～3.8	3.7～3	3以下
		2.健全党内生活制度,开展批评与自我批评				
		3.党员在实际工作中发挥先锋模范作用				
		4.党员的日常管理工作(组织关系、党费、档案管理等)				
	发展党员工作(5%)	1.按照"坚持标准、保证质量、改善结构、慎重发展"的方针,做好党员发展工作	5～4.5	4.4～3.8	3.7～3	3以下
		2.每学期制定和落实发展党员计划,确定发展对象				
		3.组织入党积极分子参加学习和培训				
		4.执行党员联系入党积极分子制度				
		5.发展党员的程序规范、手续完备				
		6.预备党员的教育、考察和转正工作				
		7.发展中青年教师党员工作				

续表

一级指标及权重	二级指标及权重	测评要素	评定等级及分值(%)			
			优秀 100～90	良好 89～75	基本合格 74～60	不合格 60以下
干部工作(14%)	党政领导班子建设(9%)	1.认真贯彻民主集中制,建立健全的会议制度、议事规则和决策程序,党政团结合作	9～8.1	8～6.7	6.6～5.4	5.4以下
		2.班子的理论学习和思想政策水平				
		3.理论学习与思想教育、工作实践相结合,密切联系群众				
		4.班子的凝聚力、号召力,组织协调和解决自身矛盾的能力				
		5.干部以身作则、勤政为民、艰苦奋斗,工作责任意识和奉献精神				
	干部教育管理(5%)	1.坚持使用和培养教育相结合的原则,做好干部的教育和监督工作	5～4.5	4.4～3.8	3.7～3	3以下
		2.坚持任人唯贤、德才兼备的原则,做好干部的考核和推荐工作				
		3.后备干部的推荐、教育和培养工作				
思想政治工作(18%)	教职工思想政治工作(9%)	1.教职工政治理论学习的内容、形式和实际效果	9～8.1	8～6.7	6.6～5.4	5.4以下
		2.加强师德和教风建设,做好"三育人"工作				
		3.关心教职工的工作、学习和生活				
		4.关心离退休教职工				
	学生思想政治工作(9%)	1.院(系)党政领导定期研究、指导学生思政工作,形成党政干部、班主任、任课教师齐抓共管的学生思政工作格局,营造良好的校园文化和学习氛围	9～8.1	8～6.7	6.6～5.4	5.4以下
		2.邓小平理论"三进"和学生素质教育工作				
		3.学生思想政治工作的方式、载体和效果				
		4.深入了解学生思想动态,关心学生的思想、学习和生活,坚持解决思想问题和解决实际问题相结合,坚持思政教育和日常管理、教书育人相结合				
党风廉政建设(12%)	落实党风廉政建设责任制(4%)	1.实行领导班子党风廉政建设责任制	4～3.6	3.5～3	2.9～2.4	2.4以下
		2.总支委员会召开党风廉政建设专题会议				
		3.每学期制定党风廉政建设计划,有落实,有检查				
	领导干部廉洁自律(4%)	1.坚持执行个人收入申报、个人重大事项报告、礼品登记制度	4～3.6	3.5～3	2.9～2.4	2.4以下
		2.履行领导干部廉洁自律12条规定				
		3.履行领导干部离任审计和离任检查制度				
	宣传教育(4%)	在领导干部和党员中开展多种形式的党风党纪教育	4～3.6	3.5～3	2.9～2.4	2.4以下

续表

<table>
<tr><th rowspan="2">一级
指标及
权重</th><th rowspan="2">二级
指标及
权重</th><th rowspan="2">测评要素</th><th colspan="4">评定等级及分值(%)</th></tr>
<tr><th>优秀
100～90</th><th>良好
89～75</th><th>基本
合格
74～60</th><th>不合格
60 以下</th></tr>
<tr><td colspan="2" rowspan="2">统战群团工作
(10%)</td><td>1.贯彻党的统战政策,做好统战工作</td><td rowspan="2">10～9</td><td rowspan="2">8.9～7.5</td><td rowspan="2">7.4～6</td><td rowspan="2">6 以下</td></tr>
<tr><td>2.对工会、共青团、学生会等群众团体的领导工作</td></tr>
<tr><td colspan="2">工作特色与创新
(6%)</td><td>围绕中心工作,结合本单位实际,开展内容丰富、形式新颖、效果显著的各项活动,工作有特色、有创新</td><td>6～5.4</td><td>5.3～4.5</td><td>4.4～3.6</td><td>3.6 以下</td></tr>
</table>

厦门大学机关(直属单位)党总支工作考评表

<table>
<tr><th rowspan="2">一级
指标及
权重</th><th rowspan="2">二级
指标及
权重</th><th rowspan="2">测评要素</th><th colspan="4">评估等级及分值(%)</th></tr>
<tr><th>优秀
100～90</th><th>良好
89～75</th><th>基本
合格
74～60</th><th>不合格
60 以下</th></tr>
<tr><td colspan="2" rowspan="4">保证
监督
(18%)</td><td>1.保证监督党和国家的路线、方针、政策在所属单位的贯彻执行</td><td rowspan="4">18～16.2</td><td rowspan="4">16.1～13.5</td><td rowspan="4">13.4～10.8</td><td rowspan="4">10.8 以下</td></tr>
<tr><td>2.保证监督学校的重大决定在所属单位的贯彻执行</td></tr>
<tr><td>3.与所属单位负责人经常沟通情况、协调工作</td></tr>
<tr><td>4.配合所属单位负责人做好机关作风建设</td></tr>
<tr><td rowspan="18">党建
工作
(22%)</td><td rowspan="4">总支
工作
制度
(5%)</td><td>1.党总支每学期有工作计划和总结</td><td rowspan="4">5～4.5</td><td rowspan="4">4.4～3.8</td><td rowspan="4">3.7～3</td><td rowspan="4">3 以下</td></tr>
<tr><td>2.每学期 1～2 次党总支委员会议</td></tr>
<tr><td>3.党总支定期研究、指导和督促检查各党支部工作</td></tr>
<tr><td>4.每学期党总支至少上一次党课</td></tr>
<tr><td rowspan="3">支部
建设
(6%)</td><td>1.党支部设置合理、按期换届</td><td rowspan="3">6～5.4</td><td rowspan="3">5.3～4.5</td><td rowspan="3">4.4～3.6</td><td rowspan="3">3.6 以下</td></tr>
<tr><td>2.支部书记党性强、作风正派,支委分工明确、团结协作,党支部工作制度健全</td></tr>
<tr><td>3.党支部充分发挥战斗堡垒作用,努力完成党章提出的基层党组织的八项基本任务</td></tr>
<tr><td rowspan="5">党员
教育
管理
(5%)</td><td>1.开展理想信念教育,坚持学习马列主义、毛泽东思想、邓小平理论和江泽民“三个代表”重要思想</td><td rowspan="5">5～4.5</td><td rowspan="5">4.4～3.8</td><td rowspan="5">3.7～3</td><td rowspan="5">3 以下</td></tr>
<tr><td>2.开展党风党纪教育工作</td></tr>
<tr><td>3.健全党内生活制度,开展批评与自我批评</td></tr>
<tr><td>4.党员在实际工作中发挥先锋模范作用</td></tr>
<tr><td>5.党员的日常管理工作(组织关系、党费、档案管理等)</td></tr>
<tr><td rowspan="6">发展
党员
工作
(6%)</td><td>1.按照“坚持标准、保证质量、改善结构、慎重发展”的方针,做好党员发展工作</td><td rowspan="6">6～5.4</td><td rowspan="6">5.3～4.5</td><td rowspan="6">4.4～3.6</td><td rowspan="6">3.6 以下</td></tr>
<tr><td>2.每学期制定和落实发展党员计划,确定发展对象</td></tr>
<tr><td>3.组织入党积极分子参加学习和培训</td></tr>
<tr><td>4.执行党员联系入党积极分子制度</td></tr>
<tr><td>5.发展党员的程序规范、手续完备</td></tr>
<tr><td>6.预备党员的教育、考察和转正工作</td></tr>
</table>

续表

<table>
<tr><th rowspan="2">一级指标及权重</th><th rowspan="2">二级指标及权重</th><th rowspan="2">测评要素</th><th colspan="4">评估等级及分值(%)</th></tr>
<tr><th>优秀
100~90</th><th>良好
89~75</th><th>基本合格
74~60</th><th>不合格
60以下</th></tr>
<tr><td colspan="2" rowspan="3">总支及所属单位领导班子建设
(10%)</td><td>1.党总支委员分工明确、团结协作</td><td rowspan="3">10~9</td><td rowspan="3">8.9~7.5</td><td rowspan="3">7.4~6</td><td rowspan="3">6以下</td></tr>
<tr><td>2.所属单位领导成员理论学习和思想政策水平</td></tr>
<tr><td>3.所属单位领导成员以身作则、勤政为民、艰苦奋斗,工作责任意识和奉献精神</td></tr>
<tr><td rowspan="7">思想政治工作
(18%)</td><td rowspan="3">政治理论学习
(9%)</td><td>1.围绕中心工作开展思想政治工作</td><td rowspan="5">9~8.1</td><td rowspan="5">8~6.7</td><td rowspan="5">6.6~5.4</td><td rowspan="5">5.4以下</td></tr>
<tr><td>2.教职工政治理论学习的内容、形式和实际效果</td></tr>
<tr><td>3.教职工服务育人、管理育人的情况</td></tr>
<tr><td rowspan="4">关心教职工
(9%)</td><td>1.调查了解教职工的思想动态</td></tr>
<tr><td>2.关心教职工的工作、学习和生活</td></tr>
<tr><td>3.关心离退休教职工</td><td rowspan="2">9~8.1</td><td rowspan="2">8~6.7</td><td rowspan="2">6.6~5.4</td><td rowspan="2">5.4以下</td></tr>
<tr><td>4.组织开展教职工文体活动</td></tr>
<tr><td rowspan="7">党风廉政建设
(12%)</td><td rowspan="3">落实党风廉政建设责任制
(4%)</td><td>1.实行领导班子党风廉政建设责任制</td><td rowspan="3">4~3.6</td><td rowspan="3">3.5~3</td><td rowspan="3">2.9~2.4</td><td rowspan="3">2.4以下</td></tr>
<tr><td>2.总支委员会召开党风廉政建设专题会议</td></tr>
<tr><td>3.每学期制定党风廉政建设计划,有落实,有检查</td></tr>
<tr><td rowspan="3">领导干部廉洁自律
(4%)</td><td>1.坚持执行个人收入申报、个人重大事项报告、礼品登记制度</td><td rowspan="3">4~3.6</td><td rowspan="3">3.5~3</td><td rowspan="3">2.9~2.4</td><td rowspan="3">2.4以下</td></tr>
<tr><td>2.履行领导干部廉洁自律12条规定</td></tr>
<tr><td>3.履行领导干部离任审计和离任检查制度</td></tr>
<tr><td>宣传教育
(4%)</td><td>在领导干部和党员中开展多种形式的党风党纪教育</td><td>4~3.6</td><td>3.5~3</td><td>2.9~2.4</td><td>2.4以下</td></tr>
<tr><td colspan="2" rowspan="2">统战群团工作
(15%)</td><td>1.贯彻党的统战政策、做好统战工作</td><td rowspan="2">15~13.5</td><td rowspan="2">13.4~11.3</td><td rowspan="2">11.2~9</td><td rowspan="2">9以下</td></tr>
<tr><td>2.领导工会、共青团等群众团体</td></tr>
<tr><td colspan="2">工作特色与创新
(5%)</td><td>围绕中心工作,结合本单位实际,开展内容丰富、形式新颖、效果显著的各项活动,工作有特色、有创新</td><td>5~4.5</td><td>4.4~3.8</td><td>3.7~3</td><td>3以下</td></tr>
</table>

厦门大学直属党支部工作考评表

一级指标及权重	二级指标及权重	测评要素	评定等级及分值(%)			
			优秀 100～90	良好 89～75	基本合格 74～60	不合格 60以下
中心工作(20%)	保证监督(7%)	1.坚持社会主义办学方向,培养优秀的创新型人才	7～6.3	6.2～5.3	5.2～4.2	4.2以下
		2.保证监督党和国家的路线、方针、政策在本单位的贯彻执行				
		3.保证监督学校的重大决定在本单位的贯彻执行,督促完成上级部门布置的任务				
	参与决策(7%)	1.党政领导班子共同制定任期规划和年度计划	7～6.3	6.2～5.3	5.2～4.2	4.2以下
		2.党支部定期研讨本单位的工作				
		3.支部书记参加党政联席会议讨论、决定重大事项				
		4.支持行政领导在其职责范围内独立负责地开展工作,党政负责人经常沟通情况、商量工作				
	改革和事业发展(6%)	1.解放思想、实事求是,深化改革,促进各项事业发展	6～5.4	5.3～4.5	4.4～3.6	3.6以下
		2.配合行政领导共同抓好学科建设,提高教学科研水平				
		3.抓好教师队伍建设,创造人才健康成长的良好环境				
党建工作(20%)	制度建设(7%)	1.每学期有工作计划和总结	7～6.3	6.2～5.3	5.2～4.2	4.2以下
		2.定期召开民主生活会				
		3.每学期1～2次支部委员会议、1～2次党员大会				
		4.每学期至少上一次党课				
	党员教育管理(7%)	1.开展理想信念教育,坚持学习马列主义、毛泽东思想、邓小平理论和江泽民"三个代表"重要思想	7～6.3	6.2～5.3	5.2～4.2	4.2以下
		2.健全党内生活制度,开展批评与自我批评				
		3.党员在实际工作中发挥先锋模范作用				
		4.党员的日常管理工作(组织关系、党费、档案管理等)				
	发展党员工作(6%)	1.按照"坚持标准、保证质量、改善结构、慎重发展"的方针,做好党员发展工作	6～5.4	5.3～4.5	4.4～3.6	3.6以下
		2.每学期制定和落实发展党员计划,确定发展对象				
		3.组织入党积极分子参加学习和培训				
		4.执行党员联系入党积极分子制度				
		5.发展党员的程序规范、手续完备				
		6.预备党员的教育、考察和转正工作				
		7.发展中青年教师党员工作				

续表

<table>
<tr><th rowspan="2">一级
指标及
权重</th><th rowspan="2">二级
指标及
权重</th><th rowspan="2">测评要素</th><th colspan="4">评定等级及分值(%)</th></tr>
<tr><th>优秀
100～90</th><th>良好
89～75</th><th>基本
合格
74～60</th><th>不合格
60 以下</th></tr>
<tr><td rowspan="9">干部
工作
(14%)</td><td rowspan="6">党政
领导
班子
建设
(9%)</td><td>1.认真贯彻民主集中制,建立健全的会议制度、议事规则和决策程序</td><td rowspan="6">9～8.1</td><td rowspan="6">8～6.7</td><td rowspan="6">6.6～5.4</td><td rowspan="6">5.4 以下</td></tr>
<tr><td>2.支部书记党性强、作风正派,支委分工明确,团结协作</td></tr>
<tr><td>3.班子的理论学习和思想政策水平</td></tr>
<tr><td>4.理论学习与思想教育、工作实践相结合,密切联系群众</td></tr>
<tr><td>5.班子的凝聚力、号召力,组织协调和解决自身矛盾的能力</td></tr>
<tr><td>6.干部以身作则、勤政为民、艰苦奋斗、廉洁自律,工作责任意识和奉献精神</td></tr>
<tr><td rowspan="3">干部
教育
管理
(5%)</td><td>1.坚持使用和培养教育相结合的原则,做好干部的教育和监督工作</td><td rowspan="3">5～4.5</td><td rowspan="3">4.4～3.8</td><td rowspan="3">3.7～3</td><td rowspan="3">3 以下</td></tr>
<tr><td>2.坚持任人唯贤、德才兼备的原则,做好干部的考核和推荐工作</td></tr>
<tr><td>3.后备干部的推荐、教育和培养工作</td></tr>
<tr><td rowspan="8">思想
政治
工作
(18%)</td><td rowspan="4">教职工
思想
政治
工作
(9%)</td><td>1.教职工政治理论学习的内容、形式和实际效果</td><td rowspan="4">9～8.1</td><td rowspan="4">8～6.7</td><td rowspan="4">6.6～5.4</td><td rowspan="4">5.4 以下</td></tr>
<tr><td>2.加强师德和教风建设,做好“三育人”工作</td></tr>
<tr><td>3.关心教职工的工作、学习和生活</td></tr>
<tr><td>4.关心离退休教职工</td></tr>
<tr><td rowspan="4">学生
思想
政治
工作
(9%)</td><td>1.党政领导定期研究、指导学生思政工作,形成党政干部、班主任、任课教师齐抓共管的学生思政工作格局,营造良好的校园文化和学习氛围</td><td rowspan="4">9～8.1</td><td rowspan="4">8～6.7</td><td rowspan="4">6.6～5.4</td><td rowspan="4">5.4 以下</td></tr>
<tr><td>2.邓小平理论“三进”和学生素质教育工作</td></tr>
<tr><td>3.学生思想政治工作的方式、载体和效果</td></tr>
<tr><td>4.深入了解学生思想动态,关心学生的思想、学习和生活,坚持解决思想问题和解决实际问题相结合,坚持思政教育和日常管理、教书育人相结合</td></tr>
</table>

续表

<table>
<tr><th rowspan="2">一级指标及权重</th><th rowspan="2">二级指标及权重</th><th rowspan="2">测评要素</th><th colspan="4">评定等级及分值(%)</th></tr>
<tr><th>优秀
100～90</th><th>良好
89～75</th><th>基本合格
74～60</th><th>不合格
60 以下</th></tr>
<tr><td rowspan="7">党风廉政建设(12%)</td><td rowspan="3">落实党风廉政建设责任制(4%)</td><td>1.实行领导班子党风廉政建设责任制</td><td rowspan="3">4～3.6</td><td rowspan="3">3.5～3</td><td rowspan="3">2.9～2.4</td><td rowspan="3">2.4 以下</td></tr>
<tr><td>2.支部委员会召开党风廉政建设专题会议</td></tr>
<tr><td>3.每学期制定党风廉政建设计划,有落实,有检查</td></tr>
<tr><td rowspan="3">领导干部廉洁自律(4%)</td><td>1.坚持执行个人收入申报、个人重大事项报告、礼品登记制度</td><td rowspan="3">4～3.6</td><td rowspan="3">3.5～3</td><td rowspan="3">2.9～2.4</td><td rowspan="3">2.4 以下</td></tr>
<tr><td>2.履行领导干部廉洁自律 12 条规定</td></tr>
<tr><td>3.履行领导干部离任审计和离任检查制度</td></tr>
<tr><td>宣传教育(4%)</td><td>在领导干部和党员中开展多种形式的党风党纪教育</td><td>4～3.6</td><td>3.5～3</td><td>2.9～2.4</td><td>2.4 以下</td></tr>
<tr><td colspan="2" rowspan="2">统战群团工作(10%)</td><td>1.贯彻党的统战政策,做好统战工作</td><td rowspan="2">10～9</td><td rowspan="2">8.9～7.5</td><td rowspan="2">7.4～6</td><td rowspan="2">6 以下</td></tr>
<tr><td>2.对工会、共青团、学生会等群众团体的领导工作</td></tr>
<tr><td colspan="2">工作特色与创新(6%)</td><td>围绕中心工作,结合本单位实际,开展内容丰富、形式新颖、效果显著的各项活动,工作有特色、有创新</td><td>6～5.4</td><td>5.3～4.5</td><td>4.4～3.6</td><td>3.6 以下</td></tr>
</table>

——本文摘录自《关于印发〈中国共产党厦门大学委员会关于党的总支部(直属党支部)工作考评的办法(试行)〉的通知》,厦大委组〔2001〕20 号,档号 2001-DQ02-1

·教学与科研工作·

关于外籍留学生、台港澳学生、华侨学生学籍管理的若干规定

(2001年2月8日)

为适应海外教育发展的需要，根据教育部有关文件精神，结合厦门大学实际情况，制订以下若干规定。

一、凡正式录取到我校全日制本专科学习的外籍留学生、台港澳学生、华侨学生(指侨居国外的中国公民、经联考录取的学生，下同)的学籍管理，原则上与境内录取的学生同等对待，除本文件有专门规定之外，执行厦门大学的学籍管理规定。

二、外籍留学生、台港澳学生、华侨学生实行弹性学分制。学制四年的学生，学习年限允许延长至六年；五年制的学生，学习年限允许延长至七年。在学习年限内允许申请休学1～2年。学生原则上应修习教学计划规定的全部课程，经考试合格、取得相应学分后可准予毕业，并根据国家有关规定获取学位。

三、外籍留学生、台港澳学生、华侨学生可以提前或推后修习教学计划规定的部分课程。但修习课程应按照先基础、后专业，由浅及深，循序渐进的原则，事先提出修习计划，报所在系领导备案。

四、外籍留学生、台港澳学生、华侨学生修习课程不及格允许补考一次。补考及格的可以取得学分；补考后仍不及格的不能取得学分，也不记入学籍档案，但应该重修。

五、各学院(系)应遵循“因材施教”的原则，针对外籍留学生、台港澳学生、华侨学生的实际情况，加强教学管理，提高教学质量。如有必要，可采取与境内学生同班上课，另加个别辅导或分别考试等办法，帮助学生完成学业。

六、外籍留学生、台港澳学生、华侨学生经向所在学院(系)提出申请、教务处批准，可以免修以下部分课程：

1.政治理论课和思想品德课[经济学类、管理学类的《政治经济学(资本主义部分)》，政治学、法学类的《毛泽东思想概论》、《政治经济学》、《马克思主义哲学原理》课程除外]；

2.经济学类、管理学类文科专业的《高等数学》课程。

七、非涉外专业的外籍留学生可以修习《现代汉语》作为第一外语，要求文科学生通过国家汉语(6级)水平考试，理工科学生通过国家汉语(4级)水平考试方可毕业。

八、外籍留学生、台港澳学生、华侨学生免参加军事训练。

九、上述规定由教务处负责解释。

十、上述规定自公布之日起实施。(97)厦大教字12号文件同时停止执行。

——本文摘录自《关于印发〈关于外籍留学生、台港澳学生、华侨学生学籍管理的若干规定〉的通知》,厦大教〔2001〕3号,档号2001-XZ12-1

厦门大学鼓励科技人员创新创业的暂行规定

（2001年3月14日）

第一条　为规范和促进我校科技成果转化及产业化工作，根据科技部、教育部、人事部、财政部、中国人民银行、国家税务总局、国家工商行政管理局1999年3月联合制定的《关于促进科技成果转化的若干规定》和教育部1999年第3号令《高等学校知识产权保护管理规定》，参照厦大科[1999]76号文“《厦门大学知识产权保护管理实施细则》（试行）”的有关规定制定本规定。

第二条　学校科技成果转化及其产业化工作由厦门大学产学研工作领导小组领导并授权产学研工作领导小组办公室（以下简称产学研办公室）实行归口管理。转化学校科技成果须经产学研办公室审核、报产学研工作领导小组批准后方可实施。

第三条　允许利用学校技术、成果、智力等各种无形资产作价投资入股创办公司。有形资产如实验室、仪器、设备、房屋、场地等的使用可采用租赁方式。

第四条　创业转化成果如确需学校投入货币资金，必须经学校办公会审议批准。

第五条　与企业合作组建高科技公司、研究中心或工程中心等具备独立法人资格的经济实体，一般不得在名称中使用“厦大”或“厦门大学”字样。如确需冠名，必须经学校办公会审议批准。

第六条　利用学校的资源或科技成果创办科技型企业或与企业合作组建高科技公司、研究中心或工程中心等具备独立法人资格的经济实体，均按市场规则操作，其人员、场地、住房等条件由该实体自行解决。进入科技园的按科技园有关规定办理。

第七条　凡以学校自主知识产权的职务发明成果作价入股创办科技企业，按项目情况对成果发明人（课题组）实施股份奖励：软件项目为学校所得技术股份的30%～60%，其他项目为学校所得技术股份的20%～50%。股份比例视学校前期投入和技术发明人参与转化的程度等情况由学校产学研办公室确定。

第八条　为鼓励技术发明人创办科技企业从事成果转化，允许技术发明人在法律许可的情况下，所获得的股份在合作协议书中以合作方的名义单独出现。

第九条　为鼓励广大科技人员创办企业转化科技成果，允许课题组将横向课题的结题经费投资入股转化科技成果，该部分股份可按3∶7的比例在学校和课题组之间分配。

第十条　教职工经过学校批准，可以离岗二年创办科技型企业，从事科技成果转化，离岗人员在离岗期间工龄连续计算，期满后可以回原单位竞争上岗。科技人员离岗期间的工资、医疗、意外伤害等待遇和各种保险，由用人单位负责。

第十一条　科技人员兼职创业转化学校科技成果可计算工作量，该工作量依据学校所得效益由各院系考核实施。兼职工作量抵减量不能超过学校年度工作量的30%，实施细则另行规定。

第十二条　为鼓励广大教职员工参与或从事科技成果转化及产业化工作，学校每年拿出一定名额的中高级职称岗位，单列评审，聘任符合晋升条件并在产业化方面做出贡献的科技人员和管理人员。

第十三条　若本规定与学校原有规定相抵触的，以本规定为准。

第十四条　本规定自公布之日起执行，由学校产学研办公室负责解释。

——本文摘录自《关于印发〈厦门大学鼓励创新创业转化科技成果的暂行规定〉的通知》，厦大办〔2001〕13号，档号2001-XZ09-3

厦门大学教学委员会章程

(2001 年 4 月 23 日)

第一条　为加快高等教育教学改革步伐,全面推进素质教育,培养适应新世纪需要、具有创新意识和创新能力的高素质专门人才,为了进一步落实以人才培养为中心、本科教学为基础的地位,特设立厦门大学教学委员会。

第二条　厦门大学教学委员会是校行政在教学工作方面的咨询和审议机构。

第三条　教学委员会的职责:

1.对提高教学质量提出指导意见和建议;

2.审议职能部门提出的关于教学工作的规划、教学改革措施、教学管理制度,并提出意见;

3.审议、指导厦门大学本科专业设置和建设规划;审议、指导教学实验室设置和建设规划;

4.审议厦门大学教学岗高级职称岗位设置原则和评聘标准,并对申报教师进行资格评议;

5.审定各类教学奖评定标准和办法,评审教学奖;

6.审定教材出版规划,推荐出版教材,评审优秀教材;

7.接受校长委托,开展专题调研。

第四条　教学委员会的机构和人员组成:

1.厦门大学教学委员会由具有一定学术造诣、治学严谨、热爱教学工作、富有教学经验、教学成绩显著、办事公道、作风正派的教师和教学管理干部组成。

2.厦门大学教学委员会主任委员、副主任委员、委员由校长聘任。

3.厦门大学教学委员会下设分学科教学委员会和专门委员会。

第五条　本条例自公布之日起执行。

——本文摘录自《关于印发〈厦门大学教学委员会章程〉的通知》,厦大教〔2001〕13 号,档号 2001-XZ12-1

中共厦门大学委员会关于做好迎接本科教学优秀评价工作的意见

（2001年5月15日）

各学院、各单位：

我校自1997年正式启动迎接本科教学优秀评价工作以来，在全校师生的共同努力下，各方面建设取得了进展。为了进一步深入开展这项工作，争取早日通过教育部的验收评估，特提出如下工作意见：

一、继续深入开展教育思想大讨论，以转变教育思想教学观念为先导，以深化教育教学改革为核心，全面提高教学质量

开展本科教学评优，首先要实现教育思想、教育观念上的转变。全校师生员工要通过深入学习邓小平理论和江泽民同志"三个代表"的重要思想，认真学习江泽民同志关于教育问题的一系列讲话精神，要继续开展教育思想和教育观念的大讨论，全面推进素质教育。要把人才培养工作摆在学校工作的首位，进一步坚定社会主义办学方向，巩固"三讲教育"以来所取得的成果。各级各部门要以培养人才为己任，做到教书育人、管理育人、服务育人，努力做好学校的各项工作。

二、充分认识本科教学优秀评价工作的重要性，深入发动全校师生员工参与迎评工作

开展本科教学优秀评价是促进高等学校进一步坚定社会主义办学方向，以人才培养为中心，努力提高教学质量而采取的一项重要措施；同时，这也是我校世纪初所面临的一项重要任务，是"211工程"建设必须达到的目标之一，是我校向国内外知名的高水平大学的目标迈进必须完成的一项基础工作。要充分认识本科教学优秀评价工作的重要意义，发动全体师生员工广泛参与和自觉投入，各单位必须做好全方位的宣传动员工作。各级党政领导要亲自做动员、布置。学校各宣传媒体要做好宣传舆论工作，广泛宣传做好本科教学优秀评价工作的目的、意义；全面、深入、及时地反映迎评工作的进展状况；宣传开展本科教学优秀评价工作中的经验和好人好事。

三、加大教学投入，深化教学改革，实现本科教学优秀评价的各项指标

1.继续加大对教学投入。首先，要重点建设和改善学校的公共基础实验室、公共教室和实践基地；其次，要重点支持一批教学改革和基础实验教学改革项目；最后，要着力改善学生的生活和学习环境。

2.要引入竞争机制，深化教育教学改革，加快教改步伐。启动新世纪教学改革工程校级项目。通过设立专项的办法，支持院系总结教改成果和经验。

3.各级领导、各个部门都要认真对照评优指标体系开展自查自评工作，要在普遍提高的前提下，努力培育具有本校教改特色的"亮点"。对于存在问题都要千方百计解决好，绝不允许留有"死角"。

四、加强领导,确保本科教学优秀评价顺利获得通过

本科教学评优已进入迎评工作的关键阶段。校党委要求各级党组织切实加强对该项工作的组织领导。要通过分工协作,共同为创建本科优秀学校承担责任。党的基层组织要发挥战斗堡垒作用和党员先锋模范作用。

针对最近一段时间以来各单位人事变动情况,各单位要及时调整迎评领导小组名单,使新任领导及时到位。学校要建立和健全学校的迎评工作办公室,由一名校长助理担任迎评办公室主任,抽调有关部门工作人员充实办公室。此外,院系也要组织好工作班子,全力以赴做好各项迎评准备工作。

学校要与各个院系、职能部门签订责任书。第一责任人要承担本单位所负责工作的领导责任。

全校共产党员要紧密围绕学校的工作重心,集中精力,创造性地开展工作,为早日通过教育部的教学优秀评价而贡献力量!

二〇〇一年五月十五日

——本文摘录自《中共厦门大学委员会关于做好迎接本科教学优秀评价工作的意见》,厦大委综〔2001〕7号,档号2001-XZ09-6

厦门大学党政管理干部听课制度

（2001年6月1日）

第一条　为加强本科教学过程的质量管理，完善教学信息反馈系统；同时，也为了转变学校机关工作作风，促进学校各级管理部门和领导干部、管理人员树立为教学服务的意识、深入教学第一线了解教学情况、解决实际问题，特建立厦门大学党政管理干部听课制度。

第二条　参加听课人员：校党政领导，有关部门党政管理干部，院系党政管理干部等。

校级领导每月至少听课2次；宣传部、人事处、学生处、校团委等单位领导每月至少听课2次；教务处干部每周至少听课1次；院系领导每周至少听课1次、每学年听课范围尽可能覆盖本院系课程；院系政工人员每周至少听课2次、每学年听课范围尽可能覆盖本人所分管年段设置的课程。

第三条　参加听课人员均应填写“厦门大学听课记录表”（由教务处教学科发放）。校部人员将听课记录表交到教学科，院系党政人员将听课记录表交到本院。

教务处教学科负责建立校部人员的听课档案，并将听课信息整理反馈给有关部门和人员。同时，根据每月回收的听课记录表，公布校部人员听课统计数据。

各学院要指定教务人员负责建立本院系的听课档案，及时将听课信息整理反馈有关部门和人员，并且每月公布本院系党政人员的听课统计数据。

第四条　党政管理干部听课情况列入干部个人年度考核的指标。

第五条　本制度由教务处负责解释。

第六条　本制度自公布之日起实行。

——本文摘录自《关于印发〈厦门大学党政管理干部听课制度〉的通知》，厦大教〔2001〕19号，档号2001-XZ12-1

关于成立院级教学实验中心的若干意见

(2001年9月7日)

为了落实《厦门大学教学实验中心管理工作规程(暂行)》(厦大教[2001]21号)文件精神,我校决定成立校级和院级教学实验中心,现将成立院级教学实验中心有关事项提出以下意见,请遵照执行。

一、教学实验中心是开展实验教学、科学研究和培养创新人才的重要基地,是高等学校办学的重要条件之一。为此,各学院(系)应认真研究,确定本院教学实验中心的机构规模、工作任务、人员遴选,切实把实验教学工作抓好,提高仪器设备的使用效益,培养更多的创新人才。院级教学实验中心须在九月底前成立,进入正常运转,并将相关资料送教务处备案。

二、教学实验中心主任(副主任)任职条件

1.思想作风好,热爱实验室工作,有足够的时间和精力并能团结同志一道从事实验教学工作。

2.学术造诣深,业务能力强,具有副高或副高以上职称。

3.有较高的组织能力,熟悉本院、本学科所需的仪器设备和实验教学内容。

4.教学实验中心内可设若干实验室,实验室主任任职条件与中心主任基本相同,但职称可以是中级职称者。

三、教学实验中心主任职责

1.在学院和主管部门领导下,实验中心实行主任负责制,主任对教学实验中心的人、财、物、教学、技术、信息、安全、环境等实行统一管理,全面负责。领导本中心所属各实验室出色完成教学、人才培养和相关科研任务。

2.负责制定本实验中心长远规划和年度工作计划,并组织实施。

3.负责实验经费的管理,保证完成实验教学任务,组织实验人员审定实验教学大纲和实验指导书,不断提高实验教学质量和水平。

4.加强实验中心队伍建设,包括定员定编、人员培训、考核、晋级和职务评聘等工作。

5.建立健全中心及所属实验室的规章制度,并督促、检查实验室各项规章制度的贯彻执行。

6.抓好仪器设备的管理和使用,不断提高设备的完好率和利用率。

7.定期向上级机关汇报实验室情况,按时完成有关统计报表和信息收集工作,完成上级交办的其他工作。

8.中心副主任协助中心主任完成上述各项工作。

四、教学实验中心主任遴选和聘任办法

在广泛征求教师意见的基础上,院级教学实验中心主任由学院(系)院长(主任)提名,经院务(党、政)会议讨论通过,报学校批准聘任。

在广泛征求教师意见的基础上,教学实验中心副主任、实验中心所属实验室主任由中心主任提名,经院务(党、政)会议讨论通过,由院长聘任,送教务处备案。

二〇〇一年九月七日

——本文摘录自《关于成立院级教学实验中心的若干意见》,厦大教〔2001〕29号,档号2001-XZ12-1

厦门大学文科重点研究基地管理条例

（2001年12月14日）

为了加强对我校文科重点研究基地(以下简称重点研究基地)的管理,根据教育部社政司的有关管理文件并结合我校实际,特制定本条例。

第一条　重点研究基地是指我校入选教育部人文社会科学重点研究基地的研究机构。

重点研究基地实行全员聘任制,组成人员依据"带(给)课题进基地、完成课题出基地"的流动原则,对国内外开放。基地主任(所长)由校长聘任,其他人员由基地主任聘任。

重点研究基地研究人员中校内专职研究人员不少于7人,校外专兼职人员不低于总人数的三分之一。特别要注意吸收学有所成的出国留学、进修人员参加研究工作。

第二条　重点研究基地实行主任(所长)负责制。中心主任的主要职责是:根据教育部的要求,制定基地的具体建设计划,全面实施重点研究基地建设标准;实施学术委员会确定的学术发展规划;制定内部管理规章制度;负责聘任副主任(副所长)及以下专兼职研究人员和管理人员;筹集和批准使用经费;向学校、教育部有关部门汇报工作;日常管理工作。

中心主任应切实按照基地建设五条标准对基地建设的全面工作负责,重点抓重大项目研究,力争出精品。学校也按照基地建设五条标准定期对基地实施检查与评估,并把评估结果作为对中心主任业绩评价的重要依据。

第三条　重点研究基地设学术委员会作为学术研究的指导机构。学术委员会由国内著名学者组成,应不少于5人的单数,年龄原则上不超过70岁,并注意吸收中青年学者。委员会主任由校长聘任。成员(包括正副主任)中本校学者不应超过三分之一。组成人员名单须报社会科学研究处和教育部社政司备案。

学术委员会每届任期三年,每次换届更换人数不得少于三分之一。学术委员会每年至少举行一次全体会议。

学术委员会的主要职责是:制定和修改学术委员会章程;审议基地的研究方向及中长期研究发展规划;负责重大研究项目和其他课题的评审;决定资助额度以及重大成果的评审鉴定;监督重大课题经费的使用;协调本研究领域全国性学术活动等。

第四条　重点研究基地实行定期报告制度。重点研究基地的报告内容包括:工作简报、成果简报、学术会议备案报告和统计年报表。其中,工作简报每个季度一期,成果简报每6个月一期,学术会议备案报告须在正式开会前3个月备案,统计年报表须在次年2月5日前一式二份报社会科学研究处。各种报告须按照教育部社政司的有关要求完成,并在规定时间内报告学校主管副校长和社会科学研究处,再由社会科学研究处报送教育部社政司。

第五条　重点研究基地须接受学校和教育部社政司的定期检查评估。学校的检查每学期进行一次,由社会科学研究处负责组织;教育部社政司的检查每年一次;教育部社政司的评估每三年一次。

在检查和评估中,不符合教育部和学校要求的,按教育部社政司和学校的有关规定处理。

第六条　社会科学研究处为我校文科重点研究基地的业务管理部门,在主管副校长的领导下对研究基地进行日常管理。

社会科学研究处的主要职责是:代表学校对研究基地实施业务管理;负责教育部社政司、学校与研究基地的工作联系;负责研究基地工作简报、成果简报、学术会议备案报告、统计年报表的上报;组织对重点研究基地的学期检查、考核与评估;与重点研究基地有关的其他工作。

第七条　本条例中的未尽事宜,按照教育部印发的《普通高等学校人文社会科学重点研究基地管理办法》的规定执行。

——本文摘录自《关于印发〈厦门大学文科重点研究基地管理条例〉的通知》,厦大社科〔2001〕8号,档号2001-XZ31-1

厦门大学文科研究中心的设置与管理条例

（2001 年 12 月 14 日）

为了加强对我校文科研究中心(以下简称研究中心)的管理，实现管理的科学化、规范化和制度化，依据教育部有关文科重点研究基地的管理办法，特制定本条例。

第一条　研究中心是学校为加强学科建设和科学研究、推进对外交流合作和人才培养的需要而设立的研究机构。其任务包括基础理论研究、应用研究、综合研究、政策咨询等。研究中心主要在二级学科基础上设立，必须依托一个一级学科，也可依托多个学科和综合学科或跨学科。

第二条　研究中心实行中心主任负责制。研究中心主任由校长聘任，中心主任根据工作需要和实际规模，可聘任 1～2 名副主任。

研究中心不定机构级别，不另增编制，日常管理工作由所依托的院(系、所)负责，财务上实行“项目管理制”。

第三条　研究中心的设置必须具备以下条件：

(1)学术带头人有较大的学术影响，学术梯队比较合理。专兼职研究人员数不得少于 3 人，其中教授不得少于 1 名，45 岁以下研究人员中具有博士学位的人数达 40%以上。

(2)正在承担一项以上的国家级或省部级重大科研项目和多项重点科研项目，或三年内年平均科研经费不少于 10 万元，并有相关的研究成果在国内外高水平的杂志上发表。

(3)研究方向为社会急需、经济效益明显或跨学科研究。

(4)所在院(系、所)同意提供研究场所并愿意履行管理责任(跨学科的须落实研究场所，日常管理工作由依托单位负责)。

第四条　设置研究中心的审批程序：

由研究中心筹备负责人向社会科学研究处提出书面申请、填写申请书并提供相关证明复印件和其他资料。申请报告和提供的资料应包括：研究中心的目标、队伍、成果、项目、经费、人才培养、与国内同行或同类中心的定量比较和自我评估、该研究领域的发展趋势等。

社会科学研究处对申请材料进行初审，并将初审意见呈报主管副校长。

校长办公会审议并做出决定。

第五条　研究中心的检查和管理：

研究中心的检查评估和管理事宜由社会科学研究处在主管副校长领导下具体负责。

社会科学研究处负责制定研究中心设置申请书、管理条例、年度统计表、评估指标体系，并对其进行管理和检查。

研究中心每年须填写年度统计表，报告年度的科研项目、经费、成果、人员、活动等情况。

研究中心每两年评估一次。评估标准为：人均在研课题 1 项，拥有经费 2 万元以上；人均在核心刊物以上发表学术论文 4 篇以上；至少出版学术著作 2 部或提交 2 份有重要价值的咨询报告(须附采纳单位证明)；至少召开一次有相当规模的学术会议。

对于评估优秀的研究中心，学校将在政策和投入上给予支持，并作为学校各项评优的依据。对于成绩突出的负责人，学校将给予适当奖励。对于评估不合格的研究中心，学校将予以撤销或更换负责人。

第六条　本条例自公布之日起施行,由社会科学研究处负责解释。

——本文摘录自《关于印发〈厦门大学文科研究中心的设置与管理条例〉的通知》,厦大社科〔2001〕9号,档号 2001-XZ31-1

关于我校硕士、博士研究生在学期间发表学术论文及学位授予日期的规定

（2001 年 12 月 25 日校学位评定委员会审议通过）
（2001 年 12 月 25 日）

为了进一步规范学位授予工作，不断提高研究生的培养质量，根据我校研究生教育和学位工作的实际情况，校学位评定委员会于 2001 年 12 月 25 日召开全体委员会议，对我校硕士、博士研究生在学期间发表学术论文的要求，授予学位日期等问题，进行了认真的研究和讨论，并形成如下决议：

一、硕士、博士研究生在学期间发表学术论文的规定

1.我校博士研究生获得博士学位之前，必须在全国核心刊物上，以第一作者发表 2 篇以上与其学位论文相关的学术论文。（核心刊物的认定以《中文核心期刊要目总览》，北京大学出版社 2000 年版为准，具体目录另发。）

2.我校硕士研究生获得硕士学位之前，必须在公开发行刊物（有 CN 刊号）上发表 1 篇以上与其学位论文有关的学术论文，或取得经过鉴定的科研成果。

3.专业学位硕士研究生暂不要求发表学术论文。

4.我校研究生在学期间发表学术论文，或取得鉴定的科研成果，必须以“厦门大学”署名。在职攻读学位者可同时以所在工作单位署名。

5.已完成培养方案规定的学习项目，考试考核成绩合格，取得规定的学分，并通过学位论文答辩的研究生，可以按时毕业，并取得毕业证书。但未达到以上发表论文要求者不授予学位。

硕士研究生在通过答辩后的一年内达到发表学术论文标准的可向研究生院学位与学科建设处提出授予硕士学位的申请。

博士研究生在通过答辩后的二年内达到发表学术论文标准的，可向研究生院学位与学科建设处提出授予博士学位的申请。

二、按学位授予工作的规定，以校学位评定委员会会议批准授予学位之日为各级学位证书学位授予时间。

三、考虑到我校的实际情况，今后校学位评定委员会每年召开审查授予学位的例会 3 次。分别在每年 6 月份、9 月份、12 月份召开。

四、本规定作为“厦门大学硕士学位和博士学位授予工作细则”的补充。从 2002 年 1 月 1 日开始执行。

——本文摘录自《关于我校硕士、博士研究生在学期间发表学术论文及学位授予日期的规定》，厦大学位〔2002〕01 号，档号 2019-XZ28-008

·管理与服务工作·

厦门大学校内公文处理规范化的若干规定

(2001年1月10日)

为使我校的校内公文(以下简称“公文”)处理工作进一步规范化、制度化,提高公文质量和公文处理效率,保证公文的严肃性,根据中共中央办公厅发布的《中国共产党机关公文处理条例》和国务院办公厅发布的《国家行政机关公文处理办法》,结合我校实际情况,特对公文处理做出如下规定:

一、公文处理程序

1.公文处理须及时、准确、规范。

2.各单位、各部门呈送校党、政领导及校长助理审批的公文一律先送学校办公室,由学校办公室负责公文处理的人员进行来文签收、登记,并加盖“厦门大学校内公文收文登记章”后,再呈送有关校领导审批。凡未有加盖厦门大学校内收文登记章的公文,校党、政领导及校长助理不予审批。

3.各单位、各部门应有专人负责公文处理工作。须由职能部门审核或会稿的公文,应先送职能部门签署意见。

4.公文呈送时,拟稿和会稿单位领导应在“厦门大学校内公文送审稿”上签署姓名、日期和意见,拟稿单位应加盖本单位公章。校领导审批、签发文件时,亦要签署姓名、日期和意见。各级领导审批、签发文件时不能用铅笔和圆珠笔。

5.各单位拟稿时应做到情况确实、观点明确,结构严谨、层次分明,语言精炼、字词规范、标点正确,篇幅力求简短。

公文用纸为A4胶版印刷纸或复印纸(规格:210mm×297mm),拟稿应使用钢笔或打字(尽可能打字),不能使用铅笔和圆珠笔;拟稿人须在“厦门大学校内公文送审稿”上签署姓名和拟稿日期。

文稿的内容必须做到:

(1)人名、地名、数字、引文准确。引用公文应当先引标题,后引发文字号。引用外文应当注明中文含义。日期应当写具体的年、月、日。

(2)结构层次序数,第一层为“一、”、第二层为“(一)、”、第三层为“1.”、第四层为“(1)”。

(3)必须使用国家法定计量单位。

(4)公文中的数字,除成文时间、部分结构层次序数和词、词组、惯用语、缩略法、具有修辞色彩语句中作为词素的数字必须使用汉字外,应当使用阿拉伯数码。

(5)使用简称时,应当先用全称并注明简称。

6.须定密的公文应按学校有关保密制度的规定做好定密工作。

7.凡以学校名义发出的公文,学校办公室应从内容和格式两方面对公文进行核稿。对不符合要求的公文,可将文稿退回拟稿单位修改、补充材料或直接予以修改。公文核稿后再呈送校有关领导审批、签发。

8.以学校名义发出的公文,须由学校办公室按部门分类和公文性质登记、编号。以部门名义发出的公文,由该部门负责登记、编号。

9.学校办公室文印室负责以学校和学校办公室名义发出的公文的缮印工作,各部门的公文和材料一般由各部门负责缮印。缮印人员要准确地按照规范的格式要求及时打印文稿。校对由拟稿人负责,拟稿人应认真、细致地对文稿进行全面校对。缮印和校对中不得随意修改原稿,缮印、校对人员必须在公文原稿上签署姓名和日期。

10.公文装订、用印和发送按规定进行。

11.公文发送后,公文的立卷、归档和销毁按档案馆制定的具体办法执行。

二、公文种类

根据学校实际,我校日常使用公文种类有:

1.决定:适用于重要事项或重大行动的确定性安排。

2.通告:适用于在一定范围内公布应当遵守或周知的事项。

3.通知:适用于批转下级单位的公文,转发上级机关、不相隶属机关的公文,传达要求下级单位办理和需要周知或执行的事项,任免人员。

学校制定的规章、行政措施和其他规范性文件根据实际内容可分别冠以"规定"、"办法"、"细则"等名称。不得使用法律规定只适用于特定国家机关的文件名称。"规定"、"办法"、"细则"等一般用"通知"印发。

4.通报:适用于表彰先进,批评错误,传达重要精神或情况。

5.报告:适用于向上级机关汇报工作,反映情况,答复上级机关的询问。

6.请示:适用于向上级机关请求指示、批准。

请示和报告要分开,请示问题应做到一文一事,报告中不得带请示问题。

7.批复:适用于答复下级单位请示事项。

8.函:适用于不相隶属单位之间相互商洽工作,询问或答复问题;请求批准或答复审批事项。

9.会议纪要:适用于记载、传达会议情况和议定事项。

10.意见:适用于对重要问题提出见解和处理办法。

三、公文格式规范:参照GBT904—1999《国家行政机关公文格式》国家标准(以下简称"标准")施行

公文各要素划分为眉首、主体、版记三部分。

(一)眉首:置于公文首页红色反线以上各要素的统称。

1.公文份数序号、秘密等级和保密期限、紧急程度等三要素是选择要素,我校公文一般无须标识。

2.发文机关标识。我校现有发文机关标识共八种:

(1)"厦门大学文件";(用于上行文的发文机关标识——发文机关标识上边缘至版心上边缘为80 mm,即至上页边117 mm;用于平行文或下行文的发文机关标识——发文机关标识上边缘至版心上边缘为25 mm,即至上页边62 mm)

(2)“中共厦门大学委员会文件”;(用于上行文的发文机关标识——发文机关标识上边缘至版心上边缘为 80 mm,即至上页边 117 mm;用于平行文或下行文的发文机关标识——发文机关标识上边缘至版心上边缘为 25 mm,即至上页边 62 mm)

(3)“厦门大学”;(信函式公文使用)

(4)“厦门大学会议纪要”;(用于校长办公会议、学校专题会议纪要)

(5)“中共厦门大学委员会(　)”;(党委部门使用)

(6)“厦门大学(　)”;(行政部门使用)

(7)“中共厦门大学纪律检查委员会”;(纪委使用)

(8)“厦门大学职称改革领导小组文件”。(职改部门使用)

3.发文字号。由发文机关代字、年份和序号组成。年份、序号用阿拉伯数字标识;年份用全称,用六角号〔〕括入(注意不是用中括号[]);序号不编虚位,不加“第”字。正确的使用方法,如:

学校文件:厦大委综〔200×〕×号

　　　　　厦大综〔200×〕×号

部门文件:(200×)厦大办×号

4.签发人。是选择要素,仅在上报的公文须标识签发人姓名。

(二)主体:置于红色反线下至主题词之间各要素的统称,包括公文标题、主送机关、公文正文、附件、成文时间、公文生效标识、附注等 7 项要素。

1.公文标题。包括发文机关、事由、公文种类三要素,一般应标明发文机关。标题应准确、简要地概括公文主要内容。

2.主送机关。向上请示、报告公文,一般只能有一个主送机关,不宜多头主送,以免责任不明。如需同时送其他单位,可用抄报、抄送形式。主送机关用全称或规范化简称。

3.公文正文。是公文的主体部分。要求情况确实、观点明确、文字精炼。

4.附件。是正文的补充说明或有关参考资料。应当注明附件顺序和名称,顺序号用阿拉伯数字,名称后不加标点符号。附件标注在正文之后、公文生效标识之前。附件一般应与公文正文一起装订发送。附件左上角第 1 行标识“附件”,有序号时应标识序号。

5.成文时间。用汉字标识年月日。发文日期一般以领导签发日期为准,几个单位联合发文的,以最后签发单位领导人的签发日期为准。

6.公文生效标识。单一机关制发的公文在落款处不署发文机关名称,只标识成文时间。联合行文须加盖两个印章时,成文时间左右各空 7 字,主办机关印章在前,落款处亦不署发文机关名称;联合行文须加盖 3 个印章以上时,应在落款处署发文机关名称,每排最多 3 个印章,最后一排如余一个或两个印章,须居中排布。

当公文排版后所剩空白不能容下印章位置时,不得采用“此页无正文”的方法解决,而应采取调整行距、字距的方法解决。

7.附注。一般是对公文的发放范围、使用时须注意的事项进行说明,如“此件发至县团级”、“此件可见报”、“联系人”等,而不是对公文的内容进行解释或说明。对公文的内容进行解释或说明一般在公文正文中用句内括号或句外括号的方式解决。附注标识在公文生效标识与版记之间。

(三)版记:置于主题词下各要素的统称,包括主题词、抄送、印发机关和印发时间等要素。

1.主题词。反映文件主要内容的规范化名词或名词性词组。标注在发文日期和印发说明之间,并按照《关于标注公文主题词的通知》〔(1993)厦大办 18 号〕规定标引,最多不超过七个。

2.抄送。是指除主送机关外需要执行或知晓公文的其他机关,应当使用全称或规范化简称。如果“会议纪要”等公文须在此部分标识主送机关或领导,则标识在主题词之下、抄送之上。

3.印发机关和印发时间。印发机关是指公文的印制主管部门,一般为办公厅(室)或其他文秘部门。印发时间是指公文付印时间(校对后正式印刷时间)。目前我校暂不标识此要素。

4.版记各要素之下均加一条红色反线。版记应置于公文最后一页,最后一个要素置于最后一行。

上述各要素的标识位置、字体、字号等请参阅“标准”。

四、附 则

1.公文处理中涉及电子文件的有关规定另行制定。

2.本《规定》自发布之日起施行。1997年1月4日发布并施行的《厦门大学校内公文处理规范化的若干规定》同时废止。

——本文摘录自《关于印发〈厦门大学校内公文处理规范化的若干规定〉的通知》,厦大办〔2001〕7号,档号2001-XZ09-3

厦门大学校长办公会议议事规则

(2001年1月10日)

第一条　为进一步完善党委领导下的校长负责制，加强行政指挥系统，提高会议效率，特制定本规定。

第二条　校长办公会(以下简称“办公会”)是由校长(或由校长委托的副校长)召集和主持的研究、审议、决定学校行政工作方面重大问题的会议。

第三条　办公会成员由校长、副校长，党委书记、副书记，纪委书记，校长助理，工会主席、学校办公室主任、研究生院常务副院长组成。列席人员根据需要由有关校领导决定并由学校办公室通知。

第四条　办公会一般一周安排一次。

第五条　办公会的议题范围为：

1.传达、贯彻落实上级重要文件、会议精神；

2.讨论党委关于学校行政事务的决议的实施意见；

3.讨论决定关于学校重大改革和发展方案及措施；

4.讨论决定学校重要行政规章制度的制定、修改、废止；

5.审议申报专业设置和学位授予点的增设与调整；

6.审定教学、科研、行政机构的设置和调整；

7.审定教学、科研、行政管理等方面的重大活动和计划；

8.审定学科建设和师资队伍建设规划；

9.审定学校年度经费的预、决算；

10.审议通过年度基建计划，讨论决定重大基建和维修项目；

11.讨论决定校长认为需要讨论的其他问题。

第六条　提交办公会审议的议题，一般须由分管校领导、校长助理提出，由学校办公室汇总后报校长(或校长委托的副校长)审定。办公会有关材料由相应的职能部门、单位负责准备，并于会前三天将材料送至学校办公室，由学校办公室将本周办公会的议题和有关材料于会前两天分送与会人员；与会人员应提前了解会议内容，并做好发表意见的准备。除需紧急议决的事项外，一般不临时安排议题。

第七条　与会人员应按时到会。因故不能到会者，须事先向校长(或校长委托的副校长)请假。

第八条　学校办公室负责会议记录和整理会议纪要，并按规定将记录和纪要归档。

第九条　《校长办公会议纪要》须经有关办公会成员审阅后再由校长(或校长委托的副校长)签发。《会议纪要》与学校文件具有同等的效力。

第十条　凡已经办公会决议的事项，必须坚决执行，任何单位或个人不得以任何理由拒绝执行。已经办公会决议的事项如需修改，应经办公会再次研究通过后方为有效。决议的落实情况由学校办公室负责督促和检查，并向校长汇报。

第十一条　严格会议纪律。凡会议讨论的情况和决议的过程，以及会议决定不得外传的事项，任何人不得泄露。

第十二条　本《议事规则》自发布之日起施行。1998 年 3 月 9 日发布并施行的《厦门大学行政办公会议议事规则》同时废止。

——本文摘录自《关于印发〈厦门大学校长办公会议议事规则〉的通知》，厦大办〔2001〕8 号，档号 2001-XZ09-3

关于职员制度实施工作若干问题的补充意见

(2001年2月9日)

各学院、各单位：

厦门大学职员聘任委员会于2001年1月22日上午召开专题会议，就职员制度实施工作有关问题进行了讨论，并提出如下补充意见：

1.凡系《厦门大学职员岗位定岗方案(试行)》(厦大人99号)文件下达之后，晋升职务、职称或学历更动的人员，其晋升的职务、职称或更动的学历，不作为2000年职员职务聘任的参考条件。

2.参加2000年思想政治教育系列专业技术职务评定的人员，如未申报聘任职员的，列入教师职务聘任，不再聘任职员职务；申报聘任职员的，列入职员职务聘任，不再聘任教师职务。

3.校内管理体制改革前担任非领导职务的人员(调研员)，可按改革前级别应聘职员职务，级别时间计算至改革实施时止。

4.调入我校工作的人员未予聘任相应党政或专业技术职务的，可根据原单位聘任的党政或专业技术职务作为职员职务聘任参考条件，但只能聘任与原单位所任党政职务或专业技术职务相对应的起始职员职务。调入人员已聘任相应职务的，原单位聘任的职务及任职时间可与现聘任的职务及任职时间合并计算。我校校内管理体制改革前已任过科级职务的人员，因工作岗位变动不再聘任原职务的，可参照调入人员的办法执行。校内管理体制改革时职务变动人员，按《厦门大学职员制度实施细则(试行)》的规定办理。

5.专任教师担任学校领导和教学、科研、研究生管理工作的处(部门)正处级领导职务后，可继续兼任教师职务，执行教师职务工资标准，同时聘任职员职务，占职员和教师职务岗位数，任期内纳入职员管理。其对象包括：校长、副校长、校长助理、研究生院副院长、教务处处长、科研处处长、社科处处长。

其他部处的兼职人员均纳入职员管理，聘任职员职务，执行职员工资标准。在本任期内，采取过渡办法，职员聘任合同签至党政管理职务任期结束。任职期满，部分同志将返回原工作岗位，继续从事专业技术工作；部分同志将转入职员岗位，继续从事职员工作。其对象包括：人事处处长、组织部部长、研究生院培养与管理处处长、研究生院学位与学科建设处处长、资产处处长和副处长、教务处副处长、社科处副处长、学生处副处长、监审处副处长、学校办公室副主任等。任职期满后如继续在以上岗位专任职员职务，应续签合同，不再继续任职的不再续签合同。

6.根据学校核定的校工会编制情况，专职工会干部聘任职员职务，兼职工会干部不聘职员职务。

7.关于职员任职条件中的学历问题，考虑到过渡时期的特点，本次试点，学历达不到任职条件的，根据其担任的行政职务和专业技术职务对应聘任职员职务，学历暂不做硬性要求。

8.企业和企业化中心原属事业编制的党政管理人员，按《厦门大学职员制度实施细则(试行)》规定，根据原任职务和任职年限确定职员职级和档案工资，本次试点，任职年限计算至2000年12月31日。原属专业技术系列的人员，仍保留专业技术职务，不纳入职员职务系列。

9.《厦门大学职员制度实施细则(试行)》规定纳入职员管理的人员，要求不聘职员职务，继续聘任专业技术职务的；或《厦门大学职员制度实施细则(试行)》未纳入职员管理的人员，要求聘任职员职务的，均根据原来确定的职员聘任范围实施。

以上意见，请遵照执行。

厦门大学
二〇〇一年二月九日

——本文摘录自《关于职员制度实施工作若干问题的补充意见》，厦大人〔2001〕6号，档号2001-XZ10-1

厦门大学国家安全小组工作细则

(2001 年 2 月 22 日)

第一章 总 则

第一条 校国家安全小组是在校党委的领导下，根据国家的法律、法规和党的有关政策，动员、组织学校师生员工履行维护国家安全的义务，开展学校涉外安全保卫工作，协助配合国家安全机关开展专项工作的内部防范组织。

第二条 校国家安全小组业务上接受国家安全机关的指导。

第三条 本细则是校国家安全小组的工作准则，有关部门及小组成员均应严格遵守。

第二章 组织领导

第四条 校国家安全小组，组长由校党委书记担任。成员由党办、校办、组织部、宣传部、外事办、科技处、保卫处等有关部门的负责同志担任。

第五条 校保卫处负责同志任小组联络员，保持与市国家安全局的密切联系，小组日常工作由联络员及保卫处政保科负责。

第三章 校国家安全小组工作任务

第六条 形式多样地对学校师生员工进行《国家安全法》及其实施细则和反渗透、反颠覆、反分裂、反破坏的国家安全宣传教育，增强师生员工的国家安全意识。

第七条 采取组织和管理措施，建立健全各项规章制度，从组织上和制度上落实反窃密、反策反、反渗透等工作，制定涉外接待制度、保密规定等。落实学校科研等保密项目严格的保密及安全防范措施，对学校的涉外接待等活动进行有效管理，防止失泄密事件的发生。

第八条 做好学校因公、因私出国(境)团组、人员的政审、行前教育、回国后的回访等工作。了解和掌握因公、因私出国(境)人员在国(境)外的活动情况，并加强管理，确保因公、因私出国(境)人员涉外安全保卫工作的落实。

第九条 积极开展国家安全小组情况信息工作，维护校园政治稳定。把维护校园政治稳定作为小组的一项长期任务抓紧抓好，认真制定学校《维稳工作方案》并做好落实工作，在党委领导下将校园不稳定的苗头处理在萌芽状态。及时向国家安全机关报送将要来我校访问的国(境)外人员名单及活动安排，积极主动地通过公开、合法的渠道，收集上报涉及国家安全和社会政治稳定以及对促进我科技、经济发展有益的情况信息。

第十条 主动、热情、周到地协助、配合国家安全机关开展专项工作，为国家安全机关工作人员执行任务提供便利条件，并做好保密工作。

第四章　校国家安全小组工作制度

第十一条　会议制度。校国家安全小组每季度召开一次例会，研究工作。每年一次工作总结。特殊情况随时召开会议。

第十二条　请示报告制度。校国家安全小组要经常向校党委汇报工作，把国家安全小组工作置于党委领导下，涉及国家安全方面的重要情况，要及时向市国家安全局报告。

第十三条　联系汇报制度。校国家安全小组各成员要认真做好职责范围内的小组工作，同时成员之间应互通情况，加强联系。发现情况及时向联络员反映，联络员要经常、及时地向组长和市国家安全局汇报小组工作及有关情况信息。

第五章　附　　则

第十四条　本细则由校国家安全小组负责解释。

第十五条　本细则自下发之日起开始实施。

——本文摘录自《关于印发〈厦门大学国家安全小组工作细则〉的通知》，厦大委综〔2001〕24号，档号2001-XZ09-6

厦门大学仪器设备管理办法

(2001年3月4日)

第一章 总 则

第一条 为了加强我校仪器设备管理,根据教育部制定的《高等学校仪器设备管理办法》(教高[2000]9号),结合我校具体情况,制定本办法。

第二条 我校仪器设备管理,实行统一领导、分级管理、管用结合的原则。资产管理处为校一级物资主管部门,在校长领导下,统一管理全校教学、科研、行政、医院等事业单位的物资工作;各院、系、部、处为二级使用管理单位。产业部分物资由校产业管理委员会按照有关规定自行管理。

第三条 学校仪器设备的管理,必须贯彻勤俭办学的方针,厉行节约、合理流动、资源共享。充分挖掘现有仪器设备潜力,重视维护维修、功能开发、改造升级、延长寿命的工作,鼓励自制新型教学、科研仪器设备,并经技术鉴定合格后登记入账。杜绝闲置浪费、公物私有化。

第四条 固定资产管理工作直接影响学校教学、科研、生产等活动的正常开展和有效运转,因此,各级管理部门领导要重视仪器设备的管理工作,加强队伍建设。各单位必须配备思想作风好、责任心强、具有一定专业知识及技术技能的专职或兼职人员担任管理工作,建立岗位责任制,保持技术管理队伍的稳定。

第五条 仪器设备管理的主要任务是指仪器设备从申请、审批、购置、验收、入账建卡、使用、维护、维修直至报废等各个环节全过程的管理工作。

第六条 所有购置、调入、自制、接受捐赠的仪器设备,不论何种经费来源,产权都归属学校,都必须及时入帐建卡,由学校统一管理。

第七条 我校仪器设备的购置,依据以年度计划为主、临时采购为辅的原则,其申请购置的程序按照《厦门大学物资设备采购管理办法》规定执行。

第二章 账、卡管理

第八条 根据教育部对固定资产的管理规定,我校列入固定资产管理范围的各种仪器设备的价格标准将适时做相应调整,但管理模式保持不变。

1.单价800元以上(含800元)、使用年限一年以上的仪器设备为校固定资产,列入学校固定资产的管理,每年底由物资主管部门统一向教育部上报数据。

2.单价200元以上(含200元)、不足800元、使用年限一年以上、能单独使用的仪器设备,列入学校低值设备的管理。

3.单价不足200元、使用年限一年以上、能单独使用的属于低值品,列入院(系)管低值品管理的范畴。

第九条 单价40万元以上(含40万元)的仪器设备属教育部统管的贵重仪器设备,列为校重点管理;我校贵重仪器管理起点为10万元以上(含10万元)。具体管理办法按《贵重仪器设备管理办法》

执行。

第十条　计算机升级或仪器设备增加附件，由各单位固定资产管理员将升级或增加附件登记到仪器设备卡上，填写材料入库单，到物资主管部门进行微机登记，再经分管科长签字后方可办理报销手续。

第十一条　仪器设备到货后，使用单位应在规定时间内进行技术验收，验收合格后，根据仪器设备价值大小和管理要求，分别填写相应的《……验收单》和《固定资产增加报告表》，经物资主管部门入账签章后，财务处方可给予报销。具体步骤参照《固定资产及低值设备登账流程》执行。

第十二条　各使用管理单位都应建立固定资产分类账，或计算机数据库，建立相应的账、卡制度，有计划地进行账、卡、物的清点、核实，定期与物资主管部门核对账目。

第十三条　学校物资主管部门每年对各单位进行一次固定资产抽检和专项抽检。

第三章　仪器设备的使用、保管

第十四条　仪器设备是国家公有财产，是完成教学科研生产任务的重要工具，必须充分发挥其使用效力，实行专管共用、资源共享，避免出现校内仪器设备的重复购置。

第十五条　使用仪器设备的人员必须熟悉和掌握仪器设备的性能和操作方法，严格遵守操作规程。仪器设备应进行定期保养、维护和检修，以延长使用寿命。仪器设备的管理必须实行责任制，保管、使用、维护等各个环节都要定人负责，做到管用结合。

第十六条　人员变动（调离、出国、退休、辞职等）必须进行物资移交，经单位物资管理员及单位领导认可签字后方可办理相关手续。各单位物资管理员的调动，必须和物资主管部门核对账目，做好本单位账、卡、物移交并经接收人签字认可后，方可办理相关手续。

第十七条　任何单位和个人未经审批手续，不得擅自转让仪器设备。违者追究行政及法律责任。

1.单位更换办公地点，原固定使用的设备，如空调、吊扇等，如不需要随单位搬迁，应及时办理移交手续。

2.仪器设备的校内借用，由借用单位或个人提出申请，经借出单位主管领导签署意见后，向借出单位物资管理员办理借用手续。

3.校外借用，由借用单位提出申请，经借出单位主管领导签署意见后，报物资主管部门审批后方可出借，并限期收回。

第十八条　多余不用的仪器设备，可在各单位之间调拨使用。

1.校内之间的调拨，一律不收费，由调入单位填写《厦门大学设备、材料调拨单》一式三份，经调出单位签署意见后，报资产管理处审核，办理财产调拨手续。

2.校外的调拨实行有偿收费，由校外单位提出申请意见，经原使用单位主管领导签署意见后报物资主管部门领导审批，并办理相关手续，其收入的款项留在调出单位用于补充更新设备。

3.进口物资在海关五年监管期内不许外借、外拨。

第四章　仪器设备的报废和报失

第十九条　仪器设备的报废，必须由技术人员、仪器设备管理人员组成鉴定小组，认真对仪器设备的技术指标进行鉴定后，并填写相应的报废审批表格，经单位负责人审核签章后，报物资主管部门复核鉴定。

第二十条　仪器设备的报失，使用单位应填写相应的报失审批表，详细说明原因并附相关证明材料，经单位负责人审核签章后，报物资主管部门复核鉴定。

第二十一条　仪器设备报废、报失审批权限：

1.报废部分：单价10万元以下，由物资主管部门复核鉴定、审批；单价10万元以上（含10万元），由物资主管部门复核鉴定后报分管校长审批。

2.报失部分:单价800元以下,由物资主管部门复核鉴定、审批;单价800元以上(含800元)由物资主管部门复核鉴定后报分管校长审批。

第二十二条 报废的仪器设备统一由物资主管部门回收,任何单位和个人不得擅自处理。经批准报废后的仪器设备,原使用单位如需利用零配件,可在回收前按有关规定办理留用手续。

第二十三条 回收后的报废仪器设备由物资主管部门负责处理或出售,收入款全部上缴财务处。具体细则参阅《关于仪器设备报失、报废处理的若干规定》。

第五章 附 则

第二十四条 本办法自颁发之日起生效,原《仪器设备管理办法(试行)》同时废止。

——本文摘录自《关于印发〈厦门大学仪器设备管理办法〉的通知》,厦大资产〔2001〕4号,档号2001-XZ27-1

厦门大学贵重仪器设备管理办法

(2001年3月4日)

第一章 总 则

第一条 贵重仪器设备是高等学校进行科研、教学的重要物资基础。为确保我校贵重仪器设备的正常运行,充分发挥贵重仪器设备的作用,提高投资效益,根据教育部印发的《高等学校仪器设备管理办法》(教高[2000]9号)的通知精神,结合我校实际,特制定我校贵重仪器设备管理办法。

第二条 我校贵重仪器设备的范围:

单价人民币10万元(含)以上的教学科研仪器设备。

第三条 教育部所管的贵重仪器设备范围:

1.单价在人民币40万元(含)以上的仪器设备;

2.单台件价格不足40万元,但属于成套购置和需配套使用的,人民币40万元(含)以上的成套仪器设备;

3.单价不足人民币40万元,但属于国外引进、教育部根据国家有关部门规定明确为贵重、稀缺的仪器设备。

第四条 上述范围的仪器设备,不论是上级主管部门专项投资、学校经费投资、科研投资、基建投资、自筹资金、其他渠道资金购置的,还是其他单位、个人捐赠的或无偿调拨的,这些仪器设备凡进入学校,其所有权即属学校,学校有权统筹管理和使用。

第二章 购置、验收

第五条 申购手续

1.购置贵重仪器设备,须进行可行性论证,说明购置原因。其内容包括:

(1)仪器对本校、本地区工作任务的必要性及工作量预测分析(属于更新的仪器设备要提供原仪器设备发挥效益的情况);

(2)所购仪器设备的先进性和适用性,包括仪器设备适用学科范围,所选品牌、档次、规格、性能、价格及技术指标的合理性;

(3)欲购仪器设备附件、零配件、软件的配套经费,以及购置后每年所需不低于购置费6%的运行维修费的落实情况;

(4)仪器设备工作人员的配备情况;安装场地、使用环境及各项辅助设施的安全、完备程度;

(5)校内外共用方案;

(6)效益预测及风险分析。

2.申购单位应事先请有关同行专家对申购的贵重仪器设备进行技术论证,写出专家论证意见,其详细的论证报告应报资产管理处物资设备科,其中40万元以上的设备由物资主管部门组织校仪器专家论证小组再论证。

3.经物资主管部门、财务处及主管校领导审批后，申购单位把“器材请购单”连同可行性论证报告交资产管理处物资设备科汇总，无可行性论证报告的，设备部门不予受理订货事项。

4.各单位不得擅自购置未经论证的贵重仪器设备，经审批可自购的贵重仪器设备，入账时必须出示论证报告，否则不予入账登记，财务处不予报销。

第六条　采购和验收

1.采购部门购置仪器设备，要选择能明确完善仪器设备安装、调试、验收、索赔、保修，并能随时提供零配件的公司或厂家，保证所购仪器设备符合所需要的技术指标。

2.仪器设备到货后，使用单位应及时组织验收小组进行技术验收，验收时应严格按照合同中的技术协议或技术条款进行，以确保验收质量。

3.安装验收结束后，验收小组负责人应如实填写验收报告单，小组成员均应在报告单上签字，以示负责。

4.保修期内，仪器设备应充分运行使用，使其暴露问题，排除隐患。

第三章　管理、使用、维护

第七条　贵重仪器设备按照专管共用、开放共享的原则管理，尽可能提高使用效率，其中03类通用设备的额定机时1400小时/年，03类(仪器仪表)专用设备的额定机时为800小时/年，04类贵重仪器的年额定机时为800小时/年。

第八条　贵重仪器设备，必须选派业务能力较强的教师或实验技术人员负责管理和指导使用，实行持证上机制，未经专门培训，不能上机操作，管理人员应保持相对稳定。

第九条　贵重仪器设备管理有如下要求：

1.建立技术档案，如可行性论证报告、申购审批件、合同、装箱单、使用说明书、验收记录、备忘录、验收报告单等；

2.建立固定资产账、卡，做到账、物、卡相符；

3.原始中英文本资料齐全；

4.有正规的使用记录，切实做好运行记录和维修记录；

5.制定操作规程、维护规程和安全制度；

6.制定对外开放管理办法，推广仪器设备的使用，不得拒绝开放范围内的人员合理使用设备；

7.制定培训计划和考核大纲，积极培训人员；

8.管好附件、备件以及专用工具等；

9.做到仪器设备无灰尘、油污、黄锈、霉斑，保持实验室整洁；

10.建立测试精度的管理制度，定期检验仪器的技术性能和技术指标，保持仪器的良好技术状态；

11.贵重仪器设备发生故障不能排除时，要立即如实报告使用单位领导，查明原因，及时维修。

第十条　学校鼓励管理单位对贵重仪器设备对外开放使用并收费，其具体细则见《贵重仪器设备开放使用收费管理办法》。

第十一条　贵重仪器设备因技术落后，技术性能下降或维修费过多而无维修价值需报废的，使用单位可提出降级或报废的书面意见，并组织三人以上有高级职称人员进行技术鉴定，经主管部门审批并报分管校长批准后，予以处理，其中单价40万元以上的03类仪器设备降级或报废后需上报教育部及省教育厅的仪器管理部门备案。

第四章　检查与奖惩

第十二条　使用单位日常应填写贵重仪器使用维修记录，每年一次按要求填报报表数据，其中40万元(含)以上报表资料由资产管理处汇总后上报教育部。

第十三条　贵重仪器设备管理单位应努力提高使用效益及使用机时,对使用率高、维护好,重视功能和实验技术开发的单位和个人,学校将给予精神和物质奖励,对工作不认真负责而导致仪器设备使用效益差的,将予以通报批评或适当处分。

第十四条　凡购置安装一年(含)以上,无正当理由未投入使用的仪器设备要查明原因,追究责任。

第十五条　凡擅自利用贵重仪器设备私自接受任务收取报酬的,学校一经发现,调查落实后,责令当事人做深刻检查,其非法收入全部上交学校,并加倍罚款。

第五章　附　则

第十六条　本办法自颁发之日起生效,原有的《大型精密贵重仪器管理办法》同时废止。

——本文摘录自《关于印发〈厦门大学贵重仪器设备管理办法〉的通知》,厦大资产〔2001〕5号,档号2001-XZ27-1

厦门大学贵重仪器设备开放使用收费管理办法

(2001年3月4日)

第一条　为鼓励贵重仪器设备对外开放使用,提高仪器设备的使用率,增加投资效益,并调动仪器设备管理人员的积极性,根据教育部《高等学校仪器设备管理办法》(教高[2000]9号)文件精神及我校《贵重仪器设备管理办法》的具体规定,结合我校实际,特制定本管理办法。

第二条　本办法适用的范围:

单价人民币10万元(含)以上的教学科研仪器设备。

第三条　凡是进入我校的贵重仪器设备,其所有权属于学校,但其具体日常管理维护工作由仪器设备所在单位负责,其他单位和个人均有权使用,但应依据相应的办法缴交一定的费用。学校鼓励并支持使用单位利用贵重仪器设备对外服务并收取费用,并允许从收费中按一定比例提取个人的机时劳务费。

第四条　贵重仪器设备开放使用机时费一般由开机费、消耗材料费、机时补贴费等几个部分组成,开机费我校按照仪器设备金额的0.5‰～1‰左右的标准收取;材料费包括所有消耗材料所需的费用;机时补贴费依照具体仪器设备运行状况及开机时的辅助工作量决定。

第五条　收费标准可根据本院、本校、校外等不同情况按不同标准收取。

1.学校对校内教学开放使用的仪器设备不得收费,对科研开放使用的适当收取机时费。对校内其他方面开放的按规定收取机时费。

2.校内收费标准原则为:

(1)对享有研究课题费或科研基金的项目,采取低收费的办法,收取上述三项费用,其中仪器开机费给予优惠;

(2)横向联系和获得校外财政资助技术开发项目(含本单位项目)按全额收取上述全部费用;

(3)对于尚未获得足够的经费,但确有探索性意义的项目,经院主管领导批准可酌情少收费,只收取消耗材料费、少量机时补贴费;

(4)研究生参加有财政资助的科研工作,只收取上述材料费。

3.对校外使用按全额收费。

4.各使用单位根据以上原则,制定具体的收费标准和办法。

第六条　贵重仪器设备使用单位应根据本管理办法制定具体的收费标准,收费标准报资产管理处,由资产管理处会同财务处审核并备案。

第七条　收费时应提供财务处统一的正式发票或收款收据,收费的10%上缴学校作为仪器设备的运行维修基金,90%返还单位,一部分作为所消耗的材料及仪器设备的零部件更新所需费用,另一部分作为人员的机时补贴劳务费,其具体比例由使用单位确定并报资产管理处,由资产管理处会同财务处审核并备案。

第八条　每年度资产管理处在分配贵重仪器设备运行维修费时,将把各单位上缴给学校的运行维修基金的多少作为参考依据。

——本文摘录自《关于印发〈厦门大学贵重仪器设备开放使用收费管理办法〉的通知》,厦大资产〔2001〕6号,档号2001-XZ27-1

厦门大学材料、低值品、易耗品管理办法

（2001年3月4日）

第一章　总　则

第一条　为了加强材料、低值品、易耗品（以下统称物品）的科学管理及合理妥善使用，提高办学效益，保证教学、科研及行政等工作的顺利进行，根据教育部《高等学校仪器设备管理办法》（教高[2000]9号）及《关于加强高等学校实验室危险品管理工作的通知》等有关规定，结合我校当前实际情况制订本办法。

第二条　学校根据统一领导，归口分级管理、层层负责、合理调配的原则加强物品的管理，健全各级物资管理机构；根据物资类别，本着适当集中，领用方便的原则，由资产管理处、各院（系）、所等根据需要设置相应的物资库房。资产管理处为学校物资主管部门，对全校教学、科研和行政的物品计划、购置、报账、保管等工作进行管理。产业部分物资由校产业管理委员会按照有关规定自行管理。

第三条　本办法所称的物品包括：

材料：指金属、燃料、试剂、建材和各种原材料。

低值品：指单价不足200元且使用年限在一年以上，能单独使用的用品设备，即，低值仪器仪表与教具、低值工具量具、低值文体用品。

易耗品：指玻璃器皿、各种元件器件与零配件、实验小动物、劳保用品、三类物资。

物品的供应管理工作，应根据物品的不同性能、价格，区别对待，对贵重、危险品、民用“低值品”应严格管理。

第四条　学校提倡勤俭节约、爱护公共财物，反对公物私有化；重视物资管理队伍建设，根据实际工作情况，制定人员培训、考核和晋升办法。

第二章　物品的计划与购置

第五条　物品的购置计划分：年度采购计划和临时采购计划。

各单位根据教学、科研、行政工作任务、库存物品的储备定额并结合当年经费的安排和目前库存情况编制物品的购置计划，填写《厦门大学材料请购单》。

第六条　物品的购置分：物资主管部门采购和使用单位采购（自购）。

1.物品的购置工作，原则上由物资主管部门统一集中办理，做到采购、入库、使用三者相互独立，相互监督。

2.属化学药品、危险品、玻璃仪器、民用品类物品及其他数额在5000元（含）以上的批量物品不可自购。

3.数额在5000元以下或紧急需要的物品，由使用单位主管领导审批后方可自购。

第七条　物品的入库必须由物资管理员认真验收，对贵重、易变质或有特定技术要求的物品，使用单位应指派有经验的人员协助物资保管员进行验收。必须在数量、质量验收合格的基础上凭发票填写入库

单,严禁见票就填写入库单的行为。

第三章　物品的管理与领取

第八条　库存物品的管理应该科学化,规范化,以便于收发和检查为原则。加强库房安全管理,切实做好“四防”即防火、防盗、防毒、防爆。

第九条　物品领用(发货)要采用先进先出法。物品收、发、存的记录必须精确,应定期进行检查、核对。

第十条　库存材料发生破损,变质时,物资管理人员应及时填写《厦门大学材料、低值品、易耗品报废、报损、报失单》,经单位领导审批,同意后出账。

第十一条　各单位须指派专人负责物资工作。

1.领取材料:凭《资产管理处领料单》直接向资产管理处物资设备科仓库办理领取。但领取贵重物品(金、银、铂等),申请人须填写《厦门大学贵重材料领用申请卡》,并附图纸或核算表,经分管院系领导签字同意后,再到物资设备科办理领取。若发现领用材料有质量问题由物资设备科负责解决。

2.材料调拨时,物资管理员应到物资设备科开具退货红单,或“外拨单”。“外拨”必须到财务处交款后,凭财务收据,才能发出材料,款项转入单位材料经费。

第十二条　院系(单位)级管理的民用“低值品”:(见附件一)

1.此类“低值品”各单位应实行登记制度,实行领用登记,报废回收制。

2.此类“低值品”的报废、报损、报失应填写《厦门大学材料、低值品、易耗品报废、报损、报失单》经院系(单位)领导审批后,方可注销登记。回收物品由本单位负责处理。

第四章　危险品的管理

第十三条　对于易燃、易爆、剧毒、放射性及其他危险物品,必须指定可靠并具有一定专业保管知识的专人加强管理(剧毒物品范围请见附件二),对提运、使用和管理人员(须持易燃易爆化学物品消防作业证上岗)加强安全教育,采取必要的劳动保护与安全措施,保证人身和物品安全。

第十四条　危险物品采购和提运时应严格遵照公安部门和交通运输部门有关规定办理。危险物品的保管应按照有关储存管理规定的要求设立专库,分类存放,并应建立经常性的安全检查制度,防止因变质、分解造成自燃和爆炸事故。

对剧毒和放射性物品必须加强集中保管、精确计量和记载,严加保卫,注意存放安全,学校保卫部门应经常予以指导和检查。如有丢失,应立即报告。

第十五条　危险物品的领用先经过教研室(或实验室)负责人严格鉴定审查,再经单位分管的领导审批,并严格按批准数量领用。对剧毒品的使用过程应予严格控制和监督,随领随用,剩余数量及时退库。对剧毒品的领、用、剩、溢、耗的数量必须详细记录。

危险物品的空容器、变质料、废溶液渣等应由库房或使用单位事先报请物资主管部门和保卫部门,在其指导和监督下进行妥善处理,严禁随意抛弃或直接用水冲入阴沟,否则由此引起的严重后果,应追究有关人员责任。

第十六条　为了安全起见,各院系实验室不得库存压缩气体钢瓶,以防事故发生。

领用时,应有专人签收领用,钢瓶交接要有严格的登记手续。

使用中:①若发现钢瓶检验期过期应及时退还仓库,以便检验或报废,保证安全使用。②严防钢瓶的碰击,或撞倒,避免日光直接照射或靠近热源、电源开关。

按照《钢质无缝气瓶定期检验与评定》(GB 13004-1999)钢瓶检验周期为:惰性气体钢瓶每五年检验一次;腐蚀性气体钢瓶每二年检验一次;其他气体每三年检验一次。库存或停用时间超过一个检验周期的气瓶，启用前应进行检验。

压缩气体钢瓶使用单位应具备一定数量的消防器材，并将其置于方便管理和使用的地方。

第五章　账务处理

第十七条　物品的购入、调进，应按实际购置或调拨的价格进行核算。物品的领用、报损、盘盈、盘亏，可按加权平均价格进行核算。物品购入或调入的运杂费用，均不计入价格，可直接在有关经费支出项目中列支，但是物品对外调拨时，除按原价格计算外，可再收取适当比例的管理费。

第十八条　物品账、卡的设置：

各类物品库房都应设置有品名、规格、数量、单价的物品明细账和库存材料管理卡片。根据有关凭证对库存各类物品及时进行增减记录。

学校物品账、卡和收支单据都必须有专人负责，要有"制单人"和其他有关人员（如验收人、发料人、领料人）的签名，账（卡）及凭证单据必须妥善保管，不得任意涂改，账（卡）销毁应按财务的规定办理批准手续。

第十九条　各库房应经常对有变动的物品进行清点，每年年终必须进行一次盘点并编制《厦门大学材料、低值品、易耗品仓库盘点表》，"盘盈盘亏"应写明原因后送单位领导审批；学校仓库"盘盈盘亏"2000元以上，由物资主管部门领导签署意见后报分管校长审批。

财务部门应定期与物资主管部门的仓库核对账目，做到"账物相符"、"账账相符"。

第六章　附　则

第二十条　本办法自颁发之日起施行，各院系（单位）可根据本办法结合具体工作情况与要求，制定有关补充规定，并报物资主管部门备案。原《厦门大学材料、低值品、易耗品管理办法》(1990.12)同时作废。

附件一　常用院系(单位)级管理的民用"低值品"目录

电炉、台灯、电熨斗、电吹风、计算器、电话机、文件柜、电风扇、热水壶、收音机、多功能插座、望远镜、定时器、充电器、钟表、组合工具、万用表、干燥箱、称量天平、台秤等。

附件二　常用剧毒化学药品目录

氰化钾、氰化钠、汞、硝酸汞、砷酸三钠、亚砷酸钾、亚砷酸钠、三氧化二砷、五氧化二砷、马钱子碱、二溴乙烷、硫酸二甲酯、放射性物品等。

——本文摘录自《关于印发〈厦门大学材料、低值品、易耗品管理办法〉的通知》，厦大资产〔2001〕7号，档号2001-XZ27-1

厦门大学家具管理办法

(2001年3月4日)

第一章　总　则

第一条　资产管理处物资设备科负责全校家具的登记、回收、保管及处理工作。

第二条　所有调入、购入、自制、捐赠的家具,无论何种经费来源,都是国家财产,产权属学校所有,均应办理入账登记手续。

第三条　各单位要重视家具的管理,配备责任心强,业务素质高的专、兼职人员担任管理工作,建立岗位责任制,保持人员的稳定性,不要随意调动,如确需调动应及时到物资设备科办理有关的交接手续。

第四条　为提高旧家具的使用效率,方便各单位的调剂利用,资产管理处物资设备科将在校园网上通报旧家具的调剂信息。

第五条　各单位根据事业发展的实际要求,按照勤俭节约的原则提出购置申请,各单位主管领导严格控制、严格审批,购置申请报资产管理处物资设备科审核,编制采购编号后执行。

第二章　账、物管理

第六条　各单位办理家具入账登记手续,应填写《厦门大学固定资产增加报告表》一式三份(使用单位、资产管理处、财务处各执一份),购入和自制家具还需填写《厦门大学固定资产家具类验收单》,经资产管理处家具记账员审核登记签名后,方可到财务处办理报销手续。

第七条　各单位家具管理员应严格执行账、卡制度,对家具的购入、调入、调出、报失、报废等变动情况都要详细记录;每年对本单位的家具进行账、物的清点、核实,做到账目清楚,数字准确,检查结果报资产管理处处理。

第三章　家具的回收、报废

第八条　各单位在向资产管理处提出家具回收、报废申请前,应先将待回收或报废的家具集中,并书面通知物资设备科。

第九条　资产管理处物资设备科接到各单位家具回收、报废通知后,派两位以上(含两位)经办人员实地查看,提出处理意见,各单位根据处理意见分类办理:

1.报废部分:填写《厦门大学固定资产减少报告表》一式三份,经单位主管领导签字盖章后,报资产管理处分管领导审批,由资产管理处与财务处予以销账。

2.回收部分:填写“厦门大学家具回收单”,经物资设备科清点核实后,予以回收销账。

第十条　任何单位或个人都不得擅自处理待回收、报废的家具,否则不予销账。

第十一条　考虑到我校库房紧缺，旧家具很少再被领用的具体实际，资产管理处对回收、报废家具根据实际情况做出留用、拍卖或当垃圾处理，旧家具的拍卖参照报废仪器设备的处理办法执行。

——本文摘录自《关于印发〈厦门大学家具管理办法〉的通知》，厦大资产〔2001〕8号，档号2001-XZ27-1

厦门大学仪器设备报废(损)、报失处理的若干规定

(2001年3月4日)

一、厦门大学资产管理处主管全校报废仪器设备的处理工作,物资设备科具体负责报废仪器设备的回收、保管和处理工作。

二、仪器设备一经发现损坏或丢失,应及时报案或报告,取得相应的证明材料,并填写相应的报废(损)、报失审批表格,详细说明原因,经领导签署具体处理意见后,报物资主管部门复核鉴定。

1.因保管、使用不当,发生责任事故,造成仪器设备的损坏或丢失,根据具体情况,保管、使用人应按原价10%(含)以上赔偿。

2.对于仪器设备本身缺陷或由于不可抗拒原因造成的损坏或丢失,由使用单位提出免予赔偿申请,并出示有关证明材料,单位领导审核后送物资主管部门批准,方可免于赔偿。

三、因技术落后,使用年久,性能严重下降,无零配件等原因不能修复使用或维修费过高,无修复价值的仪器设备,应及时申请报废;经使用单位技术人员,仪器设备管理人员组成鉴定小组,认真对仪器设备的技术指标等进行鉴定,并填写相应的报废审批表格,由使用单位领导签署意见,报物资主管部门复核鉴定。

四、仪器设备报废(损)、报失审批权限:

1.报废部分:单价10万元以下的由物资主管部门复核鉴定、审批;单价10万元(含)以上的由物资主管部门复核鉴定后报分管校长审批。

2.报失部分:单价800元以下的由物资主管部门复核鉴定、审批;单价800元(含)以上的由物资主管部门复核鉴定后报分管校长审批。

具体实施细则参照《固定资产及低值设备报废、报失流程》执行。

五、经批准报废的仪器设备统一由物资设备科回收,任何单位和个人不得擅自处理,不得随意拆、取零配件。

六、为充分利用报废仪器设备残值,各实验室需要利用废品资源时,应提出申请,说明要利用的零配件用途及目的,经实验室主任和单位负责人审核同意后,送物资设备科审批。经批准后,可以在回收前(或到废品仓库)拆、取配件,领用的零配件需填写《报废仪器设备(零配件)领用登记单》,登记单第二联送交领用单位供应室登记管理。

七、报废仪器设备原则上不做整机报废留用,确因教学、科研需要,须提出申请,经物资主管部门审批后,另行造册管理,待回收后,予以核销。

八、学校无法利用的报废仪器设备由资产管理处负责处理,废品出售可采用协议竞价和公开招标等方式,收入款全部上缴财务处。

1.不易拆卸、搬运的报废设备,由物资设备科两位以上经办人实地查看、评估确认、进行现场处理。

2.单台(套)原价十万元以下或批量原价二十万元以下报废仪器设备的处理,一般由资产管理处自行组织招标竞价出售。

3.单台(套)原价十万元(含)以上或批量原价二十万元(含)以上报废仪器设备的处理,由资产管理处会同监察审计处、财务处等单位共同组织招标竞价出售,具体细则参照《报废物资竞价出售招、投标程序》执行。

九、本规定从颁布之日起执行，原《关于处理报废物资的若干规定》、《关于报废物资及回收仓库管理的若干规定》、《利用报废仪器设备中的零配件的暂行管理办法(试行)》、《仪器设备出借、损坏、丢失、赔偿管理办法(试行)》等文件规定同时废止。

——本文摘录自《关于印发〈厦门大学仪器设备报废(损)、报失处理的若干规定〉的通知》，厦大资产〔2001〕9号，档号2001-XZ27-1

厦门大学关于加强物资移交工作的规定

(2001年3月4日)

根据近年人员变动(调离、出国、退休、辞职等)时物资移交及学校此次清产核资的情况,发现我校人员离校或出国、校内调动、退休时物资移交并未严格按照原有规定执行,造成学校财产的大量流失,损害了学校的利益,为加强今后物资移交工作的管理,做到有章可循,有据可依,特制定本规定;

1.必须办理物资移交的人员包括:调离(含校内调动),出国(不含短期出国考察、参加会议),退休,辞职,毕业或博士后出站人员。

2.清点移交的物资包括:工具、低值品、仪器设备、家具等,同时移交专用的办公及实验用房。

3.办理离退休手续的人员应同时办理物资和实验用房的清点移交,不准以工作、课题未结束等为理由不移交实验室。因工作需要而返聘的,经所在单位同意可以使用实验室,但所用实验室必须移交给在职职工管理。

4.所有必须移交物资的人员,应在离校或离开本单位前向单位指定的人员或物资管理人员办理移交,经接收人签收,物资管理人员复核签字后,单位领导才可以签字,准其办理其他部门离校手续,如有不按规定签字,而造成公物无法收回或损失者,由责任人负责。

5.办理离校或出国、校内调动、退休等人员应先到资产管理处物资设备科领取《厦门大学离校或出国、校内调动、退休等人员物资移交单》,填写完毕并经接收人、单位物资管理人员及单位领导签字后,凭移交单才能到人事部门办理离校或出国、校内调动、退休手续。

附件:《厦门大学离校或出国、校内调动、退休等人员物资移交单》

厦门大学离校或出国、校内调动、退休等人员物资移交单

<table>
<tr><td>单 位</td><td colspan="2"></td><td>姓 名</td><td></td><td>移交原因</td><td></td></tr>
<tr><td>项 目</td><td colspan="5">内 容(名称、数量)</td><td>接收人
签 名</td></tr>
<tr><td>1.工具、低值品</td><td colspan="5"></td><td></td></tr>
<tr><td>2.仪器设备</td><td colspan="5"></td><td></td></tr>
<tr><td>3.家 具</td><td colspan="5"></td><td></td></tr>
<tr><td>4.专用房</td><td colspan="5"></td><td></td></tr>
<tr><td>5.其 他
(如计算机软件等)</td><td colspan="5"></td><td></td></tr>
<tr><td>移 交 人
签 名</td><td colspan="2"></td><td colspan="2">物资管理人员
签 名</td><td colspan="2"></td></tr>
<tr><td>单 位 意 见</td><td colspan="6">签名: 盖章:
年 月 日</td></tr>
</table>

说明:①本表适用于调离(含校内调动)、出国(不含短期出国考察、参加会议)、退休、辞职、毕业或博士后出站人员;

②本表一式两份,一份由物资管理人员留底,一份由人事处办理相关手续时存档;

③本表不够填写可附页。

——本文摘录自《关于印发〈厦门大学关于加强物资移交工作的规定〉的通知》,厦大资产〔2001〕10号,档号2001-XZ27-1

厦门大学经济责任制暂行条例

(2001 年 3 月 22 日)

第一章　总　则

第一条　为加强我校财务管理工作,强化经济责任意识,严肃财经纪律,避免财经工作失误,提高财务运行效率和经济效益,依据《中华人民共和国会计法》和教育部、财政部《关于高等学校建立经济责任制,加强财务管理的几点意见》("教财[2000]14 号")及国家有关法律、规章制度的规定,结合我校的实际情况,特制定本条例。

第二条　本条例是我校财经制度的重要组成部分,是考核各级经济责任人员履行经济责任制及其他财经制度情况的基本依据,是规范我校经济行为、促进廉政建设的制度保障。校内各部门、各单位及各级人员应认真遵照执行。

第三条　本条例在"统一领导、分级管理、财力集中、财权下放、权责结合"的财务管理体制和运行机制下,本着"一级管好一级、一级带动一级、下级对上级负责"的原则,制定各级人员的经济责任制。

第四条　本条例涉及的各级人员是指负责组织、参与学校及各单位财经活动和经济管理工作的领导干部及相关人员。

第二章　校长经济责任制

第五条　校长是学校的法定代表人,校长应遵守国家有关财经法律、法规和财务规章制度,对学校的经济活动负领导责任。重大财务问题应定期向校党委常委报告。

第六条　校长应根据国家有关法律、法规的规定,召集、主持校长办公会议,研究、审定、签批全校性的重大经济政策、财务政策、分配政策,及学校基本建设计划、贷款计划和对外投资协议。

第七条　校长应根据《预算法》和《高等学校财务制度》的规定,召集主持校长办公会议,研究、审定、签批年度财务预算,对预算平衡负领导责任。

第八条　校长应遵循国有资产管理法规,对学校国有资产安全、完整负领导责任。

第九条　校长应根据《会计法》的规定,对学校的会计工作和会计资料的真实性、完整性负领导责任。

第十条　校长应采取有效措施,保证会计机构、会计人员依法履行职责。

第三章　分管财务副校长(总会计师)经济责任制

第十一条　分管财务副校长(总会计师)应协助校长全面主持全校的财经工作,对学校经济活动的合法性,会计工作和会计资料的真实性、完整性负责。

第十二条　根据国家的财经法律、法规和学校的具体情况,主持拟定学校的财务政策、收费政策、分配政策及其他经济政策,以及财务管理制度和会计核算制度,维护学校正常的财经工作秩序。

第十三条　根据《预算法》的规定,组织制定学校预算管理办法,提出年度预算分配方案,组织实施年度预算,确保财务收支平衡。

第十四条　代表校长审查学校的基本建设投资、对外投资、对外借贷、对外担保等重大经济事项,提出审查、评估意见,报校长办公会议审议决定。

第十五条　代表校长对学校所属独立核算单位及学校拥有权益的其他单位进行财务监督,维护学校的合法权益。

第十六条　组织检查学校国有资产管理情况,提出加强国有资产管理措施,确保国有资产安全、完整和保值、增值。

第十七条　负责对学校财务管理体制、会计机构及会计人员配备提出方案,监督会计机构及财会人员依法履行职责。

第十八条　代表校长组织协调、处理学校与校内外有关部门、单位之间的财务关系。

第四章　各分管副校长经济责任制

第十九条　各分管副校长应遵循《会计法》和国家有关财经法律、法规,对分管部门和单位经济活动的合法性负领导责任。

第二十条　积极争取、落实分管业务的专项经费拨款,组织分管部门根据业务活动需要和预算额度进行二次分配,对分管部门预算经费分配、使用情况进行监督管理,确保预算平衡。

第二十一条　组织分管部门、单位对预算经费和各项资源配置、使用的效益和效果进行监督、检查和考核,防止各类资产重复购置、闲置,杜绝浪费现象。

第二十二条　维护分管部门和单位购置、占用、使用的国有资产的安全和完整,防止国有资产流失。

第二十三条　督促分管部门和单位严格遵守国家有关法规和学校财务制度,不得在学校规定的财务机构以外设立财务机构、开设银行账户、办理财务事项。

第二十四条　分管基本建设副校长除履行第十九至二十三条职责外,还应协助校长主持和领导学校基本建设、修缮及改造工程管理工作,对学校基本建设和修缮改造计划执行、工程招投标、工程预决算和工程质量等负责。

第二十五条　分管国有资产副校长除履行第十九至二十三条职责外,还应履行以下职责:

1.协助校长主持和领导学校各项有形资产、无形资产的管理工作,对学校国有资产安全、完整,对维护有偿使用资产的收益权负责。

2.协助校长主持和领导学校仪器设备和物资的管理工作,组织建立健全设备物资采购、使用、报废、回收等管理制度,提高设备物资的使用效益,对仪器设备和物资的安全、完整负责。

第二十六条　分管教学和教学服务副校长除履行第十九至二十三条职责外,还应代表校长主持和领导学校教学和教学服务管理工作,督促有关单位严格执行学校的收费政策和财务制度,防止乱收费和逃避学校财务监管的行为。

第二十七条　分管科研和科技开发副校长除履行第十九至二十三条职责外,还应代表校长主持和领导学校的各项科研活动、科技成果转化和技术开发管理工作,负责维护学校科研活动形成、产生的知识产权,管理学校科技成果转化、开发活动的产权和收益权,防止学校无形资产和收益权流失。

第二十八条　分管校办企业副校长除履行第十九至二十三条职责外,还应履行以下职责:

1.根据国家有关法律、法规和国有企业改革的规定,组织建立"产权明晰,权责明确,政企分开,管理科学"的现代企业制度。

2.负责监督校办企业执行国家有关财经法律、法规制度,依法经营,规范校办企业的财经活动。

3.对校办企业重大的对外投资、对外举债、对外担保以及对学校构成重大潜在影响的合同、协议等会同分管财务副校长(总会计师)进行审核、评估,需要提交校长办公会议研究的,应提交可行性研究方案。

4.代表校长管理和维护学校在校办企业的产权和收益权,对学校经营性国有资产保值、增值负领导责任。

5.代表校长组织和管理科技产业化工作,维护学校的合法权益。

第二十九条　分管后勤副校长除履行第十九至二十三条职责外,还应代表校长主持和管理学校后勤服务工作,监督后勤各单位严格执行有关部门财务规章制度,建立健全内部控制制度,维护学校和教职员工的合法权益,并对后勤单位占用、使用学校国有资产的安全、完整和保值负责。

第五章　财务处处长经济责任制

第三十条　财务处是学校唯一的一级财务机构,财务处处长应在分管副校长(总会计师)的领导下,对学校的财经活动归口管理,对财务处的工作全面负责。

第三十一条　根据国家有关财经法律、法规、财务制度和学校的实际情况,负责拟订和修订学校的各项财务规章制度、经济政策和管理办法,负责组织实施,依法履行财务管理职责。

第三十二条　根据《预算法》、《高等学校财务制度》等规定及学校的预算管理办法,在分管副校长(总会计师)的领导下,负责拟订、编制、调整年度财务预算,报校长办公会议审议批准;实施校长签批的年度财务预算,对年度财务预算平衡负直接责任。

第三十三条　根据《价格法》及国家有关法规,组织学校各项事业性活动收费及票据管理工作。

第三十四条　做好开源节流工作,建立财务考核评价指标体系,加强财务管理,提高资金使用效益。

第三十五条　负责学校资金调度管理,保证学校正常活动需要,确保资金的安全、完整。

第三十六条　监督和检查学校国有资产管理情况,依法维护学校的产权和收益权,防止国有资产流失。

第三十七条　根据《会计法》的规定,建立健全会计核算制度,对学校会计核算资料的真实性、完整性负直接责任。

第三十八条　对学校附属单位财务机构设置和会计人员专业技术职务的聘任提出方案。

第三十九条　对重大财务事项应及时向分管副校长(总会计师)报告,为校领导做出财经决策提供真实、可靠、完整的财务数据资料。

第四十条　具体协调、处理学校与校内外有关部门、单位之间的财务关系。

第六章　部处长、直属单位负责人的经济责任制

第四十一条　校部机关部处长、直属单位负责人应根据国家的财经法律、法规和学校的财务制度,加强对本单位的财经管理,并对本单位财经活动的真实性、合法性、合规性负责。

第四十二条　负责贯彻执行财务"收支两条线"规定,对本单位公务和业务活动的收费,学校财产、场地等资源出租的租金及使用费收入,应按照学校规定的程序办理报批手续;对收费、收入款项及接受其他单位和个人的捐赠等款项,负责及时、足额上交学校的银行账户,不得坐收坐支,不得另立银行账户,隐瞒收入,私设小金库;对本单位接受其他单位和个人实物捐赠,应负责按规定及时向资产管理处、财务处办理财产登记入账手续。

第四十三条　对本部门、本单位重大支出、设备购置、对外投资等事项,应负责按照学校规定的程序报批,不得擅自办理。

第四十四条　对学校拨给归口管理的经费,应根据预算管理规定和业务活动需要,经分管副校长书面同意后进行二次分配,专款专用,不得截留、挪用,并负有监督管理责任,确保经费使用效益的不断提高。

第四十五条　依法加强本单位国有资产管理,对国有资产的安全、完整负责。

第四十六条　本部门、本单位因开展业务需要向财务处领取、挂支的款项，应负责督促经办人员按时向财务处报账或缴回，不得无故拖延。

第四十七条　人事处处长除履行第四十一至四十六条规定的职责外，在分管副校长的领导下，还应履行以下职责：

1.根据国家工资政策及学校有关规定，负责编制和调整人员经费预算。

2.根据学校劳动工资管理体制，负责制定校内独立核算单位人员工资结算及管理制度，及时书面通知财务处办理款项结算。

3.根据人事管理制度，及时书面通知财务处支付或扣回款项。

第四十八条　分管各类教学、教学服务及培训管理工作的各处(院)处长(院长)除履行第四十一至四十六条规定的职责外，在分管副校长的领导下，还应履行以下职责：

1.根据学校规定的程序审核各类收费项目、收费标准，督促有关单位严格执行学校的收费政策和财务制度，防止乱收费和逃避学校财务监管的行为。

2.协助财务处做好学生欠费、贷学金的催收、偿还等管理工作。

3.负责监督管理相关业务经费的使用，提高经费使用效益。

第四十九条　科研处处长和社科处处长除履行第四十一至四十六条规定的职责外，在分管副校长的领导下，还应履行以下职责：

1.根据国家和学校有关科研经费管理规章制度，协同财务处加强对各项科研经费收支的监督管理。

2.负责管理对学校科研活动形成的专利权、版权、专有技术等知识产权，防止知识产权流失。

3.加强科研活动的审核管理工作，对签批的经费转拨、签署的其他经济事项的真实性、合法性负责。

第五十条　产学研领导小组办公室主任除履行第四十一至四十六条规定的职责外，在分管副校长的领导下，还应履行以下职责：

1.负责科技成果转化、高新技术产业化的财务管理，保护学校的产权和收益权。

2.负责对学校拥有产权的所属科技开发企业实施财务监督管理，保护学校的产权和收益权。

第五十一条　基建处处长除履行第四十一至四十六条规定的职责外，在分管副校长的领导下，还应履行以下职责：

1.根据教育部规定和学校事业发展计划，提出基本建设计划和资金预算，报分管副校长，由校长办公会议确定实施。

2.国拨款基建项目应在教育部批准和拨款额度内，学校自筹基建项目应在学校财务预算额度内，合理使用基建资金，并对工程质量负责。

3.负责规定额度以上的校内修缮、改造工程，执行专项修缮、改造经费预算，对工程质量负责。

4.及时组织编制、审核基建、修缮及改造等工程预、决算，对预、决算资料的真实性、准确性、完整性和合法性负责。

第五十二条　总务处处长除履行第四十一至四十六条规定的职责外，在分管副校长的领导下，还应履行以下职责：

1.代表学校与后勤实体办理经费结算等；根据国家有关法规和学校财务制度，负责对后勤服务实体的财务收支活动、收支结余分配进行监督管理；负责监督后勤实体结余或承包额的上缴。

2.核定后勤服务实体占用学校国有资产的金额和数量，确保国有资产的安全、完整，督促后勤实体履行国有资产保值责任，维护学校权益。

3.审核后勤服务实体对内收费项目和收费标准，并负责上报学校审批。

4.及时书面通知财务处扣收学校垫付教职工的水电费等款项，对扣款事项的准确性、真实性负责。

第五十三条　资产管理处处长除履行第四十一至四十六条规定的职责外，在分管副校长的领导下，还应履行以下职责：

1.对全校的各种仪器设备、房产、地产、附属设施、文物陈列品等固定资产进行监督管理；对各类固定资产的出借、出租、出让、报废回收等收益进行监督管理;并对固定资产的安全、完整、保值负责。

2.负责组织相关部门和单位,对学校的无形资产实施监督管理,防止无形资产流失。

3.根据国家有关法规和学校财务制度,负责学校非经营性资产转经营性资产、出售公有房产的产权界定及各项管理工作,确保产权清晰。

4.按照学校的规定,负责仪器设备及物资的采购、保管和使用的监督管理等工作,采取必要措施,优化资源配置,防止仪器设备和物资重复购置、闲置。

5.会同基建处对基建、专项修缮和改造工程竣工的项目进行验收,办理财产交接手续。

6.负责学校各类财产、物资的实物核算与管理工作,保证实物数量与账面记录、实物账与财务账相符,并对实物核算资料的真实性、准确性、完整性负责。

7.履行第五十一条1～3款规定的职责。

第五十四条 图书馆长除履行第四十一至四十六条规定的职责外,在分管副校长的领导下,还应履行以下职责:

1.根据学校下达的预算额度和教学科研活动的需要,负责图书资料的采购、保管等工作,并对学校图书资料的安全、完整负责。

2.负责图书资料的实物核算与管理工作,保证图书资料实物数量与账面记录、实物帐与财务账相符,并对图书资料实物核算的真实性、准确性、完整性负责。

第五十五条 校团委书记和学生工作处处长除履行第四十一至四十六条规定的职责外,在分管副校长(副书记)的领导下,还应履行以下职责:

1.根据教育部和学校的财务制度,负责学生各类经费的管理,专款专用,不得截留、挪用。

2.协助财务处做好学生欠费、贷学金的催收、偿还等管理工作。

3.按照财务“收支两条线”规定,负责社会各界对学校、学生社团、特困生捐助款项的收入如数交入学校银行账户,按照学校有关制度规定使用和管理。

第七章 教学科研单位负责人经济责任制

第五十六条 教学科研单位负责人指各学院院长、直属系系主任、研究所所长、研究中心主任、重点实验室主任等。

第五十七条 各教学科研单位负责人应根据国家的财经法律、法规和学校的财务制度,加强本单位的财经管理,并对本单位财经活动的真实性、合法性、合规性负责。

第五十八条 负责贯彻执行财务“收支两条线”规定,对本单位开展教学、科研、对外服务等活动收费,应按照学校规定的程序办理报批手续;对各项收费收入,接受其他单位和个人的捐赠款项,以及从校办企业分成的利润、管理费等收益,负责及时、足额上交学校的银行账户,不得坐收坐支,不得另立银行账户,隐瞒收入,私设小金库;对本单位接受其他单位和个人实物捐赠,应负责按规定及时向资产管理处、财务处办理财产登记入账手续。

第五十九条 各教学科研单位对学校预算分配经费和创收分成经费,除财务制度另有规定外,有权根据各项业务活动和事业发展需要统筹安排使用,提高经费使用效益,但应对经费开支的真实性、合法性、合规性负责。

第六十条 对本单位重大支出、设备购置、对外投资等事项,应负责按照学校规定的程序报批,不得擅自办理。

第六十一条 加强本单位购置、占用、使用的各类国有资产管理,对国有资产的安全、完整负责。

第六十二条 负责监督本单位财务经办人员按照国家法律、法规和学校财务制度规定使用票据,办理财务收支手续,及时、足额上缴各项应缴入学校的款项;做好学生欠费催收及本单位业务经费挂支、暂付款项报账、缴还结算工作。

第八章　校办企业负责人经济责任制

第六十三条　校办企业对外独立行使法人权利，独立承担民事责任。校办企业负责人在分管副校长领导下，依法组织本企业的各项经营活动，并对本企业经济活动的真实性、合法性、合规性负责。

第六十四条　对涉及本企业长远发展和影响学校利益的重大的对外投资、对外借贷、对外担保等事项，应及时向分管副校长报告，不得擅自做出决定。

第六十五条　根据国有资产管理规定，加强国有资产管理，维护学校利益和企业利益，防止各种形式的国有资产流失，对国有资产保值、增值负责。

第六十六条　负责及时、足额完成学校核定的年度上缴任务。

第六十七条　依法组织本单位会计核算工作，保证财会人员依法履行职责，按规定及时上报财务报表，对本单位会计工作和会计核算资料真实性、完整性负责。

第九章　经济责任制的执行

第六十八条　为切实有效地贯彻落实经济责任制，各级负有经济责任的人员应就年度内执行经济责任制度的情况做出书面声明，声明本人对分管、经管、经办的经济活动的真实性、合法性、合规性负责。声明书应于每个年度结束后的45天内上报，处级干部或单位经济责任人的声明书报分管副校长，副校级干部的声明书直接报校长，由财务处归档保管。声明书作为落实、追究经济责任，进行奖惩的书面依据。

第六十九条　校纪律检查委员会会同监察审计处、财务处组织检查本条例的落实情况，并结合经济责任人的声明书及检查结果进行奖惩。对不认真履行经济责任、玩忽职守、违反《会计法》及其他法律、法规和学校财务制度的经济责任人，视情节轻重，按照有关规定予以惩处。单位违反国家财经法规和学校财务制度截留的款项、隐瞒的收入全部予以收缴，并视情节轻重处以违纪金额10%～100%的处罚；挪用校拨专项经费的，三年内不再予以安排相关专项经费。经济责任人因违反本条例及国家有关法规规定给学校造成经济损失的，处以损失额5%～50%的赔偿，并予以必要的行政处分，触犯刑律的移送司法机关惩处。

第七十条　经济责任人任职期满前，由监察审计处按照有关规定执行离任审计。离任审计中发现经济责任人违反本条例的，依第六十七条及有关法律规定惩处。

第七十一条　学校鼓励教职员工对各经济责任人违反国家法律、法规和学校财务制度的行为向学校纪委举报，纪委保证给予保密。一经查实，给予举报人一定的奖励。

第十章　附　则

第七十二条　本条例由财务处、监察审计处制定具体实施细则和监督管理办法。实施细则、监督管理办法与本条例具有同等效力。

第七十三条　校办企业改革后，按现代企业制度的规定执行；后勤服务社会化后，按教育部及国家的有关规定执行。本条例中有关校办企业和后勤服务的条款自动失效。学校可根据具体情况，另行制定有关管理条例。

第七十四条　本条例由校财务处负责解释。

第七十五条　本条例从2001年4月1日起执行。

——本文摘录自《关于印发〈厦门大学经济责任制暂行条例〉的通知》，厦大财〔2001〕26号，档号2001-XZ18-3

厦门大学委托社会审计机构进行工程项目竣工决算审计的暂行规定

(2001年4月12日)

为了进一步规范我校工程项目的审计程序,提高我校工程项目审计的工作质量,切实、有效地降低工程造价,根据教育部颁发的教财[2000]16号文件第三条之精神,结合我校的实际情况,制订本规定。

第一条　我校实施委托审计的工程项目的具体范围确定为:

(一)所有基本建设工程。

(二)送审造价在100万元以上(含100万元)的修缮工程。送审造价在100万元以下的修缮工程由我校审计部门自行审计。

第二条　校基建管理部门在对工程竣工决算资料进行审核后,应在规定的期限内将有关资料移交给校审计部门。校审计部门经与纪委、监察等部门会商后,向校长提交委托审计方案,经校长批准后正式执行。

第三条　校审计部门应选择具有法定资质、执业质量良好且收费合理的社会审计机构进行竣工决算审计。原则上每一委托项目都必须向三家以上的社会审计机构发出委托邀请,并通过慎重洽谈从中选择最佳的委托对象。

第四条　社会审计机构在实施审计的过程中应恪守客观、公正的原则,审计结论必须有充分的审计证据。若在审计过程中发现社会审计机构有违背审计职业道德的行为,校审计部门有权终止委托。

第五条　社会审计机构应在委托书规定的期限内完成审计事项,提供审计报告。社会审计机构应对审计报告的真实性与合法性承担全部责任。

第六条　在审计意见初步形成之后,校审计部门、社会审计机构、校基建管理部门和施工单位四方应进行会审。会审由校审计部门主持,会审结果应形成书面意见,各方签章确认。

第七条　在审计过程中,有关各方应对所发现的问题进行充分地协商与沟通。审计意见正式形成之后,由校审计部门负责将审计意见书面通知施工单位,校财务部门以此作为办理工程价款结算的正式依据。

第八条　若有关各方对于审计结论存在重大争议或纠纷,可提请厦门市建设工程造价管理站进行咨询,或提交厦门市仲裁委员会进行仲裁。

第九条　校审计部门在正式接受社会审计机构提供的审计报告后,应书面通知校财务部门在委托书规定的期限内向社会审计机构支付审计费用。

审计费用的支付方法按国家统一规定的标准执行。根据福建省物价委员会颁布的闽价[1998]房字第32号文件的规定,工程价款结算审核的收费标准为:(1)土建及配套的水电安装工程,按送审工程总值的1.5‰计算基本审计费,再按调整额的5%计算调整部分审计费。(2)专项安装工程,按送审工程总值的2‰计算基本审计费,再按调整额的5%计算调整部分审计费。校审计部门将在上述规定标准的基础上,与所委托的社会审计机构具体商定对我方最有利的付费条件。

第十条　本规定从发布之日起正式实行。

——本文摘录自《关于印发〈厦门大学委托社会审计机构进行工程项目竣工决算审计的暂行规定〉》,厦大综〔2001〕28号,档号2001-XZ09-4

厦门大学岗位聘任及岗位津贴试行办法

（2001 年 5 月 16 日）

为实现我校“十五”计划提出的战略目标，早日建成国内外知名的高水平大学，学校根据现有的财力状况，决定在原有教学科研重要岗位设置和聘任工作基础上，对教学、科研、管理等系列试行岗位聘任和岗位津贴，以利于调动广大教职工的积极性，推进学校各项事业的发展。为使聘任工作顺利开展，特制定本试行办法。

一、指导思想

试行教职工岗位聘任和岗位津贴是我校为建设一支高水平的教职工队伍，进一步深化人事分配制度改革、建立健全激励机制、充分调动积极性的一项重要举措。岗位聘任和岗位津贴要体现教职工劳动的数量和质量，以及所承担的任务的复杂性、艰巨性和风险性的差异，贯彻按需设岗、竞争上岗、目标管理、严格考核、优劳优酬、能上能下的原则。

二、岗位设置和岗位津贴的范围

学校的各系列各级岗位由学校岗位聘任委员会设置。

岗位设置和岗位津贴的实施范围包括四个主要系列：

1.教学科研系列（指担任教学、科研系列专业技术职务并直接从事教学科研工作人员）；

2.管理系列（指纳入职员管理范围的所有专职人员）；

3.图书资料及档案、编辑系列（指学校图书馆和各院、系、所图书资料室的专业技术人员，校档案馆专业技术人员，学报和各类刊物专职编辑人员）；

4.教科辅系列（指担任工程、实验技术职务，从事教学、科研辅助工作人员）。

以上各系列人员均应为在岗人员。

三、岗位设置与津贴标准

1.岗位级别设置

各系列岗位均分为十级，即一级岗位至十级岗位。其中教学科研系列的一、二、三级岗位为重要岗位。

2.核拨津贴标准（税前）

(1)教学科研系列

级　别	一级	二级	三级	四级	五级	六级	七级	八级	九级	十级
标　准	50000	40000	30000	20000	15000	12000	10000	8000	6000	4000

(2)管理和其他专业技术系列

级　别	一级	二级	三级	四级	五级	六级	七级	八级	九级	十级
标　准	50000	40000	30000	20000	15000	12000	9000	6000	4000	3000

四、津贴的实施

1.除教学科研重要岗位和管理系列三级及以上岗位外,其他岗位数额学校按各单位现有教职工不同职称(职务)人数及其对应的岗位级别的平均数核定,并参照学校制定的岗位津贴相应标准下拨津贴总数给各单位。今后人事部门每年对各单位的岗位设置数额和津贴总数核定一次。

2.为吸引更多的优秀拔尖人才,已聘任我校特聘教授职务的,在享受特聘教授津贴的同时,还可享受本项津贴中教学科研系列四级岗位津贴。

3.从外校引进或接收的人员,进校时未赶上学校年度聘任工作的暂按被接收人同级职务起点岗位聘任并按相应岗位津贴兑现(如副教授按教学科研七级岗位津贴兑现)。引进急需的高层次人才,若达到重要岗位应聘条件,由学校聘任重要岗位并兑现相应岗位津贴。

4.实施本项津贴后,原有的“年轻博士津贴”、“主讲教授津贴”、“党政领导职务津贴”均纳入本项津贴,不再另行发放。兼任党政领导职务的教师可享受教师岗位津贴,也可享受党政领导岗位津贴。兼任党政领导职务的教师若享受的岗位津贴高于或等于所任党政领导职务的岗位津贴,则保留原有党政领导职务津贴;若高于所任教师职务的岗位津贴,则不再保留原有党政领导职务津贴。

五、聘任与考核

1.学校制定各系列岗位职责和聘任条件(见各系列“岗位职责”和“聘任条件”)及岗位级别津贴标准,各单位应遵照执行。各单位可根据本单位的实际情况制定实施细则,报学校岗位聘任委员会审核批准后执行。各单位应严格按岗位职责和聘任条件进行聘任。

2.聘任程序:

聘任程序参照“关于印发《厦门大学教学科研重要岗位聘任试行办法》的通知”(厦大人[2000]48 号)文件进行。

(1)教学科研系列中的一、二、三级重要岗位由各学院(所)岗位聘任委员会推荐聘任人选,报学校岗位聘任委员会审核批准,由校长聘任。

(2)管理系列各级岗位由各学院(所)、部、处岗位聘任委员会(领导小组)推荐聘任人选,报学校岗位聘任委员会审核批准。副处级以上干部和高级职员岗位由校长聘任;其他岗位由各学院(所)、部、处长聘任。

(3)教学科研系列和其他专业技术系列四级及以下岗位由各学院(所)岗位聘任委员会确定聘任人选,由院(所)长聘任。

(4)图书资料系列各级岗位,应聘图书馆岗位的,由图书馆岗位聘任领导小组确定聘任人选,由馆长聘任;应聘各学院(所)资料室岗位的,由学院(所)岗位聘任委员会确定聘任人选,由院长(所长)聘任。

(5)档案和编辑等系列各级岗位,由所在单位岗位聘任领导小组确定聘任人选,由行政负责人聘任。

以上各系列岗位,各单位确定聘任人选后,将聘任名单报人事处备案。

今后学校将以签订任务书的形式对各单位岗位聘任进行宏观管理。任务书每三年由校长与院(所)长签订一次。学校根据各单位完成任务情况给予奖惩。

3.聘任期限:一般为三年。首次聘任时间为2001年4月1日至2003年7月31日。

4.岗位职责和聘任条件是竞争上岗和年度考核的依据,各单位应严格按照岗位职责和聘任条件对应聘人进行考核。考核工作由各单位负责,每学年进行一次,考核结果报人事处备案。

5.年度考核结果作为岗位聘任和岗位津贴发放的依据,上一年度考核二等及以上,可享受同级职务的岗位津贴;年度考核三等,按其同级职务的起点岗位津贴下调一级;年度考核不合格,取消津贴。

六、组织机构

1.学校成立岗位聘任委员会(9～11人)。

2.各学院(所)成立岗位聘任委员会(5～9人),其成员由党总支(直属党支部)书记和院(所)长提名,学院(所)务委员会通过,并报学校备案。其职责是制定各级岗位的具体目标和任务;推荐重要岗位聘任人选和管理人员聘任人选;确定其他各系列各级岗位的聘任人选;负责本单位所有受聘人员的考核工作。

3.学校机关各部、处成立岗位聘任领导小组(3～5人),成员由部、处领导组成,组长由部、处长担任。其职责是制定各级岗位的具体目标和任务;推荐聘任人选;负责本单位所有受聘人员的考核工作。

4.图书馆、档案馆、学报编辑部等单位相应成立岗位聘任领导小组(3～5人),由本单位党政领导组成,组长由馆长(主任)担任。其职责是制定各级岗位的具体目标和任务;推荐重要岗位聘任人选和管理人员聘任人选;确定其他各系列各级岗位的聘任人选;负责本单位所有受聘人员的考核工作。

七、附　则

1.厦大人[2000]48、49号文件与本文不符合的,以本文为准。

2.聘任工作中有关问题参照"关于印发《〈厦门大学教学科研重要岗位聘任试行办法〉实施意见》的通知(厦大人[2000]49号)"文件有关规定执行。

3.本试行办法自发布之日起实行。

4.本试行办法由学校岗位聘任委员会负责解释。

附件一:教学科研系列岗位聘任条件及津贴试行方案
附件二:教辅系列岗位聘任条件及津贴试行方案
附件三:科辅系列岗位聘任条件及津贴试行方案
附件四:图书资料系列岗位聘任条件及津贴试行方案
附件五:档案管理系列岗位聘任条件及津贴试行方案
附件六:党政管理系列岗位聘任条件及津贴试行方案
附件七:编辑系列岗位聘任条件及津贴试行方案

附件一：

教学科研系列岗位聘任条件及津贴试行方案

(一)一级岗位

基本条件：(政治要求按“教学科研重要岗位试行条例”，下同)(1)承担教学科研任务；(2)独立指导博士研究生；(3)为国内(外)公认的本学科学科带头人，学术造诣高深；(4)上一任期(首次近三年)主持过国家级及教育部重点以上课题，在教学、科研工作中取得突出成果；(5)上一年度考核二等及以上。

还须符合以下条件之一：

1.两院院士，年龄在80周岁以下；

2.国家重点学科学科带头人或国家重点实验室学术带头人；

3.近三年来主持过国家级重大或重点项目，且现仍主持国家级在研项目，同时学术(教学、技术)成果获得过国家级奖励(政府奖，下同)二等奖以上(前二名)。

(二)二级岗位

基本条件：(1)承担教学科研任务；(2)独立指导博士研究生；(3)为国内(外)公认的该学科某一主要方向的学科带头人，学术造诣深；(4)上一任期(首次近三年)主持过省部级以上课题，教学、科研取得突出成果；(5)上一年度考核二等及以上。

还须符合以下条件之一：

1.国家“百千万工程”第一、二层次的入选者；

2.教育部文科研究基地学术带头人；

3.教育部重点实验室学术带头人；

4.近三年来主持过国家级重点项目或作为主要合作者参与过国家级重大课题的研究，且现仍主持省部级重点以上在研课题，同时学术(教学、技术)成果获得过国家级奖励三等奖以上(前二名)。

(三)三级岗位

基本条件：(1)承担培养人才的任务，讲授本科生或研究生课程(其中至少一门必须是本科生基础课或研究生学位课程)；(2)独立指导研究生；(3)承担本学科学科建设和教学改革工作，为本学科主要学术骨干，在国内具有较高知名度；(4)上一任期(首次近三年)承担过省部级以上课题(前三名)，教学、科研取得明显成果；(5)上一年度考核二等及以上。

还须符合以下条件之一：

1.担任正高级职务，上一年度(首次近三年)教学、科研成果获得省部级一等以上奖励(排名第一)(不含副省级，下同)；

2.担任正高级职务，主持省部级重点以上在研课题，同时其学术成果突出；

3.担任正高级职务，省级重点学科带头人，指导硕士研究生；

4.担任正高级职务，学术成果突出，为本单位成果最多者(前二名，由学校教学科研重要岗位聘任委员会认定)；

5.担任正高级职务，上一年度(首次近三年)主持过省部级重点以上科研项目或作为第一合作者参与国家级课题的研究，通过鉴定，且现仍主持省部级以上在研课题，同时其学术成果突出；

6.担任正高级职务，讲授两门以上跨一级学科课程(以国务院和教育部颁布的学科专业目录为准，下同)，教学效果优秀；

7.担任正高级职务,非外语专业教师用外文讲授一门主干课程且教学效果优秀,且完成每年的教学、科研工作量;

8.担任副高级职务(含副教授、副研究员,下同),教学、科研成果特别突出,主持国家级重点以上在研课题,或主持重要横向在研课题(理工科经费 100 万元以上,文科 50 万元以上),或获得国家级三等以上奖励(第一名);

9.担任正高级职务,完成相应的教学、科研任务,兼任学院院长职务,完成工作任务,获师生好评。

(四)四级岗位

基本条件:(1)承担教学科研任务,本年度文科教师讲授四门(理工科教师三门)以上本科生或研究生课程(其中至少一门必须是本科生基础课或研究生必修课);(2)独立指导硕士研究生或参与指导博士研究生;(3)为本学科学术骨干;(4)上一年度(首次近三年)教学、科研取得明显成果;(5)上一年度考核为二等及以上。

还须符合以下条件之一:

1.担任正高级职务,承担公共课或专业基础课教学,且上一年度完成教学工作量 150%以上,教学效果优秀或近三年获校优秀教学成果奖(第一名);

2.担任正高级职务,完成每年的教学、科研工作量,教学效果优良,并在上一年度在全国权威刊物(含 SCI、EI 收录)上正式发表一篇学术论文或正式出版个人专著或主编教材、编著;

3.担任正高级职务,非外语专业教师用外文讲授一门主干课程且教学效果优秀,且完成每年的教学、科研工作量;

4.担任正高级职务,主持国家级一般或省部级重点以上在研项目;

5.担任正高级职务,讲授一门以上跨一级学科课程,教学效果优秀;

6.担任副高级及以上职务,开课门数超过本岗位基本要求,达到本系(所)最多且教学效果优秀并获校级以上优秀教学成果奖(第一名);

7.担任副高级职务,近五年教学科研成果达到学校有关文件规定破格聘任教授(研究员)职务条件;

8.担任副高级及以上职务,上一年度(首次近三年)教学、科研成果获得省部级二等以上奖励(第一名)或一等以上奖励(前二名);

9.担任副高级及以上职务,完成相应的教学、科研任务,兼任学院副院长(含系主任及以上)党政职务,完成工作任务,获师生好评。

(五)五级岗位

基本条件:(1)承担教学科研任务;(2)承担本学科的学科建设工作;(3)上一年度(首次近三年)教学科研取得较好成果;(4)上一年度考核为二等及以上。

还须符合以下条件之一:

1.担任副高级职务,本年度文科教师讲授三门(理工科教师二门)以上本科生或研究生课程(其中至少一门必须是本科生基础课或研究生课程),教学效果良好,并指导硕士研究生;

2.担任副高级职务,非外语专业教师用外文讲授一门课程,教学效果良好,且完成每年的教学、科研工作量;

3.担任副高级职务,讲授一门以上主干课程,且主持省部级以上在研项目或作为第一合作者参加省部级重点以上科研项目;

4.担任副高级职务,上一年度(首次近三年)教学、科研成果获省部级三等以上奖励(排名第一)或二等以上奖励(前二名);

5.担任副高级职务,讲授一门以上跨一级学科课程,教学效果优秀;

6.担任副高级职务,完成相应的教学、科研任务,兼任副系主任(含副所长及以上)党政职务,完成工作任务,获师生好评。

(六)六级岗位

基本条件:(1)承担教学科研任务;(2)承担本学科的学科建设工作;(3)上一任期(首次近三年)教学、科研取得较好成果;(4)上一年度考核为二等及以上。

还须符合以下条件之一:

1.担任副高级职务,本年度文科教师讲授三门(理工科教师二门)以上本科生或研究生课程或承担公共课或专业基础课教学,且上一年度完成工作量150%以上,教学效果良好;

2.担任副高级职务,本年度文科教师讲授三门(理工科教师两门)以上本科生或研究生课程,并为第一合作者参加省部级以上科研项目;

3.担任副高级职务,上一年度教学科研成果获省部级三等以上奖励(前二名)或二等以上奖励(前三名);

4.担任副高级职务,完成每年相应的教学、科研工作量,上一年度考核为一等或近三年获得学校教学成果奖;

5.担任副高级职务,完成每年相应的教学、科研工作量,并兼任班主任或政治辅导员工作,学生反映良好;

6.具有博士学位,承担教学科研任务本年度文科教师讲授三门、理工科教师两门以上本科生或研究生课程,其中至少一门必须是本科生基础课或研究生必修课。

(七)七级岗位

基本条件:(1)承担教学科研任务(本年度文科教师讲授三门、理工科教师两门、科研编制人员一门以上本科生或研究生课程);(2)参与指导研究生或参加科研项目;(3)上一年度考核为二等及以上。

还须符合以下条件之一:

1.担任副高级职务,完成每年教学、科研工作量;

2.担任中级职务(含讲师、助研,下同),近五年教学科研成果达到学校有关文件规定破格聘任副教授(副研究员)职务条件;

3.具有博士学位,完成每年教学、科研工作量。

(八)八级岗位

基本条件:担任中级职务,完成教学、科研任务。

还须符合以下条件之一:

1.承担教学科研任务(文科教师讲授三门、理工科教师讲授二门课程),上一年度考核为一等;

2.承担教学科研任务,兼任班主任或政治辅导员工作,学生反映良好,上一年度考核为二等及以上;

3.近三年获得省部级各种奖励(名次不限),或上一年度获得校级奖励。

(九)九级岗位

基本条件:完成各项教学、科研任务。

还须符合以下条件之一:

1.担任中级职务,上一年度考核在二等;

2.担任初级职务,上一年度考核为一等;

3.担任初级职务,完成相应的教学科研工作量,兼任班主任工作,学生反映良好,上一年度考核在二等及以上。

(十)十级岗位

基本条件:担任初级职务,承担各项教学、科研任务;年度考核为二等。

附件二:

教辅系列岗位聘任条件及津贴
试 行 方 案

注:教学实验室分三个层次,一是全校性公共教学实验室;二是专业基础教学实验室;三是专业教学实验室。

(一)四级岗位

基本条件:

1.担任正高级职务,熟练掌握本学科实验仪器设备和技术,上年度考核一等(首次近三年有一次一等);

2.主持一个全校性公共教学实验室,或主持一个专业基础教学实验室,或主持一个部开放(重点)实验室;

3.主编出版一种以上实验教材(指导书),或主持省、部级教改研究课题,或获得省级以上优秀课程,名牌课程者(均为第一作者);

4.完成教学工作量,上一年度(首次近三年)发表过教学改革、教学研究、实验教学研究论文(CN刊号)一篇以上。

(二)五级岗位

基本条件:

1.熟练掌握本学科实验仪器设备和技术;

2.主持一个全校性公共教学实验室,或主持一个专业基础教学实验室,或主持一个部开放(重点)实验室;

3.独立开设一门以上本专科实验课三轮以上(二门以上各二轮),或主持编写实验教材(指导书)一种以上,或主持地市校级教改研究课题一项以上,或主持大型仪器设备的改造、维修工作,或负责精密仪器设备的引进,技术论证和安装调试工作;

4.完成教学工作量,上一年度(首次近三年)发表过教学改革、教学研究、实验教学研究论文(CN刊号)一篇以上。

还必须具备下列条件之一:

(1)担任正高级职务,上年度考核二等以上;

(2)担任副高级职务(含高级工程师、高级实验师,下同),必须在教学改革中做出突出贡献,获得省部级以上教学改革成果二等奖以上(第一作者),且上一年度考核为一等(首次近三年有一次一等)。

(三)六级岗位

基本条件:

1.担任副高级职务,熟练掌握本学科实验仪器设备和技术,上一年度考核为一等(首次近三年有一次一等,其他为二等);

2.主持一个专业基础教学实验室,或主持一个专业教学实验室、或主持全校公共语音室;

3.独立开设一门以上本专科实验课二轮以上(二门以上各一轮),或参编实验教材、指导书(第二作

者),或主持地市校级教改研究课题,或参加大型仪器设备的改造;

4.完成教学工作量,上一年度(首次近三年)发表过教学改革、教学研究、实验教学研究论文(CN 刊号)一篇以上。

(四)七级岗位

基本条件:

1.熟练掌握本学科实验仪器设备和技术;

2.能独立开设实验课,或参编实验教材、指导书(前三名),或主持地市校级教改科研课题,或主持教学仪器设备的改造维修,或成为实验室的实验技术支撑力量;

3.完成教学工作量,上一年度(首次近三年)发表过教学改革、教学研究、实验教学研究论文(CN 刊号)一篇以上。

还必须具备下列条件之一:

(1)担任副高级职务,上年度考核二等以上;

(2)担任中级职务(含工程师、实验师)者,必须在实验教学或教学改革中表现突出,取得较好成果者,获地市校级教学改革成果奖或优秀课程奖(第一作者),且上一年度考核为一等(首次近三年有一次一等)。

(五)八级岗位

基本条件:

1.担任中级职务,上年度考核为二等以上;

2.熟悉本实验室的仪器设备和实验技术;

3.能独立承担本专科教学实验指导工作,做好实验教学的有关准备工作;

4.参编实验教材(指导书),或承担地市校级教改科研课题(前三名),或上一年度在公开发行的刊物(CN 刊号)上发表实验教学改革的研究论文(第一作者)。

(六)九级岗位

基本条件:

1.担任初级职务,上年度考核为一等(首次近三年有一次一等);

2.熟悉本实验室的仪器设备和实验技术;

3.参加本专科教学实验室指导工作,做好实验教学的有关准备工作;

4.承担实验室仪器设备的维修保养工作。

(七)十级岗位

基本条件:

1.担任初级职务,上年度考核二等以上;

2.熟悉本实验室的仪器设备和实验技术;

3.协助实验课主讲教师进行实验教学指导工作和仪器设备维修、保养工作;

4.做好实验教学的有关准备工作。

附件三:

科辅系列岗位聘任条件及津贴
试 行 方 案

(一)四级岗位

基本条件:(1)担任正高级职务,上一年度考核为二等及以上;(2)熟练掌握本学科实验仪器设备和技术,出色完成教学、科研辅助工作;(3)上一年度(首次近三年)发表过科学研究论文(CN刊号)一篇以上(第一作者,下同)。

还须具备下列条件之一:

1.承担一项省部级以上项目或30万元横向课题;

2.以第一合作者参加50万元以上课题,组长认可并做出突出贡献;

3.兼任实验室主任,独立领导实验室运行,成绩优秀;

4.大型仪器机时数不低于1100时/年,对仪器新功能开发维护做出富有成效的贡献,近三年利用该仪器发表论文不少于30篇;

5.上一年度(首次近三年)获省部级科技进步二等奖以上奖励(前3名)或三等奖(前2名),或厦门市科技进步奖(第1名),或获国家发明专利2项或实用新型不少于3项(第一名)。

(二)五级岗位

基本条件:(1)担任正高级职务,上一年度考核为二等及以上;或担任副高级职务,在科研工作中做出突出贡献,获得省部级以上科技成果二等奖以上或副省级一等(第一作者),且上一年度考核为一等(首次近三年有一次一等,其他为二等)或获得校级以上奖励;(2)熟练掌握本学科实验仪器设备和技术,出色完成教学、科研辅助工作;(3)上一年度(首次近三年)发表过科学研究论文(CN刊号)一篇以上。

还须具备下列条件之一:

1.以第一合作者参加一项省部级以上项目或20万横向课题,组长认可并做出重要贡献;

2.以主要合作者参加30万元以上课题,组长认可并做出重要贡献;

3.大型仪器机时不低于1000时/年,能对仪器功能开发维护做出积极贡献,近三年利用仪器发表论文不少于20篇;

4.近三年获省部级三等奖以上(前4名),或厦门市科技进步奖二等奖以上(前2名),或获发明专利1项或实用新型专利2项(第1名)。

(三)六级岗位

基本条件:(1)担任副高级以上职务,上一年度考核为二等及以上;(2)熟练掌握本学科实验仪器设备和技术,圆满完成教学、科研辅助工作;(3)上一年度(首次近三年)发表过科学研究论文(CN刊号)一篇以上。

还须具备下列条件之一:

1.以第一合作者参加一项省部级或10万元横向课题,组长认可并做出重要贡献;

2.以主要合作者参加国家或省级课题20万元以上,课题组长认可,起主要骨干作用;

3.大型仪器机时不低于900时/年,仪器维护优秀,近三年利用该仪器发表论文不少于15篇;

4.近三年获厦门市级及其以上科技二等奖以上(前3名),或获实用新型专利1项(第1名)。

(四)七级岗位

基本条件:(1)担任副高级职务,上一年度考核为二等;或担任中级职务,上一年度考核为一等(首次近三年有一次一等,其他为二等)或获得校级奖励;(2)熟练掌握本学科实验仪器设备和技术,圆满完成教学、科研辅助工作;(3)上一年度(首次近三年)发表过科学研究论文(CN 刊号)一篇以上。

还须具备下列条件之一:

1.以主要合作者参加一项纵向或横向课题(5 万元);

2.参加一项国家或省级项目(10 万元);

3.大型仪器机器不低于 800 时/年,维护良好,近三年利用仪器发表论文不少于 10 篇;

4.近三年获厦门市科技进步三等奖以上(前 3 名),或获实用新型专利 1 项(前 2 名)。

(五)八级岗位

基本条件:(1)担任中级职务,上一年度考核为二等;(2)熟悉本实验室的仪器设备和技术,较好地完成教学、科研辅助工作。

还须具备下列条件之一:

1.参加省级以上课题或横向课题的科研工作;

2.大型仪器使用机时数不低于 700 时/年,维护良好,近两年利用仪器发表论文不少于 5 篇;

3.获市以上奖励(名次不限)。

(六)九级岗位

基本条件:(1)担任助理级职务,上一年度考核为二等及以上;(2)熟悉本实验室的仪器设备和技术,完成教学、科研辅助工作。

还须具备下列条件之一:

1.参加科技课题研究工作;

2.大型仪器使用机时数不低于 700 时/年,维护良好。

(七)十级岗位

基本条件:(1)担任员级职务,上一年度考核为二等及以上;(2)熟悉本实验室的仪器设备,完成教学、科研辅助工作。

附件四:

图书资料系列岗位聘任条件及津贴试行方案

一、原则

1.根据我校图书资料系列工作的实际要求,在划分岗位的级别与档次时,以所承担的岗位职责和业绩考核结果为主要依据,现有专业技术职务为参考依据。

2.对少数业务水平高、管理能力强但现有专业技术职务较低的主要业务骨干,特别要对在图书馆和资料室自动化、数字化建设中承担高新技术工作岗位并有优秀业绩的年轻同志可不受其专业技术职务限制聘任较高类别岗位。

二、岗位设置

(一)学校重要岗位:具备厦门大学教学科研重要岗位聘任条件的图书资料工作人员,可竞聘重要岗位,经校重要岗位聘任领导小组批准后,可享受相应级别的重要岗位津贴。

(二)图书资料系列岗位设置

1.设置目的

①深化改革,兼顾公平和效率的原则。

②寻求发展,加强力量开展新业务。

③培养队伍,提高个体和整体服务水平。

2.岗位类别

①图书资料系列将工作岗位划分为一类、二类、三类和普通岗位四类。

②岗位设置的标准根据管理责任、技术含量、业务创新度的多少确定岗位类别。

③各类岗位的岗位职责和上岗条件参见附件,本附件根据工作实际情况在每年7月给予修订,下一聘任年度执行。

三、聘任条件

(一)四级岗位:具备下列条件之三项[第(1)、(2)项为必备]

(1)担任正高级专业技术职务,上一年度考核为一等;或担任馆长职务,上一年度考核为二等及以上。

(2)胜任图书资料系列的一类A岗位工作;或主持图书资料系列的文献信息资源建设,并指导各教学科研单位资料室的文献信息资源建设;或主持全校公共服务体系(图书馆及各教学科研单位资料室)的自动化与数字化建设。

(3)主持省、部级信息管理学的重点在研科研项目。

(4)近3年在国内信息管理学的核心刊物发表3篇(含3篇)以上学术论文。

(二)五级岗位:具备下列条件之两项[第(1)、(2)或(3)项为必备]

(1)担任正高级职务,上一年度考核为二等及以上。

(2)担任副高以上专业技术职务,上一年度考核为一等,且胜任图书资料系列的一类A岗位工作;或主持图书资料系列的文献信息资源建设,并指导各教学科研单位资料室的文献信息资源建设;或主持全校公共服务体系(图书馆及各教学科研单位资料室)的自动化与数字化建设。

(3)担任副高级职务,胜任图书资料系列的一类B岗位工作,上一年度考核为一等。

(4)省、部级信息管理学在研科研课题的主要成员。

(5)近3年在国内信息管理学的核心刊物发表2篇(含2篇)以上学术论文。

(三)六级岗位:具备下列条件之两项[第(1)、(2)或(3)项为必备]

(1)担任副高级职务,胜任图书资料系列的一类A或B岗位工作,上一年度考核为二等及以上。

(2)担任副高级专业技术职务,胜任图书资料系列二类及以下岗位工作,上一年度考核为一等。

(3)担任中级专业技术职务,胜任图书资料系列一类B岗位工作,上一年度考核为一等。

(4)省、部级信息管理学在研科研课题成员。

(5)近3年在国内信息管理学的CN刊物发表3篇(含3篇)以上学术论文。

(四)七级岗位:具备下列条件之两项[第(1)、(2)或(3)项为必备]

(1)担任副高级专业技术职务,胜任图书资料系列二类及以下岗位工作,上一年度考核为二等及以上。

(2)担任中级专业技术职务,胜任图书资料系列一类B岗位工作,上一年度考核为二等以上。

(3)担任中级专业技术职务,胜任图书资料系列二类工作岗位,上一年度考核为一等。

(4)省、部级信息管理学在研科研课题成员。

(5)近3年在国内信息管理学的CN刊物发表2篇(含2篇)以上学术论文。

(五)八级岗位:具备下列条件之一项

(1)担任中级专业技术职务,胜任图书资料系列二类及以下工作岗位,上一年度考核为二等及以上。

(2)担任初级专业技术职务,胜任图书馆一类B岗位工作或在网络管理方面技术水平高,上一年度考核为二等及以上。

(六)九级岗位:具备下列条件之一项

担任初级专业技术职务,胜任图书资料二类岗位工作,上一年度考核为二等及以上。

(七)十级岗位:

担任初级专业技术职务,胜任图书资料三类岗位和普通岗位工作,上一年度考核为二等及以上。

四、其他

具有图书资料和工程技术专业技术职务的人员如未聘上一、二、三类岗者,均聘任普通岗。

附件五:

档案系列岗位聘任条件与津贴试行方案

一、基本原则

1.根据我校档案与校史管理系统工作的实际要求,划分档案系列岗位级别,并以所承担的岗位职责和业绩考核结果为主要依据,以现有专业技术职务为参考依据。

2.对少数业务水平高、创新管理能力强,但现有专业技术职务较低的主要业务骨干,特别要对在档案馆和全校文件管理自动化、数字化建设中承担高新技术工作岗位并有优秀业绩的年轻同志可不受其专业技术职务限制聘任较高级别岗位。

二、岗位设置

1.岗位设置的目的:深化改革,有利档案管理创新发展;实行公平竞争,有利档案人才培养,提高个体素质与整体服务水平。

2.岗位级别:共分为七级,即四级岗位至十级岗位。

三、聘任条件

(一)四级岗位:具备下列条件之三项(第1、2项为必备)

1.担任正高级专业技术职务,上一年度考核为一等;或担任馆长职务,主持档案馆的全面工作,上一年度考核为二等及以上。

2.胜任档案或校史管理工作,具有较高档案理论业务水平和丰富的管理工作经验,能主持档案信息资源建设,并能指导全校有关档案管理业务和指导中、初级档案人员工作的能力。

3.近三年主持有关校史或档案编研课题,编辑出版(含内部印行)10万字(含10万字)以上的编研成果。

4.近三年在省级以上刊物杂志发表3篇(含3篇)以上学术论文。

(二)五级岗位:具备下列条件之三项(第1、2项为必备)

1.担任正高级专业技术职务,上一年度考核为二等及以上;或担任高级专业技术职务兼任副馆长职务,上一年度考核为一等;或担任副高级专业技术职务,上一年度考核为一等,成绩特别突出。

2.胜任档案或校史管理工作,具有较高档案理论业务水平和丰富的管理工作经验,主持有关档案信息资源建设及业务工作,具有指导中、初级档案人员工作的能力。

3.近三年主持有关校史或档案编研课题,编辑出版(含内部印行)5万字(含5万字)以上的编研成果。

4.近三年在省级以上刊物杂志发表2篇(含2篇)以上的学术论文。

(三)六级岗位:具备下列条件之二项(第1或2项为必备)

1.担任高级专业技术职务兼任副馆长职务，上一年度考核为二等；胜任档案或校史管理工作，具有较高档案理论业务水平和丰富的管理工作经验，主持有关档案信息资源建设及业务工作，具有指导中、初级档案人员工作的能力。

2.担任副高级专业技术职务，上一年度考核为一等以上；胜任档案或校史管理工作，负责组织协调档案馆各科室(含文书档案室、科技档案室、技术保护室、校史研究室)的日常业务工作，管理本部门各类档案查询利用及安全；负责对全校档案业务指导与监督检查等工作。

3.近三年承担有关校史或档案编研课题，或为某一编研课题成员，编辑出版(含内部印行)3万字(含3万字)以上的编研成果。

4.近三年在地市级以上刊物杂志发表或地市级学会研讨会交流3篇以上学术论文。

(四)七级岗位：具备下列条件之三项(第1、2项为必备)

1.担任副高级专业技术职务，上一年度考核为二等以上；或担任中级专业技术职务并兼任正科级职务，上一年度考核为二等及以上；或担任中级专业技术职务，上一年度考核为一等。

2.胜任档案或校史管理工作，负责管理馆内日常事务及与外单位协调关系，完成馆领导和学校下达的有关任务，负责对各类档案的收集、整理、分类、鉴定、统计保管和提供利用等工作，负责对校史资料收集征集与校史和档案编研工作；或负责校史研究和编纂出版工作；负责档案计算机及其现代化管理工作，负责全校电子文件档案的归档及其电子档案数据库与网络化、数字化档案馆的建设等工作。

3.近三年承担有关校史或档案编研课题，或为某一编研课题成员，编辑出版(含内部印行)2万字(含2万字)以上的编研成果。

4.近三年在地市级以上刊物杂志发表或地市级学会研讨会交流2篇以上学术论文，或工作总结、调研报告2篇以上。

(五)八级岗位：具备下列条件之三项(第1、2项为必备)

1.担任中级专业技术职务，上一年度考核为二等。

2.近三年在地市级以上档案或校史学会研讨会交流1篇以上学术论文，或工作总结、调研报告1篇以上。

3.胜任档案或校史管理工作，负责管理馆内日常事务及与外单位协调关系，完成馆领导和学校下达的有关任务；负责对各类档案的收集、整理、分类、鉴定、统计保管和提供利用等工作；负责对校史资料收集征集与校史和档案编研工作。

4.胜任档案或校史管理工作，负责校史研究和编纂出版工作；负责档案计算机及其现代化管理工作；负责全校电子文件档案的归档及其电子档案数据库与网络化、数字化档案馆的建设等工作。

(六)九级岗位：

1.担任助理级专业技术职务，上一年度考核为二等及以上。

2.胜任档案或校史工作，负责档案和珍贵校史资料与名家字画书画文博资料的修复整理和保管；协助做好档案的接收、整理、分类、鉴定、传递和利用等工作；完成馆领导和科室负责人交办的工作。

(七)十级岗位：

1.担任员级专业技术职务，上一年度考核为二等及以上。

2.胜任档案与校史工作，负责档案和珍贵校史资料与名家字画书画文博资料的修复整理和保管；协助做好档案的接收、整理、分类、鉴定、传递和利用等工作；完成馆领导和科室负责人交办的工作。

附件六:

管理系列岗位聘任条件及津贴试行方案

一、基本要求

(政治要求略)履行相应岗位的各项职责,努力进取,开拓创新,在本职工作岗位上达到预期目标并取得优良业绩。

二、考核

本系列津贴针对本校管理人员的职务和工作业绩及表现情况兑现。副处长及以上管理干部和高级职员由学校岗位聘任委员会考核,其他管理干部和中、初级职员由各单位考核。考核结果作为发放岗位津贴的依据。考核良好及以上者享受相应级别岗位津贴;考核基本合格者下调一级津贴;考核不合格者取消津贴。十级职员考核基本合格者,停发津贴。

三、聘任条件

一级岗位

基本条件:担任正校级职务的二级及以上职员,认真履行本岗位职责,完成工作任务,考核良好及以上。

二级岗位

基本条件:担任副校级职务的三级及以上职员或不担任领导职务的二级及以上职员,认真履行本岗位职责,完成工作任务,考核良好及以上。

三级岗位

基本条件:担任校长助理职务的四级及以上职员或不担任领导职务的三级职员,认真履行本岗位职责,完成工作任务,考核良好及以上。

四级岗位

基本条件:担任正处级职务的五级及以上职员,认真履行本岗位职责,完成工作任务,考核良好及以上;或担任副处级职务的四级职员,认真履行本岗位职责,工作表现突出,考核优秀。

五级岗位

基本条件:担任副处级职务的四级职员,认真履行本岗位职责,完成工作任务,考核良好;或担任副处级职务的六级及以上职员或不担任领导职务的四级职员,认真履行本岗位职责,工作表现突出,考核优秀。

六级岗位

基本条件:担任副处级职务的六级及以上职员或不担任领导职务的四级职员,认真履行本岗位职责,完成工作任务,考核良好;担任正科级职务的七级及以上职员或不担任领导职务的五级职员,认真履行本岗位职责,工作表现突出,考核优秀。

七级岗位

基本条件:担任正科级职务的七级及以上职员或不担任领导职务的五级职员,认真履行本岗位职责,完成工作任务,考核良好;或担任副科级职务的八级及以上职员或不担任领导职务的六级职员,认真履行本岗位职责,工作表现突出,考核优秀。

八级岗位

基本条件:担任副科级职务的八级及以上职员或不担任领导职务的六级职员,认真履行本岗位职责,完成工作任务,考核良好;或不担任领导职务的九级及以上职员,认真履行本岗位职责,工作表现突出,考核优秀。

九级岗位

基本条件：不担任领导职务的九级及以上职员，认真履行本岗位职责，完成工作任务，考核良好；或不担任领导职务的十级职员，认真履行本岗位职责，工作表现突出，考核优秀。

十级岗位

基本条件：不担任领导职务的十级职员，认真履行本岗位职责，完成工作任务，考核良好。

附件七：

编辑系列岗位聘任条件及津贴试行方案

(一) 四级岗位

基本条件：(1) 担任正高级职务，上一年度考核为一等（首次近 3 年有一次一等，其他为二等）或获得校级以上奖励，或上一年度考核为二等但在权威刊物发表论文 1 篇以上；(2) 作为责任编辑独立处理几个学科的稿件，或担任指导培训编辑工作；(3) 熟练掌握期刊编辑出版业务，出色完成编辑工作；(4) 上一年度（首次近 3 年）发表过科学研究论文（CN 刊号）1 篇以上（第一作者，下同）。

还须具备下列条件之一：

1.承担 1 项省部级以上项目或 2 万元横向课题；

2.以第一合作者参加国家级科研课题或 3 万元以上横向课题，课题组长认可并做出突出贡献；

3.担任编辑部主任职务，主持编辑部工作，成绩优良；

4.文科编辑上一年度编发文章的摘转率在 55%以上，理科编辑编发文章在上一年度(首次近 3 年)被引频次位居全国综合类自然科学学报前 8 名或全国综合类科技期刊前 20 名；

5.上一年度审稿工作量不低于 50 万字，编辑工作量不低于 50 万字；

6.上一年度（首次近 3 年）获省部级科研成果奖二等奖以上奖励（前 3 名）或三等奖（前 2 名），或厦门市科研成果奖二等奖（第一名）。

(二)五级岗位

基本条件：(1) 担任正高级职务，上一年度考核为二等以上；或担任副高级职务，在科研工作中做出突出贡献，获得省部级科研成果奖三等奖或副省级二等奖以上或具备“下列条件”中的 3 项，且上一年度考核为一等（首次近 3 年有 1 次一等，其他为二等）或获得校级以上奖励。(2) 作为责任编辑独立处理几个学科的稿件，或协助指导培训编辑工作。(3) 熟练掌握期刊编辑出版业务，出色完成编辑、编务、校对工作。(4) 上一年度（首次近 3 年）发表过科学研究论文（CN 刊号）1 篇以上。担任副主编或编辑部副主任以上职务，领导编委会或编辑部工作，成绩优秀。

还须具备下列条件之一：

1.以第一合作者参加 1 项省部级以上项目或 1 万元横向课题，组长认可并做出重要贡献。

2.以主要合作者参加国家科研课题或 2 万元横向课题，组长认可并做出重要贡献。

3.文科编辑上一年度编发文章的摘转率在 50%以上，理科编辑编发文章在上一年度(首次近 3 年)被引频次位居全国综合类自然科学学报前 10 名或全国综合类科技期刊前 20 名。

4.上一年度审稿工作量不低于 30 万字，编辑工作量不低于 25 万字；或独立担任 2 期执行编辑。

5.近三年获省部级科研成果奖三等奖以上（前 4 名），或厦门市科研成果奖二等奖以上（前 2 名）。

(三)六级岗位

基本条件:(1) 担任副高级以上职务,上一年度考核为一等(首次近3年考核有1次一等,其他为二等),或上一年度考核为二等但在核心刊物发表论文2篇以上,或获得校级以上奖励;(2) 作为责任编辑独立处理几个学科的稿件;(3) 熟练掌握期刊编辑出版业务,圆满完成编辑、编务、校对工作;(4) 上一年度(首次近3年)发表过科学研究论文(CN刊号)1篇以上。

还须具备下列条件之一:

1.以第一合作者参加1项省部级课题或以主要合作者参加1项国家级课题,课题组长认可并做出重要贡献。

2.文科编辑上一年度编发文章的摘转率在45%以上,理科编辑编发文章在上一年度(首次近3年)被引频次位居全国综合类自然科学学报前15名或全国综合类科技期刊前25名。

3.上一年度审稿工作量不低于25万字,编辑工作量不低于25万字,校对工作量不低于20万字;或独立担任1期以上执行编辑,编校差错率不超过0.8/10000。

4.近3年获厦门市级及以上科研成果奖二等奖以上(前3名),或编发的文章获省级科研成果奖三等奖以上。

(四)七级岗位

基本条件:(1) 担任副高级职务,上一年度考核为二等以上;担任中级职务,上一年度考核为一等(首次近3年有1次一等,其他为二等),或上一年度考核为二等但发表论文(CN刊号)1篇以上,或获得校级奖励。(2) 作为责任编辑独立处理几个学科的稿件。(3) 熟练掌握期刊编辑出版业务,圆满完成编辑、编务、校对工作。(4) 上一年度(首次近3年)发表过科学研究论文(CN刊号)1篇以上。

还须具备下列条件之一:

1.参加1项国家级课题,或作为主要合作者参加1项省部级课题。

2.文科编辑上一年度编发文章的摘转率在42%以上,理科编辑编发文章在上一年度(首次近3年)被引频次位居全国综合类自然科学学报前20名或全国综合类科技期刊前30名。

3.上一年度审稿工作量不低于20万字,编辑工作量不低于20万字,校对工作量不低于20万字;或独立担任1期执行编辑,编校差错率不超过1/10000。

4.近3年获厦门市科研成果奖三等以上(前3名),或编发的文章获省级科研成果奖。

(五)八级岗位

基本条件:(1) 担任中级职务,上一年度考核为二等以上;(2)熟悉期刊编辑出版业务,较好地完成编辑、编务、校对工作。

还须具备下列条件之一:

1.参加省级以上课题或横向课题的科研工作。

2.上一年度编发文章的摘转率在40%以上,或编校差错率不超过1/10000。

3.上一年度审稿工作量不低于15万字,编辑工作量不低于15万字,校对工作量不低于20万字;或独立担任1期执行编辑。

4.近3年获厦门市级以上奖励,名次不限。

(六)九级岗位

基本条件:(1)担任助理级职务,上一年度考核为二等及以上;(2) 熟悉期刊编辑出版业务,完成编辑、编务、校对工作。

还须具备下列条件之一:

1.参加科研课题研究工作。

2.上一年度编发文章的摘转率在35%以上，或编校差错率不超过1/10000。

3.上一年度审稿工作量不低于10万字，编辑工作量不低于10万字，校对工作量不低于20万字；或独立担任1期执行编辑。

(七)十级岗位

基本条件：(1) 担任员级职务，上一年度考核为二等及以上；(2) 熟悉期刊编辑出版业务，完成编辑、编务、校对工作。

——本文摘录自《关于印发〈厦门大学岗位聘任及岗位津贴试行办法〉的通知》，厦大人〔2001〕38号，档号2001-XZ10-2

《厦门大学岗位聘任及岗位津贴试行办法》实施意见

(2001年5月25日)

为更好地贯彻《厦门大学岗位聘任及岗位津贴试行办法》(简称《试行办法》),特制定本实施意见。

一、岗位数和津贴额

1.根据《试行办法》规定,除教学科研重要岗位和管理系列副处级以上干部及高级职员岗位外,其他岗位学校按各单位现有教职工不同职称(职务)人数及其对应的岗位级别的平均数核定,并参照学校制定的岗位津贴相应标准下拨津贴总数给各单位。人事处每年对各单位的岗位设置数额和津贴总数核定一次。

2.津贴额核拨标准:

(1)教学科研系列正高级职务为2万元、副高级职务为1.2万元、中级职务为0.7万元、初级职务为0.5万元;

(2)其他专业技术系列正高级职务为2万元、副高级职务为1.2万元、中级职务为0.7万元、助理级职务为0.5万元、员级职务为0.35万元;

(3)管理系列正科级职务为0.9万元、副科级职务为0.7万元、科员为0.5万元、办事员为0.35万元;

(4)工人为0.3万元。

3.各单位每月要将异动情况(包括调入、调出、退休及其他自然减员等)及时报人事处备案,以便对当年津贴额进行结算,并作为第二年核定津贴额时参考。

4.本次岗位聘任,受聘人的职务以2001年4月1日为准。今后职务异动的受聘人每半年(即一月和七月)重新聘任一次。

二、聘任工作中的几个问题

1.各单位要根据《试行办法》的有关规定,结合本单位的实际情况制定实施细则(对各系列各级岗位聘任条件可适当提高,但不能降低标准),报学校岗位聘任委员会审核批准后执行。

2.本年度考核工作与岗位聘任工作结合进行。各单位必须认真考核应聘人承担的任务、工作业绩、取得的成果,并根据本次年度考核结果聘任应聘人相应级别的岗位。

3.担任正处级职务的六级职员、副处级职务的七级职员、正科级职务的八级职员和副科级职务的九级职员按《试行办法》规定的相应党政职务聘任相应级别的岗位。

4.各系列各级岗位津贴标准必须按《试行办法》的规定执行。各系列见习人员按相应系列的第十级岗位聘任。年度考核合格的工人参照管理系列第十级岗位发放津贴。

5.已聘任教师职务的专职学生思想政治工作干部按《试行办法》中"教学科研系列岗位聘任条件及岗位津贴试行方案"执行,其中教学要求按专职学生思想政治工作干部有关文件规定要求执行。

6.《试行办法》和本实施意见中未尽事宜及实施岗位聘任过程中遇到的特殊问题,由学校岗位聘任委员会研究决定。

三、时间安排

1. 5 月 17 日学校召开实施岗位聘任和岗位津贴的动员大会。

2. 5 月 28 日前学校将各单位的岗位数及津贴额下达给各单位。

3. 5 月 28 日前各单位将岗位聘任委员会(岗位聘任小组)组成人员名单报人事处。

4. 6 月 1 日学校布置年度考核工作。

5. 6 月 6 日前各单位召开教职工大会布置年度考核与岗位聘任工作;教职工向所在单位办公室报名,申请聘任何系列何级岗位(报名表、申请表由各单位制定)。

6. 6 月 20 日前各单位将教学科研重要岗位和校聘管理系列岗位的聘任人选及其他岗位聘任名单报人事处。

7. 6 月 30 日前学校岗位聘任委员会确定教学科研重要岗位和校聘管理系列岗位聘任人员。

8. 7 月 6 日前签订聘约,并由校长、院(所)长、部(处)长向受聘人颁发聘书。

二〇〇一年五月廿五日

——本文摘录自《〈厦门大学岗位聘任及岗位津贴试行办法〉实施意见》,厦大人〔2001〕39 号,档号 2001-XZ10-2

厦门大学住房维修基金管理暂行办法

(2001年5月30日)

第一章 总 则

第一条 为加强住房售后维修管理,维护房屋本体共(公)用部位及设施(以下简称“共用部位”),保证维修基金的合理、有效使用,保护住房所有人和使用人的合法权益和使用安全,根据《厦门市住房共用部位共用设施设备维修基金管理办法》的精神,结合我校实际,制定本办法。

第二条 学校公有住房及集资房出售后应当建立住房共用部位、共用设施设备维修基金。维修基金属房屋所有人(业主)共同所有,以每幢房屋为单位,由该幢房屋的所有业主按各自房屋的建筑面积分担和享有。

维修基金专项用于住房共用部位、共用设施设备保修期满后因自然损坏或不可抗力损坏的维修养护和更新改造。人为损坏的由行为人负责修复或赔偿。

住房共用部位、共用设施设备的维修、管理目前由校物业管理中心承办。

第三条 全校的维修基金由财务处设专户管理,物业管理中心按年度计划预提,按片区分楼建立维修基金账卡。校资产处对维修基金的管理、使用进行具体的指导和监督。

第二章 维修基金的建立

第四条 学校作为售房单位,按照20%的比例从售房款中提取进入维修基金专户。

第五条 学校在已纳入物业管理中心托管的教职工宿舍区内未出售住房的维修,纳入学校公有房屋维修管理范围。

第六条 职工购买公有住房时向学校按每平方米建筑面积缴交10元维修基金(本办法实施前已出售的公有住房应按此标准一次性补足)进入维修基金专户。

第七条 建立住房售后维修基金缴交制度后,房屋所有人应按住房建筑面积承担和缴交维修基金。

资产处、物业管理中心会同住户代表根据住房的完好情况及维修基金的收支情况,确定幢号每平方米建筑面积的维修基金缴交金额和缴交时间。

第八条 维修基金自存入校财务处专户之日起按规定计息,维修基金利息净收益转作维修基金滚存使用和管理。

第三章 基金的管理

第九条 学校各片区由物业管理中心牵头,住房的所有人选出的代表组成住户委员会(小组),成立时,按幢号在物业管理中心设立账卡。

第十条 根据维修基金的年度使用计划及维修基金使用情况,按比例预提存入物业管理中心维修基金账户,物业管理中心按梯号对幢号维修基金进行核算。

第十一条　若出现幢(梯)号维修基金不足支付所需费用时,不足部分的费用由同幢(梯)号的房屋所用人按各自占有住房建筑面积的比例分摊。

第十二条　物业管理中心应按幢号建立房屋维修档案,维修基金的使用情况应定期公布,接受房屋所有人的监督。

第十三条　校资产处、财务处、审计处应对物业管理中心维修基金进行监督、审计。

第四章　基金的使用

第十四条　维修基金按照取之于民、用之于民的原则,用于房屋共用部位、共用设备的维修养护。

第十五条　共用部位、共用设备的维修养护由物业管理中心组织实施,费用从维修基金中支出。

第十六条　维修基金用于房屋共用部位、共同设备的日常维修和零星小修(幢号维修基金 1000 元以下、梯位维修基金 500 元以下的),经工程人员核算后,由物业中心主任签证,作为维修基金支出记账凭证。

中修(即幢号维修基金 1000 元以上 3000 元以下,梯位维修基金 500 元以上 2000 元以下的),须经住户委员会(小组)或每幢(梯)50%以上房屋所有人的同意签字,若住户委员会(小组)或该幢住房 50%以上房屋所有人不同意的而物业管理中心认为确需维修的,可向学校资产处提出申请,学校资产处做出的决定,住户委员会(小组)和有关房屋所有人必须执行。中修工程应出具“施工项目清单”。物业中心主任及该栋楼长签字,作为维修基金支出记账凭证。

大修(即幢号维修基金在 3000 元以上梯位维修基金在 2000 元以上的)应经住户委员会的同意,报校资产处审批,按厦门大学工程招标管理办法进行。

第十七条　确需急修、抢修的,物业管理中心可先行组织维修后,再补办审批手续。

第十八条　已建立维修基金的住房与其他房屋毗连的,发生自然损坏时,房屋维修费按下列原则分摊后,已建立维修基金的住房应分摊的维修费在维修基金中列支;其他房屋应分摊的维修费由其所有人承担。

1.共有房屋主体结构中基础、柱、梁、墙的维修,由共同房屋所有人按所占建筑面积的比例分摊。

2.共有墙体的维修(包括因结构需要而涉及的相邻部位的维修),按两侧均分后,再由每侧房屋所有人按所占建筑面积的比例分摊。

3.楼板的维修,其楼面与顶棚部位,由所在层房屋所有人按所占建筑面积的比例分摊;其结构部位,由毗连层上下房屋所有人按所占建筑面积的比例分摊。

4.不上人屋顶的维修,由覆盖范围下各层的房屋所有人按所占建筑面积的比例分摊。

5.可上人屋顶(包括屋面和周边护栏),如为各层所共用,其维修由维修覆盖范围下各层的房屋所有人按所占建筑面积的比例分摊;如仅为若干层(户)使用,使用层(户)的房屋所有人分摊一半,其余一半则由维修覆盖范围下各层的房屋所有人按所占建筑面积的比例分摊。

6.房屋基础自然塌陷的,其维修所需费用由各层的房屋所有人按所占建筑面积的比例分摊。

7.共用楼梯及楼梯间(包括出屋面部分)的维修,如为各层共用楼梯,由房屋所有人按所占建筑面积的比例分摊;如为某些层所专用楼梯,则由其专用的房屋所有人按所占建筑面积的比例分摊。

8.共用走廊通道、天台、天井的维修,由共用的各房屋所有人按所占建筑面积的比例分摊。

9.共用设施设备的维修,由所有人按所占建筑面积的比例或使用情况分摊。

第十九条　因维修需要而破坏房屋所有人的设施设备的,物业管理中心应将损坏部位按建设时的设计标准修复。

第二十条　维修共用部位、共用设施设备时,房屋所有人或使用人应当积极给予配合,不得借故阻拦或要求补偿。如有借故阻拦的,行为人应承担由此造成的责任。

第五章 附 则

第二十一条 挪用维修基金或者造成维修基金损失的,由校资产处、监察审计处按规定进行查处。

第二十二条 本办法由厦门大学资产管理处负责解释。

第二十三条 本办法自公布之日起实施。

——本文摘录自《关于印发〈厦门大学住房维修基金管理暂行办法〉的通知》,厦大资产〔2001〕19号,档号2001-XZ27-1

关于年度考核、岗位聘任及岗位津贴的补充意见

（2001 年 6 月 18 日）

各学院、各单位：

2001 年度考核、聘任的文件及学校核拨给各单位的岗位津贴总数额和名单已发给各单位。现根据各单位反馈的一些具体问题提出如下补充意见：

一、关于考核评优人数所占比例的具体计算问题

1.由学校聘任委员会负责考核的副处级以上干部及高级职员人数不作为各单位评优比例的计算基数。

2.考核优秀的比例在扣除由学校考核的人数以外，按 15％四舍五入计算，其尾数不予保留。不足 10 人的单位，4 人以上（含 4 人）有 1 个优秀的名额；4 人以下两年有 1 个优秀的名额。

二、岗位聘任与岗位津贴的有关问题

1.由于职务变动或受聘教学科研重要岗位人数的变化，核拨给各单位的津贴总额如有出入，可在七月份聘任工作结束后重新核算。核定后的津贴，各单位发放后有剩余的，可留存；如有不足，各单位自行调整聘任条件，学校不予增拨。

2.兼任党政领导职务的教师，若以教学科研系列中兼任党政职务作为条件聘任相应级别岗位且其津贴比聘任其教师职务对应的岗位津贴高的，差额由学校补发。

3.本次岗位聘任中，新聘重要岗位者，重要岗位津贴从 8 月 1 日起发放，其中此前未受聘过重要岗位的教授，4 月 1 日至 7 月 31 日按四级岗位津贴发放。

4.原聘任专业技术职务的人员列入职员职务管理的，按职员职务对应的岗位级别发放岗位津贴。

5.未纳入职员管理的政治辅导员，如已担任领导职务的，按其领导职务对应的岗位级别发放岗位津贴。

6.借调人员按实际聘任职务对应的岗位级别发放岗位津贴。

7.校本部在岗的大集体工人按实际人数核拨津贴。

8.岗位津贴按月发放，每月底由财务处直接打入教职工个人银行账户。

9.在岗全民所有制工人编制人员的岗位津贴，均不与其专业技术职务或技术工的级别挂钩，一律按管理系列第十级岗位津贴标准核拨。

10.教师提前和延长使用学术假期间，须扣发岗位津贴。

11.根据《〈厦门大学岗位聘任与岗位津贴试行办法〉实施意见》第一条第 4 款规定“各单位每月要将异动情况（包括调入、调出、退休及其他自然减员等）及时报人事处备案”，请病、事假或其他原因离校者须停发岗位津贴的，各单位必须每月向人事处报告。若有离校人员而未及时向人事处报告，使本该停发的离校人员的工资和岗位津贴未能及时停发的，将在学校拨给单位的津贴总额中加倍扣回。

三、关于非在岗人员的津贴发放问题

1.离退休人员增发生活补助费。具体标准按厦门市关于在发放在岗人员考核奖和考勤奖时相应发放离退休人员生活补助费的标准计发。

2.退休返聘人员的返聘工资,在原来基础上每月增加100元。

3.待岗人员(含已上临时岗位的人员)每人每月加发给生活补助费50元。

四、副处级以上干部及高级职员的考核问题

副处级以上干部及高级职员应在本单位进行述职,同时在6月20日前将述职报告交学校岗位聘任委员会(由人事处汇集)。

兼任副处级以上领导职务的教师除参加所在教学科研单位年度考核外,还须向学校岗位聘任委员会递交述职报告。

二〇〇一年六月十八日

——本文摘录自《关于年度考核、岗位聘任及岗位津贴的补充意见》,厦大人〔2001〕54号,档号2001-XZ10-2

厦门大学教学实验中心管理工作规程(暂行)

(2001 年 6 月 20 日)

第一章 总 则

第一条 教学实验中心是开展实验教学、培养创新人才的重要基地,是高等学校办学的基本条件之一。为加强教学实验中心的建设和管理,保障学校的教学质量,提高办学效益,使实验中心工作科学化、规范化、制度化,特制定本规程。

第二条 教学实验中心是教学单位,主要承担实验教学任务。它是由人、财、物、时间、信息等要素构成的教学实体。教学实验中心的管理是以中华人民共和国国家教育委员会令 1992 第 20 号(即《高等学校实验室工作规程》)为依据。

第二章 教学实验中心

第三条 教学实验中心分为校级教学实验中心和院级教学实验中心。校级教学实验中心可根据具体情况由学校直属或挂靠有关学院或单位。教务处在主管校长领导下,对全校教学实验中心(包括校级和院级)实行归口管理。各学院(或单位)对院级教学实验中心(或挂靠的校级教学实验中心)实施直接管理。

教务处的主要职责是:

1.贯彻执行国家有关的方针、政策和法令,建立和健全符合本校实际情况的各项规章制度;

2.督促检查学校教学实验中心完成各项基本任务的情况和质量,并组织对教学实验室进行评估;

3.组织制定和实施教学实验中心、现代教育技术设施建设规划和年度计划,拟定并审查教学实验中心仪器设备投资方案,实验经费分配方案、进行效益评估;

4.配合人事部门做好实验教学人员的定编、岗位培训、考核、晋级及职务评聘等工作;

5.负责实验室的建立、调整、撤销等审批工作;

6.负责实验教学、现代教育技术手段使用等有关数据的统计、报表的编制和档案归档工作;

7.配合有关部门,做好教学实验中心用房、安全、环保等项工作。

学院(或挂靠单位)的主要职责是:

1.贯彻执行学校有关规定,建立健全符合本校(或本院)实际情况的各项规章制度;

2.督促检查所属(或挂靠)教学实验中心完成各项任务的情况,促进实验教学质量的提高和实验中心的开放;

3.组织制定和实施所属(或挂靠)教学实验中心建设规划和年度计划,拟定审议中心仪器设备投资方案,实验经费分配,并进行效益评估;

4.配合教务处及有关部门做好实验教学、实验技术人员的定编、岗位培训、考核、晋级及职务评聘等工作;

5.负责所属(或挂靠)教学实验中心有关数据的统计、报表的编制和档案资料的归档工作,并将各项

数据反馈教务处;

6.配合有关部门做好所属(或挂靠)教学实验中心的用房、安全、环境保护等项工作。

第四条　教学实验室设置的基本条件:

1.符合学校学科专业建设需要和教学计划规定,实验教学任务饱满;

2.有符合实验中心建设要求的条件,如房舍、水、电、环境、安全等;

3.有满足教学需要的一定数量、配套的仪器设备;

4.有合格的实验中心主任和一定数量且结构合理、胜任业务的实验人员;

5.有明确的工作规范和完善的管理制度。

第五条　设置教学实验中心的程序。建立、调整和撤销教学实验中心,由院(系)填写《厦门大学新建实验室可行性论证报告》向教务处提出申请,教务处会同有关部门进行论证、审批,最后由学校正式批准实施。教学实验中心下属的实验室的建立、调整与撤销由实验中心根据实际教学需要提出计划,院(系)审批后报教务处备案。

第六条　教务处制订全校实验中心长期发展建设规划和每年工作计划。院(系)、实验中心应根据学校的规划制订符合本院(系)、实验室的中、短期建设计划和每年工作计划。

第三章　经费与物资管理

第七条　教学设备费、实验材料费专项实验教学经费组成教学实验经费。教务处根据学校下达的经费数额和教学需要提出全校教学实验经费初步分配方案,报主管校长批准,以文件形式下达到院(系)。教学实验经费由院(系)统一使用、管理,不得挪做他用。

教学设备费是更新和添置实验室日常应开设教学实验项目的实验设备经费,按以下原则分配:

1.根据学校发展规划和学科建设的需要,集中资金进行重点建设。

2.优先保证受益面大的公共实验室和公共教学设施的建设及更新改造。

3.重点解决实验条件空白、实验教学基础条件薄弱的院系实验室。

实验材料费是维持日常应开教学实验的实验材料消耗、实验仪器设备的维修以及室内零星的小装修、维修等所需的开支。按实验内容、实验个数、实验学生数、实验所用材料的价格等综合测算确定,以保证实验教学的正常开展。

学校鼓励多渠道集资、鼓励院(系)动用发展基金投入教学实验室建设,鼓励院(系)与公司、企业联合共同建设实验室。

第八条　实验中心的经费实行"统一计划,分工管理,层层负责,管用结合,合理使用"的管理原则。学院(系)每年十二月十五日前向教务处报告上一年度教学实验经费使用情况和下一年度经费申请计划。

第九条　实验室物资管理。每位实验中心的工作人员都有责任和义务保管好自己工作室内的物资,实验中心应指定专人负责物资的管理,定期清查核对实验中心物资,做到账、卡、物相符。严格执行实验室仪器设备损坏丢失赔偿制度。

第十条　做好仪器设备(特别是大型仪器设备)的管理工作,使之保持良好的工作状态,充分发挥仪器设备的作用,提高仪器设备使用效率,更好地为教学工作服务。

第四章　实验教学管理

第十一条　根据教学计划核定实验教学任务,包括:实验课程的设置、实验项目的选定、实验室的开放等。

第十二条　教学实验中心需按课程填写每学期(年)的实验教学项目计划表,交教务处实验电教科备案。每学年末,实验中心对照实验项目表,做好实验项目开出情况反馈,并做好实验中心年度考核。

第十三条　加强实验教学的过程管理。实验开始前负责实验的指导教师必须向学生讲解《学生实验守则》和安全操作规程。规范学生实验报告,重视学生实验报告的质量,完善实验教学考试或考核制度,定期做好实验工作情况检查。

第十四条　加大实验教学的改革力度,努力提高实验教学质量,积极进行实验内容、实验手段和方法、实验装备的更新与改进工作。为全面推进素质教育和创新能力培养,努力开设综合性、设计性实验。积极创造条件做好实验室的开放工作。

第十五条　学校鼓励广大教师、实验技术人员进行改进实验装置和自制仪器设备的工作。

第五章　实验中心人员管理

第十六条　教学实验中心设主任一名,实行主任负责制。校级教学实验中心主任由学校聘任,院级实验中心主任由院长提名学校聘任,负责教学实验中心的全面工作。教学实验中心根据需要可设副主任,协助主任工作。院(系)应选派教学、技术水平高,实验工作经验丰富而又热心实验室工作的教师或实验技术人员专任或兼任实验中心主任。教学实验中心主任要由相应专业的具有副高或副高以上职称的人员担任。中心下属的实验室负责人由院(系)任命,教务处备案。

第十七条　教学实验中心主任根据不同专业技术职务职责及本单位工作实际,规定具体岗位职责。

第十八条　实验室人员在实验中心主任领导下工作。教师在实验室工作期间必须接受实验中心主任领导。为便于开展工作,必要时实验中心人员可以分成若干小组,组长由实验中心主任指定。

第十九条　学校有关部门、各院(系)要做好实验室技术人员的职务聘任、级别晋升及培训工作,在各方面为他们创造条件,要有相应的配套政策,努力建设一支结构合理、相对稳定、业务精湛、敬业奉献的实验队伍。

第六章　信息管理

第二十条　实验信息管理是实验中心的重要工作,包含实验中心信息收集、整理、利用等方面内容。其主要目的:一是建立实验中心完整无缺的工作档案,二是完成上级主管部门所需的统计报表。

第二十一条　实验中心信息的收集、整理、利用等方面内容,包括实验中心基本情况;仪器设备,特别是大型仪器设备的技术资料与使用情况;实验项目情况、实验课程教学大纲;实验人员情况;实验教材和改革情况;实验用房情况;实验教学和科研完成情况;仪器设备维护和维修情况等。具体内容见《厦门大学教学实验中心信息与档案管理制度》。

第二十二条　实验中心信息管理工作实行实验中心主任负责制。中心主任可把任务落实到每位工作人员,学期或年末整理汇总。对认真负责的人员要给予奖励,对责任心不强的人员要给予批评教育并督促其改正。

第七章　附　则

第二十三条　严格遵守国家有关安全法规和学校《实验室安全工作制度》,切实保障人身和财产安全。严格遵守国家环保工作有关规定,严禁随意排放超计量的废气、废水、废物,严防污染环境。

第二十四条　针对高温、低温、辐射、噪声、毒性、激光、粉尘等对人体有害的环境,切实加强实验中心环境的治理和劳动保护,对于在有害环境中工作的人员,按国家有关规定,享受保健待遇。

第二十五条　各实验中心应根据本规程规定,结合实际情况,制订适合本实验中心工作的规章制度并报教务处备案。

第二十六条　本规程自学校批准之日起执行,由教务处负责解释和组织实施。原发布的有关规定若与本规程相冲突,均以本规程为准。

厦门大学
2001年6月18日

——本文摘录自《关于印发〈厦门大学教学实验中心管理工作规程(暂行)〉的通知》,厦大教〔2001〕21号,档号2001-XZ12-1

《厦门大学知识产权保护管理实施细则》的补充规定

（2001 年 6 月 21 日）

第一章　总　则

第一条　为了更好地贯彻落实《厦门大学知识产权保护管理实施细则》，鼓励广大教职员工和学生申请专利的积极性、有利于发明创造的推广应用，促进科学技术进步和创新，特制定本规定。

第二条　本规定适用于专利的申请、专利的奖励、专利的实施。

第三条　本规定所称“专利”除特别说明外，均指我校为第一专利申请人向国内、国外申请的发明专利、实用新型专利、外观设计专利。

第四条　外观设计专利参照实用新型专利的规定施行。

第二章　申请费用和年费

第五条　经学校专利管理部门认定的专利，其申请费用由学校全额支付。

第六条　专利授权三年内（自授权日期开始计算），年费由学校全额支付。三年后，经学校专利管理部门组织专家论证，同意维持专利权的项目，学校继续支付其年费。

第三章　工作量计算

第七条　工作量考核以发明专利公开：45 分/项、获发明专利权：110 分/项、获实用新型专利权：50 分/项计算。

第四章　奖　励

第八条　专利申请费用、年费由合作方支付或向政府部门申请获得资助的，学校按申请费用的 1/4、年费的 1/5 给予发明人奖励。

第九条　获得专利权的项目，学校按国际发明专利 20000 元/项、国际实用新型专利 5000 元/项、中国发明专利 2000 元/项、中国实用新型专利 500 元/项给予发明人奖励。

第十条　同一项目既获发明专利，又获实用新型专利，只奖励一次，按发明专利奖励标准给予奖励。

第十一条　我校拥有知识产权，但不是第一专利权人的专利，学校给予发明人奖励，其奖励标准为本规定第九条相应标准的 1/3。

第五章　实施转化

第十二条　专利实施转化取得显著经济效益的项目，学校给予主要完成者奖励，其奖励额度依照“厦大办[2001]13 号文《厦门大学鼓励创新创业、转化科技成果的暂行规定》”执行。

第十三条　专利实施,取得重大社会效益的,学校将根据实际情况,给予发明人一定的奖励。

第六章　附　则

第十四条　我校离退休教职工的发明创造,以我校为第一专利申请人申请专利的,参照本规定施行。

第十五条　本规定从 2000 年 3 月 1 日起执行,学校颁布的相关条例与本规定有抵触的,按本规定施行。

第十六条　本规定由学校科研处负责解释。

——本文摘录自《关于印发〈《厦门大学知识产权保护管理实施细则》补充规定〉的通知》,厦大科〔2001〕9 号,档号 2001-XZ13-1

厦门大学关于普通行政工作人员实行流动编制聘用合同制的暂行规定

（2001 年 7 月 6 日）

根据中组部、人事部、教育部《关于深化高等学校人事制度改革的实施意见》（人发[2000]59 号）精神，为进一步深化我校人事制度的改革，建立一支精干、高效的行政工作人员队伍，以适应学校各项事业迅速发展的需要，经 2001 年第 16 次校长办公会议研究决定，就普通行政工作人员实行流动编制聘用合同制问题规定如下：

一、普通行政工作人员指从事九级（含九级）职员以下工作岗位的工作人员，其工作范围包括教学、科研和行政等系列的管理工作。党务、政工人员不在此列。

二、学校必须严格编制管理，每三年定编一次，由校行政办公会议决定。各单位自本规定颁布之日起三年内不得再增加固定编制行政工作人员。凡因事业发展需要增加普通行政工作人员，均实行流动编制聘用。

三、各单位因事业发展需要增加普通行政工作岗位，必须提出申请报告，经人事部门审核后，提交分管人事副校长审批。

四、经学校批准增加的普通行政工作岗位或现有编制内空缺的普通行政工作岗位由各用人单位提出具体用人要求，由校人事处向校内外公开招聘。在同等条件下，校内人员可以优先聘用。

五、聘用人员工资、保险等由校人事处根据国家的有关规定及人才市场的供求情况提出具体标准，报校行政办公会议审定。原则上不得高于校内固定编制同类人员的工资、保险标准。

六、聘用人员一律实行合同制管理，校外聘用人员所有人事档案等均由市人才交流中心管理。学校不承担解决户口、住房、家属及子女安排的义务。

七、为促进用人单位关注用人效益，凡是有发展基金的单位，聘用人员工资、保险等费用实行学校与用人单位二级负担，学校负担所有费用的 60%，用人单位负担 40%；没有发展基金的单位，用人费用由学校全部负担。

学校对后一类单位增加用人的申请必须予以特别严格的审查。

八、学校为聘用人员提供必要的工作条件，聘用人员可以按合同规定使用学校的公共服务设施。

九、各单位如确需在现有编制之外增加普通教辅人员可以参照本规定办理。

十、本规定自发布之日起实行。

十一、本规定由校人事处负责解释。

——本文摘录自《关于印发〈厦门大学关于普通行政人员实行流动编制聘用合同制的暂行规定〉的通知》，厦大人〔2001〕60 号，档号 2001-XZ10-2

厦门大学教学实验室信息收集与档案管理规定

(2001年8月30日)

为做好教学实验室的信息收集整理工作,加强实验室档案的管理,使之规范化、制度化,以提高实验室管理水平和工作效益,特制定如下规定:

一、实验室基本信息的主要内容

1.实验室基本情况。内容包括实验室建立年份、使用面积、实验室投入经费、占有设备总额、人员总数、实验教学量、科研项目数、获奖等级等。

2.实验室人员情况。内容包括历届实验室主任、实验室各类人员情况、实验员工龄、专业职务、评聘情况、业务专长、进修情况、论文与著作、主要工作、成果奖励、外语语种及水平等。

3.实验教学情况。内容包括教学过程中各种文件和资料、教学大纲、教学计划、实验教材、实验指导书、实验首开日期、获奖情况及所需设备和消耗材料等。

4.大型仪器设备使用情况。内容包括机时利用率、开机使用记录、人才培养、开设实验项目、功能开发、利用、成果和效益及仪器设备的完好率和维修等。

5.实验教学考试或考核办法、试卷、计分标准等。

6.实验用房调整及实验室土木水电维修改造情况。

7.实验室开放情况。内容包括开放的时间及类型、内容、效果等。

二、实验室信息收集整理的要求

实验室信息收集和整理是建立实验室工作档案的第一手资料,是向主管部门报送所需统计报表的依据。信息的收集要有利于实验室的建设和发展,必须准确、及时、适用、连续。

三、实验室文件建档的要求

教学实验室的档案管理是实验室管理的重要环节。档案材料是指实验室建设、管理、教学等活动中形成的具有保存价值的管理性文件、工作过程性文件、技术性文件。建档材料要保证完整、准确、系统,并进行科学的分类归档;要建立必要的档案审查手续和档案管理移交手续。

四、实验室档案材料分类

1.实验室队伍建设

(1)实验室人员情况表:实验室人员汇总表,个人履历表。

(2)实验室人员的变动:实验室人员考核晋级与职务聘任,实验室人员岗位培训计划实施情况,实验室人员的奖惩材料。

2.实验室建设文件和材料

(1)实验室规划、计划:实验室建设规划与执行情况检查、总结;实验室历年工作计划。

(2)实验室建立和撤销:新建、改建实验室的材料;实验室撤销的材料。

(3)实验室基础设施:实验用房平面图、改造记录;水、电、气布置图及技术资料;防火、毒、污染及防盗等安全资料。

(4)实验室仪器设备:固定资产、低值品、材料的账卡;仪器设备的订货合同、使用说明书、合格证、装箱单等;仪器设备的调试、验收记录、索赔记录;仪器设备的使用、借用、维修记录;仪器设备的技术改造、功能开发资料;自制仪器设备资料。

3.实验室管理文件材料

(1)上级文件、实施细则:有关行政法规;管理条例、规定、办法;实施细则。

(2)各项规章制度。

(3)实验室信息统计资料:教供一、二、三表;大型仪器设备使用效益统计表。

4.实验教学文件资料

(1)实验教学文件:实验教学大纲,实验教材或指导书,实验项目卡。

(2)教学记录材料:实验课程计划和实验安排表;实验报告样本;试卷样本和分析记录、实验成绩单;成果鉴定材料;实验技术开发材料;评估材料等。

五、教学实验室信息收集与档案管理的责任

教学实验室信息收集与档案管理实行主任负责制,实验室主任要把信息收集任务落实到每位工作人员,每年归档一次。信息的收集应逐步实行计算机网络化管理,由实验室负责管理。实验室主任要指派专人负责实验室档案管理工作。对实验室信息收集和档案管理认真负责的人员给予奖励,对责任心不强的人员给予批评教育并督促其改正。

本制度自学校批准之日起执行,由教务处负责解释,原《厦门大学实验室基本信息的收集整理制度》同时废止。

厦门大学
2001年8月30日

——本文摘录自《关于印发〈厦门大学教学实验室信息收集档案管理规定〉〈学生实验守则〉〈实验室安全工作制度〉〈厦门大学新建实验室可行性论证报告〉的通知》,厦大教〔2001〕27号,档号2001-XZ12-1

学生实验守则

(2001年8月30日)

一、严格遵守实验室的各项规章制度。

二、严格遵守实验操作规程。

三、上课前认真预习实验指导书,上课不迟到,实验时细心观察,认真记录,按时、按质、按量、独立完成实验。杜绝抄袭、臆造、涂改实验报告。

四、以实事求是的科学态度参加实验,细心观察认真记录。实验原始记录须由指导教师签字,不得草率行事。实验报要独立按时完成,不得抄袭臆造实验报告。

五、严格遵守操作规程,服从指导。如违犯操作规程或不听从指导而造成仪器设备损坏者,应按学校有关规定进行处理。

六、在实验过程中,仪器设备如发生故障,应立即报告指导教师及时处理。

七、未经许可不得将实验室的物品带出实验室。

八、实验完毕后,应将实验仪器、实验材料、实验工具进行清理、归还,实验场地进行清理,及时关闭水、电、门、窗,经指导老师检查同意后方可离开实验室。

厦门大学

2001年8月30日

——本文摘录自《关于印发〈厦门大学教学实验室信息收集档案管理规定〉〈学生实验守则〉〈实验室安全工作制度〉〈厦门大学新建实验室可行性论证报告〉的通知》,厦大教〔2001〕27号,档号2001-XZ12-1

实验室安全工作制度

（2001年8月30日）

1.实验室实行实验室主任领导下的安全岗位责任制。实验室主任应指定专人担任各个实验室的安全员，并且要经常对有关人员进行安全教育、检查安全情况，提高防范事故发生的能力。

2.安全员在实验室主任的直接领导下负责本室安全工作，并建立安全教育制度、安全责任制度和安全报告制度。

3.实验室工作人员应该牢记实验室安全管理制度和技术安全操作规程。

4.实验室的仪器、设备、实验台、橱柜等安放要规范；实验室禁止堆放杂物；禁止违章上岗操作，实验完成后进行认真清理实验场地，做完实验要切断水源、电源、气源和熄灭火种，关好门窗。

5.实验室内禁止吸烟；禁止超负荷用电，不准乱拉乱接电线，确实需要临时接拉的电线应该注意安全，用毕后立即拆除；易燃易爆物品要指定专人负责；实验室工作人员应学会正确使用消防器材，消防设备要醒目易于提取，消防器材要按照要求定期检查更换。

6.实验室要采取有效措施防止仪器设备的丢失和损坏。丢失和损坏仪器设备按照《仪器设备损坏丢失赔偿处理办法》处理。

7.大型仪器设备、电气焊接以及特种作业的人员必须经过技术培训考试合格后方可上岗操作。

8.毒品、危险品、菌类、组织材料、动物等要指定专人负责管理；做有毒性的实验时，实验室必须具备良好的通风、排风设施和相应的急救处理办法；严禁倾倒未经过处理的有毒和污染环境的废弃物。

9.腐蚀性物品要避开易腐蚀物品存放，使用腐蚀性物品要小心。

10.从事放射性工作的人员要按照有关规定持证上岗，工作时要做好安全防护并按照有关规定定期进行体格检查。

11.实验室发生安全事故必须及时上报院（系）领导和学校有关管理部门。严禁隐瞒虚报事故。各个实验室应建立适合自己应对事故的方案和措施。

12.对严格遵守实验室安全管理规章制度，实验室安全工作成绩显著的单位和个人，学校将予以表彰。对违反安全制度和实验操作规程、玩忽职守造成各类事故，学校将按照有关规定追究事故责任人和有关领导的责任，并给予相应的处理。

厦门大学

2001年8月30日

——本文摘录自《关于印发〈厦门大学教学实验室信息收集档案管理规定〉〈学生实验守则〉〈实验室安全工作制度〉〈厦门大学新建实验室可行性论证报告〉的通知》，厦大教〔2001〕27号，档号2001-XZ12-1

编号：____________

厦门大学新建实验室可行性论证报告

单　　　位：____________

实验室名称：____________

实验室类型：____________

实验室筹建负责人：____________

联系电话：____________

填表日期：　　年　　月　　日

<table>
<tr><td colspan="2">实验室
名称</td><td colspan="4"></td><td>实验室
地址</td><td colspan="4"></td></tr>
<tr><td colspan="11">实验室的用途及建立的必要性*</td></tr>
<tr><td colspan="11"></td></tr>
<tr><td colspan="5">建立经费来源及到位年度</td><td colspan="6">运行经费及来源</td></tr>
<tr><td colspan="5"></td><td colspan="6"></td></tr>
<tr><td rowspan="7">预计实验室有效使用情况**</td><td>实验课
名称</td><td>实验项目</td><td>有无
教材</td><td>实验
类型</td><td>面向
专业</td><td>学生数</td><td>分组
情况</td><td>周使
用数</td><td>使用
周数</td><td>年时
数1</td></tr>
<tr><td></td><td></td><td></td><td></td><td></td><td></td><td></td><td></td><td></td><td></td></tr>
<tr><td colspan="2">科研情况</td><td>年时
数2</td><td colspan="4">社会服务情况</td><td>年时
数3</td><td colspan="2">年总时数
1+2+3</td></tr>
<tr><td colspan="2"></td><td></td><td colspan="4"></td><td></td><td colspan="2"></td></tr>
<tr><td colspan="10">实验室开放情况及有何措施</td></tr>
<tr><td colspan="10"></td></tr>
</table>

*请注明实验室代表水平及校内有无相似实验室；

**如不够填写，请另附页。

<table>
<tr><td rowspan="5">使用条件</td><td>实验室场所</td><td>面积(m²)</td><td>安全条件</td><td>水电用量</td><td>环境保护</td></tr>
<tr><td>学生实验操作室</td><td></td><td></td><td></td><td></td></tr>
<tr><td>准备室</td><td></td><td></td><td></td><td></td></tr>
<tr><td>存放维修室</td><td></td><td></td><td></td><td></td></tr>
<tr><td>办公室</td><td></td><td></td><td></td><td></td></tr>
<tr><td rowspan="2">现有主要仪器设备</td><td>名称</td><td>规格</td><td>价格(万元)</td><td>套数/台数</td><td>维修条件</td></tr>
<tr><td></td><td></td><td></td><td></td><td></td></tr>
<tr><td>计划添置仪器设备</td><td></td><td></td><td></td><td></td><td></td></tr>
<tr><td>实验室人员姓名及职称</td><td colspan="5"></td></tr>
</table>

建设单位意见	院负责人签名：　　　　年　月　日	
校专家组意见	论证专家签名：　　　　年　月　日	
教务处意见	签名：　　　　年　月　日	
校领导意见	签名：　　　　年　月　日	

——本文摘录自《关于印发〈厦门大学教学实验室信息收集档案管理规定〉〈学生实验守则〉〈实验室安全工作制度〉〈厦门大学新建实验室可行性论证报告〉的通知》，厦大教〔2001〕27号，档号2001-XZ12-1

关于发放岗位津贴的补充意见

(2001 年 9 月 30 日)

各学院、各单位：

经 2001 年第 19 次校长办公会议讨论通过，现将发放岗位津贴的有关意见补充如下：

1.津贴按每学年 10 个月计发，7～8 月份停发。

2.新分配来校工作的毕业生实习期内岗位津贴发放标准为：硕士：4000 元，本科：3000 元，大、中专：2000 元。

3.新调入我校工作及回国的人员，岗位津贴从报到的下半月起发给。

4.请事假人员，当月超 3 天以上，7 天以内扣半个月津贴；超过 7 天以上扣发 1 个月津贴。全年累计请假 10 天以上 20 天以下扣 1 个月津贴；20 天以上 30 天以下扣 2 个月津贴；30 天以上 50 天以下扣 3 个月津贴；超过 50 天者，扣全年津贴。

5.请病假人员，当月超过 7 天以上 15 天以内扣半个月津贴；超过 15 天以上扣 1 个月津贴。全年累计请假 20 天以上 40 天以下扣 1 个月津贴；超过 40 天以上 60 天以下扣 2 个月津贴；超过 60 天以上扣半年津贴，以半年作一计算单位。

6.一个月旷工 1 天，扣发 1 个月津贴，全年旷工累计超过 3 天以上，停发全年岗位津贴。

7.各单位务必于每月 3 日前将上月的考勤和人员变动情况报人事处。超过规定时间未报或未如实上报的，按厦大人[2001]54 号文第二条第 11 款规定执行，并追究单位分管领导的责任，扣发其下月之岗位津贴。

8.学校成立考勤督察组，负责全校教职员工考勤的督察工作，对各单位的考勤情况进行检查。

二〇〇一年九月三十日

——本文摘录自《关于发放岗位津贴的补充意见》，厦大人〔2001〕81 号，档号 2001-XZ10-3

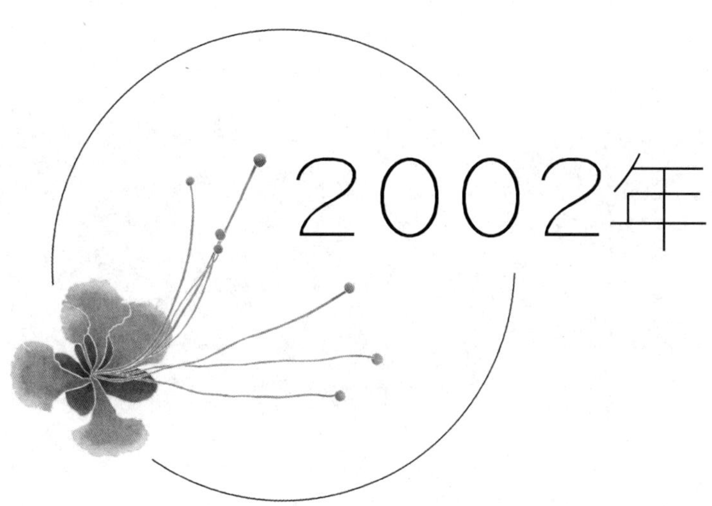

2002年

·特 载·

团结奋斗 与时俱进 开创“十五”新局面

——二〇〇二年新年献词

（2001年12月28日）

校长 陈传鸿

全校教职员工同志们、同学们：

2002年就要到来了，在这一元复始、辞旧迎新的时刻，我代表校党委、校行政向辛勤工作在教学科研、管理和后勤岗位上的教职员工，向为学校发展做出贡献的离退休同志们，向全体同学致以亲切的问候，恭祝大家新年愉快、身体健康、学习进步、工作顺利！

在过去的一年里，我们的祖国社会安定，各项改革稳步推进，国民经济稳定增长，成为世界经济增长的亮点之一。北京申奥成功，上海合作组织成立，中国正式加入WTO，APEC会议在上海成功举行等一系列重大事件表明了中国正以更宽广的胸怀，快步走向世界。我们衷心祝愿我们伟大的祖国繁荣昌盛，人民幸福安康！

回顾刚刚过去的一年，学校在教学、科研、管理等方面取得了可喜的成绩，呈现出蓬勃发展的良好势头：2月份，教育部、福建省人民政府、厦门市人民政府签订了《重点共建厦门大学协议书》，决定在2001—2003年内投入6亿元人民币重点共建厦门大学，为学校在新世纪的发展注入了新的活力。4月6日，我校成功地举办了80周年校庆活动，达到了“弘扬嘉庚精神、展示厦大实力、凝聚校友力量、激发师生热情”的目的。7月份，我校以优秀的成绩顺利通过“211工程”一期建设验收。通过深化人事制度改革和全面启动“人才工程”，师资队伍建设成效显著。在2001年中国科学院和中国工程院院士增选工作中，我校郑兰荪教授和林鹏教授分别当选为中国科学院和中国工程院院士，这样我校两院院士人数达到9人。2001年度我校科学研究也有长足的进步，自然科学研究获准立项292项，社会科学研究获准立项268项，为历年之最。科研成果获国家科技进步二等奖一项，省部级奖十多项。厦门大学科技园正式揭牌，加大了为地方经济建设服务的力度。本科和研究生教学的改革不断深入，教学质量稳步提高，2001年我校获得国家优秀教学成果奖一等奖三项，二等奖三项。基础教学实验室、网络、数字图书馆等基础教学设施更加完善，后勤社会化改革稳定推进，嘉庚楼群等十大基建工程的竣工，使校园更加美丽。占地2568亩的漳州校区建设已完成总体规划设计方案，即将进入施工阶段，为学校在新世纪发展拓展了办学空间。学校还形成了改革与发展的基本构想，制定了《厦门大学“十五”计划和2010年远景规划》。认真学习贯彻江泽民同志“七一”重要讲话和十五届六中全会精神，切实加强党建和思想政治工作，是我校各项事业发展的根本保证。

总之,我们正在继续推进我们的事业,加快改革和发展的步伐,正朝着“国内外知名的高水平大学”的目标迈进。

上述所有成绩的取得,是全校师生员工共同奋斗的结果,再次展示了厦大人自强不息的精神风貌。过去一年的工作为“十五”开了个好头,为学校今后的快速健康发展奠定了良好的基础。

但是,我们也要清醒地看到,我们所做的工作与党和人民对我们的要求还有很大的差距,我们正处在机遇与挑战并存、竞争和压力俱在的历史时期。即将到来的2002年对我校事业在新世纪的发展是至关重要的一年。大家都要很好地想一想为了进一步发展,还存在什么问题,会遇到什么困难,应采取何种对策。在新的一年里,我们要继续认真学习邓小平理论和江总书记“三个代表”重要思想,加强党建和思想政治工作,坚持以发展为主题,以结构调整为主线,以改革为动力;制订好《厦门大学“十五”计划》的实施方案;以学科建设为核心,搞好教学、科研工作和队伍建设,加强专业结构调整的力度,推动学科间的融合和交叉。在加强基础研究的同时,要大力推动技术创新和科技成果的转化,为国家特别是地方经济建设和社会发展做出更大的贡献;要继续创造有利于人才成长的优良环境,营造健康的学术风气和人才培养氛围;要积极应对“入世”对高等教育的挑战,更新教育观念,拓展办学视野,继续深化教学改革,提高学生的综合素质,培养国际化的创新人才,加快后勤社会化改革步伐,全面推进漳州校区的建设。

同志们,我们只要坚持以邓小平理论和江总书记“三个代表”重要思想为指导,加强党建和思想政治工作,解放思想,与时俱进,团结奋斗,开拓创新,坚持人民的利益高于一切,相信群众,依靠群众,就一定能克服前进中的各种困难,不断把我们的事业推向前进,就一定能开创“十五”发展的新局面,以优异成绩迎接党的十六大的胜利召开!

最后,再次祝愿同志们在新的一年里身体健康,工作顺利,阖家幸福,祝愿厦门大学的各项工作在新的一年里取得更加辉煌的成就!

——本文摘录自《厦门大学报》,2001年12月28日第485期

与时俱进 努力实践"三个代表"重要思想 乘势而上 全面推进学校改革与发展

——在中国共产党厦门大学第八次代表大会上的报告

(2002年7月16日)

校党委书记 王豪杰

各位代表、同志们:

中国共产党厦门大学第八次代表大会今天开幕了,我代表中国共产党厦门大学第七届委员会向大会作报告,请代表们审议。

在我校改革与发展重要时期召开的这次党代会,对于加强和改善我校党的建设,进一步解放思想,与时俱进,全面推进我校改革与发展,具有十分重要的意义。大会的主要任务是:全面回顾总结第七次党代会以来我校党的建设和学校工作的实践经验;确定今后几年加强党的建设和推进学校改革发展的主要任务;选举产生中共厦门大学第八届委员会和中共厦门大学新一届纪律检查委员会;动员全校共产党员和师生员工努力实践"三个代表"重要思想,按照江总书记提出的"发展要有新思路,改革要有新突破,开放要有新局面"的要求,集中力量解决好关系到我校改革与发展全局的重大问题,为把我校建设成为国内外知名的高水平大学而努力奋斗。

一、快速发展的五年

我校第七次党代会以来的五年,是世纪交替的不平凡的五年,是学校各项事业快速发展和不断开创新局面的五年。五年来,我们取得了一系列令人鼓舞的成绩:

1998年,我校荣获中组部、中宣部、教育部党组授予的"党建和思想政治工作先进高等学校"称号;学校全面启动新一轮校内管理体制改革。1999年,学校先后召开了后勤工作会议和科研工作会议,全面推进后勤社会化改革,进一步深化科研体制改革;夺取了抗御9914号台风的全面胜利。2000年,学校适时提出了跨世纪改革与发展的战略构想,描绘出厦门大学面向21世纪的发展蓝图。2001年2月,教育部、福建省政府、厦门市政府签订了《重点共建厦门大学协议书》,学校列入国家跨世纪重点建设高校行列;4月,学校成功举办建校80周年庆祝活动,凝聚了人心,扩大了影响;漳州校区的建设为学校在新世纪的发展拓展了新的办学空间;5月,学校全面启动"人才工程",实施岗位津贴,稳步推进职员职级制度试点工作;7月,学校以优秀的成绩通过国家"211工程"一期建设的整体验收;年底,学校制定了《厦门大学"十五"发展计划和2010年远景规划》。2002年,学校相继召开了教学工作和学科建设工作会议,有力地促进了相关工作的进一步改革与发展。五年来,我校的综合实力和社会评价逐年提升,学校呈现出快速发展的勃勃生机。

(一)不断加强党建工作,提高创造力、凝聚力和战斗力,增强先进性和纯洁性

——加强校领导班子建设。校党委十分重视把校领导班子建设成为思想解放、勇于开拓、团结务实、勤政廉洁的坚强领导集体,努力提高领导和服务水平。特别是在2000年10月开展的"三讲"教育中,党委十分珍惜这次学习提高的机会,高标准、严要求地抓好"三讲"教育。通过"三讲"教育,校领导班子提高

了理论学习的自觉性,增强了服务意识和宗旨意识,经受了党内生活的严格锻炼,沟通了思想,加强了团结,增强了领导班子的凝聚力和战斗力。在“三讲”教育民主测评时,群众对领导班子和领导干部自我剖析材料的满意和基本满意率都达到90%以上。

——加强干部队伍建设。进一步完善我校党政干部公开选拔,竞争上岗的办法,实行处级领导干部任前公示以及干部交流轮岗,严格党政领导干部考核工作,干部队伍建设取得明显成效,一支思想素质较高、结构较合理、能适应学校改革与发展的干部队伍正在成长、壮大。

——加强党的组织建设。校党委有计划、有指导、有措施、有检查地加强基层党建工作。在党员发展工作方面,我校各级基层党组织按照党章要求和发展党员工作的有关规定,根据事业发展的需要,结合师生的实际,注重在大学生和青年教师中发展新党员。近五年来,共发展新党员3199名。现在,全校党员数量比1997年增长了50.8%。在加强党员教育管理和基层党组织建设方面,我们制订了党总支工作暂行规定,2002年进行的党总支工作考评,有力地推动了基层党组织建设。

——坚持不懈抓好党风和廉政建设。一是及时、认真地组织党员干部学习上级关于廉政建设的有关规定,进行党风廉政教育,提高了反腐倡廉的自觉性;二是把廉政建设作为领导干部双重民主生活会的主要内容之一,加强领导班子内部的自我监督;三是加强廉政制度建设,制定《厦门大学关于贯彻领导干部廉洁自律有关规定的实施办法(试行)》和《党风廉政建设责任制实施办法》、《领导干部离任廉政检查实施办法》等一系列制度,为有效监督提供了保证;四是加强对违法违纪案件的查处。这些措施,使我校的廉政建设收到了较好的效果。

——加强对统战工作和工会、共青团等群众组织的领导。高校统战工作是新时期党的统战工作的重要领域,是学校党委工作的一项重要内容。校党委常委会定期研究统战工作,制定了《中国共产党厦门大学委员会关于进一步加强政协委员工作的意见》和《关于加强新世纪统一战线工作的意见》等文件。校党委通过统战部门与各民主党派建立了密切联系,坚持与民主党派和无党派人士定期座谈,及时通报情况和听取意见。校党委重视加强对工会和教职工代表大会的领导,帮助工会加强自身建设,健全和完善教职工代表大会制度,建立工作询问制度,议大事,办实事,充分发挥民主管理和民主监督作用。校党委重视发挥共青团和学生会在学校思想政治工作中的积极作用,充分调动学生会和研究生会在自我教育、自我服务和自我管理中的积极性,大力推进“青年成才工程”和“青年文明修身工程”活动。

经过几年的努力,我校党组织的凝聚力和战斗力得到了明显的增强,涌现出一大批先进党组织和优秀共产党员,他们在学校各个方面发挥着战斗堡垒和先锋模范作用,成为争创一流社会主义大学的骨干力量。五年来,共有68个党总支和党支部被评为全国和省、市、校的“先进党组织”,共有117人被评为全国、省、市、校的“优秀共产党员”和“优秀党务工作者”,为全校教职工树立了学习的榜样。

(二)加强和改进思想政治工作,重视校园文化建设,思想政治教育和德育工作成效明显

——切实加强思想政治工作。党委坚持不懈地在师生员工中开展正面教育,采取多种形式促进邓小平理论、江泽民“三个代表”重要思想进课堂、进头脑、进教材。党委根据80年办学经验,总结出体现我校丰厚历史文化底蕴的厦大“四种精神”(即陈嘉庚的爱国精神,罗扬才的革命精神,抗战时期厦大内迁闽西艰苦办学的自强精神,以王亚南校长、陈景润教授为代表的科学精神),在师生员工中广泛开展“四种精神”的主题教育。党委坚持思想政治工作与教学科研相结合,重视建设一支以专职为主、专兼职相结合的思想政治工作队伍,逐步完善党委统一领导、党政工团齐抓共管、分工负责的思想政治工作体系,通过多年的探索,基本理顺了教职工、本专科生和研究生的思想政治工作体制,强化了“三育人”功能,注意充分发挥校工会、校团委和关心下一代工作委员会等组织在思想政治工作中的积极作用,营造良好的校园德育氛围。

——努力维护学校稳定。校党委高度重视校园的政治稳定,始终把确保学校稳定作为首要的政治任务,层层落实责任制,做到了责任到人,工作到位,措施落实。在做好日常思想政治工作的同时,注意倾听群众意见,化解矛盾,增进理解,妥善处理各种事端。

——加强学校精神文明建设，坚持用社会主义思想占领校园文化阵地。学校先后成立校园文明建设领导小组和德育工作领导小组，制定《厦门大学社会主义精神文明建设五年（1996—2000 年）规划》和《厦门大学德育工作五年（1996—2000 年）规划》，指导校园文化建设和精神文明建设。由于各级领导重视、真抓实干以及广大师生员工积极参与和全力支持，近年来学校开展的校风建设、校园文明建设和校园及周边治安秩序整治等各项工作，都取得显著成效。

（三）坚持方向、深化改革，重在建设、促进发展，学校各项事业呈现出良好的发展势头

——坚持社会主义办学方向。学校认真落实第三次全国教育工作会议、全国科技创新大会和《面向 21 世纪教育振兴行动计划》对高校培养高素质创新人才的要求，明确办学方向，努力培养合格的社会主义事业的建设者和接班人，始终把培养掌握先进科学知识、具有社会主义觉悟的创新人才放在首位。

——积极推进办学体制改革。学校在教育部、省、市重点共建的基础上，不断巩固和发展“共建”成果，新增 6 亿元人民币的共建资金，为厦门大学跨世纪的发展注入了新的活力；各院（系、所）通过开展产学研合作等多种模式，加强与社会各界的“共建”，增强各单位的自身发展能力。

——深化校内管理体制改革。1998 年 8 月，学校做出了全面深化校内管理体制改革的决定，启动新一轮校内管理体制改革，强化竞争和激励机制，精简机构，实施竞争上岗和转岗分流制度，校部机关和机关人员编制分别精简与压缩了 25%左右。结合专业调整，重新调整院系设置，先后组建了 17 个学院并按校院二级管理体制运行。

——学科建设卓有成效。目前，我校已拥有 7 个博士一级学科学位授权点，覆盖了 49 个二级学科。28 个二级学科有博士学位授予权，92 个二级学科有硕士学位授予权，有 3 个专业硕士学位授权点。同时设有 7 个博士后流动站，4 个国家基础学科人才培养与研究基地。现有 59 个学科专业招收博士生，108 个学科专业招收硕士生；建设了一批在国内居一流水平的基础学科、优势学科和特色学科。重点学科建设成效显著，“211”工程一期建设达到了预期目标。去年共有 13 个学科入选国家重点学科。学科结构调整也取得了初步成效。与此同时，我们加大了为学科建设服务的公共基础设施的投入。

——教学改革不断深化。“九五”期间，本科生增长了 30%，研究生增长了 112%。在规模增长的同时，注重质量的提高，连续两年召开全校教学工作会议，统一认识，狠抓教学这一中心工作；加大教学投入力度，改善办学条件；加强师资队伍和教学管理队伍建设，实行教师“挂牌上岗”，设立基础课主讲教授岗位；进一步推进教学内容和课程体系改革，出版“厦门大学面向 21 世纪系列教材”；优化教学手段，教学质量稳步提高。“九五”期间，我校获国家级优秀教学成果奖 9 项，省级教学优秀成果奖 21 项。

——深化科研体制改革。学校于 1999 年 11 月召开全校科研工作会，出台了《厦门大学关于深化体制改革，加强科研工作的决定》等有关文件及 8 个配套政策和实施办法。这次会议对进一步深化我校科研体制改革、推进高新技术产业化有着非常重要的意义。会议召开后的二年来，学校科研经费有了较大突破，去年科研经费已达 5700 万元，比 1996 年增加了 2 倍多。学校还建立了厦门大学科技园，入驻深圳虚拟大学园，积极参加深圳“高交会”；学校科研工作取得突破性进展，“九五”期间，人文社会科学各学科共承担各类科研项目 536 项，出版专著 539 部，发表科研论文 6237 篇，有 276 项成果获国家级和省部级奖励，在首次国家社科基金项目评比中，我校荣获优秀成果奖 6 项，名列全国高校第三名；学校已获准建立 4 个国家文科重点研究基地。自然科学各学科，共承担国家、部、省各类科研项目 655 项，有 75 项成果获国家级和省部级奖励；共发表各类科研论文近 6000 篇，其中被 SCI 收录论文数基本保持在全国高校第 12 位左右；“固体表面物理化学国家重点实验室”在国家重点实验室评估中荣获全国化学化工类第一名；3 个实验室通过教育部认定，成为教育部重点实验室。

——继续推进人事制度改革。制定了《厦门大学岗位聘任及岗位津贴试行办法》，建立以岗位管理为核心的收入分配激励机制，实施岗位津贴，调动教职工的积极性，提高教职工生活待遇；按照教育部的要求，认真进行职员职级制试点改革；严格教师、干部的考核、聘任工作，并使之规范化、制度化。

——加强师资队伍建设，积极引进优秀人才，着力培养中青年骨干教师，教师队伍结构大为改善，充

满生机活力。五年来,有3名教授新当选为中国科学院或中国工程院院士,引进1名中科院院士;新增博士生指导教师41名,博士生导师总数达到186名;五年共引进博士171人、硕士224人、教授37人、副教授105人。目前,全校专任教学科研人员平均年龄40.8岁,其中,具有博士学位的占26.1%,具有硕士学位的占42.4%,已形成一支知识、学历、年龄结构较为优化的师资队伍。在专职教学科研人员中,现有两院院士9人,国务院学科评议组成员9人,国家级有突出贡献专家13人,列入教育部跨世纪人才培养计划的13人。

——全面推进后勤改革。学校总务、基建、资产3个处的20个科精简为8个科,后勤行政管理干部精简了50%左右。同时,按后勤经营服务的类别、性质成立了5个"中心",实行企业化管理。通过改革,真正把行政管理职能与经营服务功能分开,理顺了管理体制。

——学校综合实力大大提高,办学条件不断改善,自我筹措经费的能力有所增强。2001年学校经费总投入5.6亿元,比1996年增长了3倍多。在办学条件方面,仪器设备总值大幅度提高,图书馆藏书量逐年增加,校舍面积不断扩大,尤其是占地2568亩的漳州校区的建设,将为我校在新世纪加快发展提供更大的空间。公共服务体系建设进展顺利,师生员工的工作、学习、生活条件得到了较大改善,图书馆、实验室、校园网络、办公设备与校园环境建设已达到了国内高校的先进水平。

五年来我们所取得的成绩,是党中央、国务院和教育部以及福建省委、省政府的正确领导的结果,是厦门市委、市政府的大力支持的结果,是广大海内外校友和关心厦门大学、热心教育事业的社会各界人士帮助的结果,是全校共产党员和师生员工共同努力的结果,是与前几届校党委的工作基础和老同志的关心、帮助分不开的。在这里,我谨代表校党委,向上级领导机关,向海内外各界朋友,向我校全体共产党员和师生员工,向所有关心、支持厦门大学的发展以及为我校做出贡献的同志们和朋友们,表示衷心的感谢并致以崇高的敬意!

五年来,我们的成绩是显著的。但是,面对党和国家以及地方经济社会发展对高校所提出的更高、更新的要求,我们清醒地认识到,我校仍存在诸多不容忽视的困难和问题。主要表现在:思想观念不够解放,工作中开创性和前瞻性不足;学科间交叉渗透不够,综合性大学的学科综合优势尚未充分发挥;教学改革力度还不够,基础教学设施还不能完全满足教学的需求;在队伍建设上,人才引进和培养的措施还不够得力;科学研究重大成果少、创新不够,科研经费总量偏小,科技成果转化和高新技术产业化尚处在起步阶段;后勤社会化改革离国家的要求还有很大差距;体制改革和机制创新在某些方面尚未达到预期效果;教育资源未能得到优化配置和充分利用,存在一方面资源不足,另一方面资源浪费的现象,影响了办学效益的提高;经费投入与学校事业的发展需求存在较大差距,等等。对于困扰和制约学校发展的这些问题,我们必须认真分析,制定对策,很好地加以解决。

二、面临的形势和任务

今后四年,是我校改革与发展极为重要的时期。当前,国际局势正在发生深刻的变化,世界多极化和经济全球化的趋势在曲折中发展,科技进步日新月异,综合国力竞争日趋激烈,国际高层次人才争夺战也愈演愈烈。越来越多的国家把建设和发展高质量教育作为一项基本国策,纷纷采取各种措施推进教育改革,国内外高等教育竞争日趋激烈,综合性、研究型、信息化、开放式办学已成为高等教育发展的主流。与此同时,从现在起到2010年前后,是我国经济和社会发展的重要时期——经济结构的战略性调整,科学技术的迅猛发展,社会主义市场经济体制的完善和对外开放的扩大,城镇化进程的加快,西部大开发战略的实施和加入世贸组织,必将使人才结构发生重大变化,对劳动者素质提出更高要求。这一时期,也是福建省加快建设海峡西岸繁荣带、厦门经济特区率先基本实现现代化的关键时期。所有这些,都对高等教育的改革与发展提出了更高要求,我校将面临更严峻的挑战,但同时也迎来了难得的发展机遇。我们要勇敢地迎接挑战,紧紧抓住机遇,在过去五年工作的基础上,乘势而上,加快发展。

今后四年,我校改革与发展的指导思想是:以邓小平理论、江泽民"三个代表"重要思想和即将召开的党的十六大精神为指导,全面贯彻党的教育方针,坚持社会主义办学方向,进一步加强党的建设和思想政治工作,以改革为动力,以质量为核心,以创新为目标,大力加强学科建设和队伍建设,全面提高办学水平和办学效益,为国家和地方的现代化建设做出更大贡献。

今后四年,我们的奋斗目标是:与时俱进,乘势而上,把我校建设成为一所国内外知名的高水平大学,成为我国高水平创新人才培养、基础研究、高新技术研究和成果转化、高层次决策咨询的重要基地,成为国际学术交流特别是对东南亚、对台港澳交流的桥梁和窗口,为迈向研究型大学奠定坚实的基础。

今后四年,我校改革与发展的主要任务是:

(一)深化办学体制和校内管理体制改革,切实提高学校的管理水平

继续深化办学体制改革和校内管理体制改革,增创体制、机制的新优势,把学校的整体办学水平推上一个新台阶。深化办学体制改革,要不断巩固和发展“共建”成果,还要不断探索和加强与国内外著名大学、大型企业的合作办学,为学校加快发展注入新的活力,为地方经济建设做出更大贡献。深化校内管理体制改革,强化激励竞争机制,要将管理体制、运行机制、人事制度、分配制度等各方面改革紧密结合起来,保证改革的整体性和系统性。要继续深化校院二级管理体制改革,理顺校院系三者关系,明确学院的责权利,使学院的办学自主权和综合优势得以充分发挥。

建设国内外知名的高水平大学,必须有高水平的管理。要坚持依法治校与以德治校并举,提高管理的民主化、科学化水平,健全、完善学校的咨询、决策、执行和监督系统,实行校务公开,充分发挥教职工代表大会、学术委员会的作用,在发扬民主的基础上形成科学的决策。要通过建立科学的考核、评价、监督体系,对各学院和有关单位实施目标管理。要加强管理干部队伍建设,健全、完善管理干部的选拔、使用、培养、管理制度,建立一支高效、廉洁、务实的管理干部队伍,切实提高管理干部的综合素质。要加强机关效能和作风建设,以转变职能、规范服务为核心,建立办事高效、运作协调、行为规范的工作管理机制。要加快推进办公自动化建设,切实提高管理水平。

(二)切实加强学科建设,提高学科的总体实力和水平

我们必须充分认识学科建设水平是学校办学水平和综合实力的重要体现,也是评判一所大学水平高低的主要标准。要建一流大学,就必须有一批一流学科,因此,我们要认真贯彻落实《厦门大学关于加强学科建设的若干意见》,按照“发挥优势、突出重点、文理并重、巩固基础、培植特色、加强应用”的思路,加大投入力度,切实加强学科建设,提高学科的总体实力和水平,构筑学校的核心竞争力;要进一步优化学科结构,巩固基础和优势学科,更新改造传统学科,大力发展在21世纪有良好发展前景的学科;要集中力量加强工科等应用类学科的建设,注重发展省市经济建设和社会发展急需的学科;要通过体制和机制创新,促进各学科之间的交叉渗透,形成一批新的学科增长点;要力求在学科发展、学科队伍建设、学科带头人培养、科学研究等方面取得一批标志性成果,全校半数左右学科居国内一流水平(力争拥有12至16个博士、硕士学科授权一级学科),其中若干学科接近或达到国际先进水平。在学科建设过程中,要着重处理好优势、特色学科与新兴学科的关系,学科组织新体系与院系管理体制的关系,学科带头人与学术梯队的关系,目标管理与过程管理的关系以及学科建设与资金投入的关系等。

(三)大力推进素质教育,努力提高人才培养的层次和质量

人才培养是学校的根本任务,要坚持规模、结构、质量、效益的协调与统一,把提高质量和优化结构摆在突出位置。要大力推进素质教育,提升我校毕业生的社会竞争力。要全面推进教学改革,牢固树立教学改革是学校教育改革的核心的思想,提高人才培养质量是永恒主题的思想,按照基础扎实、知识面宽、能力强、素质高的创新型人才的总体要求,加大教学内容和课程体系的改革力度,确立符合素质教育要求的课程、内容、目标与标准,构建适应21世纪发展需要的人才培养模式。

积极推进研究生教育的改革与创新,适当扩大研究生教育的规模和数量,以适应“科教兴国”的要求,

这也是建立研究型大学的重要标志;要提高研究生教育的培养质量,以适应国民经济发展和国际竞争的需要;要通过研究生教育,不断壮大我校科研队伍;要进一步改革研究生教育的管理体制和机制,进一步加强重点学科建设,加强博士后流动站的建设与管理,同时,多渠道争取研究生教育经费。

(四)推进科研管理体制改革,加快科技成果转化和高新技术产业化

要充分发挥我校综合优势,倡导团队精神,整合科研资源和力量,促进学科间的交叉融合,造就一批有知识创新、技术创新能力的研究群体,增强争取国家重大课题和项目的能力;要注重从科研源头介入,在继续做好争取自然科学基金的基础上,面向经济主战场,大力争取横向科研项目,力争在二三年内,当年科研经费总量超亿元。同时,还要在重大奖励、高水平论文数量上有一个新突破,力争取得一批具有国际先进水平或国内领先水平的标志性科研成果;要办好大学科技园,发挥其科技开发"孵化器"的作用;选择并扶持具有市场前景的技术创新成果实现产业化。要大力推进多形式、多层次的产学研紧密合作,切实提高科技成果的转化率。

要认真落实江总书记关于哲学社会科学与自然科学的"四个同样重要"、"五个高度重视"的讲话精神,坚持人文社会科学研究与自然科学研究的同步发展。

(五)大力加强教师队伍建设,全面提高教师队伍素质

教师队伍建设是学校发展的关键。要树立"以人为本"的观念,努力建设一支一流的师资队伍。要积极创造吸引人才、留住人才和人才健康成长的良好环境,加强和改善教师的思想政治工作和师德师风建设,实施《厦门大学学术道德行为规范》,营造诚信、严谨的校风和学术氛围,全面提高教师队伍的思想素质、职业道德水平、业务水平和综合能力,使教师队伍的整体水平适应素质教育的需要,从而建设一支结构优、素质好、活力强的高水平的教师队伍。今后四年,学校将投入不低于1亿元人民币的专项经费加强人才工程建设。

进一步优化教师的职称、学历、学缘和年龄结构,要下大力气培养一批一流的学科带头人,同时,还要实行特殊的人才引进政策,拓宽人才引进和使用的渠道,力争增加若干名大师级学科带头人。

(六)广泛开展国际和区域学术交流,提高学校国际竞争力

对外学术交流要提高层次,扩大规模,以更加开放、超前、开拓的姿态做好教育外事工作,在扩大对外影响和实质性交流上下功夫。要着力发展与欧美、俄罗斯、日本等国家的知名高校、科研机构以及世界知名的高科技企业、跨国公司的合作交流,注重建立实质性交流合作关系;鼓励各院系所(实验室)积极主动开展对外合作交流,争取举办高水平的大型国际学术会议;逐年增加选派教师和管理干部赴国(境)外进行学术交流合作与考察。

充分发挥区位优势,广泛开展与东南亚、台港澳地区的学术合作交流。继续巩固我校在东南亚和台港澳地区具有较高声誉的地位,加强对外宣传,把我校优势学科推向海外,吸引更多留学生;提高国际和区域学术交流合作的层次与水平。

(七)深化后勤改革,提高后勤保障能力

要通过改革,建立适应社会主义市场经济和我校教育事业发展的后勤社会化服务体系,在更高层次上为学校的发展提供保障和服务。积极争取和利用地方政府对后勤社会化工作的统筹主导作用,有效吸收社会资金和使用金融机构的贷款,要以学生公寓的建设、管理和整合后勤产业资源,提高学校的后勤服务整体水平为重点,全面推进后勤社会化改革。要在巩固现有改革成果的基础上,整合后勤市场和后勤产业资源,组建后勤产业集团式的企业。要引进竞争机制,进一步明确后勤服务实体与学校的权利义务关系,使学校的后勤产业规模发展、快速发展,最终按国家的要求完成学校后勤社会化的改革目标。对后勤社会化改革过程中的资产管理应遵循"合理剥离、有效重组、严格监管、适当扶持"的原则,保证学校国

有资产的保值、增值。

(八)加快漳州校区建设,积极探索新的管理模式

建设漳州校区是我校拓展办学空间的重大举措,对于我校在新世纪的发展具有重要战略意义。经过一年多的艰苦奋斗,我们已完成了漳州校区的征地拆迁、总体规划、单体设计以及三通一平工作,建筑面积达18万平方米的漳州校区一期工程已顺利开工。我们要进一步统一对漳州校区建设重要性、紧迫性和艰巨性的认识,动员全校力量,认真抓好漳州校区建设的几项主要工作:

一是要抓好主体工程建设。首先是继续认真修订设计方案,使漳州校区既传承嘉庚建筑风格和文脉,又注入鲜明的时代精神。其次是抓好工程施工和监理工作,确保工程质量和进度。二是要抓紧配套工程的规划和施工。首先是建好食堂、超市以及供教师备课、休息的实行宾馆式管理的综合楼,其次是积极与地方政府协调,建好校区周边的各类配套工程和市政设施,尤其要抓紧建好轮渡码头。三是要努力探索一校多区的管理模式。四是要多渠道筹措资金,以确保工程建设的需要。五是要加强对漳州校区建设的领导,紧张、有序、高效地推进各项建设工作。我们坚信,再经过一年的努力,一座座具有嘉庚建筑风格的漳州校区新楼群将拔地而起,迎接2003级新生的到来。

三、按照"三个代表"的要求,进一步加强和改进党建和思想政治工作

"三个代表"重要思想是我校加快改革发展步伐、做好各项工作的重要指南,是全面加强我校党建和思想政治工作的行动纲领。今后四年,我们要深入学习贯彻"三个代表"重要思想和党的十六大精神,正确分析我们面临的新形势、新任务和新挑战,努力做实践"三个代表"的模范;要坚持党要管党、从严治党的方针,坚持讲大局、讲团结、讲稳定,全面加强党的思想建设、组织建设、作风建设,不断加强和改善党的领导,进一步提高党的领导水平,进一步增强拒腐防变和抵御风险的能力,为实现我校的奋斗目标提供强大的精神动力和坚强的组织保证。

(一)进一步加强党的思想理论建设,增强创造力

坚持与时俱进,最重要的是坚持理论上的与时俱进。要从"三个代表"的高度,坚持和巩固马克思主义在高等学校的指导地位,坚持用科学的理论武装广大师生员工的头脑。要进一步完善党委中心组学习制度,以党员领导干部为重点,认真组织广大师生员工学习马列主义、毛泽东思想、邓小平理论、江总书记"三个代表"重要思想和党的十六大精神,提高广大党员的政治理论素养,增强政治意识、大局意识、责任意识和阵地意识。要坚持"学马列要精,要管用"的原则,注重理论联系实际,教育党员干部自觉树立正确的世界观、人生观、价值观和权力观,坚持正确的政治方向,提高政治敏锐性和鉴别力,始终保持理论上的清醒和政治上的坚定。要善于运用马克思主义的基本理论、基本观点和方法,研究解决学校改革、发展和稳定中遇到的突出问题和师生们普遍关注的热点、难点问题,着眼于新的实践和新的发展,坚决破除小富即安、因循守旧、急功近利的观念。要进一步勤于思考、勇于探索、敢于创新,使我们的思想、工作和作风更加切合时代、切合实际。

(二)进一步加强校院两级领导班子和干部队伍的建设,增强凝聚力

各级党组织要带领群众把我们的事业推向前进,必须要有强大的凝聚力。因此,我们必须认真贯彻《中国共产党普通高等学校基层组织工作条例》,坚持和完善党委领导下的校长负责制,进一步加强各级领导班子民主集中制建设,认真执行集体领导、民主集中、个别酝酿、会议决定的议事和决策制度。发扬党内民主,推进决策科学化和民主化。校院两级领导班子要认真总结"三讲"教育的经验,巩固"三讲"教育的成果,把从严治党的方针落实到对领导班子和领导干部的严格教育、严格管理和严格监督中去。要坚持干部队伍的"四化"方针和德才兼备原则,扩大民主,完善考核,促进交流,加强监督,建立科学规范的

党政领导干部选拔任用制度,形成富有生机与活力的用人机制。要抓紧培养和选拔优秀年轻干部,有计划地把年轻干部放到一些关键岗位、艰苦环境中去锻炼,对特别优秀的年轻干部,要大胆破格提拔。要加强干部教育培训和后备干部队伍建设,努力培养造就一支高素质、能够担当重任、经得起风浪考验的干部队伍。

(三)进一步加强基层党组织建设,增强战斗力

党的基层组织是党的全部工作和战斗力的基础。学校各基层党组织要充分发挥好政治核心作用、保证监督作用和战斗堡垒作用。党总支和党支部要围绕学校中心任务和改革发展工作,不断改进基层党组织的活动内容和工作方式,增强党组织解决自身矛盾的能力,勇于正视和解决存在的问题,不断增强凝聚力和战斗力。

要按照"三个代表"的要求加强党员队伍建设,在党员中开展理想信念教育和党纪党风教育,增强党员的光荣感和责任感,充分发挥党员在学校改革和发展以及教学、科研和行政管理工作中的先锋模范作用。

要从高校承担着为社会主义现代化建设事业培养合格建设者和接班人的战略高度来认识党员发展工作的重要性。要坚持标准切实做好发展党员的工作,特别要重视在优秀青年教师和学生中加强党员发展工作,增加党的新鲜血液,注入新的活力。

(四)进一步加强党的作风建设,保持先进性和纯洁性

党的作风直接关系到党的形象和战斗力。加强和改进党的作风建设是实践"三个代表"的迫切需要。要认真贯彻党的十五届六中全会精神和《中共中央关于加强和改进党的作风建设的决定》,要切实做到"八个坚持、八个反对",要结合我校实际,紧紧围绕改革、发展、稳定的大局,以进一步密切党同人民群众的联系为核心,以保持党的先进性、纯洁性和增强党的创造力、凝聚力、战斗力为目标,全面加强党的思想作风、学风、工作作风、领导作风和干部生活作风建设。

要高度重视党风廉政建设和反腐败工作,坚持"两手抓,两手都要硬"的方针,始终把党风建设作为党建的重要组成部分抓紧、抓好。进一步建立和完善党风廉政建设责任制,落实党内监督制度,拓宽党外监督和舆论监督的渠道。严格管理,强化党风廉政建设责任制。坚持正面教育为主,不断增强党员干部遵纪守法的自觉性。

广大党员特别是各级党员领导干部要实践全心全意为人民服务的宗旨,继承和发扬党的理论联系实际、密切联系群众、批评和自我批评的优良传统与作风。在任何时候任何情况下都必须坚持党的群众路线,坚持把实现人民群众的根本利益作为一切工作的出发点和归宿,把群众呼声当作第一信号,把群众需要当作第一选择,把群众利益当作第一考虑,把群众满意当作第一标准,永远保持党的先进性和纯洁性。

(五)进一步加强思想政治工作和校园精神文明建设,增强针对性、实效性、主动性

我们应当认真总结思想政治工作中的丰富经验,积极探索思想政治教育工作的特点和规律,创造出与新时期办学相适应的思想政治工作的新体制、新内容、新方法,不断增强思想政治工作和校园精神文明建设的针对性、实效性和主动性。

要进一步理顺学校思想政治工作体系,大力加强思想政治工作队伍建设,要像培养业务学术骨干那样,努力建设一支具有马克思主义理论素养,政治坚定、专兼结合、结构合理的高素质思想政治工作队伍。普遍建立思想信息网络,坚持思想政治教育制度,切实形成校党委领导下的党、政、教、工、团齐抓共管的新体制,形成学校思想政治工作良好的运行机制。

要进一步改进思想政治工作的内容和方法,增强思想政治工作的实际效果。要在继续加强党的基本路线教育、党的基本理论教育、党的基本知识教育的同时,结合形势、任务和学校的实际,进行社会主义、爱国主义、集体主义和艰苦奋斗精神的教育,加强国情、社情、校情教育和诚实、守信教育。要把课堂教学

与日常教育结合起来，把基本理论教育与具体的现实思想教育结合起来，把思想教育与加强管理结合起来，努力摸索一套行之有效的思想政治工作新形式和新方法。

要进一步加强校园精神文明建设，以社会主义、爱国主义和集体主义为主旋律，以改革、创新和发展为基调，着重抓好校园文化生活、校园文明秩序、校园环境美化等工作。我们要利用厦门大学的环境特色和优势，继续弘扬我校特有的“四种精神”，努力创造国内一流的高校文明校园，为培养社会主义事业的建设者和接班人，提供良好的育人氛围。

同志们，为了实现我们的发展蓝图和奋斗目标，我们要进一步加强和改善党的领导，努力实践“三个代表”重要思想，认真学习、宣传和贯彻十六大精神，紧紧抓住发展这个第一要务，弘扬厦门大学“四种精神”，不断开创我校各项事业的新局面。我们要有强烈的责任感、紧迫感和危机感，要始终坚持与时俱进，永葆党的先进性，牢记执政为民。要努力做到有开阔的视野、有创新的思维、有改革的胆识、有创业的勇气、有实干的精神和有制度的保证。我们要进一步解放思想，开拓创新。有创新才有活力，有活力才有实力，有实力才有地位。展望未来，我们有决心也有信心抓住机遇，迎接挑战，解放思想，实事求是，与时俱进，乘势而上，加快发展，再创辉煌。我们一定要也一定能够在发展中实现把我校建设成为国内外知名的高水平大学的奋斗目标，为社会主义现代化事业做出更大贡献！

——本文摘录自《中国共产党厦门大学第八次代表大会资料汇编》，档号2002-DQ02-12

厦门大学2001—2002学年第二学期工作计划要点

(2002年3月4日)

2002年是全面实施"十五"计划、加快新世纪事业发展的至关重要的一年。本学期要继续高举邓小平理论伟大旗帜,以"三个代表"重要思想为指导,认真贯彻党的十五届六中全会精神,加强和改进党的作风建设,努力把党建和思想政治工作提高到新的水平,坚持以学科建设为中心,进一步解放思想,与时俱进,深化改革,乘势而上,再上台阶,认真实施学校"十五"计划,开创"十五"发展的新局面,迎接党的十六大召开。为此,要重点做好以下几项工作:

一、深入学习贯彻"七一"讲话精神,以"三个代表"重要思想统揽全局,努力做实践"三个代表"思想的模范

1.认真学习"七一"讲话精神,把握"三个代表"重要思想的科学内涵。江泽民同志的"七一"讲话,是一篇马克思主义的纲领性文件,是中国共产党人进入新世纪的政治宣言。江泽民同志在"七一"讲话中,全面论述了"三个代表"重要思想的科学内涵,揭示了中国共产党与中国先进生产力、中国先进文化、中国最广大人民根本利益之间的本质联系。"三个代表"重要思想是对马列主义、毛泽东思想和邓小平理论的继承和创新发展,是对党在社会主义初级阶段基本纲领的提炼和深化,是凝聚我们党的思想路线、政治路线、组织路线的结晶,体现了鲜明的时代特征、宽广的世界眼光和坚定的立党宗旨。

学校各级党组织要继续组织师生员工深入学习贯彻"七一"讲话精神,深刻领会和把握江泽民同志"三个代表"重要思想的科学内涵和精神实质,增强坚持和实践"三个代表"重要思想的自觉性和坚定性。

2.按照"三个代表"重要思想的要求,更加深刻地认识厦门大学面临的形势和承担的任务及使命。作为一所高等学校,我们的任务和使命就是坚定社会主义办学方向,为经济社会发展提供思想保证、精神动力和智力支持,努力造就一批德才兼备的,立足中国、面向世界,积极进取、勇于创新的社会主义事业接班人;与时俱进,进一步推进我校的各项改革,不断创新,解决学校办学过程中的深层次矛盾,努力提高教育质量;通过学校自身建设,推进素质教育,为基础教育服务,为构建学习化社会服务,从而为促进人的全面发展提供更加充分的思想文化条件。

3.将"三个代表"重要思想与学校的实际工作紧密结合起来,努力做实践"三个代表"思想的模范。要做到这一点,就必须从三个方面来进行实践:一是充分发挥学校的科技和人才优势,加强科学研究,培养高素质的人才,为国家和地方经济建设和社会发展服务,努力实践"代表中国先进生产力发展要求";二是充分发挥学校的精神文明建设和文化建设重要基地作用,努力营造符合先进文化前进方向要求的良好文化氛围,使学校成为精神文明建设的示范区和辐射源,努力实践"代表中国先进文化的前进方向";三是不断提高教育质量和教育水平,满足人民群众日益增长的接受高质量高等教育的要求,努力实践"代表中国最广大人民利益"。

二、贯彻落实十五届六中全会精神，以“三个代表”重要思想为指导，着力加强和改进党的作风建设，通过党风建设促进校风、学风建设，把学校的党建和思想政治工作提高到新的水平

1.充分认识加强作风建设对我校的重要意义。要深刻认识到加强和改进作风建设是贯彻“三个代表”重要思想的重大举措，认识到党的作风建设既是党的建设的重要内容，又是加强党的建设的根本要求和有效保证。因此，必须狠抓党风建设，努力克服我校目前在思想作风、学风、工作作风、领导作风和干部生活作风等方面存在的一些问题，以党风建设带动学风和校风的建设，促进学校的改革和发展。

2.要把作风建设放在学校党建工作的突出位置抓紧抓好。认真学习落实校党委《关于认真组织学习江泽民同志“七一”重要讲话和十五届六中全会精神的意见》，要按照“八个坚持，八个反对”的要求，全面加强和改进党的作风建设。

要坚持解放思想、实事求是的思想路线和思想作风，大力发扬求真务实、勇于创新的精神。要克服满足现状、不思进取的倾向，增强改革意识和竞争意识，解放思想、勇于改革、锐意进取，不断开创学校工作的新局面。

要牢记党的宗旨，坚持党的群众路线。要深入开展调查研究，切实转变工作作风，学校各级领导要抽出时间，深入基层，了解情况，认真研究解决群众关心的热点、难点问题；加强机关作风建设，增强服务意识，提高管理水平，推动校务公开，增加政策和操作程序的透明度；继续推进机关效能建设，简化办事程序，实行服务承诺制。

要保持艰苦奋斗的作风，加强党风廉政建设。要本着勤俭节约、艰苦创业的原则办一切事情；要进一步落实党风廉政建设责任制和经济责任制，加大检查监督力度；加强干部作风建设，不但管好“八小时之内”，也要管好“八小时之外”；加强对领导干部权力观的教育，党委党校要集中力量办好党政主要领导学习班；继续抓好从源头上遏制腐败的工作，加大查办案件力度。

3.加强党建和思想政治工作，维护校园稳定。要深刻认识国内外形势对党建和思想政治工作提出的新要求、新挑战和新课题，进一步增强加强和改进党建和思想政治工作的使命感、紧迫感。

加强领导班子建设和干部队伍建设。认真贯彻民主集中制原则，进一步坚持完善党委领导下的校长负责制，健全民主生活会制度；进一步深化干部制度改革，加强干部任期内的考核工作和后备干部的培养；提高干部选拔的透明度，坚持用好的作风选人、选作风好的人；制定有关干部交流政策，加快干部交流力度；加强干部队伍培训，组织干部到国外、境外学习、考察。

要加强党的组织建设，进一步增强基层组织的活力、凝聚力和战斗力。根据《中共厦门大学委员会关于党的总支部(直属支部)工作办法(试行)》，本学期对部分基层党总支(直属支部)进行试点考评；做好有关单位班子换届和干部配备工作；积极慎重地做好在青年教师中发展党员的工作；本学期争取召开我校第八次党代会。

要树立阵地意识，围绕师生员工关心的热点、难点问题和改革等过程中出现的新问题，开展深入、细致、有效的思想政治工作，要在增强思想政治工作的时代性，提高针对性、实效性和主动性上下功夫，要特别重视中青年教师、研究生和应届毕业生的思想政治工作；要以建设一支政治强、业务精、作风正的政工干部队伍为目标，加强对这支队伍的培训和提高；要依法治校，努力贯彻《公民道德建设实施纲要》，制定师生道德建设的具体措施；要继续推进“两课”教育，积极推动“三个代表”重要思想进课堂、进教材、进学生头脑，坚持用富有时代特征和中国特色当代马克思主义教育青年学生；推动思想政治工作进学生公寓工作，加强对曾厝垵学生公寓的管理；深入研究并充分发挥网络在思想政治工作中的教育作用，继续完善已经建立的思想政治教育网站(阳光网站)；认真开展大学生心理健康教育工作；要继续加强学校治安综合治理，加强与“法轮功”邪教组织的斗争，维护校园稳定。

三、加强学科建设和队伍建设，努力抓好科研、科技成果转化和产业化工作，不断提高办学质量

1.加强学科建设。本学期要紧紧围绕“十五”计划的实施，启动“211 工程”二期建设和“教育振兴行动计划”重点建设项目的立项和建设，要以学科建设为核心，编制《厦门大学“211 工程”二期建设项目可行性研究报告》和《厦门大学实施“面向 21 世纪教育振兴行动计划”总体规划》。

按照“有所为，有所不为”的思想，重点建设“十五”计划中所确定的重点发展的优势学科和前沿学科；加强学科间交叉渗透，形成新的学科增长点；要以新入选的 13 个重点学科的建设为中心，以加强学科群的建设为目标，使重点学科起到辐射和带动作用；对基础薄弱但有发展前景的学科要大力支持，促进其加快发展。

本学期要召开全校学科建设会议，部署新一轮博士和硕士学位学科专业的增列工作，确保在第九批增列学位点的工作中有较大收获，特别是要争取在工科博士点和工程专业硕士点上有所突破；要积极争取更多的省级重点学科。

2.加强队伍建设。继续实施“人才工程”，加大人才引进特别是高层次人才的引进力度；要不断完善有利于吸引人才、留住人才和人才成长的软硬环境，营造健康的学术风气和人才培养氛围，对引进的人才要进行跟踪评估；注重发挥老一辈人才的带动作用，同时也要重视、培养、大胆起用年轻人；进一步深化人事管理体制改革，探索实行教师职务聘任制的办法，完善教师考核和聘任条例，继续做好职员职级试点工作。

3.加强科学研究，推动科技成果转化和产业化。继续保持和扩大基础研究优势；大力推动学科交叉，组建跨学科的研究中心和工程中心，提升我校进入科技主战场及为地方经济建设和社会发展解决重大关键问题的能力；推进科研体制改革，完善有关政策措施，调动教师进行科学研究的积极性；对学校多层次的科研机构进行规范化管理；力争使各类横向科研课题经费有较大突破。

坚持产学研协调发展，大力推进多种形式的合作，积极争取地方政府的支持，加快科技成果转化和产业化工作。

四、深化改革，乘势而上，促进学校各项事业再上新台阶

1.深化教学改革，提高教学质量。本学期初要召开全校本科教学工作会议，学习、贯彻落实教育部《关于加强高等学校本科教学工作提高教学质量的若干意见》精神，牢固树立“本科教育是高等教育的主体和基础，抓好本科教育是提高整个高等教育质量的重点和关键”的观念；继续保持、加大教学经费投入的力度；要求 55 岁以下的高职称教师讲授本科课程的比例达到 100%，鼓励院士和名教授为本科生讲授基础课或者开设专题讲座；要积极编写、引进先进(原版)教材，外语教学课程应占所有课程的 5%，力争三年内达到 15%；要使使用 CAI 的课程占所开设必修课程的比例从目前的 20%左右上升到 30%以上；加大对全校性公共课程的改革力度，大力支持院系教学改革，特别是若干学院的学分制的试点工作。

进一步完善研究生课程体系，促进研究生教育与学校科研工作相结合，根据学术型学位和专业学位的不同特点开展相应的教学改革，提高研究生培养质量。

2.改革办学模式。要主动应对中国加入 WTO 以后对高等教育带来的挑战和机遇，苦练“内功”，深化改革，加快发展，调整结构，提高质量，积极开拓国际教育市场，开展对外教育和合作办学，注重我校的“品牌效应”；要下决心抓紧示范性软件学院的建设，尽早启动并探索出独具特色的运作方式；网络教育要继续完善高起点本科的“品牌建设”，在适当规模上、较大范围内进行专升本的招生与教学工作。

3.加大后勤产业集团社会化改革的力度。要认识到我校后勤社会化改革的差距，按照第三次全国高校后勤社会化改革工作会议精神，结合学校和地方的实际，加快推进后勤系统规范剥离和建立新型后勤

保障体系及运行机制，使学生生活、学习条件有较大改善，使学校的后勤服务能逐步上新档次、达到更高水平。

4.进一步建立健全财务制度，规范财务行为。要改革现行的经费分配办法和管理模式，完善经济政策，相应扩大院系办学自主权，建立与学校教育事业发展相适应的财务管理体制和运行机制；加大财务监督力度，加强审计工作。

5.确保漳州校区一期建设目标按期完成。要继续统一对建设漳州校区必要性、重要性的认识，进一步积极支持漳州校区的建设；认真论证确定一期建设项目的设计方案；多渠道筹措建设资金，千方百计确保漳州校区一期建设目标按期完成，为2003年秋季新生在新校区学习、生活奠定基础。

——本文摘录自《关于印发〈厦门大学2001—2002学年第二学期工作计划要点〉的通知》，厦大委综〔2002〕2号，档号2002-XZ09-5

厦门大学2002—2003学年第一学期工作计划要点

(2002年9月4日)

本学期要继续以邓小平理论、江泽民"三个代表"重要思想为指导,学习、宣传和贯彻即将召开的党的十六大精神,执行党的教育方针,坚持社会主义办学方向。结合学校实际,认真领会、贯彻中共厦门大学第八次代表大会的精神,紧紧抓住发展这个第一要务,继续弘扬我校特有的"四种精神",按照"巩固、深化、提高、发展"的方针,巩固成果,深化改革,提高质量,实现学校各项事业的快速发展。为此,要重点做好以下几项工作:

一、认真学习宣传贯彻党的十六大精神,努力实践"三个代表"重要思想,坚持与时俱进,进一步加强党的思想理论建设、组织建设、作风建设,加强思想政治工作和校园精神文明建设

1.认真组织广大师生员工学习贯彻"三个代表"重要思想和党的十六大精神。要以"三个代表"为指导,抓好党建和思想政治工作,切实维护学校的政治稳定,努力为十六大的召开营造一个良好的氛围。十六大召开后,要积极行动起来,按照中央的统一部署,兴起学习宣传贯彻十六大精神的热潮。要精心部署、周密安排、组织广大党员干部和全校师生员工认真学习、深刻领会十六大精神,把思想统一到十六大精神上来。要在十六大精神的指引下,全面推进学校各项事业乘势而上,加快发展。

2.各级党组织要根据中共厦门大学第八次代表大会提出的任务和要求,不断改进基层党组织的活动内容和工作方法。

3.贯彻落实中共中央关于《党政领导干部选拔任用工作暂行条例》,加强领导班子建设和干部队伍建设。今年各学院领导班子和部分机关部处的干部已任期届满,在干部调整工作中,要坚持干部队伍的"四化"方针和德才兼备原则,充实各级领导班子,抓紧培养和选拔优秀的年轻干部,加强干部教育培训和后备干部队伍建设。

4.认真贯彻党的十五届六中全会精神和《中共中央关于加强和改进党的作风建设的决定》,进一步建立和完善党风廉政建设责任制,落实党内监督制度,拓宽党外监督、舆论监督、民主监督和群众监督的渠道。充分发挥工会、共青团、统一战线和教代会在思想政治工作中的作用。

5.坚持以育人为本,大力提倡素质教育,加强学生思想政治工作,大力促进包括学生思想道德素质、科学素养、身心素质在内的全面素质的提高。

6.加强教师的思想政治工作和师德师风建设,实施《厦门大学学术道德规范》,提高教师队伍的思想素质和职业道德水平。

7.进一步加强校园精神文明建设,着重抓好校园文化生活、校园文明秩序、校园环境美化、校园综合治理等工作。

二、继续实施《厦门大学“十五”计划和2010年远景规划》，以学科建设为核心，加强重点建设，力争出标志性成果

1.根据“巩固、深化、提高、发展”的八字方针要求，进一步完善《厦门大学“十五”计划和2010年远景规划》，制定学校发展战略规划、学科建设和队伍建设规划、校园建设规划，用长远的眼光思考高等教育事业的可持续发展。

2.根据重点共建协议精神，结合实施学校的“十五”计划和“211工程”“十五”期间建设的启动，认真做好创建高水平大学和一流学科建设规划工作，加强“行动计划”重点建设项目建设的检查、监督和管理，确保重点共建顺利实施并取得预期成效。

3.在总结“211工程”“九五”期间建设经验的基础上，选择有基础、有水平、有特色、有潜力的项目进行“211工程”“十五”期间项目的立项和建设。其主要任务包括：一是继续以重点学科建设为核心，坚持有所为、有所不为的原则，突出重点，形成更加鲜明的特色和学科优势；二是重点改善与学科建设相配套的教学、科研等基础条件；三是加快建设教育与科研计算机网络、数字图书馆、大型仪器设备资源共享等公共服务体系；四是抓好学科带头人的选拔和学术梯队的建设。

4.贯彻落实全校学科建设会议精神，加大学科结构调整力度，全面提高我校办学水平和核心竞争能力，更好地为国家特别是东南部地区经济建设、社会发展和科技进步服务。

5.认真做好全国第九次硕士、博士学位授权专业申报的准备工作。

三、以提高教学质量特别是基础课教学质量为重点，深化教学改革，提高教学水平，切实保证教学质量

1.转变教育思想和教育观念，以人为本、以学生为本，进一步调整专业结构和人才培养层次结构，积极探索培养适应新世纪我国社会主义建设需要的、具有创新精神和实践能力的高素质人才的培养模式，增强人才培养质量意识。

2.继续认真贯彻落实教育部《关于加强高等学校本科教学工作　提高教学质量的若干意见》精神，深化教学改革。

3.加强教学基本建设，抓紧实施“高等学校教学质量与教学改革工程”，迎接教育部教学工作评估。

4.积极推进研究生教育的改革与创新，努力扩大研究生教育的规模，提高培养质量，完善管理体制和机制，多渠道争取研究生教育经费。加强博士后流动站的建设与管理。

四、深化科研管理体制改革，提高科技创新能力，加快科技成果转化和高新技术产业化

1.在科学研究中，继续贯彻基础研究和应用研究并重，自然科学和人文社会科学并举的方针，整合科研资源和力量，促进多学科的交叉、融合。

2.倡导团队精神，造就一批有知识创新、技术创新能力的研究群体，增强争取国家重大课题和项目的能力；要注重从科研源头介入，在继续做好争取自然科学基金的基础上，大力争取横向科研项目，力争今年科研经费总量超过7000万元。同时，争取从现在开始的今后几年里，力争取得一批具有国际先进水平或国内领先水平的标志性科研成果。

3.积极争取地方政府的支持，办好大学科技园。要大力推进多形式、多层次的产学研紧密合作，切实提高科技成果的转化率。

五、加强学院的管理和建设

1.认真总结1998年以来院系管理体制改革的成功经验,深化校院二级管理体制改革,进一步理顺校院系三者的关系,明确学院的责权利。

2.大力推进示范性软件学院的建设和实施工作,为其持续健康发展奠定良好的基础。

3.在与厦门市联办医学院的体制下,积极探索与国内外高等医学院校合作的新途径。

4.主动适应社会发展对高等教育的需求,积极探索在我校建立二级学院的办学模式。

六、深化学校后勤与产业管理体制改革

1.通过改革,理顺学校与各企业、经济实体的关系,以资产为纽带,建立符合经济规律、市场机制和现代企业制度的管理体制及学校企业投入撤出机制。本学期要组建投资控股有限责任公司和后勤产业集团,使学校的有关企业化经营性活动有一个科学的管理体制和运行机制。

2.建立适应高校改革发展要求和符合我校实际的后勤保障体系。在巩固学校现有后勤社会化改革成果的基础上,积极争取和利用地方政府对后勤社会化工作的统筹主导作用和优惠政策,以学生公寓的建设和管理、整合后勤市场和后勤产业资源、提高学校的后勤服务整体水平为重点,全面推进后勤社会化改革。

3.要引进竞争机制,进一步明确后勤服务实体与学校的权利义务关系,使学校的后勤产业规模发展、快速发展,最终按国家的要求完成学校后勤社会化的改革目标,保证学校的经营性资产保值、增值。

七、加快对漳州校区建设的领导,紧张、有序、高效地推进漳州校区各项建设项目

1.要抓好主体工程建设,继续认真修订设计方案,抓好工程施工和监理工作,确保工程质量和进度。

2.抓紧配套工程的规划和施工。同时积极与地方政府协调,建好校区周边的各类配套工程和市政设施,推动轮渡码头建设。

3.要多渠道筹措资金,以确保工程建设的需要。

4.着手研究与拟订漳州校区投入使用后的运行机制及管理体制等相关方案。

——本文摘录自《关于印发〈厦门大学2002—2003学年第一学期工作计划要点〉的通知》,厦大委综〔2002〕15号,档号2002-XZ09-5

厦门大学过去五年工作总结及今后五年工作思路

（2002 年 10 月 29 日）

一、过去五年工作总结

近五年是世纪交替的不平凡的五年，是厦门大学各项事业快速发展和不断开创新局面的五年。五年来，我校取得了一系列令人鼓舞的成绩：

1998 年，我校荣获中组部、中宣部、教育部党组授予的“党建和思想政治工作先进高等学校”称号；学校全面启动新一轮校内管理体制改革。1999 年，学校先后召开了后勤工作会议和科研工作会议，全面推进后勤社会化改革，进一步深化科研体制改革；夺取了抗御 9914 号台风的全面胜利。2000 年，学校适时提出了跨世纪改革与发展的战略构想，描绘出厦门大学面向 21 世纪的发展蓝图。2001 年 2 月，教育部、福建省政府、厦门市政府签订了《重点共建厦门大学协议书》，学校列入国家跨世纪重点建设高校行列；4 月，学校成功举办建校 80 周年庆祝活动，凝聚了人心，扩大了影响；漳州校区的建设为学校在新世纪的发展拓展了新的办学空间；5 月，学校全面启动“人才工程”，实施岗位津贴，稳步推进职员职级制度试点工作；7 月，学校以优秀的成绩通过国家“211 工程”一期建设的整体验收；年底，学校制定了《厦门大学“十五”发展计划和 2010 年远景规划》。2002 年，学校相继召开了教学工作和学科建设工作会议，有力地促进了相关工作的进一步改革与发展。五年来，我校的综合实力和社会评价逐年提升，学校呈现出快速发展的勃勃生机。

（一）不断加强党建工作，提高创造力、凝聚力和战斗力，增强先进性和纯洁性

——加强校领导班子建设。校党委十分重视把校领导班子建设成为思想解放，勇于开拓，团结务实，勤政廉洁的坚强领导集体，努力提高领导和服务水平。特别是在 2000 年 10 月开展的“三讲”教育中，党委十分珍惜这次学习提高的机会，高标准、严要求地抓好“三讲”教育，通过“三讲”教育，校领导班子提高了理论学习的自觉性，增强了服务意识和宗旨意识，经受了党内生活的严格锻炼，沟通了思想，加强了团结，增强了领导班子的凝聚力和战斗力。在“三讲”教育民主测评时，群众对领导班子和领导干部自我剖析材料的满意和基本满意率都达到 90％以上。

——加强干部队伍建设。进一步完善我校党政干部公开选拔，竞争上岗的办法，实行处级领导干部任前公示以及干部交流轮岗，严格党政领导干部考核工作，干部队伍建设取得明显成效，一支思想素质较高、结构较合理、能适应学校改革与发展的干部队伍正在成长、壮大。

——加强党的组织建设。校党委有计划、有指导、有措施、有检查地加强基层党建工作。在党员发展工作方面，我校各级基层党组织按照党章要求和发展党员工作的有关规定，根据事业发展的需要，结合师生的实际，注重在大学生和青年教师中发展新党员。近五年来，共发展新党员 3199 名。现在，全校党员数量比 1997 年增长了 50.8％。在加强党员教育管理和基层党组织建设方面，我们制订了党总支工作暂行规定，2002 年进行的党总支工作考评，有力地推动了基层党组织建设。

——坚持不懈抓好党风和廉政建设。一是及时、认真地组织党员干部学习上级关于廉政建设的有关规定，进行党风廉政教育，提高了反腐倡廉的自觉性；二是把廉政建设作为领导干部双重民主生活会的主

要内容之一,加强领导班子内部的自我监督;三是加强廉政制度建设,制定《厦门大学关于贯彻领导干部廉洁自律有关规定的实施办法(试行)》和《党风廉政建设责任制实施办法》、《领导干部离任廉政检查实施办法》等一系列制度,为有效监督提供保证;四是加强对违法违纪案件的查处。这些措施,使我校的廉政建设收到了较好的效果。

——加强对统战工作和工会、共青团等群众组织的领导。高校统战工作是新时期党的统战工作的重要领域,是学校党委工作的一项重要内容。校党委常委会定期研究统战工作,制定了《中国共产党厦门大学委员会关于进一步加强政协委员工作的意见》和《关于加强新世纪统一战线工作的意见》等文件。校党委通过统战部门与各民主党派建立了密切联系,坚持与民主党派和无党派人士定期座谈,及时通报情况和听取意见。校党委重视加强对工会和教职工代表大会的领导,帮助工会加强自身建设,健全和完善教职工代表大会制度,建立工作询问制度,议大事,办实事,充分发挥民主管理和民主监督作用。校党委重视发挥共青团和学生会在学校思想政治工作中的积极作用,充分调动学生会和研究生会在自我教育、自我服务和自我管理中的积极性,大力推进"青年成才工程"和"青年文明修身工程"活动。

经过几年的努力,我校党组织的凝聚力和战斗力都有了明显的增强,涌现出一大批先进党组织和优秀共产党员,他们在学校各个方面发挥着战斗堡垒和先锋模范作用,成为争创一流社会主义大学的骨干力量。五年来,共有68个党总支和党支部被评为全国和省、市、校的"先进党组织",共有117人被评为全国、省、市、校的"优秀共产党员"和"优秀党务工作者",为全校教职工树立了学习的榜样。

(二)加强和改进思想政治工作,重视校园文化建设,思想政治教育和德育工作成效明显

——切实加强思想政治工作。党委坚持不懈地在师生员工中开展正面教育,采取多种形式促进邓小平理论、江泽民"三个代表"重要思想进课堂、进头脑、进教材。党委根据80年办学经验,总结出体现我校丰厚历史文化底蕴的厦大"四种精神"(陈嘉庚的爱国精神,罗扬才的革命精神,抗战时期厦大内迁闽西艰苦办学的自强精神,以王亚南校长、陈景润教授为代表的科学精神),在师生员工中进行"四种精神"的主题教育。党委坚持思想政治工作与教学科研相结合,重视建设一支以专职为主、专兼职相结合的思想政治工作队伍,逐步完善党委统一领导、党政工团齐抓共管、分工负责的思想政治工作体系,通过多年的探索,基本理顺了教职工、本专科生和研究生的思想政治工作体制,强化了"三育人"功能,注意充分发挥校工会、校团委和关心下一代工作委员会等组织在思想政治工作中的积极作用,营造良好的校园德育氛围。

——努力维护学校稳定。校党委高度重视校园的政治稳定,始终把确保学校稳定作为首要的政治任务,层层落实责任制,做到了责任到人,工作到位,措施落实。在做好日常思想政治工作的同时,注意倾听群众意见,化解矛盾,增进理解,妥善处理各种事端。

——加强学校精神文明建设,坚持用社会主义思想占领校园文化阵地。学校先后成立校园文明建设领导小组和德育工作领导小组,制定《厦门大学社会主义精神文明建设五年(1996—2000年)规划》和《厦门大学德育工作五年(1996—2000年)规划》,指导校园文化建设和精神文明建设。由于各级领导重视、真抓实干以及广大师生员工积极参与和全力支持,近年来学校开展的校风建设、校园文明建设和校园及周边治安秩序整治等各项工作,都取得显著成效。

(三)坚持方向、深化改革,重在建设、促进发展,学校各项事业呈现出良好的发展势头

——坚持社会主义办学方向。学校认真落实第三次全国教育工作会议、全国科技创新大会和《面向21世纪教育振兴行动计划》对高校培养高素质创新人才的要求,明确办学方向,努力培养合格的社会主义事业的建设者和接班人,始终把培养掌握先进科学知识、具有社会主义觉悟的创新人才放在首位。

——积极推进办学体制改革。学校在教育部、省、市重点共建的基础上,不断巩固和发展"共建"成果,新增6亿元人民币的共建资金,为厦门大学跨世纪的发展注入了新的活力;各院(系、所)通过开展产学研合作等多种模式,加强与社会各界的"共建",增强各单位的自身发展能力。

——深化校内管理体制改革。1998年8月,学校做出了全面深化校内管理体制改革的决定,启动新

一轮校内管理体制改革,强化竞争和激励机制,精简机构,实施竞争上岗和转岗分流制度,校部机关和机关人员编制分别精简与压缩了25%左右。结合专业调整,重新调整院系设置,先后组建了17个学院并按校院二级管理体制运行。

——学科建设卓有成效。目前,我校已拥有7个博士一级学科学位授权点,覆盖了49个二级学科。28个二级学科有博士学位授权,92个二级学科有硕士学位授权,有3个专业硕士学位。同时设有7个博士后流动站,4个国家基础学科人才培养与研究基地。现有59个学科专业招收博士生,108个学科专业招收硕士生;建设了一批在国内居一流水平的基础学科、优势学科和特色学科。重点学科建设成效显著,"九五"、"211工程"建设达到预期目标,又有11个重点学科列入"十五"、"211工程"建设项目。去年共有13个学科入选国家重点学科。学科结构调整也取得了初步成效。与此同时,我们加大了为学科建设服务的公共基础设施的投入。

——教学改革不断深化。"九五"期间,本科生增长了30%,研究生增长了122%。现有在校学生达19129人,其中本专科生14064人,硕士生3709人,专业硕士生960人,博士生908人,外国留学生710人,港、澳、台学生426人。在规模增长的同时,注重质量的提高,连续两年召开全校教学工作会议,统一认识,狠抓教学这一中心工作;加大教学投入力度,改善办学条件;加强师资队伍和教学管理队伍建设,实行教师"挂牌上岗",设立基础课主讲教授岗位;进一步推进教学内容和课程体系改革,出版"厦门大学面向21世纪系列教材";优化教学手段,教学质量稳步提高。"九五"期间,我校获国家级优秀教学成果奖9项,省级教学优秀成果奖21项。

——深化科研体制改革。学校于1999年11月召开全校科研工作会,出台了《厦门大学关于深化体制改革,加强科研工作的决定》等有关文件及8个配套政策和实施办法。这次会议对进一步深化我校科研体制改革、推进高新技术产业化有着非常重要的意义。会议召开后的两年来,学校科研经费有了较大突破,去年科研经费已达5700万元,比1996年增加了2倍多。学校还建立了厦门大学科技园,入驻深圳虚拟大学园,积极参加深圳"高交会"。学校科研工作取得突破性进展,"九五"期间,人文社会科学各学科共承担各类科研项目536项,出版专著539部,发表科研论文6237篇,有276项成果获国家级和省部级奖励,在首次国家社科基金项目评比中,我校荣获优秀成果奖6项,名列全国高校第三名;学校已获准建立4个国家文科重点研究基地。自然科学各学科,共承担国家、部、省各类科研项目655项,有75项成果获国家级和省部级奖励;共发表各类科研论文近6000篇,其中被SCI收录论文数基本保持在全国高校第12位左右;"固体表面物理化学国家重点实验室"在国家重点实验室评估中荣获全国化学化工类第一名;3个实验室通过教育部认定,成为教育部重点实验室。

——继续推进人事制度改革。制定了《厦门大学岗位聘任及岗位津贴试行办法》,建立以岗位管理为核心的收入分配激励机制,实施岗位津贴,调动教职工的积极性,提高教职工生活待遇;按照教育部的要求,认真进行职员职级制试点改革;严格教师、干部的考核、聘任工作,并使之规范化、制度化。

——加强师资队伍建设,积极引进优秀人才,着力培养中青年骨干教师,教师队伍结构大为改善,充满生机活力。五年来,有3名教授新当选为中科院或工程院院士,引进1名中科院院士;五年共引进博士171人、硕士224人、教授37人、副教授105人。目前,全校专任教学科研人员平均年龄39.06岁,其中,具有博士学位和硕士学位的占80%以上,已形成一支知识、学历、年龄结构较为优化的师资队伍。在专职教学科研人员中,现有两院院士9人,国务院学科评议组成员9人,博士生导师237人;国家级有突出贡献专家13人,列入教育部跨世纪人才培养计划的13人。

——全面推进后勤改革。学校总务、基建、资产3个处的20个科精简为8个科,后勤行政管理干部精简了50%左右。同时,按后勤经营服务的类别、性质成立了5个"中心",实行企业化管理。通过改革,真正把行政管理职能与经营服务功能分开,理顺了管理体制。

——学校综合实力大大提高,办学条件不断改善,自我筹措经费的能力有所增强。2001年学校经费总投入5.6亿元,比1996年增长了3倍多。在办学条件方面,仪器设备总值大幅度提高,图书馆藏书量逐年增加,校舍面积不断扩大,目前校舍建筑面积74万平方米(另由市政府兴建曾厝垵学生公寓67000

平方米),图书馆藏书240万册,仪器设备总值35700万元。尤其是占地2568亩的漳州校区的建设,将为学校在新世纪加快发展提供更大的空间。公共服务体系建设进展顺利,师生员工的工作、学习、生活条件得到了较大改善,图书馆、实验室、校园高速信息网络、办公设备与校园环境已达到了国内高校的先进水平。

二、存在的不足

五年来,我们的成绩是显著的。但是,面对党和国家以及地方经济社会发展对高校的更高、更新的要求,我们清醒地认识到,我校仍存在诸多不容忽视的困难和问题。主要表现在:思想观念不够解放,工作中开创性和前瞻性不足;学科间交叉渗透不够,综合性大学的学科综合优势尚未充分发挥;教学改革力度还不够,基础教学设施还不能完全满足教学的需求;在队伍建设上,人才引进和培养的措施还不够得力;科学研究重大成果少、创新不够,科研经费总量偏小,科技成果转化和高新技术产业化尚处在起步阶段;后勤社会化改革离国家的要求还有很大差距;体制改革和机制创新在某些方面尚未达到预期结果;教育资源未能得到优化配置和充分利用,存在一方面资源不足,另一方面又资源浪费的现象,影响了办学效益的提高;经费投入与学校事业的发展需求存在较大差距;等等。对于困扰和制约学校发展的这些问题,我们必须认真分析,制定对策,很好地加以解决。

三、今后五年的工作思路

今后五年,是我校改革与发展极为重要的时期。当前,国际局势正在发生深刻的变化,世界多极化和经济全球化的趋势在曲折中发展,科技进步日新月异,综合国力竞争日趋激烈,国际高层次人才争夺战也将愈演愈烈。越来越多的国家把建设和发展高质量教育作为一项基本国策,纷纷采取各种措施推进教育改革,国内外高等教育竞争日趋激烈,综合性、研究型、信息化、开放式办学已成为高等教育发展的主流。与此同时,从现在起到2010年前后,是我国经济和社会发展的重要时期——经济结构的战略性调整,科学技术的迅猛发展,社会主义市场经济体制的完善和对外开放的扩大,城镇化进程的加快,西部大开发战略的实施和加入世贸组织,必将使人才结构发生重大变化,对劳动者素质提出更高要求。这一时期,也是福建省加快建设海峡西岸繁荣带、厦门经济特区率先基本实现现代化的关键时期。所有这些,都对高等教育的改革与发展提出了更高的要求,我校将面临更严峻的挑战,但同时也迎来了难得的发展机遇。我们要勇敢地迎接挑战,紧紧抓住机遇,在过去五年工作的基础上,乘势而上,加快发展。

今后五年,我校改革与发展的指导思想是:以邓小平理论、江泽民"三个代表"重要思想和即将召开的党的十六大精神为指导,全面贯彻党的教育方针,坚持社会主义办学方向,进一步加强党的建设和思想政治工作,以改革为动力,以质量为核心,以创新为目标,大力加强学科建设和队伍建设,全面提高办学水平和办学效益,为国家和地方的现代化建设做出更大贡献。

今后五年,我们的奋斗目标是:与时俱进,乘势而上,把我校建成一所国内外知名的高水平大学,成为我国高水平创新人才培养、基础研究、高新技术研究和成果转化、高层次决策咨询的重要基地,成为国际学术交流特别是对东南亚、对台港澳交流的桥梁和窗口,为迈向研究型大学奠定坚实的基础。

今后五年,我校改革与发展的工作思路是:

(一)深化办学体制和校内管理体制改革,切实提高学校的管理水平

继续深化办学体制改革和校内管理体制改革,增创体制、机制的新优势,把学校的整体办学水平推上一个新台阶。深化办学体制改革,要不断巩固和发展"共建"成果,还要不断探索和加强与国内外著名大学、大型企业的合作办学,为学校加快发展注入新的活力,为地方经济建设做出更大贡献。深化校内管理体制改革,强化激励竞争机制,要将管理体制、运行机制、人事制度、分配制度等各方面改革紧密结合起

来，保证改革的整体性和系统性。要继续深化校院二级管理体制改革，理顺校院系三者关系，明确学院的责权利，使学院的办学自主权和综合优势得以充分发挥。

建设国内外知名的高水平大学，必须有高水平的管理。要坚持依法治校与以德治校并举，提高管理的民主化科学化水平，健全、完善学校的咨询、决策、执行和监督系统，实行校务公开，充分发挥教职工代表大会、学术委员会的作用，在发扬民主的基础上形成科学的决策。要通过建立科学的考核、评价、监督体系，对各学院和有关单位实施目标管理。要加强管理干部队伍建设，健全、完善管理干部的选拔、使用、培养、管理制度，建立一支高效、廉洁、务实的管理干部队伍，切实提高管理干部的综合素质。要加强机关效能和作风建设，以转变职能、规范服务为核心，建立办事高效、运作协调、行为规范的工作管理机制。要加快推进办公自动化建设，切实提高管理水平。

(二)切实加强学科建设，提高学科的总体实力和水平

我们必须充分认识学科建设水平是学校办学水平和综合实力的重要体现，学科建设水平的高低也是评判一所大学水平高低的主要标准。要建一流大学，就必须有一批一流学科，因此，我们要认真贯彻落实《厦门大学关于加强学科建设的若干意见》，按照“发挥优势、突出重点、文理并重、巩固基础、培植特色、加强应用”的思路，加大投入力度，切实加强学科建设，提高学科的总体实力和水平，构筑学校的核心竞争力。要进一步优化学科结构，巩固基础和优势学科，更新改造传统学科，大力发展在21世纪有良好发展前景的学科；要集中力量加强工科等应用类学科的建设，注重发展省市经济建设和社会发展急需的学科；要通过体制和机制创新，促进各学科之间的交叉渗透，形成一批新的学科增长点。要力求在学科发展、学科队伍建设、学科带头人培养、科学研究等方面取得一批标志性成果，全校半数左右学科居国内一流水平(力争拥有12至16个博士、硕士学科授权一级学科)，其中若干学科接近或达到国际先进水平。在学科建设过程中，要着重处理好优势、特色学科与新兴学科的关系，学科组织新体系与院系管理体制的关系，学科带头人与学术梯队的关系，目标管理与过程管理的关系以及学科建设与资金投入的关系等。

(三)大力推进素质教育，努力提高人才培养的层次和质量

人才培养是学校的根本任务，要坚持规模、结构、质量、效益的协调与统一，把提高质量和优化结构摆在突出位置。要大力推进素质教育，提升我校毕业生的社会竞争力。要全面推进教学改革，牢固树立教学改革是学校教育改革的核心，提高人才培养质量是永恒主题的思想，按照基础扎实、知识面宽、能力强、素质高的创新型人才的总体要求，加大教学内容和课程体系的改革力度，确立符合素质教育要求的课程、内容、目标与标准，构建适应21世纪需要的人才培养模式。

积极推进研究生教育的改革与创新，适当扩大研究生教育的规模和数量，以适应“科教兴国”的要求，这也是建立研究型大学的重要标志；要提高研究生教育的培养质量，以适应国民经济发展和国际竞争的需要；要通过研究生教育，不断壮大我校科研队伍；要进一步改革研究生教育的管理体制和机制，进一步加强重点学科建设，加强博士后流动站的建设与管理，同时，多渠道争取研究生教育经费。

(四)推进科研管理体制改革，加快科技成果转化和高新技术产业化

要充分发挥我校综合优势，倡导团队精神，整合科研资源和力量，促进学科间的交叉融合，造就一批有知识创新、技术创新能力的研究群体，增强争取国家重大课题和项目的能力。要注重从科研源头介入，在继续做好争取自然科学基金的基础上，面向经济主战场，大力争取横向科研项目，力争在二三年内，当年科研经费总量超亿元。同时，还要在重大奖励、高水平论文数量上有一个新突破，力争取得一批具有国际先进水平或国内领先水平的标志性科研成果。要办好大学科技园，发挥其科技开发“孵化器”的作用；选择并扶持具有市场前景的技术创新成果实现产业化。要大力推进多形式、多层次的产学研紧密合作，切实提高科技成果的转化率。

要认真落实江总书记关于哲学社会科学与自然科学的“四个同样重要”、“五个高度重视”的讲话精

神,坚持人文社会科学研究与自然科学研究的同步发展。

(五)大力加强教师队伍建设,全面提高教师队伍素质

教师队伍建设是学校发展的关键。要树立"以人为本"的观念,努力建设一支一流的师资队伍。要积极创造吸引人才、留住人才和人才健康成长的良好环境,加强和改善教师的思想政治工作和师德师风建设,实施《厦门大学学术道德行为规范》,营造诚信、严谨的校风和学术氛围,全面提高教师队伍的思想素质、职业道德水平、业务水平和综合能力,使教师队伍的整体水平适应素质教育的需要,从而建设一支结构优、素质好、活力强的高水平的教师队伍。今后四年,学校将投入不低于1亿元人民币的专项经费加强人才工程建设。

进一步优化教师的职称、学历、学缘和年龄结构,要下大力气培养一批一流的学科带头人,同时,还要实行特殊的人才引进政策,拓宽人才引进和使用的渠道,力争增加若干名大师级学科带头人。

(六)广泛开展国际和区域学术交流,提高学校国际竞争力

对外学术交流要提高层次,扩大规模,以更加开放、超前、开拓的姿态做好教育外事工作,在扩大对外影响和实质性交流上下功夫。要着力发展与欧美、俄罗斯、日本等国家的知名高校、科研机构以及世界知名的高科技企业、跨国公司的合作交流,注重建立实质性交流合作关系;鼓励各院系所(实验室)积极主动开展对外合作交流,争取举办高水平的大型国际学术会议;逐年增加选派教师和管理干部赴国(境)外进行学术交流合作与考察。

充分发挥区位优势,广泛开展与东南亚、台港澳地区的学术合作交流。继续巩固我校在东南亚和台港澳地区具有较高声誉的地位,加强对外宣传,把我校优势学科推向海外,吸引更多留学生;提高国际和区域学术交流合作的层次与水平。

(七)深化后勤改革,提高后勤保障能力

要通过改革,建立适应社会主义市场经济和我校教育事业发展的后勤社会化服务体系,在更高层次上为学校的发展提供保障和服务。积极争取和利用地方政府对后勤社会化工作的统筹主导作用,有效吸收社会资金和使用金融机构的贷款,要以学生公寓的建设、管理和整合后勤产业资源,提高学校的后勤服务整体水平为重点,全面推进后勤社会化改革。要在巩固现有改革成果的基础上,整合后勤市场和后勤产业资源,组建后勤产业集团式的企业。要引进竞争机制,进一步明确后勤服务实体与学校的权利义务关系,使学校的后勤产业规模发展、快速发展,最终按国家的要求完成学校后勤社会化的改革目标。对后勤社会化改革过程中的资产管理应遵循"合理剥离、有效重组、严格监管、适当扶持"的原则,保证学校国有资产的保值、增值。

(八)加快漳州校区建设,积极探索新的管理模式

建设漳州校区是我校拓展办学空间的重大举措,对于我校在新世纪的发展具有重要战略意义。经过一年多的艰苦奋斗,我们已完成了漳州校区的征地拆迁、总体规划、单体设计以及三通一平工作,建筑面积达18万平方米的漳州校区一期工程已顺利开工。我们要进一步统一对漳州校区建设重要性、紧迫性和艰巨性的认识,动员全校力量,认真抓好漳州校区建设的几项主要工作:

一是要抓好主体工程建设。首先是继续认真修订设计方案,使漳州校区既传承嘉庚建筑风格和文脉,又注入鲜明的时代精神。其次是抓好工程施工和监理工作,确保工程质量和进度。二是要抓紧配套工程的规划和施工。首先是建好食堂、超市以及供教师备课、休息的实行宾馆式管理的综合楼,其次是积极与地方政府协调,建好校区周边的各类配套工程和市政设施,尤其要抓紧建好轮渡码头。三是要努力探索一校多区的管理模式。四是要多渠道筹措资金,以确保工程建设的需要。五是要加强对漳州校区建设的领导,紧张、有序、高效地推进各项建设工作。我们坚信,再经过一年的努力,一座座具有嘉庚建筑风

格的漳州校区新楼群将拔地而起，迎接2003级新生的到来。

四、按照“三个代表”的要求，进一步加强和改进党建和思想政治工作

“三个代表”重要思想是我校加快改革发展步伐、做好各项工作的重要指南，是全面加强我校党建和思想政治工作的行动纲领。今后五年，我们要深入学习贯彻“三个代表”重要思想和党的十六大精神，正确分析我们面临的新形势、新任务和新挑战，努力做实践“三个代表”的模范；要坚持党要管党、从严治党的方针，坚持讲大局、讲团结、讲稳定，全面加强党的思想建设、组织建设、作风建设，不断加强和改善党的领导，进一步提高党的领导水平，进一步增强拒腐防变和抵御风险的能力，为实现我校的奋斗目标提供强大的精神动力和坚强的组织保证。

(一)进一步加强党的思想理论建设，增强创造力

坚持与时俱进，最重要的是坚持理论上的与时俱进。要从“三个代表”的高度，坚持和巩固马克思主义在高等学校的指导地位，坚持用科学的理论武装广大师生员工的头脑。要进一步完善党委中心组学习制度，以党员领导干部为重点，认真组织广大师生员工学习马列主义、毛泽东思想、邓小平理论、江总书记“三个代表”重要思想和党的十六大精神，提高广大党员的政治理论素养，增强政治意识、大局意识、责任意识和阵地意识。要坚持“学马列要精，要管用”的原则，注重理论联系实际，教育党员干部自觉树立正确的世界观、人生观、价值观和权力观，坚持正确的政治方向，提高政治敏锐性和鉴别力，始终保持理论上的清醒和政治上的坚定。要善于运用马克思主义的基本理论、基本观点和方法，研究解决学校改革、发展和稳定中遇到的突出问题和师生们普遍关注的热点、难点问题，着眼于新的实践和新的发展，坚决破除小富即安、因循守旧、急功近利的观念。要进一步勤于思考、勇于探索、敢于创新，使我们的思想、工作和作风更加切合时代、切合实际。

(二)进一步加强校院两级领导班子和干部队伍的建设，增强凝聚力

各级党组织要带领群众把我们的事业推向前进，必须要有强大的凝聚力。因此，我们必须认真贯彻《中国共产党普通高等学校基层组织工作条例》，坚持和完善党委领导下的校长负责制，进一步加强各级领导班子民主集中制建设，认真执行集体领导、民主集中、个别酝酿、会议决定的议事和决策制度。发扬党内民主，推进决策科学化和民主化。校院两级领导班子要认真总结“三讲”教育的经验，巩固“三讲”教育的成果，把从严治党的方针落实到对领导班子和领导干部的严格教育、严格管理和严格监督中去。要坚持干部队伍的“四化”方针和德才兼备原则，扩大民主，完善考核，促进交流，加强监督，建立科学规范的党政领导干部选拔任用制度，形成富有生机与活力的用人机制。要抓紧培养和选拔优秀年轻干部，有计划地把年轻干部放到一些关键岗位、艰苦环境中去锻炼，对特别优秀的年轻干部，要大胆破格提拔。要加强干部教育培训和后备干部队伍建设，努力培养造就一支高素质、能够担当重任、经得起风浪考验的干部队伍。

(三)进一步加强基层党组织建设，增强战斗力

党的基层组织是党的全部工作和战斗力的基础。学校各基层党组织要充分发挥好政治核心作用、保证监督作用和战斗堡垒作用。党总支和党支部要围绕学校中心任务和改革发展工作，不断改进基层党组织的活动内容和工作方式，增强党组织解决自身矛盾的能力，勇于正视和解决存在的问题，不断增强凝聚力和战斗力。

要按照“三个代表”的要求加强党员队伍建设，在党员中开展理想信念教育和党纪党风教育，增强党员的光荣感和责任感，充分发挥党员在学校改革和发展以及教学、科研和行政管理工作中的先锋模范作用。

要从高校承担着为社会主义现代化建设事业培养合格建设者和接班人的战略高度来认识党员发展工作的重要性。要坚持标准切实做好发展党员的工作,特别要重视在优秀青年教师和学生中加强党员发展工作,增加党的新鲜血液,注入新的活力。

(四)进一步加强党的作风建设,保持先进性和纯洁性

党的作风直接关系到党的形象和战斗力。加强和改进党的作风建设是实践"三个代表"的迫切需要。要认真贯彻党的十五届六中全会精神和《中共中央关于加强和改进党的作风建设的决定》,要切实做到"八个坚持、八个反对",要结合我校实际,紧紧围绕改革、发展、稳定的大局,以进一步密切党同人民群众的联系为核心,以保持党的先进性、纯洁性和增强党的创造力、凝聚力、战斗力为目标,全面加强党的思想作风、学风、工作作风、领导作风和干部生活作风建设。

要高度重视党风廉政建设和反腐败工作,坚持"两手抓,两手都要硬"的方针,始终把党风建设作为党建的重要组成部分抓紧、抓好。进一步建立和完善党风廉政建设责任制,落实党内监督制度,拓宽党外监督和舆论监督的渠道。严格管理,强化党风廉政建设责任制。坚持正面教育为主,不断增强党员干部遵纪守法的自觉性。

广大党员特别是各级党员领导干部要实践全心全意为人民服务的宗旨,继承和发扬党的理论联系实际、密切联系群众、批评和自我批评的优良传统与作风。在任何时候任何情况下都必须坚持党的群众路线,坚持把实现人民群众的根本利益作为一切工作的出发点和归宿,把群众呼声当作第一信号,把群众需要当作第一选择,把群众利益当作第一考虑,把群众满意当作第一标准,永远保持党的先进性和纯洁性。

(五)进一步加强思想政治工作和校园精神文明建设,增强针对性、实效性、主动性

我们应当认真总结思想政治工作中的丰富经验,积极探索思想政治教育工作的特点和规律,创造出与新时期办学相适应的思想政治工作的新体制、新内容、新方法,不断增强思想政治工作和校园精神文明建设的针对性、实效性和主动性。

要进一步理顺学校思想政治工作体系,大力加强思想政治工作队伍建设,要像培养业务学术骨干那样,努力建设一支具有马克思主义理论素养,政治坚定、专兼结合、结构合理的高素质思想政治工作队伍。普遍建立思想信息网络,坚持思想政治教育制度,切实形成校党委领导下的党、政、教、工、团齐抓共管的新体制,形成学校思想政治工作良好的运行机制。

要进一步改进思想政治工作的内容和方法,增强思想政治工作的实际效果。要在继续加强党的基本路线教育、党的基本理论教育、党的基本知识教育的同时,结合形势、任务和学校的实际,进行社会主义、爱国主义、集体主义和艰苦奋斗精神的教育,加强国情、社情、校情教育和诚实、守信教育。要把课堂教学与日常教育结合起来,把基本理论教育与具体的现实思想教育结合起来,把思想教育与加强管理结合起来,努力摸索一套行之有效的思想政治工作新形式和新方法。

要进一步加强校园精神文明建设,以社会主义、爱国主义和集体主义为主旋律,以改革、创新和发展为基调,着重抓好校园文化生活、校园文明秩序、校园环境美化等工作。我们要利用厦门大学的环境特色和优势,继续弘扬我校特有的"四种精神",努力创造国内一流的高校文明校园,为培养社会主义事业的建设者和接班人,提供良好的育人氛围。

五、2002—2003学年第一学期工作计划要点

(略——编者)

——本文摘录自《关于报送〈厦门大学过去五年工作总结及今后五年工作思路〉的报告》,厦大办〔2002〕50号,档号2002-XZ09-3

·专　文·

与时俱进　乘势而上

——在全校中层干部会议上的讲话(摘要)

(2002年3月4日)

校党委书记　王豪杰

一、一年来工作的简要回顾

过去的一年里,我校取得了一系列可喜的成绩:

第一,2月份,签订了部、省、市共建厦门大学的协议,3年共给厦大注入6个亿的共建资金。

第二,4月份,成功地举办了80周年校庆。江总书记发来了贺信,有8000多名海内外校友和友人来校参加校庆庆典活动,达到了校庆"弘扬嘉庚精神、展示厦大实力、凝聚校友力量、振奋师生精神"的目的。

第三,以全优的成绩通过了教育部专家组对我校"211工程"一期建设的验收。在去年的全国重点学科评选中,我校重点学科数量由原先的7个增至13个。学校还获准试办示范性的软件学院,国家财政部依托我校在厦门创办了厦门国家会计学院。

第四,去年全面启动了"人才工程",实施了岗位津贴,师资队伍建设取得成效。

第五,学校的科研工作有了长足的进步。2000年的科研经费总量比1999年翻了一番。我校连续三年参加深圳的"高交会",学校已经出现了总研究经费超千万元的横向应用研究项目;人文社科研究水平居全国先进行列,我校连续两年获得全国"五个一工程"奖。

第六,加大了对本科教学的投入。近两年,在迎接教学优秀评价工作中学校共投入1.12亿元;校园高速信息网络建设规模和水平居全国高校的前列。

第七,学校的后勤社会化改革也迈开了坚实的步伐。学校在过去两年内新建和改造的校内学生公寓面积达2.1万平方米,新建学生食堂1.1万平方米,筒子楼改造4.2万平方米,厦门市还在曾厝垵新建学生公寓6.7万平方米;近两年来,学校新建的楼房投入总额高达1.5亿元,其中有7400万元为社会各界和校友所捐赠。

第八,学校被誉为"全中国最美丽的校园"。与老校区隔海相望的漳州校区已全面破土动工。

第九,学校的党建和思想政治工作连续两次获中组部、中宣部、教育部的表彰,被授予"党建和思想政治工作先进高校",去年底又通过省委的检查评估。我校形成并弘扬了厦大特有的"四种精神"。

第十,学校的综合排名和社会声誉有所提升。

12 月 22 日,李岚清副总理和陈至立部长到我校视察,对我校的改革与发展表示满意。

二、对我校面临形势的估计和存在问题的分析

面对去年的成绩,如何一分为二、恰如其分地对此有一个正确的估量?厦门大学下一步怎么走?

这是整个寒假一直困扰着我们的一个大问题。分别找了一些同志探讨这个问题,发现大致有以下三种态度。

一种是过于乐观。这部分同志认为厦大这几年所取得的成绩有目共睹,他们对学校这几年的工作表示满意,甚至有的人还感到很自豪。

另一种是安于现状。这部分同志认为厦大现在挺好的,该有的都有了,环境很美,收入多了,日子也好过了,别太折腾。这种心态是怕失去现有的这一切,想稳、想守。

还有一部分同志的心态过于消极。他们对今天的厦大没有准确的定位,动辄就拿厦大和清华、北大比,认为厦大不如清华、北大。还有的同志把我校一些比较薄弱的学科和其他学校比,如认为某某学科不如福州大学、华侨大学等等,由此他们感到悲观。

以上这三种情况有一个共同点,那就是对我校目前的形势认识还比较模糊,对我校优势和劣势的把握还不够准确,对厦大下一步该怎么走还心中无数。因此,有必要谈谈厦门大学现在面临的形势,厦门大学到底还存在哪些薄弱环节和应该引起我们重视的主要问题。也就是说,必须要对我校面临的形势做一个客观估计,对存在的问题做一个科学分析。

讲到所面临的形势,请允许我把这个话题追溯到 1999 年。那个时候全国相继召开了第三次全教会和技术创新大会,中国的高等教育正处于一个大变革、大发展的时期。但那个时候的厦门大学依然满足于过去所取得的成绩,过着一种十分悠闲和安逸的日子,有一种“小富即安”的心态,也有一种至今自己也不承认的“小岛意识”。等到我们离开厦大,出去走一走,才发现“外面的世界真的很精彩”。我们面临着十分严峻的五大挑战,那就是全国高校布局结构调整;国家集中财力重点支持几所名牌大学;由于大额资金的资助,名校纷纷实施高额的岗位津贴,人才竞争十分激烈;许多名校有了名牌产品,公司纷纷上市;还有,全国高校后勤社会化改革的步伐很快,学生公寓、后勤集团相继出现。面对这五大挑战,厦大人面临一种从未有过的危机感和紧迫感。

怎么办?当时党委及时提出必须“抓住机遇、迎接挑战、深化改革、加快发展”,提出了“厦门大学跨世纪改革与发展的战略构想”,即大家非常熟悉的达成“四点共识”,其中一个印象最深、效果最好的就是“厦门大学不求最大,但求最好”。这个共识使厦门大学在并校浪潮中把握住自己;弘扬“四种精神”,让我们找到了厦大 80 年文化底蕴,让厦大人把握住自己的根;争创“四个优势”,让厦大人看到自己还有兄弟院校所没有的优势,增强了信心;加快“四个发展”,让我们看到了工作的重点。我们提出在两三年之内,集中做好十件事,现在看来一件件都做成了。一是共建 6 个亿,使厦门大学进入了国内外知名高水平大学的行列;二是“211 工程”一期建设的评估达全优,展示了厦大的实力;三是积极准备迎接教学优秀评价;四是加强科学研究,加快产业化转化,增强学校的造血功能和为社会服务的能力;五是全面启动了“人才工程”,实施岗位津贴;六是积极争取创文科研究基地中心、理科青年创新群体,来树立厦门大学的精品品牌;七是实行了后勤社会化改革,为厦大的发展提供后勤保障条件;八是启动了漳州新校区,为厦大的发展留住了足够的空间;九是办好了 80 周年校庆,在全社会树立了一个良好的形象;十是加强了党建和思想政治工作,这是改革与发展的根本保证。在此基础上,学校又及时制定了《厦门大学“十五”计划和 2010 年远景规划》。

现在回头来看,正是因为我们能正确估计面临的形势,能够及时把握机遇,也正是因为有厦大全体员工的共同努力和奋斗,才会有厦门大学今天的景象。三年过去了,中国的高等教育今天又发生了什么变化呢?在去年的全国直属高校咨询工作会议上,陈至立部长说现在高等教育的形势是“高教大发展,改革大突破,面临新挑战,任重而道远”。李岚清副总理说,“形势不断发展,问题层出不穷,改革永无止境”。

这些论述也符合厦门大学的实际情况。

(一)对我校面临形势的估计

1.我校所面临的新要求、新挑战、新课题。

国家的"十五"计划仍然是以发展为主题,现代化建设越来越依赖于教育和科技的进步,这就对高等学校的学科结构、人才培养提出了更高的要求。现在大学越来越引起社会的关注,而社会各界,包括政府对名牌大学的期望越来越高,这是新的要求。

中国加入WTO以后也给我们带来了新的挑战。比如教育的竞争就不仅仅是国内和校际之间的竞争,还包括国际间的教育竞争。这些竞争将日趋激烈,如对优秀教师、人才、优秀生源的竞争也日趋明显。加入WTO还对原有教育服务的宏观秩序造成冲击,对现有的管理方式提出挑战,高等学校同时也成为西方思想文化冲击的前沿,这是新的挑战。

随着高校的改革特别是后勤社会化改革的深入,也提出了许多新课题。如管理体制的改革提出新课题,扩大办学规模也带来了新的困难,规模扩大了,师资紧张,教学工作量大幅度增加;规模扩大,学校的办学条件跟不上,超负荷运转。再有,学校的一些学科结构、培养人才的模式适应不了社会发展的需要,同时因为规模的扩大、人数的增多,给教学组织、生活管理带来了许多新的困难。再如后勤社会化改革后,高校思想政治工作和高校的管理怎样进入学生公寓,企业参与学校的学生公寓和后勤改革,企业、学校、学生三者的利益怎样互相兼顾,校外的学生公寓怎样营造良好的育人环境和氛围,都是我们遇到的新课题。

2.兄弟院校改革发展的态势。可以这么说,一些强强合并、资源重组、整合的高校在度过困难的磨合期后,效益已经日益凸显出来。陈至立部长在咨询会议上说,"实践证明,中国的高校布局结构调整、合并是正确的,效果是好的,逐渐显示出旺盛的生命力,随着时间的推移,这种优势会日益凸显"。它们在学科、人才、资产方面会远远超过我们。以中山大学为例,原来与我们差不多,甚至我们在某些方面比它还强,可现在中山大学兼并了珠海大学,规模扩大了一倍。中山大学合并中山医科大学,它的学科得到了强有力的增强。因为强强合并,其学科、人才、资源、论文都会有很大的增长,对我们造成挑战和冲击。

3.由于改革的不断深化,国家的建设战略移向西部,提出西部大开发。因此,我们曾经引以为豪的特区区域优势,在某种意义上正在和一些高校密集的地方形成优势的转换。一些高校密集的城市在办学外部环境比起厦大有很大的优越性,如西安有40多家高校。在厦门地区只有一所重点高校的外部环境下,我们缺乏的是一种危机感和竞争的势态。再一个是兄弟院校的后勤社会化改革的力度加大,兄弟院校的高新技术产业化转化步伐加快,厦大还存在较大的差距。

(二)对我校存在问题的分析

1.在学科建设方面。李岚清副总理说,"高等学校布局结构调整的阶段已基本结束,现在是转入学科结构调整,提高教学质量的阶段",我校是综合性大学,学科齐全,有很多传统的、有优势的、有特色的、有前景的、有人才的学科。但必须承认面对21世纪,厦门大学的学科交叉还很不够,综合性大学的综合优势的发挥非常不足。我们也赞成学科建设要"有所为,有所不为",但实际操作时却常常感到困难重重,认识不一致,改革的力度不大,措施也不是很有力。

2.在人才工程方面。我校虽然引进了不少人才,目前队伍的年龄、学历结构都不错,但缺学科"带头人",缺帅才、高层次的人才。我校的"长江学者"岗位和"闽江学者"岗位至今人员未满。为什么筑了巢却引不来凤?!值得反思和检讨。我在一次会议上听说,厦大还是有人来的,但由于学术思想的差异、识才的标准、容人的胸怀,甚至后勤保障条件等原因,本来到厦大的人又转身到兄弟院校去了,到比厦大更出名的兄弟院校去了,而且不久就做出了成绩。现在回想过来,令人十分痛惜!要是到了门前的人才,我们都不能留住,何谈"不求所有,但求所在;不求所在,但求所用"呢?再有,在尊重老的学科带头人,培养、大胆起用优秀的中青年学者等方面,我们也还有很大的差距。

3.在科学研究方面。我校的科研总量虽然成倍增加,但与学校的地位、影响不相适应,科研总量、科研经费总量还偏小。现在我校的科研项目和组织形式还是项目小、层次低、分散、单干的情况多,而项目大、层次高、团队项目交叉进行的情况少;标志性的研究成果有,但很少;科研成果转化少,效益也低。

4.在教学改革方面。过去的一两年来,对硬件建设的投入多,对软件建设的投入少。对投入的效益缺少科学的评估,硬件投入后,是否产生最大的效益?听物资部门的干部反映,回收报废的电脑键盘都还是新的,很心疼。也听说有些实验室变成院系所有,关门不让用,有些设备本校教师使用收费很高。有些院系拿到的专项经费至今分文未动。乱花钱不好,不会合理地使用这些经费也并非好事。

5.在后勤产业方面。1998 年校内管理体制改革和 1999 年学校后勤改革工作会议之后,因为客观原因,学校的后勤改革没有继续大踏步地深化,后勤产业与兄弟院校的差距越来越大,我校的产业至今还形成不了规模,效益也不很理想。还有一些独立核算的单位没能完成生产任务,拖欠上交款项。

6.关于财务状况。学校的财政收入增加很多,但支出也增加很快,支出的增加比收入的增加还大得多,今年的预算达到了 5.6 亿元。我们要对学校的财务给予极大的关注。财务支出不尽合理,人头经费比例越来越大,再者,财政的支出管理不严格,且支出与产出不成比例。还有,校院管理体制改革以后,若干学院的财务制度还没建立起来,还是以系为单位运转。还有一些单位出现了截留的问题,没有把该上缴学校的资金如实按时上缴。

关于学校的财务状况,要特别提醒大家的是,今后我校还有大笔用钱的项目,如漳州校区的建设需要数十亿的投资,学校每年的岗位津贴必须保证 2800 万元,假如我们的共建不能继续,到那时该怎么办?

7.关于干部工作。“三讲”期间提出的干部重提拔使用、轻教育监督的现象仍然没有太大的改变。一部分干部缺乏与时俱进、开拓创新的精神,事业心和责任心不强,使命感和紧迫感也不强;一部分同志辛辛苦苦忙于事务,忽视了学习、提高,因此能力总是不尽如人意;还有相当一部分同志作风还比较浮躁,深入不下去;有小部分同志风气不好,吃喝太多,有时还搞团团伙伙、自由主义;极个别的也有以权谋私、违纪、腐败的行为。

三、本学期工作思路

对所面临的形势和存在的问题进行估计和分析后,常委和“两委”达成了以下两条共识,提出了本学期工作重点的思路。

(一)既要看到挑战,更要把握住机会,要与时俱进,乘势而上,加快发展

第一,我们现在正面临怎样的机遇呢?有三个方面为我们提供了很好的发展机遇:

一是“高教大发展”形成了一个很好的外部环境。“科教兴国”战略已经在全党、全国达成了共识,没有这样的战略,就没有现在的共建。各级党委和政府对高等教育的支持力度加大,高教大发展为我们提供了发展空间,才有我们新建漳州校区,给我们造成良好的外部办学环境,给我们带来了机遇。

二是“改革大突破”形成了思想的解放和观念的更新。我校能够实施“人才工程”和高额岗位津贴,得益于这次改革。改革大突破为我校专业结构调整、应用开发研究、成果的转化,扫除了思想障碍。改革大突破使高校社会化改革的步伐加快。改革大突破也使高校的师生员工的心理承受能力有了很大的增强。

三是入世带来机遇。入世后中外教育的交流和合作会使中国的高等教育总量增加,从而会促使教育供给的多样性和选择性。入世后企业对人才需求的变化将推动高校人才结构的调整和专业结构的调整。入世后我国将有序、有节地开放部分教育市场,这将推动教育管理体制的现代化和办学模式的多样化,深化教学改革。

第二,有了这些机遇,我们就必须抓住机遇,乘势而上,加快发展。首先,我校有乘势而上、加快发展的有利条件和基础。我校有 80 年来的办学经历,历史悠久,办学经验丰富,具有良好的社会形象。我校具有较优越的外部办学环境,省、市政府非常支持,海内外校友、华人、华侨也关心和资助我校,并且我校

具有一定的区位优势。我校内部资源雄厚，我们有一流的学科、好的队伍、充足的资金、先进的设备、完善的基础设施、充裕的发展空间和我校特有的“四种精神”。这几年所取得的可喜成绩，都为我校今后的发展打下了良好的基础。

其次，我们也理清了乘势而上、加快发展的基本工作思路。我们要乘势而上、加快发展，就必须有清醒的认识、开阔的视野、创新的精神、创业的勇气和实干的精神。我们既要看到挑战，更要看到机遇。

(二)要认认真真、扎扎实实地实施《厦门大学“十五”计划和 2010 年远景规划》，练好内功

“十五”计划的制定历时一年，是全校师生员工集体智能的结晶。“十五”计划对形势的分析客观，指导思想正确，奋斗目标明确，措施具体、有力、操作性强。教代会已经讨论通过，下一步的主要任务就是认真实施，坚持数年，必有成效。因此，本学期工作要点的第一句话就是：“2002 是全面实施‘十五’计划，加快新世纪事业发展的至关重要的一年。”要进一步解放思想，深化改革，与时俱进，乘势而上，再上台阶，争取早日把我校办成“国内外知名的高水平、研究型的大学”。

——本文摘录自王豪杰：《梦萦南强》，厦门大学出版社，2007 年 3 月版

转变教育观念　提高教学质量

——在2002年教学工作会议上的讲话(摘要)

(2002年5月10日)

校党委书记　王豪杰

去年年底,李岚清副总理在全国部属院校咨询工作会议上提出,1998年以来,中国的高等教育改革主要是围绕着高校布局结构调整、高校人事财务分配制度的改革、高新技术产业和后勤社会化改革来展开的,这一个阶段的改革已经基本结束。从现在开始,中国的高等教育改革转入了调整专业结构,提高教学质量这个阶段。我觉得这个判断既符合全国高等教育的形势,也符合厦门大学的实际。教学工作是学校的一项中心工作,要讲的内容很多。根据李岚清副总理对高等教育形势的判断和我校实际,我今天主要是围绕如何深化教学改革,提高教学质量这一主题谈谈我个人的几点意见,供大家讨论和思考。

一、进一步解放思想,转变更新教育观念

为什么我想重申这个话题呢?这是因为:

第一,要真正树立以培养优秀人才为己任的质量意识。高校特别是名校,要在竞争中生存与发展,就必须在教学中树立"质量第一"的意识,像我们厦门大学这样的重点大学,质量是生命,我想这个道理大家都清楚。因此,各级领导一定要认识到教学质量是学校生存与发展的生命线,把提高教学质量作为学校工作的永恒主题。每一个负责任的领导或教学工作者,都应该对我们的教育事业,对我们的学生有这种责任感,真正认识到大学尤其是名校教学质量的重要性。从理论上说,教学和科研是高等学校工作并重的两个中心,即教学和科研相结合,但在实际工作中,大学的教学质量意识容易被忽略。因此我觉得在这次教学工作会议上有必要把这个质量意识再重新提一下。

第二,要树立"以学生为本"的教学观念。加入WTO后,我国高等教育成为服务行业,学生由原来单纯的受教育者转变为既是受教育者也是高等教育的消费者,高校则由原来单纯的教育者转变成既是教育者又是高等教育服务的提供者,这就要求高校转变教学观念,树立"以学生为本"的教学意识。这在实际工作中很不容易,解决这个问题,没有观念上的改变和更新是根本做不到的。因此,一定要从传统的以教师传授知识、学生被动接受知识为主,转向以学生主动发展为主,必须在教学、课堂指导、课外实践等等各个环节都做出根本的变化,比如采用讨论式、启发式、探究式的教学方法,否则就不可能实现由"我讲你听"到学生主动发展的转变。在传统教育模式下,"我是什么专业的教授,我教给你什么知识","我懂什么我教给你什么"。但在已经进入21世纪的今天,面对新世纪人才的素质要求,这一观念和模式是落后的,是不符合时代发展需要的。为了适应新时代对人才提出的新要求,我们在人才培养目标的定位上,一定要实现学生由知识型向素质型的转变,而要实现这一转变,就必须"以学生为本",只有这样才能对学生因材施教,才能尊重学生的个性发展,培养学生的创造力,因此,在今后的教学改革和教学工作中必须树立起"以学生为本"这一教学观念和意识,尊重学生对专业、对教师、对课程的选择权。

第三,要强化素质教育的意识。一个人才是否有成就不仅决定于其专业素质,更决定于他的综合素质,特别是他的创新思维和实干精神。从这个方面来看,素质教育的重要性就不言而喻了。从幼儿园起一直到大学都要进行素质教育,那么,大学的素质教育到底要强调什么呢?我认为主要要实现四个转变:

首先是从以继承为中心到培养创新精神的转变。传统的教学是以继承为中心的,"教师教什么,学生就学什么"。学生思维囿于教材和教师的思维,缺乏创新和批判精神,这不利于人才的培养和学生素质的提高。其次是从单一学科为中心到整体知识结构的转变。学科发展呈现既高度分化又高度综合的发展趋势,任何学科都不可能像以前那样"单打独斗",固守自己的"领地",而是在不断的学科交叉和融合中寻找自己的发展空间,加上社会问题的复杂化使得任何社会问题的解决都必将涉及多个学科的知识和思维方式,这些都要求我们在今后的教学中必须实现由单一学科为中心到整体知识结构的转变。再次是以智育为中心到德、智、体、能协调发展的转变。过去我们的教学是以智育为中心的,"以分数挂帅",这容易导致"学生的片面发展",因此,在今后的教学中一定要在重视智育的基础上,更加注重德、智、体、能的协调发展。最后是教学生做事为中心到教学生做事尤其是做人相结合的转变。

二、加大专业结构调整的力度

专业结构调整不仅仅是李岚清副总理对我国高等教育改革提出的要求,也是社会发展、科技进步的客观要求,是培养能够面向21世纪的人才的客观需要,更是专业生存和发展的必由之路。因此,这次教学工作会议很重要的一个内容就是要进行专业结构调整。我们过去也进行了这项工作,但从今天的情况看来力度不够,因此必须在以后的教学改革中加大专业结构调整的力度。当然,一个专业经过几年、几十年的发展,要调整具有一定的困难。三年前我们学校改革与发展的构想中提出达成四点共识,其中第二点"有所为,有所不为",当时绝大多数同志都说好,但"有所为"者兴高采烈,"有所不为"者十分痛苦。但这个调整的决心一定要下,这个决心不下,今后的日子就会难以为继,更不用说出成果,也不要说学科发展。不进行专业结构调整,专业总有一天会死亡。现在的调整是为了今后的生存和发展,这个道理一定要清楚。

根据我们学校的实际情况,专业结构调整应该怎么做呢?我觉得应该注意以下四个方面:

第一,就我们厦门大学的实际,专业结构调整一定要在保持传统基础学科优势专业持续发展的基础上,重点发展与信息技术、生物工程、新材料以及新兴学科、高新技术产业相关的专业,鼓励跟学科间相互交叉渗透的专业的成长。同时,又要依托这些成长的专业实现对传统专业的改造和提升。

第二,按照"厚基础、宽口径"的人才培养目标的要求突出基础课的教学。要把我校办成世界一流名校,不打通基础课的教学,就很难和国际接轨,培养的学生,基础就会不够扎实、不够厚、不够宽。因此,一定要按照"厚基础、宽口径"的人才培养目标的要求来实现或突出基础课的教学,要继承传统,注重基本知识、基本理论、基本技能、基本方法,同时强调"两个并重",即基础课与专业课并重,理论学习和实践训练并重,这是我们这次专业结构调整必须遵循的一个基本原则。必须痛下决心,在专业结构调整过程中夯实学生基础,拓宽学生毕业后对社会、对科技发展适应的口径。

第三,根据学科的发展和社会需求的变化,对学科人才培养的规格进行分类分层次。要实现人才的分类分层次培养,各学科要根据自身的基础和条件进行培养目标的定位,定位为培养研究型人才的学科要以培养研究型人才为主,定位为培养应用型、复合型人才的学科要以培养社会急需的应用型、复合型人才为主,同时要进一步淡化专业界限,形成研究型、应用型和复合型多样化的人才培养新模式。为此,一定要调整专业结构,否则就不可能实现分类别和分层次的目标。

第四,必须加以说明的是,必须发扬厦门大学的优势和特色,按"三个面向"的要求,加快人才培养的国际化进程。与国外大学,特别是国外著名大学、著名的研究机构或者世界著名大企业建立联合培养学生的模式。

三、更新教学内容,优化教学方法和教学手段

第一,进一步推进教学内容和课程体系改革。教学内容和课程体系,直接反映教学目的和培养目标,

是培养高素质人才、提高教育质量的核心环节。今后一定要推进对传统教学内容和课程体系改革的步伐,适应社会和学生的多样化选择,实现教学内容和课程体系的现代化;要创造条件引进和使用国外原版教材,同时要采取措施鼓励教师出版外语教材;要创造条件使用"双语"讲授公共课和专业课。

第二,要加快教学方法和手段的现代化进程,加快网络远程教学、计算机辅助教学的建设和CAI课件开发工作,加大多媒体教室、计算机房以及其他教学设备和教学条件的建设。教学优秀评价有不少投入,硬件条件有很大的改善,我们还要充分利用这些资源,提高它们的使用效率。同时还要进一步加大投入,推进教学方法和教学手段改革的步伐。

第三,要重视实践教学环节的教学,探讨多样化的实践教学模式,突出对学生创新能力和创新精神的培养。一定要加大实验室的投入和建设,促进实验设备的更新和改善,增加实验室开放的时间,提高实验室的使用效率。同时要加快实习基地建设,进一步完善实践教学工作。

四、要切实加强师资队伍的建设

一流的教学必须有一流的师资队伍,一所学校要办下去,靠美丽的校园不行,靠很多奖金也不行,只有靠一流的师资队伍。建设一支一流的师资队伍,关键在于以下四个方面采取切实高效的步骤和措施:

第一,必须充分发挥和尊重教师在教学活动中的主体地位和主导作用。要培养高素质人才,要有硬件、有愿望,更要有一支高素质的、能胜任教学工作的师资队伍。我觉得,教师在教学活动中的主体地位、主导作用不能削弱,削弱了这个作用,就失去了教学工作的基础,所以一定要激发教师的积极性,给他们一种责任感,尊重教师的主体地位并且发挥教师的主导作用,教师在学生选课过程中,应该了解具体情况,指导学生的发展方向,发挥主导作用。

第二,要建立一支适应高质量教学要求的中青年骨干教师队伍。中青年骨干教师队伍是学校将来的希望,没有一支一流的中青年骨干教师队伍,就没有学校的长远发展,就不可能实现把我校建设成为国际知名的高水平研究型大学的发展目标。一定要采取各种有力措施,培养和建设一支能适应高质量教学要求的中青年骨干教师队伍。

第三,要发挥综合大学的优势,采取各种措施吸引高水平教师进入本科教学第一线。高水平教师进入本科教学第一线,承担一定的本科基础课程的教学是教育部的要求,也是学校培养高素质人才的要求。一定要发挥我校综合性大学的优势,转变观念,在人事聘任考核、教学岗位设置、职称评定等方面采取有效的措施,形成名师上本科课程的机制和氛围。

第四,要加强师德教育,强调以德治教。

五、继续深化教育管理改革

第一,积极稳妥地推行以学分制为主的弹性教学管理制度的改革。学分制是与国际接轨的有效途径,是培养高质量人才的高效途径。但是由于中国的特殊国情和中国延续几十年的教学管理模式,在中国高等学校所处的外部环境中,要推行完全的学分制,也不是很容易。厦门大学过去做过许多非常有益、卓有成效的尝试,但都没有取得全校师生员工共识的、可以实施得很好的形式,因此应该继续积极地探索新的可行的模式,但也应该因专业、院系的实际情况而稳妥地进行,不要一刀切。

第二,要真正落实以学院为主的教学管理体制,扩大学院教学管理的自主权。学校领导不能把权力紧紧地抓在手中,一定要把管理的权限下放到学院。教学管理只有在院系一级的管理才能管得好,教务处作为一个教学的综合协调管理部门,不可能事无巨细,包揽全局,因此,这次教学工作会议之后,应该痛下决心,把一些管理权限下放到学院。要认真进行研究,理顺校、院之间的关系,明确各自职责和工作范围。这一改革需要一个过程,有些权力下放得很快,有些认识不一致,可能下得比较慢,有的甚至下去了再上来,上来了再下去,我想这都不怕。随着学校规模的发展,教学管理水平的提高,随着加入WTO后,外国教学管理模式的冲击，学院这一级的教学管理体制改革，学院教学管理自主权的下放，是势在必行的。院系领导应该勇敢地、责无旁贷地承担这些责任。

第三，教学工作是学校的中心工作，学校各个部门的工作应该围绕中心来进行，要围绕教学工作这个中心继续推进包括人事定编、财务分配、后勤管理等一系列的改革，改革的目的是为中心服务，目标和结果是为了提高教学质量。

第四，继续加大对教学的投入。没有本科教学就没有大学，对教学的投入，其产出是无穷的，是长远的。对本科教学的投入怎么说都不算多，这不能有任何的功利色彩。另外，尽管这次教学优秀评价的投入极大地改善了各院系的教学条件，改善了基础实验室和基础公共教学设施，但和中国最著名的大学相比还是不够，更不用奢谈与国外的名校比较。今后一定要继续加大教学投入，即使财政困难，减少其他投入也要保证对教学的投入。我们硬件建设已经初见成效，应该通过我们的努力让它们锦上添花，同时，我们也应该看到很多院系教师的工作环境、条件还很不能令人满意，改善他们的工作环境是理所当然的、无可非议的。

六、必须加强对本科教学工作的领导

要提高认识，要高度重视本科教学工作。学校在一两年内连续开了像这样规模的教学工作会议，在以前还是比较少的。学校和学院要一起来重视本科教学工作，本科教学是学校的基础，本科教学搞不好，研究生教育就会先天不足。必须从以下四方面加以重视：

第一，在可能的条件下，各级领导一定要挤点时间去学习一点高等教育基本理论。这些理论，有助于不断解决高等教育改革中出现的理论和实践问题，也有助于不断推进教学改革中的观念更新、制度更新和工作创新。

第二，各级领导深入教学第一线，及时解决教学工作中存在和出现的问题，只有深入教学第一线才能发现问题，不深入教学第一线就不能发现问题，也就解决不了问题。

第三，要充分发挥教学委员会的作用。进一步发挥教学委员会在决策、咨询方面的作用，形成制度。

第四，各学院要加强师生的思想政治教育工作。

我希望通过今年的教学工作会议，能真正发扬我校在教学工作中已取得的成绩，认认真真地解决存在的问题，能推动教学改革的进一步深化，达到提高教学质量的目的，使学校的教学工作上一个台阶。

——本文摘录自王豪杰：《梦萦南强》，厦门大学出版社，2007年3月版

争创一流大学

——在全校学科建设工作会议上的讲话(摘要)

(2002年6月28日)

校党委书记　王豪杰

在这次的学科建设会议上，我听了12位教授的发言，参加了几个小组的讨论。我和大家一样强烈地感受到：要建一流的大学，就要有一流的学科；要有一流的学科，就要有一流的师资。反之，有了一流的师资，就有一流的学科；有了一流的学科，就能办一流的大学。因此，我想就一流大学、一流学科、一流师资，谈一些个人的体会。

一、要坚持发展的观点，乘势而上，争创一流大学

发展是硬道理，是主旋律，是社会进步的永恒主题。这个我们都已经很清楚。

江总书记最近还特别指出："发展是党执政兴国的第一要务。"他还说："不发展，国家就强盛不了，人民就富裕不了，民族就振兴不了，社会主义制度就不能充分发挥其优越性，中国就难以对人类进步做出更大贡献。"基于这样的认识，我认为发展也是厦门大学的第一要务。这几年来，我们学校确实面临着十分严峻的挑战，但令人高兴的是，历史也为我们提供了难得的机遇。因此，学校党委必须始终把握大局，勇敢迎接挑战，抓住机遇，深化改革，加快发展。我们坚信加快发展是我们厦门大学的希望和前途之所在，这几年的实践也证明了这一点：几年来，我们靠发展增强了信心，使我们厦门大学在那场并校的热潮中站住了脚跟；我们在发展中，进一步弘扬了厦大人特有的"四种精神"；我们靠发展成功地举办了80周年校庆；同样我们也是靠发展以全优的成绩通过了"211工程"一期验收；我们靠发展实施了"人才工程"的岗位津贴；我们靠发展获得了许许多多的奖项。我们坚信今后要解决存在的问题、要化解各方面的矛盾、要克服前进中的困难，根本的出路还是靠发展。

宋德福书记上个星期在全省厅级以上干部会议上说："从一定意义上说，大发展小困难，小发展大困难，不发展更困难。"我认为它不仅符合我们厦门大学总体情况，也符合我校学科建设的实际。如果我们厦门大学的学科不发展，我们学校的水平就会下降，地位就会降低，综合实力就会削弱。具体一点来说，我们发放的岗位津贴就可能成为无源之水而无以为继。因此，我们必须始终如一地紧紧地盯住发展，谋求发展，致力发展，要用发展来统一思想、振奋精神，用发展来解决困难，同样也要用发展来加强我们的学科建设。我们要用这样的发展观来加快发展，乘势而上，争创一流大学。

我还认为，从全国高校的发展形势来看，厦门大学必须加快发展；从社会需求来看，像厦门大学这种优质教育资源也必须发展；从中国的名校结构布局调整来看，作为长江以南为数不多的重点大学之一的厦门大学更应该发展；从我校发展目标、定位来看，我们厦门大学不仅要量上的发展，更需要质的突破。而要实现质的突破靠的是什么？就靠加强学科建设。只有学科建设搞上去了，才能在21世纪使我校的办学上规模、上层次、上水平。本着发展的观点，我们学校已经制定了《厦门大学"十五"计划和2010年远景规划》，对我们学校的发展目标、发展战略、发展举措都做出了详尽的规定。学校的发展最中心、最重要的就是学科建设的发展，用学科建设的发展来带动学校的整体发展，才能真正把厦门大学办成一流的大学。我们要坚持"发展观"，一个学校是如此，一个学院是如此，一个学科也是如此。

二、树立全局观念,重点构建一批一流学科

我在这里要强调两个词:"重点"和"一批"。

学科建设水平是学校办学水平和综合实力的最重要体现,学科建设水平的高低也是评判一所大学办学水平高低的主要标准。一所大学之所以出名,都是有赖于其拥有一批一流的学科。

我们厦门大学在这个学科建设上的情况究竟是怎么样呢?这一点我有深刻的体会。我在校领导岗位上工作了十几年,接待了很多客人。我一般是见到什么客人说什么话。来看热闹的,参观加旅游的,我就介绍说厦大是中国近代史上第一所由华侨创办的大学,厦门大学有"侨、台、特、海"的区域优势,拥有全中国最美丽的校园。但如果对专家,对上级部门的领导,就要讲几十年厦大人的奋斗,讲厦门大学有一批学科在国内居一流水平,有一批学科在国内独具特色。我非常清楚,一个学校要出名,最根本的就是靠它的学科,靠它的一流学科。

昨天上午我在开学生就业工作会议时,一个政工干部说,会计系的一个毕业生揣着求职信,惶惶然到深圳,因为人家说非名校不要。后来他出示了厦门大学会计系的文凭和有关资料,人家马上刮目相看:厦门大学会计系的毕业生我们要。我听完这个汇报,十分激动。一个学校凭什么证明自己的水平?就凭一流的学科水平。

厦门大学是有一些学科很有水平,有一些学科独具特色,但是,我们要看清楚下面这些问题:

1.我校的一流学科还不够多,只有几个,不是一批。到清华、北大、西安交大、复旦看看,一流学科一大批。朱开轩主任以前来厦大参观指导工作,曾经开玩笑说:"厦大是化学、经济两条腿。"当然两条腿可以走路,可以跑步,但是如果仅有这两条腿,还是很不够的。

2.我校的一些学科名气还不够大,竞争力还不够强。

3.一些学科还不能进入经济发展和科技进步的重大关键领域。

4.一些学科还到达不了面向 21 世纪的科技发展前沿。

5.我们的学科结构调整力度不够大,综合大学的学科综合优势还没有充分发挥出来,学科的交叉、融合和渗透还做得不够好。

6.我们的学科组织体制的改革还不到位。

这次参加小组讨论,听了下午大家的发言。深深感到各位领导、各位专家、教授都看到了学科建设的重要性,都十分关心自己学科的建设和发展,也都强烈要求学校在自己的学科中投入大量的人、财、物。这种心情可以理解,这种积极性也令人鼓舞。但是以学校目前的条件看,从全校学科建设的总体规划出发,要满足大家的要求是有困难的。在这里,我想讲讲"树立大局观念"和"重点建设"这个问题。

进行专业结构调整,加强学科建设不仅仅是李岚清副总理对我国高等教育改革提出的要求,也是社会需要、科技进步的客观要求;是我们构筑 21 世纪学科建设"制高点"和培养能够面向 21 世纪人才的现实需要,更是专业和学科生存和发展的必由之路。因此大家才会认为这次会议很有必要,也很及时。通过这次会议,大家增强了学科建设的紧迫感、危机感和使命感,认识到要使我们学校在激烈的竞争中取胜,只有紧紧抓住学科建设这个根本不放松。但是由于受到资金和学科自身等主客观条件的限制,在每个历史阶段,学校都必须根据学科自身的基础条件、学科发展前景和社会、科技的需要等情况,集中力量有重点地抓好若干个学科的建设。刚才有同志建议"可以撒一点胡椒面",当然一般学科肯定要照顾的。我们所讲的是有重点地、集中地去建设一些学科,而不是说"非重点的"就不在照顾范围之内。就是说我们不能把有限的一点人、财、物平均分配。我们应该清楚,重点建设是实施"行动计划"和"211 工程"二期建设的最重要原则。进行"211 工程"二期建设不允许"撒胡椒面",实施"行动计划"也不允许"撒胡椒面"。否则,到最后可能连一粒芝麻都没能分到,所以我们要抓住重点建设这个原则。这很自然地就要求我们对拟重点建设的学科,在资金、师资、政策等诸方面予以倾斜,予以重点支持,以实现教育资源的合理配置和有效利用。那么重点建设的重点学科由谁说了算?我觉得要有一个严格的、科学的、公正的监督,

要有一个严格的评价体系,这就需要发挥专家的作用。所以,我们必须强化大局意识,要树立"全校一盘棋"的观念,讲大局,顾全局。当然,在学科建设中,要十分注意处理好重点学科与一般学科的关系,处理好基础学科与应用学科的关系,处理好自然科学与人文社会科学的关系。根据"发挥优势、突出重点、文理并重、巩固基础、培植特色、加强应用"的思路,学校在这次会议上提出了《厦门大学关于加强学科建设的若干意见》,重点要求在学科建设中,必须完成六项主要任务。我们认为完成这六项主要任务,就可以进一步优化我校学科结构,使基础学科提高水平,使高新学科迅速发展,使应用学科更具活力,形成文科与理科、基础学科与应用学科、传统学科与新兴学科协调发展的局面,争取在若干年内,全校有半数左右的学科居国内一流水平,若干学科接近或达到国际先进水平。

三、要树立以人为本的观念,加强队伍建设,培养一流师资

一流的学科必须有一流的师资。有一句名言大家都很熟悉:"大学者,非有大楼之谓也,有大师之谓也。"(清华已故校长梅贻琦教授语)可见,一流的大学必须有一流的学者,有一批大师级的人物。一所大学要一流,只靠美丽的校园不行,靠很多资金也不行,只有靠一批一流的师资。

我们学校在师资队伍建设方面,这几年取得了一定的成绩。目前师资队伍年龄、学历结构都不错,教师平均年龄四十点几岁。但是,我们的师资队伍中缺的是学科"带头人",缺帅才,缺高层次的人才。我校的"长江学者"岗位和"闽江学者"岗位至今人员未满。为什么筑了巢却引不来凤?! 值得我们反思和检讨。我在一次会议上听说,厦大还是很多人想来的,但是由于学术思想的差异、识才的标准、容人的胸怀,甚至后勤保障条件等原因,本来到厦大的人又转身到兄弟院校去了,而且不久就做出了很好的成绩。现在回想起来,令人十分痛惜!要是到了门前的人才,我们都不能留住,何谈"不求所有,但求所在;不求所在,但求所用"呢?再者,在尊重老的学科带头人,培养、大胆起用优秀的中青年学者等方面,我们相较兄弟院校还有很大的差距。

在小组讨论中,我听了一个留学归来的教授的发言,同他一起回国的专家,到了兄弟院校,得到的经费是500万,而他在厦大得到的经费只是这个的几分之一。然而面对兄弟院校的盛情邀请,他毅然拒绝了,继续留在厦大,理由是:"我热爱厦大。"这是难以割舍的母校情结啊! 所以,我认为在这些方面,我们还有很多事情要做。

要建设一支一流的师资队伍,一靠培养,二靠引进,三靠交流。

首先要立足于自己培养。我校确实有一大批优秀的专家、教授。他们不仅在厦大举足轻重,也备受兄弟院校的关注和青睐。我们要十分珍惜这一优质资源,要竭尽全力营造一个人才脱颖而出、健康成长、安居乐业的优良环境。学校党委曾经提出:宁可少盖一栋大楼,也要加大对人才培养的投入。学校的"十五"计划已对人才培养做出十分详细具体的规定。我们要在这基础上,更加重视对"学术骨干"、"学科带头人"的培养。同时,还要重视对这一"带头人"所在的学术群体的建设,使其既有统帅人物,又有坚厚的学术团队,进而形成群体优势。

其次是引进。要有选择、有重点地引进高层次的学术带头人。引进学术带头人需要一个准则。花重金引进的人才,至少要符合三个条件:一是带动一个学科的建设;二是带来重大的科研项目;三是带动一支学术队伍,最好把他的弟子带过来。我们学校已经出台了一套引进人才的政策,希望大家从学校的全局及长远利益出发,以强烈的事业心和责任感,以宽阔的胸怀,广纳一流人才,来壮大我们的师资队伍,加快我校的发展。

再次是开展学术交流,汇聚一流学者。一流的学者和一流的学术交流是一流大学的重要特征。我们要积极创造条件,请一些国内外一流的学者来校讲学,做学术报告。例如我们的"南强讲座"和"校庆论坛"就是很好的例子。在条件成熟的时候,我们要举办国内一流的学术会议和国际学术会议,借此来营造浓厚的学术氛围。当然,我们更应该创造条件,让更多的学者能到国内外一流的大学去交流,借此来开阔我们的学术视野,活跃我们的学术思想,提高我们的学术水平。

在培养一流师资的过程中，也要加强学术道德建设。这次会议，提出了一个《厦门大学学术道德行为规范》的文件，它将有助于我们师资队伍的健康成长。

四、发挥综合优势，倡导团队精神，接重大科研项目，出标志性成果

建设一流学科和一流师资，目的就在于出一流成果，培养一流人才。

在科研方面，我校的科研经费总量虽然有成倍增加，但与学校的地位、影响不相适应，总量仍然偏小，目前还存在着这么"几多、几少"：项目小、层次低、分散、单干的情况多；而项目大、层次高、团队攻关交叉进行的情况少；标志性的成果虽然有，但很少；科研成果转化少，效益也低。去年7月份接受教育部专家组"211工程"一期验收的时候，专家组组长原南京大学校长曲钦岳教授怀着对厦门大学的期望与厚爱，说道："厦大'211工程'立项是我来的，验收也是我来的。我期待厦门大学能在一些学科出里程碑的成果。"这次专家组来看了，觉得各方面都不错，也给我们打了"优"，但是，我们知道自己这方面还是有所欠缺的。

因此，我们必须下大力气来尽快改变这种状况，要下大决心通过科研队伍的整合，去争取一批重大项目，出一批标志性成果，力争在年度科研经费总量、重大奖励和高水平论文数量上有新的突破。要注重从科研项目的源头介入，面向经济主战场，重视横向科研项目。力争两三年内科研经费总量超亿元，在重大科研项目上有标志性成果。

五、深化改革，推动体制和机制的创新

江总书记在"5·31"讲话中指出："发展要有新思路，改革要有新突破，开放要有新局面。"同样，我校的学科建设也要有新思路、新突破，从而带动学校发展的新局面。所谓发展，实际上就是要创新，要与时俱进。要建一流大学、一流学科和一流师资队伍，靠什么？我想还是要靠改革、靠创新。

我们学校提出"以发展为主题、以结构调整为主线、以改革为动力"说的也是这个道理。《厦门大学关于加强学科建设的若干意见》提出：在新的一轮学科建设中，要根据形势的发展，改革学科建设的体制和机制。厦大应该有创新，要大胆去试、去闯。例如建立"学科平台"、"学科特区"，建立"首席科学家教授"制度，建立学术梯队，建立学科建设的多元化投资机制，引入竞争机制，实行动态管理，重点学科有上有下。强调要实行学校宏观调控下的以学院为学科建设主体的组织体制，给课题组以更多的自主权等等。这些都是很好的意见。我相信这些改革措施将有力地推动我校学科建设的体制和机制的创新。

当然，还有一些小的改革措施也应相配套。如只准买重大设备，不准买贵重试剂，这些规定是否应该重新修订？有设备没有试剂，就像有奔驰车却没有汽油一样！

六、加强领导，确保学科建设计划的全面实施

既然发展是第一要务，而发展的主要标志是学科建设，因此，各级党组织重视加强学科建设就是应有之义，可谓义不容辞。这次会议请来了各总支的书记参加，很有必要。加强党对学科建设的领导，不是代替行政和学术委员会去研究具体学术问题，而是要提供政治保证。推动本单位学科建设，这方面有许多工作，如队伍建设，就需要党组织做工作；组织体制和机制的改革，也需要党组织认真研究，做好工作，等等。各级党组织要创造性地开展工作，以实际行动和优异的成绩迎接我校第八次党代会的召开，迎接党的"十六大"的顺利召开！

——本文摘录自王豪杰：《梦萦南强》，厦门大学出版社，2007年3月版

努力完成校第八次党代会提出的八项任务

——在全校中层干部会议上的讲话(摘要)

(2002年9月4日)

校党委书记　王豪杰

7月中旬结束的校第八次党代会,对今后的工作提了八大任务。在讨论工作报告的过程中,有一个代表团的同志用八句话较恰当地总结了这八大任务,即:"体制改革要再创新优势,学科建设要再上新水平,教学工作要再登新台阶,科研工作要再出新成果,队伍建设要再树新形象,学术交流要再有新举措,后勤改革要再增新活力,漳州校区要再创新空间。"

如何完成党代会提出的"八项任务"呢?

一、要对当今高等教育的发展有统一的认识

1.并校。一些学校合并后,优势也正在逐渐凸显出来。中山大学最典型,合并了珠海校区,使其办学空间扩展了5000多亩,获得净资产十几个亿;合并了中山医科大学,为其增加了六七个重点学科和三个工程院院士。并校有并校的优势,但是对于我们这些没有并校资源的学校来说,我们就应该走自己的路,有自己的思维,对并校要有比较客观、科学的认识。

2.扩招。从1998年的每年招生106万到现在的260多万,扩招了很多。有人认为,扩招造成质量下降,扩招造成很多就业的困难,扩招给学校发展带来了很多的困难等。但是教育部民意调查显示,这几年群众最拥护的就是高校的扩招。扩招的确使千家万户受益。我们厦大扩招的方向应该是研究生,本科生也可以做适当的扩招。

3.后勤改革。最近三年的学生公寓建设超过了建国50年国家拨款学生宿舍建设的总和,学生食堂建设等于建国50年国家拨款学生食堂建设的70%。用这个标准来衡量我校的学生公寓和食堂建设,我们还有很大差距,对此,我们应该心中有数。还有学校的师资队伍建设,高校的"人才引进"工程,高校学习生活环境的改善等也有很多不足。只有明确了我们的方向,才能坚定大家改革的决心,才能采取重大的举措,才能有巨大的发展。

4.新"八字方针"。由过去的"调整、共建、合并、合作",变为现在的"巩固、深化、提高、发展"。从2001年到现在,中国高等教育改革迈入了第二阶段,进入进行学科建设,调整学科结构,提高教学质量,提高办学水平的阶段。正因为进行高等学校的教育改革,才有现在的二级学院、民办学院等等。新"八字方针"要求的是巩固成果、深化改革、提高质量、加快发展。这一点也要有统一认识。

5."三大规划"。一是学校总体发展战略规划,二是学科队伍建设规划,三是校园建设规划。

二、本学期工作中要着重注意的几个问题

1.规划。在新的形势下,我们的"规划"也要与时俱进,要结合学校实际,修订我校的"十五"计划和"十年规划",在可预见的20年内,厦大应该对自己有一个清晰的定位。因此,要制定好学校发展战略和学科队伍建设这两个规划。第三个规划是校园的总体战略规划,"一校多区"是当今重点大学碰到的一个

普遍的问题,应该引起我们的高度重视。应该对我们的"一校三区"重新进行科学的规划。

2.教学。要在以前工作的基础上做好教学工作,保证教学质量,迎接教育部的评估。

3.科研。这是我们厦门大学的一个弱项。学校党委在本学期初召开的办公会议上决定,将借教育部、科技部召开"科技创新会议"这个东风,重点抓好厦门大学的科研工作,召开专题会议,传达会议精神,做好部署工作,努力做到三个坚持,即:坚持基础研究与应用研究并重;坚持自然科学与人文社会科学并举;坚持整合科研资源和力量,促进多学科的交叉、融合。

4.改革。1998年以来校院管理体制改革总体上是很成功的,这项工作还要继续做下去,还有很多工作要做。需要积极探索我校建立二级学院的办学模式,在我校创建示范性的软件学院就是一种办学模式改革的尝试。软件学院要求学校和地方政府及国内外著名的企业合作,启用新的机制,必须有另外的收费标准。EMBA也是一种尝试。动员企业、社会、民间一起来发展高等教育。在人员、空间都允许的情况下,发展二级学院。我们应朝着高水平、研究型的大学这个方向发展。

三、本学期要重点强调的是下面三项工作

(一)贯彻"三个代表"精神,确保学校政治局面的稳定,迎接"十六大"的召开

这次在北京召开了"第十一次高校党建工作会议",中组部、中宣部、教育部党组、各省分管教育的领导、教育厅的领导以及近百所大学的书记出席了这次会议。会议的主要精神就是稳定,就是以"5·31"讲话精神为指导,集中力量抓好高等学校的党建和思想政治工作。目的就是要确保高校的稳定。这是学习"三个代表",抓好党建工作要做的第一点。从现在起到11月8日,我们要把这项工作当作一个专题来抓。

从11月8日"十六大"召开以后,我校就要按照中央的统一部署,迅速地在全校掀起学习、宣传、贯彻"十六大"的热潮。把师生的思想统一到"十六大"精神上来。

我们要用"十六大"的精神来指导我校的发展,加快我校的发展,增加我们的优势。学习"三个代表"重要思想和贯彻"十六大"精神都要做好如下三个方面的工作。首先,确保稳定、创造氛围;其次,学习精神,统一思想;再次,用"十六大"精神指导我们工作,让我们学校的发展乘势而上。

在计划中还提到要抓好两项工作,一是加强教师的师风、师德建设,这事关学风和校风建设,二是进行校园的综合治理。我校曾被誉为"全中国最美丽的校园",但是现在,校园的秩序大不如前,校内的车辆无序停放,卫生死角也已形成了。校园治理工作现在就要开始,否则长此以往,情况将日趋严重。本学期将成立校园综合治理小组,把厦大的校园重新进行整顿。

(二)后勤社会化改革

李岚清副总理在第三次高校后勤社会化改革会议上做出非常明确的指示,中国高校后勤社会化改革的步伐明显加快。陈至立部长所说的"改革大突破",首先讲了高等学校人事分配制度的改革大突破,紧接着就讲了高校后勤社会化改革大突破。我们一直认为厦大的校园很美丽,厦大学生公寓建得很不错,但是走出去看看,中国三十几所著名高校中,我校学生的住宿条件属于中等偏下。上海、西安新建的学生公寓比我校曾厝垵学生公寓规模更大,管理更严格,周边环境更优美。现在高校后勤社会化改革如火如荼,高校组建的后勤产业集团,资产达到几个亿的学校已经非常多,集团的总经理、董事长由具有博士学位甚至留学归来的一些学者专家担任。曾几何时,我们因有逸夫楼等三个校内宾馆而自豪,而现在许多学校(如西安交通大学)都有比我们更大的接待场所,而且都是后勤产业自筹资金,自己建设,自己管理。高校后勤社会化改革依托着政府的支持和政策的支持,使高校组建自己的后勤产业集团成为可能。厦大拥有两三万名师生员工的消费群体,却没有好好利用这一资源。若把校内的小商店整合起来,由学校的后勤产业集团去经营,前景十分看好。学校组建产业集团不仅仅可以服务校内师生,还可以推出品牌走

向市场。错失良机将后悔莫及,根本没有办法在2003年高等学校学生宿舍达到"421"这个标准。学生宿舍的条件甚至会影响厦大在招生中的竞争力。因此本学期是厦大进行后勤社会化改革的最后机会。

那么后勤社会化改革改的突破口是什么呢?可概括为三句话:一是"改体制"。现有的体制是绝对不适应后勤社会化改革的要求的。学校的产业和学校之间的脐带不剪断,权责不清晰。赚了钱是公司的,亏了钱是学校的,这样绝对是没有出路的。二是"资源重组"。现在学校资源分割,资产处一块,总务处一块,建南集团一块,还有研发中心一块,碰到事情,不知道要去找哪个部门。校长之间也是各有分管,彼此之间很少沟通。因此必须加大力度进行有限资源重组。重组意味着机构重新设置,人员重新安排。三是组建代表学校经营的"投资控股有限公司",同时在学校和企业之间筑一道"防火墙",这样万一公司亏损,也不会影响到学校广大师生员工的利益。在"投资控股有限公司"底下,严格地分成"经营性的"和"非经营性的",所有"经营性的"都划归后勤产业集团,"非经营性的"分为高新技术产业和一般性的产业。学校还将筹建"大学科技园",作为一个平台来吸纳各种高新科技。这个改革具有力度大、涉及面广、涉及人多的特点。本学期一定要做好这项工作,否则厦大后勤改革的日子将一天比一天难过。只有跨出这一步,厦大的后勤才会向社会化方向迈开大步前进。学校将成立两个小组,一个是后勤社会化改革的领导小组,一个是后勤社会化改革的工作班子。将来由这两个小组来运作全校的后勤社会化改革。

(三)建设漳州校区

漳州校区从开始到现在已经做了许许多多非常辛苦而又卓有成效的工作。现在正在进行"一主四从"的建设工作。主楼的设计正在初审中,四个从楼已经通过初审,正在进行工程招标。漳州校区的建设到了关键时期,本学期是建筑的黄金期,如果这个学期漳州校区的建设不能有效地进行,2003年的秋季招生将成为一句空话。在"党代会"期间,很多代表提出要把漳州校区的建设问题当作一个专项问题列出来。工作计划中对漳州校区的四项工作已经谈得较清楚了。

我要再一次强调的是,要在思想上统一对漳州校区重要性和必要性的认识。大家看一看,当今高校有没有哪所不在建设新校区?学校要发展,空间是前提。

要澄清一些误会。许多市内的领导还有一些校内的老师不明白为什么我们不在厦门本地办学。其实我们曾经向厦门市政府要地,经过多次申请,厦门市政府最后同意在同安给一块地。这时,漳州市政府也为我们提供了一块地。经过再三考虑,我们认为在一个农村办学比在一个开发区办学要困难好几倍。现在市领导说厦大到漳州办学的情况他们不了解。实际上这件事情早在五年前就开始运作了,今后我们会跟厦门市有关领导解释清楚。

漳州校区的功能定位要慎重考虑。本来计划本科生去漳州校区,研究生留在校本部。但是一名学生若没有经过一个有底蕴的大学校园文化的熏陶,怎么能成长为一名合格的大学生?还有,用什么形式投资,谁来建,谁来管理等这些问题,也要考虑清楚。去年的教育部会议,教育部态度明确:不管谁来建,谁来投资,学校的学生公寓都要姓"教育"。

——本文摘录自王豪杰:《梦萦南强》,厦门大学出版社,2007年3月版

再谈争创一流大学

——在学校"211工程""十五"建设部署动员大会上的讲话(摘要)

(2002年10月11日)

校党委书记　王豪杰

最近一个时期,高教界一直在讨论一个热门话题:"什么是一流大学?怎样建设一流大学?"结合我们学校的实际,我想借此机会,谈谈"什么是国内外知名的高水平大学"?"怎样建设一批一流学科"?我认为前者是厦门大学的定位,后者是我们要建设这所大学所采取的行动。

一、关于"什么是一流大学"

记得清华大学已故梅校长说过,"大学者,非大楼之谓,实乃大师之谓也"。这是一句至理名言。因为有大师就有队伍、有学科,就有项目、有资金,就可以培养一流的学生。但是,具体来说,"一流大学"的基本内涵是什么?在上学期末我校的"学科建设会议"上,与会的老师们通过讨论达成对"一流大学"的共识:一流的大学必须有一流的学科,一流的师资,一流的科研成果,一流的社会服务,一流的学生,一流的校园。

以上这六方面是一流大学所必备的。可是要完全做到这"六个一流"太难了,因此,暑假期间教育部召开的"中外校长论坛",对一流大学的内涵进行了新的定义:一流的大学必须有一流学科,但并不要求所有学科都是一流的,世界上没有一所大学的所有学科都是一流的。所以,一流的大学必须有"一批"一流的学科,这是建设一流大学的关键之所在。

根据这样的定义,厦门大学定位在建成国内外知名的高水平大学,它决定了我们厦大必须建成"一批"一流的学科。

二、关于怎样建设"一流大学"

建设一流大学一定要突出重点。我将从两个方面来谈谈建设"一流大学"。

(一)从国家推行的"211工程"来看

"211工程"的意义、目标很明确,就是建设若干所世界一流大学,加上一批国内一流、世界知名的高水平大学,再加上800个重点学科,用数字表达即"2+7+22+800":"2"即两所世界一流的大学,北大和清华;"7"即上海交大、西安交大、复旦大学、浙大、南大、哈工大和中国科大;"22"中就包括我们厦大。前些时候我们在北京开会时曾经问过教育部领导,什么叫"研究型大学"。回答说:"2+7+22"可以说就是"研究型大学"。可见,国家推行"211工程"建设也是强调突出重点。"211工程"是实施国民经济和社会发展的"十五"计划的一项关键性任务,是对我国加入WTO后面临的挑战所采取的一项有力的应对方略,是进一步落实"科教兴国"战略的一项重要举措,是大力推进教育创新的时代要求。我认为"211工程"也是高水平的建设工程和高效益的投资工程,是创建一流大学的启动工程,是高等学校的凝聚力工程。这正是真正的意义所在。

国家“211工程”一期建设成效如何呢？我这里有一份“211工程”“九五”总结报告。其中讲到了“211工程”“九五”建设的成效，譬如：通过“211工程”的建设，推动了学校的发展；以学科建设为龙头，调整规划了学科结构；通过“211工程”的建设，出了一批标志性的成果等等。这份报告里列出了很多兄弟院校的标志性成果。比如清华大学的“大型集装箱检查系统”，北京大学的“夏商周断代工程”，还有东南大学、河海大学、上海交大、中国人民大学、南京大学、吉林大学、中国地质大学、中山大学、华中科技大学、东北大学等等高校的成果。幸好我们有一项榜上有名。我校的“经济理论与管理”项目，建成了案例教学与研究实验室，实现经济与管理课程的案例课程标准化和现代化，在2000年11月由教育部和国务院学位办组织的MBA的合格评估中获得评估专家组的一致好评。可以说在“211工程”一期建设中，高校取得巨大成果。正因为如此，国家才会再投入巨资，推行“211工程”“十五”建设，把高校改革重点转移到了调整学科结构、提高教学质量、提高办学水平上面来，并提出了“巩固、深化、提高、发展”的八字方针。

(二)我校怎样建设“一批一流学科”

我校目前有“若干”一流学科，但还不是“一批”。和兄弟院校在一起讨论时，常常觉得我们一流的东西太少了。而且一些学科名气不够大，竞争力不够强；一些学科不能进入经济发展和社会进步的重大关键领域(我们的“863”项目少，“973”课题也不多)；一些学科到不了面向21世纪的科技发展前沿；学科调整的力度不够大，综合大学的优势没有充分发挥，学科交叉、融合、渗透不够；我们一些学科组织体制的改革还不到位。所以借“211工程”建设这股东风，推进我校学科建设是至关重要的。加强学科建设不仅仅是李岚清副总理对我国高等教育改革提出的要求，也是社会发展、科技进步的要求。学科建设还是学科的生存和发展的必由之路，也是我们厦门大学要建设成为一流大学的现实的、客观的、必然的需要。因此我们应当充分认识到学科建设的必要性和重要性。我们要认识到学科建设的不足，增加一些使命感、紧迫感、危机感，要抓住“211工程”二期建设的机制，认真抓好我校的学科建设工作。

1.进一步提高认识、统一思想、重在建设、加快发展

首先，坚持“发展是第一要务”。不仅高校如此，整个国家都这样。江泽民总书记在“5·31讲话”中说到“发展是第一要务”，他在几次讲话中还说到“发展是解决中国所有问题的关键”，“伟大的时代需要伟大的精神，这个伟大的精神就是发展”。周济副部长在兄弟院校的一次讲话中也谈到现在是高等学校发展的绝佳机会，原因有二：一是社会有需求，二是国家有力量。他以高校扩招为例，1998年招生数108万，现在是262万，比1998年增加了一倍半。当时国内舆论纷纷，很多教育学家担心中国教育在重复1958年的“大跃进”。但是从现在的情况来看，这个举措是正确的。在党建会议上，陈至立部长说教育部通过调查，发现近年来最得民心的工程就是高等学校的扩招。

历史给我们学校提供了难得的机遇。我们提出“抓住机遇，迎接挑战”、“不求最大，只求最好”、“弘扬四种精神”等办学理念。学校不发展，学校的水平就会下降，综合实力就会削弱，甚至连我们3000万的岗位津贴都成了无本之木、无源之水。“学校要快速发展，跨越式发展，超常规发展。”最近几年在国家和省市政府的大力支持下，我校已经形成了快速发展的基本条件。周济副部长在一次报告中说：“这次同时获培训批准成立软件学院和生命科学中心的学校不多，总共不到20所。”厦大不仅有软件学院，有生命科学中心，还有EMBA，这三者都有的学校可能更少。我们有理由感到自豪。

其次，要发展就要靠改革，靠创新，靠异军突起，靠出奇制胜。陈至立部长最近几次强调，高等教育的发展要“奇峰突起”，要在“峰”和“突”字上下功夫。周济副部长在“211部际会议”上强调还是要坚持“跨越、特色、集成”的原则；他在兄弟院校的一次会议上说得更直接，这次“211工程”二期建设要“新、特、异”。江总书记在北师大百年校庆上致辞的中心议题就是“教育创新”。这些重要讲话对于我校“211工程”二期建设具有十分重要的现实指导意义。这次的“211工程”建设应该要做到教育部领导所要求的“发展思路要创新，体制机制要创新，学科建设要创新，科学研究要创新，‘211工程’的实施和管理也要创新”。

再次，“211工程”二期建设一定要突出重点，要“有所为有所不为”。“211工程”建设是战略性的工程

项目,有其特定的目标、定位。即“211工程”建设有既定的建设性质,既定的建设资金,既定的建设期限,既定的建设任务。“211工程”的目标、定位决定了我们一定要集中有限的人、财、物,不能分散力量,不能按常规性或外延性的规则发展。再简单点说,就是不能平均分配,要把有限的资源用在刀刃上,进行重点突破。因此,我们必须正确处理好以下三个关系:一是正确处理好“211工程”二期建设与学校中、长期发展规划的关系;二是正确处理好“211工程”二期建设与已评出的国家“重点学科”的关系;三是正确处理好“211工程”二期建设与“行动计划”的关系。

并不是说其他未列入二期建设的学科就不发展了。我们遵循“重点突破、整体推进”的原则,其他学科可以靠“行动计划”经费来支持,学科自己也需要抓住各种机遇,靠政策,靠全体师生员工,靠自己来发展。

最后,要有全局观点,要讲大局,顾全局。大家不应该过于计较本单位和个人的得失荣辱。如果我们能尽快建设“一批”一流学科,厦大可以早日成为国内外知名的大学,作为一名“厦大人”应该都会感到无比高兴的。

2.科学论证

“211工程”二期建设项目,需要经过严格的、客观的、认真的科学论证。科学论证的责任主要在学校。

首先,必须做好本校的专家组论证工作。我们不要过多地去讲学科意义,要讲就讲自己学科的优势、实力、特色和前景,应该是论证性的叙述。在本校论证时要凝炼学科方向。周济副部长非常推崇这一说法,开会必说。“凝炼”就是凝聚、锤炼。学科建设不是几个人坐在一起讨论讨论就可以出来了的,它需要科学地论证,论证厦大现有的优势足以支撑哪几个学科,使它们在二期建设中达到一流水平。

那么凭什么说一个学科是否是“211工程”建设项目呢?有五个根据:第一,必须根据已经有的学科基础,在这个基础之上预见学科趋势,着眼学科发展。第二,要结合自身相对优势。第三,通过创新和突破、交叉和融合,逐步凝聚、锤炼,形成学科方向。第四,要为地方经济服务,不管是哪所大学都是在行政区域之内,其发展当然要为地方经济考虑。第五,要有一支优秀的学科建设队伍。一个学科如果有一批很优秀的有潜力的中青年骨干,在一个学科带头人的带领下,三五年就可以发展得很好。专家组根据这五条依据,就可以筛选、凝炼我校“211工程”“十五”建设项目。这样,学校今后发展才有保障,师生们对重点建设项目才会服气。

其次,除了我校自己的专家组之外,我们要充分重视10月18日教育部派来对我校“211工程”“十五”建设项目进行可行性论证的专家组。届时来自各校的校长、书记将为我们“把脉”,看看我们的选择是否切合实际,有无自己的特色。

3.严格评估

学校论证确定项目以后,建设的责任就落到了院系,落到学科带头人。给了你资金、条件,你就必须建设好,建设不好不仅误了学校的发展前程,也对不起学校的人、财、物。所以要进行严格的评估。

“十五”计划有五年,我们准备进行严格的中期评估。中期评估要评出优劣,分出好坏,根据评估结果,适时进行调整。

首先要对学科方向进行适当的调整。事物总是在不断地发展变化,现在的论证结果和未来不会百分之百地吻合,加上有的学科发展迅速,半年就日新月异,怎么能不进行调整呢?

其次是对学科带头人的调整,看看是否可以起到一个带头人的作用,如果不行,适当地调整也是可以的。

再次要调整的是人、财、物的分配。对于有希望的将出成果的项目,就是勒紧裤带也要给予支持。对于一两年甚至过了三年还不行的学科,我们的钱再往里面投是不可能的!我今天在这里这样说,是为了让选出的那十个项目的学科带头人在感到光荣的同时也感到任务的艰巨,从而增加一份责任感和紧迫感。

最后要调整的是领导班子。如果一个单位的领导班子确实阻碍项目的发展和学科的建设,就要对其进行适当的调整。我们学校一切工作的中心就是教学、科研和为社会服务,舍此,我们就不能很好地贯彻江总书记的“三个代表”重要思想。

只要我们为今后学科建设和发展选准方向、齐心协力、重点突破,相信通过这次“十五”建设,我们将迅速地拥有“一批一流学科”,取得“一批标志性成果”,建成“一支拥有大师级人物的学术梯队”。那时,我们才能自豪地、无愧地说:厦门大学是一流的!

——本文摘录自王豪杰:《梦萦南强》,厦门大学出版社,2007年3月版

改革人才培养模式,把好教育质量生命线

(2002年6月3日)

校长　陈传鸿

中国加入世界贸易组织,经济全球化的进程日益加快,中国的现代化建设对人才的素质提出了新的要求。与其他先进国家相比,我国传统的人才培养模式的弊端主要表现在重知识轻能力、重传承轻创新、重守业轻创业、重单一型轻复合型等方面。如何立足于21世纪发展的战略高度,审时度势,与时俱进地来研究和改革人才培养模式,把好教育质量生命线,提高国际竞争力,已经成为高等学校共同关注的重要课题。近几年来,厦门大学紧紧围绕改革人才培养模式,以本科优秀教学评价为契机,以教学改革为动力,以教学基本建设为主线,以提高教学质量为目标,以学生为中心,以经济社会需求为导向,调整专业结构,狠抓教学改革,加强学生创新能力和综合素质的提高,使我校向国内外知名的高水平研究型大学的奋斗目标迈进。

一、以调整优化专业结构为切入点,增强人才培养的社会适应性

高等学校的教学改革与发展,必须与社会经济科技发展相适应。随着社会主义市场经济体制的完善和经济结构的战略性调整,社会各方面不仅对高等教育人才培养的质量提出了更高的要求,而且对人才培养的模式也提出了多样化要求。专业是人才培养的"载体",社会对人才多样化的需求,要求学校必须不断优化学科专业结构。

一是要树立市场意识,主动适应国家产业结构重大战略的调整,大力发展新材料、能源、信息、生命科学等高新技术专业,以及加快培养为适应中国加入WTO而急需的金融、法律、外贸等高层次的经营管理涉外人才和适应地方经济建设急需的应用性人才。具体措施是,根据研究型大学的奋斗目标,调整办学层次,稳步发展本科教育,逐步减少专科招生数,进一步扩大研究生招生比例。招生计划增量部分向社会需求量大、有发展前景、水平高的专业倾斜,减少招生计划的盲目性和随意性。

二是解决好专业口径的宽与窄问题。随着现代科学技术的发展,按照"厚基础、宽口径"的原则,跨学科交叉设置专业不仅是培育和发展新兴学科的重要途径,也是国际上许多发达国家本科专业建设的共同趋势。因此,我们鼓励有条件的院系打破学科壁垒,整合不同学科专业的教学内容,设置复合型专业或实行分阶段复合型人才培养方案(如一、二年级学外语,三、四年级学理工、经济等等),也可以实行双专业、第二学士学位教育。

三是处理好专业调整和相对稳定性的关系。一个专业的成长壮大需要一段时间的积累,既不能一成不变,也不能说变就变。专业建设不仅满足现在的需要,也要考虑到未来的需要;既要重视专业外延的发展,更要加强专业内涵的建设;既要注意专业的前景,也要考虑专业发展的基本条件。所以,学校在进行专业调整时,不仅要积极培育新的专业增长点,更要通过整合、交叉渗透等形式,实现对传统专业的提升和改造,使之更加符合社会的需要。

二、鼓励名教授上基础课,着力提高本科生教学质量

高等学校必须把提高教学质量放在首要位置,坚持授课教师的标准,鼓励名教授上基础课。目前我校正高职称教师承担本科课程人数占85%,但承担本科基础课教学任务的人数仅占1/3,列入一二级重要岗位的名教授、中青年学科带头人或骨干承担本科课程的人数较少。针对这一问题,我们采取措施吸引高水平的教师进入本科教学第一线,为本科生上基础课。

一是要切实转变观念,提高思想认识。名师上本科基础课,是搞好基础课教学,提高本科教学质量最重要和最有效的措施。一流研究型大学的教师既要搞好科研又要搞好教学。衡量一流大学的教师水平,应该是教学水平和学术水平兼备,要求"德艺双馨、教书育人";要树立讲坛神圣,讲基础课光荣的风气。鼓励中青年教师参加基础课的教学工作,特别是年轻博士都要过基础课教学关。

二是要对人事聘任制度、教学岗位的设置、职称评定制度和政策要进行配套的改革和调整,使本科教学第一线的教师得到合理评价。建立科学有效的管理机制,分别不同情况对教授上本科课程最低的工作量和课程门数等要求做出规定。列入重要岗位的教师(一二级重要岗位、特聘教授等)带头承担本科基础课教学。对不主讲本科课程,或学生反映教学效果差,达不到本科教学基本工作量和质量要求的教师,不能聘任副教授或教授职务。

三是参照国外研究型大学的做法,打通本科生课程和研究生课程,对课程进行统一编号,高年级本科生可按一定要求选修研究生课程。

三、以学生为中心,积极推行学分制改革

长期以来,高校将学生作为受教育者放在受支配和管理对象的地位上,学生对教师对课程几乎没有选择权。随着社会主义市场经济体制的建立和中国加入世贸组织,高等教育成为服务行业,学生不仅是受教育者,而且还是高等教育服务的消费者,他们应当有选择权。学校作为高等教育服务的提供者,应当充分尊重学生的选择,为学生提供越来越满意的服务。这就必须树立以学生为中心的意识和机制。

进入新世纪,高等教育的趋势是"终身教育,以学生为中心,教育的国际化",以学生为中心的教学模式是国际公认的教学模式。树立以学生为中心的机制,一是逐步实行完全学分制,允许学生跨系跨校流动,允许学生在一定的范围内选择专业、课程、教师。二是进一步修订教学计划,压缩总课时,包括压缩公共课课时,让学生有更多的自由支配时间;增加课程选修学分和综合训练学分。三是要优化课程结构,按照"增加数量、提高质量、优化结构、形成系列"的原则,鼓励教师开设跨学科、跨专业选修课。四是积极推进以学分制为主教学管理制度改革,如取消补考制度,考试不及格一律重修;实行弹性学制,允许学生提前毕业或延长学习年限。推行双学位制度和主辅修制,全方位满足学生需要,提高学生的学习积极性和主动性。课程考核要灵活多样,多侧面地反映学生的学习情况。

四、以培养创新能力为重点,坚定地实施素质教育

素质教育的核心是创新,要积极进行教学模式的创新,改变以书本为中心、以课堂为中心、以教师为中心的传统教学模式,突出对学生创新能力和创新精神的培养。要提倡教师的启发式教学,教师对学生不仅要"授之以鱼",更要"授之以渔",善于开发学生的潜能,培养学生的个性和特性。

一是坚持把人文素质教育作为素质教育的突破口,实现人文教育与专业教育的融合,培养"文理通会"的人才。知识、能力、素质是统一的,应通过素质教育使学生懂得"怎么做学问、怎么做人、怎么做事",引导学生树立正确的人生观、成才观和就业观。

二是加强实验、实践教学,鼓励和支持本科学生尽早参加科研。要重点建设学生受益面较大的综合

性的实践教学基地,加强实践教学环节的管理。建立生物、化学"国家示范实验教学中心",建立若干个国内先进水平的本科生创新实验室,鼓励学生进入开放性实验室进行设计性和综合性实验。学校的各类实验室、图书资料系统要对全校本科生开放,打破"学科壁垒",加强统筹建设和科学管理,实现资源共享,提高使用效率。强化毕业设计,规范学生毕业论文的管理。

三是拓宽学生课外活动内容,增强校园文化功能。增加学术讲座数量和质量,邀请学校或国内外知名的专家学者为本科生讲授学科前沿问题,积极合理地安排学生参加全国性和国际性的学术竞争活动。

五、以教学改革为核心,抓好配套改革,提高办学效益

思想转变是先行,教学投入是前提,教学改革是核心,管理体制是保障。教学改革处于主导地位,后勤、人事、财务制度等改革应与教学改革相适应。离开了教学这一核心,其他改革很难取得实质性的效果。当然,教学改革也必须考虑其他改革的可能性。

一是落实以学院为基础的教学管理体制改革,依靠学院力量,充分尊重和保护学院的教学改革的积极性和主动性,是理顺高等学校教学管理体制改革的关键,也是最大限度调动广大教师和学生参与教学改革的有效途径。

二是职能部门要增强服务意识,转换管理职能,改变过去以行政性为主、过于集中的管理方式,而采取宏观指导、政策支持、督导检查和评估手段等方式,把全校的管理职能从过去以大量的事务性工作转为宏观的决策性工作为主。学校主要负责人才培养的总体规划与设计、教学和学籍制度的制订、专业和课程建设评估、重大教学研究项目和建设项目的论证与管理、教学质量保障及监控体系的建设等工作。

三是教学过程管理由学院承担,包括教学计划的制订、人才培养模式的选择、课程的管理、教学质量监控、学生学籍管理等工作。为了使学院能够履行其职责,必须改革财务分配和人事定编等制度。改革的重点是要实现管理重心下移,权力下放,进一步理顺校院管理的权责关系,增大学院管理教学的自主权。

——本文摘录自陈传鸿:《大学之道:在建设一流大学的征程上》,厦门大学出版社,2003年12月版

以振兴中华为己任

——在厦门大学2002届毕业典礼上的讲话

(2002年7月2日)

校长　陈传鸿

今天,我们在这里隆重举行厦门大学2002年毕业典礼。首先请允许我代表学校党委和行政,向全体毕业生同学们,表示最热烈的祝贺!祝贺你们经过这几年在校的学习和锻炼,圆满完成了学业,取得了丰硕的成果,祝贺你们就要从一个新的起点,开始人生又一段新的征程!我也要向为你们的成长倾注了无数心血的师长们表示深深的敬意。正是他们的言传身教,无私奉献,才使我们共同迎来了这个充满喜悦的丰收季节。

同学们,当年,你们满怀希望地步入厦大,今天,你们更加意气风发,有的直接走向社会,有的继续求学深造,为丰富人生经历,调整知识结构,实现振兴中华的宏图大志,你们即将奔赴全国各地,甚至远涉重洋。此时此刻,充盈在我们心间的,既有浓浓师生之意,依依惜别之情,也有"得天下英才而育之"、"青出于蓝而胜于蓝"的骄傲和自豪。在校期间,你们勤奋苦读,勇于实践,开拓进取,锐意创新,在学习、工作、生活等等方面都取得了长足进步,也为厦门大学的建设与发展做出了贡献。你们中的许多同学,都在网上校长信箱中留下过真挚的心声,对学校的很多工作提出了很好的意见和建议,我为你们对厦大这份深切的责任感和深深的爱恋而感动与骄傲。我深信,这份感情和责任代表了全体厦大人的共同心声。因为这份责任,学校才能不断发展,因为有了你们,厦门大学才永远充满活力和希望。

同学们,你们承载着师友们许多的期望。作为师长、学长和你们的朋友,我提出几点希望,愿与你们共勉。

"国之兴衰,系于教育,系于人才。"加强教育,造就人才,实现跨世纪的飞跃,争取中华民族的伟大复兴,已是全社会的共识,是全国人民共同奋斗的目标。作为新一代大学生,你们不仅仅责无旁贷,而且应该一马当先,做生力军,做排头兵!希望你们牢记祖国和人民的重托,不负自身的历史使命,始终以振兴中华为己任;希望你们做到书本知识与实践知识的统一,服务社会,服务人民,做出无愧于时代的贡献;希望你们继续加强学习,不断提高素质,从一点一滴的小事做起,从基层做起,脚踏实地,努力实现人生的价值;希望你们永远保持厦大学生的本色,诚信做人,勤奋工作,奋发成才,捷报频传,为社会主义现代化建设增砖添瓦,为母校增光添彩!

同学们,走过了八十多年风雨历程的厦门大学,已经吹响了向国内外知名的高水平大学迈进的号角。这项凝聚了全校师生的智慧和力量、体现了厦大人共同理想和追求的浩大工程,是党和国家赋予厦门大学的庄严使命,也是厦门大学面向21世纪振兴和发展的必然选择。我们深知,学校目前还存在很多困难,实现这个目标还会有不少困难,但我们将沿着这条道路坚定不移地走下去,义无反顾!

实现这个目标,固然要靠在校师生员工的艰苦奋斗,同时也离不开社会各界,特别是校友们的关心、支持和帮助。希望大家在离开学校之后,无论走到哪里,都关注厦大的改革和发展,提出意见和建议,提供多方面的支持。厦门大学的每一点发展和进步,都饱含着校友们的心血和汗水。过去、现在是这样,将来更将如此。

同学们，厦门大学作为你们的母校，她会永远像母亲一样支持你、培育你、思念你、欢迎你。同学们在这里度过了美好的大学生活，这里就是你们的人生驿站，母校永远做你们的坚强后盾，"南方之强"永远是你们的家！

最后，祝同学们一路顺风，事业有成，万事如意！

——本文摘录自陈传鸿：《大学之道：在建设一流大学的征程上》，厦门大学出版社，2003 年 12 月版

名师教学与学风建设

(2002 年 7 月 30 日)

校长　陈传鸿

优良学风是学校校风最重要的组成部分,是一所大学传统底蕴和办学理念的集中体现,是大学最宝贵的精神财富,构成了人才培养的良好生态环境。名校的优良传统和学风形成与名师高质量的教学是分不开的。

名师学识渊博,有丰富的教学科研经验,他们在教学中站在学科领域的前沿,深入浅出地传授知识,并把自己的治学方法传授给学生,做到"教书育人"。基础课教学教给学生基础知识、基础理论和基本技能,为学生日后的学习、研究、创新提供理论基础、基本方法和价值观。名师把基础课程的教学内容融会贯通、简明扼要、引人入胜地讲深、讲透、讲活,这种个性化教学方式既能传授知识,更能引起学生的共鸣、兴趣和好奇心。兴趣和好奇心是学生学习最好的动力。名师的科学理论方法、创新思维习惯和科学素养在教学过程中潜移默化地传授给学生,对学生形成良好的学风有着难以替代的作用。同时,名师严谨的治学态度能起到言传身教的作用。

要为名师上基础课程创造良好的环境。要树立讲坛神圣、讲基础课光荣的风气,采取有力措施使本科教学第一线的教师得到更加有效的激励和合理的评价,要转变学校现有的教学模式,让名师在教学中能够发挥出个性。

学风建设是学校改革和发展的永恒主题,在 20 世纪 30 年代,厦门大学之所以能获得了"南方之强"的美誉,与当时厦大荟萃了一批优秀的名师亲自为本科生讲授基础课分不开。80 多年来薪火相传,厦大人秉承"自强不息,止于至善"的校训,与时俱进,不断加强学风的建设,提高教学质量和科研水平,正向着国内外知名的高水平大学的目标迈进。

——本文摘录自陈传鸿:《大学之道:在建设一流大学的征程上》,厦门大学出版社,2003 年 12 月版

珍惜青春的美好时光　不负党和人民的期望

——在2002级新生开学典礼上的讲话

（2002年9月3日）

校长　陈传鸿

今天，我们在这里隆重举行2002级开学典礼。首先，请允许我代表学校党委和行政向全体新同学致以亲切的问候！对你们脱颖而出，迈进厦门大学表示衷心的祝贺和热烈的欢迎！向你们的家长和中学老师表示衷心的感谢！

厦门大学是由被毛泽东同志誉为“华侨旗帜、民族光辉”的著名爱国华侨领袖陈嘉庚先生于1921年创办的，是中国近代教育史上第一所由华侨创办的大学。建校伊始，厦门大学即以“南方之强”作为学校的追求目标，以“自强不息，止于至善”为校训，激励着一代又一代厦大师生自强不息、艰苦奋斗，追求尽善尽美的人生境界。经过81年的不懈努力，学校积累了丰富的办学经验，形成了爱国爱校的光荣传统和“侨、台、特、海”的鲜明办学特色，在海内外享有良好的声誉。今天的厦门大学已成为一所学科门类较为齐全，办学特色鲜明，师资队伍较强，教育质量和科研水平较高，在国际上有影响的高水平的国家重点大学。

81年来，厦门大学为国家培养了一代又一代的优秀人才。涌现出许多知名的自然科学家、社会科学家、文学家、艺术家、企业家，为祖国的经济建设、科学教育事业和弘扬中华文化、繁荣人文科学做出了重要贡献，据统计，在中科院、工程院院士中，就有厦门大学校友30余人；厦门大学具有光荣的革命传统，是中国共产党福建省第一个党支部的诞生地，为中国人民的革命事业，进行了可歌可泣的斗争，献出了自己的优秀儿女。新中国成立以来，厦大6万多名毕业生，在祖国的各个不同岗位上，为人民建功立业，成为社会主义建设的骨干力量，展现了厦大人的风采。这些校友为我们树立了榜样。各位新同学的到来，为学校增添了新鲜血液，使校园充满生气和活力。你们今天是厦大的学生，毕业之后将成为社会的栋梁。你们欣逢盛世，无比幸福。我相信你们一定不会辜负时代的嘱托，人民的希望，一定能做出更大的成绩。将来在你们之中一定会涌现出更多知名的专家学者、社会活动家和企业家，为母校增光添彩！

同学们，厦门大学作为国家重点大学，在科教兴国战略中担负着“与经济社会发展紧密结合，为现代化建设提供各类人才支持和知识贡献”的重任，这对厦门大学的改革与发展带来了新的机遇与挑战，为此，我校形成了《厦门大学“十五”计划和2010年远景规划》，提出了建设国内外知名的高水平大学的奋斗目标。新形势的发展也对广大青年学生提出了更高的要求。在此，我向同学们提出几点希望和要求：

1.你们要树立远大理想。到本世纪中叶，我国要基本实现社会主义现代化，实现中华民族的伟大复兴。你们是承前启后，继往开来的一代新人。你们树立什么样的理想，学到什么样知识，具有什么样的能力，对于祖国和民族的未来关系重大。因此，你们要树立远大的理想和抱负，始终以国家富强和人民幸福为己任。并以此为动力，不断激励自己勇攀科学高峰。

2.要继续弘扬厦门大学特有的“四种精神”。81年来的办学历程，厦门大学积淀形成了特有的“四种精神”。即陈嘉庚先生的爱国精神，罗扬才烈士的革命精神，抗战时期厦大内迁闽西长汀艰苦办学的自强精神，以王亚南、陈景润教授等为代表的科学精神。这已成为推动一代又一代厦大人不断进取、推动学校事业不断发展的宝贵的精神财富。希望同学们在今后的学习、生活、工作中认真体会并大力弘扬。

3.要有创新精神。希望同学们在求学期间关心学科前沿方向，拓宽知识面，富有创新意识，并不断培养丰富的想象能力,解放思想,积极探索,充分吸收、运用和揭示人类丰富的科学知识宝藏。只有勇于创新,才能迎接知识经济时代的挑战。特别是广大的研究生,要担起科技创新的重任。在导师的指导下,在科学研究的实践中,努力掌握科学研究的方法,努力做到有所发现、有所发明。

4.你们要珍惜时间,把握机遇。你们是跨世纪的一代。大学期间,正是你们对知识渴求最为强烈、思维最敏捷、精力最旺盛的人生黄金时期。你们风华正茂,一定要敏锐地去感受知识经济时代的来临,珍惜时间、刻苦学习,掌握广博的知识,尽早计划自己的人生蓝图,定好大学四年要达到的目标,设计和安排好这几年的时间,使自己大学中的每一天都过得充实而有意义。特别希望本科新同学,尽快适应新的学习环境和大学的学习规律,培养独立生活能力和自学能力,同时扎扎实实学好基础理论课程。

5.你们要勇于实践,注重自身综合素质的提高。要认真学习政治理论,树立正确的世界观、人生观和价值观。在熟练掌握本专业知识的基础上,不断完善自身的知识结构;要积极锻炼自己的组织管理才能和社会活动能力;要重视人文精神的培养和身体、道德,专业知识和心理素质的提高。学会做事,学会做人,学会共事。

同学们,从开学的第一天,你们就应该记住“自强不息,止于至善”这八个大字。努力实践,毫不松懈,以不负青春的美好时光和党和人民的期望。努力吧,新同学们,因为厦大,你们一定会成功;因为你们,厦大一定会更加辉煌!

中国共产党第十六次代表大会将于今年 11 月 8 日隆重举行,这是中国人民政治生活中的大喜事,让我们高举邓小平理论的伟大旗帜,认真学习和实践“三个代表”重要思想,以奋发向上的精神,以加倍努力的工作,以优异的成绩迎接党的十六大的胜利召开。

——本文摘录自陈传鸿:《大学之道:在建设一流大学的征程上》,厦门大学出版社,2003 年 12 月版

关于“十五”“211工程”建设可行性研究报告

——在教育部专家组对厦门大学“十五”“211工程”建设可行性研究报告论证会上的汇报(提纲)

(2002年10月19日)

校长 陈传鸿

实施“211工程”,是党中央、国务院从我国国民经济和社会长远发展考虑所做出的一项重大战略决策。国家决定在“九五”期间“211工程”建设取得巨大成效的基础上,“十五”期间继续加强“211工程”建设,这是实施国民经济和社会发展“十五”计划的一项关键任务,是针对加入WTO挑战所采取的一项有力应对方略,是进一步落实科教兴国战略的一项重要举措,也是大力推进教育创新的时代的要求。

一、“九五”“211工程”建设回顾

(一)“九五”“211工程”于1995年6月通过“211工程”部门预审;1997年4月通过“211工程”专家立项审核;1998年4月,国家计委批复同意立项;2001年7月,以优秀成绩通过教育部专家组验收。

(二)建设项目

1.学科建设:重点建设物理化学与应用化学、海洋资源与环境、现代动植物生物学、信息光电子材料与信息技术、经济理论与管理、东南亚问题和台湾问题研究、高等教育学、国际经济法及台港澳法等八个学科(群)。

2.公共服务体系建设:包含公共基础教学实验室、教学和科研计算机网、图书馆文献信息服务中心三个项目。

3.基础设施建设:包含嘉庚楼群、海洋大楼、水电基础设施、学生生活用房建设等。

(三)“九五”“211工程”经费投入情况:总计划数为9600万元,(其中学科建设7100万元、教学与公共服务体系2500万元)实际完成投入数为11352.3万元(其中学科建设7923.8万元、教学与公共服务体系3428.5万元)。

(四)整体验收专家组评价意见

圆满地完成国家下达的“211工程”“九五”建设计划。在学科建设、人才培养、队伍建设、科学研究、成果转化等方面取得很大进展。取得了逆流聚焦电泳技术、固态(聚合物)锂离子电池、人类艾滋病病毒抗原诊断试剂盒、经济与管理学科系列研究专著和专业实验室建设、高等教育学人才培养与教学改革咨询、东南亚和台湾问题研究等一批标志性成果,产生了明显的经济、社会效益,为国家和省市的经济文化建设、社会发展以及对政府提供重要政策咨询方面做出了重要贡献。厦门大学“211工程”“九五”期间建设目标已经实现,为学校进一步实现其总体建设目标奠定了基础。

"九五""211工程"学校建设成效对照表

项目	1996	2000	2002
本科生	7812	10126	14064
硕士生	1119	2576	4669
博士生	248	562	908
留学生	250	514	710
国家重点学科	7	7	13
省级重点学科	0	10	10
博士、硕士授一级学科	0	7	7
博士学位授权点	21	59	59
硕士学位授权点	58	108	108
博士后科研流动站	4	7	7
国家基础科学人才培养基地	3	4	4
中国科学院、工程院院士	5	7	9
博士生导师	82	184	229
有博士学位人员比(%)	14	26.3	27.3
科研经费(万元)	1882	5570	≫8000(预计)
SCI、EI、ISTP合计(篇)	95	349	376
仪器设备总值(万元)	11028	18565	35700
图书总藏量(万册)	207	239	246
校舍面积(万平方米)	53	74	76

为全面实施《面向21世纪教育振兴行动计划》,2001年2月,教育部、福建省、厦门市签订重点共建厦门大学协议书,旨在促使厦门大学各项事业的改革和发展,积极适应21世纪国家经济建设和社会发展的需要,不断提高教育质量和科研水平,努力成为我国特别是东南部地区高水平创新人才培养、高新技术研究和成果转化、高层次决策咨询的重要基地,逐步建设成为国内外知名的高水平大学。

二、编制"十五""211工程"可行性研究报告的原则

根据《国家计委、教育部、财政部关于"十五"期间加强"211工程"项目建设的若干意见》、《关于做好"十五""211工程"建设项目可行性研究报告编制和立项审核的通知》精神,结合我校实际,确定如下原则:

1.坚持"有所为、有所不为"原则。突出重点,确保若干学科达到或接近世界先进水平,形成更加鲜明的特色和学科优势;不断增强开展学科前沿研究和科技创新能力,出一批重大标志性成果;以学科建设为龙头,带动学校的全面发展,以最佳效益实现发展目标。

2.综合性原则。学科建设突出综合性,以重点学科为核心,加强学科间的交叉、融合或整合重组,培植新的学科生长点;按照"学科群"的思路,科学设计重点学科建设项目。

3.以人为本原则。要把加强学科梯队特别是创新团队的建设作为"211工程"学科建设工作中的核心

环节来抓，重视学科带头人选拔和学术梯队的建设，通过加强队伍建设来促进学科的发展。充分调动广大教职员工的积极性，保证“211 工程”的顺利实施。

4.坚持“跨越、特色、集成”的原则。要实现跨越式发展，就必须凝练学科方向，汇聚创新队伍，构筑学科基地；要努力提升自己的学科优势和学科特色，增强竞争力；要以重大研究项目带动，组织创新团队，开展科研攻关；要坚持多种计划集成，统筹兼顾。一是“211 工程”建设要与“行动计划”项目建设统筹考虑；二是要妥善处理学校的总体发展和阶段目标的关系；三是要面向经济建设主战场，努力为国家和区域经济发展的需要服务。

我校“行动计划”总投入 6 亿元，2000—2002 年已到位 3.8 亿元，分别用于：

学科建设 13549 万元；队伍建设 7175 万元；改善办学条件 14456 万元；提高学生综合素质 300 万元；基础设施改造 2520 万元。

三、“十五”“211 工程”建设目标、内容

（一）“十五”“211 工程”建设目标

建成一所国内外知名的高水平大学，为迈向世界知名的高水平研究型大学奠定坚实的基础。若干学科接近或达到国际先进水平，整体办学水平显著提高，成为我国特别是东南部地区高水平创新人才培养、基础研究、高新技术研究和成果转化、高层次决策咨询的重要基地，成为国内外学术交流特别是对东南亚、对台港澳交流的桥梁和窗口。

（二）主要建设指标

项 目	2002 年	2005 年
本科生	14064	20000
硕士生	4669	8000
博士生	908	2000
留学生	710	1000
国家重点学科	13	—
省级重点学科	10	15～20
博士、硕士学位授权一级学科	7	12～16
有博士学位人员比（%）	27.3	35
科研经费（万元）	8700（预计）	15000～20000
校舍面积（万平方米）	76	100
仪器设备总值（万元）	35700	50000
图书总藏量（万册）	240	300

（三）主要建设内容分为三部分

第一部分：重点学科建设项目

以重点学科建设为核心，重点建设 11 个学科建设项目，使其成为我国高水平博士、硕士人才培养和承担国家重大科研任务的重要基地。

优先考虑与国家、地方经济建设和社会发展及国防安全中的重点行业和部门紧密结合、解决其重大科学技术问题的学科；

大力发展生命科学、信息科学、材料与能源科学、海洋科学、环境科学以及管理学、法学等在 21 世纪

有良好发展前景的学科；

建设基础好、综合水平较高、对学科建设起引导推动作用、探索解决本学科重要理论问题和客观规律的基础性学科以及对发展高新技术学科具有重要支撑作用的基础性学科。

建设项目:重点建设经济理论与应用,工商管理学科建设,高等教育研究,国际经济法与海洋法,福建、台湾与东南亚研究,物理化学与分析科学,海洋资源与环境,亚热带滨海生物科学与技术,电子信息技术,光电信息材料、器件及其应用,材料与化学能源等11个项目。

第二部分:公共服务体系建设

扩建和优化教学和科研计算机网,推进数字图书馆资源存储服务系统、大型仪器设备和优质资源共享系统等项目建设,改善公共服务体系的保障能力,优化教学、科研和管理的运行环境,提高教育的信息化和现代化水平。

第三部分:师资队伍建设

实施"高层次创造性人才工程",以培养中青年学科带头人为重点,以建立有效的师资管理机制为切入点,不断完善人才脱颖而出和健康成长的环境,激活人才竞争和合作的机制,在吸引人才、留住人才、发挥人才潜力上再上一个新台阶。

(四)建设总投资:17650万元

其中,中央专项资金5500万元,地方政府配套资金5500万元,学校自筹资金6650万元。计划用于重点学科项目建设12550万元,占总投资的71.1%;公共服务体系建设1600万元,占总投资的9.01%;师资队伍建设2500万元,占总投资的14.2%;预备费1000万元,占总投资的5.7%。

(五)建设进度

2002年:根据教育部专家组审核意见,修改《可研报告》;根据教育部、国家计委、财政部的批复,正式启动"211工程"建设。2003年:各建设项目按计划推进各项建设,年底开展中期检查评估工作。2004年:根据评估结果及时调整项目的建设内容、建设方向、经费投入以及学科带头人,确保各项目集中力量,重点突破;各建设项目按调整后的计划继续推进各项建设。2005年:按照"先完成先验收"的原则,从下半年开始进行建设子项目的校内验收,待全部子项目验收完成后,向教育部申请整体验收。

(六)实施管理

实行项目法人责任制。"211工程"建设领导小组作为法人组织,校长作为法人代表,全面负责和领导我校"211工程"的建设,并实行全过程管理。

领导小组下设学科建设工作小组、公共服务体系工作小组、队伍建设工作小组、仪器组、财务审计组和"211工程"办公室。分别负责"211工程"学科建设项目、公共服务体系项目、队伍建设项目的协调、检查与监督,仪器设备的归口采购和管理,建设资金的落实和管理以及"211工程"建设的日常管理、协调。

明确项目责任人。"211工程"项目建设单位成立建设项目领导小组,小组负责人为项目的责任人。

设立论证咨询专家组。为做好"211工程""十五"学科(群)建设项目和仪器设备采购的论证工作,发挥专家的积极作用,分别成立了学科(群)建设项目和仪器设备采购论证咨询专家组。

建立健全管理制度。修订《厦门大学"211工程"重点建设项目管理办法》、《厦门大学"211工程"建设资金财务管理办法》、《厦门大学"211工程"仪器设备购置与管理办法》等,从制度上提供有力保障。

加强项目建设的协调、检查与监督。

(七)改革创新

我们将按照教育创新的时代要求,以新观念、新思路、新举措推进项目建设,以新的步伐加快高层次人才培养和提高科技创新能力,把"211工程"建设推向发展新阶段。

通过"211工程"建设,更新教育观念,深化办学体制改革,提高教育的现代化水平,推动学校的改革和发展,全面提高教育质量和办学效益,为高等学校的现代化建设发挥示范作用。

在国家计委、财政部、教育部和福建省委省政府、厦门市委市政府的高度重视与大力支持下,我们有信心高质量地完成"211工程""十五"建设任务,把厦门大学建设成为一所国内外知名的高水平大学,并朝着世界知名的高水平、研究型大学迈进。

以上报告,敬请各位专家审议、指导。

——本文摘录自陈传鸿:《大学之道:在建设一流大学的征程上》,厦门大学出版社,2003年12月版

·党建与思想政治工作·

奋发向上　积极工作　努力开创我校党风廉政建设的新局面

——在中国共产党厦门大学第八次代表大会上的报告

(2002年7月16日)

各位代表：

我代表中共厦门大学纪律检查委员会向大会做工作报告，请予审议。

中共厦门大学第八次代表大会的召开，对于深入贯彻江泽民总书记"七一"重要讲话和党的十五届六中全会精神，推进我校党风廉政建设和反腐败斗争具有深远的意义。我们必须以邓小平理论和"三个代表"重要思想为指导，总结以往的工作，研究部署今后四年的任务，努力把反腐倡廉工作提高到一个新的水平。

一、五年来我校党风廉政建设和反腐败工作的回顾

第七次党代会以来，校纪委在上级纪委和校党委的领导下，紧密围绕学校改革发展的中心工作，进一步加大了党风廉政建设和反腐败工作的力度，工作整体推进，取得了比较明显的成效。

(一)各级党政领导责任意识明显增强，逐渐形成了党政齐抓共管、部门各负其责的党风廉政建设的新局面。几年来，学校党委加强了对党风廉政建设的领导，坚决贯彻执行党中央反腐倡廉的重大决策和工作部署。每次中央纪委全会召开以后，校党委都召开常委会及时学习传达，提出在全校贯彻的意见。党委、纪委先后制定了《关于学习贯彻、落实中共中央、国务院〈关于党政机关厉行节约、制止奢侈浪费行为的若干规定〉的通知》、《关于进一步学习贯彻中共中央"八项规定"的通知》、《关于在全校党员中进行纪律教育的通知》、《关于认真学习贯彻〈中共中央关于加强和改进党的作风建设的决定〉的意见》等文件，积极主动地履行党风廉政建设的责任。1998年4月，按照党的十五大确立的"党委统一领导、党政齐抓共管、纪委组织协调、部门各负其责，依靠群众参与"的反腐败领导体制和工作机制，校党委颁布了适合我校特点的《关于党风廉政建设责任制的若干规定》。2000年7月，又下发了《严肃党纪，强化责任，进一步推进我校党风廉政建设》的通报，通过四起违纪问题的剖析，向全校重申了严肃党的纪律，强化领导责任的决心，收到了比较好的效果。学校党政领导和各个部门在推进各项工作时重视"两手抓"，在学校机构改革、干部人事制度改革、后勤社会化改革和教学科研、学科建设工作中，把党风廉政建设和业务建设统筹安排，同步推进，配套出台了《后勤经济实体监控办法》、《基建项目招标投标办法》、《工程质量管理制度》、《科研经费管理暂行办法》、《仪器设备招投标管理暂行办法》、《加强学术道德建设的若干规定》等廉政措

施,堵塞了管理漏洞。几年来,各院系从实际出发,按学校党委的要求建立了党风廉政建设责任制的实施办法并认真贯彻落实,取得较好效果。在今年上半年举行的全校党建测评中,党员对各单位党风廉政责任制的落实情况给予了充分的肯定,28个党总支、直属党支部中,19个被评为优秀,9个为良好。

(二)强化党内监督机制,加大教育力度,促进各级领导班子党风廉政建设。几年来,纪委积极协助党委抓好党内监督五项制度的落实工作,逐步完善了常委会的工作制度和民主决策机制。发挥党委全委会和纪委全委会的作用,集体讨论学校重大事项。实施重要项目建设、财务预算执行、大额度资金支出等方面的报告制度、通报制度。认真按照公开招聘、竞争上岗、任前公示、择优录用的程序选拔干部,把好干部任用的"入口关"。

纪委在根据党章认真履行对同级党委的监督职责的同时,加强了对中层领导干部的监督。督促各个院系推行集体领导和个人分工负责相结合的制度,做到政务公开、财务公开、领导干部廉洁行为公开。对违反民主集中制、以权谋私、弄虚作假、私设"小金库"、乱办班的单位和个人进行专项调查,及时给予教育和处理。

把对党员干部的思想政治教育作为基础性工作来抓,采取专题报告、电化教育等形式开展廉政宣传和教育,先后开展了"纪律处分条例"教育、"廉洁从政准则"教育、反腐败形势教育、警示教育和"树立正确权力观"的专题教育,每月一次的"电视教育周"专栏,共播放了40余部党风廉政教育片。去年以来,纪委定期召开新任领导干部"党风廉政教育"座谈会,先后有60余名领导干部在上任之前接受了廉政教育。

(三)反腐败斗争三项任务得到进一步落实。围绕贯彻落实《廉洁从政准则》,切实做好领导干部廉洁自律工作,校党政领导班子成员带头严格要求自己,主动报告个人重大事项和上交礼品。"三讲"教育后,党委针对个别干部暴露出来的问题,专门召开党委扩大会议,重申和强调校级领导班子和领导干部必须遵守的纪律和办事的6条规定。在党委的具体指导下,纪委认真抓好每年的处级领导干部的民主生活会,根据高校工作的特点和每一阶段的重要事项,确定对照检查的重点。对群众反映的意见,纪委在会前向院系领导反馈,要求在民主生活会上加以检查,会后及时向群众通报,体现了群众监督的作用。校纪委在实行《关于实行领导干部经济责任审计和离任廉政检查制度的决定》后,对5名处级干部进行了经济责任审计,20多名干部进行了离任廉政检查,通过审核财务收支、清理办公用品,办好移交手续等程序,较好地规范了干部的从政行为。

加强办案领导责任制,凡立案查处的,都确定一名主要领导负责,根据《案件办理工作制度》,促进办案工作顺利进行。五年来,共立案5项,结案4项,处理了少数违反党纪政纪的党员和干部,其中党内严重警告1人,警告4人,撤职处分1人,通报批评6件(次)。配合省纪委调查有关问题3件,协助司法部门调查有关问题4件。群众信访举报398件次都按要求进行了调查或批转处理。有18个重点问题被列为专项,其中经济类3项,干部人事类2项,考试招生类4项,职称评聘类3项,道德品质类2项,其他4项。这些问题都形成了书面调查报告,得到了比较好的解决。

以清理预算外资金、制止坐收坐支行为和查处乱办班为重点,纠正带有高校特点的行业不正之风。全校普遍推行财检小组定期检查财务收支情况并向群众报告的制度。对办班中反映出来的问题,及时采取补救措施,以维护学校的良好声誉。每年新生报到时,都对院系收费情况进行检查,取消了一批不合理的收费项目。对各类招生考试加强了监督检查,在推荐免试研究生、研究生复试等方面把好关,清退了弄虚作假的学生。对艺术类招生实施全程监督,健全了体育特招生的选拔程序和责任制度。由于监督工作比较到位,考生反映的问题都能在招生期间妥善解决,信访举报的件数已大大减少。

(四)从源头上预防和治理腐败的工作取得良好效果。加强财务管理,强化资金监管,对全校银行账户进行普查,取消了部分不合理的账户。在机构改革的同时,对机关部处的各种收费实行统一上缴,统一拨付,严禁设立账外账,使各单位遵守财经纪律的意识明显增强。进一步加强对基建资金的管理,实施财务部门对项目建设开支活动的监控,基建审计的成效比较明显。全过程参与招投标活动,确保工程建设、物资采购招投标健康有序进行,防止重要环节出现纰漏。1997年下半年以来,全校共进行建设项目招投标200多项,合同金额2.6亿元,节约资金792万元。1999年9月至今,参与学校物资设备和报废物资竞价出售招投标152批次,资金人民币9732万元和美元110.25万元,节省资金287万元。

协助党委健全校务公开工作机构,群众关心的学校建设的重大事项都通过教代会、通报会、公开栏得以公开。充分利用现代信息技术的优势,建立了校务公开网页,使校务公开更加系统化、科学化,拓宽了信息覆盖和扩散的渠道。在加强机关作风建设的基础上,整合、梳理全校机关部门办事流程和办事注意事项,减少师生到机关办事的不便。此外,我们还发挥机关部处在管理中的监督作用,通过联席会议的方式,明确各个部门监督的重点内容,逐渐形成了全校性的监督网络。

五年来,在认真履行职责、积极开展党风廉政建设和反腐败斗争中,我们的体会和认识主要是:

党风廉政建设和反腐败斗争是一项长期的战略任务。随着改革开放的深入,社会矛盾的相互交织,经济活动的日益增加,教育资源紧缺与人民群众需求的暂时矛盾,都会给高校党风廉政建设和反腐败工作带来新的挑战,我们必须对反腐败斗争的长期性、艰巨性、复杂性保持充分的思想准备。

反腐败工作必须紧紧围绕、服务于学校的中心工作,立足学校的实际,保证和促进学校的发展。必须用改革的思路和创新的精神,找准纪委工作与学校中心工作的结合点和着力点,坚持标本兼治、综合治理的方针,通过体制创新和制度建设,努力铲除可能产生腐败的土壤,防患于未然。

纪委发挥组织协调作用是抓好反腐败斗争的客观需要。要做好这项工作,纪委必须坚持在党委的统一领导下,通过发挥职能部门的作用,全面推进工作。要把作风建设与思想建设、组织建设有机结合起来,重在制度建设,逐渐形成一套行之有效的协调机制。

党内监督是维护党的纪律,保持党的先进性、纯洁性的内在要求,是党加强自身建设,保证党健康发展的基本手段和途径。作为党的专门监督机构的纪委,一定要充分行使监督职能,敢于和善于监督,充分走群众路线,从群众反映最多的问题入手,一抓到底,抓出成效,取信于民。

回顾五年来的工作,我们虽然取得了一些成绩,但与上级纪委的要求和学校改革、发展的需要以及广大党员和教职工的期望还有较大距离。从整体上说,纪委工作还不能很好地贴近学校中心工作,对出现的新情况、新问题不够了解,有见解、有分析的建议不多。工作中思想观念、思想方法还跟不上形势的要求,缺少创新、生机和活力。全校尚未形成一套有效的监督管理机制,党风廉政建设责任制的落实还有比较大的差距。不少工作抓得不够具体、扎实,查处违纪违法行为的经验和办法不多,缺乏较强的震慑力。这些问题,我们必须在今后的工作中加以纠正和克服。

二、今后四年我校党风廉政建设和反腐败工作的总体要求和主要任务

以党的十六大召开为标志,今后五年将是我们党和国家历史上具有重大意义的五年,也是我校改革发展至关重要的时期。因此,我校党风廉政建设和反腐败工作的总体要求是:高举邓小平理论伟大旗帜,以江泽民同志“三个代表”重要思想为指导,深入贯彻党的十五届六中全会精神,坚持从严治党的方针和改革创新的精神,勤奋工作,争取反腐败工作取得更大成果。围绕以上要求,今后四年的主要任务是:

(一)认真履行职责,为实践“三个代表”重要思想提供政治和纪律保证。维护党的纪律,尤其是维护党的政治纪律是纪检监察工作的首要任务。今年下半年,党的十六次全国代表大会将胜利召开,纪委要在党委的领导下,以“三个代表”重要思想统领学校工作,为十六大提出的各项任务在我校的落实提供有力保证。加强对贯彻执行党中央、国务院重大决策的监督检查,保证政令畅通,凡要求在高等学校落实的,都要作为专项任务监督到底。要加大对遵守和执行政治纪律的检查力度,坚持党的政治原则和政治方向,维护党的团结统一,对任何背离党的政治原则、在政治上造成不良影响的行为都要给予严肃的处理。

把党的作风建设与思想建设、组织建设有机地结合起来,继续按照党中央《关于加强和改进党的作风建设的决定》的精神,建立健全严格执行民主集中制的具体制度、干部选拔任用工作制度、密切联系群众的制度以及党内民主监督制度。进一步维护人民群众的利益,对不依法履行职责、侵犯教职工利益的行为,要认真加以调查和处理。继续抓好行政效能监察工作,促进机关及工作人员增强服务意识,转变工作

作风,提高工作效率,更好地为学校的教学科研服务。

(二)突出重点,科学规划,落实反腐败三项任务。党中央确立的反腐败三项工作是一个有机的整体,在实际工作中我们要加强组织领导,保证每一项工作都取得实效。

1.通过查处案件惩治腐败分子。继续加大办案力度,严惩违纪违法行为。要根据高等学校的特点,把经济案件、失职渎职案件、违反政治纪律案件、违反招生考试规定的行为作为重点进行查处。通过分析高校尤其是我校近几年所发生的案例,进一步了解高校案件发生的特点和表现方式,减少工作的盲目性。对群众的举报线索要制定调查方案,一件一件加以核实,保证办案结案质量。重要的举报线索和反映处以上领导干部问题的,要将调查方案及时报送校党委,在党委的统一领导下集中力量加以突破。

2.通过纠正部门和行业不正之风,克服腐败现象。继续加大纠风工作的力度,营造良好的办学环境。严格各类收费的管理,加强收费审批制度,所有收费项目要上网公布,以利群众的监督。严肃考试和招生纪律,抵制各种干扰和社会腐败行为的侵蚀。严格按照教学要求,规范文凭证书的颁发工作,纠正乱办班的现象。主动协助有关部门采取有效措施,规范学术行为,保障和促进学校学术事业的健康发展。

3.从体制和制度上防止领导干部滥用权力。监督工作要以领导干部为重点,当前,特别要抓好以下几项工作:禁止领导干部收受"红包"和有价证券的行为;禁止领导干部到分管单位报销个人费用的行为;禁止领导干部插手基建工程的行为;禁止领导干部奢侈享乐、铺张浪费的行为;禁止利用工作便利影响招生考试工作的行为;禁止在干部选拔中的"跑官"、"说情"行为。继续健全领导干部廉政档案制度、诫勉谈话制度和专题民主生活会制度。真正发挥收入申报、礼品登记、重大事项报告等廉政措施的实际作用。

(三)加大执法监察力度,深入贯彻"标本兼治、综合治理"的方针。加强党委内部的监督和党员对党的领导干部的监督,认真检查在执行党内监督五项制度上的差距,尤其是坚持和执行民主集中制原则的差距。各级党组织要按"集体领导、民主集中、个别酝酿、会议决定"的要求,健全党政班子议事规则和议事程序,决定本单位重大事情一定要经集体讨论决定,推行表决制度。继续发挥党内民主生活会的作用,依靠领导班子集体的力量,解决实际工作中出现的问题。坚持和完善纪委与组织部门、审计部门的联系会议制度,就班子建设和领导干部经济责任审计等问题,交流信息,互通情况。对涉及多个部门的党风廉政建设工作,纪委要主动牵头,协调各个部门之间的关系。

按照抓重点工作年年有新举措的思路,今后着重抓好以下工作:

落实党风廉政建设责任制和责任追究制度。除监督各单位落实领导班子分工负责制外,重点对以下情况进行监督检查:出现经济损失的;发生事故和恶性事件的;不正之风严重、群众反映强烈的。对负有领导责任的干部,要坚决进行责任追究。

实行政府采购制度。按《政府采购法》的要求规范物资设备招标投标办法,最大限度地堵塞采购过程中的漏洞,努力实现防治腐败和提高资金使用效益的目的。

开展经济责任制度贯彻情况的检查。从源头上防止做假账、报假表,假公济私和集体资产流失的问题,增强财务管理的透明度和财务审批的监督力度。

落实领导干部任期经济责任审计制度,及时做出审计规划,通报审计结果,督促审计意见的落实。

促进校务公开制度的普遍实行。要依照中共中央办公厅、国务院办公厅"深入实行校务公开制度"的要求,健全校务公开监督机构,保证校务公开内容的真实性,促使教职工反映的意见得到落实,推动教职工对校务公开工作进行评议和监督的开展。

(四)深化党风廉政教育,提高各级领导干部拒腐防变的能力。"立足教育、着眼防范"是我们党开展党风廉政建设的重要原则,纪委要一如既往地抓好教育工作,促使各级领导干部在思想作风、领导作风、工作作风和生活作风上有明显转变。

党风廉政建设的宣传教育要以正面教育为主,大力宣传邓小平党风廉政建设理论,大力宣传党中央关于加强和改善党的作风建设的各项要求。全校性的党风廉政教育活动由党委统一部署,重点是根据党中央的要求,在年初做好全年的教育计划,纪委要主动抓好具体工作的落实。领导干部尤其是党政主要领导的教育每学期要安排一次,重点放在三个方面:抓理想信念宗旨教育,提高思想政治素质;抓艰苦奋斗传统教育,提高抵制享乐主义侵蚀的自觉性;抓党纪政纪条规教育,强化遵纪守法意识。

党风廉政教育既要抓理论教育,又要采用多种形式进行示范教育和警示教育。纪委要及时总结各单位防腐倡廉的经验和拒腐防变的先进事迹,开展正面教育。警示教育要有针对性,尽可能选择有高校特点的案例进行分析解剖,促使党员、干部吸取教训,引以为戒。各单位要大力推动反腐倡廉的宣传,充分发挥各种优势,传播党和政府的反腐倡廉法规,坚持教育工作的经常化。

三、加强领导,改善工作,确保反腐倡廉各项任务的全面落实

搞好党风廉政建设和反腐败斗争,是落实“三个代表”的重要实践。当前,我们面临的党风廉政建设和反腐败工作的任务十分繁重,为了保证大会提出的各项任务的完成,我们必须从以下四个方面努力:

(一)充分认识高校反腐倡廉工作的意义,提高工作的自觉性。在由计划经济向市场经济转轨的过程中,高校作为社会的重要领域,不再是“一片净土”。腐蚀与反腐蚀的斗争更加激烈,经济活动的增加也对学校党的建设和行政管理提出了更高要求。因此,在落实反腐倡廉各项具体任务时,首先要提高思想认识,自觉性增强了,才有可能真正加强领导,旗帜鲜明地反对腐败。各级领导既是反腐倡廉工作的组织者、领导者,又是具体的执行者,因而既要严于律己,模范地执行廉洁自律的有关规定,又要坚持“两手抓,两手都要硬”的方针,抓好自己职责范围内的党风廉政建设。要根据工作要求,不断充实党风廉政建设责任制的内容,建立相关的工作制度、报告制度、督查制度和考核制度。领导班子在做出重要行政决策时,同时要考虑到党风廉政建设问题。党的书记要定期召开委员会议,分析和研究本单位的党风廉政情况,及时解决工作中的问题。

(二)坚持党委统一领导,党政齐抓共管的原则,建立强有力的组织领导体制。反腐败工作是一项全局性的工作,和学校改革、发展、稳定的任务密不可分。针对反腐败工作与组织、人事、财务等党委、行政部门的工作关系密切的实际,党委将把党风廉政建设和反腐败任务,层层分解落实到部门,明确牵头部门和责任部门。纪检监察部门要充分发挥组织协调作用,督促各部门制定具体的工作措施,以保证各项任务的完成。各院系也应建立由党政领导统抓党风廉政建设工作的领导体制,构筑工作框架,具体组织实施,及时掌握动态,始终如一地抓紧各项工作的完成。

(三)在工作格局的把握上要突出重点,整体推进。廉政工作要突出重点,要始终把反腐败三项任务作为工作的重点抓紧抓好。党中央每年提出的新要求,纪委要负责提出具体的实施意见,对各单位工作进行指导。在实践中,必须善于把反腐败三项工作与源头治理有机结合起来。落实反腐败三项任务时,应当认真分析问题产生的深层次原因,提出解决的措施和办法,有针对性地从源头上加以治理,防止各种不正之风和腐败现象的反弹和回潮。要着重抓好权、钱、人三项制度改革的后续监管,积极运用协调、检查、监督等工作手段,确保领导干部严格按照规定程序履行职责,推动反腐败三项工作的深化。

(四)适应形势需要,提高工作水平,努力建设一支专兼职相结合、有战斗力的纪检监察干部队伍。一支高素质的纪检监察干部队伍,是完成党风廉政建设和反腐败各项工作的组织保证。纪检监察干部要有良好的政治素养,自觉地按照“三个代表”的要求,加强和改进自身的思想作风,要以与时俱进的思想观念、奋发有为的精神状态和真抓实干的工作作风,完成这次大会确定的工作任务。要通过不断学习和探索,努力掌握高校各类案件发生的规律,及时提出有效的防范措施。要通过深入实际的调查研究,解决教职工关注的热点问题,搞好专项治理。纪检监察部门作为民主监督的桥梁纽带,要继续畅通、巩固原有的监督渠道,改进信访工作,引导和保护群众监督的积极性。要研究在贯彻党风廉政建设责任制以后,院系党总支和直属党支部开展纪律检查工作的形式和内容,健全校纪委和各党总支、直属党支部的工作联系制度。要继续支持特邀监察员开展工作。新一届纪律检查委员会组成后,要进一步完善工作制度,增强工作的民主性和权威性,充分发挥纪检工作在党建中的作用。

同志们，今后四年是我校实现党风根本好转的重要时期，全校共产党员要坚决按照党中央的部署，振奋精神，努力工作，为实现党的反腐败工作目标，全面完成十六大提出的各项任务而努力奋斗！

——本文摘录自《奋发向上　积极工作　努力开创我校党风廉政建设的新局面——在中国共产党厦门大学第八次代表大会上的报告》，档号 2002-DQ06-1

关于试行发展党员公示制度的意见

(2002年9月13日)

为深入贯彻发展党员工作“坚持标准、保证质量、改善结构、慎重发展”的方针，进一步扩大党内民主，加强群众监督，严把“入口关”，确保发展党员的工作质量，经研究，决定在我校试行发展党员公示制度。现将有关事项规定如下：

一、公示对象

入党积极分子经过一年以上培养教育和考察，经支委会研究确定，即将提交党员大会讨论的发展对象。

二、公示范围

公示的范围一般为发展对象学习和工作的基层单位。学生中的发展对象在院(系)办公室、学生宿舍或院(系)网站上公示。

三、公示时间

发展对象的公示时间在提交支部大会讨论之前进行，公示期限为7天。

四、公示程序

1.提名、预审。党支部提名并书面报请所属党总支(直属党支部报校党委组织部)预审通过，确定为预备党员发展对象。

2.张榜公示。党总支(直属党支部)在一定范围内张榜公示发展对象的名单和有关情况。

3.反馈意见。公示期间，党员和群众如有异议或意见，可采用口头或书面形式向公示对象所在单位党支部、所属党总支反映。

五、工作要求

1.经过公示，如群众对发展对象没有提出意见，即可填写《入党志愿书》，并召开支部纳新大会。如群众对发展对象提出意见，党支部应对反映的问题认真进行调查甄别，并报党总支审查。审查后认为符合预备党员条件的，方可填写《入党志愿书》，并召开支部纳新大会；对审查后认为不符合条件的应暂缓发展。

2.各党总支(直属党支部)将公示结果形成书面材料和处理意见，连同发展对象的入党材料一并报送上级党委审查。

3.各级党组织对举报人和举报材料，要绝对保密，对泄密的人和事要根据情节轻重，按照《党章》和《中国共产党纪律处分条例（试行）》等的有关规定进行严肃查处；对故意捏造事实，诬陷他人的要严肃处理。

4.各党总支（直属党支部）要认真落实发展党员公示制的有关内容，切忌流于形式，未经公示的一律不予讨论和审批。

六、其他

1.本办法由党委组织部负责解释。

2.本办法从发文之日起执行。

附件：发展党员公示榜例式

中共厦门大学委员会组织部
二〇〇二年九月十三日

附件：

例式：

发展党员公示榜

经××支委会研究确定，近期将提交支部党员大会讨论，发展×××同志为中共预备党员。现予以公示。

×××同志、性别、籍贯、出生年月、学习（工作）单位、申请入党时间、确定为入党积极分子时间、培训情况

本公示自即日始7日内（×月×日—×月×日），凡对发展上述同志入党有意见者，请及时以口头或书面的形式向党总支或有关党支部反映。

党总支联系电话：×××××××

E-mail：×××@×××

××××党总支（盖章）
年　月　日

——本文摘录自《关于试行发展党员公示制度的意见》，（2002）厦大委组9号，档号2002-DQ02-2

关于加强基层离退休工作的意见

(2002年9月26日)

各学院、各单位:

根据全国老龄工作会议提出的“党政主导、社会参与、全民关怀”的老龄工作方针,结合我校实际,现就我校加强基层离退休工作提出如下意见,请遵照执行。

一、党政主导,加强和健全基层离退休领导小组的建设

加强和健全各单位离退休工作领导小组的建设,不仅关系到如何切实搞好本单位的离退休工作,而且关系到本单位的发展和稳定。

在我校1800多名离退休教职工中,只有离休干部单独成立了党总支,其余1700多位退休教职工的行政关系、党组织关系均在原单位,由原单位负责对他们进行管理和服务工作。目前,各单位虽然基本上都已建立了离退休工作领导小组,但是,有的单位在人员变动后没有及时补充,甚至有的单位有名无实。学校希望全校各单位党政主要领导要切实把离退休工作纳入自己的视野,摆上议事日程,进一步健全离退休工作领导小组,配好人员,定期召开会议研究,制订工作计划,经常检查落实。根据我校近几年机构及人员变动较大的情况,全校各单位要按照学校“各学院、各单位成立离退休工作领导小组,由分管人事工作的领导任组长,成员由党支部书记,部门工会主席、办公室主任(秘书)及离退休教职工代表组成”的规定,及时调整充实本单位离退休工作领导小组,并于10月25日前将本单位离退休工作领导小组成员名单报校离退休工作处。

二、主动关怀,搞好基层离退休教职工活动点的建设

离退休教职工由于年老体弱,渴望通过参加适当的文娱体育活动,增强体质,延年益寿,加上他们已离开工作岗位,有较多的时间开展各项活动,因此,应当为他们提供更多的活动地点和空间,使离退休教职工的精神生活更加饱满。目前,学校已在南光八、建文楼建立了离退休教职工活动室,并在室外提供了一些活动场所,不少学院和单位也在本单位建立了老年活动点。学校希望各单位进一步挖掘潜力,利用各种条件,为本单位的老同志提供更多的活动机会和场所。

三、弘扬美德,切实关心离退休教职工的生活

中华民族具有尊老敬老的光荣传统,各单位应大力倡导尊重离退休教职工的风气,并切实关心他们的生活,特别是关心他们的病痛和精神状态。每逢重大节日,基层党政工团领导应主动对离退休教职工进行慰问,同时应根据联合国在1999国际老年人年提出的“建立不分年龄人人共享的社会”的口号和各单位的实际情况及条件为本单位离退休教职工创造一个更好的安度晚年的生活环境。

二〇〇二年九月廿六日

——本文摘录自《关于加强基层离退休工作的意见》,厦大离退休〔2002〕7号,档号2002-XZ32-1

中共厦门大学委员会关于进一步加强工会工作的若干意见

（2002年12月20日）

中国工会是中国共产党领导的职工自愿结合的工人阶级群众组织，是党联系职工群众的桥梁和纽带，是国家政权的重要社会支柱。为了进一步发挥工会在学校改革、发展、稳定中的作用，把广大教职工群众更加紧密地团结在党的周围，为科教兴国，为把我校建设成为国内外知名的高水平大学做出更大的贡献，根据《中华人民共和国工会法》和《中华人民共和国教育法》、中发[1989]12号文件《中共中央关于加强和改善党对工会、共青团、妇联工作领导的通知》以及闽委发[2002]4号文件《中共福建省委关于在新形势下加强党对工会、共青团、妇联工作领导的意见》精神，特提出以下几点意见：

一、高举邓小平理论伟大旗帜，全面贯彻落实江泽民“三个代表”重要思想，切实加强党委对工会工作的领导

1.指导工会贯彻落实党的路线、方针、政策，围绕学校中心工作，组织引导教职工学习马列主义、毛泽东思想、邓小平理论、江泽民同志“三个代表”重要思想，开展形势政策教育，社会主义、爱国主义、集体主义教育，民主与法制教育，职业道德与劳动纪律教育等，不断提高教职工的思想政治素质和业务素质，增强执行党的基本路线和教育方针、政策的自觉性，动员和教育广大教职工努力为学校的改革、发展和稳定事业做贡献。

2.研究、决定工会工作的重大问题。

3.协商、推荐工会的主要负责人选。

4.建立党委研究工会工作制度，每年至少召开1次研究工会工作的会议。

5.学校党委要有一名领导分管校工会工作或兼任校工会主席，各党总支（直属支部）书记要亲自分管部门工会工作。

6.党委有关会议应吸收工会主要负责人参加或列席。

7.在提名校党委委员候选人时，应考虑工会的党员主要负责人。

二、重视、支持工会工作，为工会履行职能创造良好条件

1.支持工会依照法律和章程独立自主地开展工作，依法行使权利和履行义务，充分发挥工会作为党联系教职工群众的桥梁和纽带作用。

2.重视工会通过调查研究提出的意见和建议。

3.支持工会开展适合教职工特点的、健康有益的活动。

4.确保工会经费的按时足额拨付。

三、充分发挥工会在学校事务管理中的民主参与、民主监督作用

1.必须坚持和进一步完善以教职工代表大会(简称教代会)为基本形式的民主管理制度,保障教职工在参与学校重要决策、维护教职工合法权益、监督学校各项工作等方面发挥作用。教代会每年至少召开一次。校工会承担教代会日常工作机构的职责,落实教代会各项职能。

2.在学院(系)开展二级教代会试点工作。二级教代会要在本单位党总支(直属支部)的领导下进行。部门工会承担二级教代会的组织工作。

3.校工会主席应为学校办公会议成员,部门工会主席应为院务委员会成员,工会副主席(小组长)应参加系办公会议。

4.学校职能部门在研究制定教学、科研及工资、职称、住房等涉及教职工切身利益的重大政策、措施时,应充分听取工会意见;有关教职工切身利益的专门机构也应有工会代表参加。

5.充分发挥教代会、工会组织的作用,加强对校务公开工作的监督。

四、继续开展党政工共建"模范教工之家"活动,增强工会活力,推进工会工作,为学校的改革、发展和稳定多做贡献

1.加强党政工共建"模范教工之家"工作,进一步明确党、政、工在"共建"中的职责,制订工作计划,争创"全国模范教工之家"。

2.各党总支(直属支部)要继续支持各部门工会开展创建"教工小家"活动,成立"教工小家"共建领导小组,提供必要的设施和活动场所等物质条件,增强各部门工会的活力,提高部门工会工作水平。

3.各级工会要深入调查研究,广泛听取教职工的意见和建议,协调关系,调动教职工的积极性和主动性,为学校的中心工作服务,维护学校改革、发展、稳定的大局。

五、进一步开展"三育人"和"树、创、献"活动,建设高素质的教职工队伍

1.认真贯彻落实江泽民同志《关于教育问题的谈话》精神和《公民道德建设实施纲要》,进一步深入开展"三育人"和"树、创、献"活动,加强师德师风建设。

2.工会要积极配合党政做好教职工思想政治工作,促进教师队伍整体素质的提高。

3.工会要在教职工中发现典型、培育典型、宣传典型,通过表彰先进,激发教职工为学校的改革、发展和稳定多做贡献的主动性、积极性。

4.工会要大力协助党政抓好校园精神文明创建活动,进一步发挥学校参与社会主义精神文明建设的作用。

六、重视工会干部的选拔和培养,加强工会干部队伍建设

1.把工会干部的选拔和培养列入学校干部选拔和培养计划,依照《中华人民共和国工会法》和《中国工会章程》,按时换届,选配好正、副主席,使工会领导班子健全、结构合理、思想开拓、工作规范。

2.各级工会干部要加强理论学习,办好工会干部理论学习班,提高工会干部的理论素养和业务水平。要有计划地选送工会干部进各级党校学习、培训。

3.加强与兄弟院校工会的交流与合作。

4.按上级有关文件规定落实工会干部的各项待遇。对兼职校工会和各部门工会干部,其教学工作量减免、岗位聘任和岗位津贴等方面待遇应按上级有关文件精神做出具体规定予以落实。

5.校工会常委、部门工会主席应参加校中层干部会议。

以上意见,请认真贯彻实行。

——本文摘录自《关于印发〈中共厦门大学委员会关于进一步加强工会工作的若干意见〉的通知》,厦大委综〔2002〕30 号,档号 2002-XZ09-6

·教学与科研工作·

关于公共计算机课程管理办法的通知

（2002 年 5 月 21 日）

各学院、直属系：

我校自 2000—2001 学年下学期、2000 级学生开始执行《厦门大学计算机水平等级考试》办法，公共计算机课程期末考试与福建省计算机等级考试脱钩，采用本校开发的“厦门大学公共计算机课程一级考试软件”进行“计算机基础”课程的期末无纸化考试。

为进一步推进计算机基础课程教学改革，因材施教，拟按课程目标管理要求，对“公共计算机课程”，从 2001—2002 学年起，实行如下改进措施：

1.凡是公共计算机课程考试不合格者，一律实行重修(即取消补考制度)。不及格成绩不记入学生成绩卡，不计算补考学分数，待重修合格才记入学生成绩卡。

重修生可以自选任课老师，但需跟班学习。

2.每学期末倒数第三周举行全校公共计算机课程期末无纸化考试。如因机器故障或网络等原因出现成绩异常，经主考教师认定，可在该周末重考。

3.学生可以申请提前通过“厦门大学计算机水平等级考试”。考试成绩合格者，可以免听相应等级的计算机基础课程，并取得成绩和学分。

免听考试随前学期末的考试进行。申请免听程序是：各科成绩优良的学生可向所在系教学秘书提出申请；由教学秘书核实，向开课单位报送本系申请参加免听考试名单。考试后，开课单位将成绩报送学生所在系，并送一份至教务处存档。学生考试成绩达到 80 分者即获免听资格，并获相应课程学分。教学秘书据此登录课程成绩，学生可申领“厦门大学计算机水平等级考试”合格证书(考试成绩达到 90 分者，可以申领优秀证书)。

以上办法自本学期末开始实施。

二〇〇二年五月廿一日

——本文摘录自《关于公共计算机课程管理办法的通知》，厦大教〔2002〕15 号，档号 2002-XZ12-1

厦门大学第二学士学位生学籍管理规定(试行)

（2002年6月14日）

为保证第二学士学位人才培养的质量，参照原国家教育委员会、国家计划委员会、财政部制定的《高等学校培养第二学士学位生的试行办法》，以及《厦门大学本、专科学生学分制学籍管理实施细则》，制定本《管理规定》。

第一章　第二学士学位教育的性质、对象和学制

第一条　第二学士学位教育在层次上属于大学本科后教育，与培养研究生一样，同是培养高层次专门人才的一种途径。举办第二学士学位教育的宗旨在于培养国家建设急需的跨专业复合型高层次专门人才。

第二条　修完一个学科门类中的某个本科专业、准予毕业并获得学士学位的学生，经正式录取，可进入本校攻读第二个本科专业学士学位。第二学士学位生在校期间待遇与本科生相同。

第三条　第二学士学位学制二年。学生在学期间可以申请休学或延长学习时间一年。

第二章　入学与注册

第四条　凡我校录取的第二学士学位新生应持录取通知书和有关证件，按期到校办理入学手续。因故不能按期入学者应凭原单位或所在街道、乡镇证明，向学校办理请假。请假一般不得超过两周。未经请假、或请假逾期两周者以自动放弃入学资格处理。

第五条　新生入学时需交验第一学士学位证书原件，无第一学士学位证书者取消入学资格。

第六条　每学期开学时，学生必须按校历规定的日期到校办理注册手续，方可取得本学期学习资格。未经注册不准参加学习。注册手续不得请他人代办。因故不能如期到校者应办理请假。请假一般不能超过两周。未经请假、或超假达两周者以自动退学处理。

第七条　学生有缴交学费的义务。每学年第一学期注册时应交清一学年的学费。经济上有困难的学生可另行申请补助或贷学金。

第三章　课　程

第八条　课程的选修：

(1)学生应遵照循序渐进的原则，按照教学计划规定的顺序和要求选修课程。

(2)学生应按校、院规定的时间办理选课手续。选课必须在指导教师的指导下严肃认真地进行。学生可以提前或推后选修若干课程。但凡规定有先修课程的，必须取得先修课程学分，方可选修后续课程。

(3)未经办理选课手续而参加听课、考核者，其成绩无效。

第九条　课程的免修：

学生在第一学士学位阶段已经修习完成、与第二学士学位相同的课程，其学时和要求高于第二学士

学位课程的,经学生提出申请、任课教师进行必要考核、学院分管教学领导批准后可以免修。

第十条　课程的重修:

(1)课程考核不及格,该门课程必须重修。

(2)无论何种原因,一门课程缺课累计达到1/3者,该门课程必须重修。

第四章　课程考核与成绩记载

第十一条　学生修习的课程都必须参加考核。考核及格方可获得该门课程的学分,并且载入学籍总登记卡。课程不及格成绩不记入学籍档案,待重修及格方予记入。学籍总登记卡在学生毕业时归入个人档案。原件存校档案馆。

第十二条　考试方式可根据课程特点,分别采用笔试(闭卷或开卷)、口试,或口笔试结合等多种形式,由任课教师提出,教研室(组)主任审定。

第十三条　课程成绩采用百分制或五级制(优秀、良好、中等、及格、不及格)记分。百分制与五级制的换算标准是:90～100分为优秀(A);80～89分为良好(B);70～79分为中等(C);60～69分为及格(D);60分以下为不及格(F)。

第五章　编　班

第十四条　学生根据本人的学习能力,在指导教师的指导下,按照学校有关课程选修的规定安排学习进度。

第十五条　学生在校期间,按其选修学分额度最多的课程所归属的年级,编入相应的班级,并参加该班级的各种活动。

第六章　休学与复学

第十六条　学生有下列情况之一者应予休学:

(1)因病经校医院保健室诊断,须停课治疗、休养时间占一学期总学时三分之一以上(含三分之一)者;

(2)在一学期内请假、缺课时间超过该学期总学时三分之一(含三分之一)者;

(3)因某种特殊原因,本人申请或学校认为必须休学者。

第十七条　学生休学以一年为期。未办理休学手续而擅自离校者,视为自动退学。

第十八条　学生复学按下列规定办理:

(1)学生休学期满,应于开学前一周填写《复学申请书》,经学院签注意见,报教务处批准,在注册前办理复学手续。因病休学的学生,申请复学时,须由县级以上医院诊断,证明已恢复健康,并经校医院复查合格,方可复学;其他原因休学的学生,须持有关证件,方准申请复学、办理注册手续。

(2)要求复学的学生,由校、院有关部门进行复查。休学期间,如有违法乱纪行为者,取消复学资格。

第七章　退　学

第十九条　学生有下列情形之一者,应予退学:

(1)一学期所获学分未能达到8学分、或相连两个学期所获学分未能达到20学分者。

(2)一学期所获学分未能达到8学分者,经过本人申请、所在学院(系)批准,可以缓期一学期合并处理。如两个学期所获学分仍未达到20学分,则应予退学。

(3)休学期满不办理复学手续或经复查不符合复学条件者。

(4)因病经学校动员休学而不休学,且在一学期内缺课超过该学期总学时数的三分之一者。

(5)经过指定医院确诊,患有精神病、癫痫病或其他不宜在校继续就读、且经休学无法治愈的疾病者。

(6)意外伤残不能再坚持学习者。

按本条规定处理,对学生不是一种处分。

第二十条　退学手续,由学院报教务处审核、分管校长批准。

第二十一条　学生退学的善后处理,按下列规定办理:

(1)退学学生发给退学证明。至少学满一年、成绩及格者发给肄业证明书。未经学校批准,擅自离校的不发给退学证明和肄业证明书。

(2)退学的学生,不得申请复学。

第八章　考　勤

第二十二条　出勤的检查与处理:

(1)学生上课、实习、劳动、政治学习等均应实行考勤。学生应按时参加教学计划规定和学校统一安排、组织的一切活动。因故不能参加者,必须事先办理请假手续。凡未请假或请假超期者,一律以旷课论。实习、劳动、毕业论文(设计)等一天按五学时计算,上课旷课按实际缺课的时数计算。

(2)对旷课的学生,应根据旷课时数及情节,给予批评教育,直至纪律处分(见本《细则》第二十五条)。

(3)一门课程缺课达1/3者,不得参加该课程的考试,应该重修。

第二十三条　请假:

(1)学生请假,须由学生本人填写请假单并附上有关证明,按下列规定办理手续:病假在三天以内(含三天,下同),事假、公假一天以内的,须经班主任批准;病假三天以上,事假、公假一天以上的,须经班主任签注意见,系主任批准。经批准后将准假通知书交学院办公室登记。

(2)请假期满需续假者应于请假期满前另持证明办理续假手续,经获准后方为有效。否则,作旷课处理。

第九章　处　分

第二十四条　对犯有错误的学生,按《厦门大学学生违纪处分条例》规定,给予批评教育或纪律处分。

第二十五条　学生一学期旷课达十学时,系内通报批评;达二十学时,视其认错态度决定给予警告或严重警告处分;达三十学时,给予记过处分;达四十学时,给予留校察看处分;超过五十学时,给予勒令退学处分。

第二十六条　违反考场纪律者,按《厦门大学考场纪律及违纪处分办法》[厦大教(96)2号文]处理。

第二十七条　对犯错误学生,要热情帮助,严格要求。处理时持慎重态度,坚持调查研究,实事求是,善于将思想认识问题同政治立场问题区别,处分要适当。处理结论要同本人见面,允许本人申辩、申诉和保留不同意见。对本人的申诉,学校有责任进行复查。

第二十八条　对学生做出勒令退学、开除学籍处分由学生所在学院提出,有关部处审核,分管校长审批,并报省教育厅备案。

第二十九条　被勒令退学的学生只发给学历证明;被开除学籍的学生不发给学历证明。

第三十条　对学生的处分材料,归入本人档案。处分不得撤销。

第十章　毕业与学位

第三十一条　具有学籍的学生,思想品德合格,修完教学计划规定的课程和其他教学环节,获得规定的学分数,准予毕业,发给第二学士学位班毕业证书。

第三十二条　修完教学计划规定的课程和其他教学环节,所获课程学分达到教学计划规定的毕业总学分数90%的作结业生处理,发给第二学士学位班结业证书。所获课程学分未达教学计划规定的毕业总学分数90%的作肄业生处理,发给第二学士学位班肄业证明书。

第三十三条　符合《中华人民共和国学位条例暂行实施办法》有关学士学位授予规定的第二学士学位班毕业生,可授予相应的第二学士学位。

第三十四条　凡有下列情况之一者,不授予第二学士学位:

(1)结业生、肄业生;

(2)在校期间受过留校察看及其以上处分的学生。

第十一章　附　则

第三十五条　本规定从2002年9月开始实施。

第三十六条　本规定未尽事宜可参照《厦门大学本、专科学生学分制学籍管理实施细则》。

第三十七条　本规定由教务处负责解释。

——本文摘录自《关于印发〈厦门大学第二学士学位生学籍管理规定(试行)〉的通知》,厦大教〔2002〕18号,档号2002-XZ12-1

厦门大学硕士学位和博士学位授予工作细则

（2002 年 6 月 25 日校学位评定委员会审议通过）

（2002 年 6 月 25 日）

第一章　总　则

第一条　根据《中华人民共和国学位条例暂行实施办法》和国务院学位委员会《关于做好博士研究生学位授予工作的通知》，结合我校的实际情况，制定本工作细则。

第二条　经国务院批准，我校有权授予硕士、博士两级学位，按哲学、经济学、法学、教育学、文学、历史学、理学、工学、管理学九个学科门类授予。

第二章　学位评定委员会

第三条　学校成立学位评定委员会。校学位评定委员会，由校主要领导和教授（研究员）共二十五人组成，任期二至三年。校学位评定委员会名单由研究生院提名，经校长同意，报国家教育部批准，国务院学位委员会备案。

校学位评定委员会履行以下职责：

（一）审查接受申请硕士学位和博士学位的人员名单；

（二）确定硕士学位和博士学位的考试科目以及基础理论课和专业课的考试范围，审批主考人、考试委员会成员名单，审批论文答辩委员会成员名单；

（三）审批申请博士学位人员免除部分或全部课程考试的名单；

（四）通过学士学位获得者的名单；

（五）做出授予硕士学位和博士学位的决定；

（六）通过授予名誉博士学位的人员名单；

（七）做出撤销违反规定而授予学位的规定；

（八）遴选博士生指导教师。

第四条　学位评定分委员会协助校学位评定委员会做好学位工作。学位评定分委员会原则上按一级学科设立，同时兼顾院、系行政实体的运作。分委员会由七人至十五人组成，应有一定数量的、符合条件的中青年教学、科研骨干参加。分委员会一般设正、副主席各一名，主席由学校学位评定委员会委员或该学科的学术带头人担任，委员以教授为主（其中教授须占 2/3 以上）。

分委员会的组成由院、系（所）提名、学位与学科建设处初审、报学位评定委员会主席批准。

以院运作的学位评定分委员会可根据工作需要，在所属单位设立若干学位评定小组。学位评定小组由五至七人组成，负责初审本单位的学位授予工作。学位评定小组成员名单须报研究生院学位与学科建设处备案。

分委员会履行以下职责：

（一）代行审查接受硕士学位的申请；审定本学科、专业的研究生培养方案和教学计划执行情况。

(二)初审博士学位课程考试范围,提出博士学位基础理论和专业课考试委员会人员名单,报校学位评定委员会批准。

(三)审批硕士学位答辩委员会成员名单;提出博士学位答辩委员会成员名单,报校学位评定委员会批准。

(四)初审授予硕士学位和博士学位人员名单。

(五)完成校学位评定委员会交给的其他任务。

第三章　学位学术水平和学位申请办法

第五条　学位申请人通过硕士或博士学位的课程考试和论文答辩,成绩合格,达到以下学术水平,方可授予学位。

一、硕士学位

1.掌握本学科坚实的基础理论和系统的专门知识;

2.具有从事科学研究或独立担负专门技术工作的能力;

3.能比较熟练地运用一种外国语阅读本专业的外文资料和撰写论文摘要。

二、博士学位

1.掌握本学科坚实宽广的基础理论和系统深入的专门知识;

2.具有独立从事科学研究的能力,在科学或专门技术上做出创造性的成绩;

3.能熟练地用第一外国语阅读本专业的外文资料,并有一定写作能力。

第六条　凡是拥护中国共产党的领导,拥护社会主义制度,遵纪守法,品德端正,并具备以下条件者,均可按本细则的规定,申请相应的学位:

1.完成培养方案规定的学习项目,经考核合格,取得规定的学分;

2.导师或推荐人认为论文质量符合申请条件。

第七条　本校应届毕业研究生应在最后一学期结束前二个月递交论文,同时办理申请学位手续。指导教师应向教研室(研究室)介绍论文水平并写出详细的学术评语,教研室(研究室)在听取研究生论文报告及导师介绍后提出推荐意见,经系主任同意,方得向学位评定分委员会提出申请。

学位评定分委员会应在本校应届毕业研究生申请学位时,完整地提交其学位申请书和学位论文评阅书等申请材料。

第八条　在职人员申请学位,按国务院学位委员会正式公布的实施办法和《厦门大学授予具有研究生毕业同等学力人员硕士、博士学位的实施细则》办理。

第四章　学位课程和考试办法

第九条　硕士学位课程有:(1)马克思主义理论课;(2)基础理论课和专业课,一般为五门;(3)外国语一门。上述课程的设置及考试要求必须符合《中华人民共和国学位条例暂行实施办法》第七条的规定。学位课程考试成绩70分(百分记分制)以上(含70分)方为合格。

学位课程考试成绩合格,其他课程考试成绩及格,取得规定的学分后方可进行学位论文答辩。学位申请者如有一门学位课程不合格,可以补考一次,补考后仍不合格,不得进行学位论文答辩。

第十条　博士学位课程有:(1)马克思主义理论课;(2)基础理论课和专业课,至少有两门;(3)一门外国语(各学科专业可根据本学科专业实际情况将第二外国语列为必修或选修课程)。

博士学位课程考试要求按《中华人民共和国学位条例暂行实施办法》第十一条规定办理。学位课程考试成绩70分(百分记分制)以上(含70分)方为合格。全部学位课程成绩合格并取得规定的学分者,通过综合考试方可进行博士学位论文答辩。

第十一条　博士生综合考试委员会成员由本学科和相关学科专业中副教授以上职称的专家组成，名单由学位评定分委员会提出，研究生院批准。

第五章　学位论文的基本要求

第十二条　学位论文应在导师指导下，由研究生独立完成。硕士论文的基本要求是：(1)基本论点、结论和建议，应有理论意义或实际价值；(2)论文内容应能反映作者掌握本学科坚定的基础理论和系统的专业知识；(3)表明作者已掌握本研究课题的研究方法和技能，具有从事科学研究或独立担负专门技术工作的能力；(4)应有新的见解，取得一定的科研成果。

第十三条　博士论文的基本要求是：(1)基本论点、结论和建议应具有较大的理论意义和实际价值；(2)论文内容应能反映作者已掌握本学科坚实宽广的基础理论和系统深入的专业知识；(3)应能反映作者已独立掌握本研究课题的研究方法和技能，具有独立从事科学研究工作的能力；(4)有创造性的见解，取得一定的科研成果。

第十四条　论文用中文撰写(特殊专业除外)。凡用非中文撰写的论文，必须同时提交中文译文。论文一般包括序言、实验与计算、事实与理论分析、总结、参考文献等部分，此外应附中文和外文摘要和关键词。科学论点要有理论论证或实验验证，对所用研究方法的可行性要加以严谨的说明。引用别人的资料要忠于原著原文，利用合作研究成果时要加附注。词句力求精练通顺，条理分明，文字图表清晰整齐。硕士论文一般三万字左右，博士论文一般五万字左右。

第十五条　论文经教研室(研究室)审查和同意推荐答辩后付印。导师对论文的评语和推荐意见，应密封传递，注意保密。

第十六条　我校博士研究生在攻读博士学位期间，必须以第一作者在核心或权威刊物上至少发表二篇与其学位论文有关的学术论文，或取得经过鉴定的科研成果。

我校硕士研究生攻读硕士学位期间，必须在有正式刊号的书刊上以第一作者发表一篇以上与其学位论文有关学术论文，或取得经过鉴定的科研成果。

第六章　论文评阅

第十七条　答辩前两个月，由教研室(研究室)提名经学位评定分委员会同意后聘请相关学科的专家评阅论文。硕士学位论文评阅人不少于两名，其中校外的教授、副教授至少一名。博士学位论文评阅人不少于五名，其中校外的教授至少三名。硕士学位论文和博士学位论文评阅人由所在系(所)聘请。评阅人应是责任心强，学风正派，学术造诣较深，近年来在相关领域的科学研究中有成绩的专家。

博士论文评阅人一般应为博士生导师，或为处于本学科前沿的专家，或参与指导过博士生的专家。

第十八条　评阅人应对论文写出详细的学术评语，并按百分制评定分数，供答辩委员会参考，评阅人可参照下列几个方面审查论文质量：(1)研究成果的理论意义和实际价值；(2)论文的观点、结论是否正确，论据是否充分、可靠；(3)论文的学术水平和创造性；(4)论文的主要优点(包括研究方法、写作技艺和逻辑性等)；(5)论文的不足之处。

论文评阅人的姓名和学术评语应对学位申请人保密，并密封传递。

第十九条　答辩前应将博士论文或详细摘要印送有关单位及个人，认真听取意见，搞好同行评议，或将学位论文的主要内容在正式学术刊物上发表。

第七章　论文答辩委员会和答辩规则

第二十条　硕士学位论文答辩委员会由三至五位具有高级专业技术职务的专家组成；其中至少有半

数以上是研究生导师。提倡指导教师不参加答辩委员会。委员会设秘书一人。除新设和薄弱的专业外，硕士的学位论文答辩可不请校外专家参加。硕士学位论文答辩委员会组成由学位评定分委员会批准。

博士学位论文答辩委员会由七人以上具有高级职称的专家组成，其中博士生导师占半数以上，且必须有一至二位校外博士生导师或专家。提倡指导教师不参加答辩委员会。论文答辩委员会主席一般由教授或相当职称的专家担任。委员会设秘书一人。博士学位论文答辩委员会的组成由学位评定分委员会提名，校学位评定委员会批准。

答辩委员会组成名单在答辩前应保密，论文答辩的组织接待工作由所在系(所)安排，学位申请者不得参加接待工作。

第二十一条　论文答辩前应先审阅论文评语；未收齐评阅意见书一般不得进行答辩。多数评阅人的评语是肯定的可进行答辩；多数评阅人的评语是否定的，则不进行答辩。

第二十二条　答辩以公开方式进行(保密专业除外)。论文答辩的程序一般是：(1)主席宣布开会；(2)导师介绍研究生课程学习成绩和论文工作情况；(3)学位申请人报告论文的主要内容(不超过一小时)；(4)委员提问(可休会15～20分钟让申请人准备，也可以不休息)，申请人答辩；(5)休会，委员举行会议，由秘书宣读指导教师和评阅人的学术评语，商定评价论文的标准，并对论文做出评价，对是否通过论文答辩和建议授予学位进行表决；(6)主席宣布答辩委员会对论文的评语、评分等级和投票结果。

为保证有充分的时间进行论文答辩，一般在一次会上只答辩一至二篇论文。答辩时要详细记录或录音，博士论文答辩须有录音。

第二十三条　答辩委员会必须坚持学术标准，坚持实事求是的科学态度。论文答辩委员会采取不记名投票方式，做出论文的评分等级和是否建议授予学位的决议，须有三分之二以上委员同意方为通过。决议经答辩委员会主席签字，送学位评定分委员会初评后，报校学位评定委员会审批。

第二十四条　各培养单位可规定学位论文有一定的一次答辩不通过率。硕士学位论文答辩不合格的，经答辩委员会半数以上委员同意，可做出在一年内修改论文、重新答辩一次的决议。博士学位论文答辩不合格的，经不记名投票，获半数以上委员同意，可做出在两年内修改论文、重新答辩一次的决议。

除答辩委员会做出决议外，任何个人无权同意重新组织答辩。

第二十五条　硕士学位申请人的论文，如已达到博士学术水平，答辩委员会在做出授予硕士学位的决议的同时，还可推荐授予博士学位。

博士学位申请人的论文虽未达到博士学术水平，但已达到硕士学术水平，且申请人尚未获得该学科硕士学位的，答辩委员会可以做出建议授予硕士学位的决议。

第二十六条　论文答辩结束后，各系(所)应将学位申请书、课程成绩表、论文的全文和摘要、导师评语、论文评阅书、专家推荐书、答辩委员会决议和答辩记录、录音磁带、表决票、以及毕业研究生登记表(毕业鉴定、或申请人所在单位党组织意见)、博士论文的中、英文摘要和科研成果等有关材料整理立卷，送校档案馆存档。

学位论文由各系(所)送学校图书馆存档(一本)、硕士论文二本、博士论文四本送研究生院学位与学科建设处，按规定由学校送国家有关部门存档。

第二十七条　学位与学科建设处每年将授予硕士学位和博士学位的名单及有关材料，报主管部门和国务院学位委员会办公室备案。为了加强学术交流，不断提高学位论文质量，凡已通过的硕士、博士学位论文，应争取尽早发表(保密专业除外)。

第八章　其　他

第二十八条　对于国内外卓越的学者或著名的社会活动家，经校学位评定委员会提名，报国务院学位委员会批准，可以授予名誉博士学位。

第二十九条　在我校学习的外国留学生申请学位，参照本细则办理。

第三十条　各级学位证书，由学校评定委员会主席颁发。各级学位授予时间为校学位评定委员会会议批准授予学位之日。博士学位证书在经过三个月争议期后颁发。

第三十一条　本工作细则自公布之日起实行。随着我国学位制度的不断完善，本细则的个别条款将根据有关法律、文件以及国务院学位委员会颁发的新规定适时进行必要的修改。

第三十二条　本细则有关内容的解释权在校学位评定委员会。

——本文摘录自《厦门大学硕士学位和博士学位授予工作细则》，档号 2019-XZ28-008

厦门大学硕士、博士学位论文质量抽查评估办法

(2002年6月)

为保证和提高我校硕士、博士学位论文质量,确实把我校学位与研究生教育工作的重心转移到提高质量上来,经研究决定对我校硕士、博士论文质量进行抽查评估。

一、抽查评估范围

抽查评估的范围为上一年申请并通过答辩获得学位的硕士、博士学位论文。

二、评估论文抽取方式

评估送审的论文采取随机的方式进行抽取。

三、评估标准

以《中华人民共和国学位条例》及其暂行实施办法的规定为原则标准,同时以被评估论文体现的学位申请人的创新能力和知识结构为重心,采取积分的形式对学位论文的选题、综述及成果的创新性等方面进行综合评估(详见附件)。

四、抽评工作的组织与安排

1.随机抽取上一年已通过答辩的学位论文进行评审。

2.被抽查的论文,由所在系(所)向研究生院学位与学科建设处提供学位论文5份。

3.被抽查的学位论文由研究生院学位与学科建设处采取匿名方式寄送校外3至5名同行专家评审。

评审专家由学位评定分委员会提名,研究生院学位与学科建设处确定,名单严格保密(所选定的校外专家,不应与该论文答辩前的论文评阅人重复)。

五、抽评结果的处理

1.抽查评估的结果将由研究生院学位与学科建设处予以公布,并通报全校。

2.校外评审专家评价均为优秀的论文,经校学位评定委员会审议后,予以奖励。

3.被抽查的论文评审意见不合格超过半数者,为未通过。对论文抽查评审未通过者,将由校学位评定委员会根据评审结果,做出处理决定。

4.对抽查评估过程中发现论文有抄袭、剽窃、作假、雷同等问题者,交由校学位评定委员会处理,情节严重者将撤销其学位。

本办法由校学位评定委员会负责解释。

附：厦门大学硕士、博士学位论文质量评价表

附：

厦门大学硕士、博士学位论文质量评价表

密 封 编号：

所在学科专业：

申请学位级别：

论 文 题目：

<table>
<tr><td rowspan="9">分项评价</td><td>一级指标及比重</td><td>二级指标及比重</td><td>评判分数（百分制）</td><td>备 注</td></tr>
<tr><td rowspan="2">选题与综述（0.2）</td><td>选题的理论意义或实用（0.6）</td><td></td><td></td></tr>
<tr><td>对所在领域的综述（0.4）</td><td></td><td></td></tr>
<tr><td rowspan="2">成果的创新性（0.6）</td><td>理论或方法的创新性（0.6）</td><td></td><td></td></tr>
<tr><td>技术应用上的创新及开拓（0.4）</td><td></td><td></td></tr>
<tr><td rowspan="4">论文体现的申请人的理论基础、专门知识及科研能力（0.2）</td><td>理论基础（0.3）</td><td></td><td></td></tr>
<tr><td>专门知识（0.3）</td><td></td><td></td></tr>
<tr><td>科研能力（0.3）</td><td></td><td></td></tr>
<tr><td>写作能力（0.3）</td><td></td><td></td></tr>
<tr><td>分项评价</td><td>抄袭、剽窃、雷同情况（－0.1～－1）</td><td></td><td></td><td></td></tr>
<tr><td>总体评分</td><td>优（90～100）</td><td>良（80～89）</td><td>合格（70～79）</td><td>不合格（70 分以下）</td></tr>
</table>

您对该论文所涉及的领域的熟悉程度（请在相应栏打“√”）

非常熟悉（ ） 比较熟悉（ ） 不太熟悉（ ）

评审专家（签名）

年 月 日

——本文摘录自《厦门大学硕士、博士学位论文质量抽查评估办法》，档号 2019-XZ28-008

厦门大学本科生学籍管理实施细则(2002 年版)

(2002 年 10 月 21 日)

为了培养社会主义现代化建设需要的合格人才,全面推进大学生的素质教育,依据《中华人民共和国教育法》、《中华人民共和国高等教育法》和教育部制定的高等学校学生管理的有关文件,制定本实施细则。

第一章　入学与注册

第一条　凡我校录取的新生,须持录取通知书和有关证件,按期到校办理入学手续。因故不能按期入学者,应写信并附原单位或所在街道、乡镇证明,向学校请假。请假一般不得超过两周。未经请假、或请假未被批准、或请假逾期的、以旷课论,超过两周者,取消入学资格。

第二条　新生入学后,学校在规定的时间内(一般约 3 个月)对新生进行复查。复查合格者,即取得学籍。经复查不符合招生条件或属徇私舞弊者,取消学籍,予以退回。情节恶劣的,报请有关部门查究。

第三条　新生入学要进行体检复查。患有不符合招生条件的疾病者,取消入学资格;若患有不属于前述范围的疾病,但又不宜在校内过集体生活者,经校医院证明,由本人申请、学校批准,可保留入学资格一年。保留入学资格的学生,必须在第二学年开学前持县级以上医院证明、校医院复查合格证明,向学校申请办理入学手续。保留入学资格期间,不享受在校生和休学生待遇;逾期不办理入学手续,取消其入学资格。

第四条　学生有交纳学费的义务。正常修读年限之内,每学年按其所编入的专业年级的缴费标准交纳学费。在校修读时间(休学、停学不计算在内)超出学制年限的必须按物价部门核准的缴费标准交纳学费。每学年第一学期开学时,学生必须按照一学年(只需注册一学期者按一学期)额度缴清学费方予注册。经济上有困难的学生应另行申请补助或贷款。

第五条　每学期开学时,学生必须按校历规定日期到学院办公室办理注册手续,方可取得本学期学习资格。未经注册者不准参加学习。注册手续不得由他人代办。因故不能如期到校注册者,必须履行请假手续,否则,以旷课论处。未经请假、或超过假期,达到两周未注册的,按自动退学处理。

第二章　学　制

第六条　学校实行有弹性的学分制学籍管理办法。允许学生提前一年或推后 1～2 年毕业。学生完成教学计划规定的课程和其他教学环节,考试合格、取得相应学分,准予毕业,并根据国家有关规定获取学位。

第七条　允许学生申请中途休学(停学)1～2 年从事创业等活动,但在校总时间不得超出国家规定的最高年限(四年制本科生为六年、五年制本科生为七年)。

第三章 课 程

第八条 课程的选修：

(1)学生应遵照循序渐进的原则，按照教学计划各课程模块规定的顺序、要求选修课程。

(2)学生应按校、学院规定的时间办理选课手续。选课必须在指导教师的指导下进行。凡规定有先修课程的，必须取得先修课程学分后方可选修。

(3)允许学习能力强的学生提前修习某些后续课程；允许学习有困难的学生推后或缓修某些课程。一学期提前或缓修课程的学分数一般不超过教学计划规定该学期学分数的30％。

(4)未经办理选课手续而参加听课、考核者，其考核成绩不予承认。

第九条 课程的免修和免听：

(1)学生有正当理由，提出申请、经学院批准，可以免修某些课程(政治课、体育课、实验课除外)。

(2)学生因生理缺陷或患某种疾症，可以由校医院保健室出具证明、校军训办公室会同教务处审批，申请免于或暂缓参加军事训练。

(3)学生成绩优秀，经本人申请和学院批准，某些课程(政治课、体育课、实验课除外)可以全部或部分免听。经过考核，成绩在及格以上者可获得该课程学分。

(4)申请免听课程考试一般与上届学生的课程考试同时进行，难度一致。免听课程的考试，必须按照教学大纲的要求考核全部内容，试题由任课教师拟订，教研室主任审核。

(5)学生确属健康原因，经校医院保健室证明，体育课可转修“保健体育课”；考核及格者可以取得体育课的成绩和学分，但需注明“保健体育课”。

第十条 课程的重修：

(1)课程考核不及格应该重修。

(2)学生不能按时参加课程考核，该课程必须重修。但学生可以根据已掌握该课程的程度申请部分免听，经学院批准后，可不必全程听课而参加课程考试。

(3)实验课缺做实验达1/3者，该门实验课必须重修。

(4)一门课程缺课的学时累计达到该门课程总学时数的1/3者(获准部分免听者除外)，该门课程必须重修。

(5)重修课程一般安排到下一年级修读，也可以及时重选该课程与其他班级修读。

(6)同一门课程重修不得超过二次。

第四章 成绩考核与记载办法

第十一条 学生修习课程都必须参加考核。考核及格方可获得该门课程的学分，并且载入学籍总登记卡。课程不及格成绩不记入学籍档案，待重修及格正式记入。学籍总登记卡在学生毕业时归入其个人档案。原件存校档案馆。

第十二条 考试方式可根据课程特点，分别采用笔试(闭卷或开卷)、口试，或口笔试结合等多种形式，由任课教师提出，教研室(组)主任审定。每门课程笔试时间一般为两小时。

第十三条 课程成绩采用百分制或五级制(优秀、良好、中等、及格、不及格)记分，由期末考试成绩(占60％～70％)和平时测验成绩(占30％～40％)等综合评定。实验课、生产实习、学年论文和毕业论文(或科研训练)等成绩采用五级制记分。百分制与五级制的换算标准是：90～100分为优秀(A)；80～89分为良好(B)；70～79分为中等(C)；60～69分为及格(D)；60分以下为不及格(F)。

第十四条 体育课的成绩要以考勤、科目成绩和实际表现综合评定。某些实践性课程(如实验、实习)的成绩可根据课内外作业、平时测验、实习和实验报告及实际表现综合评定。

第十五条　任课教师于课程考试结束后一周内，将学生成绩登记表送学院办公室归档。

第五章　编　班

第十六条　学生根据本人的学习能力，在指导教师的指导下，按照学校有关课程选修的规定安排学习进度。

第十七条　学生在校期间，按其入学年份编入相应的班级，并参加该班级的各种活动。

第六章　转专业与转学

第十八条　学生有下列情况之一者，可允许转专业、转学：

(1)确有专长，转专业、转学更能发挥其专长者；

(2)患有某种疾病或有生理心理缺陷，经学校指定的医疗单位检查证明不能在原专业学习，但尚能在本校其他专业或其他高等学校学习者；

(3)确有某种特殊困难，不转专业或不转学无法继续学习者。

第十九条　学生转专业、转学的手续，按下列办法办理：

(1)学生在本校范围内跨学院转专业，由本人申请，所在学院和拟转入学院审核同意，由教务处审批；

(2)学生在本学院范围内转专业，由本人申请，所在学院审核同意，并及时报教务处备案；

(3)转入其他学校者，由本人申请，经两校同意，两校所在省(自治区、直辖市)教育厅(委、局)批准，并由转入省(自治区、直辖市)教育厅(委、局)将批件抄送转入校所在地的户籍管理部门；

(4)学生转专业、转学的手续应在每学年第一学期开学前办理。

第二十条　转专业或转学的学生，应修满转入专业教学计划规定的课程和总学分数方可毕业。转入专业应根据本专业教学计划的要求，按照就高不就低的原则，确定学生原学专业获得的某些相同课程学分可以顶替本专业的课程学分，其余则作为选修课学分记入学生的学籍档案。

第二十一条　凡属下列情况之一者不予转专业、转学：

(1)新生入学未满一学年者；

(2)高考分数低于转入专业同年平均录取分数者；

(3)非重点院校学生转入本校；

(4)师范类学生转非师范类专业(学校认为不宜学师范者除外)；

(5)专科生转为本科生(另有文件规定者除外)；

(6)无正当理由者。

第七章　休学、停学与复学

第二十二条　学生有下列情况之一者应予休学：

(1)因病经校医院保健室诊断，须停课治疗、休养时间占一学期总学时三分之一以上(含三分之一)者；

(2)在一学期内请假、缺课时间达到该学期总学时三分之一者(获准部分免听者除外)；

(3)因某种特殊原因，本人申请或学校认为必须休学者。

第二十三条　学生休学一般以一年为期。因病经学校批准，可连续休学两年，但累计不得超过两年。休学后复学的学生，未修满一学期又休学应视为连续休学。未办理休学手续而擅自离校者，视为自动退学。

第二十四条　休学学生的有关问题，按照下列规定办理：

(1)休学学生不享受贷学金。原来享受专业奖学金的,按最低等级发放。

(2)因病休学的学生,应回家疗养。病休期间享受公费医疗一年。连续病休超过一年从第二年起停止公费医疗,医疗费用自理。享受公费医疗期间,应在当地公立医院就诊,凭医院正式单据向学校报销。

(3)学生休学回家,往返路费自理。

(4)休学学生的户口不迁出学校。

第二十五条　学生因特殊困难等原因,经本人申请、学校批准,可停学一年。经有关部门批准出国或到港澳地区定居或自费留学的学生,由本人申请、学校批准,可停学一年。停学期满不办理复学手续者,视为自动退学。停学的学生不享受在校生和休学生待遇。

第二十六条　学生复学按下列规定办理:

(1)学生休学(停学)期满,应于开学前一周填写《复学申请书》,经学院签注意见,报教务处批准,在注册前办理复学手续。因病休学的学生,申请复学时,须由县级以上医院诊断,证明已恢复健康,并经校医院复查合格,方可复学;其他原因休学(停学)的学生,须持有关证件,方准申请复学、办理注册手续。

(2)要求复学的学生,由校、院有关部门进行复查。休学(停学)期间,如有违法乱纪行为者,取消复学资格。

第二十七条　学生申请复学时,若原专业已调整、合并或中断招生,可安排到其他相近专业学习。

第二十八条　学生在保留入学资格、休学、停学期间不得报考其他学校。

第八章　退　学

第二十九条　学生有下列情形之一者,应予退学:

(1)一学期未能获得该专业教学计划总学分1/20、或相连两个学期所获学分未能达到该专业教学计划总学分数的1/8者。

(2)一学期未能获得该专业教学计划总学分1/20者,经过本人申请、所在学院分管教学负责人批准,可以缓期一学期合并处理。如两个学期所获学分仍未能达到该专业教学计划总学分数1/8者则应予退学。

(3)本科学生不论何种原因(含休学、停学、保留学籍),在校学习时间累计超过其学制两年(例如四年制学生在校时间累计超过六年)。

(4)休学、停学、保留入学资格期满不办理复学(入学)手续或经复查不符合复学(入学)条件者。

(5)因病经学校动员休学而不休学,且在一学期内缺课超过该学期总学时数的三分之一者。

(6)经过指定医院确诊,患有精神病、癫痫病或其他不宜在校继续就读、且经休学无法治愈的疾病者。

(7)意外伤残不能再坚持学习者。

(8)本人申请退学,经说服无效者。

按本条规定处理,对学生不是一种处分。

第三十条　退学手续,由学院报教务处审核、分管校长批准。

第三十一条　学生退学的善后处理,按下列规定办理:

(1)退学和因各种原因处理离校的学生,入学前是国家或集体企业单位的在职职工,按国家有关规定处理,其他的由家长或抚养人负责领回,并在其所在地落户。

(2)退学学生发给退学证明。学满一年、成绩及格者按照其实际完成的学业年限发给肄业证书。未经学校批准,擅自离校的不发给退学证明和肄业证书。

(3)退学的学生,不得申请复学。

第九章 考 勤

第三十二条 出勤的检查与处理：

(1)学生上课、实习、劳动、军训、政治学习等均应实行考勤。学生应按时参加教学计划规定和学校统一安排、组织的一切活动。因故不能参加者，必须事先办理请假手续。凡未请假或请假超期者，一律以旷课论。实习、劳动、军训、毕业论文(设计)等一天按五学时计算，上课旷课按实际授课的时数计算。

(2)对旷课的学生，应根据旷课时数及情节，给予批评教育，直至纪律处分(见本《细则》第三十五条)。

(3)一门课程缺课达 1/3 者不得参加该课程的考试，应该重修。

(4)考勤由班长负责，每周向学院办公室报告，由学院办公室每月公布一次；公共课、选修课的考勤由教师指定一名课代表负责，每周向任课教师报告。班长或课代表应如实报告学生出勤情况。

第三十三条 请假：

(1)学生请假，须由学生本人填写请假单并附上有关证明，按下列规定办理手续：病假在三天以内(含三天，下同)，事假、公假一天以内的，须经班主任批准；病假三天以上，事假、公假一天以上的，须经班主任签注意见、学院领导批准。经批准后将准假通知书交学院办公室登记。

(2)请假期满需续假者，应于请假期满前另持证明，办理续假手续，经获准后方为有效。否则，作旷课论处。

(3)学生学习期间一般不得请假出国。如利用寒暑假出国探亲逾期返校者，按旷课论处。逾期达二周者作自动退学处理。

第十章 处 分

第三十四条 对犯有错误的学生，按照《厦门大学学生违纪处分条例》规定，给予批评教育或纪律处分。

第三十五条 学生一学期旷课达十学时，系内通报批评；达二十学时，视其认错态度决定给予警告或严重警告处分；达三十学时，给予记过处分；达四十学时，给予留校察看处分；超过五十学时，给予勒令退学处分。凡受处分后又旷课的，处分前后的旷课时数累计计算。

第三十六条 违反考场纪律者，按《厦门大学考场纪律及违纪处分办法》[厦大教(96)2 号文]处理。

第三十七条 对犯错误学生，要热情帮助，严格要求。处理时持慎重态度，坚持调查研究、实事求是，善于将思想认识问题同政治立场问题区别，处分要适当。处理结论要同本人见面，允许本人申辩、申诉和保留不同意见。对本人的申诉，学校有责任进行复查。

第三十八条 对学生做出勒令退学、开除学籍处分由学生所在学院提出，有关部处审核，分管校长审批，并报省教育厅备案。

第三十九条 被勒令退学的学生只发给学历证明；被开除学籍的学生不发给学历证明。勒令退学、开除学籍的学生，其善后问题按照本《细则》第三十一条规定处理。

第四十条 对学生的鉴定、奖励、处分材料均归入本人档案。处分不得撤销。

第十一章 毕 业

第四十一条 具有学籍的学生，在规定最高学习时限(四年制本科生为六年、五年制本科生为七年)之内，德育、体育合格，修完教学计划规定的课程和其他教学环节，获得规定的学分数，准予毕业，发给毕业证书。除受留校察看及其以上处分者外，可申请获得相应的学士学位。

第四十二条 学生提前修满教学计划规定的学分数，并达到其他教学环节要求，经本人申请，学院和教务处审核,分管校长批准,准予提前毕业。提前毕业学生待遇与其他毕业生相同。

第四十三条　学生毕业时要做全面鉴定,其内容包括政治态度、思想意识、道德品质以及学习、劳动和健康状况等方面。

第四十四条　无论何种原因,学生在校时间(含休学、停学)已达规定最高学习时限(四年制本科生为六年、五年制本科生为七年),所获学分达到教学计划总学分数90%者作结业生处理。不及格课程在结业后一年内可申请补考一次,及格者换发毕业证书,但不补授学士学位。逾期不补考或补考不及格者,以后不再补考。

第四十五条　无论何种原因,学生在校时间(含休学、停学)已达规定最高学习时限(四年制本科生为六年、五年制本科生为七年),所获学分未达到教学计划总学分数90%者作肄业处理,并按其实际完成的学业年限发给肄业证明书,以后不再换发毕业证书或毕业证明。

第四十六条　无论学生提前或者推后几个学期完成教学计划,均须与应届毕业班学生同期毕业。

第十二章　学士学位

第四十七条　本科学生完成教学计划的各项要求,经审核准予毕业,其课程学习和毕业论文(毕业设计或其他毕业实践环节)的成绩,表明确已较好地掌握本门学科的基础理论、专门知识和基本技能,并具有从事科学研究工作或担负专门技术工作的初步能力的,授予学士学位。

第四十八条　凡有下列情况之一者,不得授予学士学位:

(1)结业生、肄业生;

(2)在校期间,受过留校察看及其以上处分的学生。

附　则

第四十九条　本《细则》在2002年入学的部分学院学生开始试行。

第五十条　学校及教务处可根据教学改革和教学管理的需要,对本《细则》未尽事宜制定单项规定或补充规定,与本《细则》一并实施。

第五十一条　本校各学院可根据本《细则》的原则规定,结合本学院人才培养模式和教学管理实际需要,制定本学院的具体实施办法。

第五十二条　本《细则》由教务处负责解释。

——本文摘录自《关于印发〈厦门大学本科生学籍管理实施细则〉(2002年版)的通知》,厦大教〔2002〕30号,档号2002-XZ12-1

厦门大学南强学术讲座章程

(2002年12月18日)

一、宗　旨

厦门大学是著名爱国华侨领袖陈嘉庚先生所创办,国家教育部直属综合性重点大学。学校作为中国政府"211工程"重点建设的高校之一,力争到本世纪初初步建成世界知名的高水平研究型大学(学校2010年远景目标)。为促进学校这一目标的实现,特设立"厦门大学南强学术讲座"(以下简称"讲座"),讲座为厦门大学最高级别学术讲座。

二、机　构

厦门大学设立"南强学术讲座组织委员会(以下简称"委员会")统筹讲座的各项组织工作,委员会主任由校长担任。厦门大学诚聘若干著名学者和社会知名人士为讲座顾问。

三、讲座报告人

讲座聘请国内外知名专家、学者为讲座报告人(以下简称"报告人")。报告人应具精深的学术造诣、对中国和厦门大学有浓厚感情、为厦大学子之楷模。

厦门大学赠予每位报告人以纪念牌,并将报告结集出版,以志感谢。

四、经　费

厦门大学设立"南强学术讲座基金",接受社会各界人士捐助。该基金专用于讲座所需的各项费用,不得挪作他用。基金每年定期向委员会报告使用情况,并接受检查。

厦门大学以适当方式宣扬捐助者的善举。

五、其　他

讲座原则上每年聘请20位报告人。

本章程由委员会负责解释和修订。

——本文摘录自《关于印发〈厦门大学南强学术讲座章程〉及〈厦门大学南强学术讲座章程实施办法〉的通知》,厦大办〔2002〕61号,档号2002-XZ09-3

厦门大学南强学术讲座章程实施办法

（2002 年 12 月 18 日）

一、厦门大学南强学术讲座组织委员会(以下简称“委员会”)由厦门大学校长担任主任，分管人文社会科学和自然科学科研工作的副校长分别担任副主任，成员由学校办公室、国际交流与合作处(港澳台办公室)、研究生院、科研处、社科处负责人组成。委员会负责拟定学术讲座计划、提出聘请顾问名单、安排开展学术讲座的工作、出版报告集、筹集讲座费用等项工作。

二、委员会可自行决定邀请的讲座报告人(以下简称“报告人”)。报告人也可由厦门大学南强学术讲座顾问或各院、系、所推荐，经科研处或社科处会稿后报委员会分管副主任审批。

三、学校一般不提供来我校做讲座的报告人往返国际旅费(香港地区报告人除外，学校为香港地区的报告人提供往返香港、厦门的头等舱机票一张或经济舱机票二张并委托厦门大学香港校友会具体办理)；报告人在厦期间的接待费用由学校负责。上述费用经委员会分管副主任审批后，在“南强学术讲座基金”中核销。

四、委员会日常工作由学校办公室主持并安排有关单位落实。学校办公室、国际交流与合作处(港澳台办公室)及有关院、系、所负责接待工作；科研处、社科处等负责讲座的各项筹备工作(如人员通知、会场布置、宣传等)和定期结集出版讲座报告。

五、本办法由委员会负责解释和修订。

——本文摘录自《关于印发〈厦门大学南强学术讲座章程〉及〈厦门大学南强学术讲座章程实施办法〉的通知》，厦大办〔2002〕61 号，档号 2002-XZ09-3

·管理与服务工作·

关于实行《厦门大学职员制度实施方案(试行)》的补充规定

(2002年1月14日)

为了进一步深化试点工作,完善我校职员制度,根据教育部《高等学校职员制度暂行规定(征求意见稿)》、《厦门大学职员制度实施方案(试行)》(以下简称《实施方案》)和《厦门大学职员制度实施细则(试行)》(以下简称《实施细则》),结合我校部分职员不具备《实施方案》规定的资历或学历的实际情况,制定本补充规定。

一、适用范围与对象

1.不具备《实施方案》规定的职员任职年限或《实施细则》规定的职员对应的行政职务任职年限,应聘高一级职员职务者;

2.不具备《实施方案》规定的学历,应聘高一级职员职务者。

二、岗位设置与使用

1.高级职员岗位除按《厦门大学职员岗位定岗方案》分配到各单位外,其余岗位均由学校职员聘任委员会统一掌握。这部分岗位面向全校,重在业绩,择优聘任。

2.中、初级职员岗位按《厦门大学职员岗位定岗方案》分配到各单位。各单位职员聘任小组在各级职员岗位限额内择优聘任。

三、任职年限的计算

职员任职年限、或职员对应的行政职务任职年限、或从事管理和专业技术职务年限均计算到聘任职员职务的上一年12月31日为止。

四、职员任职补充条件

不具备《实施方案》规定的职员任职年限、或《实施细则》规定的职员对应的行政职务任职年限、或不具备《实施方案》规定学历应聘高一级职员职务者，除应具备《实施方案》和有关文件规定的基本任职条件外，还应具备以下补充条件：

（一）职员任职年限未达到《实施方案》或《实施细则》规定年限，但任现职年限达下述标准，经考核合格，可应聘下列表中相应职级的职员职务：

最后学历	担任职务	任现职年限	应聘职务
大学本科毕业	科员	3年	八级职员
		7年	七级职员
		16年	六级职员
		26年	五级职员
	副科级	3年	七级职员
		9年	六级职员
		18年	五级职员
	正科级	3年	六级职员
		10年	五级职员
		20年	四级职员
	副处级	4年	五级职员
		14年	四级职员
注:研究生学历可以相应将其就读年限计为任职年限。			

（二）不具备《实施方案》规定学历，但任现职年限达下述标准，经考核合格，可应聘下列表中相应职级的职员职务：

最后学历	担任职务	任现职年限	应聘职务
大学专科毕业	科员	3年	九级职员
		7年	八级职员
		12年	七级职员
		22年	六级职员
中专（高中）毕业	科员	4年	十级职员
		9年	九级职员
		16年	八级职员
		28年	七级职员

五、附　则

1.本规定仅适用过渡时期,一旦担任职员的任职年限符合《实施方案》规定的高聘年限,本规定即不再适用。但对其他系列调入我校管理系列从事职员工作的,还可参照本规定执行。

2.从1998年以来学校已没有选留中专毕业生。2001年教育部文件规定今后选留在本科高校从事党政管理工作均必须具有大学本科及其以上学历。如引进人才中其配偶的学历为大专或中专毕业的,还可参照本规定执行。

3.具有大专或中专学历担任副科级职务者可参照大学本科学历相应的任现职年限,应聘相应职级的职员职务;最高可应聘六级职员职务。

4.具有大专或中专学历担任正科级和副处级职务者可参照大学本科学历相应的任现职年限,应聘相应职级的职员职务;最高可应聘五级职员职务。

5.不具备规定资历和学历中的"任现职年限"是指担任党政管理职务年限。原任相应级别的专业技术职务年限可计入"任现职年限"。高一级管理职务任职年限可累计入低一级管理职务任职年限。

6.凡2001年1月我校实行职员制度以前参加工作的职员应聘高一级职员职务,应符合《实施方案》、《实施细则》和本补充规定的任职条件。

7.凡2001年1月我校实行职员制度以后参加工作的职员应聘高一级职员职务,应符合《实施方案》等有关文件规定的学历和职员任职年限等条件。

8.本补充规定从2002年1月起执行。

9.本补充规定由校人事处负责解释。

——本文摘录自《关于印发〈厦门大学职员制度实施方案(试行)补充规定〉的通知》,厦大人〔2002〕4号,档号2002-XZ10-2

厦门大学现代教育技术中心管理规定

（2002年1月23日）

为了加强厦门大学现代教育技术中心(以下简称“中心”)的管理工作,提高设备利用效益,保证教学需要,特制定本管理规定。

第一条　中心的性质

中心是校级教学实验中心,中心属公共教学服务体系,中心所配备的所有软硬件设施属公共教学资源。中心工作人员纳入教学实验技术人员系列。

中心公共教学资源的规划、建设、使用、调度和政策制订由教务处负责实施。

中心的日常管理和技术支持由学校网管中心负责。

中心的安全、卫生、保洁等工作由学校物业中心负责。

第二条　中心的职责

负责公共计算机实验室的计算机、网络及相关设备的管理、维护、维修,确保正常运行。

负责学校公共教室多媒体设备的管理、维护,保证其正常运行。

负责对使用多媒体设备的教师进行技术培训。

第三条　中心的开放时间

除每周五下午设备例行维护外,从周一至周日,每天8:00至22:00为开放使用时间。

上机人员凭IC卡刷卡上机,在规定的免费机时内免费使用;上机时间超过免费额度的,按每小时1元标准收费。中心收取的费用统一交财务处,并按财务规定予以报销有关开支。

第四条　免费机时的计算方法

免费机时由教务处根据排课情况及机器的运行情况来确定,每学期确定一次,并于每学期第一周以文件形式分发至中心和各院系。免费机时的计算原则详见附件二。(附件二见《免费机时的计算方法》——编者)

第五条　中心人员的聘用

为了保证设备正常运行和开放,在人员编制不足的情况下,可采用公开招聘的方式,聘用一定数量的技术和管理人员，也可以请部分学生勤工俭学。所有聘用的人员需按学校人事部门有关规定办理聘用手续，连同勤工俭学的学生，全部纳入中心管理。

——本文摘录自《关于印发〈现代教育技术中心管理规定〉的通知》，厦大教〔2002〕3号，档号2002-XZ12-1

免费机时的计算方法

（2002年1月23日）

一、中心总机时的计算公式

以中心周开放时间（每天14小时，每周扣除6小时系统维护时间）、现有计算机台数（应扣除维修部分）、每学期周数为计算参数，确定中心每学期计算机总机时的计算公式为：总机时＝（14小时×7天－6小时）×计算机台数×周数。

二、免费自由总机时的计算公式

免费自由总机时＝总机时－（所有课内机时＋所有课外辅助机时）。课内机时为正常上机课程的机时，课外辅助机时为课内机时的50％。

三、每位学生免费机时的计算公式

1.有上机课程的学生免费机时＝课内机时＋课外辅助机时＋免费自由机时。

2.没有上机课程的学生免费机时＝免费自由机时。

注：免费自由机时为免费自由总机时除以当年度在校生总数。

——本文摘录自《关于印发〈现代教育技术中心管理规定〉的通知》，厦大教〔2002〕3号，档号2002-XZ12-1

厦门大学党委保密委员会工作规则

(2002年5月15日)

第一条　为加强对全校保密工作的领导,充分发挥党委保密委员会作用,更好地为学校改革、发展和稳定服务,制定本规则。

第二条　党委保密委员会是党委保密工作的专门组织,领导和管理学校的保密工作。

第三条　在校党委领导下,党委保密委员会履行下列职责:

(一)贯彻执行党和国家及上级保密机关关于保密工作的方针、政策、决定和法律、法规。

(二)组织学习党和国家关于保密工作的文件,学习保密法律、法规及有关规定,开展普及保密法知识教育及其他形式的保密宣传教育。

(三)根据保密法律、法规和有关规定,指导、督促学校各有关部门、单位结合实际,制定、完善各项保密规章制度。

(四)责成有关职能部门根据《国家秘密及其密级具体范围的规定》和有关定密工作程序,对本部门、本单位产生的国家秘密事项确定其密级和保密期限。

(五)组织开展保密检查,及时消除泄密隐患。对已发生的泄密案件协调有关部门进行查处,及时采取补救措施。

(六)研究确定保密要害部门和要害部位,提出保密管理和技术装备要求,督促落实保密技术防范措施。

(七)对于因对外交流与合作需要对外提供属于本校产生的国家秘密事项进行保密审查。

(八)协助组织、人事部门对直接经营国家秘密事项的人员进行审查、任用。

(九)总结交流保密工作经验,表彰、宣传保密工作先进集体和先进个人。

(十)完成上级机关交办的其他保密工作任务。

第四条　党委保密委员会实行主任领导下的委员分工负责制。主任负责主持全面工作;副主任协助主任工作,并负责主持处理保密委日常事务。各委员按分工开展工作,并负责向保密委汇报工作情况。

第五条　党委保密委员会会议一般半年召开一次,听取汇报,通报有关情况,研究讨论保密工作重要问题。必要时,主任或副主任可召集临时会议。

第六条　党委保密委员会的主要文件由主任签发,一般的文件由副主任签发。

第七条　本规则自发文之日起执行。

——本文摘录自《关于印发〈厦门大学党委保密委员会工作规则〉的通知》,厦大委综〔2002〕10号,档号2002-XZ09-5

厦门大学引进高层次人才暂行规定

（2002年5月16日）

为加强我校师资队伍建设和学科建设，实现“十五”计划和2010年远景规划提出的“把我校建设成为国内外知名的高水平的研究型大学”的预期目标，结合我校未来发展需要和当前的实际情况，经校行政办公会议研究决定，就《厦门大学关于引进高层次人才的暂行规定》(1999)修改如下：

一、本规定的适用范围

1.根据上级有关文件精神和我校师资队伍建设的实际情况，本规定所谓“高层次人才”，系指两院院士、特聘教授、成果突出的教授、优秀博士以及其他特别优秀的人才。

2.所谓“引进”，系指学校因学科建设和高新技术开发的急切需要，主动从国外或国内各单位吸引到我校工作的上述人才。

3.两院院士、特聘教授、相当于特聘教授水平的教授和特殊需要的教授以及学术水平达到国际水准的其他人才作为重点引进对象。

4.除两院院士外，引进的教授的年龄一般为50岁以下；其他人才一般为40岁以下。

二、优惠条件

学校为引进的高层次人才提供以下优惠条件：

（一）除享受我校同级职务人员的各种待遇外，另提供如下待遇：

1.一次性安家费。教授5万元；其他人才2万元。

2.科研启动费。

(1)特聘教授：50万～200万元（根据学科建设需要确定）。

(2)教授：理工科5万～10万元，文科3万～5万元。

(3)博士：理工科2万～5万元，文科1.5万～3万元。

(4)个别人才因学科建设特殊需要，经论证后，可作专门安排。

3.住房。

(1)可购买学校优惠房一套。

(2)或租用学校公有住房一套。

4.院士的安家费、科研启动费及住房等，由学校与院士协商后解决。

（二）职务聘任和岗位津贴

1.留学回国人员到校后原则上参加当年教师职务评聘。业务能力强、水平高及学术成果特别突出者，由所在单位推荐，经校长特批聘任教授或副教授职务。

2.具备博士学位者，聘任教师七级岗位并享受七级岗位津贴；学校拟聘为教授或副教授者，可参照本校破格聘任的有关规定，经所在单位推荐，由校长批准聘任相应级别岗位并享受相应岗位津贴。

3.特聘教授除享受教育部年津贴10万元外，还享受学校岗位津贴2万元。

(三)安排实验室和提供必要的工作条件,如实验仪器设备等。

(四)为两院院士和特聘教授配备助手、提供健康热线电话。

(五)引进的高层次人才,年龄在40周岁以下的,受聘后即列为我校出台的各种优秀中青年骨干教师培养计划。

(六)从国(境)外引进的留学人员,其本人自留学所在地至厦门的机票(经济舱)凭发票和机票票根实报实销;本人行李搬运、托运、车船搭乘等费用采用包干形式拨给(细则另定)。

(七)享受福建省和厦门市政府给予的优惠待遇。

(八)配偶及子女的安置

1.配偶安置:学校和有关学院(系、所)积极协助人才家属安排工作。家属在未落实工作之前,学校每月提供500元生活费。生活费连续提供到其找到工作为止;但提供生活费时间最长不超过两年。

2.子女就读中、小学的,由各学院(系、所)负责联系相应中、小学就读,学校有关职能部门应积极配合。

三、特殊政策

1.对我校学科建设特殊需要的专业(由学校根据不同时期人才供求情况确定)的高层次人才(一般应是拟聘正高级职务者),学校可采用"柔性"引进政策加以引进。

2.重点引进的特殊需要的高层次人才,在引进时要求直接购买学校优惠房者,学校可一次性提供购房借款每户10万元,并签订借款合同。享受购房借款者不同时享受安家费。

四、引进方式及聘任

1.学校鼓励采取多种形式引进高层次人才,特别优秀的海内外人才,可以采用非全时聘任方式,即每年在学校工作一定时间段。其优惠待遇按其贡献和实际在校工作时间兑现。

2.全时聘任的高层次人才需与我校签订五年以上的服务合同。受聘期间,应履行相应职务岗位职责,完成合同中确定的各项任务,达到合同规定的岗位目标。

五、管　理

1.人才引进的申报和审批程序按《厦门大学人员选调工作暂行规定》(厦大人[1998]12号文)的有关规定执行。

2.各学院(系、所)、各单位应密切配合学校做好高层次人才配偶的安置工作。在同等条件下应优先聘用引进人才的配偶。

3.经学校领导审批的引进人才科研启动费的使用由所在院、系及科研处(社科处)具体管理、检查。

六、附　则

1.本规定从公布之日起实行。其他文件与本规定不符的,均按本规定执行。

2.本规定由人事处负责解释。

——本文摘录自《关于印发〈厦门大学引进高层次人才暂行规定〉的通知》,厦大人〔2002〕47号,档号2002-XZ10-3

厦门大学关于未就业应届毕业生档案和户口寄存暂行办法(试行)

(2002年5月22日)

根据《国务院办公厅转发教育部等部门关于进一步深化普通高等学校毕业生就业制度改革有关问题意见的通知》[国办发(2002)19号]文件的精神,结合我校就业工作的实际制定本办法。

第一条　为进一步实现毕业生的充分就业,允许未就业应届毕业生将档案和户口寄存在学校两年。本暂行办法的“未就业”系指“毕业生在有能力工作并确实在寻找工作的情况下不能得到适宜职业而没有收入的状态”;本暂行办法的“毕业生”系指档案或户口已按规定转入学校、离校当年获得毕业资格的全日制研究生和本专科生。

第二条　对于将档案和户口寄存在学校的未就业应届毕业生,学校只负责为其提供与就业有关的服务,并只为其办理与就业有关的手续。需办理与就业无关的手续时一律将寄存档案和户口转回生源所在地办理。

第三条　将档案和户口寄存在学校的未就业应届毕业生已不再隶属于厦门大学,不具有在校学生身份,不能享受在校生的权利和待遇。

第四条　申请将档案和户口寄存在学校的未就业应届毕业生,应当与校学生工作处签订《厦门大学未就业应届毕业生档案和户口寄存协议书》,具体办法如下:

1.未就业应届毕业生于每年6月份的前5个工作日内向所在院、系(所)提出申请,院、系(所)签署审核意见后于6月份的前10个工作日内到校学生工作处办理审批手续,逾期不予以受理。未就业应届毕业生在办理离校手续后的当天凭离校手续单和校学生工作处审核同意的意见到所在院、系(所)签订《厦门大学未就业应届毕业生档案和户口寄存协议书》,各院、系(所)签署意见后将协议书、户口页、档案与已落实单位的毕业生的档案一同交往学生工作处。

2.未就业应届毕业生在学校寄存档案期间学校不收取档案保管费用。协议到期后,未就业应届毕业生应当及时将档案和户口迁出,学校协助办理相应的手续。未就业应届毕业生逾期不迁出,或不与学校联系的,学校有权将档案寄往毕业生生源地的人事局或人才交流中心,将户口迁移证寄往协议书上注明的“户口迁移证寄往地址”和“收信人”,如“户口迁移证寄往地址”和“收信人”发生变更,未就业应届毕业生应及时以书面形式向所在院、系(所)报告,各院、系(所)负责人签字盖章后交学生处备案。如因未就业应届毕业生未及时将变更地址和收信人通知学校而造成的户口迁移证在寄往过程中发生遗失等情况由未就业应届毕业生自行负责。

第五条　本暂行办法由校学生工作处负责解释。

第六条　学校原就业政策与本办法不符的,以本办法为准。本办法从公布之日起开始实施。

——本文摘录自《关于印发〈厦门大学关于未就业应届毕业生档案和户口寄存暂行办法(试行)〉的通知》,厦大学〔2002〕12号,档号2002-XZ11-1

厦门大学校办产业、后勤实体清产核资办法

(2002 年 5 月 29 日)

为了理顺校企、校产关系,实现校办产业、后勤实体管理体制和运行机制的转变,根据教育部、财政部关于清产核资及校办产业产权登记的有关规定,结合我校的实际情况,学校决定对校办产业、后勤实体进行一次全面的清产核资工作,便于摸清家底,核实校办产业、后勤实体占有、占用学校财产情况,为下一步进行产权登记、转换校办产业、后勤实体管理体制和经营机制做好准备工作。现将清产核资的有关办法规定如下:

一、清产核资的对象

本次清产核资的对象包括建南集团及各成员企业,研究发展中心投资创办的企业,学校直属的企业、企业化管理单位,后勤各中心,以及占有、占用学校资产,权利属于学校的其他独立核算单位等。

二、清产核资的基准日

本次清产核资的基准日定为 2002 年 6 月 30 日。

三、清产核资的范围

本次清产核资在全面清查、核实上述各企业、单位资产、负债的基础上,确定企业、单位占有、占用学校资产情况及各单位的净资产产权。具体包括流动资产、长期投资、固定资产、无形及其他资产、流动负债、长期负债等内容。其中:

流动资产包括库存现金、各种银行存款、短期投资、应收票据、应收及预付(暂付)款、其他应收款、各种存货(包括原料、材料、消耗性材料、在产品、半成品、产成品、低值易耗品、备品备件等)、待摊费用、待处理流动资产损失等。

长期投资包括有价证券投资、企业产权投资及其他投资等。

固定资产包括各种房屋建筑物、机器设备、交通运输工具、办公设备及其他固定资产,也包括在建工程、待处理固定资产损失等。

无形及其他资产包括各类无形资产(包括专利权、专有技术、商标权、版权、著作权、土地使用权等)、开办费、递延资产(包括租入固定资产改良支出及其他递延资产)等。

流动负债包括短期借款、应付票据、应付账款、预收账款、应付工资、应交税金、其他应交款、暂存款、预提费用、其他应付款、代管款项等。

长期负债包括长期借款、其他长期负债等。

净资产包括实收资本、资本公积、盈余公积和未分配利润或事业基金、固定资产基金、专用基金、收支结余等。

各企业、单位对全部财产,包括账内外、库内外、厂(公司)内外、单位内外,都要全面、彻底地进行清

查,不得遗漏、隐瞒。

四、清产核资的程序、方法和要求

(一)清产核资的程序

1.清理文件资料及会计档案

为了做到清产核资过程中不遗漏、不重复,如实反映单位的资产、负债及净资产情况,各企业、单位在正式的清产核资工作之前,应做好文件资料及会计档案的全面清理工作。清理工作包括:

(1)对合同、协议及其他对单位收入、费用、资产、负债及净资产产生影响的文件、资料等逐一进行清理、归类。

(2)总账、明细账、日记账及会计凭证资料进行核对、清理,对于未记账的业务应及时补登记入账,做到会计档案资料完整、账账(包括总长与明细账、总账与日记账、会计账与实物账)相符、账证相符。

2.清理仓库及固定资产

库存财产物资应按种类及品名规格进行分类堆放,其中属于其他单位或个人寄存物资应当与本单位的财产物资分开;固定资产账卡、实物应按形态及使用单位进行分类落实,并区分出本单位固定资产、占用的学校固定资产和租入、借入的固定资产。

3.核实收入、费用(成本),结清损益

在清产核资基准日前,各单位应当按照会计制度的规定和收入、费用确认的原则,将归属于当期的收入予以记录,并按照配比原则,将归属于当期的成本、费用记入本期,正确确定本期损益,不隐瞒、不夸大。

后勤各中心应审查收入是否真实,有无属于应交学校而未上缴的收入滞留在账上;审查支出是否符合规定的开支范围和开支标准,有无未经批准而自行办理的支出,购置固定资产的支出是否同时记录为固定资产和固定基金。

4.财产盘点、清查,按规定填写财产清查登记表格

在核实收入、费用(成本)或支出,正确确定损益或收支结余的基础上,采用一定的清产核资方法,对财产物资、债权债务等进行全面盘点、清查,核实各企业、单位的资产、负债及净资产情况。并按规定登记造册,填写财产清查登记表格。

财产物资及固定资产的盘点日期定在2002年7月1日,各单位应按规定做好财产盘点工作,如实反映盘点情况。

5.编制清产核资报表,汇报清产核资结果及问题

各单位在财产清查的登记表的基础上,应按照有关规定编制清产核资报表,并以书面形式(表格和文字叙述)上报清产核资结果,并分类汇报财产清查、清产核资产过程中发现的问题,由清产核资领导小组或报请学校领导研究处理。

(二)清产核资的方法和要求

1.各单位在清产核资中要把实物盘点同核查账务结合起来,把清理资金、资产占用同核查资金来源、去向和管理情况结合起来,做到见物就点,是账就清,不留死角,不打埋伏,不重不漏,同时,要边查边登记造册,做到账、卡、物相符,家底清楚。

2.清查工作以企业、单位自查为主,并采取学校清产核资领导小组组织企业、单位互查、复查的办法进行,在复查中发现企业、单位自查中存在的问题,将区分不同情况,及时做出处理。

3.企业、单位要将财产清查结果按照国家有关规定和学校统一制定的清产核资统计报表格式及财产目录填报报表,并按照规定时间上报学校清产核资领导小组办公室。

五、财产清查的内容

1.现金的清查

现金包括人民币及各种外币，各单位应分别对库存人民币及外币现金进行盘点，查明账面数与实存数是否相符。

2.银行存款的清查

银行存款包括人民币存款及各种外币存款，也包括活期存款、定期存款、信用证存款及外埠存款等。各种各类银行存款均应取得银行对账单(定期存款应有银行的确认件)，并与银行存款日记账核对，对于未达账项应编制银行存款余额调节表，并补登记入账。

3.短期投资的清查

短期投资包括债券投资和股票投资等，应根据对外投资的有效票证及原付款凭证清查核对，对于未确认的投资利益收益应予以补确认、登记。

4.应收及预付、暂付款项的清查

应收及预付、暂付款项包括应收票据、应收账款、预付账款、暂付款、其他应收款等。其中，应收票据应按票据种类逐笔与购货单位或银行核对查实，应收票据的利息是否按财务制度规定进行了处理。

应收及暂付、预付款项应逐一与对方核对，以双方一致的金额记账。对于有争议的债权要认真清理、查证、核实，重新明确债权关系。对逾期和长期拖欠的应收账款、预付账款，应查明未收回货款或未收到货物的原因，积极催收；对已经确认无法收回的款项，应明确责任，依照国家现行财务会计制度和清产核资有关规定进行处理。对于预付账款，应查明货物未收到的原因，对于暂付款项及其他应收款项，应查明未报账、未收回的原因，如属于应缴回款项，应认真清理，限期收回。

5.存货的清查

存货包括原料、材料、消耗性材料、在产品、半成品、产成品、低值易耗品、备品备件等，也包括代保管、在途、外存、外借、委托加工的材料物资等。

各单位应认真组织清仓查库，对所有存货都应全面清查。在清查过程中，对清查出的积压、已毁损或需报废的存货，应查明原因，组织相应的技术鉴定，提出处理意见，报清产核资、产权登记领导小组研究批准处理。

对长期外借未收回的存货，应查明原因，积极收回或按规定作价转让。

对代保管物资由代保管单位负责清查，并将清查结果报托管单位核对后，列入托管单位资产总值中。

对于在途、外存、委托加工材料物资应查实是否存在，有无破损或短缺，并查明破损、短缺的原因，提出处理意见，报清产核资、产权登记领导小组研究批准处理。

6.待摊费用的清查

待摊费用主要应清查各项待摊费用是否存在，是否已经按照受益情况进行摊销，有无存在多摊或少摊现象。

7.待处理流动资产损失的清查

待处理流动资产损失主要清查损失是否属实，应当查明造成损失的原因，对人为因素造成的损失是否按规定追究责任人的责任。

8.长期投资的清查

长期投资包括持有期超过一个的债权投资、股票投资，以及其他长期投资等。对于债券、股票投资，应查明债券、股票投资的实有数与账面数是否相符，应计的投资利息、股利收益是否按财务制度规定进行了确认。若未确认的投资利息、股利收益，应予以确认。

其他长期投资包括清查单位用货币、实物、无形资产等方式向其他企业单位的投资，在清查时应根据有关投资合同或协议，注意清查被投资单位的经营情况及财务状况，对于盈利的被投资企业应重点清查被投资企业是否按规定分红，投资方的权益是否得到保障；校办企业控股的被投资企业，清查单位是否按照权益法对未分配利润及其他原因增加的所有者权益是否记录为长期投资的增加；对于亏损的被投资企业，应查明亏损的原因，校办企业控股的被投资企业，清查单位是否按照权益法记录长期投资的减少。

9.固定资产的清查

(1)固定资产清查应注意清查、核实固定资产是否按财务制度规定进行分类，固定资产账、卡记录是否完整，是否建立健全使用、保管制度，固定资产是否安全完整；清查固定资产账、卡记录与实物是否相符，有无存在盘盈、盘亏、毁损现象；清查固定资产计价是否符合财务制度的规定，有无存在计价不合理、应记录为固定资产的财产没有作为固定资产登记和管理的现象；清查固定资产是否按规定提取折旧，有无存在多提或少提折旧的现象。

(2)对于出租、出借的固定资产应清查核实资产的安全与完整，有无逾期未归还的现象，应收租金是否按时收到。

(3)未按财务制度规定记账的固定资产应办理补登记入账手续。

(4)固定资产清查中，应区分占用产权属于学校的固定资产与本单位购置的固定资产，并分别填报。各单位占用产权属于学校的固定资产应如实、全面、完整填报，不得隐瞒、少报、漏报或不报。若账面价值不清的，必须在表内填写类别、名称、数量等相关内容。

10.在建工程的清查

在建工程包括未完未交付使用、交付使用但未验收入账的工程以及在建和停缓建的工程。各单位应根据在建工程实际发生的成本费用，包括应属于在建工程的待摊费用、建设期间发生的贷款利息、管理费用等均应纳入在建工程核算。但不得将不属于在建工程的其他成本、费用纳入在建工程成本。

11.待处理固定资产损失的清查

待处理固定资产损失主要清查损失是否属实，应当查明造成损失的原因，对人为因素造成的损失是否按规定追究责任人的责任。

12.无形资产的清查

无形资产包括专利权、专有技术、商标权、版权、著作权、土地使用权等。无形资产主要清查各项无形资产取得计价、摊销是否合理，有无没有入账的无形资产。对于未入账的无形资产，应根据财务制度的规定，合理作价并补记入账。

13.递延资产的清查

递延资产包括融资租入固定资产改良支出及其他递延资产等。递延资产主要清查各项递延资产的发生及摊销情况。

14.短期借款的清查

短期借款主要清查借款手续是否完整，有无逾期未还的借款，利息是否按财务制度规定进行了会计处理。

15.应付及暂存款项的清查

应付及暂存款项包括应付票据、应付账款、预收账款、暂存款、应付工资、应交税金、预提费用、其他应付款及代管款项等。其中，应付票据应按票据种类逐笔与购货单位或银行核对查实，应付票据所附利息是否按财务制度规定进行了处理。

应付及暂存、预收款项应逐一与对方核对，以双方一致的金额记账。对于有争议的债务要认真清理、查证、核实，重新明确债务关系。对长期未付的应付账款、预收账款、暂存款等应查明未付的原因，是否属于应确认而未确认的收入。如果属于未确认的收入而挂账的负债，应在查实的基础上办理收入补登记手续。

应付工资应清查拖欠工资的原因，应付工资的记录是否合理。

应交税金主要清查未交税金的构成及计交情况。对于增值税的一般纳税人，还应清查进项税是否符合有关规定。

预提费用主要清查费用的提取是否合理,有无多提或少提的情况。

其他应付款及代管款项应清查债务是否确实存在,代管款项是否按规定管理和进行账务处理。

16.长期负债的清查

长期负债包括长期借款等。长期借款主要清查借款的合同和手续,有无逾期未还的现象,利息是否按规定计提并支付。

17.实收资本的清查

实收资本主要清查是否真实,有无经会计师事务所验证。对于虚假、不实的实收资本,应按清产核资的有关规定予以调整。

18.资本公积的清查

资本公积主要清查来源是否合理,记录是否正确。

19.盈余公积的清查

盈余公积主要清查是否按规定提取并分类,有无多提或少提的情况,此外还应清查盈余公积的动用是否符合财务制度规定,有无审批。

20.未分配利润的清查

未分配利润主要清查利润的核算是否真实、正确,利润未做分配的原因。

21.后勤各中心净资产的清查

后勤各中心采用事业单位会计记账的,其净资产包括事业基金、固定资产基金、专用基金和收支结余等。其中,事业基金主要清查事业基金的形成情况,动用事业基金是否经过批准;固定资产基金主要清查是否与固定资产相对应;专用基金主要清查专用基金的形成、提取、使用是否符合财务制度规定,支出是否符合开支范围和开支标准;收支结余主要清查结余计算是否正确,结余分配是否符合财务制度规定。

其他未写入本办法的事宜,应根据财政部、教育部关于清产核资和产权登记的有关规定办理。

六、清产核资的时间安排

本次清产核资分三个阶段:

第一阶段为各企业、单位自查阶段,时间从 2002 年 6 月 1 日至 7 月 15 日。

第二阶段为互查、复查阶段,由校清产核资领导小组抽调、组织财务处、审计处、资产处及各企业、单位的人员,对各企业、单位自查结果进行互查、复查或抽查,核实并确定各企业、单位的资产、负债及净资产情况,为下一阶段进行产权登记工作做好准备。本阶段时间从 2002 年 7 月 16 日至 9 月 15 日。

第三阶段产权登记阶段,将根据财政部、教育部关于产权登记的规定和要求,进行必要的资产评估、产权认证等。本阶段争取在 11 月份结束。

附:厦门大学清产核资表格

(附件略——编者)

——本文摘录自《关于印发〈厦门大学校办产业、后勤实体清产核资办法〉的通知》,厦大资产〔2002〕6号,档号 2002-XZ27-1

厦门大学关于进一步加强校务公开工作的实施意见

（2002 年 5 月 31 日）

几年来，我校以抓校务信息公开为主线，充分利用信息化、现代化手段，整体推进，重点突出，有力地推动和促进了机关作风建设、效能建设、党风廉政建设，学校的领导水平和管理水平有了较大提高。

但从目前看，校务公开工作中仍然存在一些突出问题，主要是：一些干部仍然存在思想上不重视，工作中怕麻烦的问题；校务公开的内容和形式还缺乏制度保证；职能部门之间的职责不明确，工作形不成合力等。

为了进一步加强和推进我校校务公开工作，促进机关职能的转变，提高办事透明度和工作效率，现就校务公开工作提出以下实施意见：

一、校务公开工作中应进一步明确的几个问题

1.校务公开领导体制

校务公开是学校的一项重要工作。推行校务公开必须坚持党委统一领导，学校行政主持，纪检、监察、工会负责监督，业务部门各负其责，教职工积极参与的领导体制。

2.校务公开的定位

校务公开是业务职能部门工作中的一个重要环节。校务公开应是以主动公开为主，通过有效的监督，保证各项公开内容的真实、公正、可信。

3.校务公开的主要内容与要求

校务公开的主要内容是：与学校管理、改革、稳定密切相关的重要事项和直接涉及师生员工切身利益的重要事项（除党和国家规定的保密事项外）。

校务公开的主要要求是：公开办事制度、办事依据、办事程序、办事时限、办事结果。每个项目通过何种形式公开，都应有明确规定，逐步做到优化公开形式，简化公开程序。

二、校务公开的主要形式和反馈方式

1.办公会议纪要

根据纪要的性质与内容由学校办公室下发到相关部门和单位，并在校园网公布。涉众面大的会议纪要，由学校办公室在学校校务公开专栏公布。

2.校园网

校务公开网站（xwgk.xmu.edu.cn，将挂在学校主页“校务公开”栏目）设立两个主要模块：一个是直接从后台搜索、抓取各部门各单位有关校务公开内容，自动生成按部门分类的页面；另一个是按序号公布各部门日常张贴到校务公开专栏上的内容。

各部门要严格遵照规定将自己部门负责的公开事项内容于当天公布到本部门的网页上；不宜或不便上网又须在校务公开栏上公开的有关事项内容采用文本内容通过电子邮件发送到校务公开网站的邮件地址（xwgk@xmu.edu.cn 或点击校务公开网页上“意见箱”）或将有关材料带到纪委、监审处扫描处理。

3.校务公开专栏

由纪委、监审处专人负责专栏建设、校务公开内容的编号及登记等。

各部门应按规定要求及时与纪委、监审处联系并办理相关手续,将有关内容及时张贴到校务公开专栏。

4.有线电视

各部门领导应视工作事项情况,认为有必要公开场景的,必须请学校新闻中心到场拍摄,作为新闻向全校发布;若是公开文字材料的,必须将有关文本内容通过电子邮件发送给学校新闻中心或自己制作成音像磁带送学校新闻中心审阅、播放。

5.反馈方式

各部门或师生员工对校务公开情况的意见和建议可点击校务公开网站的"意见箱"或者纪委、监审处网页的"意见箱"。

三、各类校务公开项目的公开形式及承办部门

为了更好地向广大师生员工做好政策宣传,进一步激发师生员工积极参与、民主决策、共同监督的积极性,学校根据工作事项及其受众面,确定以下具体的公开形式及承办部门。

(一)关系学校改革与发展的重大问题

1.学校发展规划、机构改革、管理体制改革等重大事项,在事前广泛征求意见的基础上形成的方案,由发展规划办通过文件下发、校刊登载、校务公开专栏和上网等形式公布。

2.年度工作计划、财务预决算方案等,由校领导在学校中层干部会议上公布。"年度工作计划"由校办以文件形式下发并在网上公布。"财务预决算方案"以学校名义下发至各部处院(系)所和直属单位。

3.各类收费与财务管理办法,属于校级的,由财务处向校长办公会汇报并通过文件下发和上网公布;属于院(系)所和直属单位的,院(系)所和直属单位领导向教职工大会通报并在其公开栏上公布。

4.后勤产业(包括后勤实体和校办产业)的经营管理情况,包括经营管理状况、财务收支状况、国有资产保值增值状况等,除在年终向本单位员工公布外,每年年底应在校教代会或中层干部会上通报。

(二)关系学校建设的重点问题

1.公开选拔干部的岗位情况、报名条件、任前公示等,由组织部下发文件,在校务公开专栏和校园网上公布。

2.人事调配、人才选聘选拔,由人事处下发文件,在校务公开专栏和校园网上公布;必要时,召开相关协调协作部门、相关用人单位会议。院(系)所和直属单位拟选聘人才应先在其公开栏上公布。

3.选留毕业生,由人事处、学生工作(部)处联合下发文件,在校务公开专栏、毕业生就业信息专栏和网上公布;必要时,召开相关协调协作部门、相关用人单位会议。

4.各类招生(包括专本硕博类、成教类、港澳台联招类、体育特长生类、艺术类等)。

①本专科、成教类招生。实行网上招生,招生办将网上远程录取的实施意见、工作方案、工作流程、工作纪律、时间进度安排、各省市区本一批(重点批)录取控制分数线等编印成《工作手册》,发至招生领导小组成员和有关部门及院、系;录取结果上网向社会公布。

②硕博类、港澳台联招类招生。招生简章由招生办上网公布;在招生办公开栏、学校校务公开专栏、招生信息网公布各专业单科、总分录取线。研究生初试后需破格复试的,其条件、名额、申请程序及最后结果由招生办在招生办公开栏公布。

③体育特长生招生。由体育教学部、招生办联合编制计划和提出条件要求。招生办法和结果在校务公开专栏、招生信息网上公布。

④艺术类招生。由招生办、艺术教育学院联合编印招生简章，在招生信息网上公布；录取结果由招生办在网上公布。艺术教育学院负责将专业考试过程、生源情况、评委组成办法、考场及评委纪律要求、文考入围情况、录取结果向全院教职工报告。

5.各类科研项目申报，由科研处、社科处下发文件，在校务公开专栏和校园网上公布；各院（系）所及直属单位在其公开栏公布。

6.基建及修缮工程招投标，由基建处将工程项目和招标投标要求在校园网、校务公开专栏公布。

7.物资采购与废品处理招投标，由资产管理处将招投标项目和招标投标要求在校园网、校务公开专栏公布。

8.学校和各院（系）所、直属单位的各类办班，其名称、班次、开办时间、招收对象、收费标准等必须公开。属于研究生考前辅导的，由招生办上网公布；属于研究生课程进修的，由研究生院上网公布；属于成教或短期辅导的，由成教院上网公布。

（三）关系学生切身利益的学生管理制度和管理办法

1."奖、贷、助、补、减"奖励和资助的评审评定、评优评先、其他奖惩，各院（系）所及直属单位要将有关文件规定传达到每个班级，并将文件和结果公布在院系公开栏。

属于校级评选的，由学生工作（部）处将文件规定、评审程序、评审结果等在校园网、校务公开专栏公布。

2.学生推优入党，各院系所党团组织要将经支部大会通过的预备党员名单书面向全体师生公布。

3.转学、转专业，其姓名、专业、理由等由教务处上网公布；同时各相关院系要在公开栏上公布。

4.就业信息，由学生工作（部）处在就业信息网站和就业信息专栏上公布；各院系应在其网页设立就业信息网站，并将就业信息定期不定期公布在院系公开栏。

5.推荐免试研究生和省委组织部选调生，各院系所应将省组和学校文件在全体毕业生大会上传达，并在院系所公开栏上公布；研究生院要将全校推荐免试研究生名单在校园网和校务公开专栏公布；学生处要将全校推荐省委组织部选调生候选名单及最终结果在校园网和校务公开专栏公布。

（四）关系教职工切身利益的热点问题

1.住房租售或调整，由资产管理处将政策、程序、房源、承租人或买受人资格等在校园网、校务公开专栏公开；属于个调的，经教代会分房委员会讨论提出意见后，由资产管理处将结果在校务公开栏公布。

2.工资调整、奖金福利分配、职称评聘、专家选拔、职员职级评定等，由人事处组织召开全校有关会议传达，下发文件，在校园网或有线电视、校务公开专栏公布。院系所应在全体教职工大会上传达有关精神，并在其公开栏上公布。

3.各类评奖，由承办部门召开全校有关会议布置，下发文件或在校园网、校务公开专栏公开；院系所在全体教职工大会上宣读，并在其公开栏上公布。

4."农转非"，由保卫处下发文件，在校园网、有线电视和校务公开专栏公布。

5.住房维修基金管理，每年由资产管理处下发文件，在校园网、校务公开专栏公布收支状况；资产管理处将各栋楼住房维修基金缴纳和开支状况书面张贴到各栋楼醒目的位置予以公布。

6.水电费管理，水电表抄看方法及时间由总务处在网上公布，每月公布对账单，上网供住户查询、核对。

（五）关系各级领导干部廉洁自律问题

1.领导干部报告个人重大事项。校级领导干部个人重大事项向党委报告；处级领导干部个人重大事项向组织部报告。报告情况每年在学校中层领导干部会议上通报一次。

2.领导干部收入申报工作。校级领导由党委组织部负责，处级干部由人事处负责。领导干部收入申报表在上报前应在本部门本单位张贴公布。

3.礼品登记上交。由监审处负责受理处以上领导干部的礼品登记。全校登记情况和礼品处理情况由监审处每年在学校中层领导干部会议上通报一次。

4.出国(境)费用和公务接待费开支情况。属于校级的,由学校办公室年底向校长办公会议通报;属于各部门各单位的,年底由财务"一支笔"向全体教职工大会通报。

5.领导干部离任审计。由组织部门提出,监察审计处实施。领导干部离任审计结果,属于校级领导的,由监审处将《审计意见》向校长办公会报告,必要时向学校中层干部会议通报;属于各部门各单位领导的,由各部门各单位主要领导将《审计意见》向全体教职工通报。

6.党员领导干部廉洁自律民主生活会情况。属于校级的,由党委领导向党委委员、纪委委员会议或中层干部会议通报;属于各部门各单位的,由各部门各单位主要领导向全体教职工大会通报。

厦门大学

2002 年 5 月 31 日

——本文摘录自《厦门大学关于进一步加强校务公开工作的实施意见》,档号 2002-DQ06-1

厦门大学学生宿舍用电管理办法

（2002 年 8 月 19 日）

为了加强学生宿舍用电管理，保障学生宿舍安全用电、节约用电，维护良好的用电秩序，营造一个安全、文明、温馨的住宿环境，根据《中华人民共和国电力法》及国务院《电力供应使用条例》等法规，结合我校实际，制定本管理办法。

第一条　住宿生应遵守用电安全规则，做到安全用电、节约用电。禁止在寝室内私拉电线，另接灯头；禁止私接楼道灯电源及其他偷电行为。

第二条　为防止火灾等意外事故发生，严禁在宿舍内使用以下电器：1.电热棒（热得快）；2.电炉；3.电炒锅和电热锅；4.其他发热器件外露、易发生火灾及触电事故的电热器具。

使用功率在 500W（含 500W）以上的其他电器须向物业管理部门提出申请经同意后方可在宿舍内使用。

第三条　宿舍内使用的电器，在通电状态下，必须与易燃物保持必要的安全距离，使用时应有人在场；电器使用完毕，应及时关闭电源，人员离开寝室，应认真检查并切断电源，以确保用电安全。

第四条　学生宿舍、各系辅导员室及学生会等公共用房，每间每月免费用电 20 度。学生宿舍寒暑假期间不享受免费用电。

第五条　学生宿舍用电实行一室一表、定期抄表、按月结算、超用缴费的管理办法。超用部分的电费由本寝室人员负责缴纳。学生应自觉按时缴费，逾期三十天未交者，按有关规定暂停供电。

第六条　学生宿舍内用电设备由该室学生使用保管，如人为损坏，由直接责任者照价赔偿，查不到直接责任者时，由本室人员分摊照价赔偿。

第七条　宿舍出现用电故障应及时向物业管理部门报修，并由其派人维修，学生不得擅自拆修。

第八条　除研究生、港澳台生宿舍不要求统一熄灯外，其他本（专）科生宿舍夜间必须按学校规定的作息时间熄灯。

第九条　罚则：

违反第一条和第二条规定责令其做出书面检讨，并根据有关规定给予其全校通报批评或其他纪律处分。

因违反安全用电规定酿成火灾等事故者，视情节轻重予以相应的纪律处分，直至追究刑事责任。

第十条　各院（系）对本单位学生宿舍内部安全用电负有教育管理责任；物业管理部门对学生宿舍内部安全用电负有管理责任。对违章用电严重或造成事故的将实行责任追究。

物业管理员应对本楼安全用电情况实行常查制度，发现违章用电者应给予纠正制止，对严重的违章用电者应及时纠正并向其所在院（系）及用电管理部门通报。对于管理不严的物业管理员将给予经济处罚直至辞退。

第十一条　本管理办法由水电管理部门负责解释，自 2002 年 9 月 1 日起实行。

——本文摘录自《关于印发〈厦门大学学生宿舍用电管理办法〉的通知》，厦大总〔2002〕1 号，档号 2002-XZ35-1

厦门大学校园网网站管理员工作职责(试行)

(2002年9月26日)

一、网站管理员的工作隶属关系

厦门大学校园网各网站管理员,应由各单位指定的计算机网络技术骨干担任(可由教学、科研、专业技术人员或管理人员兼任)。该同志在本单位领导下开展工作,并接受厦门大学网络中心对其网络技术的管理与指导。

二、网站管理员应具备条件

1.坚持四项基本原则,遵照国家公安部关于使用网络的管理条例及国家教育部有关网络工作的规定,严守国家机密。

2.思想端正,作风严谨,虚心好学,不断进取。

3.服从领导,团结协作,雷厉风行,履行职责。

4.熟练掌握网络技术,积极参加学校组织的技术培训,努力提高计算机网络水平。在今后五年内,各单位网站管理员将逐步实行"持证上岗"制度。

5.熟悉本单位情况及与本学科相关的专业知识,具有一定的文字编辑水平。

三、网站管理员工作任务

(一)负责本单位的信息(数据)库建设

1.根据学校要求,每天定时查看电子信箱,及时做好文件或者信息的上传下达,并做好重要信件的备份,以备网络故障信息恢复之用。

2.主动搜集本单位管理职能方面的信息、教学、科研、外事活动及管理方面的动态,并在本单位领导授权下,做好相关的动态发布或报道。

3.根据学校要求,为建立全校教育信息管理大型数据库,及时、准确地整理、统计、提供本院教学、科研、队伍建设等方面的数据信息。

4.定期向本单位分管领导汇报情况,主动提出完善、改进本网站工作的意见或建议。

(二)负责网站建设与维护

1.对网站的前台要求:栏目设计合理,内容更新及时,信息准确翔实,真正担负起本单位在教学、科研、交流与合作、管理等工作的对外窗口作用。

2.做好网站内容的日常备份,以防服务器硬件设备出现故障。

3.对网站的后台要求:重视网站的安全管理,做好服务器操作系统和应用程序的安全防护措施,以防止外界恶意攻击。

4.对具有交互功能的网页内容做好管理，认真整理来自各方面的建议，及时反映给有关人员并做好反馈，避免不良信息在网络上传播。

5.如发现异常，立即向学校总值班室、网络中心有关负责人汇报，并及时采取关闭相关服务等必要的处理措施。

四、网络管理员的考核

今后，网站评比工作将由两部分构成：平时，由网络中心组织专家不定期抽查，其结果在网站上公布；每年 4 月和 10 月之前，由学校组织专家对全校各网站评比打分，10 月份的评比结果以学校通报的方式发布，最终的评比结果将于校庆前以厦门大学文件下发。

建议所在单位根据学校对网站建设的评比结果，对网站管理员的业绩进行年度考核聘任。如网站管理员无法履行职责，网络中心应及时向所在单位提出撤换人员等建议。

——本文摘录自《关于印发厦门大学网络建设与管理有关条例及 2002 年度第二次评比工作安排的通知》，厦大办〔2002〕48 号，档号 2002-XZ09-3

厦门大学网站评比内容及评分标准

(2002年9月26日)

一、(5%)

明确分管领导、网络信息管理员,各行其职、责任到位。

二、(30%)

宗旨明确,内容健康,信息丰富,数据准确,文字简洁,栏目设置合理(院系网站需充分体现本单位的学科特色、办学水平,以及队伍建设、人才培养、对外交流与合作等情况;部处网站需充分体现服务意识、发挥窗口作用)。

三、(25%)

建设与维护技术、安全性(页面设计美观新颖,色调和谐,无空链接,调取多媒体素材速度适宜;有访问计数,有动态信息或更新日志;对交互页面的管理有相应措施)。

四、(10%)

提供良好服务(24小时开通;访问者有反映情况的渠道,并及时得到反馈)。

五、(10%)

部处网站具有信息化管理的功能,能提供本单位管理职能相关的信息查询,界面友好,方便利用,办公自动化程度较高;院系网站能向本单位师生提供网络辅助教学服务。

六、(20%)

1.对于院、系、所——主要信息内容需有英文版(15%),并在学校虚拟主机上建立静态网站(5%),以便一些在国外高校或科研机构的访问者及时了解厦大相关学科发展的最新信息。

2.对于机关部处——除在本单位网站上及时反映学校相关方面的最新动态外,应及时提供和更新学校主页中“学校概况”的有关基本信息或数据。此项评分,将根据各单位完成学校统计数据任务的情况分别评为优秀(20%)、良好(15%)、合格(10%)、基本合格(5%)四个等级。

——本文摘录自《关于印发厦门大学网络建设与管理有关条例及2002年度第二次评比工作安排的通知》,厦大办〔2002〕48号,档号2002-XZ09-3

厦门大学关于后勤社会化改革工作的报告

（2002年10月8日）

福建省教育厅发展规划处：

根据《关于报送高校后勤社会化改革总结材料的通知》（闽教办发〔2002〕24号）文件要求，现将我校两年来后勤社会化改革情况做如下汇报：

我校后勤社会化改革，始终以邓小平理论和江泽民同志“三个代表”的重要思想为指导，坚持“三服务、两育人”的宗旨，根据全国高校后勤社会化改革会议和全省高校后勤社会化改革工作会议精神，结合本校实际稳步推进。自1999年底我校启动后勤社会化改革以来已经快三年了，在这个过渡期间，各项改革措施进展顺利，为后勤最终从学校规范剥离、建立新型的学校后勤服务保障体系，打下了一定的基础、创造了良好的环境。目前，我校正在积极进行深化后勤社会化改革的工作，在巩固现有后勤社会化改革成果的基础上，理顺学校与后勤经济实体的关系，积极争取和利用地方政府对后勤社会化工作的统筹主导作用和优惠政策，以学生公寓的建设和管理、整合后勤市场和后勤产业资源、提高学校的后勤服务整体水平为重点，全面推进后勤社会化改革。在本学期组建以资产为纽带、符合经济规律、市场机制和现代企业制度的后勤产业集团。

一、改革效果

两年多来，我校的后勤社会化改革已见成效，基本完成了后勤实体行政管理型向经营型的转变，后勤软硬环境得到改善，后勤生存空间得到拓展，后勤队伍得到锻炼，大家观念变了、压力大了，主动服务、优质服务多了，效率高了，“等、靠、要”的情况少了。师生们看到的是生活服务环境的明显改善，感受到的是良好的服务和合理的价格。我校的后勤经济实体初步尝试了企业化管理的甜头，基本达到人员工资、奖酬金、运行费等自给，收入稳步提高，固定资产投入逐年递增，初步具备自我生存、自我发展的能力，为后勤最终从学校规范剥离、建立新型的学校后勤服务保障体系，打下了初步基础。

（一）确保学校事业发展需要，有效减轻学校负担

根据我校的“十五发展规划和2010年远景规划”，学校的办学规模将从2000年在校生14244人发展到2005年的26000～30000人，其中本科生、硕士生、博士生的比例为：4∶2∶1。而现有后勤服务设施如学生宿舍、食堂、水电等设施严重不足，“瓶颈”问题将日益突出，两年来，后勤迎难而上，克服困难，确保学校各项事业的发展。此外，还有效减轻了学校的财政负担，学校对各个“中心”运行经费、人员经费的投入分三年逐年核减，三年为学校减少后勤运转经费近1000万元。到目前我校的校园环境、供电系统、食堂的条件和用餐环境、幼儿园的办学条件和师资水平在全国高校中都位居前列。

（二）学生公寓的建设取得阶段性成果

1.改造：学校投资1600万元左右对芙蓉一、二、三、四、七、八、九、十，南光四、五学生宿舍进行公寓化改造，通过改造，电话、网络直接进入学生宿舍。

2.建设：投资3630万元建成总建筑面积21944 m^{2}的芙蓉五、六、十三学生公寓。

3.租用:曾厝垵厦大学生公寓投入使用。该项目是“政府主导、企业运作、学校参与”有益的尝试。厦门市政府划拨土地,完善水、电、路等前期配套项目,并提供优惠政策,由厦门市思明区东部建设开发有限公司投资近亿元开发,学校配套投资近1700万元建立教学楼、图书阅览室和食堂,在公寓区域内,秉承厦门大学传统校园建筑风格,建设7栋学生公寓和教学楼、食堂及活动中心,总建筑面积67090 m^2,可供5000学生使用,按省有关部门规定和学校需要,按生均10 m^2设计,四人一间,独立阳台、卫生间。

(三)学校加大投入力度,后勤服务的软硬环境得到提高

1.加大后勤基础设施投入,改善后勤服务条件。学校按照国家要求,在后勤改革期间,仍对后勤运转和大型设施设备添置、改造采取支持和投入的做法,使后勤硬件有较大改善。

(1)投入1000万元左右按高标准、高档次装修东苑餐厅、芙蓉餐厅,改造海滨食堂、化学食堂、女生餐厅、勤业餐厅,基本实现“墙面磁砖化、菜台不锈钢化、加工机械化、售菜微机化、服务餐厅化”。

(2)投资3000万元左右完成了嘉庚楼高压开关站建设、学校大部分区域的架空电线电缆化改造、教职工住宅区“一户一电表”改造、学生宿舍用水和用电的管网改造。

(3)投资360万元种植137236 m^2草坪,栽种树木687株,加快包括教师住宅区域在内的校园绿化美化建设。

(4)购置学生宿舍用具381万元,其中公寓式家具2676套、自修桌4770套、床板3132副、铁床1705套。

(5)目前日清扫校园主干道、主要活动场所面积达23万平方米。

(6)此外,还投资改造学校的道路;铺设网络电缆,基本实现教职工家家户户通网络。

所有这些基础设施的投入,一方面美化了学校环境、为学校科研、教学和师生生活创造良好的后勤保障,另一方面也使后勤经济实体积累了经验,增加了实力。此外,两年来后勤还完成建国以来全国首次土地证书年检申报工作,完成校园红线规划图,完成住房调查表4986份,完成我校房改售房以来种类、次数最多、数量最大的售房工作,1999年到2000年共售房2192套,签订购房合同4384份,填写购房申请表4384份,2000年实现我校职工住房公积金住房补贴、房租补贴、房租和厦门市房改政策接轨。目前已经申报并取得产权证1182房,其中学校346本、个人836本。

2.转变思想观念,服务意识、市场意识和开拓创新精神得到提高。

我校后勤各经济实体已经树立优质服务、按需服务和开拓市场的新观念,始终把客户放在第一位,将市场看作生命线,纷纷加大投资来巩固校内市场、开发校外市场。公共教室管理原来是一个困扰学校和有关部门的问题,经常为公教卫生、教学设备、开水供应、教师休息等问题向学校投诉。物业中心接管公共教室管理后,职工们利用暑假期间,放弃了休息,对公共教室进行全面彻底的清洗,添置了设备,安装了吊扇,重新装饰了教师休息室,摆了崭新的沙发,添置了饮水机,让教师在课间可以得到休息,深受教师赞许。接待服务中心投资100多万元装修改造招待所餐厅,并积极和厦门市旅游局联系,获得市旅游定点餐厅资格,争取和吸引旅游团队就餐,取得良好的社会和经济效益。饮食服务中心投资近300万元彻底改造海滨餐厅和勤业餐厅,投资300万元按高标准装备芙蓉餐厅,餐厅配备了空调、电视,摆上了鲜花盆景,提高用餐环境的档次,受到师生的欢迎。在巩固校内市场后,后勤经济实体开始把目光投向校外市场,饮食服务中心在这方面走在前面,真正“走了出去”,为后勤社会化改革探索出一条新路子;接待服务中心也组建了具有独立法人资格的“厦门大学汽车驾驶技能培训中心”,取得良好的社会效益和经济效益。

(四)探索社会化渠道,拓宽后勤生存空间

我校积极为后勤社会化创造条件,根据不同的项目,采用不同的方法。一是“推出去”,对能够由社会承担的后勤服务项目,抓住机会从学校剥离,融入社会相关行业,交给社会去办,或用社会化的办法去办。如我校已把校园围墙外新建的楼房的水电供应、液化气供应和教职工住房建设等项目推向社会,今后还

拟将校园职工住宅区的水电供应等项目逐步推向社会。二是"引进来",为了树立竞争观念,引进竞争机制,锻炼后勤队伍,进一步提高后勤经济实体管理水平和服务质量,对有条件项目逐步开放传统后勤市场,用公开招标方式引进有实力、信誉好的社会力量参与校内服务经营活动。如商业网点、餐厅等项目。三是"走出去",我校鼓励有实力的后勤服务项目走出学校,承接校外后勤服务项目,积极参与社会竞争,拓展服务市场。如饮食服务中心已经承接了林德——厦门叉车有限公司、厦门国际机场、厦门软件园等单位的员工餐厅和集美水产学校、厦门市工业学校、松柏中学、厦门一中、华夏学院和厦大曾厝垵学生公寓的学生餐厅,并成功为在厦门国际会展中心举行的"第四届中国投资贸易洽谈会"等会展活动提供优质餐饮服务。良好的社会效应和经济效应引起了市政府有关部门的关注。负责筹办"校园午餐工程"的厦门市贸发委和市教委领导对跨出校门闹市场并取得良好社会信誉的做法给予了充分肯定,并推荐厦门大学饮食服务中心成为厦门市"校园午餐工程"的首选单位。各方面反映较好,取得"双赢"的效果。

二、改革体会

(一)政府要主导

高校后勤社会化,既是高校内部的问题,也是社会问题,改革实践中,我们认识到政府在后勤社会化中的主导作用是非常必要的,没有政府的主导和支持,后勤社会化改革就无从谈起。这方面,我校感触更深,福建省和厦门市的领导和相关部门负责同志经常来学校现场办公,解决问题,在他们的心目中,厦大的事就是他们的事,学校一些重要的、紧急的项目要立项、审批,如省校共建项目海洋楼、市校共建项目医学院实验楼,嘉庚楼群、学生公寓、芙蓉餐厅的建设和筒子楼改造等项目都特事特办,简化手续,减免有关规费,给予学校以极大支持。投资近700万元完成学校拆墙透绿工程,投资180万元修建大南校门和投资600万元整治了大南校门的公交停车场,这些措施不但支持了我校的教育事业,方便了学校师生员工,更将学校装扮得更加美丽,增强了学校的综合实力。此外,随着我校嘉庚楼群、芙蓉餐厅和几栋宿舍楼的竣工,水电的供应出现严重缺口,厦门市电业局了解到我校的情况后,已经计划投资约400万元,建设从鸿山变电站到厦大专用电缆到我校。彻底缓解学校用电压力。对在校园围墙外的新建建筑,如医学院和海洋大楼,其水电在电业局和自来水公司的支持下直接实行社会化供应。我校液化气站在市政管理局、市燃气总公司的大力支持下于2000年实现了社会化供应,市燃气总公司不仅担负起供应厦门大学3867用户液化气的任务,还应我校要求,在送气的收费上采用优惠价格,减免了近40万元的液化气钢瓶过户检验费。现在,教工们也能享受到市燃气总公司良好的服务,而学校既节省了这方面的福利补贴,也不必担心液化气站的安全问题,学校和教职工都尝到了社会化的甜头。

最值得注意的是,曾厝垵厦大学生公寓建设项目是对"政府主导、企业运作、学校参与"的后勤社会化的有益尝试。对缓解学生住宿紧张问题,改善学生住宿环境,并为学校扩大招生、促进学校发展提供有力保障。可以说,我校后勤社会化每走出重要的一步,都离不开政府的支持,我校后勤社会化改革最大的感触之一就是一定要依靠政府的主导作用,离开了地方政府的主导,后勤社会化将是一句空话。

(二)学校要扶持

后勤社会化改革不是简单的甩包袱、减负担,后勤社会化改革关系到师生、教学、科研,关系到学校的发展和稳定,要用全面的、客观的、历史的眼光来分析和解决问题。因此,应从大处着眼,继续对后勤工作给予必要支持和投入,以保障学校的教学和科研这两项重点工作的正常运行。不急于减轻学校负担而对后勤实体要求过高,以致导致师生或舆论对高校后勤社会化改革的误解,诱发一些不稳定因素,影响改革的大局。改革之初,我校领导对后勤改革给予了高度重视,没有盲目的"断奶",反而加大投资力度,大力扶持和锻炼后勤队伍,为经济实体营造了一个宽松的经营环境。不仅对从事后勤工作的同志给予了充分理解及关心,而且积极争取政府有关部门在政策上对后勤服务行业减免税、费,使后勤有时间有能力来适应市场经济的运行机制,并为后勤提高服务水平和质量创造软硬件条件,真正做到“扶上马、送一程”。

(三)实施要有力

首先要狠抓后勤领导班子建设,领导班子是后勤改革能否顺利进行、改革后的后勤工作能否迅速打开新的局面的关键。越是在改革时期,越是在工作艰巨的节骨眼上,越是要重视领导班子建设。我们将“政治坚定、团结协作、廉洁奉公、开拓创新”作为后勤各经济实体创建“好班子”的标准。

要注重党组织的建设、注重加强思想政治工作,增强党组织的凝聚力和战斗力,发挥党员的先锋模范作用,后勤的党员干部带头顾全大局、率先垂范,积极宣传和带领群众投入后勤改革;深入到职工中,细心听取他们的意见和建议,了解他们的困难和问题,结合改革寻求解决的办法,统一大家的思想,求得理解和支持,特别重视做好下岗分流的干部职工的思想工作,努力创造条件让下岗的职工有再上岗的机会、分流的职工安心在新的岗位工作。

正确处理好改革、发展与稳定的关系是后勤社会化改革的关键。将解放思想、更新观念贯彻整个后勤改革工作的始终。树立适应新形势的市场观念、竞争观念、经营观念、效益观念等新的观念,拿出新思路、新措施、新办法,解决改革中碰到的困难和问题,保证改革的顺利进行。

三、问　题

在看到后勤改革取得成效的同时,我们也认识到计划经济下形成的福利后勤旧格局还没有从根本上突破,随着形势的发展,后勤保障作为衡量高等学校办学水平和发展潜力的重要指标,现有的、过渡型的后勤管理体制和运行机制已经不能适应学校改革与发展的需要。后勤工作滞后仍是直接制约学校发展的因素之一。其中主要表现为:

(一)管理体制和运行机制问题

“小机关、多实体”模式在改革初期推动了后勤事业发展,但随着市场经济的成熟、社会第三产业的发展、学校发展对后勤要求的提高和后勤自身发展需要,这种资源分散、效率较低、规模不经济、事企不分的模式造成企业抗风险能力差、自我积累能力差,学校仍要给予优惠政策、投入大量经费扶持,后勤实体由于散、小、弱、积累差,使后勤服务实体整体的实力弱,不能规模发展,服务质量和保障水平也受到制约,这些都不利于学校后勤保障水平的提高,也不利于后勤与学校规范剥离后后勤的生存和发展,如何建立适合学校后勤的产权明晰、权责明确、校企分开、管理科学的现代企业制度,是摆在我们面前一个紧迫的课题。

我校将在清产核资、明晰产权的基础上,组建国有独资的投资控股有限责任公司,将学校现有经营性资产授权该公司进行运营。而后勤集团属于学校的所有资产也由学校授权的投资控股公司管理,在高校和产业之间构筑起一道“防火墙”,后勤集团按照现代企业制度的要求规范运营和管理,对学校承担资产的保值和增值责任,学校行政职能部门不再直接管理后勤集团,而是通过对后勤服务的市场、品种、质量、价格等的政策调控和准入机制进行管理。今后学校和后勤实体的关系只是资产关系,是以合同、协议为主的甲乙方的关系,这样,既有利于后勤企业的发展,同时,也可以有效地规避企业因经营不善而给学校带来不利的影响。

(二)产权问题

现代企业制度的最显著特征是企业产权明晰。产权关系是最基本的经济关系,产权制度是现代企业制度的基础,所以高校后勤要社会化、现有的高校后勤实体要建立现代企业制度首先是明晰产权。目前我校后勤仍是行政职能部门,直接管理经济实体,没有独立的法人财产权,由于没有独立财产,因而也就从根本上解决不了市场占有和自负盈亏问题,不可能有真正的自主权,后勤作为参与市场竞争的主体化法人化地位便不能确立,也就不可能有真正意义上的社会化。前一阶段,我校对后勤进行了大规模的清产核资、产权登记工作,就是要搞清后勤家底、明晰学校对后勤投资和投资受益形成的财产所拥有的权利,为后勤建立产权明晰的企业制度做好基础工作。明晰产权主要是:明确学校和后勤的产权边界,明确二者所拥有的资产数量和比例;科学评估后勤资产,剔出无用资产,实现经营性资产和非经营性资产的剥离;学校对其注入的后勤资产只按比例承担有限责任。

(三)后勤规范化、专业化和规模经营问题

在现有的体制下,后勤服务项目和校办产业服务项目重叠,生活服务市场多头管理,如何对后勤资源进行定义和重组,如何实现资源的合理配置,如何最大效用地发挥集中管理、归口管理、专业化管理的优势,形成资源共享、优势互补的后勤格局,也是我校下一步需要解决的问题。

四、建　议

(一)政府主导作用应充分发挥

后勤改革一直受到党和国家的高度重视。后勤社会化改革需要政府、教育行政部门和有关职能部门的理解、支持、参与、指导和协调;政府应充分认识改革的重要性和紧迫性,把它与整个国家的改革开放进程、与教育的改革与发展紧密联系起来。积极采取扶持政策,加快后勤改革步伐;制定适合高校实际的改革计划和相应的政策法规;对高校新增建的学生宿舍及其他后勤服务设施,制定相应优惠政策;校外建设的学生宿舍及其他后勤服务设施,应享受校内同类项目相同的优惠政策;各种后勤集团从事的为高校提供服务业务,享受优惠政策(包括营业税、所得税)。后勤改革的难点问题很多,改革触及的一些问题,往往是牵一动十,在实践中,后勤社会化改革必须由政府主导、教育部门主管,协调计划、财政、建设、税务、金融等有关部门给予支持和帮助,高校才能顺利实施。

(二)后勤姓“教”不能丢

后勤社会化改革,必须遵循客观经济规律,同时兼顾教育规律。必须把社会效益、教育规律和师生利益放在首要的位置。后勤与学校分离后,是一个企业,必须遵循经济规律,必须按现代企业制度运行,但同时后勤服务的对象是学校的教学科研和师生员工,同时又必须遵循教育规律,绝不能完全拿普通企业的标尺来衡量后勤实体。“有偿服务”必须适度,根据服务对象的不同要求,可拉开价格档次,但面对学生的基本后勤服务应限价,如学生食堂、学生宿舍等。

(三)后勤改革还需进一步解放思想

高校后勤社会化的改革,是体制的变化、机制的变化、管理性质的变化,更是观念的转变,而且需要与社会上的社会化体系的完善同步进行。改革的本质就是利益格局的重新调整和再分配。改革就是打破旧的利益分配格局,改变一些历史形成的、貌似合理的东西,建立起符合新时期新形势的实际情况和要求的新机制和新格局。因此,改革触动一些单位、部门和个人的利益是必然的。所以说改革是要付出代价的。目前后勤社会化改革中仍然有个“思想解放”的任务。从现实情况看,改革需要一个“过渡期”,和与之相适应的“过渡政策”。

二〇〇二年十月八日

——本文摘录自《厦门大学关于后勤社会化改革工作的报告》,厦大总〔2002〕2号,档号2002-XZ35-1

厦门大学漳州校区建设指挥部档案资料管理暂行规定

厦大漳办[2002]009号

(2002年10月9日)

第一章　总　则

第一条　为了做好我校漳州校区建设指挥部(以下简称“指挥部”)的档案管理工作,充分发挥档案资料在校区建设和管理中的作用,根据《中华人民共和国档案法》、《建设工程文件归档整理规范》和《厦门大学基本建设项目与房地产档案资料管理暂行规定》,结合漳州校区建设的具体情况,特制定本规定。

第二条　指挥部档案资料包括:漳州校区建设项目档案、与校区建设有关的各类合同、指挥部对内对外的来往公函、指挥部制定的各种规章制度所形成的文字资料以及涉及漳州校区建设活动中形成的需予以保存的各种文字材料、图纸、图表、计算材料、声像材料等形式与载体的文字材料。

第二章　档案资料的管理

第三条　按照国家档案有关法规,学校的档案资料实行集中管理制度,指挥部的档案资料暂由指挥部办公室集中管理,任何单位、部门和个人不得把学校的档案资料据为己有,有关单位、部门和个人应按时移交应当归档的档案资料,以确保档案资料的完整、准确、安全和有效利用。

第四条　档案管理人员应依据法律和规章制度做好档案资料管理的各项工作。因档案管理人员的过失造成档案资料损失的,要依照《档案法》的有关规定处罚。

第五条　漳州校区建设项目档案的管理

1. 建设项目档案工作实行“三纳入”、“三同步”管理。

“三纳入”:档案工作要纳入工程建设计划;纳入工程技术管理程序;纳入领导和工作人员的岗位责任制。

“三同步”:下达工程计划任务与提出文件材料归档要求同步;检查计划进度与检查文件材料形成情况同步;工程竣工验收与验收工程竣工档案同步。

2. 漳州校区项目建设过程中,指挥部、设计单位、施工单位和监理单位应在各自的职责范围内做好建设项目文件材料的形成、积累、整理、归档和管理工作。属于指挥部归档范围的档案材料,有关单位应按时整理,移交指挥部办公室。

3. 指挥部负责收集和整理工程准备阶段、竣工验收阶段形成的文件,并进行立卷归档;收集和汇总勘察、设计、施工、监理等单位立卷归档的工程档案。

4. 在工程招标及与勘察、设计、施工、监理等单位签订合同或协议时,应将项目档案的形成、整理、归档、移交要求列入合同或协议中。在合同、协议中应明确档案资料归档、移交的范围、时间、质量、数量的要求。单位工程结束后,以合同为依据,对项目档案进行验收,并作为合同支付的依据之一。

5. 工程项目实行总承包的,总包单位负责收集、汇总各分包单位形成的建设项目档案,并应及时向指挥部移交;各分包单位应将本单位形成的项目文件资料整理、立卷后移交总包单位。工程项目由几个单位承包的,各承包单位负责收集、整理立卷其承包项目的项目文件资料,并应及时向建设单位移交。

6. 建设项目档案工作应纳入工程监理之中，要把项目文件材料的形成、积累工作以及项目档案的齐全、完整、准确的要求纳入工程监理合同或协议之中，监理单位应审查施工单位工程文件材料的完整性、准确性和规范性；在工程竣工时，监理单位还应向指挥部移交完整的工程监理档案。

7. 设计部门于工程不同阶段提交的图纸，如在实际施工中必须变更，则从变更图纸之日起三个工作日内，必须将变更后的图纸提交指挥部办公室并进行登记。

8. 指挥部应对工程档案的立卷归档工作进行监督、检查、指导；在提请上级主管部门验收前，应组织有关部门对工程档案进行预验收。

9. 工程竣工验收后三个月内，指挥部向城建档案馆和校档案馆移交完整的项目工程档案。

第六条　关于与漳州校区有关的各类合同的管理

作为合同当事人一方的指挥部某部门，从合同签订之日起七个工作日内，应将合同原件交至指挥部办公室给予归档保存。如由于某种原因，确实无法及时归档的，应从合同签订之日起五个工作日内到指挥部办公室备案。

第七条　关于指挥部对内对外的来往公函的管理

1. 指挥部所有部门对外发布或送审的文件都必须经办公室统一编制文号。一般情况下，应由各部门拟订后交由办公室登记后统一发布或送审，并留两份文件作为档案材料；如确有需要由各部门自行发布或送审，则必须在发布或送审之日，交两份文件给办公室作为档案材料并应进行登记。

2. 有关漳州校区的外来公函应由指挥部办公室统一接收，并将公函正本作为档案资料归档并进行登记后将公函的复印件发给各部门。

第八条　关于其他与漳州校区有关的需予以保存的各类文字材料的管理

文字材料的制作单位或个人应将具有法律效力或需予以保存的文字材料，在文字材料形成之日起七个工作日内交至指挥部办公室给予归档保存。

第九条　归档文件材料要字迹清楚，图面整洁，应采用耐久性强的书写材料，如碳素墨水、蓝黑墨水等，不得使用易褪色的书写材料，如红色墨水、纯蓝墨水、圆珠笔、复写纸、铅笔等。

第三章　档案利用制度

第十条　由指挥部办公室保存的档案非经指挥部领导批准，一概不得外借。

第十一条　指挥部有关人员要借阅档案，必须填写档案借阅登记表，借阅完毕后应及时归还。

第十二条　借阅的档案不得涂改、增删、撕毁、污损，发现有损档案真实面目的行为，应追究借阅单位或个人的责任。

第十三条　档案的借阅单位或个人可以摘抄复印有关档案，但所摘抄复印的材料需经档案管理人员审核并加盖“与原件核对无差异”章。

第四章　档案保密制度

第十四条　档案管理人员必须认真贯彻执行党和国家的保密规定，维护档案的完整与安全。

第十五条　列入密级档案，要在档案右上角盖上密级章，设专柜专人保管，非保管人员不准取用和外借。

第五章　归档范围

第十六条　指挥部建设项目档案归档范围根据2002年1月10日发布、5月1日实施的国家标准《建设工程文件归档整理规范》中《建设工程文件归档范围和保管期限表》执行。

第六章　附　则

第十七条　本暂行规定由指挥部办公室负责解释。

第十八条　本暂行规定自发布之日起实施。

附件:《建设工程文件归档范围和保管期限表》(略)

二〇〇二年十月九日

——本文摘录自《厦门大学档案管理文件汇编》,2002 年 12 月 10 日版

厦门大学漳州校区基本建设物资设备采购管理试行办法

（2002 年 10 月 15 日）

总　　则

一、为规范厦门大学漳州校区基本建设过程中各类大宗物资设备采购活动，确保采购物品质量，提高投资效益，依据财政部财预字[1999]139 号《政府采购管理暂行办法》有关规定，结合漳州校区建设的实际制定本办法。

二、本办法所说的大宗物资设备是指与厦门大学漳州校区基本建设相关的并由厦门大学漳州校区建设指挥部(以下简称指挥部)组织采购的大型设备及大宗物资.如：电梯、空调、主要水电设备及部分重要建筑材料等。

三、物资设备采购活动在指挥部招标领导小组的统一领导下进行，根据实际工作需要，下设若干个采购项目组。指挥部招标领导小组的主要职责如下：

(一)领导和组织物资设备采购工作；

(二)审批物资设备采购项目，确定物资设备采购工作的原则、工作方式及重大事项；

(三)审查审批物资设备采购活动过程中的重要文件；

(四)检查督促采购工作的落实情况。

四、物资设备采购的具体工作由物资设备采购项目组负责，项目采购组应由项目负责人、专业技术人员组成，其主要职责是：

(一)编制采购计划；

(二)提出项目采购报告；

(三)组织考查，提交考查报告；

(四)根据不同的采购方式编制采购文件，实施采购活动。

五、物资设备采购活动，应本着诚信公平、公开、公正的原则，贯彻货比三家、优质、优价和高效的方针。

采购方式

六、依据《政府采购管理暂行办法》有关规定和厦门大学漳州校区建设的实际，物资设备采购采取邀请招标、竞争性谈判、询价等方式进行。

(一)邀请招标采购。应当向三个以上特定供应商发出投标邀请书。

(二)竞争性谈判采购。直接邀请三家以上的供应商就采购事宜进行谈判。

(三)询价采购。对三家以上的供应商提供的报价进行比较，以确保价格具有竞争性。

特殊情况下，经指挥部招标领导小组批准，也可采取直接向供应商购买的单一来源采购方式。

采购方式的具体实施，应按《政府采购管理暂行办法》有关条款规定执行。

采购工作程序

七、采购工作通常应按下列程序进行：

(一)项目采购组根据采购计划，适时向指挥部招标领导小组提出项目采购报告，报告的内容包括：

1.采购项目的品名、数量、主要技术、性能、质量要求；

2.概算经费；

3.采购方式；

4.入围供应商的选择；

5.考查方案(如需组织考察时)；

6.项目采购组人员组成；

7.完成时限。

(二)指挥部招标领导小组对项目采购报告进行审批；

(三)项目采购组根据招标领导小组批准的采购方式及程序组织采购活动；

(四)如需组织考查的，项目采购组根据批准的考查方案组织考查；

(五)项目采购组向指挥部招标领导小组汇报采购活动基本情况，并提出初步意见；

(六)指挥部招标领导小组对项目采购组提出的采购意见进行审核审批；

(七)与供应商(中标人)签订合同。

采购监督与验收

八、指挥部监察审计部派出人员对物资设备采购活动进行监督。

九、指挥部监察审计部门对物资设备采购合同进行审核。

十、经项目采购组按程序采购的物资设备依照合同约定需要向供应商付款前，指挥部应组织验收小组予以验收。

十一、验收小组应由五人以上单数组成，其中专家人数不少于五分之三。

十二、验收小组应按合同规定对采购的物资设备的数量、质量、技术性能等方面进行认真细致的验收，对发现的问题及时向指挥部领导汇报，并写出书面验收报告。

十三、验收小组的验收报告经指挥部领导批准后，方可按合同规定向供应商付款。

采购工作纪律

十四、项目采购人员在采购组织过程中，应严格遵守下列规定：

(一)不得向他人透露可能影响正常采购活动的有关信息和情况；

(二)不得私下或单独与潜在的供应商谈判、讨论涉及项目采购的相关情况；

(三)不得接受供应商的宴请、钱物、馈赠及接待旅游活动；

(四)采购人员参加考察、询价活动时，应严格遵守有关规定和纪律，不得单独活动；

(五)采购人员参加评标、议标活动时，应对评标、议标过程及内容严格保密，不得泄露有关情况；

(六)所有的考察、谈判和评议等采购活动，必须有三人以上同时参加。

二〇〇二年十月十五日

——本文摘录自《厦门大学漳州校区基本建设物资设备采购管理试行办法》，厦大漳综[2002]004号，档号2002-DQ06-1

厦门大学档案管理办法

（2002 年 11 月 4 日）

第一章　总　则

第一条　为了加强我校的档案工作，提高档案管理水平，充分发挥在学校管理、教学、科研等工作及其社会服务中的作用，更好地为学校教育事业服务，根据《中华人民共和国档案法》、教育部（原国家教委）《普通高等学校档案管理办法》等有关法律、法规制度，并结合我校实际，制定本办法。

第二条　本办法所称档案，是指学校在教学、科研、党政管理以及其他各项活动中直接形成的对学校和社会有保存价值的各种文字、电子文件数据、图表、声像、光盘、磁盘等不同载体形式的历史记录材料。

第三条　档案工作是维护学校历史真实面貌的重要事业，是学校整体工作不可缺少的重要环节，是办好学校的重要基础工作之一，也是衡量学校教育质量和管理水平的一个重要标志。学校要加强对档案工作的领导和管理，把档案工作纳入学校发展规划和工作计划，纳入各个部门的议事日程和管理制度，纳入有关人员的岗位职责范围，并作为检查、考核其工作业绩的重要依据。各单位在布置、检查、总结、验收各项工作的同时，应布置、检查、总结、验收档案工作。

第四条　档案管理部门应严格执行国家、学校的有关规定，确保档案实体安全、严守档案秘密，大力开发档案信息资源，满足学校和社会的需要。

第二章　档案管理体制和任务

第五条　学校依照教育部（原国家教委教直司 1991 年 51 号文）批准成立厦门大学档案馆，为正处级建制（厦大人字 1991 年 53 号文），集中统一管理全校档案。学校由一名副校长分管学校档案工作；各单位（部门）一名负责人分管本部门的档案工作，并设专（兼）职档案员，负责本部门档案的收集、整理和归档工作。

第六条　档案馆是学校档案工作的职能管理部门，又是永久保存和提供利用本校档案的科学文化事业机构。档案馆的基本任务：

一、贯彻执行国家和上级机关关于档案工作的方针、政策、法令和规定，规划全校档案工作。

二、制定和组织实施本校关于档案工作的规章制度，并负责监督、指导和检查执行情况。

三、负责接收（征集）、整理、分类、鉴定、统计、保管和提供利用全校的各类档案，包括各种电子文件数据、电子档案及有关资料。

四、参加基建工程竣工、科研成果评审鉴定和仪器设备开箱的文件材料验收工作。

五、编辑档案参考资料，编制档案检索工具，积极开发档案信息资源，做好档案现代化管理工作。

六、负责全校档案工作人员的业务培训。

七、开展档案宣传工作和利用者教育活动，提高全校教职工的档案意识。

八、开展档案学术研究交流、校史资料管理及校史、校志编研出版工作。

九、参加档案信息的整体化建设，开展多方面协作，进行档案信息交流。

十、围绕学校中心工作,完成校领导交办的其他任务。

第三章　档案工作人员

第七条　档案工作人员必须具有较高的政治与科学文化素质,能够认真执行党和国家的方针政策,热爱档案事业,忠于职守,遵守纪律;必须经过档案专业课程培训,具备档案管理专业知识和现代化科学技术。

第八条　档案工作人员(包括档案馆和各单位各部门的专兼职档案人员)属档案专业技术人员,按国家省市和学校有关档案专业人员职务评聘文件规定,实行档案专业技术职务聘任制,也可实行高等学校职员职级聘任制。

第九条　档案工作人员应相对稳定,其编制人数列入学校事业编制,按有关文件要求,由学校根据本校发展规模及馆藏档案数量等实际情况确定,并能与之相适应。档案专业职务应本着有利于保持档案干部队伍的相对稳定,有利于学校档案事业的发展需要,建立高(含副高、正高)、中、初级结构合理的岗位。

第十条　档案工作人员调动时,必须做好档案移交手续后方能离岗。

第四章　经费、库房和设备

第十一条　学校档案工作所需经费,应单独立项,列入学校预算,统筹解决。学校各职能部门应对用于保存本部门归档文件所需的档案装具等设备,在其经费中给予支持。

第十二条　根据学校的发展规模、馆藏档案的增加数量及档案现代化管理的需要,合理安排档案馆库房建设。学校应有计划地为档案部门配置复印机、电子计算机、声像,以及库房管理需要的防虫、防潮去湿、恒温等设备设施。

第五章　文件材料的归档、移交和接收工作

第十三条　凡是本校教职工在从事教学、科研、党政管理等职务活动中形成的具有保存价值的各种门类和载体的文件材料,包括电子文件数据材料,都必须按照规定向校档案馆移交归档,集中管理,任何个人不得据为已有。

对于个人在其非职务活动中形成的重要文件材料,校档案馆在征得个人同意时,可通过征集、代管等多种形式进行管理。对个人向档案馆捐赠有保存意义的档案,学校予以奖励。

第十四条　我校实行文件形成部门、课题组立卷制度。一般由各部门专兼职档案员、秘书(含教学秘书、科研秘书、研究生秘书等)文书人员根据档案馆制定的文件材料的归档范围收集齐全,并按本部门文件材料的自然形成规律系统整理组卷,编排页号或件号,填写卷内目录及备考表交部门领导审查后,向校档案馆移交。移交手续应完备,以示负责。校档案馆工作人员应积极做好档案业务指导立卷工作。

第十五条　学校对教学、科研成果、产品规划与试制,基建工程、房地产项目、仪器设备开箱等鉴定、验收时必须通知档案馆工作人员(专、兼职档案员也可)参加,有关业务主管部门应会同档案部门对应归档的文件材料加以审查、签署意见。没有完整、准确、系统的文件材料的项目,不予验收,不予上报成果,不予报销购置经费。

第十六条　各单位和各机关职能部门在工作中产生形成的具有保存价值的各类电子文件数据、电子档案,应认真整理确保电子文件信息数据的安全、齐全,及时向档案馆移交归档,建立档案数据库。学校和有关部门对数字化档案馆建设要给予积极支持。

第十七条　各类文件材料,包括各类电子文件数据、电子档案的归档范围和保管期限,按教育部(1989)6 号令《普通高校档案管理办法》和厦门大学有关文书档案、财会档案、科研档案、教学档案、学位

档案、基建房地产档案、出版物档案、声像档案、教师业务档案、产品设备实验和科技外事档案等各类档案管理规定执行。

第十八条　归档要求：

一、归档的文件材料应齐全完整，如报告与批复、主件与附件、正稿与底稿等应齐备。文件内容应真实准确可靠，手续完备，需经有关业务部门审查盖章或有关人员签字的，盖章签字后方能归档，并做好鉴别真伪档案的工作，对伪造涂改档案内容的，一经发现予以清除，并对当事人严肃查处。

二、归档文件材料纸质优良、用纸规范、书写字迹清楚、签署完备，一律用碳素墨水或蓝黑墨水书写。声像档案应声像清晰并用文字标出时间、地点、内容与责任者等。电子文件、电子档案数据应真实可靠、安全完整。

三、归档时间

各类档案	归档时间
文书档案	形成档案次年的 6 月 30 日前。
教学类档案	当学年度的 9 月 30 日前；研究生学位、自考档案一年归档两次，上、下半年各一次。
科研项目档案	项目评审验收后 3 个月内。
基建房地产工程档案	工程竣工验收后 6 个月内。
设备档案	设备仪器开箱验收投入使用后 2 个月内。
会计档案	形成档案的第 2 年 6 月 30 日前。
其他各类档案	形成档案次年的 6 月 30 日前。

四、归档份数

1.学校印发的正式文件一式二份，并附上底稿、领导签发稿单、电子文件数据材料一份。

2.其他各类档案原件一式一份，重要的一式二份、电子文件数据材料一份。

五、归档时交接双方应认真负责，清点验收文件材料，填写移交清单目录一式二份，并办理好交接手续。

第六章　档案管理

第十九条　学校档案馆要按照《厦门大学档案实体分类方法》做好各类档案的分类、编号、排列上架、编制检索工具。根据档案的保密程度，确定不同的利用范围，建立档案借阅和审批制度。做好档案的利用效果登记。

第二十条　档案馆应研究和改进档案保护技术，做好档案保护工作，要及时修补、修复破损档案。要建立和健全库房管理制度，落实防火、防盗、防虫、防霉和温度湿度控制等安全措施，确保档案的安全。学校有关部门应在财力、物力和人力方面给予支持。

第二十一条　档案馆要建立档案统计、检查制度，定期对档案的收进、整理、保管利用和馆内各种数据情况进行检查统计，并按规定向上级有关部门报送档案工作基本情况统计报表。

第二十二条　档案馆要做好档案鉴定工作，建立健全档案鉴定制度，编制和划分档案保管期限。对已满保管期限、需要销毁的档案，要严格按厦门大学档案鉴定销毁制度和有关程序执行。未经鉴定和批准，不得销毁任何档案。

第二十三条　档案信息是学校教育管理信息的重要组成部分，档案馆是学校校园计算机网络建设的重要部门。档案计算机管理系统应纳入学校管理信息系统和办公自动化、现代化建设，并加强数字化档案管理,积极做好档案信息的安全保密和档案信息的利用共享。

第七章　档案的利用和开放

第二十四条　档案馆工作人员要诚实、敬业爱岗,熟悉馆藏,按照《厦门大学档案借阅办法》和有关档案保密规定,积极地做好档案的提供利用和开放工作。

第二十五条　档案馆对馆藏满30年的档案应向全校和社会开放。但属下列情况之一者不宜开放:

1.涉及党和国家及学校秘密的;

2.涉及专利或科研秘密及有可能损害学校权益的;

3.涉及个人隐私的;

4.档案形成部门规定限制利用的。

第二十六条　凡需利用馆藏档案者,均应按规定办理审批或利用登记手续。对校外单位和个人利用本校档案(包括本校师生员工为个人目的利用馆藏档案)的,应按有关规定收取费用。

第二十七条　档案馆应编制多种确实可行的检索工具,采取多种形式宣传介绍利用档案信息。要积极开发档案信息资源做好档案的编研工作,有计划有步骤地开展校史资料与校史、校志研究编辑编写出版工作,为学校"资政、存史、育人"服务。

第八章　考核、奖励与处罚

第二十八条　学校建立档案工作检查、考核、评估制度。学校各单位应把档案工作作为本单位和有关人员的职责范围、政绩业绩考核的内容之一,不定期地召开档案工作表彰会,对做出成绩的单位和个人给予表彰奖励。

第二十九条　对违反《中华人民共和国档案法》并有下列行为之一的,要按照有关规定给予当事者以通报批评直至行政处分,严重者构成犯罪的移交司法部门处理:

1.损毁、丢失属于学校所有的档案的或明知所保存的档案面临危险而不采取措施、造成档案损失的;

2.擅自提供、抄录、公布、销毁属于学校所有的档案的;

3.涂改、伪造档案的;

4.擅自出卖档案牟利或转让、赠送档案的;

5.不按规定归档或者不按期移交档案的;

6.档案工作人员玩忽职守,造成档案损失的。

第九章　附　则

第三十条　本办法自颁发之日起执行。

第三十一条　本办法由档案馆负责解释。

——本文摘录自《关于印发〈厦门大学档案管理办法〉的通知》,厦大综〔2002〕109号,档号2002-XZ09-11

厦门大学档案文件资料鉴定与销毁办法

（2002年11月4日）

档案文件资料的鉴定与销毁是学校文件与档案资料管理的一项重要工作，这项工作的好坏，直接关系到档案与文件资料的存亡，关系到能否保证档案馆藏的优化，同时也关系到确有价值的档案文件不被销毁，能够得到有效的保存，并提供有价值的档案信息服务。为了使档案鉴定工作能正确地正常进行，特制定如下办法：

一、全校的文件档案资料鉴定与销毁工作，由学校档案馆负责组织。各单位均应按《厦门大学文书处理部门文件材料立卷归档办法》有关规定执行，即“各单位对不需要归档或经鉴定无保存价值的公函文件，包括各单位的会计文件材料，以及内部的或含密级的刊物、资料在登记造册、经单位党政领导签批后，送档案馆统一销毁。任何单位和个人无权私自销毁文件材料，违者按《中华人民共和国档案法》和《保密法》有关规定处理”。

二、档案馆应在调查研究基础上制定档案鉴定计划，一般每5年对各大类档案价值鉴定一次，并根据鉴定情况，相应修改归档范围和保管期限。

三、对已满保管期限的档案进行鉴定和销毁时，先由档案馆提出鉴定建议，并会同各有关单位分别组成鉴定小组，认真协商研究，逐个案卷（文件）进行鉴定。在鉴定工作完毕之后，档案鉴定小组应写出鉴定报告，提出处理意见。档案鉴定小组人员均需在鉴定报告上签字，然后上报主管校长审批。

四、凡经主管校长审批同意销毁的档案，由销毁小组负责销毁。销毁小组由校档案馆和各销毁档案的有关部门的人员组成。销毁档案应造具清册，与鉴定报告一并由档案馆永久保存。

五、经鉴定确认无保存价值的，但又不宜销毁的档案，如教师、科研人员业务档案、人物档案等，应退回本人。

六、档案鉴定销毁工作，应严肃认真，谨慎科学，力求正确地进行。对违反档案文件鉴定销毁规定的，特别是给党和国家以及学校利益造成损失者，有关部门应给予严肃处理，直至追究法律责任，依法惩处。

七、本办法自公布之日起实行。

八、本办法由学校档案馆负责解释。

——本文摘录自《关于印发〈厦门大学档案文件资料鉴定与销毁办法〉的通知》，厦大综〔2002〕110号，档号2002-XZ09-11

厦门大学定密工作规定

(2002年11月5日)

第一条 为加强对学校工作中国家秘密的有效管理,规范学校定密工作,根据教育部、国家保密局《教育工作中国家秘密及其密级具体范围的规定》(以下简称《教育保密范围》,我校已于2001年8月24日转发全校各学院、各单位)和教育部《关于规范教育系统定密工作的规定》,结合学校实际,制定本规定。

第二条 定密工作是保守国家秘密的一项基础性工作。学校各单位应对本单位在日常工作中产生的属于国家秘密的文件、资料和其他物品(包括图文资料,磁介质,信息系统,科研项目、成果,特殊仪器设备以及工程设计、装备等),依照《教育保密范围》的规定,及时定密,最迟不超过10天。

第三条 做好定密工作是学校各有关单位的法定责任,也是法律赋予具体承办国家秘密事项人员的义务。学校各单位工作人员,特别是具体承办定密工作的人员和主管领导,应认真学习相关的保密法规,掌握定密工作的基本方法和工作程序,切实履行职责,做好定密工作。

第四条 学校党委保密委员会主管学校定密工作,负责定密工作的领导、组织、监督、检查及业务指导。学校保密委主管领导可根据职责分工,授权保密委成员审核、批准其分管业务范围内的定密工作事项。

第五条 学校各单位应建立健全定密工作制度,将定密工作纳入公文处理程序和相关的办事程序,并根据实际需要,将所适用的保密范围规定按岗位职责分解,让所有工作人员知悉自己职责范围内哪些事项属于国家秘密。

第六条 各单位对本单位在日常工作中产生的公文文稿及非公文材料,具体承办人应依据《教育保密范围》的规定和实际工作需要,对有关材料的内容进行定密评估。凡属《教育保密范围》已明确规定的秘密事项,应采取"对号入座"的方式,拟定其密级和保密期限,并提出定密依据,经单位主管领导审核后,报学校党委保密委领导或被受权人审批。

第七条 各单位领导负有定密审核责任,对本单位承办人拟稿的公文文稿及非公文材料的内容进行审核的同时,也要对定密事项进行审核。

第八条 各单位对于是否属于国家秘密和属于何种密级有不明确的事项,应先行采取保密措施,并及时向学校党委保密委员会申请确定密级。

第九条 各单位对经本单位领导审核后,确定属国家秘密的公文,应先向学校保密委员会提出申请,填写"定密审批单",并经学校党委保密委领导或被授权人进行定密审批后,方可送学校办公室进入公文处理程序。对没有按定密要求办理"定密审批单"的,学校办公室要退回拟稿单位补办。

第十条 各单位具体公文拟稿人是公文定密的责任人,在起草公文时,对已确定属国家秘密事项的公文,应在公文送审稿上的"密级"和"保密期限"栏填写定密内容。非密级公文应在"密级"栏中注明"非密",不得留空。

第十一条 国家秘密的保密期限,除有特殊规定外,绝密级事项不超过30年,机密级事项不超过20年,秘密级事项不超过10年。

保密期限在1年以上的,以年记;保密期限在1年以内的,以月记。

第十二条 各单位对属于保密范围内的事项,应在相关载体上标明密级和保密期限。

书面形式的密件,其国家秘密的标识为"★","★"前标密级,"★"后标保密期限(如机密★3年)。标示在密件封面(或首页)的左上角位置。

非书面形式的密件以能够明显识别的方式标示。

第十三条　国家秘密事项保密期限届满的,即自行解密。

第十四条　根据情况变化,产生国家秘密事项的单位需变更密级和保密期限或需解密的,应由承办人及时提出具体意见,经本单位主管领导审核后,报送学校党委保密委员会批准。

第十五条　各单位公务活动中涉及教育工作以外的其他部门或行业的国家秘密事项,其密级按有关部门或行业保密范围的规定确定。

第十六条　根据《教育保密范围》规定,各单位在其公务活动中产生的只限一定范围的人员掌握的内部事项,不属于国家秘密,应作为工作秘密进行管理,不得擅自扩散和公开。

第十七条　各单位应对其定密工作情况进行登记,对所产生的每一项国家秘密,从确定密级到解密,建立完整的跟踪登记、动态管理制度。

第十八条　对未开展定密工作或者出现"漏定密"、"滥定密"的单位,学校可责令其限期改正,必要时给予通报批评。造成泄密事件的,学校将根据国家有关保密法规对承办人和有关领导进行处理。

第十九条　本规定由厦门大学党委保密委员会负责解释。

第二十条　本规定自印发之日起施行。对本规定施行前确定密级的国家秘密事项,各单位可参照本规定的要求进行清理。

——本文摘录自《关于印发〈厦门大学定密工作规定〉的通知》,厦大委综〔2002〕23号,档号2002-XZ09-5

厦门大学出版物类档案管理暂行规定

(2002年11月6日)

为了提高我校出版物类档案(以下简称出版档案)工作质量和管理水平,充分发挥其作用,更好地为学校和社会服务,根据《中华人民共和国档案法》、《中华人民共和国著作权法》、《科学技术档案工作条例》、《出版社书稿档案工作规定》、《普通高等学校档案管理办法》等法规,参照《高等学校出版类档案工作规范》,结合我校实际,特制定如下规定。

第一条　本规定所称出版档案指我校在编辑出版(含非正式出版)报纸、刊物、图书、音像出版物活动中直接形成的具有保存价值的文字、图表及声像载体材料,是国家科学文化和学校教学科研管理发展的历史记录,也是高等学校档案的重要组成部分。

第二条　出版档案应实行集中管理,以确保其完整、系统、准确和安全,方便开发利用,特殊情况可实行二级管理。

第三条　出版档案工作要纳入出版编辑单位的管理制度,纳入出版工作计划和规划,纳入各社、部(室)负责人和责任编辑、出版印制人员的职责范围。出版、编辑部门在布置计划、检查、总结、验收工作时,要同时布置计划、检查、总结、验收出版档案工作。

第四条　学校出版社、各院系、所、部处、学术团体、学生团体中的编辑部、编委会,要设立一名负责人分管出版档案工作,并确定适当的专(兼)职档案人员,协同学校档案馆认真做好出版档案的收集、整理、立卷、归档工作。

第五条　归档原则:归档的文件材料必须对学校和社会当前与长远具有参考价值和凭证作用;应能反映编辑出版管理职能和出版活动的全过程,保证完整、准确、系统;必须遵循其自然形成规律,保持有机联系,特别注意出版材料的成套性特点。

第六条　归档的主要内容和重点。归档的主要内容包括综合管理、出版物的编审、出版等方面的内容。归档的重点是出版活动各个阶段形成的不同载体、形式的文件材料,尤其是出版物本身。

归档内容与保管期限

类目名称	保管期限
1.上级有关编辑出版工作的文件	长期
2.本校编辑出版工作规划、计划、报告、总结、简报和重要会议记录	永久
3.本校编辑出版工作规章制度、统计报表	永久
4.编辑出版部门管理形成的文件材料	长期
5.编辑出版合同、协议书	长期
6.出版请示和批复	长期
7.经录用原稿(含照片、手迹原件)	长期
8.各级审稿单、历次审稿意见	长期
9.出版通知单、书刊、音像出版物样品	永久
10.获奖或受查处情况的文件材料	长期
11.有参考价值的读者来信、重要评论	短期

不归档的文件材料:上级机关有关出版的普发(非专指高校)、不办的文件;未生效的合同、协议书;不退、不用的稿件,非定稿的稿件;重份文件及校内单位发来的文件;无查考价值的事务性、临时性函件;校外单位交换来的材料。以上某些文件如认为必要,也可有选择地作资料暂存。

第七条 出版档案的收集。出版物出版前,责任编辑应注意归档材料的积累和保管,将全部材料收集整理放入材料积累袋内,并随时检查归档材料是否完整、系统、准确,及时进行补救。出版物出版后,责任编辑必须将归档材料加以整理,按彼此间的自然联系进行系统排列,放入案卷内,拟出标题,经部(室)主任审查和专(兼)职档案员检查后,编好卷内目录,连同审稿单、原稿、清样、样书(均须写入目录内),按顺序放入袋内。

第八条 出版档案的部门整理立卷方法。

(一)出版档案以出版物名称立卷,一书一刊组成一卷或数卷,期刊视情况几期一卷,注意分清年度,不可混年立卷。

(二)跨年的出版档案,放在出版物的出版年度立卷。

(三)出版档案内的原稿、清样,均须除去金属物,修补破损处,用线装订。

(四)卷内材料以左下方对齐,在左侧装订。照片和不便装订的手迹,应放入特制的小纸袋内装订,装订线外有重要批注者,须进行贴边处理。

(五)卷末备考表应逐项认真填写。

(六)出版档案案卷标题以书籍著(译)者、书名为标题,刊物以刊名加刊期为标题。

第九条 归档验收。

(一)书刊出版后一个月内,责任编辑应向本社、部(室)专(兼)职档案员归档,经验收合格后,发给凭据,社部(室)负责人和财务部门始可按此签发稿费通知单和发放稿费。

(二)各社、部(室)的专(兼)职档案员应在次年六月底前,将上年应归档的出版档案,集中向学校档案馆移交,移交时填写移交目录一式二份,双方各执一份。

第十条 查阅利用。出版档案的查阅利用按《厦门大学档案借阅管理办法》等有关规定执行。

——本文摘录自《关于印发〈厦门大学出版物档案管理暂行规定〉的通知》,厦大综〔2002〕112号,档号2002-XZ09-11

厦门大学关于深化科技产业与后勤社会化改革的意见

(2002年11月18日)

各学院、各单位:

为把我校早日建成国内外知名的高水平大学,根据党和国家有关文件精神,结合我校科技产业发展与后勤社会化改革的实际,经学校党委常委会和校长办公会议多次讨论,形成了我校深化科技产业与后勤社会化改革的意见。

一、指导思想、改革目标和重点

1.高举邓小平理论伟大旗帜,全面贯彻"三个代表"重要思想,以党的十六大精神为指导,在校党委和行政领导下,发扬我校在科技成果转化、产业化与后勤社会化改革等方面已有的成绩,按照国家的要求和把我校建成国内外知名的高水平大学的需要,进一步加大改革力度,加快改革步伐,深化我校科技产业与后勤社会化改革。

2.按照国家"发展高科技、实现产业化",产学研协调发展和后勤服务社会化改革的要求和目标,用三年左右的时间,使学校的科研水平、科技成果转化及产业化水平和学校后勤企业的规模及服务水平有较大的发展和提高。确立学校在国家科技成果转化及产业化中的重要地位;实现国家关于高校后勤社会化改革的目标。

3.要建立充满生机与活力的符合现代企业制度的学校科技产业与后勤服务产业综合管理体制和运行机制;要通过对学校经营性资产的规范剥离,学校后勤服务市场的有序开发以及资源的合理配置,实现并建立学校与其投资的企业事企分开,管理有别,以资产为纽带的投资与回报的关系;要根据学校后勤保障的要求,按照长远发展目标和市场竞争规则确立学校与为学校后勤服务的企业之间的甲乙方合同关系。

深化科技产业与后勤社会化改革要有利于学校上水平;有利于调动和促进广大教师、干部和产业及后勤职工的积极性和创造性;有利于科技成果转化及产业化水平的提高;有利于后勤管理和保障服务水平的提高。

加快发展,是深化科技产业及后勤社会化改革取得成功的根本基础。要通过有效的政策杠杆,调节处理好改革、发展、稳定之间的关系,支持学校投资的科技及后勤产业规模发展、快速发展。

二、企业和投资经营的管理体制

1.学校对现有的企业(含经济实体,下同)和投资经营行为,通过集中管理资产和股权的组织形式,通过建立并实行以资产为纽带,产权明晰、权责明确、校企分开、管理科学的现代企业制度来实施管理。

2.学校成立厦门大学资产经营有限责任公司(以下简称"资产公司")代表学校负责管理、经营学校在校办企业中的经营性资产(含股权)和学校对外经营性投资的股权与学校投资经营行为。

在清产核资的基础上,经过评估和确认,现建南集团公司及所属企业、高新技术研究发展中心、后勤五个中心实体,校出版社,校办院(系)管理的企业中的经营性净资产(含股权,但不含房、地产),全部无偿划转到资产公司。作为投入性经营资产，由资产公司自主经营。

上述企业中用于经营的房产和学校与院系中完全用于经营的仪器设备，作为非投入性经营资产，委托资产公司管理和经营。

属学校所有的科技成果、专利技术等无形资产，经科研管理等部门认定后，无偿划转到资产公司，由资产公司进行管理、转化和实施产业化等投资经营活动。

资产公司依法注册。

3.学校对资产公司行使出资人的权利。资产公司对其投资或拥有股权的企业行使出资人的权利。

资产公司董事长、监事会主席、董事会成员、监事会成员由学校党政推荐任免。企业党工委正、副书记由学校党委任命。

资产公司的总经理、常务副总经理、副总经理及财务负责人采用公开招聘或组织推荐，学校党委考核认定，董事会聘任的方式和程序产生。

资产公司对学校的投入性和非投入性的经营资产，有保值增值的责任，资产公司按董事会和校长行政办公会议的要求上缴利润。

资产公司对学校投入性经营资产有调配和处置权，对非投入性经营资产有调配、使用权。

资产公司对其投资和拥有股权的企业，按其所占企业股比的大小，拥有对其相应的人、财事权，并拥有其投资收益的分配权。

4.资产公司除管理经营学校的经营性资产，使其保值增值外，其主要的任务，是要按照党和国家"发展高科技，实现产业化"的要求，围绕学校学科的优势及特点，重点做好学校科技成果转化及产业化的工作。要促进产学研工作更加紧密结合。激励、引导、组织学校师生员工积极为全面建设小康社会做贡献，充分发挥学校的社会服务功能，为科技创新和学校上水平做出实质性的贡献。

5.根据国家关于后勤社会化改革的目标和要求，按照企业化、集约化、专业化、规模化的方向，在对校内后勤进行经营资源重组和市场有效开发的基础上，组建后勤集团。

后勤集团由以下企业和中心实体等组成：国际学术交流中心、海外教育服务中心、建南矿泉水公司、厦门大学国际旅行社、厦门厦大建南物业管理中心、建南集团票务中心、饮食服务中心、物业管理中心、接待服务中心、校园服务中心、维修服务中心等。

原校总务处、资产处、基建处中具有服务经营和维修等职能的部分亦由后勤集团负责。

后勤集团的出资人是学校资产公司。后勤集团的总经理、常务副总经理、副总经理和财务负责人由资产公司考核聘用和罢免。

后勤集团按企业化的方式运行，按学校后勤服务经营的要求和高校后勤集团化、专业化、规模化的发展需要设立有关行业化的经营体系和机构。集团实行财务集中、分级分类核算的财务管理模式。

后勤集团根据国家对高校后勤社会化改革的部署和发展状况，择时依法注册。

后勤集团要按照国家的要求，坚持为学校服务的方向。要按照企业化、专业化、规模化的要求，通过学校一段时期的支持和扶持，通过不断提高自身的经营管理水平和服务质量，规模发展、快速发展。要尽快达到服务、设施、环境、队伍、管理、经营六个方面一流水平的目标。用三年左右的时间，成为立足学校，面向社会，具有较强的经济实力和较高水平的高校后勤服务企业。

三、学校在科技产业及后勤保障工作方面的有关职能部门和行政领导

1.成立资产公司及后勤集团等企业后，学校一般将不再以行政手段来管理校办企业和投资经营行为。与此同时，通过成立有关职能部门和制定相关的政策措施，来规划、促进、监督、协调学校的科技成果转化、产业化和后勤保障等方面的工作。

学校将调整产学研领导小组办公室的职能。产学研领导小组办公室和学校派出的资产公司董事会办公室合二为一，一套人马，两块牌子，负责学校产学研领导小组和资产公司董事会决定办理的有关具体

工作。

撤销学校产业管理委员会,其相关职能由资产公司负责。

2.撤销总务处、资产处,成立学校资产与后勤事务管理处。资产与后勤事务管理处作为学校的行政职能部门,其主要职责为:

负责管理学校用于教学、科研和行政事务方面的非经营资产和学校所有的房产、地产;

负责制定资产管理和后勤保障方面的规划。根据学校的意见,制定职权范围内的年度(学期)工作计划。保证学校非经营性资产和房、地产的完整和完好,保障后勤服务等事务工作能优质落实;

负责选择、确定在校区内为学校资产和后勤保障服务的企业和经济实体。代表学校与其签定经营服务合同、协议,并严格执行;

制定资产和后勤保障方面的制度并督促各方面落实;

负责学校下达的预算内资产、维修、后勤保障等各项经费的计划、使用和管理;

对校内从事学校资产、维修和后勤保障服务的企业和经营实体在已签合同、协议外的事项进行审定、协调、核准;

负责协调资产和后勤保障等方面与政府有关部门的关系,协调学校内从事后勤保障服务的企业和经营实体与校内职能部门、院系的关系;

负责协调处理学校资产和后勤保障方面的各种纠纷等。

资产与后勤事务管理处与后勤集团的关系是学校与为其服务的企业之间的关系,因此,是以契约为主要依据的甲乙方关系。

四、有关政策与条件

1.学校对企业的人事制度仍按照“老人老办法,新人新办法”的原则制定。

2.所有企业,均实行“按需设岗,以岗定责,以岗定酬,公开招聘,竞争上岗”的用人原则。按照“公开、公正、公平、竞争、择优”的要求和先校内、后校外的顺序,聘任用各类人员。

3.改革初期,学校将在资金和政策上给予资产公司和后勤集团一定的支持和扶持,以满足资产公司注册、开发建设厦门大学科技园和有重点的科研项目产业化以及后勤集团规模发展、快速发展;改革后,学校仍按国家的要求,继续加强对为教学、科研和师生学习生活服务的建设项目和必要的大型设备的投入,为学校后勤保障服务水平和质量的提高不断创造硬件条件。

4.资产公司和后勤集团等校办企业和企业化管理经营的单位,均要按投资人的要求,上缴利润或分红。资产公司对学校的投资回报率或净资产增长率,原则上不低于银行同期的长期贷款利率。

对科技型企业和后勤集团,在执行相应的行业财务会计管理制度,实行成本核算的基础上,二三年内,分别实行不同的优惠上缴政策。

后勤集团占用学校的房产、地产和公共设施,若直接用于经营的(即用于出租经营的),其纯收益须全部上缴学校的资产公司,间接用于服务经营的,按不同类别在三年内采取零租赁或低价租赁的方式使用。后勤集团服务经营产生的纯利润,要按资产公司要求的比例和数额上缴。

为支持资产公司和后勤集团的发展,在其成立始三年内,学校将以增加投资的方式返还资产公司的上缴。资产公司对后勤集团的上缴亦给予相应的返还或资金支持。

5.企业实行效益工资制。要建立最终以效益高低定分配,以服务优劣定等级,以业绩好坏定薪酬,优劳优酬,高效高奖的分配激励机制。即实行基础工资、岗位工资、辅助工资(如工龄、学历、特殊津贴)和效益工资相结合的企业工资制度。并可在经营管理层及骨干人员中试行年薪制、期权分配等有效的激励和制约相结合的分配方式,使个人的收入和企业的经营效益、经营风险、工作难度和个人对企业的贡献紧密挂钩。

6.学校根据企业发展的需要,单列企业专业技术职务指标、条件,由资产公司向学校或省、市人事部门推荐评审。对企业中学校派出的骨干管理人员，实行职员职级制度。

7.允许企业对不能胜任工作，或严重影响企业正常工作的属学校事业编制的干部或职工采取不聘、缓聘或解聘的措施。对这部分人员，学校资产公司、后勤集团和相关企业，可采取集中学习、培训等方式帮助他们提高综合素质，掌握技术，重新竞聘上岗；其待岗学习期间，按国家的有关规定发放基本生活费。

8.经学校资产与后勤事务管理处核准的后勤集团使用的校内收款收据，在对内使用时，学校财务和监察审计部门应给予认可。

五、有关时间安排和组织保障

1.学校资产经营有限责任公司和后勤集团均要在本学期内完成组建工作。

2.深化科技产业及后勤社会化改革是学校的一项重要决定，学校相关部门要充分认识此项改革的重要性、必要性和迫切性。在校党委、校行政的领导下，通力合作，扎实工作，保证改革稳定、有序、高效、顺利进行。

学校各单位要组织师生员工认真学习领会党和国家关于“发展高科技、实现产业化”，产学研协调发展和后勤社会化改革的文件精神，不断提高对学校深化科技产业与后勤社会化改革的认识，转变观念，积极宣传、支持和参与改革，使学校的科技成果转化、产业化工作得到更好更快的发展，学校的后勤服务水平和质量有更好更大的提高。

附件：

1.《厦门大学产业及后勤实体人事管理分配制度与投资回报的若干意见》

2.《厦门大学资产与后勤事务管理处设置意见》

3.《厦门大学资产经营有限责任公司组建方案》

4.《厦门大学后勤集团组建方案》

以上四个附件是《厦门大学关于深化科技产业与后勤社会化改革的意见》的有机组成部分。

二〇〇二年十一月十八日

附件1：

厦门大学产业及后勤实体人事管理分配制度与投资回报的若干意见

为深化厦门大学产业后勤体制改革，建立一个符合学校实际，适应市场经济规律，有利长远发展的人事管理、分配制度和投资回报体系，提出如下意见。

1.人事管理、分配制度和投资回报遵循以下基本原则，即规范管理、支持发展、公司运作、校企分开；按需设岗、平等竞争、择优聘用、合同管理；效益优先、兼顾公平、以岗定薪、优劳优酬；事资分离、产权清晰、权责明确、保值增值。

2.建立能上能下、能进能出的充满活力的竞争激励机制，厦门大学资产经营有限责任公司(以下简称资产公司)、后勤集团及企业(含经济实体，下同)各类人员均实行竞争上岗，按德、能、勤、绩择优聘用，实行企业的劳动人事、工资管理制度。依照国家和省、市有关规定，参加企业职工养老、失业、医疗、工伤等社会保险。

3.企业中原学校事业编制人员，按“老人老办法，新人新办法”的原则处理。“老人”指在校办企业和后勤实体工作的由学校人事部门确认的具有学校事业编制身份的人员；“新人”指由人事部门确定的人事关系在学校的企业编制人员及企业自聘和《厦门大学关于深化科技产业与后勤社会化改革的意见》实施后企业新增的人员。原学校事业编制人员，保留其学校事业单位编制，企业新增人员按企业管理办法执行。

4.原学校事业编制的人员，可以根据学校的有关规定，参加学校专业技术职称评定和学校岗位竞聘以及享受学校相应的住房、医疗保险等政策。在企业工作期间执行企业工资薪酬制，学校仍保留其档案工资，凡中央和地方政府出台的工资及各类补贴政策，其增资部分归入本人档案工资。

5.原学校事业编制人员，男性年满55周岁且工龄30年、女性年满50周岁(工人45周岁)且工龄25年的，由个人申请经学校批准，可以提前退休。停薪留职人员，学校按政府有关文件精神，及时进行清理并终止其同学校的劳动人事关系。未聘人员按学校厦大人[1998]57号、厦大人[1999]47号等相关文件政策执行。

6.鼓励资产公司及各下属企业积极引进懂专业、有技术、善管理、能经营、讲效益的经营管理人才和专业技术骨干充实企业队伍。规范学校科研、教学人员在企业的职聘。带技术成果参与企业成果孵化、产业化的学校事业编制的专业技术人员，允许兼职或脱离原学校岗位，由企业与学校签订借用协议，明确借用期限及责、权、利关系。借用期满后，个人应选择去留，回学校的人员，学校予以一视同仁，留企业的人员仍按“老人老办法”实施管理。

7.资产公司及各集团企业实行效益工资制，建立以效益高低定分配、以服务优劣定等级、以业绩好坏定薪酬，优劳优酬、高效高奖的分配激励机制，即实行基础工资、岗位工资、辅助工资(如工龄、学历、特殊津贴)和效益工资相结合的企业工资制度，并在经营管理层及专业技术骨干中推行年薪制、期权制的试点，个人年薪收入应当同企业经营业绩、经营难度、经营风险及个人贡献紧密挂钩。

8.鼓励科技人员以专有技术或科技成果投资入股。经评估确认后的专有技术或科技成果，可占有企业相应的股份(含院系所、课题组、个人等)；对在发展高新技术企业中做出重大贡献的技术、科研人员和经营管理人员，可结合企业实际，从国有资产净值的增值额中拿出一定比例，折合股份后以适当的优惠价格有偿出售给个人。可在具备条件的企业中试行职工持股制，职工个人持股的资产可以是现金，也可以是属于个人的非职务专利技术等无形资产。

9.学校根据企业专业技术岗位和企业资质评定实际需要拟定相关评审条件，每年单列企业专业技术职务指标下达给资产公司，并组织人员进行企业专业技术职务系列的评定。鼓励资产公司的专业技术人员积极报名参加社会专业技术职务系列的评定。原学校事业编制人员通过社会专业技术职务系列评定并由企业相应聘用的，学校予以确认并进入档案管理。

10.投资回报应结合投资时间长短、投资回报期以及经营难度、经营风险和投入产出比的具体情况予以确定。

11.资产公司的经营利润以及公司从控、参股公司所得的红利和出让股权、资产的净收益，可允许公司留成一部分用作资产经营管理的成本开支和企业的发展资金，其余的上交学校，进入经费预算，用于支持教学、科研事业。公司的利润分配方案在次年的第一季度内由资产公司董事会制定，报学校党政会议审定。

12.其他各企业的利润分配和上缴，按各企业年度实现利润或累计未分配利润的一定比例进行分配；也可根据企业具体实际情况，以适当的投资回报率或净资产增长率确定各企业年度分配或上缴的利润，投资回报率或净资产增长率原则上应不低于银行同期贷款利率。

附件2：

厦门大学资产与后勤事务管理处设置意见

为深化学校后勤改革，按照行政管理职能和经营服务功能严格分离原则，调整后勤机构，明确职能分工，划清职责权限，提高工作效率，提出以下意见。

一、机构设置

原校总务处与资产处，共设6个科。其中，总务处设有管理科、水电科、综合科、幼儿园(代管单位)；资产管理处设有房地产科、物资设备科、城监大队。共有人员编制62人(不含城监大队、幼儿园)。改革后，后勤2个处中的行政管理职能机构合并成立资产与后勤事务管理处，下设4个科室。原资产管理处中的大型仪器设备的管理机构由学校另行设置；现基建处负责的校内有关维修工程事宜和原总务处水电收费工作改由资产与后勤事务管理处和后勤集团负责；原资产管理处代管的城监大队单列到校园综合治理办公室；原学校附属单位幼儿园仍由资产与后勤事务管理处代管。

资产与后勤事务管理处是学校后勤管理和保障的行政职能部门，履行学校赋予的行政管理职责，代表学校负责后勤方面工作的规划、协调、管理。资产与后勤事务管理处人员编制暂定39人(不含城监大队、幼儿园)，其中设处长1人，副处长2人，科级干部9人。此编制试行一年，今后根据运行情况由学校有关部门确定。

二、资产与后勤管理处工作主要职责

1.负责管理学校用于教学、科研和行政事务方面的非经营资产和学校所有的房产、地产。

2.负责制定资产管理和后勤保障方面的规划。根据学校的意见，制定职权范围内的年度(学期)工作计划。保证学校非经营性资产和房、地产的完整和完好，保障后勤服务等事务工作能优质落实。

3.负责选择、确定在校区内为学校资产和后勤保障服务的企业和经济实体。代表学校与其签定经营服务合同、协议，并严格执行。

4.制定资产与后勤管理和后勤保障方面的制度并督促各方面落实。

5.负责学校下达的预算内资产、维修、后勤保障等各项经费的计划、使用和管理。

6.对校内从事学校资产和后勤保障服务的企业和经营实体在已签合同、协议外的事项进行审定、协调、核准。

7.负责协调资产和后勤保障等方面与政府有关部门的关系，协调学校内从事后勤保障服务的企业和经营实体与校内职能部门、院系的关系。

8.负责协调处理学校资产和后勤保障方面的各种纠纷等。

9.负责代管幼儿园。

10.负责处理学校交办的其他工作。

三、资产与后勤事务管理处与后勤集团的关系

资产与后勤事务管理处与后勤集团形成甲乙方之间的契约关系。

资产与后勤事务管理处对后勤集团各经济实体按协议行使指导、协调、监督、检查、服务等职能。资产与后勤事务管理处作为甲方代表学校向后勤集团(乙方)提出各类后勤服务的任务、标准、要求，与乙方签订服务的合同或协议，并检查、审核、监督乙方执行合同的情况。乙方在现阶段负有一定的行政责任，甲方督促乙方管理干部履行职责，执行学校决定，完成学校的各项任务。乙方与甲方签订后勤服务协议后，应严格按协议条款履行职责，为学校师生员工提供优质的服务。乙方应接受甲方的检查、监督。

乙方需要与地方政府等有关部门联系，甲方应给予协助，积极为乙方争取政府政策支持。甲方在维护好学校的总体利益前提下，应积极为乙方创建良好的服务空间，从各方面支持乙方自身发展。改革最终要过渡到由学校按市场竞争原则来选择后勤服务企业。

作为高校后勤走向社会化的过渡阶段，资产与后勤事务管理处与学校后勤集团共同承担着全校教学、科研的后勤保障。

附件 3:

厦门大学资产经营有限责任公司组建方案

推进校办企业与后勤体制改革,建立现代企业制度,是适应经济全球化、科学技术迅猛发展和我国加入世贸组织新形势的需要,也是促进学校高新技术产业化,加快教育、科技发展的需要。从我校目前产业与后勤的现状看,成立厦门大学资产经营有限责任公司条件已具备,时机已成熟。成立资产经营有限责任公司,建立现代企业制度,对国有资产承担保值和增值的责任,有利于保护学校合法权益,规避校办企业的经营风险。

一、根据《中华人民共和国公司法》第二章第三节有关“国有独资公司”的规定精神,我校可成立厦门大学资产经营有限责任公司(以下简称“资产公司”。其组织结构图参见附表)。该公司为有限责任公司,属国有独资性质,资产公司以其全部资产对公司的债务承担责任。

二、资产公司以其全部法人财产,依法自主经营、自负盈亏,从事资产经营和管理,并向学校承担国有资产的保值和增值责任。学校不以任何方式承担资产公司及其下属企业的经济担保和连带责任。

三、资产公司实行权责分明、管理科学、激励和约束相结合的内部管理体制,按照市场要求自己组织管理经营。学校不具体从事,也不干预资产公司正常的生产经营活动。

四、学校在对现有的企业与后勤实体进行清产核资、清理债权债务、评估资产、界定产权的基础上,将其全部经营性资产划转到资产公司(可以用实物、科研成果、专利技术和资金作为公司的实收资本)。根据有关规定,资产公司的注册资本为一亿元人民币以上。

五、厦门大学是资产公司的唯一股东,享有对资产公司的重大决策、经营者选择、投资收益回报等出资人的权利。

1.向资产公司派出董事长、董事组成资产公司董事会;派出监事会主席等监事会成员;向资产公司派出财务负责人;

2.考核认定资产公司总经理、副总经理以及党工委书记、副书记;

3.每年 1～2 次听取、审议、批准董事会和监事会的报告;

4.与资产公司签订国有经营性资产保值增值责任书;

5.审定资产公司的重大投资决策和利润分配方案;

6.审定资产公司国有经营性资产重大变动事项:资产公司的合并、分立、解散、增减资本和发行公司债券等;

7.对资产公司执行国家政策法规的情况以及经营活动进行监督、检查、考核和审计;

8.学校授予资产公司必要的行政管理职权,原校办产业管理委员会、建南集团和研发中心的行政管理职能划归资产公司。

六、厦门大学资产公司董事会:

厦门大学资产公司设立由 5～7 人组成的董事会,董事长及其他董事由学校推荐任免。董事长为资产公司的法定代表人。董事会向学校负责。

1.董事长由学校的主管副校长兼任,董事会成员可以从相关职能部门和资产公司党政负责人中选派;

2.董事会决定资产公司内部管理机构的设置及变更;

3.董事会决定聘任和解聘资产公司及有关控股企业的负责人及财务负责人;

4.董事会审定批准资产公司经营班子提出的经营计划和投资方案,审议批准资产公司的年度财务预算方案和决算方案,审议有关重大的担保事宜;

5.董事会有权决定 1000 万元人民币(含 1000 万元人民币)以下的投资额,1000 万元人民币以上须报学校审批决定;

6.董事会依资产公司经营情况,审定资产公司的薪酬体系及薪酬分配方案;

7.董事会与资产公司经营班子签订国有经营性资产保值增值责任书；

8.董事会设立办公室，作为其常设办事机构，办公室主任由董事会秘书担任。董事会秘书列席董事会，由董事会任命；

9.董事会行使《公司法》第四十六条规定的有限责任公司董事会的职权。

七、厦门大学资产公司监事会：

1.监事会成员由学校决定任免，一般由3～5人组成。成员由校纪委、监察审计、工会、资产公司党工委负责人和职工代表组成；

2.监事会行使《公司法》第五十四条规定的相应职权，并对董事会负责。

八、厦门大学资产公司经营班子：

资产公司经营班子由总经理、常务副总经理、副总经理、党工委负责人、总经理办公室主任、财务负责人等若干人员组成，以上人员为资产公司办公会成员。办公会是资产公司日常经营管理事务的决策机构。

1.资产公司总经理可由董事会成员兼任；

2.总经理办公会有权提请聘任或直接聘任、解聘资产公司有关职能部门和有关企业的负责人；

3.总经理及资产公司经营班子与资产公司董事会签订责任书，对资产公司经营全权负责，确保资产的保值和增值，向学校上缴利润，并依法享有经营分配所得；

4.公司总经理对董事会负责，行使《公司法》第五十条规定的有限责任公司总经理的职权和学校授予资产公司的行政职权。

九、资产公司可根据发展和需要，设若干职能部门：

如总经理办公室、人力资源部、财务审计部、事业发展部等，以利于资产公司的经营运作及对所属企业的管理和协调。职能部门的设立和撤销需经公司董事会批准。

1.总经理办公室：

负责资产公司行政管理，协助资产公司领导开展经营管理工作，协调资产公司内外关系。负责资产公司规章制度的制定、会议记录、公章管理、文件草拟和收发、法律事务、档案管理、对外宣传、安全保卫、卫生管理等工作。做好资产公司固定资产管理、办公用品采购工作。

2.人力资源部：

编制资产公司人才发展规划，建立资产公司劳动人事及工资分配制度。开展人才招聘、录用、劳动合同管理、职工考核、教育培训等工作。办理职工调动、职称送审、退休等手续。做好社会保险、人事工资档案管理、考勤和劳动争议协调等工作。负责改革后富余人员的管理和安置工作。

3.财务审计部：

编制和执行资产公司财务预算，制定财务制度和会计核算办法，开展资产公司财务分析、资金筹措和运营工作，拟定信贷计划，做好会计核算、债权债务清理、工资发放、税费缴纳以及日常财务收支工作。建立内部审计制度，对资产公司及下属企业财务活动进行指导、检查、监督。加强同税务、金融、财政和经贸等管理部门的联系。

4.事业发展部：

开展调查研究，跟踪学校最新科技成果，制定事业发展的综合规划及相关政策，对资产公司及其投资企业生产、经营和管理提出指导意见。提出项目投资计划，做好项目可行性研究，负责项目的筹建、经营等工作。

十、资产公司设立中共厦门大学资产公司工作委员会。

该委员会（党工委）为中共厦门大学委员会的派出机构。党工委根据工作需要在其全资、控股企业设立总支委员会或支部委员会。

资产公司设立工会和共青团组织。

（附表略—编者）

附件 4:

厦门大学后勤集团组建方案

为积极推进学校后勤社会化改革,后勤集团的组建按照专业化、企业化、集约化、规模化、规范化、提高效益的原则,对学校后勤资源进行整合和重组,组建以优质服务为宗旨、以学校后勤服务和后勤资产经营为纽带、以服务收费为特征,按照行业和规模设定若干下属公司的综合性后勤服务机构。

一、经营和发展目标

1.把为学校教学科研和师生员工生活服务的相关服务经营业务归口到后勤集团,依照行业的内在规律和经营特点,进行系统有效的服务管理,达到学校后勤经营服务管理一体化;实现资源优化配置,形成规模优势,增强竞争实力。

2.建立现代企业制度,按行业分工设置下属经营服务实体,成为专业化生产、企业化管理、规模化运作、规范化操作、集约化经营、社会化服务的后勤联合体,实现市场连锁、优势互补、资源共享、利益共得、风险共担,发挥整体优势,提高经济效益。

3.科学运筹资本,合理调配资源,寻找新的经济增长点,拓宽经营服务业务范围,充分利用政府对高校后勤社会化工作的主导作用和优惠政策,使后勤产业规模发展、快速发展,确保国有资产的保值和增值。

4.后勤集团要按照国家的要求,坚持为学校服务的方向。要按照企业化、专业化、规模化的要求,通过学校一段时期的支持和扶持,通过不断提高自身的经营管理水平和服务质量,规模发展,快速发展,努力实现服务、设施、规模、队伍、管理、经营六个方面的一流要求,用三年左右的时间,成为立足学校,面向社会,具有较强经济实力和较高水平的高校后勤服务企业。

二、运行机制

1.后勤集团的投资人为厦门大学资产经营有限责任公司。是相对独立的后勤经营实体,实行总经理负责制。

2.后勤集团设总经理 1 名,可设常务副总经理 1 名、副总经理若干名,总经理由厦门大学资产经营有限责任公司董事会聘任,副总经理由总经理提名,经厦门大学资产经营有限责任公司董事会考察聘任。总经理可根据管理业务发展需要,设立总经理助理岗位,由总经理办公会考核聘任。后勤集团的财务经理由学校资产经营公司委派。后勤集团可按专业化、规模化的原则设立若干专业性的公司,后勤集团及其下属公司负责人在聘任期间实行“服务目标”和“经济目标”双责任制。

3.在完成后勤集团下达的服务目标和经济目标下,各下属公司具有相对独立的财务自主权,有权按照后勤集团的人事管理程序和要求,决定员工的聘任和解聘。

三、机构设置

根据后勤服务归口管理的原则,后勤集团由以下企业和中心实体等组成:国际学术交流中心、海外教育服务中心、建南矿泉水公司、厦门大学国际旅行社、厦门厦大建南物业管理中心、饮食服务中心、校园服务中心、维修服务中心、接待服务中心、物业管理中心、建南集团票务中心等。原校总务处、资产处中具有服务经营职能的部分亦由后勤集团负责,并代理学校的水电、有线电视等公共服务的收费工作。

根据后勤服务行业化、专业化的要求,后勤集团设置如下机构:

1.集团总部:设办公室、财务部、人力资源部等管理及业务发展需要的若干部门。

2.组建若干下属公司。

3.经后勤集团批准,后勤集团各下属公司根据自身资源配置和经营业务特点设置其组织机构。

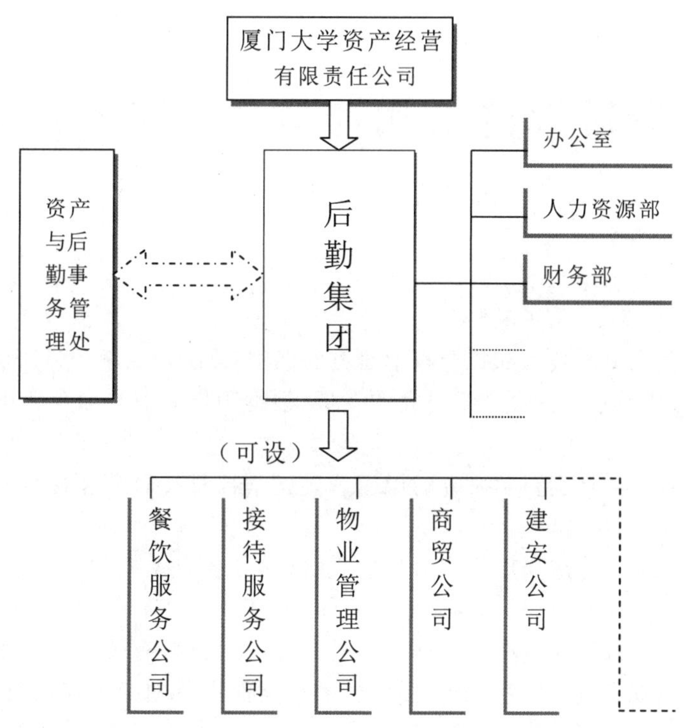

四、财务管理与服务收费

1.财务管理采取统一领导、集中管理、分级核算的运转模式，其财务管理办法按资产公司的统一规定执行，对集团自行拟定的财务分配等重大经营政策必须经投资公司批准。

经学校资产与后勤事务管理处核准的各经济实体使用的校内收款收据，学校财务和监察审计部门应给予认可。

后勤集团在银行开设独立账户，财务管理参照企业会计管理制度执行，财务部必须按有关规定定期向集团的总经理及资产公司报送财务报表，自觉接受审计和上级财务部门的指导、监督与检查。

2.后勤集团要始终坚持为教学、科研、管理和师生员工生活服务的宗旨。同时，遵循市场经济的价值规律，建立竞争机制。

校内各类不同服务项目的收费要按照行业参照价、国家优惠政策及近几年运行与服务费用的情况，核定服务成本加利润控制指标方式，针对不同情况按微利经营和商业经营两种方式，制定合理的原则上应低于社会同类项目价格的收费标准，处理好服务与经营的关系。

——本文摘录自《厦门大学关于深化科技产业与后勤社会化改革的意见》，厦大委综〔2002〕24 号，档号 2002-XZ09-6

厦门大学科学技术和社会科学研究保密规定

(2002年11月20日)

第一条 为了加强我校科学技术和社会科学研究的保密管理,确保学校科研成果和关键性技术的安全与竞争力,促进学校科研技术和社会科学研究的发展,根据国家有关科研保密的规定,结合学校实际,特制定本规定。

第二条 高校科学技术和社会科学研究的保密管理是学校科技研究和社科研究主管部门的重要职责,应与日常科研管理工作相结合。

第三条 做好科研保密工作应当依靠广大科研人员,学校各有关单位要加强科研保密的宣传教育,强化科研人员的保密与安全防范意识,确实做好科研保密工作。

第四条 科研定密是做好科研保密的一项基础性工作。学校各有关单位对本单位产生的科研事项应根据国家有关科研保密规定进行定密评价,凡属国家规定保密范围的事项应及时确定密级,同时确定其保密期限和保密要点,并采取相应的保密措施。

第五条 学校各有关单位承担的国家涉密工程科研项目和课题,以及经省部级以上批准立项的涉密科研项目和课题,其密级按主管部门确定的密级或国家科技保密规定执行。

第六条 学校有关单位对承担必须保密的"973"、"863"、"国家攻关项目"等项目,在立项、研究、验收等各个环节中,都要制定相应的保密措施,有关资料的保密要指定专人负责,按密件保管。

第七条 各单位对下列科研事项应列入保密范围,并有相应的保密措施:

(一)对科技发展有重大意义的新思想、新发现、新方法及其未公开发表的论文。

(二)应用研究项目的原始记录及其关键内容和阶段性成果。

(三)引进的技术、设备中属于协议规定保密的部分,以及在消化、吸收引进技术或设备中有重大改革的部分。

(四)有关社会、经济、科技发展等方面的规划、重要研究成果、报告及社会敏感问题的调研报告、对策、情况反映及统计数据等不宜公开的事项。

第八条 凡重大、重点科研项目的有关原始资料,应由该项目的研究人员专人负责整理保管,并按学校档案管理的有关规定及时整理归档,不得外流。需借阅者,按学校有关规定办理手续。

第九条 属保密范围的科研论文、阶段性成果和鉴定资料等需印刷时,应在载体上标明密级,由科研处或社科处审批、编号,并根据需要确定分发范围和印刷数量后,方可安排印刷。

第十条 各单位对已划定密级的重点科研项目的实验室,应用研究项目的工艺流程实验室或车间,应按保密规定指定专人管理。确因工作需要必须安排外宾参观的,应事先将方案报送学校科研处审查批准,并采取相应的保密管理措施。

第十一条 对于需寄往境外的记录有关科研活动、信息的载体(包括纸介质、磁介质、光盘等各类物品),实行严格审查,把关放行。申请外寄以上材料者,应填写"学术论文、稿件和其他物品出境申请表",经所在单位负责人一支笔严格审查把关,签署意见后,送科研处或社科处复查、审批。通过电子邮件向国(境)外投寄论文稿,也应提出报告,经审查、登记,获准后才能发出。

审查把关应遵循以下原则:

(一)在自然科学和技术科学领域

1.拟报国际学术刊物发表或参加国际学术会议的稿件,只要无技术泄密或情报泄密问题的,均予以放行。

2.尚未正式公开发表、其知识产权在国际文献库中尚未得到确认的论文资料,若属私人往来的,不予以放行;若属寄往有科研合作关系的对应单位不构成我国知识产权受损的,可予以放行。

3.凡在所投寄文稿材料或电子邮件中涉及技术保密问题,将使我国国家安全利益和知识产权受损的;或涉及信息情报保密问题,有危害于我国资源、经济、社会以及军事等情报资料保密的概不予放行。

4.对各种重要稀缺、珍贵自然资源、动植物品种、优良的改良品种、标本及有关的科研考察资料等,不得寄往境外。

(二)在人文社会科学领域

1.对未发表的论文稿件,属一般性的论文投稿或学术交流的论文予以放行。

2.对国内外敏感问题的问卷调查、论文、调研报告、调查资料等慎重审查。凡危害国家安全,损害国家利益,有损国家形象,以及涉及我国政治、经济、社会、国防、外交等方面秘密的,均不得放行;凡涉及国家关系焦点问题和国际现实有争议问题的不予放行。

3.引用未经县级以上各级政府公开、公布的统计资料、数据的论文、调研报告,不得放行。

4.受国家保护的文物、图书资料等不得放行。

5.属上述2、3、4项范围的问卷调查、论文、调研报告、统计资料等均不得在计算机互联网上公布。

第十二条　各单位及个人与校外进行各类科研合作与交流活动,包括讲学、考察、访问、进修和在媒体上发表论文,以及进行技术展览、推广、转让等活动时,均应严格遵守国家和学校有关科研保密管理的规定。

第十三条　对参与国家秘密技术研制的科研人员,学校有关单位不得因其成果不宜公开发表、交流、推广而影响其评奖、表彰和职称的评定。对确因保密而不能在境内外公开刊物上发表的论文,学校有关单位应对论文的实际水平给予评价。

第十四条　各有关单位对于为科研保密工作做出贡献,成绩显著的集体和个人,可上报学校给予表彰、奖励;对于违反科研保密规定的行为,应给予批评教育;对于情节严重,给国家、学校的利益造成损害的,应上报学校依照有关法律、法规进行查处。

第十五条　本规定由科研处、社科处负责解释并制定具体实施细则。

第十六条　本规定自印发之日起执行。原《厦门大学科学技术和社会科学保密暂行规定》(厦大委保[1997]1号)同时废止。

——本文摘录自《关于印发〈厦门大学科学技术和社会科学研究保密规定〉的通知》,厦大委综〔2002〕25号,档号2002-XZ09-6

厦门大学计算机信息网络安全保密管理规定

(2002年11月25日)

第一条　为了加强我校计算机信息网络的保密管理,维护计算机信息交流的正常进行和健康发展,确保国家秘密的安全,根据国家保密法规和计算机信息网络保密管理的有关规定,结合学校实际,特制定本规定。

第二条　凡使用校园计算机网络的单位和个人,必须遵守国家保密法规和计算机信息网络安全保密管理的有关规定,不得利用校园网络从事危害国家安全、泄露国家秘密等违法犯罪活动,不得制作、复制、查阅、传播反动、色情、邪教等有害信息。

第三条　学校网络管理中心负责对校园网络的统一管理和维护,并对校园网的所有用户的网络运行情况进行监督检查。

第四条　凡本校使用校园网络,装有节点的单位,应落实安全保密管理责任制,由一位单位领导分管并指定一位网站管理员负责本单位网络节点内安全保密工作,监督、检查本单位信息网络的运行情况,加强系统防范能力,及时处理所发现的问题,消除安全隐患,确保单位信息网络的安全和保密。

第五条　各单位要建立健全计算机信息网络安全保密管理制度,坚持"控制源头、加强检查、明确责任、落实制度"和"涉密不上网,上网不涉密"的原则,规范和完善信息网络的日常管理;要注意加强对计算机及其存储介质(硬盘、软盘、光盘、磁带等)的管理,特别是对涉密计算机及其存储介质的管理,应指定专人负责,明确管理职责,并采取相应的安全保密措施。

第六条　各单位要加强对上网人员的安全保密教育和管理,增强防范意识,自觉执行保密法规,坚持"谁上网谁负责"的原则,加强监督,杜绝网上泄密事件发生。要重视和加强网络信息系统操作、管理人员安全保密知识的学习和培训,提高信息网络的安全防范能力。

第七条　各单位或个人涉及国家秘密的计算机信息系统,不得直接或间接与国际互联网络或其他公共信息网络联接,必须实行物理隔离,并按照国家保密技术要求采取严格的防范措施。各单位内部计算机网络要参照涉密网的保密技术要求,制定相应的管理制度,采取必要的技术防范措施,且不得处理国家秘密信息。

第八条　涉及国家秘密的信息,包括在对外交往与合作中经审查、批准与境外特定对象合法交换的国家秘密信息,不得在国际互联网等公共网络或与公共网络相联的计算机信息网络上存储、处理、传递。不得利用电子邮件传递、转发或抄送涉及国家秘密的信息。

第九条　各单位要建立上网信息保密审查制度,指定专人对拟上网的信息根据国家保密范围的规定进行审查把关,凡属于国家秘密事项的,一律禁止上网。对是否属于国家秘密界限不清的信息,应报送学校保密委员会审定。在审定结果未答复之前,不得上网。对其他不宜公开的内部信息,也不得上网公布。

第十条　凡在校园网上开设电子公告系统、聊天室、网络新闻组的单位和用户,应由学校保密委员会审批,并明确保密要求和责任。任何单位和个人不得在电子公告系统、聊天室、网络新闻组上发布、谈论和传播国家秘密信息。

第十一条　各单位要按照"积极防范、突出重点"的原则,加强信息网络的技术防范工作,配备必要的安全保密设备,重视网络安全防范技术的研究,制定应急处置方案,提高应急处置能力,确保信息网络的安全与保密。

第十二条 各单位应重视计算机资产处置前实施技术处理工作。凡存储处理过国家秘密信息的计算机,在资产转移或报废前,必须进行严格的消磁技术处理,不能以简单的删除文件代替。

第十三条 各单位和个人在校园网上发现国家秘密信息的,应立即报告学校保密委员会和学校网络主管部门,及时采取补救措施,删除网上涉密信息。

第十四条 各单位和个人在网络使用过程中,如收到反动、色情、邪教等有害信息应立即删除,并及时报告单位主管领导,不得扩散。

第十五条 学校各单位和个人应当接受并配合学校保密委员会组织的保密监督检查,协助查处有关泄密行为。对于违反本规定的有关人员应给予批评教育,并责令其限期整改;造成泄密事件的,学校将根据国家有关保密法规进行查处,并追究有关人员责任。

第十六条 本规定由学校保密委员会负责解释。

第十七条 本规定自印发之日起执行。原《厦门大学计算机互联网络安全保密管理规定》(厦大委保[1997]2 号)同时废止。

——本文摘录自《关于印发〈厦门大学计算机信息网络安全保密管理规定〉的通知》,厦大委综〔2002〕26 号,档号 2002-XZ09-6

厦门大学文件材料立卷归档办法

(2002年11月27日)

根据《普通高等学校档案管理办法》(教育部1989年第6号令)、中共中央办公厅和国务院办公厅有关文件规定结合我校实际,经研究,特制定本办法:

第一条　本校各院、系、所(含直属教研室、研究室)部、处、办、馆、团委、工会、建南集团等,均为文件立卷单位。凡文件立卷单位,必须坚持实行文书处理部门立卷,定期向校档案馆归档的制度。

第二条　文书处理部门的专职或兼职的文书档案工作人员负有文书立卷工作的职责,应认真履行岗位职责,做好文件立卷归档工作。各院、系、所、各机关职能部门应确定一位领导分管文书材料立卷归档工作,各有关科室的同志必须予以支持、合作和协助。

第三条　要坚持做好文件材料平时归卷工作。凡办理完毕的文件材料,经办的领导和有关人员应将文件材料及时送交本部门文书档案工作人员;部门文书档案工作人员应及时收集已办理完毕的、具有查考价值的文件材料,并给予恰当分类,归在有关的卷夹内,以便及时查找利用和年终立卷归档。

第四条　各文件立卷单位要根据部门工作情况,在每年初拟定“立卷类目”(见附件3)。以后每年在上一年的基础上进行调整。“类目”应根据机关活动的规律,将该年可能形成的文件,按照立卷的要求与方法拟制。

第五条　各文件立卷单位应按照《厦门大学文件归档范围和保管期限》(附件3)要求,将归档文件收集齐全完整,并确定标注归档文件的保管期限。

第六条　文件立卷归档整理方法,按照《厦门大学归档文件整理细则》(附件2)和国家、省市档案局文件归档整理细则执行。

第七条　文件立卷要求:

1.各部门立卷归档的文件材料应以本单位形成的材料为主,上级发来的文件材料,属于本机关的主管业务并要执行的,也要立卷归档。凡需归档的文件材料一定要收集齐全,包括收发文件的正附件、电报、会议记录、大事记、照片及公文拟办过程中形成的全部有价值的材料。领导外出开会带回的需要贯彻执行的文件等,也需立卷归档保存。如发现文件不全,确实无法收齐的,由立卷单位撰写报告,随卷归档。

2.各单位对不需要归档的公函文件,包括各单位的会计文件材料,以及内部的或含密级的刊物、资料在登记造册,经单位党政领导签批后,送档案馆统一销毁。任何单位和个人无权私自销毁文件材料,违者按《中华人民共和国档案法》有关规定处理。

3.各单位归档文件中具有保存价值的各类电子文件数据、电子档案,应同时整理一份移交档案馆归档。

4.各单位应在每年6月前完成立卷工作。归档时,由立卷单位填写编制归档文件目录(一式二份),向校档案馆进行交接。

第八条　临时办事机构的文件立卷,归哪个部、处主管的,由主管单位负责立卷。撤销单位的文件,应在撤销前随时将文件立卷向校档案馆归档。

第九条　凡立卷单位都要建立健全收、发文登记制度;文件借阅登记制度;文件催办和清退制度;归档案卷领导审阅制度;平时归卷和年终文件立卷归档制度。

第十条　校档案馆负责对各单位的专职或兼职的文书档案工作人员定期进行业务培训,加强经常性的业务指导。

第十一条　本办法从公布之日起执行，1992年9月18日厦门大学颁发的《厦门大学文书处理部门文件材料立卷归档办法》同时废止。

（附件2见《厦门大学归档文件整理细则（试行）》，附件3见《厦门大学文件归档范围和保管期限（试行）》——编者）

——本文摘录自《关于印发〈厦门大学文件材料立卷归档办法〉的通知》，厦大综〔2002〕118号，档号2002-XZ09-11

厦门大学归档文件整理细则(试行)

(2002年11月27日)

1 总 则

1.1 为了适应档案管理现代化的需要,规范归档文件的整理办法,提高工作效率,根据中华人民共和国档案行业标准DA/T22—2000《归档文件整理规则》,结合本校实际情况,制定《厦门大学归档文件整理细则》(以下简称细则)。

1.2 范围

本《细则》适用于全校各部、处室、团委、工会,院、系馆所和校各单位、公司等组织。

1.3 归档文件

立档单位在其职能活动中形成的、办理完毕、应作为文书档案保存的各种纸质文件材料,包括电子文件、电子档案数据材料。

2 整理原则及质量要求

2.1 归档文件整理应遵循文件的形成规律,保持文件之间的有机联系,区分不同价值,便于保管和利用。

2.2 归档文件应齐全、完整、准确。已破损的文件应予修整,字迹模糊或易褪变的文件应予复制。

2.3 整理归档文件所使用的书写材料、纸张、装订材料等应符合档案保护要求。

3 整理方法

3.1 装订

归档文件应按件用线装订。装订时以“件”为单位,一般以每份文件为一件。正本在前,定稿在后;正文在前,附件在后;原件在前,复制件在后;转发文在前,被转发文在后;来文与复文作为一件复文在前,来文在后。

3.2 分类

归档文件可以采用年度——机构(问题)进行分类。

3.2.1 按年度分类

将文件按其形成年度分类。

3.2.2 按机构(问题)分类

将文件按其形成或承办机构(问题)分类。

3.3 排列

归档文件应在分类方案的最低一级类目内,按事由结合时间、重要程度等排列。

会议文件、统计报表等成套性文件可集中排列。

3.4 编号

3.4.1 年度:文件形成年度,以四位阿拉伯数字标注公元纪年,如1998。

3.4.2 机构(问题):作为分类方案类目的机构(问题)名称或规范化简称。

3.5 编目

3.5.1 归档文件应逐件编目。归档文件目录设置件号、责任者、文号、题名、日期、页数、备注等项目(见表1)。

3.5.1.1 件号:文件的排列顺序号。

3.5.1.2 责任者:制发文件的组织或个人,即文件的发文机关或署名者。

3.5.1.3 文号:文件的发文字号。

3.5.1.4 题名:文件标题。没有标题或标题不规范的,可自拟标题,外加"[]"号。

3.5.1.5 日期:文件的形成时间,以8位阿拉伯数字标注年月日,如19990909。

3.5.1.6 页数:每一件归档文件的页数。文件中有图文的页面为一页。

3.5.1.7 备注:注释文件需说明的情况。

3.5.2 归档文件目录用纸幅面尺寸采用国际标准A4型(长×宽为297mm×210mm)。

3.5.3 归档文件目录应装订成册并编制封面。归档文件目录封面可以视需要设置全宗名称、年度、机构(问题)。

3.6 装盒

将归档文件按件号顺序装入档案盒,并填写档案盒封面、盒脊及备考表项目。

3.6.1 档案盒

3.6.1.1 档案盒封面应标明全宗名称。档案盒的外形尺寸为310mm×220mm(长×宽),盒脊厚度可以根据需要设置为20mm、30mm、40mm等。

3.6.1.2 档案盒应采用无酸纸制作。

3.6.2 备考表

备考表置于盒内文件之后,项目包括盒内文件情况说明、整理人、检查人和日期(见表2)。

3.6.2.1 盒内文件情况说明:填写盒内文件缺损、修改、补充、移出、销毁等情况。

3.6.2.2 整理人:负责整理归档文件的人员姓名。

3.6.2.3 检查人:负责检查归档文件整理质量的人员姓名。

3.6.2.4 日期:归档文件整理完毕的日期。

表1

件号	责任者	文号	题名	日期	页数	保管期限	备注

表2

盒内文件情况说明
整理人:
检查人:

注:表1、表2均用A4纸制。　　年　月　日

——本文摘录自《关于印发〈厦门大学文件材料立卷归档办法〉的通知》,厦大综〔2002〕118号,档号2002-XZ09-11

厦门大学文书档案归档范围和保管期限(试行)

(2002年11月27日)

目　　录

编　号	部　门
DQ 02	组织部
DQ 03	宣传部
DQ 04	统战部
DQ 06	监察审计处
DQ 07	团　委
DQ 08	工　会
XZ 09	校办公室
XZ 10	人事处
XZ 11	学生工作处
XZ12	教务处
XZ 13	科研处
XZ 15	成人教育学院
XZ 16	总务处
XZ 17	基建处
XZ 18	财务处
XZ 21	保卫处
XZ 22	国际合作与交流处
XZ23	出版社
XZ 24	产业办
XZ 25	图书馆
XZ 26	档案馆
XZ 27	资产管理处
XZ 28	研究生院
XZ 29	各院、系所总支
XZ 30	招生办公室
XZ 31	社科处
XZ32	离退休工作处
XZ 33	职业技术学院
XZ 34	发展规划办

注:原DQ 01党委办公室、DQ 05武装部、XZ 14师资处职称办、XZ 19审计处、XZ 20监察处于1998年机构改革时撤销或合并,故现为空号。

文书档案归档范围和保管期限

DQ02 组织部

名称	保管期限
1.上级、本校关于组织工作的指示、决定、通知、通报	长期
2.工作计划、总结、报告及上级批示	长期
3.党员名册、干部名册、党员、党组织统计年报表	永久
4.中层以上干部任免材料	永久
5.本校参加全国、省党代大会代表名单、材料	永久
6.发展新党员名册、预备党员转正名单及取消预备党员资格材料	长期
7.党组织机构设置、组织、建设、支部、总支改选的报告、批复、正副书记、委员情况	长期
8.党员组织关系转出、转入介绍信及存根	短期
9.先进党支部、优秀党员评选材料	永久
10.出国人员政审材料、出国人员保留党籍的报告、批复	长期
11.大事记	长期
12.党费的收支报表	长期
13.其他	

DQ03 宣传部

名称	保管期限
1.上级关于宣传工作的指示、意见、通知	长期
2.工作计划、总结	长期
3.宣传部会议记录及召开重要会议记录、纪要	长期
4.本校政治学习计划、安排意见	短期
5.上级和本校关于职工、学生政治思想工作的文件材料	长期
6.反映我校重要工作活动的新闻报导、照片	永久
7.本校校刊及校领导修改、撰写的重要原稿	永久
8.本校宣传部召开的重要会议记录、讲话稿	长期
9.收发文登记本	长期
10.大事记	长期
11.其他	

DQ04 统战部

名称	保管期限
1.上级、本校关于统战工作的指示、意见、通知	长期
2.会议记录、工作计划、总结、报告	长期
3.各民主党派名单、登记表、活动材料	永久

4.知名人士有关情况	永久
5.参加各级人代、政协会议人员名单、材料	长期
6.有关少数民族、侨务工作、对台工作的材料	短期
7.民主党派、民主人士思想情况材料及来信来访处理	短期
8.组织各界人士各种活动的材料、照片	长期
9.大事记	长期
10.收发文登记	长期
11.其他	

DQ06 监察审计处

名　　　　称	保管期限
一、纪委	
1.上级、本校关于纪检工作的指示、规定、决定、通知	长期
2.纪委工作计划、总结、汇报材料、统计表	永久
3.纪委会议记录及纪要	长期
4.违纪党员的处分报告、决定、批复、个人检察、调查材料	长期
5.党员申诉及复查材料	长期
6.纪委关于本校党纪、党规的调查报告通报	长期
7.会议记录及大事记	永久
8.需要查报结果的人民来信来访处理材料	长期
9.收发文登记本	长期
10.其他	
二、检察	
1.本校检察工作计划、总结、重要的会议记录、情况、报告	长期
2.有关监察工作的各类统计表及上级的重要材料	永久
3.本校监察工作的规定、办法、政策	长期
4.监察工作的案件或问题的查处、立案报告、调查材料、依据材料	长期
5.收发文登记本	长期
6.其他	
三、审计	
1.本校各项综合指标分析、财务决算审计报告、汇总材料	永久
2.审计工作各项规定、办法,校审计工作计划、总结	长期
3.清查对外经济合同情况报告	长期
4.本校各专项资金审计自查报告	长期
5.对本校财务、经费、外汇使用自查报告、登记表	长期

6.上级来校进行监审工作的报告及有关文件	长期
7.上级有关审计工作的文件及法规材料	长期
8.经济案件的审理及依据材料	长期
9.收发文登记本	长期
10.其他	

DQ07 团　委

名　称	保管期限
1.上级、本校关于团的工作规定、通知	长期
2.团代会文件材料	永久
3.团委会工作计划、总结、报告及上级指示	长期
4.表彰先进集体和个人名单材料	永久
5.团员处分和撤销处分的决定及依据材料	长期
6.各级团组织建设、团干部名单、改选团干部材料	长期
7.团委组织的各项重要活动记录、材料、照片	长期
8.团委常委会、团总支书记会议记录、简报	长期
9.团委工作大事记	永久
10.团员团组织统计表	永久
11.其他	

DQ08 工　会

名　称	保管期限
1.上级、本校关于工会工作指示、通知、规定	长期
2.会议记录、工作计划、总结、报告、财务预结算	长期
3.工代会、教代会文件	长期
4.表彰先进集体和先进个人的文件材料	永久
5.统计报表	永久
6.上级、本校关于工会福利、计划生育独生子女及有关文件材料	长期
7.大事记	长期
8.其他	

XZ09 学校办公室

名　称	保管期限
1.上级来文	
(1)针对来校的指示、批示、通知、通报	永久
(2)非直属上级机关颁发的针对本校主管业务并要贯彻执行的文件	永久
(3)与教学科研有关的方针、政策性、法规性文件	长期

2.校长办公会议记录、纪要、校务委员会会议记录	永久
3.党和国家领导、地方政府领导以及上级机关领导来校视察、检查工作所形成的有关文件材料、讲话记录、照片等	永久
4.校长会议记录	永久
5.上级召开的会议材料	
(1)本校领导在会上的发言稿	永久
(2)会议报告、总结、决议等文件	长期
(3)会议简报、参考材料	短期
6.本校与上级有关领导、著名人士的来往函、电、信等	长期
7.本校工作计划、总结、规划、通报等	永久
8.本校各项工作统计年报及汇总材料	永久
9.本校启用、销毁印章、印模、通知	永久
10.本校重要的请示与上级的批复	永久
11.校内各部门的请示与校部的批示	长期
12.本校体制改革、各项重要的规定、报告	永久
13.校友会工作计划、总结、校友名册及重要活动材料	长期
14.校庆活动材料、照片剪报	
(1)重大活动议程、会议记录、讲话、纪念册、题词和著名人士(国内外)活动情况及有关文件、总结、学术报告会材料	永久
(2)各种邀请书、贺电、贺信、纪念品清册	长期
(3)各种学术活动、接待活动的安排等事务性材料	短期
15.本校大事记、历史沿革、概况介绍等	永久
16.本校与国外学校等单位签订的合同、协议书	永久
17.本校与国内学校等单位签订的合同、协议书	永久
18.本校行政中层以上干部任免材料	永久
19.有关校成立机构、撤销、人员组成的名单	永久
20.重要电话记录、电传、传真稿	长期
21.区人代会选举工作文件	永久
22.本校承办全国、省的会议材料	长期
23.学校办公室工作计划、总结、大事记	长期
24.本校有关教学、科研、行政管理、学生管理的制度、通知、通报、规定	长期
25.《每周信息》、《情况参考》	长期
26.校领导参加上级有关的会议带回的文件	长期
27.收发文登记本	长期
28.校长信箱专栏	短期
29.其他	

XZ10 人事处

名　　称	保管期限
1.上级、本校关于人事工作的指示、通知、规定	长期
2.本校有关机构人员编制、工资奖励等规定、办法	长期
3.本校教职工名册	永久
4.本校机构设置及干部任免科级干部的请示、批复	永久
5.工作计划、报告、总结及上级的批示	长期
6.劳动工资报表、干部统计报表	永久
7.招聘、招工、招干、转正定级、安置转、复、退伍军人的计划、报告、批复、名单及临时工管理材料	永久
8.教职工奖励材料及工作满三十年人员名单	长期
9.教职工处分决定	长期
10.教职工要求复查的调查报告、复查结论	长期
11.教职工退休、退职、终止合同登记表、审批表	长期
12.教职工调配工作计划、总结、报告、名单、调动审批表、调令、工资转移单和行政介绍信、调出人员介绍信存根、留校学生报到证	长期
13.教职工工资评定、调整工资的指标、通知规定、计划、总结、报告、上级批复及名单	长期
14.劳动福利工作及教职工伤、残的规定、通知、死亡人员名单及善后工作等材料	长期
15.本校教职工结婚登记材料	短期
16.会议记录及主要电话机录	长期
17.大事记	长期
18.参加上级有关人事工作会议带回的文件材料	短期
19.本校上级关于派出工作的指示、通知、规定、决定	长期
20.派出计划、名单、政审表	长期
21.本校干部定期统计表及工资年报、统计分析	永久
22.领取独生子女费名单	长期
23.收发文登记本	长期
24.其他	
25.本校教职工考核、聘任、职务晋升材料	长期
26.教职工评定职称、学衔名单及评审情况材料，公布的名单、重要的规定、办法，职称评审呈报表及评审情况材料	永久
27.教职工出国进修、讲学、援外、考察人员名单、请示、批复	长期
28.本校教师出席国际会议的请示、批复	长期
29.派遣教职工进行干部培训、进修的名单	长期

XZ11 学生工作处

名　　称	保管期限
1.上级和本校关于毕业生分配工作的指示、通知、计划、总结和派遣名单	永久

2.毕业生遗留问题处理的报告及上级批复	长期
3.上级、本校关于奖学金(含各类奖学金)及获奖学生名单、学生贷款、还款材料、用于学生专项拨款	长期
4.会议记录及重要电话记录	长期
5.大事记	长期
6.各系毕业生登记表	永久
7.发文登记本	长期
8.其他	

XZ12 教务处

名　　称	保管期限
1.上级、本校有关教学工作的指示、通知、规定	永久
2.本校教育事业发展规划,教学工作报告、计划、总结及上级批示	永久
3.本校学制、专业设置、调查的报告及上级批复	永久
4.教学简报	长期
5.本校接受进修教师计划、总结、统计表、名单	长期
6.编写教材计划、编委名单、自编教材目录	长期
7.上级委托召开的教材编审会的通知、计划、记录、报告等	短期
8.教学计划、开课计划	长期
9.本校拟定的学则、教师工作量等文件材料	长期
10.优秀教学质量奖评选方法、受奖人员名单、事迹材料等、教学评估、教学检查、考试	长期
11.会议记录及重要电话记录	长期
12.学年初末报表	永久
13.参加上级召开的会议、代表学校的发言稿	长期
14.大事记	长期
15.参加上级和校外教学工作会议带回的文件材料	短期
16.收发文登记本	长期
17.校历	永久
18 其他	

XZ13 科研处

名　　称	保管期限
1.上级、本校有关科研工作的规定、通知	长期
2.本校关于成立科研机构的报告、上级的批复	永久
3.本校科研工作规划、计划、总结、科研成果报表	长期
4.有关科研协作项目的文件材料	长期
5.上级和外单位有关科研工作的来往文书	短期
6.本校关于出国短期讲学、考察、参加国际学术会议的文件	长期

名 称	保管期限
7.国际间科研合作的通知、计划、协议书、来往信件	永久
8.科研三项经费的文件材料	长期
9.科技统计年报表	永久
10.参加国际学术组织的报告、上级批复、名单	永久
11.会议记录及重要电话记录	长期
12.大事记	长期
13.各类基金申请书及推荐书	长期
14.省科技项目设计书	长期
15.处工作计划、总结、制定的规章制度、岗位职责	长期
16.本校科研成果汇编及受奖情况	永久
17.校学术委员会成员名单、会议记录和活动材料	永久
18.本校获专利项目的名册、统计材料	永久
19.收发文登记本	长期
20.其他	

XZ15 成人教育学院

名 称	保管期限
1.上级、本校关于成人教育管理工作的规定	长期
2.函授、夜大、干部专修科的招生计划、简章、录取名单	永久
3.上级有关自学考试的规定、毕业生名单	长期
4.学生表彰处分材料	长期
5.学籍管理有关材料	永久
6.其他	

XZ16 总务处

名 称	保管期限
1.上级有关总务工作的文件	长期
2.本校总务处及各科工作计划、总结、请示及批复	长期
3.本校总务处及各科规章制度及会议记录	长期
4.干部职工考评、聘用、评选先进的规定、办法、名册	长期
5.爱国卫生委员会的工作计划、总结、规定、通知等材料	短期
6.车辆管理工作制度及购车的请示、批复	短期
7.校园绿化工作的有关文件材料	短期
8.总务处及各部门各类统计报表	长期
9.总务处财务决算报表	永久
10.其他	

XZ17 基建处

名　　　　称	保管期限
1.上级有关基建工作的规定、通知	长期
2.工作计划、总结、会议记录	长期
3.有关征用、借让地的报告、上级批复及纠纷处理来往材料	永久
4.本校基建计划、规划、投资计划、预决算、基建年报表、总结及上级批示	永久
5.大事记	长期
6.收发文登记本	长期
7.其他	

XZ18 财务处

名　　　　称	保管期限
1.上级下达的财务工作的规定、通知等文件	长期
2.本校财务年度预算、决算、报表	永久
3.本校接受世界银行贷款、科技三项费用项目支出决算表	永久
4.上级单位下达各项经费指标的通知	永久
5.本校税收、财务工作、管理的规定、办法、计划	长期
6.全校工资材料、奖学金、津贴等	长期
7.会计涉外涉证、账簿	永久
8.收发文登记本	长期
9 其他	

XZ21 保卫处

名　　　　称	保管期限
1.上级有关保卫工作的文件	长期
2.本校保卫工作方面的规章制度	长期
3.本校保卫工作计划、总结、报告、批复、统计报表	永久
4.本校师生员工案件的侦察、调查、处分结论材料及上级的批复、判决书	长期
5.本校师生员工案件的平反、复查处理结论及上级批复	长期
6.治安、消防、政保、户政等业务工作情况检查	长期
7.保卫处会议记录及治安情况通报、简报	长期
8.上级部门给予保卫处或个人立功、表彰的材料	长期
9.其他	

XZ22 国际合作与交流处

名　　　　称	保管期限
1.上级关于外事工作的文件材料	长期

2.学校外事工作规章制度、计划、总结	长期
3.外事处会议记录、通知、请示、报告、批复	长期
4.外事工作统计报表	永久
5.外事处工作简报	长期
6.上级邀请、聘请外籍人士的计划、批复、来往函件	长期
7.外籍教师、专家、学者及友好人士来校访问、讲学的名单、简历及有关材料	长期
8.我校授予外籍学者名誉教授的名单、简历，授职仪式上的讲话稿、声像材料	长期
9.我校聘请外籍顾问教授、客座教授的名单、简历等材料	长期
10.中外合作校际交流协议、合同、项目纪要材料、备忘录	永久
11.双方互赠的礼品、纪念品目录清单	长期
12.收发文登记本	长期
13.其他	

XZ23 出版社

名　　称	保管期限
1.出版社工作计划、总结、规章制度，执照，许可登记	长期
2.聘任工作规定、名单、合同及管理工作材料	长期
3.年度出书统计表、目录名册、获奖书目及有关材料	永久
4.重要的请示、批复、汇报材料	长期
5.上级检查工作的评语及本社工作汇报	长期
6.收发文登记本	长期
7.其他	

XZ24 产业办

名　　称	保管期限
1.上级关于校办产业的文件材料	长期
2.校办产业管理的规章制度	长期
3.校办产业工作计划、报告、总结	长期
4.关于成立公司的请示报告、批复章程及企业法人营业执照(复印件)	永久
5.与有关单位协作的材料	长期
6.产业管理的各种统计报表	永久
7.其他	

XZ25 图书馆

名　　称	保管期限
1.图书馆会议记录、工作计划、总结、重要的规定	长期
2.图书馆各科室工作计划、总结、合同、职责范围	长期

3.图书馆工作考评意见,管理工作意见、办法	长期
4.上级和本校有关图书工作的指示、规定、通知	长期
5.本校订购书、刊的计划、报告、批复	长期
6.国际间接受、赠送、交换书刊的单位及重要来往文书	长期
7.统计年报表	永久
8.校史陈列品的清单、校友礼品清单、文字材料、图片、照片等	长期
9.重要会议记录及大事记	长期
10.收发文登记本	长期
11.其他	

XZ26 档案馆

名　称	保管期限
1.上级有关档案工作的文件	长期
2.本校档案工作规章制度	长期
3.档案工作计划、总结、报告、请示与批复	长期
4.档案工作统计报表	永久
5.馆务会议记录	长期
6.档案编研材料	长期
7.分管档案领导及兼职档案员名单	长期
8.档案管理考评定级工作的办法、自评报告、评估结论	永久
9.其他	

XZ27 资产管理处

名　称	保管期限
1.资产管理处年度工作计划、总结、处务会议记录	长期
2.关于学校地界、产权的凭证材料、资产处各部门各类统计材料	永久
3.一般房屋产权、租赁协议,改建房屋宿舍教室管理及各项费用的规定、通知	长期
4.资产处各部门账簿、凭证、汇总表	永久
5.房屋分配办法、方案、名单等材料	长期
6.本校有关设备、仪器、实验室管理工作的制度、规定、办法	长期
7.实验室设备、发展规划、管理办法、请示、批复	长期
8.国外赠送设备以及引进的关键设备的报告、批复、清单和申请办理入口免税的函	长期
9.收发文登记本	长期
10.其他	

XZ28 研究生院

名　称	保管期限
1.上级和本校关于研究生工作的规定、通知、计划、报告	长期

2.研究生毕业名单	永久
3.研究生处分及学籍处理材料	长期
4.本校研究生培养计划、总结	长期
5.授予硕士、博士学位研究生名单、报告、批复	永久
6.校、系学位委员会名单及校学位委员会会议记录	长期
7.会议记录及重要电话记录	长期
8.大事记	长期
9.收发文登记本	长期
10.其他	

XZ29 各院、系所总支

名　　称	保管期限
1.系总支、系行政工作计划、总结及会议记录	长期
2.党政联席会议记录	长期
3.科、科级以下干部的任免材料	长期
4.系表扬材料和处分材料	长期
5.院、系大事记	长期
6.系学术委员会名单、会议记录	长期
7.系庆材料	永久
8.院、系规定规章制度	长期
9.院、系聘任通知单	长期
10.其他	

XZ30 招生办公室

名　　称	保管期限
1.各类学生招生简章	永久
2.本校编报招生计划	长期
3.上级、本校关于招生工作的指示、规定	长期
4.上级、本校关于招生工作的计划、总结	长期
5.录取新生名册	永久
6.本校关于新生复查情况、取消或保留入学资格的报告、批复名单及调查材料	长期
7.收发文登记本	长期
8.其他	

XZ31 社科处

名　　称	保管期限
（请参考科研处）	

XZ32 离退休工作处

名　　称	保管期限
1.上级关于离退休工作方面的文件	长期
2.本处的工作计划、总结、各类统计表	长期
3.本处的各类请示、报告、批复	长期
4.本处组织的各类活动材料(含照片)	短期
5.本处召开各类会议记录	短期
6.人民来信来访及处理意见	短期
7.其他	

XZ33 职业技术学院

名　　称	保管期限
(请参考教务处)	

XZ34 发展规划办

名　　称	保管期限
(请参考学校办公室)	

——本文摘录自《关于印发〈厦门大学文件材料立卷归档办法〉的通知》,厦大综〔2002〕118 号,档号 2002-XZ09-11

厦门大学会计档案管理规则

（2002 年 11 月 29 日）

第一条　为了加强我校会计档案的科学管理，更好地为学校的教学、科研和机关工作服务，充分发挥会计档案的作用，现根据《中华人民共和国会计法》、《中华人民共和国档案法》和财政部、国家档案局 1998 年 8 月 21 日发布的《会计档案管理办法》的有关规定，并结合我校实际情况，特制定本规则。

第二条　学校的会计档案指的是：会计凭证、会计账簿和会计报表等会计核算专业材料。它是记录和反映学校的经济业务活动的重要史料和证据材料。具体包括：

（一）会计凭证类：原始凭证、记账凭证、汇总凭证、其他会计凭证。

（二）会计账簿类：总账、明细账、日记账、固定资产卡片、辅助账簿、其他会计账簿。

（三）财务报告类：月度、季度、年度财务报告，包括会计报表、附表、附注及文字说明，其他财务报告。

（四）其他类：银行存款余额调节表，银行对账单，其他应当保存的会计核算专业资料，会计档案移交清册，会计档案保管清册，会计档案销毁清册。

第三条　学校各有关会计核算单位必须加强对会计档案的管理工作，应当确定一名单位负责人分管会计档案工作，确定专职或兼职会计人员，及时地做好会计档案的立卷、整理、归档查阅和销毁工作。各有关单位应当把会计档案工作纳入会计管理工作范围，纳入有关会计人员职责范围，切实把会计档案管理好。

第四条　会计档案是学校档案的重要组成部分，全校的会计档案实行集中统一管理制度。学校财务处和学校档案馆共同负责对全校的会计档案进行业务指导、监督与检查。

第五条　学校各独立核算会计部门均为会计档案立卷归档部门。各单位每年形成的会计档案，应按照归档要求，负责整理立卷和装订成册，并编制好移交清册，暂由各会计部门一般保存 5 年，期满后（即第 6 年的上半年），连同清册一并移交学校档案馆保管。

第六条　财务会计部门和经办人必须按期将应当归档的会计档案，全部移交档案部门，不得自行封包保存，并认真做好交接手续。

学校档案馆接收保管的会计档案，原则上应当保持原卷册的封装，个别需要拆封重新整理的，应当会同原财务会计部门和经办人共同拆封整理，以分清责任。

第七条　学校档案馆保存的会计档案，主要是为本校的各项工作服务的，学校档案馆应当积极做好会计档案的提供利用工作。会计档案原件不得借出，如有特殊需要，必须经主管校长或财务处负责人批准，并办理登记手续，方可借阅或复制，但不得拆散原卷册和抽换、涂改。

查阅会计档案时，档案人员应做好借阅登记手续，查阅人员应遵守会计档案借阅制度。

会计档案的借阅办法，参照本校档案的借阅制度执行。

第八条　学校档案馆和全校各财务会计部门，必须对会计档案进行科学管理，做到专人负责保管，整理科学、存放有序，并编制出必备的检索工具，做到查找方便。同时，必须严格执行会计档案的安全防护和保密制度，不得随意堆放，严防毁损、散失和泄密。

第九条　本校各种会计档案的保管期限，分为永久和定期两种。定期保管期限分为 3 年、5 年、10 年、15 年、25 年 5 种。学校档案馆接收保管期限为 10 年以上（含 10 年）的会计档案，保管期限为 3 年、5 年的会计档案，由财会部门自行保管。

第十条　采用电子计算机进行会计核算的单位，具备采用磁带、磁盘、光盘、缩微胶片等磁性介质保存会计档案条件的，暂由各会计档案形成部门保存，待学校档案馆具备相应库房和保管条件时，与纸质档案一并移交学校档案馆保存。

归档的会计电子文件和电子数据应安全可靠，真实准确，并附有文字说明材料。

第十一条　会计档案保管期满，需要销毁时，由学校档案馆会同财务处共同鉴定，严格审查编造销毁清册，经分管校领导批准后销毁。任何单位不得将应移交的会计档案自行销毁。对于其中未了结的债权债务的原始凭证，应单独抽出，另行立卷保存，直到结清债权、债务时为止。学校基建部门在建设期间的会计档案，不得销毁。

第十二条　会计档案销毁时，学校档案馆和财务部门、审计室共同监销。销毁前，应逐册逐卷清点核对；销毁后，监销人应在清册上签名盖章，并报告单位领导。

第十三条　学校档案馆对违反会计档案管理制度的行为，有权进行检查纠正，情节严重的，应报分管校领导或财政、审计机关由学校给予严肃处理，直到追究法律责任。

第十四条　本规则适用于校内各有独立核算的单位，包括财务处、总务处及资产处、基建处、出版社、印刷厂、医院、抗癌中心、建南集团及下属公司、工厂等。

第十五条　我校财务预算、财务计划、财务制度等文件材料，按照《厦门大学文件材料立卷归档办法》执行，不适用本规则。

本规则自公布之日起生效，1989 年 6 月 24 日厦门大学颁发的《厦门大学会计档案管理实施细则》自本规则执行之日起废止。

——本文摘录自《关于印发〈厦门大学会计档案管理规则〉的通知》，厦大综〔2002〕121 号，档号 2002-XZ09-11

厦门大学会计档案类目和保管期限表

类　别	代号	档案内容	保管期限	备注
会计报表	1	1.学校决算和上报批复 2.学校预算和计划 3.劳动工资报表 4.月、季报表	永久 25 年 25 年 5 年	
会计账簿	2	1.日记账 其中：现金日记账、银行存款日记账 2.总账 3.明细分类、分户和登记簿 4.辅助账簿	15 年 25 年 15 年 15 年 15 年	
工资清册	3	1.工资册、工资变动凭证 2.学生奖学金、助学金凭证	永久 永久	
会计凭证	4	1.各种原始、记账、汇总凭证 2.银行存款金额调节表 3.涉及外事会计凭证和账册	15 年 5 年 永久	不归档
其他	5	1.会计档案移交清册 2.会计档案保管清册 3.会计档案销毁清册 4.其他重要会计清册	15 年 永久 永久 25 年或永久	

——本文摘录自《关于印发〈厦门大学会计档案管理规则〉的通知》，厦大综〔2002〕121 号，档号 2002-XZ09-11

厦门大学会计档案分类编号方案

(2002 年 11 月 29 日)

根据我校会计档案的形成规律,可分为如下几大类:

一、会计报表类

二、会计账本类

三、工资清册类

四、会计凭证类

五、其他类

分类编号方法:设会计档案大类,下分 5 小类,以年度分开进行流水编号。如:

年度	会计类	分类小号	顺序号
(1986)	(KJ)	(1—5)	(001—999)

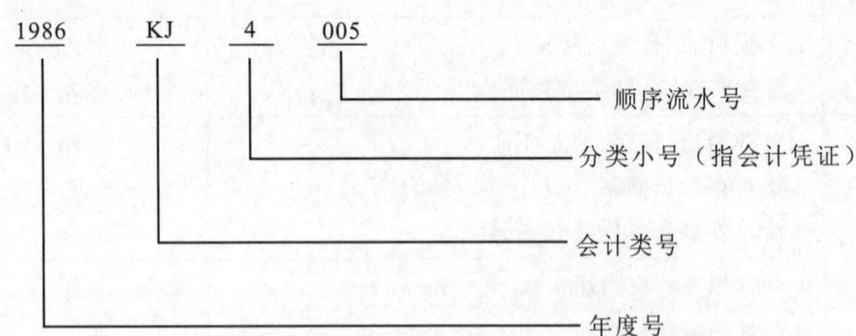

——本文摘录自《关于印发〈厦门大学会计档案管理规则〉的通知》,厦大综〔2002〕121 号,档号 2002-XZ09-11

厦门大学办公自动化系统管理办法(试行)

（2002 年 12 月 30 日）

第一章　总　则

第一条　厦门大学办公自动化系统(以下简称 XMUOA 系统)是一个基于校园网的综合办公平台，是覆盖校、院(系)、部处各党政职能部门的综合性信息管理系统。该系统是学校信息化建设与管理工作的重要组成部分，是提高全校工作效率和管理水平的必要手段。

第二条　为保障我校的办公自动化系统能够得以顺利推广、应用及正常运行，依照国家及上级主管部门的有关规定，制定本办法。

第二章　系统构成与功能

第三条　XMUOA 系统参照教育部办公自动化系统的技术平台，基于 Lotus Domino/Notes 基础信息交换平台，结合 Microsoft Word 等应用软件，采用 Client/Server 体系结构开发建设。

第四条　Domino 服务器用于存放所有办公数据和文件信息；Notes 客户端供所有办公用户用于信息及文件的输入、修改、签批和流转操作。

第五条　Domino 服务器要求能稳定运行在 UNIX 或 Window2K 操作系统。由学校办公室负责日常运行和管理。

第六条　XMUOA 系统涉及的客户计算机，其最低要求配置为：满足 Windows98/Me/2000/Xp 系统的正常运行并与校园网连通，硬盘盈余空间在 200MB 以上。

第七条　XMUOA 系统的主要功能有：

收文管理：实现收文的电子批阅和电子传阅，记录收文处理全过程的阅读情况，监控收文处理状态、位置，及时向收文的当前批阅人发函提醒。收文管理包括：登记、处理、查询、汇编、打印等功能。

发文管理：处理学校各类正式下发文件，实现发文过程的自动化，基本实现无纸化，包括：拟稿、审稿、会签、定稿、签发、归档、查询、打印等功能。

请示处理：实现校内各部门、各单位的请示、申请的拟稿、审稿、会签、批示、归档、查询、打印等功能。

信息发布：提供一个综合的信息发布平台，实现校园内部的新闻快讯、通知公告等信息的撰写、编辑、提交、审批和发布；开辟电子论坛，设置有关专题，允许授权用户张贴与主题相关的文章，发表自己的见解和进行在线交流等；开办电子刊物，授权有关部门及时发布有关高等教育的改革动态和学术论文。

会议日程：实现学校每周会议日程安排的网上发布以及学校领导的个人日程安排管理。

信访处理：实现对信访的网上批阅和传阅，记录信访处理全过程的批阅情况，监控信件的处理状态、位置，可及时向信件的当前批阅人发函提醒，并最终形成答复意见回复信访人。信访管理包括：登记、传阅(批阅)、催办、答复、归档、查询、打印等功能。

其他辅助功能：提供内部电话、本地航班、邮政编码、法律法规、规章制度等公共信息的维护、更新和查询等。

第三章　组织结构与责任

第八条　学校办公室是XMUOA系统的主管部门,是XMUOA系统的公文处理中枢和技术支持中心。学校办公室在学校网络信息工作领导小组和主管校领导的指导、领导下,制定XMUOA系统发展规划,实施XMUOA系统的开发和建设,制定、落实有关规章制度,并按照有关规定严格进行系统的正常运行维护及管理工作。学校网络中心是XMUOA系统的技术支持和项目实施协作部门,保障校园网络的通畅和XMUOA系统的网络安全,协助学校办公室做好技术支持工作。学校办公室和网络中心各设系统管理员一名,负责系统日常运行的技术维护、系统功能的不断完善及对校领导和各单位系统管理员的培训工作。

第九条　各院(系)、各部(处)及有关单位是XMUOA系统的用户单位,应有一名领导分管XMUOA工作,同时须指定一名专职或兼职秘书人员负责信息的接收、处理、传送、存档等工作,并指定一名专职或兼职技术负责人,负责本单位工作人员的培训以及日常维护等技术支持工作。

第四章　信息管理

第十条　XMUOA系统所涉及各类公文的处理按照我校“公文处理办法”的规定办理。

第十一条　各用户单位在XMUOA系统中所发布的信息,应先交由本单位领导审核。各单位领导对本单位在XMUOA系统中发布的信息的可靠性和严肃性负责。

第十二条　系统正式运行后,各用户单位必须保障本单位工作站的正常运行,发现问题应及时与本单位技术人员和XMUOA系统技术支持人员联系,并能正确地、经常地运用本系统进行日常办公,以保证各种办公信息的正常流转。

第五章　系统安全与保密

第十三条　所有用户应认真贯彻执行《中华人民共和国计算机信息系统安全保护条例》和公安部《计算机信息网络国际联网安全保护管理办法》,严格遵守《中国教育和科研计算机网暂行管理办法》和《厦门大学计算机信息网络安全保密管理规定》。

第十四条　所有用户不得利用XMUOA系统从事危害国家、集体和他人利益的活动,不得在系统上制作、传播有碍社会治安和不健康的信息,不得制造和输入计算机病毒以及其他危害系统安全的数据。

第十五条　所有用户应按规定的权限阅读和使用系统提供的信息。不得盗用他人用户账号,不得干扰其他用户和破坏系统服务。

第十六条　所有用户应保管好自己的用户ID文件,应经常更改口令并保守秘密,以防他人有意或无意打开系统数据库获取信息,滥发电子邮件、恶意增删资料或干扰公文运转。

第十七条　所有使用该系统的人员均有保密的责任。不得随意发布涉及国家和学校机密以及其他不宜发布的信息。

第六章　技术支持与开发

第十八条　XMUOA系统开发、管理所需软件,由学校办公室负责规划、开发和安装。其他部门和个人不得自行购置安装,以免造成不必要的浪费和混乱。

第十九条　各用户单位内部管理软件的开发按工作需要自行负责,但应在学校办公室的协调下按照统一数据标准进行。

第二十条　各用户单位与XMUOA服务器连接的校园网络的正常运行,由网络中心负责。

第二十一条　XMUOA系统中所需办公软件的使用,必须遵守知识产权的有关法律法规。

第七章　责任与处罚

第二十二条　为了保障XMUOA系统的硬件、软件和信息的安全,保证系统的正常运行,所有用户应遵守本管理办法,违反者应承担相应责任。

第二十三条　不执行本办法第三、四章规定,影响信息的正常接收、处理、传送、存档,导致系统不能正常运转的单位,学校将予以通报批评。

第二十四条　违反本办法第五章规定,造成不良影响、导致系统损坏等后果者,给予行政处分;造成经济损失的,学校可要求予以经济赔偿。

第二十五条　违反本办法及国家有关法律、法规的规定,给国家、集体或他人权益造成损失者,应当依法承担相应法律责任。

第八章　附　则

第二十六条　本办法由学校办公室负责解释。

第二十七条　本办法自发布之日起试行。

——本文摘录自《关于印发〈厦门大学办公自动化系统管理办法(试行)〉的通知》,厦大办〔2002〕63号,档号2002-XZ09-3